广东工业统计年鉴

GUANGDONG STATISTICAL YEARBOOK OF INDUSTRY

2006

（总第10期 NO.10）

广东省统计局编

Compiled By

Statistical Bureau of Guangdong

中国统计出版社
China Statistics Press

（京）新登字 041 号

ISBN 7-5037-5099-5

9 787503 750991 >

图书在版编目（CIP）数据

广东工业统计年鉴　2006/广东省统计局编 一北京：
中国统计出版社,2006.11
ISBN 7-5037-5099-5
Ⅰ.广…
Ⅱ.广…
Ⅲ.工业统计—广东省 —2006—年鉴
Ⅳ.F427.65-54
中国版本图书馆 CIP 数据核字(2006)第 138588 号

广东工业统计年鉴-2006

作　　者/广东省统计局
责任编辑/郑淼淼
E－mail/yearbook@stats.gov.cn
责任校对/林　瑜
封面设计/李良胜
出版发行/中国统计出版社
通信地址/北京市西城区三里河月坛南街 75 号　中国统计出版社
电　　话/（010）63262295
印　　刷/ 广东金冠科技发展有限公司
经　　销/新华书店
开　　本/880×1230 毫米　1/16
字　　数/100 万字
印　　张/27.75
印　　数/1-500
版　　别/2006 年 11 月第 1 版
版　　次/2006 年 11 月第 1 次印刷
书　　号/ ISBN 7-5037-5099-5/F.2411
定　　价/198.00 元

《广东工业统计年鉴-2006》编辑委员会

一、　编辑委员会

主　编：卜新民

副主编：幸晓维

委　员：朱遂文　杨　凡　邱国祥

二、　编辑部工作人员

编辑部主任：朱遂文

编辑部副主任：杨　凡　邱国祥

编辑人员（以姓氏笔画为序）：

马彦君　王卫锋　朱小平　余少玲　叶玉琴　吴邓文

吴永红　岑荣汉　李新娇　李良胜　李向阳　陈永潮

张盛福　张文坚　林千山　林　瑜　林中奕　钟向红

高仰娣　梁小东　黄平光　黄远明　符登利　梁小菊

程　莉　蔡明忠　蔡光彦　潘符颜　黎肖铎

责任校对：林　瑜

计算机排版编辑：李良胜

编 者 说 明

《广东工业统计年鉴—2006》(以下称《年鉴》)，是一本反映广东工业情况、融资料书与工具书于一体的年鉴。书中提供了工业发展速度、产品产量、产业结构、经济效益、技术进步等数据和统计分析报告，以及全国工业统计数据，有助于宏观决策、科学管理和学术研究；同时整理公布了工业企业 50 强、工业各行业产品销售收入最大企业等信息，可作为企业研究市场、开拓市场的重要参考资料，也有助于树立优秀企业形象，推介名优产品以至扩大市场份额。本书力求从微观到宏观，从区域到整体，有效地反映广东工业经济发展状况。

《年鉴》第一部分为工业统计分析报告，内容覆盖广东工业发展、科技创新、名牌带动、结构调整、能源消耗、区域比较、信息制造业等方面。第二部分为工业统计数据，涵盖了工业产销存、财务状况、经济效益、经济结构、区域经济和能源消耗等部分数据。第三部分为工业企业市场竞争排行榜，排列出工业各行业产品销售收入最大企业。第四部分为全国千家企业节能行动广东企业名录。第五部分为附录，辑录了 2005 年全国工业统计数据和主要统计指标解释。

《年鉴》中 2005 年全省数据通过全面调查和抽样调查取得。全面调查的范围为全部国有工业企业和年销售收入 500 万元以上的非国有工业企业，抽样调查的范围为年销售收入 500 万元以下的非国有工业企业和个体经营工业单位。其它年份数据，根据当年年报或普查数据取得。全部国有工业企业和年产品销售收入 500 万元及以上的非国有工业企业，简称规模以上工业；年产品销售收入500万元以下的非国有工业企业和个体经营工业单位简称规模以下工业。工业企业50强和各行业销售收入第一名企业等资料来源于工业企业年报数据，按法人在地原则统计。全国工业统计资料由国家统计局工交司提供。

书中统计范围未注明的均指规模以上工业。总产值指标未加注明的均为现价数，增长速度按不变价计算。能源数据统计范围包括了部分非工业企业。

本书在整理编辑过程中，得到中国统计出版社的技术指导，国家统计局工交司、国家统计局广东调查总队工业调查处、生产投资价格调查处及各市统计局等单位的大力支持与协助，在此表示衷心的感谢。

二〇〇六年十月

目　录

第一部分　工业统计分析报告

第二部分　工业统计数据

与全国对比

历史回放

主要经济指标

主要指标发展速度

工业品出厂价格指数

经济结构

主要产品产、销、存

经济效益

能源生产和消费

区域经济

第三部分　工业企业市场竞争排行榜

第四部分 全国千家企业节能行动广东企业名录

第五部分 附 录

全国工业统计数据

主要统计指标解释

第一部分

工业统计分析报告

产业结构优化　综合效益提高

——“十五”时期广东工业发展情况概述

“十五”期间，广东在科学发展观的指导下，继续保持敢为人先的精神，勇于创新，克服煤电油运紧张、市场有效需求不足、非典疫情、禽流感以及旱灾水灾等不利因素影响，在加快发展、率先发展、协调发展广东工业方面，取得新的业绩。工业经济保持持续快速增长，运行质量不断提高，产业结构更趋优化，综合经济效益日趋向好。

工业生产高速增长　产业结构不断优化

“十五”期间，广东工业生产取得了长足发展，工业经济持续快速增长，规模迅速扩大，总量居全国前列。2005 年全省规模以上工业完成增加值 9416.39 亿元(按生产法计算、下同)，是 2000 年的 2.8 倍，2001—2005 年年均增速达 22.9 %(现价增速，下同)，较“九五”期间的年均增速快 5.3 个百分点。

一、重化工业调整取得突破性进展。“十五”期间，广东产业政策向重化工业倾斜，加大了对重化工业的投资力度，重化工业发展取得较好的成绩。2005 年全省规模以上工业资产总计为 27076.08 亿元，是 2000 年的 1.88　倍，“十五”期间年均增幅为 13.7%；其中重工业资产总计 16431.25 亿元，年均增幅为 16.0%，高于全省平均增幅 2.3 个百分点。轻重工业资产的结构比例由 2000 年的 44.7: 55.3 调整为 2005 年的 39.4: 60.6。随着投入结构的变化，相应产出也产生了根本性的变化。2005 年全省规模以上工业轻重工业增加值的比例由 2000 年的 47.6: 52.4 调整为 2005 年的 41.3: 58.7。

二、民营工业迅速发展壮大。随着工业准入门槛的放宽，政府政策对民营工业的适当倾斜，激活了民间资本对工业领域的投资，民营工业发展充满活力。2005 年全省规模以上民营工业企业 16542 家，比 2000 年增加了 12410 家；资产总计 5474.70 亿元，是 2000 年的 2.83 倍，占规模以上工业比重为 20.2%，较 2000 年提高 6.8 个百分点。2005 年全省规模以上民营工业企业完成增加值 2128.13 亿元，比 2000 年增长 3.55 倍，年均增幅达 35.4%，高于同期全省平均增幅 12.5 个百分点；其增加值占规模以上工业比重为 22.6%，较 2000 年提高 8.9 个百分点。2005 年民营工业增加值对全省工业增长的贡献率为 27.8%，拉动全省工业增长 7.4 个百分点，与 2000 年相比，民营企业的影响力明显增强。

按经济性质将工业企业划分为国有企业（指国有及国有控股企业）、民营企业、“三资”企业等，2005 年三大经济类型工业的资产总计结构比例由 2000 年的 38.9: 13.4: 49.7 调整为 2005 年的 24.7: 20.2: 59.1，三大经济类型工业中，民营企业、“三资”企业资产在全省工业中所占份额有所提高，国有企业所占份额有较大幅度回落。增加值结构比例由 2000 年的 30.2: 13.7: 54.5 调整为 2005 年的 17.9: 22.6: 63.1。

三、产业转移加快了地区工业结构调整步伐。珠三角为增强企业竞争力，优化产业结构，集中地区力量发展高技术产业及产业链长、产业关联度高的产业，将部分传统产业从珠三角转出。产业转移对加快珠三角发展和协调地区工业发展起了积极的作用。

珠三角产业结构进一步优化升级。珠三角工业产出进一步向技术要求高及产业关联度高、产业链相对长的行业集中，传统行业生产规模相对有所收缩。2005 年珠三角三大主行业（工业大类行业）通信设备计算机及其他电子设备制造业、电气机械及器材制造业、交通运输设备制造业资产总计为 9058.30 亿元，较 2000 年增长 1.73 倍，占珠三角工业的 38.9%，较 2000 年提高 9.6 个百分点；其工业增加值较 2000 年增长 2.64 倍，占珠三角产值比重达 41.4%，较 2000 年提高 8.6 个百分点。此外，一些技术含量相对高的行业，如黑色金属和有色金属冶炼及压延加工业等，其资产、产出占珠三角工业比重同比也有不同程度的提高。但传统的纺织业、纺织服装鞋帽制造业、塑料制品业等行业，其资产、产出占珠三角工业比重有不同程度的回落。2005 年纺织业、纺织服装鞋帽制造业、塑料制品业三大行业资产总计占珠三角工业的 9.4%，较 2000 年回落 1.8 个百分点；其工业增加值占珠三角工业的比重由 2000 年的 11.1%下降到 2005 年的 8.9%。2005 年纳入统计的 359 种（月报统计且广东有生产的品种）主要产品产量中，珠三角产量占全省产量比重 90%以上的品种有 189 种，其中 84 种产品，100%由珠三角生产，如重大技术装备产品和主要高技术产品的汽车、环境保护专用设备、通信及电子网络用电缆、微波通信设备、集成电路等完全由珠三角生产。

山区工业取得长足发展。近年来，由于政府政策引导得力，山区投资环境的改善，大量传统产业从珠三角转移到山区落户，为山区工业注入新的“血液”，有效地促进了山区工业的发展。2005 年山区地市工业共有规模以上企业 3593 家，比 2000 年增加 476 家；资产总计 2036.60 亿元，较 2000 年增长 30.0%，“十五”期间年均增长 5.4%；完成增加值 570.43 亿元，是 2000 年的 2.07 倍，年均增幅 15.6%，山区工业增加值产出增长比投入增长高 10.2 百分点。从“十五”期间各年的增长看，山区地市工业“十五”前期增长较缓，“十五”后期增速加快，2003、2004年增加值增速分别达到21.1%和29.3%。

东西两翼特色工业发展卓有成效。“十五”期间，东西两翼工业增长虽低于全省平均增速，但在稳固发展地方特色工业方面也有较好表现。东翼潮州的日用陶瓷，西翼湛江、茂名的石油化工，阳江的刀剪等，在相应行业中均占有优势。2005年全省石油和天然气开采、石油加工炼焦及核燃料加工两大行业的增加值总产出中，西翼占35.5%，广东的天然气完全产自西翼，其他石化产品，如原油加工量、汽油、煤油、乙烯等产品，西翼同样占有较大份额，西翼已成为广东主要的石油化工产品生产基地。此外东翼潮州的日用陶瓷制品和西翼阳江的刀剪制品，也尽显地方特色，2005年潮州日用陶瓷制品业增加值占全省相应行业的65.5%，日用陶瓷产量占全省的82.0%；阳江刀剪及类似日用金属制品业增加值占全省相应行业的85.7%。

四、高技术制造业高速增长。“十五”期间，由于政府政策的引导和高技术产品的需求前景，吸引了大量资金进入，使该行业“十五”期间发展突飞猛进，成为我省工业最主要的支柱产业。2005年高技术制造业共有企业3743家，比2000年增加2005家，资产总计6465.72亿元，比2000年增长1.74倍，资产占全省工业的比重由2000年的16.4%提高到2005年23.9%；其完成增加值2364.94亿元，是2000年的3.43倍，年均增幅28.0%，高于同期全省平均增幅5.1个百分点。

为保持“广货”在市场中的竞争力，我省业界加大R&D的投入，加强对新产品、新工艺、新技术的开发研究，众多的产业中，高技术制造业表现最出色。2005年全省规模以上工业企业R&D投入为136.42亿元，占销售收入的0.4%，其中高技术制造业的R&D投入为88.95亿元，占全省工业R&D投入的65.2%。随着R&D投入力度的加大，新产品生产也取得了新的进展。2005年高技术制造业完成新产品产值1385.30亿元[*]，比上年增长23.3%，增幅高于同年全省新产品产值增速5.1个百分点；2005年全省新产品生产中，高技术制造业新产品占67.0%；高技术制造业新产品对全省新产品生产贡献率达75.9%。

五、九大产业结构调整不断优化。九大产业是我省工业的支柱产业，其工业产出占全省70.0%以上，是我省工业发展的“风向标”。总体上，“十五”期间九大产业发展稳定，2005年完成增加值6133.52亿元，比2000年增长1.84倍，年均增长23.2%。由于政府政策的作用，九大产业结构调整基本按预期方向发展，九大产业中技术含量相对高的装备工

[*] 高技术制造业完成新产品产值及相关计算指标为快报数。

业、电子信息产业等快速发展，传统产业相对有所收缩。

表1：　　九大产业增加值构成表　　单位：亿元

指　　标	2000 年		2005 年	
	绝对量	比重%	绝对量	比重%
规模以上工业增加值	3422.60	100.0	9416.39	100.0
九大产业增加值	2402.54	70.2	6833.52	72.6
三大新兴支柱产业	1475.02	43.1	4624.34	49.1
三大传统产业	698.72	20.4	1499.57	15.9
三大潜力产业	228.80	6.7	709.61	7.5

（一）新兴支柱产业中高层次产业高速发展。“十五”期间，新兴支柱产业中技术含量相对高的电子信息业、电器机械及专用设备业发展迅速，投入及产出增长均处于领先地位。2005 年电子信息业、电器机械及专用设备业资产总计为 5623.68 和 3704.82 亿元，比 2000 年增长 1.98 和 1.41 倍，年均增幅 24.4%和 19.2%，资产占全省工业的比重分别由 2000 年的 13.2%和 10.7%提高到 2005 年 20.8%和 13.7%。增加值为 2095.27 和 1322.39 亿元，比 2000 年增长 2.66 和 2.19 倍，年均增幅 29.7%和 26.1%，高于同期全省工业平均增速，增加值占全省工业的比重分别由 2000 年的 16.7%和 12.1%提高到 2005 年 22.3%和 14.0%。两大产业已成为我省生产规模最大的支柱产业。

新兴支柱产业中石油及化学，是与原材料、能源密切相关的行业，特别是其中的石油加工和天然气开采业、石油加工炼焦及核燃料加工业，市场需求虽大，但由于进入的资金、技术门槛要求较高，且投资周期长，非一般资本所能及，况且“十五”期间该行业未有新项目投产，受产能所限，增速相对缓于其他新兴支柱产业，工业产出占全省比例有所下降。2005年石油和天然气开采业、石油加工炼焦及核燃料加工业完成增加值449.08和185.10亿元，比2000年增长83.2%和127.9%，年均增幅12.9%和17.9%，增长低于同期全省工业平均增速10.0和5.0个百分点，增加值占全省工业的比重分别由2000年的7.2%和2.4%下降到2005年4.8%和2.0%。而化学原料及化学制品制造业，因进入门槛要求不高，“十五”期间发展相对较快，2005年增加值比2000年增长2.70倍，年均增幅29.9%，增速明显高于石油和天然气开采业、石油加工炼焦及核燃料加工业，增加值占全省工业的比重由2000年的4.2%提高到2005年5.6%。

（二）传统支柱产业发展相对有所收缩。“十五”期间，相对于其他快速发展的行业来说，传统支柱产业发展明显回落。2005年三大传统支柱产业资产总计3989.81亿元，仅比2000年增长35.2%，资产占全省工业的比重由2000年的20.5%下降到2005年14.7%。

2005年三大传统支柱产业完成增加值1499.57亿元，虽是2000年的2.15倍，但增加值占全省工业的比重由2000年的20.4%下降到2005年15.9%，其中纺织服装的比重由2000年的8.6%下降到2005年6.1%，食品饮料、建筑材料的比重分别由2000年的7.0%和4.8%下降到2005年5.9%和3.9%。

（三）潜力产业中的汽车制造业飞速发展。2005年三大潜力产业资产总计2064.94亿元，比2000年增长88.1%，资产占全省工业的比重为7.6%，与2000年持平。2005年三大潜力产业完成增加值709.56亿元，比2000年增长2.10倍，年均增幅25.4%，增加值占全省工业的比重由2000年的6.7%上升到2005年7.5%。三大潜力产业中的汽车制及摩托车发展态势良好，是支撑潜力产业发展的主量，森工造纸和医药生产规模相对有所收缩。

“十五”期间汽车工业是各工业行业中发展得最好的行业，增速居九大产业各行业之首。2005年汽车制造业完成增加值384.97亿元，是2000年的8.93倍，年均增长54.9%，增幅较同期九大产业高31.7个百分点，增加值占全省工业的比重由2000年的1.26%上升到2005年4.1%。2005年我省汽车产量413583辆，比2000年增长9.50倍，其中轿车增长11.65倍。

工业运行质量改善 企业综合效益提高

“十五”期间，企业为适应市场竞争需要，加强了对成本的管理，加快了资金的营运，提高了企业的综合效益，促使企业的经济增长方式逐步由粗放式的外延扩大再生产向注重效益式的内涵扩大再生产转变。2005 年全省规模以上工业企业完成利润总额 1693.99 亿元，比 2000 年增长 2.00 倍，“十五”期间年均增幅达 24.6%。

一、企业资产总体获利能力增强。综合反映企业管理水平、经营绩效和获利能力的指标是企业的总资产贡献率，它不但反映企业自身的盈利能力，而且反映企业对社会的贡献力。计算公式:

$$\begin{aligned}\begin{matrix}\text{总资产}\\ \text{贡献率}(\%)\end{matrix} &= \frac{\text{利润总额}+\text{税金总额}+\text{利息支出}}{\text{平均资产总额}}\times 100\% \quad (1)\\ &= \text{资产利润率}(\%)+\text{资产息税率}(\%) \quad (2)\\ &= \text{边际净利率}(\%)\times\text{投资周转率}(\text{次}) \quad (3)\end{aligned}$$

2005 年广东工业总资产贡献率为 11.3%，比 2000 年提高 2.7 个百分点。从公式（2）的计算来看，2005 年资产利润率和资产息税率为 6.3%和 5.0%，比 2000 年分别提高 2.4 和 0.4 个百分点，企业对资产管理和经营能力的增强，不但提高了企业资产的盈利能力，而且提高了资产对社会的贡献能力。从公式(3)的计算来看，2005年边际净利率为8.8%，比2000年回落1.1个百分点，投资周转率为1.3次，比2000年加快0.4次，显然广东工业总资产贡献率的提高，主要是通过加强对企业资产经营管理，提高企业资产利用率来取得。

表2：　全省工业总资产贡献率分类计算表

	2000年	2005年
总资产贡献率(%)	8.55	11.29
资产利润率(%)	3.93	6.26
资产息税率(%)	4.61	5.04
边际净利率(%)	9.92	8.79
投资周转率(次)	0.86	1.28

二、劳动生产率有明显提高，企业盈利能力不断增强。随着高技术产业的发展，应用高技术改造传统产业的能力不断提高，特别是电子信息产品的广泛使用，大大提高了工业企业劳动生产率。2005年全省工业企业增加值劳动生产率为86734元/人，比2000年的59775元/人提高26959元/人。劳动生产率的提高，相应地增强了企业的盈利能力，2005年全省工业企业实现利润总额1693.99亿元，比2000年增长2.00倍。

分经济类型看，国企因在资源性领域占有优势，再加上“十五”期间经过扭亏增盈的改革，劳动生产率和单位盈利能力指标（如：成本费用利润率）明显高于其他经济类型工业。2005年国企增加值劳动生产率为243444元/人，比2000年提高152031元/人，比“三资”企业和民营企业分别高159984元/人和167410元/人；成本费用利润率6.8%，比第二位的“三资”企业高1.3个百分点。

九大支柱产业中技术含量相对高和在资源领域占有优势的三大新兴支柱产业，是我省工业盈利主要行业。2005年三大新兴支柱产业实现利润总额860.60亿元，比2000年增长1.99倍，占工业企业的比重50.8%；其中能源、原材料行业表现出色，石油和天然气开采业2005年实现利润总额177.57亿元，比2000年增长1.39倍；石油加工炼焦及核燃料加工业、化学原料及化学制品制造业2005年利润总额为19.11和159.50亿元，占工业企业的比重分别由2000年的0.4%和6.0%提高到2005年的1.1%和9.4%。三大传统支柱产业由于现在电子信息技术的广泛应用，生产效率大大提高，收益明显改善。2005年三大传统支柱产业实现利润总额201.02亿元，比2000年增长3.53倍；其中部分行业，如纺织业、非金属矿物制品业等，利润总额占工业的比重由2000年的0.54%和0.43%提高到2005年的1.3%和2.3%，农副食品加工业更是实现扭亏为盈，实现利润

23.58亿元。三大潜力产业因汽车业的迅猛发展而收益大增。2005年三大潜力产业实现利润总额176.18亿元，比2000年增长4.13倍；其中汽车制造业利润总额115.54亿元，比2000年增长9.84倍，占三大潜力产业的65.6%。

三、企业资产营运效率提高，经营风险下降。“十五”期间，随着金融体制改革的进一步深入，加上国家适度从紧的财政政策和货币政策，企业从金融机构获取贷款难度加大。为保证资金的正常运转需要，企业一方面调整负债结构，另一方面提高资金运转效率，既减少了对金融机构的依赖，同时也降低了企业经营风险。

（一）资金周转速度加快。2005年全省工业总资产周转率为1.28倍，比2000年的0.86倍提高0.42倍；其中固定资产周转率为3.94倍，比2000年快1.67倍；流动资产周转率为2.41次，比2000年加快0.54次，资金节约量为4188.66亿元。为加快资金周转，企业还加强了对存货和应收帐款的管理，减少积压产品，加快应收帐款催收。2005年全省工业存货周转率为7.90倍，比2000年提高1.94倍，应收账款平均回收期为49.86天，比2000年减少9.56天。

（二）企业负债结构明显改善。企业债务向流动负债倾斜，长期负债比例有所下降。2005年全省工业的长期负债和流动负债的比率为14.9:85.1，与2000年的22.2:77.8相比，流动负债在负债总额中所占的比重上升7.3个点，长期负债相应下降7.3个点。流动负债利率相对较低，负债结构的变化，有利于减少企业利息支出，降低企业经营成本，长期负债利率虽相对较高，但可通过调整经营来降低长远风险。

（三）企业变现能力增强，偿还能力提高。变现能力增强主要表现在流动比率和速动比率提高。2005年我省工业的流动比率为1.14倍，比2000年提高0.07倍，速动比率为0.81倍，比2000年提高0.06倍。此外，企业收益的增长为企业还本付息提供了保障。2005年全省工业的利息保障倍数比率为16.95倍，比2000年提高10.31倍。利息保障倍数比率的大幅提高，大大降低了企业因资金调度不灵而出现问题的可能性，增强企业抗风险能力。

四、大型企业规模经济效益显著。从企业规模看，大型企业*在工业中的作用增强，规模经济效益明显高于中小型企业。2005年全省共有大型工业企业288家，完成工业增加值2989.39亿元，占工业的31.7%，比2000年的17.8%提高13.9个百分点；利税总额1023.30亿元，占工业的35.6%，比2000年的19.9%提高15.7个百分点。2005年

* 大型企业2000年数按新口径调整，见《2005年工业统计年鉴》。

大型企业的劳动生产率为 186313 元/人，比中、小型企业分别高 110377 和 122113 元/人；实现利润总额 572.88 亿元，资产利润率为 7.2%，分别高于中、小型企业 1.5 和 1.3 个百分点。

五、企业节能降耗卓有成效。我省资源相对贫乏，工业生产所需的原材料、能源大部分从省外购入或进口。原材料、能源价格的上涨，迫使企业更加关注原材料、能源的综合利用。“十五”期间，工业企业为缓解成本上升所带来的压力，采取各种措施，加强了对原材料、能源的综合利用，在节能降耗方面卓有成效。2005 年全省工业(全社会口径)万元产值电耗为 443.62 千瓦时，比 2000 年下降 14.5.%；每万元产值节电 75.41 千瓦时，全省工业年节电约 314.21 亿千瓦时。据广电 2005 年统计数据显示：广东电网 6000 千瓦及以上火电厂发电煤耗为 333 克标准煤/千瓦时，比 2000 年的 375 克标准煤/千瓦时减少 42 克标准煤/千瓦时，按广东电网 6000 千瓦及以上火电厂发电量 2155.65 亿千瓦时计算,可节能 905.37 万吨标准煤；供电煤耗为 355 克标准煤/千瓦时，比 2000 年的 395 克标准煤/千瓦时减少 40 克标准煤/千瓦时；线路损失率为 6.33%，较 2000 年的 7.94 减少 1.61 个百分点。

存在问题

一、高技术产业产品附加值偏低，凸显核心技术环节薄弱。高技术产业是我省工业的重要组成部分，其产出占全省工业份额 30%以上。由于企业普遍缺乏核心关键技术支撑，我省高技术企业大多从事低端产品的加工装配，高端产品不多，核心竞争力不强。在市场竞争日趋激励的情况下，产品附加值不断走低。2000、2003、2004 年全省高技术制造业工业增加值率分别为 25.1%、23.6%和 19.0%，增加值率呈逐年下滑态势，2005 年虽回升到 22.0%，但与 2000 年水平尚有差距，高技术企业技术优势相对减弱；与同年全省工业增加值率相比，高技术制造业明显偏低，2005 年高技术制造业工业增加值率低于全省水平 2.6 个百分点。

二、劳动生产率偏低，劳动密集型企业在工业中仍占较大比例。“十五”期间，我省企业劳动生产率虽有较大的提高，但与同期的全国水平及经济相对发达的东部省市相比，我省企业劳动生产率的提高幅度相对较缓。2000 年我省工业企业劳动生产率为 59775 元/人，比同年全国水平的 45679 元/人高 14096 元/人。到 2004 年第一次全国经济普查时，我省工业企业劳动生产率为 74661 元/人，而全国为 86408 元/人，比我省高 11747 元/人。2000-2004 年间，我省工业企业劳动生产率年均提高幅度为 5.7%，比全国水平的17.3%低11.6个百分点。与经济相对发达的东部省市相比，我省差距更大。2004年北京工业企业劳动生产率为134276元/人、上海143345元/人、江苏92397元/人、山东97267元/人。劳动生产率偏低，也反映出广东劳动密集型企业在工业中占有较大的比例。2004年广东工业产出占全国12.1%，从业人员占全国的15.0%，从业人员比例高于产出比例；平均每个企业的从业人员为288人，比全国的240人高48人；而平均每个企业的增加值为2009.05万元，低于全国的2069.64万元。

三、部分产品生产能力利用率低。长期以来，由于利益驱动影响，各地不同程度上存在争资源、争项目的投资“饥饿症”，上马项目缺乏系统科学的可行性论证，使得某些领域的生产设备投产后开工不足，生产能力利用率低。2005年我省一些主要的家电、电子产品，如家用电冰箱、移动电话机、电子计算机的产品生产能力利用率仅为52.0%、51.0%和57.81%；一些主要的原材料产品生产能力利用率也不高，如生铁、钢材、平板玻璃的产品生产能力利用率分别只有72.7%、60.1%和75.4%。

分地区看，同一产品不同地区的生产能力利用率差异较大。如家用电冰箱，广州、惠州、中山的生产能力利用率在80.0%以上，而佛山、东莞却不到40.0%；移动电话机，深圳、珠海、东莞的生产能力利用率在75.0%以上，但广州、惠州却不到20.0%。

四、亏损企业亏损面大，亏损额高。我省工业亏损企业在全国亏损企业中占有较大的比例。近年来，我省工业企业亏损面超过20.0%，亏损企业约占全国的13.0%，亏损企业亏损额约占全国的14.0%，高于总产出占全国的比例。我省虽是一个经济大省，同时也是资源相对贫乏的省份，能源原材料大部分需要从省外购入或进口，能源、原材料供应不足及价格上涨，总体上造成企业生产成本上升，利润减少，亏损增加。2005年石油和天然气开采业的工业品出厂价格指数高达134.3%，同年我省天然原油产量1470.03万吨，原油加工量1990.82万吨，原油加工自给不足，其中520.79万吨原油需从省外购入或进口。

五、工业品出口遭遇反倾销指控日益增多。出口是支撑我省工业高速增长的重要力量。“十五”期间，我省工业品超过四成出口，对全省工业增长贡献率超过45.0%，是拉动工业增长主因素。加入WTO，一方面为我国产品进入国际市场提供了方便，但另一方面与贸易国的贸易纠纷日益增多。近年来，美、欧等国家先后对我纺织业、鞋类、家具、家电等产品提出的反倾销指控不断增加，一些发展中国家效法美、欧国家的做法也有所增加，一定程度上增大了产品出口难度。此外，政治、经济等因素影响，人民币升值对出口影响也不容忽视。

一些建议

一、集中力量，寻求我省主导行业相关核心技术突破，增强主导行业的发展能力。在我省现有的产业结构中，通信设备计算机及其他电子设备制造业、电气机械及器材制造业两大行业在我省工业中举足轻重，两大行业的增加值占全省比重超过30.0%，产值占全省比重在35.0%以上。但长期以来，两大行业缺乏核心技术的支撑，产品的生产以加工装配为主，生产处于该产业链的终端，产品附加值相对较低。以两大行业为中心，加大技术投入，集中攻关，寻求核心技术突破，不但可从根本上解决技术受制于人的局面，而且可以大大提高行业的产品附加值，促进两大行业持续健康发展，对稳定全省工业增长极为重要。

二、抑制投资"饥饿症"，防止新增生产能力利用率低下的局面重现。投资主体的投资属市场行为，由于信息的不对称，具有一定的盲目性，在加上地方利益机制驱动滋生的投资"饥饿症"，低水平的重复建设项目频现。政府虽然不能直接干预投资主体的投资，但可通过政策加以调节，如通过信息发布的引导，经济杠杆的调控，从而达到抑制投资"饥饿症"，防止低水平项目重复建设。

三、"开源节流"并举，应对能源紧张局面。工业的快速发展，用能需求急剧增加，能源供需趋紧。短期来说，强化节能意识，组织协调好能源供给，最大限度地舒缓用能紧张的局面。长远来看，关键是加强节能新技术的研发和应用，开发可替代新能源，特别是可循环使用的新能源，从根本上解决能源问题。与此同时，新技术的应用，还是从根本上化解原材料、能源价格上涨、成本压力增大的最佳途径。

四、关注"汇率"变动，积极面对国际贸易纠纷。人民币汇率改革，实行浮动汇率制，扩大汇率波动范围，经营出口贸易的企业感受到人民币升值所带来的压力。应考虑加强对外汇市场的研究，预测汇率变动，并建立相应的定期公布机制，供企业进行进出口贸易时参考。面对贸易纠纷，过去企业出于成本考虑，鲜有企业应诉，使出口企业遭受重大损失。政府应协助企业建立反倾销指控的应诉机制，积极应对反倾销指控，并借鉴其他国家经验，在应对反倾销指控中，应充分发挥行业协会的作用。

撰稿:广东省统计局工交处　朱遂文　杨　凡　林　瑜

结构调整优化　生产增长稳定

——2005年广东工业运行情况分析

2005 年在科学发展观的指导下，经过各级政府及业界的共同努力，最大限度地协调能源、原材料的供给和使用，部分缓解了煤电油运紧张对工业生产的影响，有效促进了全省工业的稳定增长。2005 年广东规模以上工业企业完成增加值 8290.00 亿元，比上年增长 17.0%，增幅同比回落 5.4 个百分点。工业增长虽有所放缓，但总体上仍保持稳定增长态势。工业的结构调整，继续向合理方向迈进，内源性经济增强，产业布局趋于合理，产业结构层次提升。

一、工业生产在结构调整中稳步发展

经过近年来的发展，我省工业结构调整取得了新的进展，民营工业、山区工业、医药工业等发展能力增强。

（一）民营工业发展迅速，影响力增强。随着工业准入门槛的放宽，政府政策对民营工业的适当倾斜，激活了民间资本对工业领域的投资，民营工业发展充满活力。承接上年快速增长态势，2005 年民营工业继续高速前行。全省规模以上民营工业企业完成增加值 1561.15 亿元，比上年增长 26.4%，增幅同比加快 2.4 个百分点，高于同年全省规模以上工业 9.4 个百分点。民营工业增加值占全省工业增加值的 18.8%，同比提高 0.8 个百分点，对全省工业增加值增长的贡献率为 23.7%，拉动全省工业增长 4.6 个百分点；其中民营企业中的股份合作制企业增速提高幅度较大，增速为 22.0%，同比提高 15.0 个百分点。各经济类型工业中，国有及国有控股企业和集体企业增加值增速仅为 6.1%和 7.3%，分别低于民营企业 20.3 和 19.1 个百分点；股份制企业和“三资”企业增加值增速为 19.0%和 16.2%，分别低于民营企业 7.4 和 10.2 个百分点。

（二）国企工业在基础性领域的控制力增强。2005 年国有及国有控股企业增加值增速虽相对较缓，但国企发展按“进退有序”的原则，不同领域分别采取不同的进退策略，增强国企在基础工业领域或关键性领域的控制力。在全省工业企业生产涉及的中类工业行业中，国企占有优势的行业主要集中在能源、原材料或与重大技术装备有关的行业。分中类行业看，2005 年国企工业总产值占全省相应行业产值的比重超 60%以上的行业有 14 个，其中与石油和天然气开采有关的服务活动、贵金属矿采选、铁合金冶炼、电力供应等7个行业，国企产值占相应行业产值的比重达90%以上。以上14个行业中，2005年国企产值占相应行业产值的比重比2004年有较大幅度提高的行业是纤维素纤维原料及纤维制造、铁合金冶炼、化学矿采选、船舶及浮动装置制造等，同比分别提高15.4、9.5、4.4和3.7个百分点。从主要产品产量来看，国企在能源、原材料品种方面占有优势，国企原油加工量、煤油、煤气、焦炭等能源品种产量占全省比重95%以上；有色金属的铅、锌，黑色金属特厚板、厚钢板、热轧薄板，石化产品的乙烯、纯苯碳酸钠（纯碱）等产品，国企占全省比重 93%以上；重大技术装备产品，如造纸机械、金属轧制设备、场上作业机械、固体废弃物处理设备、载货汽车、公路客车等产品100%由国企生产。

（三）产业转移优化了珠三角产业结构，拉动山区工业快速发展。珠三角部分传统产业转出，腾出宝贵的土地，集中资源发展高技术产业及产业链长、产业关联度高的产业。近年来，随着高速公路网络建设的日趋完善，山区地市投资环境大为改观，再加上地理上的优势和政府政策的引导，山区地市成了承接产业转移的主要接收地。

1. 珠三角产业结构进一步优化升级。珠三角工业产出进一步向技术要求高及产业关联度高、产业链相对长的行业集中，传统行业生产规模相对有所收缩。2005 年珠三角三大主行业（工业大类行业）通信设备计算机及其他电子设备制造业、电气机械及器材制造业、交通运输设备制造业工业总产值占珠三角产值比重达46.7%，较上年比重提高0.8个百分点；技术含量相对高的黑色金属和有色金属冶炼及压延加工业，其产值占珠三角产值比重同比也有不同程度的提高。传统的纺织业、纺织服装鞋帽制造业、塑料制品业等行业，其产值占珠三角工业总产值比重同比分别回落0.14、0.04和0.07个百分点。在纳入统计的359种（月报统计且广东有生产的品种）主要产品产量中，珠三角产量占全省产量比重90%以上的品种有189种，其中84种产品，100%由珠三角生产，如重大技术装备产品和主要高技术产品的汽车、环境保护专用设备、通信及电子网络用电缆、微波通信设备、集成电路等完全由珠三角生产。

2. 山区工业取得长足发展。从珠三角转移过来落户山区的企业，为山区工业注入新的"血液"，有效地促进了山区工业的发展。2005年山区工业完成增加值516.78亿元，比上年增长 29.3%，增幅同比加快 8.2 个百分点，高于同年全省水平 12.3 个百分点；山区工业增加值占全省的比重为 6.2%，同比提高 0.6 个百分点。其中清远、河源两市发展表现出色，分别增长56.5%和46.6%，同比提高7.0和8.3个百分点。

(四) 九大产业增长保持强势，对全省工业作用持续增强，但行业发展有所分化。2005年九大产业完成增加值6108.45亿元，比上年增长20.3%，增幅同比回落4.4 个百分点，但高于同年全省水平3.3个百分点；九大产业增加值占全省的73.7%，同比提高0.4个百分点；对全省工业增长贡献率77.2%，拉动全省工业增长14.9个百分点。九大产业的稳定增长，对全省工业的稳定发展起重要作用。但面对宏观环境、市场变化的影响，九大产业中各行业发展有所不同。

1. 新兴支柱产业中与原材料、能源相关的行业生产提速，而电子信息业、电器机械及专用设备业增速有所放缓。经济的快速发展，对原材料、能源的需求相应增大，有利于石油及化学工业稳定增长。新兴支柱产业中石油加工和天然气开采业由于产能所限，增加值增速相对较低；但石油加工炼焦及核燃料加工业、橡胶制品业增速均有所加快，2005年两大行业增加值增速分别为18.4%和26.1%，增幅同比提高6.7和9.0个百分点。新兴支柱产业中电子信息业、电器机械及专用设备业增速有不同程度放缓，尤其是电子信息业中的通信设备计算机及其他电子设备制造业增速回落幅度相对较大；由于该行业是我省工业的最大行业，增加值占九大产业的28.7%，占全省的21.2%，其增速深幅回落，对全省工业影响相对较大。2005年该行业的工业增速为20.7%，增幅同比回落13.5个百分点；其增幅的回落拉低九大产业增速6.2个百分点，影响全省工业增速4.6个百分点。2005年电气机械及专用设备业增加值增速为21.9%，增幅同比回落1.0个百分点。

2. 传统支柱产业中的纺织服装、建筑材料等行业增速明显加快。2005年纺织服装业和建筑材料业的增速分别达到24.8%和33.9%，增幅同比提高12.0和10.1个百分点。其中，纺织服装鞋帽制造业、化学纤维制造业和非金属矿物制品业的增幅提高较快，2005年增加值增速为27.3%、27.2%和34.0%，增幅同比提高15.2、23.8和10.6个百分点,高于同年全省平均增速10.3、10.2和17.0个百分点；此外，纺织业也有较好表现，增幅同比提高8.4个百分点。食品饮料业增速大幅回落，2005年食品饮料工业增速为11.7%，增幅同比回落9.1个百分点，其中食品制造业的增速为3.3%，较上年同期32.3%的增幅，回落28.9个百分点。

3. 潜力产业中的医药制造业生产走出低谷，汽车制造业发展仍是我省工业的一个亮点。医药制造业经过近几年的改革整合，生产逐步走出低位徘徊局面，增加值增速大幅提高，2005年医药制造业增长14.8%，增幅同比提高11.1个百分点。面对汽车竞争加剧，车价不断下滑，但广东汽车制造业增势未减，仍保持高速发展态势。2005年我省汽车制造业增加值增长40.5%，增幅同比提高3.5个百分点，是九大产业各行业中增速最高的行业。2005年我省汽车产量413583辆，同比增长50.8%，其中轿车增长52.9%。潜力产业中的森工造纸业增速明显放缓，2005年增加值增长12.5%，增幅同比回落5.5个百分点。

（五）高技术制造业增长稳定，新产品生产能力增强。2005年高技术制造业完成增加值2025.55亿元，比上年增长20.6%，增幅高于同年全省平均增速3.6个百分点。高技术制造业完成新产品产值1385.30亿元，比上年增长23.3%，增幅高于同年全省新产品产值增速5.1个百分点；全省新产品生产中，高技术制造业新产品占67.0%；高技术制造业新产品对全省新产品生产贡献率达75.9%，拉动全省新产品生产增长15.2个百分点。

(六) 出口增长有所减缓，但出口依然是稳定我省工业增长的重要力量。2005年全省完成工业品出口交货值15062.24亿元，比上年增长21.4%，增幅同比回落4.9个百分点，但高于同年全省产值增长幅度1.9个百分点，对全省工业增长贡献率为43.2%，拉动工业产值增长9.1个百分点。工业品对外依存度持续增大，2005年全省工业品出口交货值占产值的比重为42.5%，同比提高0.1个百分点。2005年在各经济类型工业中，“三资”仍是我省工业品出口的主力，2005年完成出口交货值为13077.77亿元，比上年增长20.8%，占全省工业品出口交货值的86.8%；国企工业品出口增速回落幅度较大，2005年国企完成工业品出口交货值1113.05亿元，比上年增长6.2%，增幅同比回落14.2个百分点。从地域上看，珠三角出口增速回落幅度相对较大，2005年工业品出口交货值增长21.4%，增幅同比回落5.6个百分点，其中传统主要出口大市深圳、东莞、广州、佛山四市出口增幅均有不同程度回落，2005年工业品出口交货值增长25.5%、18.6%、21.9%和19.8%，增幅同比分别回落2.4、4.5、8.3和15.2个百分点；东翼地区工业品出口增速也有所减缓，2005年工业品出口交货值增长19.7%，比上年减缓2.6个百分点；但山区及西翼工业品出口向好，2005年山区工业品出口交货值增长30.5%，增幅同比提高14.2个百分点，西翼工业品出口增长为13.6%，增速虽相对较低，但与上年相比，扭转了负增长局面（上年增速为-3.2%）。

（七）企业节能降耗取得新成果。我省资源相对贫乏，工业生产所需的原材料、能源大部分从省外购入或进口。原材料、能源价格的上涨，迫使企业更加关注原材料、能源的综合利用，采取各种措施，以消化成本上升所带来的压力，特别是在节能降耗方面显有成效。2005年全省工业万元产值电耗为371.71千瓦时，同比下降3.1%；每万元产值节电11.92千瓦时，全省工业年节电约42.20亿千瓦时。据广电1-11月份的统计数据显示：广东电网6000千瓦及以上火电厂发电煤耗为333克标准煤/千瓦时，同比减少4克标准煤/千瓦时，按广东电网6000千瓦及以上火电厂发电量1584.17亿千瓦时计算,可节能63.37万吨标准煤；供电煤耗为353克标准煤/千瓦时，同比减少3克标准煤/千瓦时；线路损失率为6.16%，同比减少0.69个百分点。

二、制约工业快速发展的主要因素

2005年广东规模以上工业增加值增速为17.0%，增幅仅高于全国0.6个百分点，但低于沿海省份，比江苏、山东分别低5.5和11.4 个百分点。

（一）资源环境制约着我省工业增速的提升。我省是一个经济大省，同时也是资源相对贫乏的省份，能源原材料大部分需要从省外购入或进口，能源、原材料供应不足及价格上涨，一定程度上制约着我省工业的提速。

煤电油运紧张的局面依然没有得到舒缓，能源、原材料持续紧张成了制约工业增长的“瓶颈”。2005 年我省天然原油产量 1470.03 万吨，产量与上年持平，原油加工量 1990.82 万吨，下降 4.2%，我省原油加工自供不足，其中 520.79 万吨原油需从省外购入或进口。我省是煤炭消费大省，所需原煤主要从省外购进，由于运力所限，再加上煤矿事件，省内煤矿关闭整顿，原煤供应相对趋紧，进而制约全省电量的供给。2005 年全省发电量 2163.36 亿千瓦时，比上年增长 6.8%，增幅同比回落 5.8 个百分点；其中火电增长 5.2%，同比回落 12.9 个百分点。据了解，广东 2005 年供电形势十分严竣，仅 1 月份错峰负荷就高达 626 万千瓦，是上年同期的近三倍。其中广州 1 月份因电力供应紧张，已出现第一个用电错峰记录：97 万千瓦，比预期的 42 万千瓦高出 55 万千瓦。错峰用电，严重影响企业的正常生产，部分企业甚至因此无法完成客户订单，遭受较大的经济损失。

能源、原材料供需矛盾，拉动了能源原材料价格大幅上升。2005 年采掘业中的煤炭开采和洗选业、黑色金属矿采选业、有色金属矿采选业及石油和天然气开采业的工业品出厂价格指数分别达 152.5%、128.2%、122.3%和 134.3%；制造业中的石油加工炼焦及核燃料加工业、黑色金属冶炼及压延加工业、有色金属冶炼及压延加工业，金属制品业四大行业的工业品出厂价格指数分别为 122.7%、103.3%、108.5%和 103.6%。上游产品价格上涨，直接影响到中下游企业生产成本的上升，而面对市场的激烈竞争，企业难以通过价格转移方式来消化成本上升压力，中下游企业所属行业盈利减少，亏损增加，在一定程度上影响了中下游企业的生产意愿。

2005 年通信设备计算机及其他电子设备制造业、橡胶制品业的利润总额比上年增长 7.8%和 9.4%，增幅同比分别回落 4.4 和 24.5 个百分点，电气机械及器材制造业、交通运输设备制造业、化学原料及化学制品制造业等行业利润，增幅由上年的正增长转为 2005 年的负增长。

2005 年通信设备计算机及其他电子设备制造业、电气机械及器材制造业、化学纤维制造业亏损企业亏损额比上年增长 35.1%、105.5%和 167.1%，增幅同比分别提高 23.8、71.8 和 111.1 个百分点；交通运输设备制造业、通用设备制造业、化学原料及化学制品制造业、造纸及纸制品业等行业亏损额，增幅由上年的负增长转为 2005 年的正增长，即行业亏损由上年的减亏转为当年增亏。

（二）产业核心技术环节研发薄弱，对工业可持续发展形成制约。与苏、鲁等省市相比，我省工业结构层次相对较高，高技术制造业产出在工业总产出中所占份额较大。但就掌握该产业核心技术而言，在激烈市场竞争中，"广货"难以取得技术上的优势。从研发投入的角度看，我省虽是研发大省，但还不是研发强省。多年来，我省研发投入总量和产出总量虽居全国前列，但产出结构并不理想，尤其是核心技术环节的基础研发产出相对较弱。从知识产权角看，发明专利是反映基础研发产出的最佳指标，据有关部门统计，2005 年全省获准授权的 36894 件专利中，发明专利所占比例仅为 5.1%，实用新型和外观设计占 94.9%；而北京、上海、江苏、山东等省市在各自获准授权的专利中，发明专利所占比例分别为 34.4%、15.8%、9.1%及 8.4%，专利授权结构明显优于我省。基础研究薄弱，使企业在发展过程中遭遇技术"瓶颈"，进而影响工业发展后劲。

(三)环境优势相对弱化，招商引资面对其他省市的激烈竞争。随着国家的全面对外开放，长三角经济带及其他经济区发展日趋完善，广东原独有的投资环境优势相对弱化。在吸引外资方面，长三角、珠三角及其他经济区竞争激烈。2003 年粤苏鲁三省实际利用外商投资总额增幅分别为 14.2%、73.2%和 52.4 %，苏鲁利用外资明显优于我省；2004 年我省加大了招商引资力度，实际利用外商投资总额增幅提高到 34.1 %，苏、鲁分别为 32.4%和 14.5 %。但到了 2005 年我省实际利用外商投资总额 126.77 亿美元，增长 26.6%；而江苏为 131.80 亿美元，增长 29.2%；总量和增幅均优于我省。

（四）限产压库，影响增长。2004 年以来，我省工业产成品存货结构性增长过快，部分企业被迫限产压库。限产压库虽然可以舒缓库存压力，但一定程度上却制约了工业的增长。2005 年全省产成品存货比上年增长 16.4%，增幅同比回落 3.5 个百分点。总体上压库虽有成效，但分行业看，全省产成品存货结构性增长过快问题依然凸出，后续增长不容乐观。全省 38 个工业大行业中，产成品存货增长 20%以上的行业有 16 个，其中交通运输设备制造业、黑色金属冶炼及压延加工业等增幅超过 40%。

三、进一步增强工业发展后劲的一些建议

（一）推进创业型社会建设，营造良好的创业气氛。要建设创业型社会，关键是降低工业准入门槛和创造公平竞争环境。而创业型社会所营造的创业气氛，有利于激发投资热情，增进工业发展后劲。特别是在当前民营经济蓬勃发展的情况下，适时推进创业型社会建设，有利于促进内源性经济的发展，稳固工业后续发展能力。“三资”企业超国民待遇问题由来已久，取消其优惠待遇，恐影响招商引资的积极性，可通过逆向操作办法，即大力扶持民营经济，对于进入工业领域的民营企业，给予“三资”企业同样的优惠，为民营企业和“三资”企业创造“过渡性”的公平竞争平台，待发展到一定的时候，择机统一国民待遇。这样既不影响外资的积极性，也不挫伤当前民间资本的创业热情。

（二）加快创新型社会建设，增强企业自主创新能力。在谋划新一轮的战略转型中，广东要充分弘扬敢为人先的精神，敢于创新、勇于创新、乐于创新。认真落实推进政府所提出的“三个转变”和实现“四个突破”。即要实现从跟踪模仿向自主创新转变，实现从单项创新向系统集成创新转变，实现从各自开展科技攻关向联合攻关转变。同时，在核心技术上实现新突破，在区域创新体系建设上实现新突破，在提升产业竞争力上实现新突破，在建设节约型社会上实现新突破。加快自主创新体系建设，从科技投入、税收激励、金融支持、人才建设、知识产权保护等方面，建立健全支持和促进自主创新的政策体系，进一步解放和发展科技生产率。

（三）“开源节流”并举，应对能源紧张局面。短期来说，强化节能意识，组织协调好能源供给，最大限度地舒缓用能紧张的局面。长远目标，关键是加强节能新技术的研发和应用，开发可替代新能源，特别是可循环使用的新能源，从根本上解决能源问题。

（四）关注“汇率”变动，积极面对国际贸易纠纷。我省不但是一个制造业大省，同时也是产品出口大省，全省所生产的工业品中，超过四成外销；在全国工业品出口中，我省同样占有相当重要的份额。面对如此大规模的出口，国际汇率变动，对我省工业影响相对较大。特别是 2005 年下半年人民币汇率改革，实行浮动汇率制，扩大汇率波动范围，经营出口贸易的企业感受到人民币升值所带来的压力。应考虑加强对外汇市场的研究，预测汇率变动，并建立相应的定期公布机制，供企业进行进出口贸易时参考。此

外，随着我国对外贸易的发展，与贸易国的贸易纠纷不断增加，贸易国对我产品的反倾销指控日益增多。过去企业出于成本考虑，鲜有企业应诉，使出口企业遭受重大损失。政府应协助企业建立反倾销指控的应诉机制，积极应对反倾销指控，并借鉴其他国家经验，在应对反倾销指控中，应充分发挥行业协会的作用。

撰稿:广东省统计局工交处　林　瑜

我省实现单位GDP能耗下降13%的目标任重道远

我省是能源缺口较大的省份之一，经济发展长期受到能源紧缺的严重制约。近几年，我省全面落实科学发展观，转变经济增长方式，节能降耗工作取得初步成效。2005年，我省单位GDP能耗达到0.79吨标准煤/万元，为全国最低水平。在此基础上，我省单位GDP能耗要实现今年下降3%和到“十一五”期末比2005年下降13%的目标，将面临严峻的挑战。

一、能源单耗现状

（一）能源单耗处于全国最低水平

根据国家统计局、国家发改委和国家能源办6月30日的能耗公报，2005年我省单位GDP能耗为0.79吨标准煤/万元（GDP为2005年可比价），相当全国平均水平的65.8%，处于全国各省、市、区的最低水平，即为全国最好水平；单位工业增加值能耗1.08吨标准煤/万元，比全国平均水平低58.3%，也为全国最低；单位GDP电耗1195.3千瓦时/万元，低于全国平均水平。这说明我省以较小的能源消耗取得了较大的经济成果，标志着我省在转变经济增长方式的过程中已经迈出了重要的一步，经济增长已从资源消耗型向资源效益型转变。

（二）珠三角地区能源单耗低于全省水平

2005年，我省能源单耗低于全国平均水平，其中珠三角地区经济总量大、能源单耗较低的影响作用较大，如广州（0.78吨标准煤/万元,计量单位下同）、深圳(0.59)、珠海(0.66)、中山(0.78)等市单位GDP能耗均低于全省平均水平，而珠三角地区的GDP总量占全省的80%以上，有效拉低了全省的单耗水平。

（三）山区和东西两翼能源单耗较高

山区和东西两翼的单位能耗水平相对较高，这与经济发展水平、行业结构、管理水平等因素密切相关。我省高耗能工业主要集中于冶金（钢铁）、建材（水泥、玻璃）、陶瓷、石化、火电、纺织等行业，这些行业在山区和东西两翼占的比重较高，如韶关、茂名、清远、梅州、潮州、云浮市等。

表1：　　　　　广东部分市高耗能工业比重及单耗

市 别	高耗能工业行业占全部工业的比重（%）	单位 GDP 能耗（吨 标准煤/万元）	单位工业增加值能耗（吨标准煤/万元）
全 省	15.9	0.79	1.08
韶 关	57.5	2.11	5.95
茂 名	74.5	1.24	4.45
梅 州	36.1	1.43	4.23
清 远	33.4	1.71	3.71
潮 州	45.9	1.43	1.87
云 浮	35.6	1.42	7.37

（四）优质能源比重提高，电力单耗水平相对较高

我省近年注意调整能源结构，提高优质能源的消费比重。在广州等部分大中城市，公共交通车辆推广使用液化气燃料。在工业等领域，减少煤炭在终端消费中的比重，提高优质能源电力的消费比重，电力消费量呈逐年提高的趋势。2005 年，在我省终端能源消费结构中，煤炭的比重为 28.7%，比 2000 年下降了 8.4 个百分点；成品油的比重上升了 7.2 个百分点，电力的比重上升了 3.1 个百分点。

（五）单耗水平变化平稳

“十五”期间，我省能耗水平没有大起大落，变化相对较平稳，呈现两头稍高，中间稍低的走势。在重化工业发展加快的近两年，能保持单耗水平没有较大的升幅，已属非常不易。GDP 按 2000 年可比价计算，我省 2000-2005 年的单位 GDP 能耗分别是 0.88、0.86、0.85、0.86、0.87、0.89 吨标准煤/万元。

二、能耗水平低的原因

（一）高耗能工业比重小

从产业结构来看，我省能源消费主要集中在工业。2005 年工业耗能占全省能源终端消费量的 63.9%，高耗能工业主要集中在重工业。在重工业中，占比重较大的电子信息制造业等是低耗能行业，冶金（钢铁）、建材（水泥、玻璃）、陶瓷、印染、造纸、火电、石化等高耗能行业占工业的比重并不大。2005 年，我省高耗能工业占全部工业的比重仅为 15.9%，低于全国及一些沿海省份；2005 年，规模以上工业单位工业增加值能耗仅为 1.08 吨标煤/万元，处于全国各省、市、区的最低水平，为全国水平的 41.7%。今年国家列入能耗监控的年综合能源消费量 18 万吨标煤以上的工业企业，全国有 1008 家，我省只有 26 家，仅占全国的 2.6%。高耗能工业比重小，是我省能耗水平低的重要原因。

我省多年的经济结构调整对降低能源单耗起了举足轻重的作用。对小煤矿、小化肥、小冶炼及小水泥厂等高能耗企业的关停并转，既减少对能源的需求，又优化了资源的配置。2002—2005 年间，我省的煤炭开采和洗选业、化学原料及化学制品制造业、非金属矿物制品业等产出占全省工业的比重分别下降 0.01、0.33 和 0.61 个百分点。化肥制造业企业由 2002 年的 79 家减少到 2005 年的 55 家，玻璃企业数由 2002 年的 33 家，减少到 2005 年的 29 家。2005 年，全省关闭“十五小”、“新五小”企业 390 多家。

我省消费的一些高耗能产品大多数从省外购进，拉低了我省能耗水平。如钢材，我省年产量 1000 多万吨，仅能满足我省每年工业生产消费的五成左右，加上建筑等行业的消费，缺口就更大。此外，成品油、水泥等高耗能产品，我省均需从省外大量购进。

（二）第三产业比重较大

2005年，我省 GDP 已超过2万亿元，居全国第一位，三次产业的比重为6.4:50.7:42.9。第三产业占国民经济的 42.9%，比全国高 12.5 个百分点，比江苏高 7.5 个百分点，比浙江高 2.9 个百分点，比山东高 10.9 个百分点。在能源消费中，第一产业和第三产业都是能耗较低的产业，我省第三产业的比重较大，是能源单耗水平较低的原因之一。

（三）部分企业节能意识较强

我省外商投资工业和港澳台投资工业总产值占全省的 63.7%，股份制工业占 25.8%，这些企业技术装备较好，节能意识相对较强，特别是一些外资企业，为了追求利益最大化，加班加点，延长工作时间，增加产出，也减少了机器设备的预热启动能耗，加上节能管理较严格，能耗水平普遍较低。

（四）我省一次电比重大，企业自发电减少

2005 年，我省消费一次电（水电、风电和核电）高达 30%，大大减少了火力发电中间损失量，对全省降低能源单耗水平起了很大的作用。

西电东送对降低我省能耗水平也是一个有利方面。2005 年，我省向省外购电达 18.5%。这些电力大大减轻了加工转换的中间损失量，即降低了我省的单耗水平。

近两年，电力供应保证程度相对提高，加上燃油价高自发电不经济，减少了非电力企业自发电效率不高的能源浪费，对降低全省工业能源单耗也有一定作用。

三、存在的问题

（一）降耗的压力较大

2005 年，我省万元 GDP 能耗为 0.79 吨标准煤/万元，比全国平均水平低 35.2%，在这个基础上，今年要下降 3%、“十一五”期末要下降 13%以上，其难度较大。

今后几年，我省高耗能的重化工业仍然会适度加快发展，工业能源单耗水平面临不断提高的压力。根据规划，“十一五”期间，我省现代重化工程达 13 项，计划投资约 3480 亿元。能源保障工程 21 项，“十一五”期间计划投资约 2330 亿元，其中大部分为火力发电。这些工程投产后，势必拉高我省能源单耗水平。

（二）全社会节能意识有待加强

目前，我省节能工作尚未形成好的社会氛围，节能措施难以落实，甚至出现阻力。一些企业节能的主动性不强，节能工作尚未大范围开展。能源浪费的现象还很普遍，提高人们的节能意识任重道远。

（三）节能降耗的监管力量不足

目前，我省缺乏相应的节能执法力量，对能源浪费和高耗能企业超限额耗能无法实施有效管理和监控，这不利于我省节能降耗目标的实现。

四、建议与对策

“十一五”期末，我省单位 GDP 能耗要实现下降 13%的目标，虽然困难较多，压力较大，但只要我们认真落实科学发展观，优化产业结构，加快经济增长方式的转变，采取各种有效的节能降耗措施，这个目标还是有望实现的。

（一）继续加快产业结构调整

1. 加快第三产业的发展。第三产业是低耗能产业，它在国民经济中的比重大小，直接关系到单位 GDP 能耗水平的高低。我省第三产业发展较快，占有较大的比重，且仍然具有较好的发展前景。

2. 加快实现经济增长方式的转变。加快实现经济增长方式的转变，就是要尽快改变以前主要靠高投入、高消费自然资源去换取 GDP 增长的方式。要严格限制高能耗、低产出、高污染的生产企业的发展，特别是东西两翼和山区，应制定相关法规严格监管限制。

3. 调整电力生产结构，增加一次电的生产比重。一次电在未来几年我省会有较快的发展，主要是核电、风电的发展。我省水电资源已不多，潮汐发电等有待开发利用。增加一次电的开发利用，相对利用其它能源加工转换发电对保护环境、节能降耗都具有十分重要的意义。

（二）加快节能新技术的开发应用

加大节能技术开发利用的投入，缩小节能技术与世界先进技术的差距。鼓励节能技术产业化发展，降低利用成本，引导消费。同时，加快新能源、可再生能源和替代能源的开发利用，重点加快核能、风能、水能、太阳能和生物质能（如沼气等）开发利用。提高可再生能源在能源消费中的比重，促进能源消费与环境保护的协调发展，促进我省节能降耗。

近年我省拨款补贴推广发展农村沼气，目前农村使用沼气池已达 18.2 万户，对改善我省农村环境、节约能源起到很好的作用。

（三）强化节能管理，实施节能考核监管

1. 建立节能降耗目标责任制。把节能考核列入地方领导的业绩考核之中，促进地方领导对节能工作的重视。按照国家的统一部署，今年 3 月，我省决定从今年起建立和实施单位 GDP 能耗指标公报制度，定期公布各市万元 GDP 能耗和万元 GDP 能耗降低率、各市万元 GDP 电力消费量和规模以上工业企业万元工业增加值能耗。公报制度的实施，对确保完成省委、省政府提出的单位 GDP 能耗下降目标至关重要。

2. 加强对重点能耗企业的监控。大力抓好重点耗能行业和企业节能，做好钢铁、电力、石化、化工、建材等高耗能行业和企业的节能工作。对超过行业耗能限额标准的企业要强制采取节能措施进行降耗。目前，国家已将我省 26 家年综合能源消费量 18 万吨标准煤的企业列入监管，我省应尽快把节能监管耗能大户扩大到 1000 家。

撰稿：广东省统计局　幸晓维　朱遂文　黄平光

“十五”期间广东能源开发利用成效明显

“十五”期间，面对国内外能源供应紧张、能源价格激烈波动的形势，广东采取能源开发与节约并重的方针，加强能源基础设施建设，优化能源结构，提高能源利用水平，推动能源与环保的协调发展，取得明显成效。

基本特点

一、能源供应能力得到增强

“十五”期间，为缓解能源供需紧张的矛盾，广东一方面加快能源基础设施建设，扩大能源生产规模，另一方面拓宽能源供应渠道，能源供应能力有所增强。

1. 能源生产稳定增长，产出能力不断扩大

一次能源生产保持平稳增长。2005 年，广东一次能源生产量 4524.97 万吨标准煤，比 2000 年增长 21.9%，年均增长 4.0%。分品种来看，除原煤因煤矿事故停产后产量只有 477 万吨，比 2000 年有所减少外，原油、天然气和一次电的生产量均平稳增长。原油、天然气产量分别为 1470.03 万吨和 44.75 亿立方米，比 2000 年分别增加 76.86 万吨和 9.95 亿立方米。一次电生产量由 2000 年的 304.12 亿千瓦小时上升到 2005 年的 512.06 亿千瓦小时，增加 207.94 亿千瓦时。其中，水电 174.82 亿千瓦时，增加 48.67 亿千瓦时；核电 304.76 亿千瓦时，增加 157.75 亿千瓦时。

二次能源生产稳定增长。2005 年，广东二次能源生产量 6038.87 万吨标准煤（当量值），比 2000 年增加 1763.33 万吨标准煤，年均增长 7.2%。其中，成品油生产量 1646.47 万吨，比 2000 年增长 24.8 %；二次电生产量 1840.29 亿千瓦时，比 2000 年增长 75.4%。

2. 西电东送顺利实施，能源调进不断增加

广东能源资源匮乏，生产能力有限，所需能源大部分需要从省外调入或进口。2005 年，广东从省外调入和进口能源 14728.13 万吨标准煤，占全省能源消费总量的 82.0%，比 2000 年增加 8859.60 万吨标准煤，年均增长 20.2%，其中，从省外调进 10140.51 万吨标准煤，进口 4587.62 万吨标准煤，分别比 2000 年增加 5847.43 万吨标准煤和 1830.23 万吨标准煤。

为了解决电力紧张的问题，“十五”期间广东共建成“五交三直”500 千伏西电输送广东的通道，形成“七交三直”500 千伏线路、连接西南三省区和从湖北三峡经湖南到广东的区域性大电网，通道能力达到1200万千瓦以上，比2000年的120万千瓦增加了9倍，与省外电网联络得到进一步加强，并为保障西电"接得下、送得出"夯实了基础。"十五"期间，西电送广东最大电力达到了1120万千瓦，圆满完成国家提出的"十五"期间送广东1000万千瓦的战略目标。到2005年，西电约占广东用电负荷的25%，保证了国家西部大开发战略的实施，有力地支持了广东经济的快速发展。

3. 能源基础设施建设加快，能源供应后劲不断增强

"十五"期间，广东新增年炼油能力超过300万吨，2005年广东炼油能力达到2800万吨。在炼油能力增大的同时，也扩大了成品油的管道输送能力。茂名石化直达广西的成品油输送管道已建成；西起湛江东兴炼厂，途经茂名、阳江，覆盖珠江三角洲主要地市，全长约1100公旦的珠江三角洲成品油输送管道正在建设中。

煤炭海上运输能力和港口接卸能力进一步提高，每年海上煤炭承运能力达到5000万吨，除沿海各大型煤电厂配套的煤码头基本满足自给外，专业化煤码头建设得到加强。在全国煤炭和油品供应出现阶段性偏紧的情况下，广东的能源基础设施建设为保证全省能源供应打下了坚实的基础。

电源电网建设成绩显著。"十五"期间，全省累计电源和电网建设资金投入2000亿元，电源建设进一步加快，电网系统进一步巩固，按时实现了城乡用电同网同价的目标，不仅为保障电力供应奠定了坚实的基础，而且减轻了全省用户特别是农民的电费负担，改善了广东投资环境。在电源建设方面，到2005年底，全省电力装机与西电东送容量合计达到5928万千瓦，其中省内发电装机总容量达到4808万千瓦，比2000年净增1618万千瓦（不含小火电退役143万千瓦），增长50.7%。在电网建设方面，到2005年底，全省建成500千伏双回路环形主干电网；500千伏变电站17座，降压变电容量3600万千伏安，线路长度3575千米；220千伏变电站183座，降压变电容量6948万千伏安，线路长度11550千米；110千伏降压变电容量8413万千伏安，线路长度22270千米。与"九五"期末相比，110千伏及以上电网变电容量增加9771万千伏安，线路长度增加11584千米。

二、能源消费结构进一步优化

"十五"时期，广东经济持续高速增长，工业化、城市化进展进一步加快，人民生活水平日益提高，拉动了广东能源消费的快速增长。能源消费总量从2000年的9447.70万吨标准煤增加到2005年的17769.37万吨标准煤，年均增长13.5%。其中，成品油消费量从2000年的2098.85万吨增长到2005年的3766.65万吨，年均增长12.4%；全社会用电量由2000年的1334.58亿千瓦时增加到2005年的2673.55亿千瓦时，年均增长14.9%。广东能源消费总量占全国的比重较大，2005年能源消费总量占全国的8.0%。其中，煤炭、原油、成品油和电力分别占全国的4.6%、7.9%、17.8%和10.7%。

"十五"期间，广东能源消费结构有所变化，优质能源利用的比重不断提高。在终端能源消费结构中，煤炭的比重从2000年的37.1%下降到2005年的28.7 %，降低了8.4个百分点；成品油和电力占终端消费的比重分别为34.7%和26.6%，分别上升3.0个百分点和3.1个百分点。电源结构方面，全省新增单机容量30万千瓦及以上机组容量624万千瓦，退役小火电143万千瓦。到2005年末，小火电装机容量约占全省总装机容量18.0%，比2000年下降近12个百分点；省内单机30万千瓦及以上机组总容量达到1918万千瓦，占省内总装机容量39.9%，与"九五"期末基本持平。能源生产结构和消费结构的进一步优化反映了广东能源利用效率的不断提高。

天然气利用取得突破，优质替代能源供应量大幅度增加。我国第一个引进LNG试点项目落户广东，一期工程2006年已投产，供应广东的燃气电厂和深圳、东莞、广州、佛山四市城市民用，以及香港用气（63万吨），年供气能力370万吨。利用南海天然气项目也取得进展，建成投产后近期年供气能力为16亿立方米。扩大使用液化天然气是广东能源结构调整的重大举措，对发展经济，改善环境，提高人民生活质量，带动相关产业发展具有重要意义。

三、新能源和可再生能源发展取得成就

"十五"期间，在太阳能热利用、并网光伏发电和生物质能利用领域组织实施了多项新能源和可再生能源的示范工程。目前，广东拥有19座垃圾处理厂，上世纪80年代在深圳投产的我国第一座垃圾发电厂，目前运行良好，日处理能力由300吨扩大到了450吨。广东太阳能利用已经起步，已有多家专门从事太阳能利用产品开发的企业。从目前的市场份额看，全世界90%的太阳能光电小产品出自中国，而国内市场上的产品中，又有80%的生产厂家集中于广东。目前，深圳生产太阳能光电产品的企业不下20家，年产值约20亿元，深圳已成为世界太阳能光电产品的主要产业聚集地。深圳园博园屋顶太阳能光伏并网发电系统总装机容量1兆(MW)，为亚洲第一。广东户用光伏建筑一体化示范工程也已经启动。广州市也在开始大规模推广太阳能的"1万太阳能屋顶计划"，有望从今年开始实施，并于2010年完成。

在各级地方政府的高度重视和组织下，广东农村沼气近几年发展迅速，全省正常使用的用沼气池 18.2 万户。2005 年是广东沼气建设历史上投入最多、发展最快的一年，全省新增户用沼气池达 3.84 万个，相当于 20 多年来累计在用总数的 26.7%。

四、节能工作取得一定成效

“十五”期间，节能增效取得了一定成效。在电力供应紧张情况下，坚持安排退役小火电 143 万千瓦；大力推进技术改造和电力需求侧管理，并关停了一批高污染、高能耗小工业，重点耗能行业单耗显著降低，使广东在加快发展重化工业和装备制造业的情况下，能耗水平仍能与 2000 年基本持平。2005 年单位 GDP 能耗为 0.79 吨标准煤/万元（2005 年价），处于全国最低水平。

“十五”期间，规模以上工业节能明显。2005 年单位工业增加值综合能耗 1.08 吨标准煤/万元（2005 年价），比 2000 年下降 0.37 吨标准煤，仅 2005 年就节能 357 吨标准煤。网内火电供电标煤耗从 365 克/千瓦时降低到 353 克/千瓦时；大型钢铁企业的单耗由 0.93 吨标煤/吨钢下降为 0.70 吨标煤/吨钢。

2005 年，广东 GDP 占全国的比重高达 11.3%，能源消费占全国的比重比 GDP 占全国的比重小 3.3 个百分点。这充分说明广东以较少的能源消费创造了较多的生产总值，能源消费效益水平较高。

五、能源环保工作继续加强

“十五”期间，认真贯彻落实科学发展观，实施了一系列能源环保措施，在全省范围内严禁新建单机容量小于 12.5 万千瓦的燃煤和燃油机组，在珠江三角洲地区和酸雨控制区城区、近郊区不再规划、建设新的燃煤燃油电厂，新建和在建的燃煤燃油电厂，必须配套脱硫设施；大力推进以核电、天然气为代表的清洁能源和以风电为代表的可再生能源发展，不断优化能源消费结构和电源结构。能源工业的环境保护工作不断加强，为改善大气环境做出了积极的贡献。

全省二氧化硫排放量在经济总量持续快速增长、能源消费大幅提高的情况下得到一定的控制，单位 GDP 二氧化硫排放量由 2000 年的 8.38 千克／万元下降到 2005 年的 6.47 千克／万元，仅 2005 年就减少排放二氧化硫 3.82 万吨。

主要问题

“十五”期间，广东能源发展虽然取得了显著的成绩，但也存在以下主要问题：

一是能源供应持续紧张。“十五”期间，随着广东社会经济迅猛发展，能源需求特别是电力需求急剧上升，由于资源和运输紧张、电力建设相对滞后等原因，全省能源供应出现了阶段性持续偏紧的局面。主要表现为电力缺口较大，电力供应从2002年即开始出现拉闸限电现象。近两年，电力短缺出现从季节性转为全年性、从局部性转为全网性、从单缺负荷转为电量与负荷均缺的趋势。2005年最高错峰负荷达到662万千瓦，损失电量74亿千瓦时。其中：全年累计强制错峰线路9888条次，累计强制错峰损失电量1.8亿千瓦小时。电煤供应一度紧张，曾出现过电煤告急，库存低于警戒水平的现象。

近年来，国际、国内油价不断攀升，对广东的石油市场供应造成很大影响，曾一度出现油品脱销的情况。部分小型柴油机电厂停运，重油机组出现亏损，政府补贴负担加重。油品供应多次出现“油荒”事件，加油站限供或停供现象时有发生，出租车、公交等行业效益下滑，产品的竞争力下降，对广东经济发展和居民生活造成一定的影响。

二是对外依存度高，供应风险大。2005年，广东47.4%的原油、58.7%的成品油、97.5%的煤炭和19.3%电力来自省外或进口。由于能源供应保障体系、贸易体系和储备体系尚未完善，外来能源存在很大不确定性和不可控制性，因此，广东能源供应的稳定性和安全性较为脆弱。近年来，国内煤炭市场、国际石油市场的急剧动荡对广东能源供应影响的程度和频率日益加大，各种应急办法尚未上升为长效机制，能源供应抗风险能力较弱。

三是能源结构尚需进一步优化。广东能源结构性矛盾主要表现在能源消费结构和电源结构两个方面。能源消费结构中煤炭的比重与发达国家相比仍然偏高，油、气等优质能源和清洁能源比例偏低。电源结构性矛盾还没有得到根本性的改变，到2005年底，小火电装机容量占总装机容量比例还比较高，而单机容量30万千瓦及以上机组容量仅占省内装机总容量的39.9%。能源的结构性矛盾是造成能源利用效率低和“三废”排放高的主要原因之一。

四是能源单耗水平有待进一步降低。广东粗放型的经济增长方式还没有得到根本的转变，体现在单位产值能耗、单位产品能耗与先进水平相比还有较大差距。2005年单位GDP能耗虽为全国平均水平的65.8%，但与工业化国家相比仍存在着较大差距；单位发电煤耗和吨钢、吨水泥能耗与发达国家相比都存在较大的降低空间。

五是能源建设相对滞后。“十五”期间，广东能源基本建设投资1513.63亿元，占全社会基本建设投资额的14.2%；能源更新改造投资480.01亿元，占全社会更新改造投资额的14.2%，比东部发达省份低。广东“十五”期间出现的能源供不应求现象，尤其是能源荒现象，与长期能源投资不足关系十分密切。农村能源建设投资也不足，2005年，广东发展农村能源建设专项资金由2004年的300万元增加至1000万元，但与泛珠三角区域的兄弟省相比，乃相距甚远，如广西2002-2004年，每年对沼气建设投资9400万元；湖南2004年全省投资4690万元，广东对农村建设沼气的支持力度与经济大省的地位以及群众的迫切要求很不相适应。

六是能源发展与环境保护矛盾依然突出。2005年，全省酸雨频率达到55%，全省仍然有一半以上城市出现酸雨，珠三角多个城市为酸雨污染严重区，个别市出现酸雨频率高达88 %。能源利用所带来的污染物排放仍然是环境恶化的主要影响因素。随着能源消费总量的不断增长，能源利用与环境保护的矛盾将日益突出。从2001年到2005年，工业二氧化硫排放量由88.2万吨上升到127.4万吨，烟尘排放量由20.3万吨上升到27.9万吨；空气中二氧化硫年平均值由0.020毫克/立方米上升到0.027毫克/立方米。

几点对策

“十五”以来，随着经济增长速度的加快，能源领域多年积累的矛盾和问题进一步暴露，能源供给状况对经济社会发展已构成严重制约。对于这些问题，我们必须认真对待，采取综合措施，统筹加以解决。

——多元化发展，确保能源供应。广东要积极推进实施能源多元化发展战略，按照科学发展观和建设资源节约型、环境友好型社会的要求，坚持节约优先、多元发展的能源发展方针，推进以电力为中心、油气和新能源等全面发展，努力构建清洁、高效、安全、稳定、多元的能源供应体系。重视以清洁能源改善环境、以能源结构多样化分散价格风险和以国际综合采购保障能源供应，尽快和尽多地提高天然气和核电的比重以替代煤炭。

引进液化天然气（LNG）是广东实施能源多元化发展的重要内容。广东经济发展快，且具有沿海优势，但能源资源不足，适度进口LNG是构建广东多元化能源供应体系可供选择的重要途径之一。

积极推进其他能源的发展，采取大力发展核电，进一步开发水电，优化发展煤电，扩大利用“西电”规模，积极开发利用风能、太阳能、生物质能等清洁可再生能源，也应是广东扩大能源供应的重要选择之一。

——加快石油安全供应体系的建立，保障石油供应安全。广东作为能源消费大省，石油对外依赖性大，建立石油供应安全体系十分必要。一是建立多元化的石油境外供应渠道；二是加快研发替代产品能源和新能源；三是积极参与国际市场上石油期货和现货交易，从市场和竞争中获得更多的石油产品；四是加强石油战略储备和预警体系建设。

——**鼓励使用清洁优质能源，调整优化能源结构。**广东能源结构有待进一步优化。2005年，煤炭消费量达9942.37万吨，相当于能源消费总量的40.2%。其中，煤炭终端消费量2855.29万吨，占能源终端消费的16.5%。这对广东走新型工业化道路和全面实现小康社会将造成非常大的压力。要采取有效措施，加速开发利用天然气、太阳能、风能等清洁能源，迅速增加对石油、天然气等优质能源的供应和消费，逐步降低煤炭消费比例。

优化能源结构，很大程度上取决于产业结构。因此，必须继续实施产业政策调整，控制高耗能产业发展，把发展高科技产品和第三产业作为产品结构和产业结构调整的主流方向。

——**提高能源利用效率，大力推进节能。**节约能源资源，走科技含量高、经济效益好、资源消耗低、环境污染少、人力资源优势得到充分发挥的路子，是关系广东经济社会可持续发展全局的重大问题。我们必须立足当前、着眼长远，下更大的气力抓好节能降耗工作。一是要大力调整经济结构和转变经济增长方式，切实改变高投入、高消耗、高污染、低效率的增长方式。二是要加快建立能源资源技术支持体系，依靠科技进步增强节约能力。三是要注重优化消费结构，逐步形成节约型的消费方式。四是要建立促进节约能源的体制机制，形成有利于节约能源资源的市场环境和长效机制。五是要加强规划和政策引导，促进能源资源的节约和有效利用。六是要建立健全节约能源资源的法律法规和标准体系，推动生产、建筑、交通等方面的节约能源资源工作。七是要加强节约能源资源的宣传教育，努力使节约能源资源成为全省人民的自觉行动。

——**加大能源投入。**加大投入是解决广东能源问题的重要手段之一。目前，既要加强能源基础设施建设，培育和扶持省内能源装备工业发展，扩大本省炼油和发电能力，也要加强可再生能源研究、开发与应用的投入，保证能源的可持续发展。

撰稿：广东省统计局工交处　朱遂文 黄平光

“十五”期间广州工业化的发展变化与对策建议

工业化是世界各国经济发展的普遍规律，也是广州走向现代化的必经之路。准确地把握广州工业化的进程，制定相应的产业发展方向和政策，加快广州工业化的步伐，意义重大。近年来，广州工业在重工业、高新技术产业等加快发展的带动下，步入了快速发展轨道，工业生产已成为全市经济持续快速发展的重要引擎，工业化的进程亦随之加快。本文根据“十五”期间广州经济社会发展的变化和有关方面的材料，分析广州工业化的发展进程所处的阶段、面临的困难，并提出相关的对策建议，供有关部门参考。

一、 广州工业的发展水平与变化

（一）从工业总体发展水平看，工业经济规模快速扩张，整体实力明显增强

截止2005年末，全市共有工业企业46469家，其中规模以上企业（国有及年主营业务收入500万元以上）5240家，分别比2000年增长了47.9%和15.6%；2005年全市完成工业总产值6767.96亿元，其中规模以上企业完成6032.05亿元，分别比2000年增长了1.3倍和1.5倍，2001-2005年年均分别增长了18.3%和18.6%。当年新增工业总产值1001.27亿元，再次突破千亿元大关。2005年平均每户规模以上工业企业资产总额为0.92亿元，实现工业产值1.15亿元，分别比2000年增长35.3%和1.2倍。广州工业整体实力不断增强，在全省乃至整个华南地区占有举足轻重的地位。大力发展名牌产品战略取得成效。至目前为止，全市已拥有一批在国内外具有较高知名度的名牌产品。“珠江钢琴”、“珠江啤酒”、“立白洗涤剂”、“浪奇洗涤剂”、“双鱼乒乓球器材”、“万力子午线轮胎”等7个产品获2004年中国名牌产品称号。截止2004年，广州共有中国名牌产品17个，省名牌产品102个。

（二）从工业布局和结构看,东部、南部、北部已成为广州规模以上工业企业的主要集聚地，大中型企业主导工业增长

经过多年的艰苦努力，广州已建立起门类相对齐全地方工业体系，工业企业遍及工业行业大类35个（工业行业大类共有39个）。由黄埔区、天河区、增城市、萝岗区组成的东部工业，由白云区、花都区、和从化市组成的北部工业，由番禺区、南沙开发区

组成的南部工业，2005 年合计完成规模以上工业总产值 5473.30 亿元，占全市规模以上工业总产值的 90.7%；合计完成工业增加值 1441.66 亿元，占全市规模以上工业增加值的 88.8%。与此同时，基础设施完备、环境优美的工业园区、科技园等已成为众多外资企业、合资企业的首选地，成为现代工业企业的重要载体。

截止 2005 年末，全市共有大中型工业企业 606 家，虽仅占规模以上企业总数的 11.6%；但全年实现工业总产值高达 4259.46 亿元，占规模以上工业总产值的 70.6%，比 2000 年提高 12.7 个百分点；实现工业增加值 1207.94 亿元，占规模以上工业增加值的 74.4%；实现主营业务收入 4238.74 亿元，比 2000 年增长了 1.4 倍。大中型工业企业成为主导广州工业快速增长的中坚力量。

2005 年全市规模以上汽车制造业、电子产品制造业、石油化工制造业三大支柱行业合计完成工业总产值 2594.33 亿元，占全市规模以上工业总产值的 43.0%，比 2000 年提高了 6.4 个百分点；实现工业总产值比 2000 年增长了 3.0 倍，高于全市规模以上工业总产值的增长速度 148.7 个百分点；三大支柱产业合计实现利润总额 242.07 亿元，占全市规模以上工业利润总额的 59.8%。初步形成了附加值高、产业链长的重点产业群，有力地推动广州工业的快速发展。

（三）从产业的发展高度看，高新技术产业已成为工业发展的领头羊，传统劳动密集型产业所占比重逐步下降

近年来，广州高新技术产业持续高速发展，在电子信息、生物医药、新材料、机电一体化、高效节能等领域，初步形成了高新技术产业群。至 2005 年底，全市共有高新技术工业企业 437 家，当年合计完成工业总产值 1787.89 亿元，比 2000 年增长 2.9 倍，高于全市工业增长水平 140 个百分点。高新技术产业产值占工业总产值的比重是国际上衡量制造业产业结构优化程度的重要指标。2005 年高新技术产业产值占全市工业总产值的比重为 26.4%，比 2000 年的 15.7%提高了 10.7 个百分点；实现高新技术产业增加值 530.80 亿元，比 2000 年增长了 2.9 倍。表明广州制造业产业结构得到了较大的提升。新产品产值较快增长。2005 年全市规模以上工业完成新产品产值 719.91 亿元，占全市规模以上工业总产值的比重为 11.9%，比 2000 年提高 7.2 个百分点。科技进步对工业经济增长的贡献率逐步提高。2005 年科技进步对工业经济增长的贡献率达 50.8%，比 2000 年的 48.1%提高了 2.7 个百分点。

随着广州经济社会发展水平的不断提高，生产要素成本也在逐步上升，成为促进传统劳动密集型产业加快优化调整步伐的主要因素之一，传统劳动密集型产业比重呈逐步下降趋势。据统计资料，2005 年末，全市共有规模以上纺织业，纺织服装、鞋、帽制造业，木材加工及木、竹、藤、棕、草制品业企业 814 家，占全市规模以上企业户数的比重为 15.5%，比 2000 年下降了 2.3 个百分点；合计完成工业总产值 344.74 亿元，占全市工业总产值的比重为 5.7%，比 2000 年下降了 3.7 个百分点。

（四）从工业生产的能源、水资源消耗和对环境影响看，单位能耗逐步下降，工业废水、粉尘等排放量明显减少

得益于产业结构的优化调整和节能技术的推广使用，广州工业生产单位能耗、每万元 GDP 能耗逐步下降。2005 年全市工业总产值单位能耗为 0.36 吨标准煤/万元，比 2000 年下降了 25.0 %；工业增加值单位能耗为 1.31 吨标准煤/万元，比 2000 年下降了 22.9%；单位 GDP 能耗由 2000 年的 0.91 吨标准煤/万元，到 2005 年下降为 0.78 吨标准煤/万元，下降了 14.3%。2000 年每万元工业总产值新鲜用水量为 302.73 立方米，至 2004 年(缺 2005 年数据)下降为 104 立方米。

随着人们环保意识的增强和工业生产工艺、技术水平的不断提高，工业生产中带来的废水、粉尘等排放量逐步减少。2005 年工业废水排放量为 20249 万吨，比 2000 年降低了 16.1%；工业粉尘排放总量为 0.51 万吨，比 2000 年减少 95.8%；工业固体废物综合利用率从 2000 年的 83.5%提高到 2005 年的 91.2%；2005 年工业固体废物排放量比 2000 年减少了 88.1%。

（五）从所有制结构看，多种所有制经济共同推动工业发展

经过多年的经济体制改革，广州工业经济已形成企业经济成份多元化、各种所有制企业共同推动广州工业经济发展的格局。2005 年末，全市拥有规模以上国有、集体工业企业 211 家和 263 家，当年完成工业总产值分别为 402.23 亿元和 70.07 亿元，占全市规模以上工业总产值分别为 6.7%和 1.2%。民营工业企业快速发展，成为广州工业发展的一大亮点。2005 年全市规模以上民营工业企业 2405 家，合计完成工业总产值 880.74 亿元，比 2000 年增长 1.9 倍，高于全市工业增长水平 40 个百分点。三资企业持续较快增长，成为广州工业发展的重要动力。2005 年末全市规模以上三资企业 2179 家，合计完成工业总产值 4087.38 亿元，占全市工业总产值的 67.8%；比 2000 年增长 2.3 倍，高于全市工业增长水平 80 个百分点。

二、 广州工业化发展阶段的基本判断

（一）从广州人均 GDP 水平看，如按户籍人口计算，已达到中等发达国家水平

进入"十五"以来，广州经济持续快速发展。全市 GDP 总量从 2000 年 2492.74 亿元快速扩大到 2005 年的 5154.23 亿元；人均 GDP 为 8456 美元（人口按户籍人口口径），已达到中等发达国家水平。著名经济学家 H·钱纳里等人把现代经济增长理解为经济结构的全面转变，并借助多国模型，提出"标准工业化结构转换模式"，依据人均 GDP 收入水平将不发达经济到成熟工业经济的整个经济增长和结构转变过程分为三个阶段、6 个等级(见表 1)。对照 H·钱纳里提出的标准，2005 年广州人均 GDP 已达到工业化阶段的高级阶段。如按户籍人口计算，人均 GDP 离发达经济阶段的初级阶段尚差 364 美元/人（2000 年美元）。

表 1：　　H·钱纳里人均经济总量与经济发展阶段的关系

经济发展阶段		人均 GDP (1980 年美元)	人均 GDP (1998 年美元)	人均 GDP (2000 年美元)
初级产品生产阶段		300 - 600	530 - 1200	588—1176
工业化阶段	初级阶段	600 - 1200	1200 - 2400	1176—2352
	中级阶段	1200 - 2400	2400 - 4800	2352—4704
	高级阶段	2400 - 4500	4800 - 9000	4704—8820
发达经济阶段	初级阶段	4500 - 7200	9000 - 16600	8820 以上
	高级阶段	7200 - 10800	16600 - 25000	

（二）从三次产业结构看，已形成"三、二、一"产业发展格局

从 2001-2005 年，广州三次产业的比例呈"一升两降"变化趋势（见表 2）。

表 2：　　广州三次产业结构的变化　　单位：%

年份	2000	2001	2002	2003	2004	2005
第一产业	3.79	3.42	3.22	2.93	2.63	2.53
第二产业	40.98	39.14	37.81	39.53	40.18	39.68
第三产业	55.23	57.43	58.97	57.54	57.19	57.79

第三产业比重从 2000 年的 55.23%上升至 2005 年的 57.79%，上升了 2. 56 个百分点；而第一、二产业比重分别下降了 1.26 个和 1.3 个百分点。1994 年广州第三产业比重首次超过第二产业，并一直维持到目前，2005 年第三产业比重分别比第一、二产业比重高出 55.26 个和 18.11 个百分点。表明广州已形成了"三、二、一"产业发展的格局。2005 年广州第一产业增加值占 GDP 的比重仅为 2.53%，远低于国际上衡量一个国家或地区是否完成工业化最重要的结构性指标之一：农业产值占 GDP 的比重必须降到 15%

以下。但要说明的是，目前英、法、德、美、日等发达国家第一产业增加值只占 1%-2%，广州三次产业的结构与 2000 年韩国的 4.7：42.4：52.9 的水平相当，但与日本（1.4：31.8：66.8）（2000 年）、美国（1.6：24.9：73.5）（2000 年）仍相差较大。

经济发展理论表明，第二产业增加值与第一产业增加值的比值越大，工业化程度越高。当该比例小于等于 1 时，为初级产品阶段，主要特征是农业生产活动为主；当该比例大于 1 时，为工业化阶段，其中该比例为 2-3 为工业化初期阶段，4-5 为工业化中期阶段，6-7 为工业化后期阶段，大于 8 为发达经济阶段。从广州第二产业增加值与第一产业增加值的比值看，2000 年为 10.8：1，至 2005 年更是扩大到 15.7：1。虽然，广州农业生产的土地资源相对不足，是影响第一产业发展相对较慢、第一产业增加值明显低于第二产业的原因之一；但不影响证明广州工业化已达到了较高的水平。

（三）从三次产业从业人员的结构、城市化发展水平两项指标看，均已达到工业化的标准

表 3：　　2000-2005 年广州三次产业从业人员结构表

年份	2000	2001	2002	2003	2004	2005
第一产业	18.99	19.28	18.45	18.40	16.67	15.13
第二产业	40.12	38.98	38.55	38.42	37.85	38.68
第三产业	40.89	41.74	43.00	43.18	45.48	46.19

从总体上来看：（1）广州第一、二次产业从业人员的比重呈逐步下降趋势，第三产业从业人员比重于 1996 年首次超过第二产业之后，继续稳步上升，成为吸纳从业人员的主要渠道。（2）第一产业从业人员比重，已明显低于 20%。按照国际上衡量一个国家或地区是否完成工业化重要的结构性指标之一：农业就业人数占全部就业人数的比重降到 20%以下，广州从业人员结构已达到工业化的标准。

国际上衡量一个国家或地区是否完成工业化另一重要的结构性指标是：城镇人口上升到 60%以上。按户籍人口计算，2005 年广州非农业人口占全市人口总数的比重已达 69.3%。表明广州城镇化水平已达工业化的标准。

（四）从工业增加值占 GDP 的比重看，已完成倒“U”型转折，城市发展动力得到转换

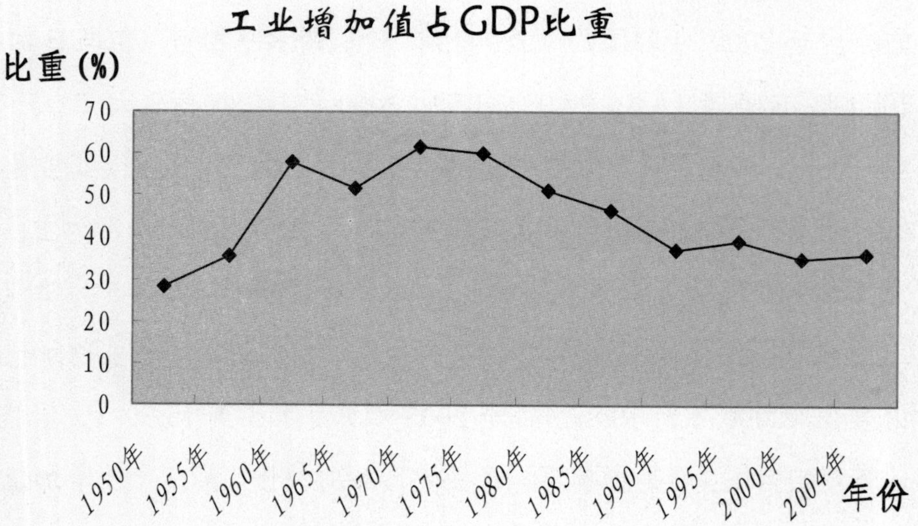

与经济发展的一般规律一致，广州的工业化水平指数(工业化水平指数=工业增加值/GDP)也经历了一个由小增大，再由大变小的转折过程。目前世界发达国家和发达城市的工业化水平指数都已越过倒"U"型曲线的临界点。从广州工业增加值占GDP比重的变化趋势(见图)中可以清楚地看到，工业化水平指数已经越过倒"U"型曲线的临界点(1970年为最高点，达61.88%)，处于其右侧，并呈平缓下滑的趋势（近几年较为平稳）。按目前经济发展的趋势看，由于广州将加大发展第三产业的力度，工业增加值占GDP的比重基本上不可能再次超过第三产业，表明广州已基本上完成了工业化水平指数倒"U"型转折。与此同时，第三产业增加值占GDP的比重逐步增大，于1992年首次超过了工业增加值所占的比重，并呈继续增大趋势。广州经济发展由原来主要靠工业拉动，转变为二、三次产业共同推动经济增长，并呈现出向后工业经济稳步推进的迹象（见表4）。

表4：　2000-2005年广州工业化指数表

年 份	2000	2001	2002	2003	2004	2005
工业化指数	35.22	33.62	32.80	34.96	35.82	35.78

（五）从工业内部结构看，重工业总产值、增长速度均超过轻工业

2005年广州重工业实现工业总产值3896.54亿元，轻工业实现工业总产值2871.41亿元，全年重工业实现工业总产值超过轻工业；与2004年比，重工业完成的总产值增

长了 18.8%，高于轻工业增速 8.7 个百分点。轻、重工业完成工业总产值之比，由 2000 年的 1.32：1 改写为 1：1.36。标志着广州工业向重化工业迈进了关键的一步，由工业的轻型化转向工业的重型化，形成了重工业主导工业增长的格局。根据霍夫曼比例（霍夫曼比例是消费品工业净产值与生产资料净产值的比例），用轻工业总产值/重工业总产值计算广州工业霍夫曼系数为 0.74，表明广州工业化水平已达到霍夫曼划分的工业化发展四个阶段的第三阶段（见表 5）。

表 5：　　　　霍夫曼工业化阶段指标

阶 段	第一阶段	第二阶段	第三阶段	第四阶段
霍夫曼比例	5（±1）	2.5（±1）	1（±0.5）	1 以下

（六）按工业发展过程中投入的主要生产要素看，广州已进入资本密集型的工业化阶段

划分工业化进程另一种方式是：根据工业化进程中投入的主要生产要素的特征进行分类，把工业化进程分为劳动密集型、资本密集型和智力密集型三个阶段。从目前广州工业的发展水平看：（1）劳动生产率逐年提高。2000 年广州规模以上工业企业全员劳动生产率为 60342 元/人，至 2005 年上升为 115051 元/人，全员劳动生产率提高了 54709 元/人。（2）资本劳动比率持续上升。为提高企业的竞争力，不少企业下大力气提高物质技术装备水平，资本劳动比率随之而上升。2000 年广州规模以上工业企业的资本劳动比率为 26.29 万元/人，到 2005 年上升至 34.27 万元/人。（3）劳动力需求的弹性系数较为稳定。2000 年广州工业企业劳动力（从业人员）需求弹性系数为 1.03(工业总产值、不变价)，2005 年为 1.05，变化不大。以上三方面分析表明，随着劳动生产率的提高，工业对资金投入的需求稳步增大，而对劳动力的需求较为稳定，广州工业已进入资本密集型的工业化阶段。随着资本密集型工业化的到来，国际初级产品的有限供给和价格波动对广州工业经济的影响将日益增大。

结论：从以上分析研究表明，广州工业化水平已达到工业化的高级阶段，进入了以技术和资本密集型产业为主要支撑的发展阶段，并逐步向经济稳步发展的后工业化阶段推进，工业结构调整已成为广州工业经济增长的重要动力。但也要看到的是，广州工业化水平还未达到工业化成熟阶段的高度，人均 GDP 水平与后工业化的标准还有不小的差距（按常住人口计算差距更大）。根据经济发达国家工业化进程的实践，在工业化高级阶段的后期，第二产业劳动生产率至少为 12000 美元，对比广州目前的水平，仍有较大的差距；此外，广州工业企业的整体技术装备水平、产品竞争力、从业人员的素质、自主创新能力，乃至工业经济的整体增长方式等，与西方发达国家相比，亦存在不小的差距。因此,还需付出艰苦的努力，才能全面完成工业化的任务。

三、 广州工业发展及工业化进程中存在的主要问题

（一）资源供应全面趋紧，“高进低出”影响企业发展后劲

世界各国的发展经验表明，当工业化进入资本密集和技术密集新阶段，资源消耗和污染排放将会增加。中国工业化是人类历史上人口参与规模最大的工业发展过程，对资源的消费和对环境的影响之大是可想而知的。目前广州已进入重化工业加快发展，带动工业化加速发展的时期，对资源的需求量增长较快。此外，随着城市化步伐的加快，城区面积迅速扩大，大量农村人口转为城镇人口，城镇建设土地占用面积、城镇居民能源消耗随之上升，增大了资源供给压力。据国务院发展研究中心有关专家的测算，城镇人口人均能源消费量大约是农村人口的3.5倍。在未来较长时期内，广州仍将处于对自然资源需求不断增长的阶段。加上国内各主要大城市的重化工业亦在加快发展，导致近年来资源供应全面趋紧。受资源有限供给的影响，广州工业在进入高增长期的同时，也进入了资源瓶颈约束期。尤其是土地资源方面，针对近年来经济发展中较为突出的矛盾——部分城市投资增速过快、新开工项目过多、在建规模过大等问题，国家相继出台了一系列政策，在加强对投资的调控力度的同时，严把土地闸门。此外，由于局部地段征地难度加大，征地耗费时间较长，使得广州工业用地颇为紧张。尤其是可实施优惠政策的土地相对不足,是近年来广州工业发展速度与津、苏等地的差距拉大的主要原因之一。

由于中国工业的持续高速增长，资源消耗量明显增大，甚至对世界资源产品市场产生较大压力，带动原材料、燃料、动力购进价格持续高幅度上升。2005年广州原材料、燃料、动力购进价格上升 7.9%。由于广州是矿产、能源等资源贫乏型城市，原材料、燃料、动力购进价格持续上升，直接加大广州工业企业的生产成本。与此同时，受城乡居民收入水平差距大、社会保障体系仍有待进一步完善等因素影响，城乡居民的消费需求虽保持一定幅度的增长，但始终难有突破性增长；加上近年来全国各地大批新工业生产项目陆续投产，使原本是供大于求的消费品市场雪上加霜。目前已有汽车等11个行业出现或潜在产能过剩，严重阻碍了上游产品价格上涨对下游产品价格的传导，致使工业品出厂价格升幅明显低于原材料、燃料、动力购进价格升幅。2005 年广州工业品出厂价格升幅低于原材料、燃料、动力购进价格升幅6.2个百分点。由于广州工业企业以

生产下游产品为主，全国性部分行业产能过剩释放和原材料、燃料、动力购进价格上涨给企业带来的不利影响，增大了工业企业扩大利润的难度。

（二）技改、研发水平有待提高，企业自主创新能力不强

经过多年不懈的努力，广州在科研方面的投入保持了持续增长的势头，自主创新能力也有了明显的提高，但与国家提出的提高自主创新能力的要求相比，以及与国内部分城市相比，仍有一定差距。主要表现在:（1）开展自主创新活动的人力相对较弱。2004年全市每万人口从事科技活动人员177人(2005年为180人)，每万人口从事科技活动科学家工程师为110人(2005年为115人)，与国内部分城市相比，差距较大。如2004年北京每万人口从事科技活动人员为259人，每万人口从事科技活动科学家工程师为202人,分别比广州多82人和92人。2004年广东省拥有中国工程院院士13人(缺广州数据)，低于北京（291人)、上海（36人)，与天津持平。（2）研究与发展（R&D）经费投入所占比重仍有待进一步提高。近年来，广州R&D经费支出占GDP比重稳步上升，从2000年的1.31%提高到2005年的1.65%，提升了0.34个百分点；但与上海的2.34%相比，仍低了0.69个百分点。研究与发展经费投入与产品销售收入之比是国际上通用的反映企业自主创新投入强度的主要指标。2005年广州市大中型工业企业研究与实验发展经费合计17.04亿元，仅占其主营业务收入(由于统计制度方法的变化，只能用主营业务收入代替产品销售收入）0.4%，不仅大大低于发达国家（平均水平为3%)，也低于深圳（2004年为1.3%)、北京（2004年为1.1%)、上海（2004年为0.8%）等国内大城市。2005年广州大中型工业企业科技活动经费支出总额为36.44亿元，占其主营业务收入的0.86%。按照国际OCED提出应达到5%的标准，广州该项指标明显偏低。低水平的R&D投入，导致多数工业企业无力进行核心技术和前瞻性技术的战略研究，技术创新活动普遍维持在对一些低端技术的研发上。(3)发明专利申请量、发明专利授权量低于部分国内城市。近年来，广州专利申请量、专利授权量稳步增长。2005年全市专利申请量达11012件，其中发明专利申请量为2029件；专利授权量达5724件，其中发明专利授权量为604件。与部分国内城市相比，仍有差距。2005年广州发明专利申请量，分别比北京（22572)、上海（32741）少11560件和21729件；发明专利授权量，分别比北京(10100)、上海(12603)少4376件和6879件。广州工业企业研发投入水平不高，技术创新能力也不强，部分企业对引进技术的消化、吸收和创新效果不理想，特别是没有把技术引进与自主创新结合起来；企业技术自给率不高，重复引进导致对国外技术资源的过分依赖，导致产业技术创新能力难以得到增强。大部分企业的主导产品和主要技术以模仿和引进为主，表现出明显的工业技术的弱原创性和强模仿性。在高新技术产业中，真正拥有自主知识产权、高附加值的产品比重较低，叫得响、价值高的名牌产品不多，市场占有率不高。由于大多数高新技术产业的核心技术掌握在国外大企业的手中，部分高技术产品生产企业只是从事加工、组装和一般零部件生产环节，或是“贴牌”生产，导致部分高技术产业企业亦存在收益低、技术水平低等问题。这不仅不利于我市工业的续快速增长，而且制约了工业经济综合实力和竞争力的提高。(4)企业自主创新以企业自身投入为主，企业对社会资源的动用能力比较低，化解技术创新风险的能力比较差。

（三）工业投资规模相对偏小，产业整体发展层次有待提高

工业投资是推动工业化进程的重要动力之一。近年来，广州工业投资虽保持连续增长势头，但仍存在投资规模偏小、比重偏低等问题（见表 6）。一是与国内主要城市相比，广州工业的投资规模较小。2003 年广州工业投资额仅 179.79 亿元，在穗、京、津、沪、深、苏、宁七大城市中，仅高于北京市,居第六位。2004 年广州工业投资比上年有较大的增长，但在七大城市中，仅略高于深圳 2.25 亿元，仍居第六位；与工业投资规模居首的上海市相比，低 731.9 亿元 ，只相当于上海市的 26.9%；比居第二、三位的苏、宁两市分别低 600.28 亿元和 275.02 亿元。2005 年广州工业投资规模继续扩大，达 372.57 亿元，但与北京市相比，少 10.83 亿元。二是工业增加值占 GDP 的比重与工业投资占全市投资总额的比重不般配。2005 年全市工业增加值占 GDP 的比重为 35.78%，而工业投资占全市投资总额的比重仅为 24.53%，两者相差 11.25 个百分点。工业投资规模相对偏小、工业投资占全市投资总额的比重相对不高，直接影响到工业经济持续快速发展的后劲。“十五”期间，广州工业总产值增速从 2001 年的 14.9%上升至 2003 年的 26.5%，随后回落至 2004 年、2005 年的 20.0%和 15.4%，虽仍保持了较高的增长速度，但与天津、深圳、苏州等地相比，差距明显。

表 6：　　主要城市工业投资完成情况对比　　单位：亿元

	广州	北京	天津	上海	深圳	苏州	宁波
2001 年	125.28		250.11	651.05			
2002 年	154.35		247.89	688.59		509.50	
2003 年	179.79	172.30	357.01	800.15	201.09	842.31	397.02
2004 年	269.30	326.50	474.81	1001.20	267.05	869.58	544.32

近年来，广州的工业化虽取得了较大的进展，但整体产业层次仍不高。（1）大企业数量少且规模偏小。2005 年度“中国制造业企业 500 强”中，广州仅有 8 家，天津、深圳各有 26 家，重庆市 11 家。上海宝钢集团以 1617.57 亿元的营业收入，高居榜首；比广州目前规模最大的制造业企业(居 500 强的第 18 位)的营业收入高出 2.76 倍。（2）高新技术产业所占的比重不大。近年来广州高新技术产业快速发展，成为推动工业增长重要动力。但与国内部分城市相比，广州高新技术产业的比重相对较低。2004 年广州高新技术产品产值占工业总产值的比重，与上海、深圳、北京相比，分别低 3.4 个、25.4 个和 9.5 个百分点。2005 年，北京市高新技术产业实现工业总产值 2407.1 亿元，比广州多出 34.6%；北京高新技术产业产值占工业总产值的比重达 34.7%，高于广州 8.3 个百分点。（3）需改造的劳动密集型企业量多难度大。2005 年末，在全市 35 个工业大类行业中，规模以上企业数量居第二位的行业是纺织服装、鞋、帽制造业，达 418 家；居第四位的是纺织业，达 350 家。此外，还有为数不小的规模以下劳动密集型企业，以及个体、私营企业。在众多的劳动密集型企业中，大多数企业缺乏自主品牌产品，产品附加值低，赢利能力不强；部分企业处于微利或亏损的边缘，无力进行技术改造或产品的创新，产品更新换代能力滞后，老产品多，新产品少，竞争力较弱，直接影响到企业的下一步发展，也将影响到工业整体层次的提高。

四、 加快广州工业化进程的对策建议

（一）以工业的稳步快速发展为动力，加快广州工业化进程

广州市虽已跨进工业化阶段的高级阶段，但工业化的任务还没有完成；要进入后工业经济阶段，还需要付出巨大的努力。在未来相当长的一段时间内，广州经济的持续快速发展，仍必须借助工业的快速发展。因此，第一，广州必须遵循工业化和产业发展规律，根据目前广州产业的发展水平,进一步明确产业的发展方向，制定产业发展引导政策，抓住广州经济进入工业加速发展阶段的大好时机，继续加快工业的发展步伐，借工业持续快速发展的冲力，推动广州经济尽快进入后工业经济，为下一步顺利进入后工业经济打下扎实经济发展基础。第二，广州所处的地理环境、经济发展水平等因素，决定了广州现阶段必须继续实施以“二产带动三产，三产促进二产”和“高增值、强辐射、大产业”的产业发展方针，以工业的稳定快速发展，奠定服务业发展的产业基础，实现二、三次产业联动发展，推动经济快速发展的目标。第三，近年来，广州在加快工业生产方面取得了不俗的成绩，但由于国内部分城市不断加大马力发展工业生产，广州经济发展

的地位受到挑战。受消费需求增速平稳等因素的限制，持续大幅度提升第三产业的增速仍存在不少的困难，因此，继续加快工业的发展步伐，是广州保持在国内主要城市中经济发展领先地位的重要途径之一。应针对目前广州工业固定资产投资规模偏低、增速不高等问题，切实采取各种有效措施，加大工业生产的投资力度，培育工业新的增长点。同时，要继续加大工业生产项目的招商引资力度，尤其是要下大力气吸引投资规模大、带动作用强的项目落户广州，以保障工业经济的稳步快速发展。

（二）以新思路突破土地资源环境的瓶颈，保障广州工业的稳定快速发展

随着国家保护耕地面积力度的加大，新增工业生产用地的难度随之增加。解决工业用地制约要用创新思路，要以资源承载力和环境容量为基础，科学地规划工业经济的发展，合理地优化工业产业结构和布局。一是大力推进土地集约化使用，优化产业布局，提高产业集聚水平。继续实施“东进、西联、南拓、北优”城市发展战略，大力推动工业园区建设，创造有利于产业集群发展的环境。建立完善土地储备制度。要加强与上级有关部门的沟通和协调，大力争取国家和省对广州工业项目和项目用地的支持。二是积极探索“增项目不增土地”的方法。（1）向闲置土地要土地。制定相应的政策措施，盘活闲置土地；（2）向空间要土地。引导企业确立立体的用地观，向空间和地下要土地。鼓励企业建造多层厂房，针对部分现有工业项目容积率偏低、绿化率偏高，鼓励企业经规划审批后在原厂房上加层，或利用超面积的绿化用地；（3）向机制要土地。其一，健全审查报批机制。加强建设用地全程管理，严把用地审批关。要求新增建设用地的项目，必须建立在现有闲置土地已充分消化的基础上。其二，建立适当准入机制。对土地使用设置多道门槛，变“招商引资”为“选商引资”，有选择地引进用地少、科技含量高的项目；（4）大力改造产值低、效益低的企业，对无力改造的企业实行“腾笼换鸟”。2000年广州本地生产值总值密度为3352.98万元/平方公里，工业总产值密度达4169.83万元/平方公里；至2005年分别上升到6932.95万元/平方公里和9103.57万元/平方公里（上海为11749万元/平方公里）。按广州制定“十一五”发展规划，至2010年，广州本地生产值总值密度预期达到1.16亿元/平方公里，工业总产值密度将达到1.75亿元/平方公里，必须在现有的土地上大幅提升产出水平。因此，要在有限的土地上，生产出更多更好的产品、创造出更多的财富，仅靠增加工业生产用地面积是难以实现的。还必须下大决心，对产值低、效益低的企业进行全面摸底、改造，提高生产力；对无法改造或无力改造的企业，宜及早实行“腾笼换鸟”。

（三）加大扶持力度，提高自主创新能力

国际比较研究表明，当人均GDP达到5000美元时，技术发展模式即进入到自主创新为主的阶段。按户籍人口计算，2005年广州人均GDP达8456美元（按常住人口计算，亦达到6569美元），表明从技术发展模式看，广州应进入自主创新为主的阶段。其次，逐步完成工业化向后工业化发展的过程中，也是由资本驱动经济发展为主转向以知识因素驱动经济发展为主的过程。党中央反复强调，要走依靠自主创新实现发展的道路。因此，（1）要把增强自主创新能力作为科学技术发展的战略基点和调整产业结构、转变增长方式的中心环节。必须加大技改力度，促进广州技术发展模式尽快进入到自主创新为主的阶段。下决心解决企业引进技术的消化、吸收和创新效果不理想，特别是还未能把技术引进与自主创新结合起来，对国外技术资源的过分依赖，产业技术创新能力提升等问题，大力扶持广州科研机构和企业提高自主创新能力，促进产业的升级和在国际分工体系中地位的提升。（2）继续加大科技投入，进一步提高科技进步贡献率。逐步将研究与发展经费支出占GDP的比重提高到2%以上。不断提高科技进步对经济增长贡献率，从主要依靠上新大项目、增加资金、土地投入和能源消耗推动工业生产的快速发展，转变为主要依靠科技进步推动工业生产的快速发展，推动广州工业增长模式的转变，保障工业生产在长时期内持续稳定健康快速发展，促进经济效益的稳步提高。（3）尽快建立和完善一整套自主创新的支持体系。借鉴发达国家先进的管理经验，结合广州实际，建立完善的自主创新支持体系；加快完善知识产权保护、科技创新投融资、科技中介服务等服务体系，尤其是要建立一个发达的知识产权交易市场，提供技术转让的平台。制定相应的鼓励企业自主创新的措施，调动企业开展自主创新活动的积极性，促进企业自主创新能力的提高。把广州建设成创新型城市。（4）扶持企业实施名牌品牌战略，一方面，要积极发展具有自主产权的工艺、装备技术和产品。使已有名牌品牌继续发展壮大，以名牌效应，扩大市场份额；另一方面，要大力培植、创建知名品牌。及时发现具有发展潜力的产品及品牌，从知识产权保护、资金支持、市场开拓等方面予以扶持。逐步实现由贴牌生产向自主品牌转变，加强技术创新和品牌创新，促进产品向高档化方向发展，形成一批拥有自主知识产权和知名品牌、国际竞争力较强的优势企业。（5）实行技术追赶策略。摒弃简单的技术引进和照搬国外技术的做法，在开展引进技术消化、吸收、再创新的同时，按照“有所为，有所不为”的原则，选择广州具有技术优势和发展优势的行业和部分领域，大胆地开展原始性创新，逐步降低对外技术依存度，提高关键技术的自

给率。在行业发展方面，要加快发展软件、生物医药、新材料、新能源、光电子和现代农业等技术的研发，争取对部分产业或行业实现突破性发展；从战略上确定和谋求技术制高点，引导高、新、尖技术的研究与开发。中小企业和以生产传统产品为主的企业，要抓好高新技术成果及先进适用技术的引进、消化、吸收与再创新，提高生产工艺及技术水平，提高产品的技术含量，保持产品的市场竞争力。对于有实力的企业要鼓励其跟踪行业技术发展的前沿，进行自主开发和技术创新。

（四）加大产业结构调整的力度，实现广州经济既快又好的发展目标

广州经济经过持续多年的两位数增长，经济规模快速扩张，亟需注入新的增长动力，以保持稳定快速发展。同时，在推进经济发展的过程中，也面临要解决不断增长的劳动力需要就业与工业的资本密集度越来越高、单位资本所能吸纳的劳动就业量日趋减少的矛盾，提高产业竞争力与扩大就业面的矛盾；解决生产要素成本上升与提高企业赢利水平的矛盾；有限资源与经济持续发展的矛盾，等等。因此，要解决经济发展中存在的问题，推动广州工业化的进程，就必须树立科学发展观，对广州工业进行新的结构性调整，转变工业经济的发展模式，将工业经济的增长方式切实转入科学的发展轨道上来。（1）坚定不移地走新型工业化道路，实现广州经济的可持续发展。走新型工业化道路，是化解广州经济发展中存在的各种矛盾、实现可持续发展的必然选择。因此，要用先进的信息技术改造、提升有市场前景、有品牌优势的传统产业，以信息化带动工业化，加快高新技术产业的发展，形成以高新技术产业为先导，基础产业和制造业为支撑，服务业全面发展的新格局。走出一条科技含量高、经济效益好、资源消耗低、环境污染少、人力资源优势得到充分发挥的新型工业化路子。（2）建立节约型的产业结构。为尽快改变我国单位能源消耗偏高的局面，国家在制定的“十一五”规划中，明确规定“十一五”期间单位能耗要降低 20%。因此，要从根本上解决能源制约的瓶颈，提高能源利用效率，降低单位能耗，关键要重点支持资源消耗少、科技含量高、带动效应好的高增长产业的发展；加大力度淘汰能耗高、污染大、产出低的产业；大力开发、引进、推广节能技术，实现以耗费资源技术为主向以节约资源技术为主的转变，走出一条资源节约型、环境友好型的发展道路，促进人与自然协调发展。（3）由于广州生产要素成本逐步抬高，大大压缩了资金投入少、低技术、低附加值劳动密集型的产业的获利空间，部分制鞋、制衣等企业从广州搬迁出去，表明广州已不适宜继续发展投入少、低技术、低附加值劳动密集型的产业，走低成本竞争的老路子。同时，为解决不断增加的劳动力就业问题，比较适宜在广州发展的产业之一，为资产比较密集型的产业中的劳动比较密集型的产业，或是技术比较密集型的产业中的劳动比较密集型的产业。因此，广州在产业发展的选择上，要以构建与现代化大都市相适应的现代产业体系为目标，推动产业结构调整优化。一是要重点发展高新技术产业。发展高新技术产业是企业技术进步的方向和市场竞争的制高点，加快经济增长的重要途径和推动力，也是加快工业化进程和实现工业化的重要力量。二是发展资金投入大、能源消耗少、产品技术含量大、附加值高的劳动密集型产业，在满足市民就业需要的同时，使企业具有较强的赢利能力。(4)进一步做大做强龙头企业。广州工业的发展，主要靠产值大户的拉动，尤其是龙头企业功不可没。因此，要继续下大力气抓好龙头企业的发展，以龙头企业带动延伸产业链、扩大增值环节，增加产业中间需要和最终需求，形成更加完整协调、具有整体竞争力的现代产业体系。加强统筹规划，高水平建设东部、南部、花都三大汽车产业基地；加快推进东部和南沙临港石化基地，以及开发区精细化工基地建设，推进石化集群发展；构建由广州科学城、广州开发区、南沙开发区及相关区域共同组成的国家电子信息产业基地，重点发展集成电路、通信、计算机和汽车电子产业。加大力度发展生物医药产业，以广东省打造中医药强省为契机，做大做强广州中药产业，逐步建立比较完善的中医药创新体系，研发新产品；做大做强中药制造产业及相关产业，形成若干家产值大型医药企业集团和一批制造技术领先、国际知名的中药产品出口基地，力争成为全省规模最大、技术先进、竞争力强的中药制造产业基地，推动医药产业产能升级。

（五）加快发展现代服务业，为加快工业化进程提供强有力的支撑

加快工业化的进程，必须有高度发达的现代服务业为支撑。加快发展现代服务业，拓展生产性服务领域，是提升工业技术水平，降低生产、销售成本的重要途径。(1)2005年广州第三产业比重已达57.79%，对比发达国家第三产业比重超过70%以上，仍有较大的发展空间。因此，要开拓发展服务业的新思路，充分发挥比较优势，制定和完善促进服务业发展的政策措施。继续加大基础设施投入和建设的力度，进一步改善和优化投资环境，采取各种有效措施，推动现代服务业的发展，促进工业的快速发展和效益的提高。(2)加快生产服务业的发展，充分发挥生产服务业对工业生产的推动作用。大力发展服务业、尤其是生产性服务业，是建设新型工业化的必由之路。国际经验表明，一个国家的整体经济由中低收入水平向中上等收入水平转化时期，是生产性服务业加速发展阶段。目前西方国家生产性服务业在服务业中的比重已超过50%，成为带领制造业升级的重要力量。因此，广州要大力发展以产品研发设计、金融、物流、商务服务等为代表的生产性服务业，尽快形成与工业快速发展相适应、相促进的生产性服务体系，形成为企业提供从产品立项到产品营销与服务全方位支持的产业链，提高生产过程不同阶段产出价值和运行效率，为加快工业发展提供服务支撑保障。充分发挥广州省会中心城市这一有利条件，将生产性服务业的服务范围逐步扩展到珠三角地区乃至更大的范围，扩大广州经济发展的腹地。用最少的资源消耗创造更大的价值。（3）坚持走“科教兴市”的道路，大力发展科技、教育产业，进一步完善人才培育和人才引进的服务体系，为全面提升广州的产业结构打下基础。加快广州工业化进程、提高企业的自主创新能力，都必须通过不断提高市民的文化素质、吸引大量的各类人才到广州创业才能达到目的，藉此不断提升广州产业的技术水平和优势。因此，要根据经济社会发展的需要，加快科技、教育产业的发展，科学制定人才培养规划，进一步完善各类人才的培育体系，为广州经济发展提供高、中、低结构基本合理的各类人才。同时，要进一步推进人才引进的服务工作，尤其是要做好顶尖人才的引进服务工作。继续优化广州的创业环境、就业环境和生活环境，增强广州对各类人才的吸引力。（4）“双管齐下”，在稳步推进生活性服务业、新兴服务业的发展的同时，继续提高城乡居民的收入水平。广州生活性服务业较为发达，宜根据城市布局的变化，进一步科学地规划好各类消费品市场的布局，积极发展文化、旅游、社区服务等需求潜力大的新兴服务产业，进一步完善生活性服务业的基础设施，加快构筑多层次、广就业、高增值、强带动的现代服务业体系，进一步促进居民消费。同时，要继续提高居民的收入水平，增强居民的消费意愿，增强消费对生产的促进和拉动作用，为工业的快速发展，提供强有力的支撑。

撰稿：广州市统计局　　陈幸华　肖兴文

“十五”期间广州单位能耗变化及对策建议

能源是国民经济持续健康发展和人民生活水平不断提高的重要物质基础。“十五”期间，我市坚持以科学的发展观为指导，在推动经济快速发展的同时，千方百计提高经济增长的质量，单位 GDP 能耗和单位工业增加值能耗呈持续下降趋势，取得了经济增长速度、经济运行质量双提高的显著成效。本文根据有关方面的材料，对“十五”期间我市能源消耗状况进行分析，并针对“十一五”期间进一步降低我市单位 GDP 能耗面临的困难提出对策建议。

一、“十五”期间广州能源消费主要特点

1. 单位能耗稳步下降，工业节能成效显著

“十五”时期，我市认真贯彻落实《中华人民共和国节约能源法》及其配套法规，大力实施各项有效节能措施，取得了显著成绩。2005 年全市综合能源消费量达 4029.29 万吨标准煤， 比 2000 年增长 77.0%，年均增长 11.9%，低于地区生产总值年均增长速度（13.8%）1.9 个百分点，地区生产总值能源消费弹性系数为 0.86（详见表 1）。表明我市能源利用率相对较高，以较低的能源消费增长支撑了较快的经济增长。全市单位 GDP 能耗和单位 GDP 电耗呈持续下降的趋势，分别由 2000 年的 0.91 吨标准煤/万元和 0.09 万千瓦时/万元 ，分别下降到 2005 年的 0.78 吨标准煤/万元和 0.08 万千瓦时/万元，下降率分别为 14.3%和 11.1%，年均下降率分别为 3.0%和 2.3%。工业节能降耗效果尤为明显，成为推动我市单位能耗下降的主要动力。近年来，我市工业企业积极改进生产工艺和生产设备，下大力气提高能源的综合利用率；优化产业结构，单位工业增加值能耗逐步降低。全市单位工业增加值能耗由 2000 年 1.70 吨标准煤/万元，下降至 2005 年的 1.31 吨标准煤/万元，下降率为 22.9%，“十五”期间年均下降率为 5.1%，比全市单位 GDP 能耗年均下降率高出 2.1 个百分点。

进入 2006 年以来，我市规模以上单位工业增加值能耗继续下降。据统计，上半年，全市规模以上单位工业增加值能耗为 1.25 吨标准煤/万元，同比下降 3.86%；单位 GDP 电耗为 789.2 千瓦时/万元，同比下降 4.5%。

表 1：　　　　　　　“十五”期间广州市能源消费情况

指　　标	2001 年	2002 年	2003 年	2004 年	2005 年	2005 年比 2000 年增减（%）	“十五”年均增减（%）
全社会能源消费总量(万吨标准煤)	2499.95	2778.83	3121.06	3484.77	4029.29	77.0	11.91
单位 GDP 能耗(吨标准煤/万元)	0.88	0.87	0.83	0.78	0.78	-14.3	-3.04
单位工业增加值能耗(吨标准煤/万元)	1.62	1.57	1.49	1.31	1.31	-22.9	-5.08

注:本表按经普口径进行调整；本表为全社会口径；GDP、工业增加值均为现价口径。

2. 工业能源消费量所占比重下降明显，但仍占全市能源消费总量的六成多

能源消耗分一、二、三次产业消费和城乡居民消费，全市能源消费结构随着产业结构优化调整、城乡居民生活水平的提高发生了明显的变化。在全市能源消费总量中，呈“两升两降”态势。第三产业能耗和城乡居民能耗所占比重上升，第一产业、第二产业能耗所占比重下降（见表 2）。虽然第一产业能耗所占比重历年较低，2005 年仅为 1.2%，但与 2000 年的 1.4%相比，仍下降了 0.2 个百分点。 第二产业能耗所占比重最高，下降幅度也最为明显。第二产业能耗所占比重由 2000 年的 66.8%降至 2005 年的 61.1%，下降了 5.7 个百分点。从第二产业中的工业能耗看，2005 年全市工业能源消费量达 2421.75 万吨标准煤，比 2000 年增长 61.9%，年均增长 10.1%；占全市能源消费总量的 60.1%,虽比 2000 年的 65.7%下降了 5.6 个百分点,但仍高达 60.1%。表明我市能源消费的主体依然是工业。

表 2：　　　2000-2005 年广州能耗结构表　　　　单位：万吨标准煤、%

项　目	2000 年		2005 年	
	数量	比重	数量	比重
合　计	2275.91	100	4029.29	100
第一产业	30.77	1.4	48.07	1.2
第二产业	1520.75	66.8	2462.22	61.1
#工业	1495.61	65.7	2421.75	60.1
第三产业	516.07	22.7	1127.69	28.0
城乡居民	208.32	9.1	391.31	9.7

“十五”时期，我市第三产业稳步快速发展，其增加值占 GDP 的比重不断提高，由

2000年的55.23%，上升至2005年的57.79%，提高了2.56个百分点。耗用能源亦不断增长，比重上升。第三产业能源消费量占全市能源消费总量的比重由2000年的22.7%上升至2005年的28.0%，上升了5.3个百分点。在城乡居民数量增加（2000年年末户籍人口为700.7万人，2005年为750.5万人）、生活水平提高等因素带动下，城乡居民能源消费所占比重也由2000年的9.1%，上升至2005年的9.7%。城乡居民生活用电、生活用汽油增长较快。2005年比2000年分别增长72.1%和1.4倍，年均分别增长11.5%和19.0%。反映了人民生活水平和生活质量提高后对能源需求的变化。

3. 能源消费品种结构变化明显

从终端能源消费量看，受国民经济快速发展、人民生活水平不断提高、消费结构的升级换代等因素影响，我市能源消费品种的结构发生了变化。2005年全市成品油（包括汽、煤、柴、燃料油等）消费量为1141.1万吨标准煤，占全市终端能源消费总量的38.8%，所占比重居各类能源消费品种的首位，与2000年相比，提高了4.3个百分点。近年来由于电力紧张，用电高峰期，全市大面积采用错峰用电等措施，部分企业为保证生产顺利进行，不得不购置柴油机发电；同时，由于全市汽车数量的快速增加，特别是民用汽车快速增长，带动汽油、柴油需求量的上升，汽油、柴油消费量占全市终端能源消费总量的比重呈上升势头。2005年，全市汽油、柴油消费量分别为278.71万吨标准煤和393.18万吨标准煤，分别占全市终端能源消费总量的9.5%和13.4%；与2000年相比，分别提高了2.2个和1.4个百分点。燃料油消费量所占比重由2000年的10.5%提高到2005年的12.3%，上升了1.8个百分点；煤油消费量所占比重则下降了1个百分点。随着液化石油气逐步在汽车上推广使用、以及人们日常生活用液化石油气增多等因素影响，液化石油气需求量高速增长，带动液化石油气消费量所占比重快速提高。2005年全市液化石油气消费量所占比重为5.70%，与2000年相比，高出3.18个百分点。电力消费增速提高。2005年全市综合用电425.67亿千瓦时，“十五”期间年均增长12.5%，比“九五”期间年均增速（9.6%）提高了2.9个百分点。其中，工业用电253.19亿千瓦时，占全市用电总量的59.5%，“十五”期间年均增长13.4%。从终端能源消费量看，2005年全市电力消费量占终端能源消费总量的比重为16.8%。2005年，全市煤炭消费量达2591.40万吨，“十五”期间年均增长11.4%。其中，工业煤炭消费量达2541.22万吨，占全市煤炭消费量的九成以上。从终端能源消费量看，2005年全市煤炭消费量占终端能源消费总量的比重为27.1%，仅次于成品油的比重。

4. 广州单位能耗与国内、省内部分城市比较，处于较低水平

2005年我市单位GDP能耗为0.78吨标准煤/万元，略高于全省平均水平0.01吨标准煤/万元，但低于全国平均水平0.44吨标准煤/万元。与部分国内城市相比，分别低于上海、北京、天津0.1吨标准煤/万元、0.02吨标准煤/万元和0.33吨标准煤/万元；与省内部分城市相比，分别高于深圳、珠海0.19吨标准煤/万元和0.12吨标准煤/万元，分别低于佛山、东莞0.17吨标准煤/万元和0.08吨标准煤/万元。表明广州单位GDP能耗处于较低水平。2005年广州单位GDP电耗为825.9千瓦时/万元（用电量由广州供电局提供），低于全省平均水平369.4千瓦时/万元，低于全国平均水平532.6千瓦时/万元；与北京的828.5千瓦时/万元接近，但低于上海181.3千瓦时/万元。与省内部分城市相比，分别低于深圳、珠海、佛山63.2千瓦时/万元、144千瓦时/万元和501.3千瓦时/万元。广州规模以上单位工业增加值能耗为1.30吨标准煤/万元，高于全省平均水平0.22吨标准煤/万元，低于全国平均水平1.29吨标准煤/万元；低于北京0.2吨标准煤/万元，高于上海0.12吨标准煤/万元。与省内部分城市相比，分别高于深圳、珠海、佛山0.7吨标准煤/万元、0.34吨标准煤/万元和0.38吨标准煤/万元。

二、广州单位能耗低、处于领先地位的原因分析

1. 从产业结构上看，广州号称“千年商都”，单位能耗低的第三产业历来较为发达。目前，广州工业增加值占GDP的比重已完成了先由小变大、再由大变小的转换，表明广州已基本上完成了工业化水平指数倒“U”型转折。第三产业增加值占GDP的比重呈逐步增大趋势，2005年已达57.79%（在国内各主要大城市中，仅北京、广州两市的第三产业比重大于50%，而且单位能耗均较低）；工业增加值所占比重呈逐步下降趋势。2005年为35.78%，比第三产业比重低22个百分点。单位能耗大的工业增加值（2005年单位工业增加值能耗高于全市单位GDP能耗66.7%）所占比重逐步减小，是带动广州单位GDP能耗逐步下降的主要动力。

2. 从自然条件上看，广州是能源贫乏型城市，所需的能源基本上要依赖外部调入和进口，因此，电、煤等能源产品价格历来相对较高。从广州自身的发展条件看，广州工业不可能走高能耗、低产出的发展路子。为使企业能在市场竞争中求生存、发展，必须大力降低生产成本，尤其是要降低能源消耗成本。因此，广州工业选择了以发展资金、技术密集型，低能耗、加工型的高产出产业为主的发展方向，逐步形成了单位能耗低的加工型的工业行业较为发达、在全市工业中占有较大比重的发展格局。因此，广州

单位能耗历来相对较低。2000 年广州单位 GDP 能耗为 0.91 吨标准煤/万元，已低于目前全国的平均水平。

3. 大力优化工业产业结构，推动产业结构升级。近年来，广州为治理环境，下大力整顿污染大、能耗高的企业，关闭了一批能耗高小水泥厂等，带动广州单位能耗下降。近年来广州虽然适度加快了工业重型化的步伐，但主要是加快发展了技术含量高、能耗低的汽车制造、电子信息业、电器机械制造业、医药业等高效低耗能产业。与此同时，广州 IT 产业、软件产业蓬勃发展，也为 GDP 单位能耗降低创造了条件。“十五”期间，广州高新技术产业年均增速达 30.1%，高于全市工业增速 11.8 个百分点；2005 年高新技术产业产值占全市工业总产值的比重达 29.6%，比 2000 年提高了 13.9 个百分点。2000 年汽车制造业的产值为 124.33 亿元，2005 年扩大到 849.48 亿元，扩大了 5.8 倍。此外，随着能源价格的不断上升，国家严控土地资源，广州工业发展面临能源、土地资源的制约。为打破能源、土地资源的制约，广州在对外招商引资方面抬高了“门槛”，对低产出、能耗高、污染大的投资项目一律不予以审批。这一举措，有效地降低广州单位 GDP 能耗。

4. 广州企业节能降耗的意识相对较高。由于广州能源产品价格相对较高，企业节能意识较强，采用节能降耗的技术积极性较高，因此，节能降耗的新技术容易在企业中推广，部分企业采用新节能技术，效果明显。如广州酒家利用太阳能烘焙腊味技术，能耗下降明显。从而带动广州工业节能降耗技术水平的提高。同时，广州经济的运行质量相对较高，工业经济效益相对较好，是广州工业增加值单位能耗与部分国内城市比，处于较低水平的原因之一。2005 年广州规模以上工业综合效益指数达 190.16，在全国各大城市中，居较前的位置。

三、存在问题与对策建议

党的十六届五中全会首次将能源消耗纳入到国民经济发展的宏观监测体系中，我市“十一五”发展规划也明确提出单位ＧＤＰ能耗要比“十五”期末降低 20％的目标。这对保障经济社会长时期稳定较快发展具有深远意义。

从目前我市的实际情况看，要实现“十一五”提出的降耗目标，需要做出不懈的努力。一是工业的重工化进程仍在加快。目前广州的重工业发展规模已超过轻工业，增长速度也明显高于轻工业。重工化进程的加快，对促进我市工业快速发展起到了关键性的作用，但也在某种程度上延缓我市单位能耗下降的速度。二是伴随着人口的持续增长，城乡居民能耗也将继续增长；实施农村劳动力转移，城镇居民数量将不断增加。据国务院发展研究研究中心有关专家的测算，城镇居民人均能源消费量大约是农村人口的3.5倍，居民结构的变化将导致居民能耗量持续上升；同时，随着生活水平的提高，尤其是空调机、汽车等拥有量的增加，带动城乡居民的能耗水平上升，在一定程度上加大了全市单位能耗下降的难度。三是从整体上看，第一产业、第三产业部分行业能耗水平的下降空间相对较小；四是广州市能源的自给率历来很低，全市能源主要依赖外地调入及进口。2005年，广州市自产可支配一次能源仅有水电，全年合计124.23万吨标准煤，仅占全社会能源消费总量的3.1%。随着国民经济的进一步发展，综合能源消费量将不断增加，对外的依赖性也将越来越大，保障能源供给的难度也将增大。

为实现“十一五”降低能耗的目标，提出如下几点建议。

1. 以产业结构优化调整为突破口，带动单位能耗水平的下降

我市单位能耗水平低，要在此基础上，实现“十一五”降低能耗的目标，必须从我市能源消费结构、特点出发，以第三产业加快发展、现代服务业单位能耗明显低于工业和全市平均水平为契机，加大产业结构的优化调整的力度，在推进现代服务业和高科技低能耗工业发展的同时，限制高能耗、高污染产业的发展，最终实现降低单位能耗的目标。一是充分发挥近年来我市第三产业加快发展的有利条件，通过大力发展物流业、金融业、房地产服务业、旅游服务业、信息服务业、大众健康消费市场和高端医疗服务、中介服务等行业，进一步促进现代服务业发展，稳步提高第三产业增加值占全市GDP的份额，通过扩大单位能耗相对较低的第三产业增加值的比重，降低单位能耗相对较高的工业增加值的比重，以实现降低全市GDP单位能耗水平的目标。二是严格审批新项目。以科学的发展观为指导，制定严格的新项目审批标准。对不符合环保、不符合节能降耗要求的污染大、能耗高的项目，一律不准上马。严格控制高能耗产业的发展，确保今后新上马的项目有利于单位能耗的降低。三是加强治理整顿高能耗企业。加大对高能耗企业的技术改造，对无法进行技术改造、实现降低能耗要求的高能耗企业，实行关闭等措施。四是加强工业内部结构优化调整。通过大力发展电子信息、生物技术及医药、汽车制造等具有成长快、附加值高、能耗低的产业，大幅度地降低工业单位能耗水平，走出一条能源消耗低、环境污染少、经济效益高的新型工业化道路。

2. 加强能耗工作的科学监督管理，切忌搞“一刀切”

实现降低单位能耗的目标，还必须认真做好全市能耗的监督管理工作。一是做好重点耗能行业和耗能大户的监控工作。促使重点耗能行业和耗能大户降低能耗，是降低全市耗能水平的重要途径。为此，要加强对重点耗能行业、重点耗能企业的节能降耗监督管理，突出抓好电力、冶金、石化等重点耗能行业及其高耗能企业的节能工作。对超高耗能企业，要强制采取节能措施。二是建立节能工作责任制。制定行之有效的节能降耗激励机制，推动全市节能降耗工作的开展。要加强企业节能降耗工作的指导，引导企业积极采用新节能技术，全面开展节能降耗活动。必须说明的是，由于不同行业、不同企业的生产方式、生产工序存在明显的差别，单位能耗水平、可采用的节能技术等方面也存在明显的差别，因此，不同行业、不同企业潜在的降低单位能耗空间是不一样的。在对全市各个行业、重点能耗企业提出降低能耗的要求时，切忌“一刀切”。必须在认真调查的基础上，摸清不同行业、重点能耗企业潜在的降低单位能耗空间后，提出相应的符合企业实际情况的降耗目标。

3. 加大节能技术改造、提高的投资力度，提高能源的使用效率

2005 年，在规模以上工业企业中，饮料制造业、交通运输设备制造业、印刷业和记录媒介的复制、金属制品业等部分行业产值综合能耗与上年相比仍有所上升。据了解，这些行业能耗上升的原因之一是，部分企业的机器设备落后，低效运转，造成能耗利用效率低。要解决这些问题，必须通过加大节能技术改造提高的投入，适度增加财政支出，加大企业资源节约与综合利用能源的技术改造力度，提高企业节能技术水平。要重点抓好关键技术开发和节能降耗产业化示范工作，从重大节能、节水和资源综合利用技术改造等方面入手，挖掘企业节能降耗的潜力，进一步降低单位能耗水平，逐步缩小与发达国家在能源综合利用等方面的差距，全面提高各行业能源利用效率。

4. 增强企业、城乡居民的节能意识，形成全社会节能的氛围

由于我市能源消费涉及到全社会的各行各业，甚至是生活在广州这块土地上的每一个人。因此，要实现“十一五”期间要降低 20%单位能耗的目标，必须动员全社会的各行各业、各个家庭，认真自觉地做好节能工作。国家、省、广州市相继下达了在“十一五”期间降低单位 GDP 能耗的战略目标，使全社会对节约能源、提高能源综合利用率的重要性和迫切性有了新的认识。为完成“十一五”期间全市降低单位能耗的艰巨任务，有必要在全社会大力宣传节能的重要性，使人们在思想上树立起节能意识和观念，形成共识，营造全社会人人节能的良好氛围，让每个家庭、每个企业都牢固树立节能意识和责任感并成为自觉行动。在生活能源消费方面，做到需求合理、消费适度，在生活水平不断提高的同时，倡导一种与能源发展相协调的、科学的生活方式。在生产能源消费方面，要由被动节能转为主动节能，千方百计寻求节能降耗方式方法，使节能工作成为全社会共同努力的一项重要工作，促进能源与全市经济、社会、环境协调发展。

撰稿:广州市统计局　陈幸华　刘维敏

湛江工业化进程的现状及思考

工业是拉动国民经济快速发展的主要支柱产业， 工业发展水平如何，已经成为了衡量城市经济综合竞争力的重要标志，是一个地区经济实力强盛的象征，是现代化的基础和主体。我市工业经过不断的建设发展，目前已形成一定的规模，特别是近几年，我市工业化的推进速度明显加快，工业经济实力明显增强，竞争力大幅度提高。目前，我市确立了“工业立市”的经济发展战略目标，通过加快发展工业来增强我市经济发展的后劲，提高全市经济综合实力。因此，加快工业化进程是目前全市经济建设的主要任务之一，面对工业化的挑战，我市工业应勇于创新发展思路，走出一条持续快速高效的新型工业发展之路，最终完成工业化这一宏伟的历史任务。

本文通过对我市工业经济发展的现状和所处工业化发展阶段的分析，提出对我市走新型工业化道路、促使工业化向更高层次推进的认识和思考。

一、湛江工业发展现状

（一）工业发展初具规模,经济结构不断优化

工业化是现代化进程中不可逾越的发展阶段。伴随改革开放的不断深入，社会生产力不断解放，湛江工业经济发展取得了显著成就，规模不断扩大，经济实力不断增强。现已经初步形成一个具有36个行业大类的工业产业结构。石油和天然气开采、农副产品加工、造纸及纸制品、石油加工、纺织业、家用电器以及电力生产等产业迅速发展，已成规模，成为支撑我市工业经济不断向前发展的支柱产业，促使湛江工业经济不断向前发展。2005年全市拥有工业企业1980家，个体工业10424家，国家级名牌产品3个，省级名牌产品46个。规模以上工业企业580家，实现年销售收入573.41亿元，比2000年增长1.3倍，利润总额69.72亿元，比2000年增长93.7%。其中拥有高新技术企业83家，比2000年增加66家，占规模以上工业企业的14.3%，实现工业总产值108.77亿元，占规模以上工业总产值16.9%，比2000年提高10.9个百分点。2005年，全市全部工业增加值269.80亿元，占GDP的41.0%，比2000年提高9.5个百分点，同比增长17.6%，高出GDP增速5.4个百分点。工业对国民经济的贡献率由2000年的36.7%上升至2005年的51.6%，提高了14.9个百分点，工业的支柱作用越来越明显。随着港口战略的进一步实施，临海工业的进一步发展，工业产业结构调整加快，重点行业发展势

头良好。石油开采、农副产品加工、电力工业、石油化工、造纸及纸制品、家用电器以及纺织业七大行业成为工业发展的支柱产业，2005 年产值为 507.44 亿元，占全市规模以上工业总产值 78.7%。比 2000 年提高 11.4 个百分点，对工业增长的贡献率为 69.6%，比 2000 年提高 30.8 个百分点。

随着工业化的推进，同时带来了经济结构的不断调整。2005 年人均地区生产总值为 1308 美元，比 2000 年提高了 482 美元；生产总值的三次产业分布为 22.0: 45.1: 32.9，第二产业的比例逐渐上升，比 2000 年上升了 8.8 个百分点，农业生产比重的份额逐渐下降，比 2000 年下降了 6.1 个百分点。工业化进程的加快，大大促进农业产业化和农村人口向中心城镇的集聚，2005 年，湛江城市化率为 41.6%，比 2000 年提高了 3.1 个百分点。城市化水平的不断提高，对加快服务业的发展，消费结构向更高形态迈进起到了良好的推动作用。

（二）湛江工业发展仍处于工业化初级阶段

从阶段划分来看，霍利斯·B·钱纳里等经济学家根据多国模型的标准模式，将经济结构转变分为三个阶段、六个时期。（见下表）

表 1：　钱纳里人均经济总量与工业化发展阶段关系

<table>
<tr><th>时 期</th><th>人均 GDP（美元）</th><th colspan="2">发展阶段</th></tr>
<tr><td>1</td><td>364-728</td><td colspan="2">农业经济阶段（第一阶段）</td></tr>
<tr><td>2</td><td>728-1456</td><td>初级阶段</td><td rowspan="3">（第二阶段）
工业化阶段</td></tr>
<tr><td>3</td><td>1456-2912</td><td>中级阶段</td></tr>
<tr><td>4</td><td>2912-5460</td><td>高级阶段</td></tr>
<tr><td>5</td><td>5460-8736</td><td>初级阶段</td><td rowspan="2">（第三阶段）
发达经济阶段</td></tr>
<tr><td>6</td><td>8736-13104</td><td>高级阶段</td></tr>
</table>

根据钱纳里等经济学家按人均经济总量水平划分的工业化阶段标准，2005 年湛江人均 GDP 为 1308 美元，据此判断，湛江目前仍处于工业化初级阶段（728-1456 美元），这大致符合湛江的实际水平。主要表现在以下几个方面：

从城乡结构分析，湛江市人口聚集仍呈现工业化早期特征。钱纳里等经济学家在研究各个国家经济结构转变的趋势时，曾概括了工业化与城市化关系的一般变动模式：随着人均收入水平的上升，工业化的演进导致产业结构的转变，带动了城市化程度的提高。可见，城市化与工业化是相伴而生、共同发展的，工业化必然带来城市化，而城市化所形成的人口聚集效应又可反过来促进工业化发展。一般认为，在工业化前的准备期，城市化率在 30%以下，在工业化的实现和经济增长期，城市化率在 30%-60%之间，在工业化后的稳定增长期，城市化率在80%以上。而湛江市2005年的城镇化水平为41.6%，虽然比2000年提高了3.1个百分点，但总体水平仍然不高。反映了湛江市的城市化水平还不高，也从侧面揭示了湛江市工业化程度还是处于初级阶段。

从就业人口结构分析，我市也存在一些早期工业化的特征，一般认为，随着工业化过程的加快，劳动力会加快从第一产业向第二、三产业转移，第二、三产业的就业人口会较多。2005年，湛江市的三次产业从业人员构成为68.0: 11.8: 20.2，第一产业从业人员的比重高于二、三产业从业人员比重36个百分点。第一产业从业人口过高，显示我市的工业化水平还不高。

从工业化程度系数分析，湛江也是处于工业化的初期。国内外有关专家根据工业化对经济和社会影响最大的方面，提出了一个国家或地区是否进入工业化社会可用工业增加值标准和劳动标准来共同衡量。衡量标准之一是GDP中工业增加值比重超过农业增加值比重。衡量标准之二是从事非农业生产的劳动力超过从事农业生产的劳动力。一个国家或地区同时满足以上两个标准，则称其已经进入工业化社会；如果两个标准都不满足，则称其还处于农业化社会；如果满足了其中之一，则称其进入了半工业化社会。由此得出描述工业化程度的公式：

工业化程度系数＝增加值贡献率＋劳动力贡献率

公式中，增加值（劳动力）贡献率的计算方法为，当工业增加值占工农业增加值的比重（非农产业劳动力占全社会劳动力的比重）大于或等于0.5时，增加值（劳动力）贡献率 = 0.5；当比重小于0.5时，增加值（劳动力）贡献率 = 比重值/2。

与全国的工业化进程相比，湛江工业化进程也经历了一个由慢到快的发展变化过程，但总体水平仍落后于全国。到2005年止，湛江市工业增加值占工农业增加值的比重为0.65，贡献率为0.5，非农劳动力占全社会劳动力的比重为0.32，贡献率为0.16，工业化程度系数为0.66，进入半工业化社会，处于工业化初期，而全国在1997年的工业化程度系数为1，已进入工业化社会。湛江在工业化进程上已经比全国整整落后了9年以上。

（三）湛江工业经济规模仍较小，基础薄弱

从以上分析可知，当前湛江工业仍处于工业化的初级阶段，低于全国水平，这说明湛江工业发展水平仍较低，主要表现在：一是制造业比重及其技术水平较低。制造业是工业化的主力军，工业化的建设主要靠制造业。如2004年湛江制造业增加值仅占GDP

的 21.0 %，比全省低 26.7 个百分点。而且目前湛江制造业企业普遍存在生产设备老化、电气机械技术水平落后，这说明了湛江工业化水平仍然很低。二是湛江工业企业规模过小，产业集中度低，还未形成规模经济，缺乏竞争力。2005 年，在全部工业企业中，规模以上工业企业只占 29.0%，销售收入在 10 亿以上的企业仅 7 家。三是三次产业的产业结构和就业结构仍处于较低层次的结构。产业结构是工业化的一个重要测量指标。如 2005 年，湛江的产业结构比为 22.0: 45.1: 32.9。其中第一产业的比重比全省高 15.8 个百分点，第二产业比全省低 5.6 个百点；就业人口结构为 68.0: 11.8: 20.2，就业结构中第一产业比重高于全省 33.4 个百分点，第二产业就业人口比重低于全省 24.2 个百分点。这表明湛江在产业、就业结构上与全省的差距还很大，尤其是第一产业就业人口太多，第二产业就业人口明显偏少。这反映了湛江产业总体层次还较低。

湛江工业化水平不高，原因是多方面的，综合起来分析，主要有以下几个方面的原因:

1. 大工业项目投产不多，对工业生产的拉动效应不明显。近年来，为了加快工业的发展，我市加大了对工业的投入，如 2004 年工业行业的投资额为 61.38 亿元，占全社会固定资产投资额的比重为 34.0%，比去年增长 20.4%，但由于投资的滞后效应，近年来完工投产的大工业项目并不多，除了中海石油的天然气田和华农公司、富虹公司的植物油项目和中海石油湛江燃料油公司和东兴石油公司改扩建项目对工业的拉动较大外，其余项目规模较小，如在 2005 年新增的 46 家规模以上工业企业（不含湛江东兴石油公司）中，工业总产值只有 10.78 亿元，平均每户产值 2343 万元，只有一户为超亿元企业。对工业增长的拉动不大，这说明我市的工业增长并未形成群体效应，增长点还不是很多，

2. 县域工业薄弱，总量低，规模小。近年来，为加快县域经济的发展，市委、市政府十分重视县域工业的发展，并为此进行了全面的部署，加大对县域工业的支持力度，使县域工业有了很大发展。这两年来，县域工业的发展速度均高于全市的发展速度。但目前我市县域工业的发展状况还是相对缓慢。主要表现在:

（1）工业规模小、总量偏低。2005 年，县域工业完成工业总产值 224.72 亿元，只占全市的 29.0%，完成工业增加值 56.24 亿元，只占全市的 20.8%，在规模以上工业企业中，县域工业的资产总计为 108.05 亿元，只占全市工业总资产的 21.6%。这与县域土地面积占全市的 88.3%，人口占全市的 79.8%是很不相称的。县域工业规模偏小，

在全部1214家工业企业中，规模以上工业只占281家，只占23.1%，产值超亿元的企业只有32家，且相当一部分企业是制糖和供电的老企业，新增的大企业并不多，这也反映我市县域经济发展缓慢。目前人均GDP为5389元，折美元为674元，三次产业结构的比重为44.2：23.2：32.6，可以说还处于农业经济阶段，这说明县域经济结构调整仍然滞后，从而制约了整个县域经济的提升。

（2）农业产业化进程缓慢，产业链条短，资源利用粗放，缺乏竞争力。我市是一个拥有丰富农海产品资源的农业大市，但农海产品加工业相对滞后，对县域经济发展的拉动不大。且农海产品加工企业的规模小。生产多以初加工为主，缺乏深加工的下游产品，附加值不高。目前我市的农海产品加工多以饲料、水产、糖蔗等传统产品为主，水果、蔬菜、畜牧、林业等产品的加工项目相对薄弱，产业化水平较低，较大程度上制约了农业结构的进一步优化。

3. 企业技术创新力度不够，科技进步对工业经济的拉动还不够大。科技是第一生产力，企业要发展、经济要增长都离不开科技的支持，科技创新与技术进步对提升企业的发展活力至关重要。2004年，湛江科技进步对工业经济增长的贡献率为45.0%，比全省低3个百分点，这也反映我市工业企业在技术创新的投入方面还是很不够的。

二、湛江工业化正面临着难得的发展机遇

当前，虽然我市在经济发展过程中面临环北部湾周边城市的竞争，这将使湛江工业企业面临严峻的竞争压力。但我市的经济发展也面临着前所未有的良好发展机遇。目前，全市正在进一步落实中共中央总书记、国家主席胡锦涛同志和广东省委书记张德江同志在湛江视察时所作的重要指示精神，一心搞经济，思发展。随着国家西部大开发战略的进一步实施，中国—东盟自由贸易区的启动、泛珠三角经济协作的全力推进以及湛江港三大工程、渝湛高速公路全线贯通等基础设施完成，湛江作为大西南重要出海通道和中国—东盟自由贸易区的桥头堡的区位优势进一步凸现。随着世界制造业生产基地从发达国家和地区向发展中国家和地区转移这一趋势的加快，为我们扩大改革，招商引资，接受国际产业资本转移提供了广阔的天地。国际经济结构大调整可以使我们进一步参与国际分工，在更大范围内配置和利用资源，有可能更多地利用来自发达国家的直接投资和以信息化武装起来的工业技术，壮大我们的工业物质经济基础。湛江可在这个历史条件下加快发展成为新兴的港口工业城市。根据目前我市面临的发展条件和实际情况，市委市政府提出了“着力构建临港型、农海产品加工型为主的有湛江特色的工业体系”的发展

思路，以港口为依托，积极进行招商引资。一批有实力的大公司已开始进驻我市，建立发展基地。目前，一批重点工业项目如湛江东兴石油公司500万吨扩建和喜利得八厂扩建项目等已顺利投产和产生效益，奥里油发电厂即将投产，70万吨木桨项目即将上马，这些大项目的投产和即将动工兴建，为我市的工业发展提供强大的发展动力，加快我市经济早日起飞。可以说，湛江的工业经济已进入良性的发展阶段。

三、加快湛江市工业化进程的建议

实施“工业立市”战略是加快湛江经济发展的关键所在。要做强湛江工业，走出一条新型工业化发展的路子，我们认为，必须在着力解决当前与工业发展密切相关的内在性和战略性问题上，进行深入的研究与思考，寻找适合湛江实际的工业化道路，更加理性地加速湛江工业化进程，促进产业结构升级和经济发展。

（一）努力做强做大龙头骨干企业的同时加快发展中小企业的发展

湛江要加快工业化进程，尽快缩短湛江工业和先进地区工业发展水平的差距，实现跨越式发展，必须加快发展现代大工业。工业生产要快速增长，经济效益要大幅提高主要是靠骨干企业的支撑，如东兴石油公司改扩建项目完成后，形成了年销售收入超百亿的生产规模,对促进全市工业增长起到了良好的拉动作用,是我市工业增长的一个亮点。但目前我市有规模的骨干企业还比较少，年销售收入达10亿元以上的企业只有7家，不足以支撑湛江工业的快速发展。因此，我们必须大力支持骨干企业的发展，打造更多的规模大、实力强的龙头骨干企业，实施现代大工业项目推进战略，力争造就湛江工业的"航母"型企业。湛江完全能够充分发挥自已区位优势和资源优势，广泛开展外引内联，上一批高技术、高水平、达到合理经济规模的带动性大项目。通过发展龙头骨干企业，带动发展中小企业，因为中小企业有投资少、见效快、适应性强等特点，并且在扩大就业、繁荣地方经济，加快工业化进程诸方面具有特殊的作用，所以，我们必须充分认识到做强做大龙头骨干企业与加快发展中小企业的相互关系。在大力实施大项目推进战略的同时，采取各种措施大力加快中小企业的发展，大中小一齐要，高中低一起上，制定贯彻"抓大促小"的工业发展战略。

（二）推进城镇化建设，加快工业化进程

工业化和城镇化是紧密相联的，工业化是城镇化的经济支撑，城镇化是工业化的空间依托。两者的关系是相互依存，互相促进。尤其是目前从中央到地方都在强调抓县域经济，而发展县域经济的切入点就是把推进工业化与提高城镇化进行有机结合，统筹规

划，协调发展，促进生产要素向城镇聚集，形成"洼地"效应，加快工业化进程。湛江农海产品资源丰富，要发展县域经济，必须把大力发展农海产品加工业放在很重要的位置，发展农海产品加工业也是缓解农海产品生产相对过剩、提高农民收入、解决“三农”问题的重要途径。湛江的农海产品加工业，从目前的情况看，发展总体规模仍很小，缺乏具有强大竞争力和经济实力的加工企业集团，应当在继续扩充数量的同时把主要精力放在规模扩大上，发挥大型龙头加工企业的带动和辐射作用；其次，加工企业要以市场为导向，以科技为先导，着重发展农副产品精深加工，由销售农产品初级产品逐步变为深加工的农产品，提高附加值，拉长产业链条，提高市场竞争力。第三，实施名牌经营战略。实施名牌战略是提高农产品加工龙头企业核心竞争力的关键，在巩固和提高现有名牌产品的基础上，再创一批名牌。第四，充分发挥乡镇企业的作用，重点优先发展骨干企业，逐步提高农产品加工业在乡镇企业中的比重。第五，可采取更灵活的政策，推进各种形式的资本运营和联营合作，多样化兴办加工企业，既可以实行工厂加农户，也可公司加农民等。第六，龙头加工企业集团要抓好产品原料基地建设，这是农业产业化的一个重要依托。

（三）努力抓好传统产业的技术改造，加快高新技术产业发展

大力发展高新技术产业，推进产业结构优化升级,缩小与工业发达地区之间的差距是当前工业结构调整的一个战略举措。当今世界新技术革命风起云涌，面对我国发达地区高新技术产业的迅速崛起，我们不仅要积极应对，更需要冷静思考。在今后一个时期内，传统产业仍将会是湛江工业经济的主体，这就是湛江工业的实情。我们不能脱离这个主体来一味地强调加快发展高新技术产业。在加快高新技术产业发展的同时，现在更需要做的工作就是如何把改造传统产业与发展高新技术产业紧密有机地结合起来，在改造提升传统产业的同时，加快发展高新技术产业，做好传统产业与高新技术产业的"嫁接"，采取各种措施鼓励企业要把技术创新作为企业发展的战略重点，加大技改投入的力度，加大技术研发、新产品研发的投入力度、用最先进的高新技术和先进适用技术武装、改造、提升传统产业，努力提高企业的核心竞争力，稳妥推进湛江工业产业结构和产品结构的优化升级。

（四）加强环境保护，走可持续发展之路

十六大报告提出，发展工业要走新型工业化的路子。新型工业化主要体现在资源利用和生态环境的保护上。根据科学发展观的要求，坚持以人为本，努力改善生态环境、投资环境，争取资金、项目的支持，加快人才的引进培养，使湛江工业建设得以实现快速健康发展和可持续发展。目前根据湛江市的实际情况，市委市政府已经确定以临海型工业和农海产品加工业作为发展重点，构建石化、近海油气开发、电力、造纸、农海产品加工、饲料、纺织服装和电器机械等八大支柱产业，努力提高工业总量，壮大经济实力。但不可否认的是，石化、造纸、电力等重化工业如果处理不好，对海洋和空气是有污染的。因此，我们必须实施绿色管理战略，走绿色工业化之路，才能可持续地发展。工业布局要与区域经济、社会、生态协调发展。资源、交通、动力、社会经济等多因素要优化组合、有机衔接，避免急功近利，要有长远规划与发展计划，使工业布局能够启动不同区域的经济发展，使整个社会经济全局均衡发展。积极鼓励企业加大环境保护的投入，推行ISO14000系列标准，扩大企业环境标志产品；实行绿色再生产，对具有污染性的石化、电力、造纸等产业推行清洁生产，减少对海洋和空气的污染。

撰稿: 湛江市统计局　　朱小平

肇庆装备制造业的现状、问题和对策

工业化是现代化的基础和前提。党的十六大报告指出“用高新技术和先进技术改造传统产业，大力振兴装备制造业。”装备制造业是高新技术产业化的载体，同时更是一个国家和地区工业化水平的标志。肇庆的装备制造业经过改革开放的洗礼发展到今天，情况如何？我们根据有关资料和调研整理如下供参考。

一、装备制造业的含义和包括范围

（一）含义：

装备制造业是指为国民经济各部门进行简单生产和扩大再生产提供装备的各类制造业的总称。

（二）包括范围：

按照国民经济行业划分，其范围具体包括 7 个行业大类中的重工业。

（1）金属制品业。不包括搪瓷和不锈钢及类似日用金属制品制造业。

（2）通用设备制造业。

（3）专用设备制造业。不包括医疗仪器设备及器械制造业。

（4）交通运输设备制造业。不包括摩托车和自行车制造业。

（5）电气机械及器材制造业。不包括电池、家用电力及非电力家用器具和照明器具的制造业。

（6）通信设备、计算机及其他电子设备制造业。不包括家用视听设备制造业。

（7）仪器仪表及文化、办公用机械制造业。不包括眼镜和文化、办公用机械制造业。

二、肇庆装备制造业的基本情况

1. 装备制造业的有关经济总量指标约占同口径工业经济总量的四分一强。（详见表 1）

表 1: 装备制造业与工业经济总量比较 单位：万元

	全市合计	其中：装备制造业	比重 %
企业单位数（个）	600	166	27.7
工业总产值（现价）	2545103	760333	29.9
产品销售收入	2404611	699616	29.1
资产总计	3213804	923429	28.7
实收资本	1160391	306193	26.4
所有者权益	1286131	357699	27.8
从业人员年平均人数（人）	140487	39708	28.3

2. 装备制造业资本结构不断优化，整体竞争力上升。

资本结构以港、澳、台、外等资本为主的多元化结构。装备制造业在改革开放后除涉及国家安全外，是鼓励国外资本和民间资本进入的竞争性行业。正是近几年由于我市投资环境的优化，港、澳、台、国外资本和民间资本的不断进入，改变了以往以公有制为主的单一结构方式，不但使我市装备制造业的资本结构得到优化，工业链条得以加长，而且使企业竞争力不断提升，增强了其灵敏性和抗风险性。2004 年全市装备制造的港、澳、台、外资本、法人资本、国家资本、个人资本和集体资本的比例为：36.3：29.1：22.3：11.3：1.0。非公有制经济的比重逐年上升。

整体竞争力上升。肇庆装备制造业整体发展较快，2004 年全市装备制造业产值占同口径工业总产值的比重由 2000 年的 22.7%上升为 29.9%，所占比重平均每年上升 1.8 个百分点。

生产经营效益好于全市工业平均水平。2004 年全市装备制造业完成工业总产值 76.03 亿元，占全市同口径工业企业的 29.9%；但全年实现的利税总额达 4.83 亿元，占同口径工业企业利税总额的 34.5%；全员劳动生产率（按增加值计算）比全市工业平均水平高 8816 元/人；每百元的成本费用实现的利润为 3.72 元；总资产贡献率为 6.2%，分别比全市工业平均水平高 1.53 元和 1.0 个百分点。2004 年装备制造业的经济效益综合指数也比全市工业平均水平高出 10.0 个百分点。

3. 装备制造业的行业分布集中在两个主要行业

肇庆的装备制造业覆盖了全部装备制造业的七个行业大类，其中电子及通讯设备制造业和金属制品业是装备制造业的龙头支柱行业，分别占装备制造业工业总产值的 47.2%和 23.2%。近年随着全国汽车市场的快速增长，以及得益于肇庆的地理优势和肇庆汽配企业的实力基础，交通运输设备制造业也得到了较快的发展，2004 年该行业工业总产值所占份额为 7.1%，比 2003 年提高了 1.4 个百分点。肇庆装备制造业中，高技术信息装备制造企业 39 个，2004 年完成工业总产值 36.61 亿元，占全市装备制造业工业总产值的 48.2%。（装备制造业行业结构情况详见下表）

表 2：　　肇庆装备制造业行业结构情况

	企业数（个）	比重%	工业总产值（亿元）	比重%	利税总额（亿元）	比重%
合　计	166	100.0	76.03	100.0	4.83	100.0
一、电子及通讯设备制造业	35	21.1	35.87	47.2	2.38	49.3
二、金属制品业	55	33.1	17.71	23.3	0.90	18.6
三、通用设备制造业	32	19.3	7.30	9.6	0.46	9.5
四、电气机械及器材制造业	19	11.5	6.03	7.9	0.35	7.3
五、交通运输设备制造业	6	3.6	5.39	7.1	0.62	12.8
六、专用设备制造业	15	9.0	3.00	3.9	0.09	1.9
七、仪器仪表制造业	4	2.4	0.73	1.0	0.03	0.6

4. 装备制造业的外向度整体较高

2004 年肇庆装备制造业出口交货值为 27.38 亿元，占销售产值的比重为 37.6%，比同口径工业企业出口交货值所占比重高出 7.8 个百分点。高技术、信息装备制造业的外向度更是高达 51.7%，比全市工业平均水平高出 21.9 个百分点。由此可见我市的装备制造业具有一定的国际竞争力。从七大行业情况看，外向度由高至低排位为：通讯设备、计算机及其他电子设备制造业为 57.2%；其次为仪器仪表制造业为 47.0%；其余分别为金属制品业、电气机械及器材制造业、通用设备制造业和专用设备制造业分别为 23.4%、20.7%、16.9%和 5.2%。

5. 装备制造业的区域集聚度高

肇庆装备制造业主要集中在中心区经济板块（市直、端州、高要、四会、高新区、鼎湖）。2004 年中心区板块装备制造业工业总产值 72.32 亿元，占全市全部装备制造业总产值的 95.1%。其中市直为 24.06 亿元，占全部装备制造业总产值的 31.6%；端州区为 19.33 亿元，占 25.4%；高要市为 12.26 亿元，占 16.1%；四会市为 11.25 亿元，占 14.8%；肇庆高新区和鼎湖区分别为 4.01 亿元和 1.4 亿元，分别占 5.3%和 1.9%。

山区经济板块（德庆、怀集、广宁、封开）2004 年装备制造业总产值占全市全部的比重为 4.9%。其中德庆、怀集县分别占 2.5%和 2.0%；广宁仅占 0.4%。

三、问题："小"、"散"、"弱"

我市的装备制造业虽有一定的基础，部分行业特别是高技术、信息制造业在全省乃至全国有一定的优势和市场竞争力，但整体发展水平不高，与全省装备制造业比差距较大。主要问题是：

“小”

一是企业规模小。2004 年全市 166 家装备制造业企业中，产值超亿元的企业只有 13 家，占 7.8%；其中超 10 亿元的企业仅有 1 家。166 家装备制造业企业户均工业总产值为 4580 万元，比全省装备制造业户均水平 17609 万元，低 13029 万元，仅为全省户均水平的 26.0%；从户均资产总计情况看，全省装备制造业户均资产总计为 11772 万元，我市户均值只有 5563 万元，比全省户均水平低 6209 万元。

二是经济总量小。2004 年全市装备制造业完成的工业总产值和实现的产品销售收入、利税总额占全省的比重不足 1.0%。在全省 21 个地级市的装备制造业中排第十位，在珠江三角洲经济区中排末位。

“散”

1. 企业分布散乱，无法形成聚集效应和相互配套。2004 年 166 家装备制造业散落在各县（市）区及市直各个地域，企业布局没规划，生产各自为政，企业之间没有必然的联系。

2. 产品生产散乱，缺乏整机带动效应。从 2004 年全市 166 家装备制造业生产的产品看，除几家生产普通（专用）机械是整机产品外，其余绝大部分企业生产的都是分散的零配件，且零配件品种、规格、类型也不多，更未有整机生产，缺少产业链条的连接。

“弱”

1. 亏损企业多。2004 年底全市 166 家装备制造业中有 55 家为亏损企业，企业亏损面高达 33.1%。

2. 资不抵债或接近资不抵债的企业多。2004 年底全市共有 29 家装备制造业为此类企业。

3. 科技人才和技术工人不足。装备制造业的技术含量、工艺水平要求高，需要大量的科技人才和技术工人。2004 年全市装备制造业 3.97 万从业人员中，具有大学本科及以上学历人员只有 1649 人，占 4.2%；具有中级及以上技术职称的人员 1713 人，占 4.3%；具有技师及以上和中级工及以上的人员分别只有 681 人和 2780 人，分别占 1.7% 和 7.0%。

4. 技术装备较为落后，缺乏必要的资金进行设备更新改造。据肇庆企调队历年编制的企业融资景气指数情况看，该指数长期在红灯不景气区间内运行，且有逐期走低之势。

5. 企业经营效果差。2004 年肇庆装备制造业主要经济效益评价考核指标与全省总体水平对比差距较大：全员劳动生产率我市为 51415 元/人，比全省平均水平低 55718 元/人，仅为全省平均水平的 48.0%；成本费用利润率和总资产贡献率我市分别为 3.7% 和 6.2%，比全省平均水平低 1.5 和 3.4 个百分点。流动资金周转率为 1.3 次/年，也比全省平均水平低 1.1 次/年。

四、对策思考

要实现肇庆装备制造业的跨越式发展，首先就是要做好产业发展战略规划，确立好产业发展的重点，并采取有效的措施积极推进规划的实施。

（一）继续做强一个龙头产业

作为我市最重要的产业龙头——以广东风华高新科技集团为代表的电子及通讯设备制造业，有较好的技术基础和发展优势，要继续做大做强。要充分发挥广东风华高新科技集团在全国第二批设立博士后科研工作站单位之一，现有多名博士生在站工作，并具有自主开发和拥有自主知识产权等得天独厚的优势，这对今后技术获取变难的问题有了一个很好的解决办法，毕竟，产品开发和创新是该行业乃至整个经济产业向前发展的动力，而这恰恰是我国目前的软肋。广东风华高新科技集团要积极采用“产、学、研、用”相结合，加快开发、生产、发展适合市场需求、具有竞争力、具有自主知识产权的电子元器件品牌产品，把该产业做大做强。与此同时，充分利用广东风华高新科技集团强大的上游产品优势，通过招商引资，适时发展一批相关企业或发展自身的部件或整机产品，拉长产业链，并将该行业定位为我市今后乃至将来重点发展的高技术信息装备制造业的产业政策不能动摇。

（二）发展两个新的龙头产业

1. 以汽车零部件为重点的交通运输设备制造业。目前该行业在肇庆装备制造业中虽比例不大，但有较好的发展潜力。近年来广州市已制订出中长期汽车发展规划，将辐射带动汽车零部件配套生产的快速发展。因此，必须抢抓机遇，发挥优势，把我市交通运输设备制造业发展成为新的龙头产业。一是凭借着我市的地缘优势；二是发挥我市该行业的一批企业产品品牌和技术优势。如广东鸿图科技股份有限公司和肇庆鸿大精密压铸有限公司的精密（高压）压铸技术和产品；广东肇庆动力配件有限公司的重力铸造、低压铸造、合金铸铁、离心铸造技术和产品；广东四会实力连杆有限公司和怀集汽车配件制造有限公司的锻造、锻压技术及产品等。这些企业技术实力、生产规模和出口量在国内同行业中均处于领先地位。因此，我市有条件可以充分依托广州这个广东省汽车生产基地的大市场，提高自身的竞争力和销量，把汽车零部件产业发展成为我市装备制造业的一个重要新龙头产业。

2. 金属制品业。该行业在我市的装备制造业中有一定的基础，其工业总产值约占全市装备制造业比重的23.2%，问题的重点是散而乱，既缺乏产业聚集效应，又缺少龙头企业带动效应，完全没竞争力可言。但随着亚洲铝业、岭南钢铁公司、肇庆市弘达实业有限公司等企业的建成投产。虽这些企业不属于装备制造业的范畴。但这些企业均属于金属制品业的上游企业、产业链条长，可有效地促进一大批金属制品业行业等下游企业的发展。同时也为我市汽车零配件行业提供了更优质、更高技术含量的原材料。产生形成以上游企业为核心，下游企业为卫星的区位优势和规模优势，增强全省乃至全国的竞争力。目前要将金属制品业发展为我市装备制造业另一新的龙头产业，政府的有效引导就变得格外重要。

3. 振兴肇庆的传统产业——仪器仪表制造业。肇庆仪器仪表制造有一定的发展基础和技术优势，但产业堆头小，发展步伐缓慢。今后随着汽车类、电子检测用等高级仪表的市场需求，振兴仪器仪表制造业大有可为，要加强产业政策引导和扶持，促使仪器仪表制造业发展成为我市的龙头产业。

总之，有效地将装备制造业几大板块有机地结合起来，突出电子及通讯设备制造业、交通运输设备制造业和金属制品业的龙头地位。重新确立仪器仪表制造业优势，将我市的整个装备制造业推上一个新的台阶，创造出整体的区位优势和规模优势是我市发展装备制造业的大目标。

撰稿：肇庆市统计局　　高仰娣

十年奋斗铸造辉煌 追求卓越仍需努力

——阳江五金刀剪产业竞争力研究报告

为了进一步摸清阳江五金刀剪产业竞争力的情况，找出该产业在省内、国内发展中的差距，并提出一些产业发展对策，从而更好地为市委、市政府制定产业发展规划和政策提供参考。本报告根据全国第一次经济普查资料及其他一些相关资料从以下几方面对阳江五金刀剪产业进行分析和研究。

一、产业发展历程、现状和作用

（一）发展历程

“阳江刀”作为阳江目前唯一能发扬光大的传统“三宝”之一，在阳江有着悠久的历史，从时间上可追溯到清朝同治年间，即18世纪中叶，“阳江刀”已为南粤数十县客商所识，并成为一宝而倍受青睐，知名度日渐提高。到上世纪20年代，阳江的“何全利菜刀”已脱颖而出，其生产的文武刀因在使用过程中无需换刀而成为一绝。但真正使“阳江刀”扬名天下的是阳江著名老刀匠梁季芙,其所研制的“季芙小刀”因其造型好、刀刃利、不易生锈、不易卷口而且好使耐用等优点而迅速占领市场并掀起一股仿制热潮,一时声名远播。

解放后，大概在1958年前后，阳江相继成立了国营小刀厂、二轻五金小刀厂、五金小刀二厂、江城镇五金制品厂和江城小刀厂以及一批街道刀具合作社等国有、集体企业。此时，阳江刀开始进入缓慢生长期。其中的阳江国营小刀厂经过30多年的打拼，曾经一度成为国内最大的小刀生产厂家之一，1986、1988年其产品曾相继获得部优、国优。

改革开放之后，特别是20世纪80年代末90年代初，随着个体私营等民营刀剪制品企业的不断发展，一些国有、集体刀剪制品企业由于种种原因而不堪冲击相续停产、倒闭，特别是1997年随着阳江市国营小刀总厂的停产，则标志着阳江刀剪工业发展已进入了裂变时期。恰在此时，市委、市政府出台了一系列鼓励民营企业发展的政策和措施。一些从国有、集体刀剪制品企业中下岗出来的师傅、学徒和管理人员等纷纷“自立门户”,相继成立一些私营企业和个体户，阳江五金刀剪制造业更是如日中天，迅猛发展，不断扩大。2005年年产值达81亿元，企业（包个体工业户）达1557家，分别比1995

年工业普查增加 5.8 倍和 6.7 倍,十年时间年均增长速度分别是 21.0%和 22.7%。不仅成为阳江最大的工业行业，也是全省最大的刀剪产品生产和出口基地，更是全省乃至全国刀剪制品业中当之无愧的“龙头大哥”。这标志着阳江刀剪工业发展已进入了成长壮大时期。正因为如此，全国的“菜刀中心”、“剪刀中心”和“小刀中心”相继落户阳江，此外，阳江更是荣获“中国刀剪之都”和“中国五金制品（刀剪工具）出口基地”称号，阳东县也因之被评为省产业集群升级示范区（全省 15 个示范区之一）。而随着一些专业刀剪制品企业产能的不断扩大，其中的佼佼者如阳江十八子集团、广东永光集团、广东银鹰集团等刀剪企业集团更是相继创下国家级、省级名牌产品和驰名（著名）商标。2005 年被评为“中国刀剪十大知名品牌”称号的刀剪企业就有七家。“阳江刀剪”品牌整体效应初步显现。

(二)发展现状

表 1：　2004 年全市刀剪制造业与全省、全国情况对比表　　单位：万元

指标	企业单位(个)	从业人员(人)	工业总产值(当年价格)	其中：出口交货值	资产总额
1、全市刀剪制造业	790	49884	490822	281554	234112
#规模以上企业	157	30138	314346	233839	137866
规模以下企业	633	19746	176476	47715	96246
2、全省刀剪制造业	907	58941	603269	341648	310748
#规模以上企业	184	36648	407231	287325	191621
规模以下企业	723	22293	196038	54323	119127
3、全国刀剪制造业	1614	92027	997657	512279	
#规模以上企业	267	54200	701700	443400	
规模以下企业	1347	37827	295957	68879	

1. 企业数量全国第一。2004 年经济普查资料显示，全市刀剪制造业企业达 790 家（如果按五金刀剪口径计算达 1143 家，包个体工业户则达 1443 家），分别占全省的 87.1%、全国的 48.9%。其中规模以上刀剪企业 157 家，分别占全省的 85.3%、全国的 58.8%。

2. 产业规模全国最大。普查资料显示，全市刀剪制造业工业总产值 49.1 亿元(如果按五金刀剪口径计算达 68.5 亿元，包个体工业户则近 70 亿元，到 2005 年其总产值达 81 亿元)，分别占全省的 81.4%、全国的 49.2%。其中规模以上刀剪制造业工业总产值 31.4 亿元，分别占全省的 77.2%、全国的 44.8%。

3. 出口总量全国最多。普查资料显示，全市刀剪企业工业出口交货值 28.2 亿元，

分别占全省的82.4%、全国的55.0%。其中规模以上刀剪企业工业出口交货值23.4亿元，分别占全省的81.4%、全国的52.7%。

4. 市场占有率全国首位。普查资料显示，阳江刀剪产品国内市场占有率达53.9%，其中规模以上和规模以下企业分别是46.4%和62.4%。出口市场占有率达55.0%，其中规模以上和规模以下企业分别是52.7%和69.3%。

(三)发展作用

五金刀剪制造业的快速发展不仅推动了阳江工业增长，同时也带动了其他相关产业的发展。

1. 推动工业快速增长。近年来，在阳江工业的发展中，五金刀剪制造业所起的作用不小。据测算，在这十年时间里，全市工业总产值年均增速是15.3%，而五金刀剪制造业则高达21.0%。五金刀剪制造业的快速增长对全市工业增长的贡献份额年均达27.7%，拉动全市工业年均多增长4.2个百分点。可见，该行业不仅是阳江工业的主要增长点，更是阳江工业10年来稳定增长的主要支撑点之一。

2. 带动相关产业加快发展。随着五金刀剪制造业的不断发展壮大，其所需的不锈钢带、木制品（木刀柄、木刀架）、塑料制品（刀柄、剪柄）、纸制品（包装箱）等也不断增加，而为其进行工艺技术（电镀、模具等）处理和为其提供机械设备、零配件的配套企业也发展较快。这一点，从全市近年来，木制品加工业、塑料制品业、纸制品业、刀剪机械业以及浸塑、电镀业等的发展可见一斑。此外，近几年来，为刀剪企业提供原材料的阳江特钢业迅速崛起，从无到有，也充分说明了五金刀剪制造业的发展对其他行业的发展有较大促进作用。2005年，特钢业的产值达8.4亿元，而且还正在不断扩大生产规模。另一方面，五金刀剪制造业的发展，也为阳江零售业、内外贸易业等提供了广阔的发展空间。2005年，在阳江外贸企业出口的轻工产品中，有八成多是五金刀剪产品，其出口交货值达3亿多美元，而由其他地区外贸企业出口的以及企业自营出口的也有不少。从这可以看出，五金刀剪制品业对促进阳江国民经济的发展起着重要的作用。

3. 缓解就业压力。近年来，作为劳动密集型的五金刀剪制造业的迅速发展，为阳江创造不少就业机会。普查资料显示，该行业直接为阳江提供的就业岗位达6万个左右，这对缓解阳江近年来由于国企改革下岗人员较多以及农村剩余劳动力不断增加所形成的就业压力，可以说是功不可没。这一点，还可以从与五金刀剪制造业相关行业的发展所接纳的就业人员不断增加得以证实。

4. 推动税收增长。五金刀剪制造业作为全市近年来工业发展中经营较好的行业之一。2000 年，99 家规模以上五金刀剪企业上交的税金达 1 亿多元，占全市规模以上工业企业上交税金的 26%左右。2004 年，201 家规模以上五金刀剪企业上交的税金近 2 亿元，占全市规模以上工业企业上交税金的 35%左右。

(四)发展趋势和特征

近年来，阳江五金刀剪制造业在快速发展的过程中，在地区分布、所有制结构、经营规模等方面呈现以下特征和趋势。

1. 地区分布高度集中。普查资料显示，从阳江五金刀剪制造业的地区分布情况来看,江城区五金刀剪制品企业达 796 家,占全市五金刀剪制品企业总数的 69.6%；其次是阳东县有 309 家,占 27.0%。这一地区分布特征与江城区的地缘、人缘优势有关,该地区的五金刀剪产品制造历史悠久,是阳江刀剪产品最早的发源地。阳东县则由于靠近市区所在地——江城区,得益于地缘和一系列优惠政策,近年来发展势头非常迅猛,甚至江城区的许多企业都转到阳东发展,省刀剪产业集群升级示范区设在阳东就是一个很好的证明。

2. 外向带动特征明显。一直以来，阳江五金刀剪产品的出口比重都较大，特别是近几年，产品出口更多，可以说，这几年阳江五金刀剪制造业之所以能快速发展，主要原因在于该产品加工出口发展迅猛使然。普查资料显示，在全市五金刀剪产品中，有近六成是出口国外的，其中由阳江外贸企业直接出口的达 3 亿多美元，该行业目前已经成为阳江出口产品最多的行业。

3. 民营企业占绝对优势。改革开放以来，阳江工业多种经济成份（所有制形式）蓬勃发展，特别是以私营企业为主的民营工业更是迅猛发展，使全市工业出现了前所未有的生机，发展速度明显加快。2000 年，全市民营五金刀剪企业近 600 家，国有、集体企业仅有几十家。到 2004 年，全市民营五金刀剪企业达 1092 家，占全市五金刀剪企业的 95.5%,国有、集体企业只有 15 家，三资企业也仅有 36 家。可见，以私营企业（884 家）为主的民营五金刀剪企业近年来已经成为阳江五金刀剪制造业的主流，国有、集体五金刀剪企业由于种种原因逐渐退下历史舞台。

4. 经济规模不断扩大。到 2004 年为止，全市 1143 家五金刀剪企业已占全市工业企业总数 38.8%，其产值占全市工业总产值（不包个体户产值）的 29.8%，比 1995 年的 12.9%提高 16.9 个百分点。201 家规模以上企业中，年产品销售收入(主营业务收入)超亿元的有 4 家，1 亿元-5000 万元以上的有 11 家，5000 万元-3000 万元以上的有 22

家，3000 万元-1000 万元以上的有 90 家。

二、产业竞争力比较

（一）区域产业竞争力评价指标体系

本文试用区域产业竞争力指标体系来分析评价我市五金刀剪产业的竞争力。区域产业竞争力是指在自由贸易条件下（即在排除贸易壁垒因素的条件下），某一区域特定产业以其相对于其他区域同一产业的更高的生产力，向市场提供符合消费者（包生产性消费者）或购买者需求的更多产品和服务，并持续地获得盈利的能力。其评价指标体系如下:

表 2：　　区域产业竞争力评价指标体系

1、产业发展能力	总资产增长率、利润增长率、固定资产增长率、税后利润增长率、营运资金增长率、资本增值保值率、销售增长率。
2、产业盈利能力	总资产报酬率、资本收益率、社会贡献率、社会积累率、销售利润率、成本费用利润率、人均创利、资产利润率。
3、产业营运能力	流动资产周转率、存货周转率、应收帐款周转率、总资产周转率、营运资金周转率、固定资产周转率。
4、产业偿债能力	流动比率、速动比率、现金比率、营运资金；资产负债率、产权比率、已获利息倍数。
5、产业出口能力	出口交货值占工业销售产值的比重。
6、产业产出能力	工业增加值率、单位资产产出率、单位工资创造的工业增加值。
7、产业规模能力	资产总额占全国的比重、工业总产值占全国的比重。

（二）产业竞争力横向对比

1. 从产业出口能力来分析:高于全省、全国平均水平。

在全部刀剪制造业中，阳江出口交货值占工业销售(总)产值的比重是 57.4%,分别是全省、全国的 101.4%和 111.9%。

在规模以上刀剪制造业中，阳江出口交货值占工业销售（总）产值的比重是 74.4%,分别是全省、全国的 105.4%和 117.7%，分别比 2003 年提高 2 个百分点和 6.5 百分点。

在规模以下刀剪制造业中，阳江出口交货值占工业销售（总）产值的比重是 27.0%,分别是全省、全国的 97.5%和 115.8%。

2. 从产业规模能力来分析:在全省、全国占绝对优势。

在全部刀剪制造业中，阳江工业总产值分别占全省、全国的 81.4%和 49.2%；资产总额占全省的 75.3%。

在规模以上刀剪制造业中，阳江工业总产值分别占全省、全国的 77.2%和 44.8%,分别比 2003 年提高 5.9 个百分点和 5.7 百分点;资产总额占全省的 71.9%,比 2003 年提高

15.5个百分点。

在规模以下刀剪制造业中，阳江工业总产值分别占全省、全国的 90.0%和 59.6%；资产总额占全省的 80.8%。

3. 从产业产出能力来分析:高于全省、全国的平均水平。

2003 年资料显示，在规模以上刀剪制造业中，阳江单位资产产出率分是全省、全国的 142.3%和 190.0%;阳江单位工资创造的增加值分是全省、全国的 121.4%和 105.3%;阳江工业增加值率分是全省、全国的 110.3%和 107.9%。

4. 从人均、户均指标来分析：整体水平与全省、全国情况基本一致，其中规模以上口径比全省、全国水平差一些，但规模以下口径则比全省、全国水平好。（见表 3）

表 3： 2004 年全市刀剪制造业与全省、全国情况对比表 单位：万元

	阳江情况	广东情况	全国情况
全部刀剪制造业	-	-	-
户均工业总产值	621	665	618
人均工业总产值	10	10	11
户均工业出口交货值	356	377	317
人均工业出口交货值	6	6	6
户均资产总计	296	343	
人均资产总计	5	5	
规模以上刀剪制造业	-	-	-
户均工业总产值	2002	2213	2628
人均工业总产值	10	11	13
户均工业出口交货值	1489	1562	1661
人均工业出口交货值	8	8	8
户均资产总计	878	1041	
人均资产总计	5	5	
规模以下刀剪制造业	-	-	-
户均工业总产值	279	271	220
人均工业总产值	9	9	8
户均工业出口交货值	75	75	51
人均工业出口交货值	2	2	2
户均资产总计	152	165	
人均资产总计	5	5	

在全部刀剪制造业中,阳江人均和户均工业总产值分别是全省、全国的 93%、101%和 96%、91%；人均和户均工业出口交货值分别是全省、全国的 106%、100%和 100%、100%；人均和户均资产总额分别是全省的 116%和 100%。

在规模以上刀剪制造业中，阳江人均和户均工业总产值分别是全省、全国的 90%、76%和 94%、81%;人均和户均工业出口交货值分别是全省、全国的 105%、111%和 100%、100%；人均和户均资产总额分别是全省的 119%和 100%。

在规模以下刀剪制造业中，阳江人均和户均工业总产值分别是全省、全国的103%、127%和102%、114%；人均和户均工业出口交货值分别是全省、全国的100%、68%和100%、100%；人均和户均资产总额分别是全省的108%和100%。

（三）产业竞争力纵向对比

1. 产业发展能力不断提高。在7个评价发展能力的指标中有5个指标呈现明显提高或不断好转的趋势，仅有2个指标出现回落。（见表4）

表4：

	2004年比2003年%	2003年比2002年%
1 利润增长率	-2.48	-49.50
2 销售增长率	18.56	25.89
3 总资产增长率	24.46	7.41
4 固定资产增长率	31.53	12.16
5 税后利润增长率	-53.15	-49.50
6 营运资金增长率	-23.34	-55.90
7 资本增值保值率	16.93	-10.09

2. 产业盈利能力日渐下降。在8个评价盈利能力的指标中有6个指标呈现明显回落趋势，仅有2个指标出现好转或基本持平。（见表5）

表5：

	2004年	2003年	2002年	标准值
1 总资产报酬率	0.03	0.06	0.09	比值高效益好
2 资本收益率	0.05	0.17	0.30	比值高效果好
3 社会贡献率	0.38	0.40	0.35	比值高贡献大
4 社会积累率	0.26	0.33	0.29	比值高贡献大
5 销售利润率	0.08	0.06	0.08	比值高收益大
6 成本费用利润率	0.01	0.02	0.04	比值高收益大
7 人均创利	0.14	0.29	0.55	比值高创利多
8 资产利润率	0.03	0.05	0.09	比值高收益大

3. 产业营运能力明显增加。在6个评价营运能力的指标中全部呈现增加趋势，其中有2个指标更是大幅提高。（见表6）

表6：

	2004年	2003年	2002年	标准值
1 流动资产周转率	3.54	3.57	3.07	比值高效率好
2 存货周转率	19.58	16.73	9.76	比值高效率好
3 应收帐款周转率	10.10	8.76	9.22	比值高效率好
4 总资产周转率	2.11	2.21	1.85	比值高效率好
5 营运资金周转率	74.77	48.35	16.94	比值高效率好
6 固定资产周转率	6.62	6.90	5.95	比值高效率好

4. 产业偿债能力渐趋下降。在7个评价偿债能力的指标中有5个指标出现偏离标

准值的趋势。（见表 7）

表 7：

	2004 年	2003 年	2002 年	标准值
1 流动比率	1.05	1.08	1.22	2
2 速动比率	0.88	0.88	0.90	1
3 现金比率	0.44	0.38	0.38	应急能力适度为好
4 营运资金	5%	8%	22%	占流动资产 50%
5 资产负债率	63%	63%	56%	50%-60%
6 产权比率	1.81	1.69	1.30	小于 1，越低越好
7 已获利息倍数	3.38	4.71	15.94	大于 1,越大越好

三、产业发展机遇与优势

（一）产业发展壮大的条件日趋成熟。一直以来，五金刀剪制造业作为阳江传统手工业，经过十多年的发展，无论在产业规模、劳动力（人才）等资源以及技术和工艺水平等方面，都有一定的基础并形成一定的优势，同时也积累不少该类产品开发设计、生产制造和市场营销经验。产业集群进一步发展壮大的优势已经不断显现，特别是技能水平和素质较好的劳动力队伍正在不断壮大，各级政府引导、扶持刀剪产业发展的力度和氛围也日益提高，比如，建立刀具城、构建刀剪网、召开刀博会、争取刀剪品牌等，为进一步发展壮大阳江五金刀剪制造业打下了良好的基础。

（二）产业技术水平提升空间扩大。中国加入 WTO 后，关税的进一步降低，已推动阳江五金刀剪产品的出口额不断增加，特别是以往因关税太高而可望不可及的进口设备现在变得廉价了，也为该行业能充分利用国外先进设备提高企业技术水平来提升国际竞争力提供前所未有的机遇。还有，各级政府都在努力为阳江刀剪产业的发展构建产业技术创新平台，一些企业在政府的支持下已建立研发中心。

（三）企业品牌意识进一步增强。在各级党委政府高度重视和推动下，短短几年时间，阳江刀剪企业就创下 1 个中国驰名商标，9 个广东省名牌产品（著名商标），2005 年被评为“中国刀剪十大知名品牌”称号的刀剪企业阳江就有七家。在全国刀剪品牌中阳江名列榜首，刀剪品牌效应日益显现，产品、企业、行业和区域品牌正逐步形成相互促进的良性互动，产品、企业、行业和地区的知名度不断提升。

（四）国内市场发展空间潜力巨大。刀剪作为一种小商品是我们生活中不可或缺的东西，人们每天都在使用。同时消费者永远都有追求新、奇、特产品的天性，而刀剪产品可供开发的品种达一千多种，这将为刀剪产业发展提供广阔的空间。可见，刀剪产品潜在的消费市场很大。市场占有率的大小，关键在于企业参与竞争的研发能力以及经营理念能否从以往的由“市场引导”转到“创造流行”（十八子集团刀剪旅游产品的成功开发是最好的诠释，使刀剪产品不但具有实用价值而且拥有观赏价值）上来；还有，对刀剪产业文化的推广宣传也至关重要。近年来，市委、市政府采取“政府搭台，企业唱戏”等各种有力措施，致力于推广宣传阳江刀剪产品(连续四届刀博会)，通过引导、帮助企业参加各种展销会、经贸洽谈会等来推广产品，开拓国内外市场。多来年“走东北，闯西南”所取得的成绩，无不说明了现阶段政府所采取的措施是可行的，同时也使企业深受鼓舞。而阳江一些企业质优、价廉、物美的刀剪产品不断得到国内外客商的赞赏，也充分说明了这一点。由此可见，阳江刀剪产品的市场前景非常好。

四、产业发展问题与劣势

近年来，阳江五金刀剪制造业取得了前所未有的发展，成绩也是有目共睹的。但在日益激烈的市场竞争中，只有知己知彼才能把握决胜的机遇和面对越来越多的挑战。从对近年来阳江五金刀剪制造业发展情况的分析看，目前该行业存在的主要问题有:

（一）整体品牌未能真正形成。随着阳江刀剪企业品牌意识的进一步增强，以及各级政府部门等的大力推广宣传，“阳江刀剪”品牌整体效应已有所显现。但目前阳江一些知名度较高的品牌企业正面临本市一些劣质企业的冲击以及其他地区同行的挑战，阳江刀剪产品只是占产量多的优势，它的出名在于“量最多”，而非“质最好”。在外界，阳江仍然未能摆脱只能生产低档、大路货刀剪产品甚至制造一些劣质刀剪产品的形象。阳江刀剪制造业虽然拥有很多的优势，但是其他一些地区（特别是江苏、浙江一带）凭借其日益提高的产品质量优势正直逼阳江刀剪制造业。此外，国外一些“洋品牌”也正在不断分割国内这块“大蛋糕”。在未来的产业发展中，“阳江刀剪”品牌能否真正在国内外市场树立至关重要。

（二）整体对外的有效竞争力未能形成。产业高度集中但不合群，企业之间只竞争但不合作，经营秩序混乱，业内又缺乏有效约束，严重削弱了阳江刀剪制造业整体对外的竞争力。在目前阳江刀剪产品出口比重很高的情况下，出口企业（外贸公司）竞相压价拉订单，“自己人踩自己人”现象仍较严重，这必然导致出口市场经营秩序出现混乱状况，不但引发一些海外客商在产品订货会上采用“价格招标”等方式来采购产品（即在取得众多企业报价后，用最低价逼产品质量高、款式好的企业按这种价格供货），同时也导致了阳江刀剪产品质量下降、行业利润减少、市场竞争乏力的局面。“价格战”的此起彼伏，不正当竞争的频频出现，等等，不但扰乱了阳江刀剪产品的正常价格水平，也扰乱了刀剪产品经营秩序，同时也败坏了阳江刀剪产品的名声。而最为严重的是，这种“同室操戈”、“互相拆台”的现象，使“肥水（该行业应有的利润）流入外人田”。根据国际上通行的规则，一个行业的毛利率一旦降至 10%，那么该行业就很难进一步发展。规模以上资料显示，阳江刀剪制造业近几年来的毛利率分别是 15.7%、8.9%、13.3%、14.0%。

（三）现代经营管理模式未能形成。产权单一的“家族式”管理企业必将制约企业向规模化发展。目前，阳江的私营企业大多数都是由洗脚上田的农民兴办或从传统的手工业小作坊发展起来，大多数企业主“小农”、“作坊”意识严重，经营管理落后，加上一家一户财力有限，企业流动资金十分困难，这很不利企业向规模化、集约化发展，更是难以取得规模经济效益。这是阳江大多数私营企业难于进一步发展壮大，或者发展到一定规模就由旺而衰，甚至倒闭的原因之一。

（四）人力资源结构素质仍然有待提高。目前，该行业具有新产品研发能力、拥有先进营销理念和管理经验的人才奇缺，这种状况，不同程度地制约了该行业的进一步发展壮大。普查资料显示，阳江五金刀剪制造业技术工人占从业人员比重是 4.3%,高级技工占技工人数 4.2% （发达国家技术工人占从业人员比重是 60%,高级技工占技工人数 25%）。一直以来，阳江大多数刀剪制品企业都是以来样加工出口为主，企业只要保证质量，按期交货，就能获得较好的利润，这种只负责产品制造的生产模式是导致目前企业人才结构不合理的主要原因之一。

（五）技术水平结构相对落后。阳江五金刀剪制造业是从传统的手工业发展过来的,近年来，虽然一些企业在生产技术、工艺处理、产品质量等方面有所提高，但同其他地区特别是国外相比，大多数企业设备陈旧、工艺落后、自动化程度低、产品粗糙。另外,对高质量、高标准的精美产品的生产力不从心,等等,也无不说明了该行业生产技术、工艺水平落后于国内其他地区,更难以同国外同行相比。

（六）原材料供应市场问题较多。目前刀剪制品企业所使用的原材料主要是不锈钢带等，这些产品有本地生产的，也有从省外、甚至从国外购进的。根据阳江质监部门对一些销售这些原材料的公司的抽查，合格率极低，劣质原材料充斥阳江市场。这也许是阳江刀剪产品质量低劣，档次上不了的原因之一，更是导致阳江刀剪产品被欧盟国家退货的主要原因。

（七）税收管理不规范，缺乏透明度，存在太多弹性。目前，一些地方存在同一类型企业税赋不一样的现象，这不同程度地导致了企业在“攀比”之下，采取隐瞒产值的办法来偷税漏税，使国家应收之税未能及时收上，更严重的是会导致经济规模不实，影响政府宏观管理。

此外，产业集中度偏低（指行业内规模最大的前几位企业的产值等有关数据占整个行业或市场的比重）、产业配套（上下游企业配套，信息交流、技术开发、人员培训、质量监督、产品标准化等公共服务）能力不高、产业链延伸较短、产业专业化分工和协作不明显等也是该产业发展中存在的主要问题。

五、产业集群发展思考

产业集群是指在特定的空间区域内，企业集中在同一产业，在相关机构的支持下互相之间既合作也竞争的一种生产组织方式或企业制度。

五金刀剪产业作为阳江最大的工业支柱行业，也是唯一称得上产业集群的产业，发展到今天，随着经济社会的发展和进步，各种生产要素成本（人力、土地资源等）的不断提高，市场竞争日益加剧以及入世后贸易壁垒频频出现，今后如果没有相应的政策引导和扶持，并对该产业进行整合优化，那么，它的发展将面临更大的挑战。未来的产业之路该如何走?非常值得深入研究和思考。现借鉴一些专家的观点以及结合阳江实际对五金刀剪产业如何进行整合提高优化升级提出如下两点思考:

一是对产业整合的思考。推动和实施刀剪产业整合是进一步提升阳江刀剪产业国际竞争力的前提和基础。从内容上来看，产业整合可分为企业层面整合、产业内部整合和产业系统整合三个层次。

企业层面整合是指企业特别是大型企业集团内部各构成要素、各职能部门之间、母子公司之间关系的有机整合，实际上是指企业组织结构方面的整合。按照现代企业管理理论，组织结构要常变常新，这是西方企业管理的通则。因为企业的环境在不断变化，组织结构只有随着环境的不断变化而加以调整，才能保持组织的活力。随着阳江刀剪制造业的日益发展壮大，专业化生产水平的不断提高，特别是各级政府部门等的大力支持，阳江相继成立三大刀剪集团，但其并非是真正意义上的专业化协作分工的组织形式。阳江一些刀剪企业“宁做鸡头，不为凤尾”、“只竞争，不合作”的经营意识从某种意义上来说阻碍了一些刀剪集团的组建、整合、壮大、提高，也是阳江刀剪产业集中度难以进一步提高的问题所在。

产业内部整合是指某一具体产业的整体化与有序性，它以分工和专业化为重要内容，以合作型竞争为主导，促使产业内大型企业与小型企业之间的有效协同，从而提高产业内部的组织性和组织化程度，提升产业的核心能力与国际竞争力。企业系列化、下包制（日本产业集群发展模式）或企业族群（意大利产业集群发展模式）是产业内部整合的重要形式。企业系列化是指一个势力强大的核心企业和一批实力相对弱小的企业结合成稳定的企业联合体。下包制是指以承包契约为纽带的某一产业内纵向整合的模式，发包企业多数是大企业、大公司，下包企业必须按照契约的要求，按时、按质、按量地向发包企业提供其所需的零部件、原料和服务。企业族群是指一群相互关联的企业依据专业化分工和协作建立起来的组织，它是建立在自律性和互惠性基础上一种全新的组织形态。这一产业发展模式比较适合阳江刀剪产业。

产业系统整合是指理顺产业之间的经济技术关联，通过制度安排重塑产业系统内主导产业、基础产业和配套产业之间的关系，以提高产业系统的聚合质量。刀剪制造业作为阳江刀剪产业系统内的主导产业，其今后能否与其上下游配套产业（特钢业、电镀模具业、刀剪机械业等）之间形成有机合作，聚合质量能否得到提高，关键在于各级政府部门以及相关机构组织能否通过政策倾斜、制度安排来加以引导和扶持。

二是对产业升级的思考。目前，阳江刀剪产业集群发展仍然是以横向一体化分工（大多数企业都生产同一种产品）为主，这是专业化分工发展的初级阶段（产业集群自发成长阶段），纵向一体化分工（大多数企业只负责某一种产品的某个生产环节或配件的活动）才是专业化分工发展的成熟阶段（产业集群由机构推动成长阶段）。今后阳江刀剪产业优化升级的方向正在于此——促使产业从无机聚集走向有机合作，从初级阶段转向成熟阶段。今后阳江刀剪产业优化升级发展壮大的关键在于：一是能否构建一个符合阳江刀剪产业实际而且有效的产业技术创新平台（一个由企业、政府或协会等支持的，各种技术创新研发中心服务机构和中介组织等构成的多元化技术服务体系）；二是能否得到包括政府在内的相关机构组织（行业协会行政部门等）的正确引导和政策扶持。外部机构的支持和服务是产业集群能否长期保持竞争优势的必要条件，当然这些支持和服务是要有效的、有针对性的；三是能否进一步提高产业配套能力和产业集中度，推动产业链延伸，提升产业文化氛围；四是能否创造一个良好的、双赢的、分工协作的制度环境，形成有竞争有合作的发展格局。这是建立诚信经商氛围，减少重复建设，避免恶性竞争出现的关键所在。

六、产业发展措施和建议

经过十年的风风雨雨，阳江五金刀剪制造业的确已创造出一番辉煌业绩,但其表现出来的特征仅是一个“大”，离“强”还有很长的路要走。

（一）培育龙头企业，壮大产业堆头。目前阳江五金刀剪制造业已成为阳江乃至全省、全国最大的行业，支柱作用明显，因此，今后在培养和发展阳江这一支柱产业时应做到：一是要注意培育发展行业中的“龙头”企业，使之真正成为引领产业发展方向、带动相关企业纵向集聚、推动产业不断发展壮大的直接动力；二是应引导、鼓励其中一些有实力的企业在拥有核心技术、品牌效应后走专业化分工、社会化协作的发展路子，把周边关联企业吸引到为自己配套的产业链条上来，形成相互需求、相互协作、分工合理、共同发展的合作网络；三是要打造合作平台，降低产业整体发展成本，提高产业规模效益。比如，阳江五金刀剪业作为阳江乃至全省行业老大，发展至今，其合作发展、整体推进的意识仍然缺乏，公共平台、公共资源无法得到合理开发利用，也就无法降低行业成本，提高行业规模效益，甚至因内耗而损害整个行业的盈利水平。阳江五金刀剪制造业只有在市场推广、营销，公共资源开发利用上有新突破，才能再次飞跃，真正走向全国乃至世界，从而打造出阳江刀剪产品这一区域特色经济，创出“区域效益”。

（二）制订有效措施，推动产业管理创新转型。有研究资料显示，企业中劳动者、科技人员、管理者三者对效益所作贡献的比例大致是1.5:2.5:6，后者的贡献大大高于前两者，由此可见“管理”的重要性。从个体企业这一微观主体来看，关键在于引导和鼓励企业增强自主创新能力（自主创新意识、自主创新行为、自主创新动力）和提高管理水平，从以往的来样加工、贴牌生产转到自主品牌生产，从家族管理转到现代企业经营管理上来；从行业协会、中价团体、管理部门这一中观主体来看，关键在于这些机构组织能否在深入调查和研究的基础上有针对性地对阳江五金刀剪产业进行规范管理和产业引导，从以往放任自由或由市场机制来推动转到有计划、有组织、有针对性地加以引导、协调、规范上来，建立一个公正、平等的市场竞争环境，减少“恶性竞争”，实施“放水养鱼”式的管理；从国家这一宏观主体来看，相关部门应凭借阳江五金刀剪产业在全国、全省的产业规模优势，争取国家和省对这一特色产业的政策倾斜，确保这一产业能进一步做大做强。

（三）打造刀剪区域品牌，提升产业国际竞争力。众所周知，刀剪产品“阳江制造”这一品牌已在全省、全国打响，但在国际市场上只能说占一席之地，同日本、德国特别是“瑞士军刀”等一些国际品牌相差甚远，阳江目前最大的刀剪企业集团的产值也不到瑞士维士集团的10%。由此可见，阳江刀剪产业在国际市场所占的份额之小。因此要集中力量，形成合力，整合资源，注册集体商标（美国“新奇士”集体商标的成功打造，使“新奇士”橙畅销全世界），不断提升刀剪产业国际综合竞争力，全力打造国际区域品牌，向世界名牌进军，促使“刀剪产品大市”向“刀剪产品强市”进军，“刀剪品牌大市”向“刀剪品牌强市”转变。一是要加强刀剪产品标准化（指产品质量、生产管理、销售服务、形象标识、人员培训以及原材料采购等标准的建立完善）工作，使阳江刀剪产品标准转化为国际标准乃至权威认证；二是要规范行业监督管理，使刀剪企业形成有竞争有合作的格局；三是要完善刀剪产业发展服务体系，进一步提高产业配套能力；四是要培育刀剪产业文化氛围（产品容易被模仿，但围绕产品所形成的文化氛围和服务体系是难以模仿的），形成产业长期竞争优势；五是要增强品牌培育能力，打造阳江刀剪区域品牌。

（四）加快人力资源培养，保证产业扩张人才需求。未来的市场竞争，是市场开拓能力、产品设计能力、先进生产技术、全新的营销方式的竞争，归根到底也是人才竞争，谁拥有它，谁就拥有致胜的法宝。目前，在市委、市政府的大力支持下，粤西最大的技工学校已经在阳江建成，阳江应充分利用好现有的各种条件加强人才培养，特别要加强与科研院校的联系和合作，还有一些刀剪企业已建立研发中心，这对阳江刀剪企业今后发展高精尖产品将起到巨大的促进作用。此外，各级政府应在设备进口和技术引进方面制订措施促使刀剪企业加快技术改造。

（五）尽快建立完善融资体系，确保产业发展资金需求。近年来相关资料显示，五金刀剪产业的营运资金严重不足，仅占流动资产的5%、8%和22%（50%为标准值）；另一面，工业贷款连年下降，分别是0.5%、11.8%和6.6%。可见企业“贫血”与“供血难”并存。就目前来讲要解决这种局面必须多方面联动：首先企业要动起来，不断更新观念，建立一套补充、积累、管理营运资金的稳定机制，提高自筹资金的能力，减少对贷款的依赖度；其次政府部门等要牵头，多途径地帮助企业拓宽融资渠道，比如票据贴现、信用担保、风险基金等，促使资金流向中小企业，进一步缓解目前中小企业资金短缺、融资困难等问题；此外，金融机构要创新，不断改进贷款管理方式，完善金融服务（在目前汇率不稳定的情况下，更应该采取措施帮助企业规避汇率风险），增加金融产品。总的来说，要做到综合治理，对症下药，“活血化瘀”。

（六）引导企业树立风险忧患意识，实施可持续发展战略。各级政府部门应通过召开座谈会等形式对私营企业主进行引导教育，帮助他们解放思想，更新观念，树立“居安思危”的意识，使其意识到在目前特别是中国加入 WTO 后，市场竞争将更加激烈，经营企业好似“逆水行舟，不进则退”，安于现状，迟早会被淘汰，只有勇闯市场大潮，不断进取，从目前这种“比较竞争优势”逐步转向“持续竞争优势”，才能再创辉煌。

撰稿：阳江市统计局　　陈庭伟

从产业效益看中山工业结构调整

为保持我国经济持续快速健康发展，国务院总理温家宝在十届全国人大四次会议上指出：推进产业结构调整和优化升级，是转变经济增长方式、提高经济增长质量的重要途径和迫切任务。为贯彻落实党和国家的重大决策，建设经济社会协调发展示范市和既适宜居住又适宜创业的和谐中山，我市把产业结构调整列为“十一五”规划的重点，通过调整产业结构，壮大产业和企业规模，提高产业效益。

为此，我们利用2004年第一次全国经济普查数据，对我市工业产业结构效益进行分析，并对其发展方向及趋势作深入探讨，旨在为我市新一轮结构调整升级，为市委、市政府制订工业产业结构调整及宏观经济决策提供参考依据。

一、工业产业结构现状

2004年，全市20066家工业单位实现销售收入1872.29亿元。其中，国有工业企业和年主营业务收入500万元及以上的非国有工业企业（以下简称规模以上工业企业）共3120家，实现销售收入1647.82亿元，占全部工业销售收入的88.01%；规模以下企业和个体经营户共16946家，实现销售收入224.47亿元，占全部销售收入的11.99%。由于规模以上工业企业经济总量大、比重高，基本可以代表我市工业经济发展的主流和趋势。因此，本文利用规模以上工业企业数据对全市工业产业结构进行分析。

2004年，在我市3120家规模以上工业企业所属的行业分布中，超过100家的行业共11个。其中，单位个数最多的行业是电气机械及器材制造业，其次分别是纺织服装、鞋、帽制造业，金属制品业和塑料制品业等。就业人数为82.04万人。其中，就业人数超过10万人的行业共3个，分别是电气机械及器材制造业，皮革、毛皮、羽毛（绒）及其制品业和纺织服装、鞋、帽制造业。实现销售收入1647.82亿元。其中，销售收入超过100亿元的行业共5个，分别是电气机械及器材制造业，通信设备、计算机及其他电子设备制造业，纺织服装、鞋、帽制造业，纺织业和金属制品业。实现收入法增加值（下同）224.38亿元，超过15亿元的行业共5个。其中，电气机械及器材制造业最大，为33.51亿元，占14.93%，通信设备、计算机及其他电子设备制造业次之，为20.47亿元，占9.12%。应交税金总额为44.17亿元，列前三位的行业分别是电气机械及器材制造业，化学原料及化学制品制造业和纺织服装、鞋、帽制造业（详见附表1）。

二、产业结构效益分析

为全面评价我市工业各行业经济效益状况，本文从产业结构偏离度、比较劳动生产率、企业盈利能力、对社会贡献能力、能源和水消耗量及科研经费投入等六个方面对全市工业产业结构效益进行分析。

（一）产业结构偏离度分析

产业结构偏离度是衡量产业结构效益的一项重要指标，它是指某行业就业人数占劳动力人数的比重与该行业增加值占全部行业增加值的比重之差，反映劳动力结构与产出结构的不对称程度。偏离度绝对值越小，趋近于零，表明产业发展越均匀，处于相对稳定的发展时期；正偏离度越大，表明劳动力过多地集中在这些行业，产业结构效益越低；负偏离度绝对值越大，表明这些行业结构效益越高。

全市33个工业行业中，24个行业产业结构偏离度为负。其中，化学原料及化学制品制造业(-3.6763%)、食品制造业(-1.7841%)、医药制造业(-1.4681%)、饮料制造业（-1.252%）等行业的负偏离度较高，表明这些行业的效益相对较好，今后将会吸引更多劳动力转移到这些行业。而皮革、毛皮、羽毛（绒）及其制品业(6.5893%)、纺织服装、鞋、帽制造业(4.3211%)、文教体育用品制造业(3.2772%)等行业正偏离度较高，属劳动密集型行业，结构效益相对低下（详见附表2，下同）。

（二）比较劳动生产率分析

比较劳动生产率是衡量产业结构效益的另一重要指标，是指某行业增加值占全部行业增加值的比重与该行业就业人数占全部行业劳动力人数的比重之比。比值大于1，表明比较劳动生产率较高；比值接近于1，表明该产业结构较为协调；比值小于1，表明比较劳动生产率较低。

全市33个工业行业中，电力、热力的生产和供应业比较劳动生产率最高，达7.8570，其次分别是燃气生产和供应业(7.3927)、水的生产和供应业(5.3209)、医药制造业(5.1462)、饮料制造业(3.4932)、化学原料及化学制品制造业(3.2259)等行业；通信设备、计算机及其他电子设备制造业(0.9350)、金属制品业(1.0804)、电气机械及器材制造业(1.0807)等行业比较劳动生产率接近于1，说明这些行业相对优化和稳定；而比较劳动生率最差的行业是皮革、毛皮、羽毛（绒）及其制品业（0.5228），其次分别是化学纤维制造业（0.5409）、文教体育用品制造业（0.5992）、工艺品及其他制造业(0.6135)等行业。

（三）盈利能力分析

总资产贡献率指标反映企业全部资产的获利能力，是企业经营业绩和管理水平的集中体现，是评价和考核企业盈利能力的核心指标。

全市规模以上工业企业总资产贡献率为8.06%。其中，总资产贡献率超过平均水平的共16个行业，占全部行业的48.48%，说明过半企业盈利能力尚未达到全市平均水平。盈利能力相对较高的行业分别是饮料制造业（25.07%）、医药制造业（20.77%）、非金属矿采选业（20.47%）、食品制造业（15.58%）、化学原料及化学制品制造业（13.73%）等；而石油加工、炼焦及核燃料加工业(3.59%)，皮革、毛皮、羽毛（绒）及其制品业(3.76%)，工艺品及其他制造业(3.77%)，交通运输设备制造业(3.79%)，化学纤维制造业(3.79%)等行业盈利水平明显偏低。

（四）贡献能力分析

对社会的贡献能力是产业结构调整的目标之一，人均增加值、人均税金总额可以反映企业对社会的贡献水平。

从人均增加值看，规模以上工业企业人均增加值为27.35千元/人。其中高于平均水平的行业共24个，占全部行业的72.73%。人均增加值最高的行业是电力、热力的生产和供应业（214.89千元/人），其次分别是燃气生产和供应业（202.19千元/人）、水的生产和供应业（145.52 千元/人）、医药制造业（140.75 千元/人）、饮料制造业（95.54千元/人）、化学原料及化学制品制造业（88.23千元/人）等行业；9个行业人均增加值低于全市平均水平，占全部行业的27.27%，人均增加值最低的行业是皮革、毛皮、羽毛（绒）及其制品业（14.30千元/人），其次分别是化学纤维制造业（14.79千元/人）、文教体育用品制造业（16.39千元/人）、工艺品及其他制造业（16.78千元/人）等。

从人均税金总额看，规模以上工业企业人均应交税金总额为5.38千元/人。其中高于平均水平的行业有22个，占全部行业的66.67%。人均应交税金总额最高的行业是电力、热力的生产和供应业（104.35 千元/人），其次分别是石油加工、炼焦及核燃料加工业（70.81千元/人）、医药制造业（56.91千元/人）、饮料制造业（36.02千元/人）、水的生产和供应业（31.41千元/人）、化学原料及化学制品制造业（27.37千元/人）、食品制造业（25.58千元/人）等行业；有11个行业人均应交税金总额低于全市平均水平，占全部行业的33.33%，皮革、毛皮、羽毛（绒）及其制品业最低（1.18千元/人），其次是工艺品及其他制造业（1.32千元/人）、文教体育用品制造业（1.48千元/人）、橡胶制品业（2.34千元/人）等行业。

（五）能源和水消耗量分析

能源和水是工业企业必不可少的基本生产要素，其消费量是产业结构调整的重要标准。万元工业增加值综合能耗越低，行业经济效益越好。严格限制高耗能、高耗水、高污染的产业，加快发展低耗能、低排放的资源节约型产业将是今后发展的方向。

从万元工业增加值综合能耗看，2004 年规模以上工业企业万元工业增加值综合能耗为 1.49 吨标准煤。综合能耗最低的行业是燃气生产和供应业（0.21 吨），其次分别是仪器仪表及文化、办公用机械制造业（0.36 吨）、石油加工、炼焦及核燃料加工业（0.51 吨）、医药制造业（0.55 吨）、电气机械及器材制造业和饮料制造业（0.75 吨）等。万元工业增加值综合能耗最高的行业是化学纤维制造业（9.26 吨），其次分别是黑色金属冶炼及压延加工业（7.53 吨）、非金属矿物制品业（5.95 吨）等，这些行业是今后节能降耗的重点行业。

从万元增加值水消费量看，2004 年规模以上工业法人企业万元工业增加值水消费量为 268.19 吨。万元工业增加值水消费量较少的行业包括燃气生产和供应业（2.85 吨）、医药制造业（19.30 吨）等；万元工业增加值水消费量较高的行业是纺织业（389.21 吨）、食品制造业（356.63 吨）、化学纤维制造业（163.14 吨）、橡胶制品业（119.83 吨）等行业。

（六）科研经费投入分析

要实现"中国制造"向"中国创造"的战略性转变，国家把增强自主创新能力作为科学技术发展的战略基点和调整产业结构、转变增长方式的中心环节，因此，建立以企业为主体、市场为导向、产学研相结合的技术创新体系，形成自主创新的基本体制架构是当务之急。企业研究与试验发展（即 R&D）经费投入作为企业技术创新的首要条件，我们以此为切入点进行分析研究。

从企业研发经费人均投入看,超过万元的行业有 2 个。其中，饮料制造业人均投入最多,达 38636 元,其次是医药制造业 19516 元；人均投入在 2000 元-10000 元的行业有 5 个,分别是电力、热力的生产和供应业（3147.83 元）、专用设备制造业（2909.71 元）、农副食品加工业（2862.99 元）、印刷业和记录媒介的复制业（2230.07 元）、电气机械及器材制造业（2115.78 元）。而皮革、毛皮、羽毛(绒)及其制品业人均投入仅有 1 元/人，另有 10 个行业没有 R&D 经费投入。

投入强度是指企业 R&D 经费投入与企业产品销售收入之比,反映科研投入对企业产品销售的贡献程度。全市平均投入强度为 0.47%,在平均水平以上的行业有 9 个,投入强度超过 1%的有 3 个行业,分别是饮料制造业(7.32%)、医药制造业(3.81%)和专用设备制造业(1.65%)。

三、工业产业结构定位

经过多年的发展，我市工业经济规模不断扩大，运行质量显著提高，正处于工业化中期向中后期过渡阶段。随着我市经济的进一步发展和对外开放的扩大，主动调整产业结构，实现工业产业结构升级，提高产业竞争力，已成为当务之急。因此，本文对我市 33 个工业行业进行分析定位，以明确今后工业产业结构调整的方向和目标。

（一）大力发展类

1. 朝阳产业。饮料制造业总资产贡献率、R&D 经费人均投入和投入强度三项指标均列全市第一位，产业结构偏离度和人均税金总额同列第四位，产业比较劳动生产率和人均增加值并列第五位，万元工业增加值综合能耗列第六位，万元增加值水消耗列第十六位（水属于原材料）；医药制造业总资产贡献率、万元增加值水消耗、R&D 经费人均投入和投入强度四项指标均列全市第二位，产业结构偏离度和人均税金总额均列第三位，其余三项指标并列第四位。而且这两个行业产业负偏离度大,比较劳动生产率高,行业结构效益好,贡献大,能源消耗较少，具有较好的发展前途,属潜力产业和朝阳产业，属于大力发展类。但目前这两个行业经济总量较小，比重较低,未形成规模效益。建议市委、市政府应加大力度，鼓励、引导和扶持这两个行业的发展，使其成长壮大，成为新的支柱产业。

2. 支柱产业。化学原料及化学制品业经济总量较大，是中山支柱产业之一，产业结构负偏离度大，比较劳动生产率高,行业结构效益好，企业盈利能力强，总资产贡献率高，工业人均增加值高,人均税金总额大,对社会贡献能力强，万元工业增加值综合能耗较低，正处于产业发展的上升时期。

作为高新技术产业代表的电气机械及器材制造业，通信设备、计算机及其他电子设备制造业，工业经济总量大，工业增加值分别列全市第一和第二位。吸纳劳动力多,就业人数分别列全市第一、第四位。由此可见，我市工业已逐步向以高新技术产业为代表的产业转移。此外，这两个行业万元工业增加值综合能耗较低。比较劳动生产率都接近于 1，产业结构优化、协调，正处于稳定发展时期；但这两个行业在核心技术、关键部件、营销渠道等方面对外依赖性较强，附加值小，处于国际分工的低端。这将影响企业自主发展的能力，容易成为简单的产品出口地或“候鸟经济”。

以上支柱产业是中山工业经济的主力军，且正处于稳定发展或上升阶段，今后应进一步发展壮大，为中山工业经济作出更大的贡献。

（二）鼓励发展类

作为中山区域特色产业的包装印刷业，包括印刷业和记录媒介的复制以及其它纸制品业。其中，印刷业和记录媒介的复制业目前总量在全市属中等水平，从产业结构偏离度和比较劳动生产率来看，该行业正处于较稳定的发展时期，总资产贡献率较大，企业研究与发展经费人均投入较多，投入强度位居全市第四，能耗较低，但人均增加值和人均税金总额不高，对社会贡献较小。

纺织服装、鞋、帽制造业，纺织业及金属制品业作为传统产业在中山工业中仍占有一定的位置，均属于中山工业支柱产业。行业增加值比重分别居全市第三、第七和第五位,就业人数比重分别列第三、第六和第七位，金属制品业比较劳动生产率略大于1,产业结构较为协调，纺织服装、鞋、帽制造业，纺织业劳动生产率处于中下水平，三个行业总资产贡献率处于中等水平，工业人均增加值及人均税金总额较低，且纺织业和纺织服装、鞋、帽制造业万元工业增加值水消费量较大，纺织业万元工业增加值综合能源消耗较大，金属制品业企业研发经费人均投入和投入强度较低。

以上行业虽然有些指标不具备优势，甚至排位较低，且多数企业规模小，产业集中度低，在国际竞争中处于劣势。但这几个行业属于中山的传统产业，已具有一定的规模和市场，有其发展优势的同时又存在问题，这些行业应当属于鼓励发展类行业。

针对鼓励发展类行业，通过内部合并、重组，形成规模优势。依靠科技进步，用高新技术对其加以改造，积极研发设计具有自主产权的名牌产品，提高产品在国内外市场的竞争力，实现行业的升级。

（三）限制发展类

皮革、毛皮、羽毛(绒)及其制品业，化学纤维制造业，文教体育用品制造业，工艺品及其他制造业及家具制造业等行业，总资产贡献率低,行业盈利水平差，工业人均增加值低,人均税金总额少,对社会贡献小，万元工业增加值水消费量较高，产业结构正偏离度过高,属劳动密集型产业,技术含量偏低,企业研究与发展经费人均投入少,投入强度小，比较劳动生产率低下。按照经济发展规律,低比较劳动生产率行业从业人员会流向比较劳动生产率高的行业。因此，今后应限制其进一步发展,并逐步进行转移,以促进中山工业的产业升级。

石油加工、炼焦及核燃料加工业，非金属矿采选业和非金属矿物制品业，由于资源禀赋的影响,这些行业在中山无地区资源优势,不具备比较优势,建议不予鼓励发展。

四、对策与建议

国家“十一五”规划要求我国经济发展由传统的高消耗、高污染、低效率的粗放型增长方式逐步向低消耗、低排放、高效率的集约型增长方式转变，走以有效利用资源和保护环境为基础的循环经济之路。因此，推进产业结构调整和优化升级，是转变经济增长方式、提高经济增长质量的重要途径和迫切任务。针对我市工业产业结构特点，我市必须建立以规划为指导，制度为保障，市场为主体，结构调整为主线的自主创新体系，以潜力产业和支柱产业为先导，以传统优势产业为基础，大力推进工业化进程，积极向工业强市目标迈进。

（一）加大规划管理力度，促进产业协调发展。

市委、市政府及有关部门要加强对工业产业结构调整的领导，运用行政法规和经济手段进行指导和协调，制订统一、规范的产业结构调整管理办法。根据我市产业结构的变动情况，适时调整《中山市产业发展导向目录》，明确大力发展、鼓励发展和限制发展类的产品目录，以此作为项目审批、利用外资审批、金融机构贷款安排及政府制定相关优惠政策等工作的基本标准，建立工业产业结构调整的动态信息管理制度，及时对产业结构调整情况进行跟踪、检查和监督。

（二）培育新的经济增长点，促进产业结构调整升级。

从工业产业结构定位和产业发展比较优势出发，加速饮料制造业和医药制造业等潜力产业的发展，特别是医药制造业，包括生物、生化制品的制造，卫生材料及医药用品制造，医疗设备制造等，以目前国家健康科技产业基地为依托，引进一批国内外健康医药企业和人才，培育自主研发机构和知识产权，以超常规的速度抢占发展先机，使中山成为全国乃至世界上有影响力的健康科技产业基地，成为医药制造业的硅谷。

培育新能源、新材料和光机电一体化等新兴产业，大力发展电子信息和精细化工等产业，鼓励民营经济向高新技术产业转移，变“候鸟经济”为“榕树经济”；强化现代包装印刷业的国内领先地位，加快研究开发包装新材料、新技术、新设备，形成集包装材料、包装产品、包装机械和包装技术研究为一体的现代包装产业群。

改造提升传统优势产业。用高新技术改造传统优势产业，延伸产业链、推进深加工，强化产业改造对经济增长和结构升级的推动作用，重点改造提升电器机械、金属制品、纺织服装等传统优势产业，加快形成全国灯饰、锁具、红木家具和休闲服装等行业的研制和展销中心。

（三）加大技术进步力度，加快增长方式转变。

自主创新能力是科学技术发展的战略基点和调整产业结构、转变增长方式的中心环节，实现技术升级是工业产业结构调整和升级的基础。大力推进技术进步，使工业发展真正建立在依靠科技进步的轨道上，不断提高经济增长的质量和效益。

形成以政府、企业、民间投资的多渠道资金供给链，保证科技的投入。在国家财政支出中，提高R&D经费在地区生产总值中的比重；大中型工业企业要成为技术创新的投资主体及研究开发的创新主体。要以各种政策措施引导大中型工业企业加大研究开发费用的投入，提高技术创新和研究开发经费的投入强度；积极运用国家、省、市有关企业技术改造的优惠政策，扶持企业开展技术改造，提升企业自主创新能力。

（四）提高招商引资质量，增强产业发展后劲。

严格准入标准，提高准入门槛。制定相关的环境、能耗、水耗、资源综合利用和安全、质量、技术、规模等标准，建立预测机制，预测评估引进企业投产后的综合效益，提高招商引资质量。在产业导向上，重点引进资金投向高新技术制造业。在引进项目和资金的同时，更要重视引进技术、人才、先进管理经验和融资方式，提升我市的产业层次，加快我市产业结构的战略性调整；在策略上，大力引进跨国公司特别是世界500强企业到我市设立地区总部或分支机构，鼓励其在中山建立研究开发中心和关键零部件生产基地；在方式上，要积极创新。尝试各镇（区）自行招商，全市集中规划，利益协商共享；采取一些新颖、实效的方式招商引资，鼓励外资企业通过兼并、风险投资、投资基金等多种方式，参与中山的产业结构调整。努力实现从政府招商为主转向企业招商为主，从综合性招商为主转向专业性、行业性招商为主。

（五）大力发展名优产品，促进产品结构调整。

近年来，我市大力实施名牌战略，涌现了一批名优产品，名牌效应已逐步在企业中形成。但目前部分名优产品生产规模不大，市场占有率较低，影响力较小，尚未形成名牌产品的规模效应。因此，要加大产品结构调整力度，培育更多的名优产品。鼓励开发具有自主知识产权的知名品牌，大力提高产品的技术含量，乃至文化、品牌含量，提高产品的附加值，变数量生产为精品生产，变产品制造为产品设计，从低成本竞争为主转到综合实力竞争上来。我市已拥有的国家级、省级名牌产品及免检产品，无论是技术含量，还是市场占领额，都是本行业的龙头。对这些产品，要积极创造条件，支持其开展知识产权保护活动，进一步提高其产品质量和附加值，扩大市场占有份额，不断提高市场占有率，使之成为在国内外市场都打得响的知名品牌。对尚未获得名牌产品称号、但质量好、已达一定生产规模、且具有较好市场前景的产品，要创造条件，加大宣传力度，扩大影响力，将其培养成为国内外市场上的知名品牌。

（六）培养和引进人才，为提高自主创新能力提供智力支持。

世界经济一体化的迅速发展和市场的激烈竞争，使得人才的争夺已经成为企业长远发展战略的重要部分。目前，市政府印发的《关于进一步加快人才引进工作的意见》，从人才引进范围、创新人才引进机制、放宽人才准入限制、优化人才环境、完善人才引进配套服务等五方面制定了新的措施，为吸引高素质人才到中山就业、创业提供了良好的发展空间。在人才发展策略上，我们不仅要大量引进人才，更重要的是要培养人才，要发挥市内高等学府和职业技校的学科优势，采取请进来，走出去等方式，培养既具有理论知识，同时又具备动手能力的适用型专业人才，为推动我市产业结构升级和社会经济发展服务。

（七）借助行业协会力量，推动产业结构调整。

我国加入 WTO 后，行业管理将发挥越来越重要的作用。要积极探索工业行业管理新路子，培育和健全各类行业协会，发挥其在沟通政府与企业关系、协调企业之间利益、维护行业整体利益的作用，从而促进产业协调发展。特别要发挥行业协会的组织协调作用，协调贸易中的知识产权纠纷，尤其要认真应对国外技术壁垒，协调国际贸易纠纷，规避国外贸易壁垒，保障行业健康发展和扩大出口。同时，要强化行业协会在产业结构调整中的作用，引导行业内企业不断优化升级，提高企业的竞争力和综合效益。

撰稿：中山市统计局　吴文伟　程　莉　刘　利　余北清

揭阳工业化建设若干问题的宏观思考

“走新型工业化道路”，是党中央提出的伟大战略部署。工业是推动揭阳经济增长的第一大动力。工业化建设效果如何？将直接影响揭阳社会经济发展大局。因此，本文拟运用发展经济学有关原理，从对揭阳工业化进程评价入手，并针对其面临的主要矛盾，提出若干加快发展对策建议，为领导和有关部门组织推进揭阳新型工业化建设，实现“工业强市”战略目标提供有益参考。

一、工业化发展评价基本理论与揭阳工业化发展

从18世纪60年代，工业革命在英国拉开序幕之后，工业化建设便以锐不可挡之势在世界各地展开。因此，研究工业化发展与评价的理论研究也应运而生。对于工业化，《新帕尔格雷夫经济学大辞典》认为，工业化是一个过程，其基本特征是:“首先，一般来说，国民收入中制造业活动或第二产业所占的比例提高了；其次，是制造业或第二产业就业的人口比例一般也有增加的趋势。在这两种比例增加的同时，除了暂时的中断以外，整个人口的人均收入也增加了。”我国著名发展经济学家张培刚先生，也从广义上把工业化的特征概括为:一是生产技术的突出变化具体表现为以机器生产代替手工劳动；二是各个层次经济结构的变化，包括农业产值和就业比重的相对下降或工业产值和就业比重的上升；三是生产组织的变化；四是经济制度和文化的相应变化。由此可见，工业化不仅包括工业份额的提高，还包括与之相伴随的诸如生产、生活方式以及文化等社会经济的变化内容。

根据钱纳里、库兹涅茨、霍夫曼和张培刚等国内外经济学家有关工业化发展评价理论框架及借鉴有关研究机构的科研成果，结合新型工业化要求和区域经济发展实际，筛选了人均 GDP、产业结构、就业结构、消费结构和城镇化水平等可量化的核心指标，构造工业化发展阶段的评估参考指标体系（详见附表）。并据此，对揭阳市工业化建设进行初步分析评估。评估结果表明:目前，揭阳正处于工业化初级阶段末向中级阶段初转变的关键历史进程中。

二、揭阳工业发展的基本过程及工业化建设的主要特点

揭阳的工业，从上世纪30年代，出现近代大机器工业起到现在，总体上可分为三个基本段:第一阶段，20世纪30年代（1935年）以广东省省营糖厂揭阳曲溪分厂、捷

和机器厂等为代表的近代工业出现起，至1949年新中国成立，这一时期是揭阳工业的初生期；第二阶段，解放后至揭阳新市设立前（1991年），这一时期是揭阳由农业社会向半工业化社会推进的过渡时期；第三阶段，揭阳新市设立后至今，是揭阳由半工业化社会进入工业化社会，并由工业化社会初级阶段向中级阶段大步推进的新时期。揭阳工业化发展不仅具有明显的阶段性，而且还具有下列若干突出的自身特点。

（一）从人均地区生产总值（GDP）看，目前揭阳工业化建设还处于初级发展阶段。 2005年，揭阳市地区生产总值为420亿元，人均地区生产总值为7531元（按常住人口计算），约折合为920美元。根据"钱纳里标准"衡量（标准为，728-1456美元），目前揭阳的工业化建设还处于初级发展阶段。

（二）从三次产业结构看，目前揭阳的工业化建设已处于中级发展阶段。 揭阳三次产业增加值占GDP的比重，已由1992年的"41.79、34.70、23.51"，演变为2005年的"16.89、49.35、33.76"。三次产业规模序列也由1992年的"一、二、三"，演变为"二、三、一"。按参考标准评价（标准为，第二产业占40-60%），目前揭阳工业化建设已处于中级发展阶段。

（三）从工、农业产业结构看，目前揭阳工业化建设也已处于中级发展阶段。 到1994年，揭阳完成工业增加值49.76亿元，首次实现工业超过农业的历史性突破。工、农业增加值比例为1.13，达到了工业化初级阶段的要求。至2005年全市完成工业增加值183.25亿元，工、农业增加值比例也提高到2.58。按参考标准评价（标准为，2〈N〉4），目前揭阳工业化建设已进入工业化中级阶段。

（四）从工业内部结构看，目前揭阳工业化建设已处于中级发展阶段。 2005年揭阳市工业增加值占GDP的比重已超过30%（标准为，20%左右）。再从"霍夫曼比例"分析，2005年，揭阳轻、重工业增加值比例为1.89（标准为，3.5-1.5）。按制造业增加值占GDP比例和"霍夫曼比例"两个评价参数衡量，目前揭阳工业化建设已达到了工业化中级阶段水平。

（五）从社会劳动力就业结构看，目前揭阳工业化建设也进入工业化中级阶段。 至2005年，农业从业人员占全社会从业人员的比重已下降至48.9%（标准为≤50%）。按农业从业人员占全社会从业人员的比重评价标准衡量，目前揭阳工业化建设业已进入工业化中级阶段。

（六）从消费结构（恩格尔系数）看，揭阳还处于准工业化阶段。 2005年揭阳市区居民生活消费性支出中食品消费支出所占比重为43.4%；农村居民食品消费支出占生活消费支出 为48.6%。城乡均超过了30%（逆指标）。据分析，潮汕人香烟消费偏好强烈也是影响恩格尔系数高企的一个重要因素。若按消费结构（恩格尔系数）评价标准衡量，目前揭阳还处于准工业化阶段。

（七）从城镇化水平看，目前揭阳工业化建设已处于工业化发展的中级阶段。2000年第五次全国人口普查，揭阳城镇常住人口占总人口的比重已达37.91%，到2005年又上升到41.15%，（标准为30-70%）。按城镇化水平评价标准衡量，目前揭阳工业化建设已进入了中级阶段发展时期。

三、揭阳工业化建设中面临的主要矛盾

揭阳的工业化建设虽然已取得了令人瞩目的成效，但与全省目前已进入工业化中级阶段发展的水平比，揭阳还面临着许多矛盾和困难，其中比较突出的有下列几个方面：

（一）综合经济实力贫薄，区域发展不平衡的矛盾比较突出。2005年，揭阳人均GDP仅有7531元．分别相当全国、全省平均水平的53.9%和31.7%。人均GDP水平的低下，是制约全市工业化进程的第一大因素；政府财政实力十分单薄，2005年，地方财政一般预算收入11.19亿元,人均财政收入不足200元,还达不到全省平均水平的10%,居全省各地级以上市的倒数第一位。区域经济发展不平衡的矛盾，又是一个值得重视的问题。揭西是全省的特困县份，惠来虽然还不属于省的特困县份，但经济发展仍然较落后，特别是工业经济建设方面的差距更大，2005年全县的工业用电量还不到1亿千瓦时。全市9个县级核算单位，人均GDP拥有量高低比例为1：3.5，区域经济发展不平衡矛盾十分突出。综合经济实力贫薄和经济发展的不平衡矛盾，不仅使揭阳的工业化进程受到制约，而且其它经济建设和社会事业发展也受到重大的影响。

（二）资源支撑力度不足，基础设施建设投入欠帐较多。揭阳人均耕地面积和人均淡水拥有量为1029立方米和0.23亩，两者均相当全省平均水平的50%多。全市人均实际利用外资量和人均金融机构贷款余额，分别为10美元和2700多元，仅相当全省平均水平的7.1%和%11%。在法人单位的从业人员中，大学本科以上学历的占3.8%，仅相当全省平均水平的55.1%。基础设施建设滞后，投入欠帐也较多。2005年，全市人均固定资产投资量，仅相当全省的25%，在全省各市中排列最后一位。资源不足和基础设施配套不完善，显然不利于工业化的发展。

（三）工业集约程度和企业规模结构层次低下，工业经济增长质量不高。揭阳每1

家工业企业法人单位拥有资产 701 万元，仅相当全省平均水平的 39%。至 2005 年，全市还没有 1 家大型工业企业，规模上企业增加值所占全部工业的比重也还达不到 40%，比全省约低了 40 多个百分点。在规模以上制造业中，食品 、纺织服装 、塑料、五金四大类传统劳动密集型工业所占的比重高达 55%。企业竞争力总体偏弱，经济增长质量也不高。规模以上工业经济效益综合指数为 134.5，比全省平均水平低了 15.4 个百分点。揭阳工业的集约化程度和增长质量不高，必然会影响到新型工业化战略的实施。

（四）第三产业发展明显滞后，内部结构层次偏低。揭阳第三产业所占 GDP 的比重，比全国、全省平均水平分别低了 6.5 和 10.4 个百分点。在揭阳的第三产业中，以批发零售业、交通运输为主体的传统服务业增加值所占的比重高达 57%，而以金融保险业、房地产业和社会服务业为主体的新兴服务业增加值所占的比重却还达不到 28%，内部结构层次显然偏低。第三产业发展不足和内部结构不合理，也在一定程度上弱化了揭阳工业化发展的动力。

（五）农业劳动力转移较慢，城镇化水明显偏低。2005 年,全市第一产业从业人员 124.64 万人，所占总从业员的比重达到 49.1%，比全省 2004 年的平均水平高出 14.4 个百分点，农业劳动力向非农产业转移的速度显然落后。城镇化水平也属较低行列。2005 年全市城镇人口所占比重，比全省低了近 20 个百分点，在全省 21 个市中排列 15 位。农业劳动力转移缓慢和城镇化水明显偏低，显然会给工业化的发展造成了许多不利的因素。

四、加快揭阳工业化建设步伐的几点建议

对于上述揭阳面临的种种困难和问题，本人认为所有这些都是发展中的矛盾。这既不可怕，又不能掉以轻心。解决这些发展中的矛盾只能用科学发展的办法加以解决。如何科学发展？建议各地各级，应针对揭阳工业化建设存在的主要矛盾，在今后推进工业化建设中优先做好下列几个层面工作。

（一）集中力量抓住加快经济发展这个第一要务，实现揭阳“十一五”经济增长大提速。要从“后发揭阳”和构造“活力揭阳”的基本市情出发，选准跨越式发展的主攻方向与战略重点。重视“投资乘数效应”在拉动经济增长中的巨大作用，摆正招商引资在经济工作中的突出地位。通过国内外两个市场，调动国内外两种资源，争取尽可能多的大企业（项目）落户揭阳，实现大招商、大投入，大产出，促进经济大增长。从当前的实际着眼，各地应从营造良好投资环境入手，在国家产业政策的框架内，多层次、全方位、

宽领域推介揭阳的投资项目与投资环境，诱导海内外各类投资主体的投资冲动，并依法保护投资者的合法权益，构建促进投资高增长的长效机制，争取超额完成“十一五”投资预期目标，尤其要千方百计做好“新增三个 100”和“668 计划”以及“城镇建设五个一”等重点工程组织实施工作。争取通过扩大“投资乘数效应”，增强经济增长拉力，推动结构调整，夯实增长后劲，加快工业化进程。

（二）积极推动经济结构调整和经济增长方式转变，争取实现经济又快又好增长。要从着力改善生产、生活发展环境和提高其服务水平出发，大力加快发展以产品设计与包装、仓储、物流和会展等为主体的生产型服务业，并推动服务业与制造业良性互动共进。进一步发展壮大旅游业、信息服务业、房地产业和金融业等新兴服务业。提高服务业对经济增长的贡献率，改变揭阳第三产业比重偏低的被动局面。通过开展广泛节约型生产活动，切实提高资源使用效率，确保“十一五”期单位生产总值能耗降低 13%以上。努力做到既促进产业结构不断调整优化，又推动经济增长方式逐步转变，实现经济有快又好增长。

（三）加大力度推动工业化、城镇化和农业产业化“三化”互动协调发展。在推动工业化建设过程中，各地必须根据“三化”之间的对立统一关系，通过加快工业的发展来引致产业结构层次的提升，推动城镇化水平的提高；通过加快工业，尤其是农产品深加工业工业的发展来延长农业产业链，提高农业产业化经营程度，增加农民农收入， 改善农民生活质量。同时，通过加快城镇建设，为企业集聚和产业集群的形成提供更加便利的交通能源、信息咨询、商品集散等配套服务，构造更适宜工业投资创业的优良环境；通过加快发展农业产业化经营，为工业发展提供更多更好的原材料，输送更加优质充裕劳动力，促进工业经济更快增长。实现“三化”互动协调发展。

（四）有效整合和深化开发利用特色资源，切实加快县域经济发展步伐。发展县域经济，既是提高区域竞争力的重要举措，又是推进工业化和社会主义新农村建设的必然要求。在整个揭阳经济中，县域经济所占比重已超过四之三。离开县域经济的协调发展，揭阳工业化建设没戏唱。发展县域经济关键之一，就是要立足有效整合和深化开发利用区域特色资源，扬长避短，做专做大做强特色产业。从揭阳市的县域经济特点出发，建议：揭东要充分利用城市经济社会核心区的辐射效应和沿江区位优势，科学整合乡镇企业产能，大力发展轮胎、塑料、模具、制鞋、电子电器、五金不锈钢等制造业及现代物流业，推动“沿江经济带”的形成；普宁要充分利用原来商贸集散地的历史产业优势，切实加大对纺织服装、医药医疗器械、副食品等优势工业以及现代物流业发展的引导力度，构建“中部产业经济带”；惠来要立足独特“蓝色国土”资源优势，优先发展能源、石化、港口物流和海水养殖以及滨海旅游光观等重点产业，形成“滨海经济带”；揭西要整合丰顺等地的山、水、林等自然资源，坚持走“打响绿色品牌，做大生态产业”的发展道路，构建以生态工业、生态农业和生态旅游业为主导的“西部经济带”。

总之，建议各地在推进工业化进程中，千万不能生搬硬套别人的成功模式和经验，而是必须坚持在科学发展观的指导下，立足以人为本，立足当地的客观实际，遵循经济发展的客观规律，高效有序地做好各项工作，把工业化建设真正办成，既是推进社会经济快速发展的“引擎”工程，又是惠及广大人民群众的社会德政工程。

撰稿：揭阳市统计局　林雄波

附表:

工业化不同发展阶段评估(参考)指标体系表

指标名称	准工业化阶段	工业化阶段			后工业化阶段
		初级阶段	中级阶段	高级阶段	
人均 GDP(H 钱纳里标准,美元)	364-728	728-1456 揭阳 920	1456-2912	2912-5460	初 级 5460-8736; 高 级 8736-13104
第二产业增加值占 GDP 比重(%)	20 以下	20-40	40-60 揭阳 49.3	60%以上	—
工业增加值/ 农业增加值	N<1	1<N<2	2<N<4 揭阳 2.58	4<N<6	N>6
制造业增加值占 GDP 比重(%)	5 以下	5	20 揭阳 37.2	30	20
霍夫曼比例	>6	6—4	3.5-1.5 揭阳 1.89	1.5-0.5	0.5 以下
农业从业人员占全社会从业人员的比重(%)	80 以下	80	50 揭阳 49.1	20	10
城镇化率(%)	30 以下		30-70 揭阳 41.15	70 以上	
食品消费占家庭消费的比重(%)	30 以上 揭阳: 城 43.4, 农 48.6	30 以下			

注: 霍夫曼比例由规模上轻、重工业比例代替; 城镇化率是指城镇人口占总人口的比率; 人均 GDP 按常住人口计算,人民币与美元汇率按 8.19∶1 折算。

第二部分

工 业 统 计 数 据

广东工业主要指标占全国比重

单位：亿元、%

指标	2000年		2004年		2005年	
	绝对量	比重	绝对量	比重	绝对量	比重
工业总产值	12 480.93	14.6	29 554.92	14.7	35 942.74	14.3
工业增加值	3 422.60	13.5	7 439.53	12.1	9 416.39	13.0
主营业务收入	12 380.65	14.7	28 998.45	14.6	34 781.58	14.0
主营业务成本	10 381.40	15.1	25 024.52	15.0	30 010.54	14.3
主营业务税金及附加	117.12	8.2	207.84	7.9	227.29	9.3
资产总计	14 370.57	11.4	23 840.02	11.1	27 076.08	11.1
流动资产合计	6 891.49	12.7	13 078.16	13.5	15 132.34	13.6
固定资产合计	5 884.78	9.9	8 693.16	9.4	9 996.70	
固定资产原价	8 005.77	10.2	12 713.34	10.1	14 453.16	10.1
流动资产年平均余额	6 626.81	12.8	11 950.52	13.2	14 411.12	13.6
固定资产净值年平均余额	5 420.33	10.5	7 906.66	9.9	8 834.68	9.9
流动负债	6 438.74	12.1	11 526.65	12.2	13 320.04	12.3
长期负债	1 687.96	7.4	2 141.97	7.4	2 174.20	
所有者权益合计	6 098.21	12.3	10 021.99	11.1	11 414.84	11.1
实收资本	3 984.31	12.1	6 752.68	11.6	7 342.7	
利润总额	564.75	12.9	1 449.96	12.2	1 693.99	11.4
利税总额	1 042.77	11.0	2 329.79	10.9	2 877.81	
应交增值税	360.83	9.8	671.99	9.7	956.53	11.2
从业人员平均人数(万人)	572.79	10.3	996.44	15.0	1 085.65	15.7

注：本表统计范围为全部国有工业及年销售收入500万元以上非国有工业企业。

广东工业经济效益指数与全国对比

2005 年

指　标	计量单位	全　国	广　东	广东比全国增（减）（百分点）
综合经济效益指数	%	183.67	157.31	-26.36
总资产贡献率	%	11.82	11.29	-0.53
资本保值增值率	%	113.92	113.9	-0.02
资产负债率	%	57.81	57.84	0.03
流动资产周转率	次/年	2.35	2.41	0.06
成本费用利润率	%	6.42	5.16	-1.26
全员劳动生产率	元/人.年	104 680	86 735	-17.14%
产品销售率	%	98.14	97.5	-0.64

历年工业企业单位数

单位:个

年份	总　计	按轻重工业分		按经济类型分		
		轻工业	重工业	国有及国有控股工业	集体工业	其他工业
1949	7 796	5 957	1 839	56	7 740	
1950	9 428	7 102	2 326	121	9 307	
1952	12 362	8 667	3 695	601	11 761	
1957	25 510	24 213	1 297	1 273	24 237	
1962	14 582	13 187	1 395	3 228	11 354	
1965	12 748	10 519	2 229	3 759	8 989	
1970	13 544	10 724	2 820	3 542	10 002	
1975	16 058	11 951	4 107	4 538	11 520	
1978	19 440	13 112	6 328	5 015	14 425	
1980	20 874	14 385	6 489	4 861	15 974	39
1981	21 741	15 391	6 350	5 056	16 661	24
1982	22 379	15 707	6 672	5 169	17 169	41
1983	22 263	15 545	6 718	5 365	16 829	69
1984	22 985	16 180	6 805	5 358	17 510	117
1985	23 879	15 783	8 096	5 717	17 768	394
1986	25 482	17 085	8 397	6 081	18 771	630
1987	26 452	17 468	8 984	6 351	19 145	956
1988	28 441	18 831	9 610	6 537	20 353	1 551
1989	29 897	19 843	10 054	6 756	20 912	2 229
1990	30 404	20 205	10 199	6 886	20 641	2 877
1991	31 393	20 944	10 449	7 072	20 499	3 722
1992	32 168	21 355	10 813	6 927	20 587	4 654
1993	33 790	21 021	12 769	6 346	19 750	7 694
1994	37 839	23 535	14 304	6 342	21 890	9 607
1995	42 680	26 113	16 567	6 873	23 556	12 251
1996	43 408	25 964	17 444	6 783	23 063	13 562
1997	39 567	23 848	15 719	6 203	21 044	12 320
1998	17 980	11 095	6 885	3 683	4 338	9 959
1999	18 879	11 662	7 217	4 337	4 277	10 265
2000	19 695	12 255	7 440	3 320	4 158	12 217
2001	20 721	13 087	7 634	2 793	3 094	14 834
2002	22 619	14 365	8 254	2 533	2 931	17 155
2003	24 494	14 834	9 660	2 103	2 513	19 878
2004	34 584	19 705	14 879	2 079	1 425	31 080
2005	35 157	20 201	14 956	1 806	1 272	32 079

注:1. 1997 年及以前为乡及乡以上工业企业,1998 年起为全部国有工业及年销售收入 500 万元以上非国有工业企业;

2. 国有及国有控股工业 1998 年以前仅指国有工业。

历年全部工业总产值

单位:亿元

年份	总　计	按经济类型分			
		国有及国有控股工业	集体工业	城乡个体工　业	其他工业
1949	9.89	0.54	9.35		
1952	19.85	2.50	17.35		
1957	37.92	19.96	17.96		
1962	50.57	35.51	15.06		
1965	71.76	56.54	15.22		
1970	100.55	77.25	23.30		
1975	155.23	114.49	40.74		
1978	206.56	131.83	73.28		1.45
1980	248.68	146.95	95.08	0.05	6.60
1981	282.95	165.53	112.49	0.13	4.80
1982	313.76	178.78	129.39	0.28	5.31
1983	356.91	204.68	149.25	0.69	2.29
1984	433.40	240.19	185.17	1.23	6.81
1985	534.72	298.42	200.98	14.14	21.18
1986	632.89	334.59	243.27	19.93	35.10
1987	878.29	427.10	343.59	34.88	72.72
1988	1 318.90	594.98	520.99	55.58	147.35
1989	1 647.24	714.93	607.02	72.85	252.44
1990	1 902.25	765.43	659.65	91.19	385.98
1991	2 524.12	973.59	828.68	118.96	602.89
1992	3 479.39	1 202.46	1 174.42	184.60	917.91
1993	5 237.37	1 445.38	1 711.62	315.42	1 764.95
1994	7 273.95	1 562.24	2 444.46	555.04	2 712.21
1995(原规定)	9 720.54	1 709.89	3 054.13	921.84	4 034.68
1995(新规定)	8 849.90	1 465.82	2 797.76	854.70	3 731.62
1996	10 530.93	1 544.58	3 552.70	970.51	4 463.14
1997	12 372.69	1 574.39	4 042.39	1 472.59	5 283.32
1998	13 799.16	1 453.79	1 480.13	940.80	9 924.44
1999	15 303.33	3 025.68	1 273.75	1 495.66	9 508.24
2000	16 904.47	3 126.12	2 131.09	1 804.53	9 842.73
2001	18 909.91	3 309.51	1 858.66	1 998.03	11 743.71
2002	21 788.71	3 369.50	1 449.06	2 347.66	14 622.49
2003	27 375.56	4 017.54	1 362.30	2 645.84	19 349.88
2004	34 443.48	6 045.39	660.19	2 923.88	39 191.45
2005	41 661.74	6 375.54		3 420.08	

注:1. 本表产值从 1995 年起按新规定计算;

2. 本表的集体工业是大集体,即包括村办和城乡合作经营工业;

3. 国有及国有控股工业 1998 年及以前仅指国有工业。

历年规模以上工业总产值

单位:亿元

年份	总计	大中型工业	按轻重工业分		按经济类型分		
			轻工业	重工业	国有及国有控股工业	集体工业	其他工业
1978	180.73	49.34	102.32	78.41	131.83	48.90	
1979	194.64	54.91	110.28	84.36	142.64	52.00	
1980	212.69	56.33	128.17	84.52	146.95	61.47	4.27
1981	241.93	66.89	152.97	88.96	165.53	73.93	2.47
1982	263.02	75.37	164.17	98.85	178.78	81.19	3.05
1983	293.70	92.78	180.60	113.10	204.68	84.13	4.89
1984	359.87	110.63	223.29	136.58	240.19	107.12	12.56
1985	471.83	166.11	289.68	182.15	298.42	150.70	22.71
1986	550.49	210.27	344.70	205.79	334.59	179.04	36.86
1987	747.47	299.19	472.45	275.02	427.10	245.82	74.55
1988	1 118.00	459.74	718.03	399.97	594.98	375.67	147.35
1989	1 399.45	622.42	893.20	506.25	714.93	432.09	252.43
1990	1 605.80	734.35	1 057.02	548.78	765.43	454.39	385.98
1991	2 144.93	1 057.02	1 371.46	773.47	973.59	568.45	602.89
1992	2 884.35	1 408.48	1 796.12	1 088.23	1 202.46	763.98	917.91
1993	4 252.70	1 891.29	2 515.77	1 736.93	1 445.38	1 042.37	1 764.95
1994	5 565.48	2 563.27	3 224.69	2 340.79	1 562.24	1 291.05	2 712.19
1995(原规定)	7 189.24	3 227.59	4 148.78	3 040.46	1 709.89	1 444.67	4 034.68
1995(新规定)	6 502.97	2 824.61	3 776.94	2 726.03	1 465.82	1 305.53	3 731.62
1996	7 490.49	3 470.81	4 344.25	3 146.24	1 544.58	1 482.77	4 463.14
1997	8 442.32	3 950.86	4 914.09	3 528.23	1 574.39	1 584.61	5 283.32
1998	9 738.56	4 169.16	5 765.51	3 973.05	1 453.79	1 480.13	6 804.64
1999	10 538.17	4 711.94	6 011.06	4 527.11	3 025.68	1 273.75	6 238.74
2000	12 480.93	5 951.56	6 607.84	5 873.09	3 126.12	1 202.49	8 152.32
2001	14 035.35	7 534.70	7 165.90	6 869.44	3 236.65	931.16	9 867.54
2002	16 378.50	8 755.02	8 161.63	8 216.97	3 264.46	929.36	12 184.78
2003	21 513.46	14 353.53	9 959.51	11 553.95	3 949.03	849.63	16 714.80
2004	29 554.92	19 799.88	12 146.01	17 408.91	6 039.32	448.82	23 066.86
2005	35 942.74	24 411.45	14 506.76	21 435.97	6 375.54	468.56	29 098.64

注:1. 本表统计范围从1998年起改为全部国有工业和年销售收入在500万元以上的非国有工业,以前为乡及乡以上工业;

2. 国有及国有控股工业1998年以前仅指国有工业。

历年主要经济效益指标

年 份	全部从业人员年平均人数（万人）	总产值（当年价）（亿元）	固定资产原价（亿元）	主营业务收入（亿元）	利税总额（亿元）	百元固定资产实现利税（元）	资金利税率（%）	产值利税率（%）	百元主营业务收入实现利税（元）	全员劳动生产率（元/人）
1978	170.51	168.91	111.42		32.91	29.54	29.41	19.48		9 906
1979	171.76	181.96	129.09	170.09	34.48	26.71	25.36	18.45	20.27	10 594
1980	182.39	198.83	136.59	189.97	38.51	28.19	27.45	19.37	20.27	10 902
1981	189.08	226.26	152.58	215.09	42.12	27.60	27.13	18.61	19.58	11 966
1982	194.33	245.54	172.00	231.20	44.62	25.94	25.41	18.17	19.30	12 635
1983	197.50	275.25	226.58	226.91	48.59	21.45	24.46	17.65	21.42	13 937
1984	241.42	336.45	221.46	313.33	56.83	25.66	24.96	16.89	18.14	13 937
1985	298.66	438.91	269.13	412.77	75.99	29.23	25.87	17.31	18.41	14 696
1986	323.16	522.35	335.19	498.80	80.90	24.14	20.86	15.49	16.22	16 164
1987	353.95	711.04	433.95	692.47	102.24	23.56	21.18	14.38	14.76	20 089
1988	382.19	1 056.47	540.37	1 016.20	140.65	26.03	22.45	13.31	13.84	27 643
1989	387.90	1 321.33	700.66	1 222.20	138.71	19.80	16.05	10.50	11.35	34 064
1990	390.28	1 379.98	843.88	1 287.91	121.50	14.40	12.35	8.80	9.43	35 359
1991	433.18	2 018.62	1 339.04	1 875.02	188.08	14.05	14.88	9.32	10.03	46 600
1992	450.99	2 696.47	1 485.36	2 537.84	248.78	22.32	10.02	9.23	9.80	59 790
1993	478.39	4 085.35	2 099.09	3 920.98	397.40	18.93	10.79	9.73	10.14	85 379
1994	537.57	5 325.35	3 309.63	4 826.68	478.41	14.46	9.20	8.89	9.91	99 063
1995	537.83	6 325.19	4 298.15	6 195.84	445.53	10.37	6.32	7.04	7.19	117 606
1996	529.13	7 308.51	5 066.23	6 808.08	489.26	9.66	6.27	6.69	7.19	36 094
1997	522.94	8 201.71	5 904.95	7 767.79	617.90	10.46	6.77	7.53	7.95	40 040
1998	548.59	9 738.56	6 968.36	9 243.42	622.82	8.94	5.75	6.40	6.74	44 553
1999	537.77	10 538.17	7 399.10	10 208.99	778.94	10.53	6.85	7.39	7.63	50 307
2000	572.89	12 480.93	8 005.77	12 380.65	1 042.77	13.03	8.66	8.35	8.42	58 836
2001	578.94	14 035.35	8 655.82	13 891.46	1 139.98	13.17	8.75	8.12	8.21	67 012
2002	644.39	16 378.60	9 550.47	16 247.73	1 380.24	14.45	10.10	8.43	8.50	58 940
2003	741.17	21 513.46	10 768.77	21 566.93	1 850.90	17.19	11.22	8.60	8.56	77 150
2004	996.44	29 554.92	12 713.34	28 998.45	2 329.79	18.33	11.73	7.90	8.03	74 661
2005	1 085.65	35 942.74	14 453.16	34 781.58	2 877.81	19.91	12.38	8.01	8.27	86 735

注：1. 利税总额包括增值税。

2. 全员劳动生产率 1996 年后按工业增加值计算。

3. 1998、1999 年统计口径为规模以上工业。1997 年以前为独立核算工业企业。

4. 平均职工人数从 1998 年起用年末从业人员数。

历年国有及国有控股工业主要经济效益指标

年份	全部从业人员年平均人数（万人）	总产值（当年价）（亿元）	固定资产原价（亿元）	主营业务收入（亿元）	利税总额（亿元）	百元固定资产实现利税（元）	资金利税率（%）	产值利税率（%）	百元主营业务收入实现利税（元）	全员劳动生产率（元/人）
1978	120.35	122.28	96.06		26.09	27.16	25.74	21.34		10 159
1979	121.97	132.30	103.51	126.87	26.89	25.96	23.95	20.31	21.18	10 847
1980	126.09	136.30	107.27	127.97	28.33	25.90	25.01	20.57	22.19	10 829
1981	132.60	153.54	118.82	147.85	31.18	26.24	25.99	20.31	21.09	11 579
1982	139.90	165.32	131.82	158.43	33.29	25.26	24.79	20.08	21.01	11 853
1983	142.18	188.09	147.53	178.04	38.18	25.88	25.58	20.30	21.45	13 228
1984	143.08	222.35	162.13	205.73	44.02	27.15	26.60	19.80	21.39	15 540
1985	144.14	277.87	203.80	265.05	56.34	27.64	27.36	20.28	21.26	19 278
1986	150.14	312.74	235.47	305.42	59.70	25.36	23.70	19.09	19.55	20 829
1987	156.48	400.55	294.46	402.63	72.44	24.60	23.40	18.09	17.99	25 598
1988	162.43	555.41	328.58	545.00	91.05	27.71	24.83	16.39	16.71	34 194
1989	162.85	670.95	404.50	631.61	94.11	23.26	20.05	14.93	14.90	41 200
1990	163.80	713.88	488.36	689.83	84.35	17.27	14.94	11.82	12.23	43 582
1991	173.85	906.72	612.24	853.62	116.26	18.99	17.32	12.82	13.62	52 155
1992	171.60	1 118.86	751.42	1 073.94	131.24	17.47	16.50	11.73	12.22	65 202
1993	153.26	1 371.58	856.85	1 372.66	169.40	19.77	12.67	12.35	12.34	89 494
1994	152.25	1 498.80	1 076.47	1 400.87	176.81	16.42	11.17	11.80	12.62	98 443
1995	142.83	1 396.35	1 315.16	1 499.25	160.57	12.21	8.58	11.50	10.71	97 763
1996	137.50	1 476.12	1 599.77	1 555.28	139.01	8.69	6.49	9.42	8.94	34 057
1997	124.71	1 505.06	1 794.89	1 657.79	160.92	8.97	6.68	10.69	9.71	36 596
1998	102.67	1 453.79	1 790.91	1 616.64	163.10	9.11	6.71	11.22	10.09	47 019
1999	128.16	3 025.68	3 520.17	3 153.04	376.11	10.68	7.86	12.34	11.93	72 606
2000	104.39	3 126.12	3 513.50	3 583.55	433.35	12.33	9.24	13.86	12.09	91 413
2001	91.77	3 236.65	3 982.54	3 615.76	486.46	12.21	9.67	15.03	12.94	112 515
2002	83.00	3 159.67	3 942.57	3 716.99	480.99	12.20	10.35	15.22	12.94	132 894
2003	75.20	3 949.03	4 603.66	4 717.48	623.49	13.54	11.91	15.79	13.22	191 590
2004	72.53	6 039.24	4 913.92	6 031.47	779.41	15.86	13.70	12.91	12.92	213 941
2005	69.42	6 375.54	5 153.83	6 261.70	800.26	15.53	14.08	12.55	12.78	243 447

注：1. 1998 年以前为国有工业，1999 年为国有及国有控股工业。

2. 全员劳动生产率 1995 年以前按总产值计算，1996 年以后按工业增加值计算。

3. 平均职工人数从 1998 年起用年末从业人员数。

200

	企业单位数（个）	
		亏损企业
总　　计	**35 157**	**7 487**
一、按登记注册类型分组		
内资企业	19 449	3 010
国有企业	1 033	429
集体企业	1 272	249
股份合作企业	331	51
联营企业	140	34
有限责任公司	3 989	627
股份有限公司	381	74
私营企业	12 145	1 524
其他企业	158	22
港、澳、台商投资企业	11 292	3 238
外商投资企业	4 416	1 239
二、按经济组织类型分组		
独资企业	16 012	4 088
合作、合伙企业	2 758	519
股份有限公司	802	149
有限责任公司	15 585	2 731
在总计中：亏损企业	7 487	7 487
在总计中：国有及国有控股企业	1 806	641
在总计中：轻工业	20 201	4 140
重工业	14 956	3 347
在总计中：按工业行业大中类分		
煤炭开采和洗选业	16	7
烟煤和无烟煤的开采洗选	16	7
褐煤的开采洗选		
其他煤炭采选		
石油和天然气开采业	5	
天然原油和天然气开采	3	
与石油和天然气开采有关的服务活动	2	
黑色金属矿采选业	35	6
铁矿采选	32	4
其他黑色金属矿采选	3	2
有色金属矿采选业	35	2
常用有色金属矿采选	20	1
贵金属矿采选	2	
稀有稀土金属矿采选	13	1
非金属矿采选业	177	24
土砂石开采	150	16
化学矿采选	3	
采盐	10	6
石棉及其他非金属矿采选	14	2
其他采矿业		
农副食品加工业	720	160
谷物磨制	55	7
饲料加工	202	39
植物油加工	34	11
制糖	50	17
屠宰及肉类加工	121	30
水产品加工	158	37
蔬菜、水果和坚果加工	52	7

经济指标(一)

5 年

计量单位:千元

工业总产值（当年价）	工业销售产值（当年价）	出口交货值	工业中间投入	工业增加值（当年价）
3 594 273 662	**3 504 551 590**	**1 432 666 018**	**2 748 287 332**	**941 639 493**
1 306 720 851	1 273 621 413	214 128 877	1 008 987 940	347 351 105
206 874 995	205 903 352	4 454 027	162 338 503	56 299 726
46 855 937	46 025 474	10 794 224	34 515 465	13 707 051
10 372 431	10 125 978	2 440 691	7 988 831	2 722 135
9 090 651	8 705 108	541 760	6 322 020	2 983 506
317 282 665	307 283 356	60 296 720	235 869 444	95 182 731
260 083 683	251 791 469	51 223 693	204 880 061	65 276 072
447 532 307	435 607 104	81 718 405	350 268 836	109 179 074
8 628 182	8 179 572	2 659 357	6 804 780	2 000 810
1 170 799 510	1 138 361 537	659 346 452	866 451 326	328 306 650
1 116 753 301	1 092 568 640	559 190 689	872 848 066	265 981 738
1 772 632 216	1 735 284 541	931 491 503	1 354 494 283	455 658 817
212 319 781	206 158 709	90 788 403	154 712 150	65 587 429
311 014 149	301 000 808	65 924 424	244 352 706	77 973 207
1 298 307 516	1 262 107 532	344 461 688	994 728 193	342 420 040
390 826 080	376 518 522	172 166 247	316 170 719	83 059 395
637 553 776	629 345 122	102 130 159	496 903 061	169 001 455
1 450 676 344	1 412 402 308	658 765 729	1 094 907 691	393 755 079
2 143 597 318	2 092 149 282	773 900 289	1 653 379 641	547 884 414
320 862	358 013		211 158	141 957
320 862	358 013		211 158	141 957
48 025 552	47 214 510	14 325 806	5 423 890	44 907 583
47 755 661	46 944 619	14 325 806	5 349 131	44 711 073
269 891	269 891		74 759	196 510
2 719 177	2 580 286		1 781 921	1 167 052
2 654 806	2 523 819		1 734 833	1 147 096
64 371	56 467		47 088	19 956
2 898 680	2 914 761	22 045	1 934 282	1 157 391
1 627 013	1 636 088	18 563	955 086	802 064
473 702	476 697		367 517	110 097
797 965	801 976	3 482	611 679	245 230
4 126 269	4 044 274	228 442	2 968 616	1 313 599
3 331 923	3 259 301	198 545	2 466 421	973 791
514 752	499 638	27 543	302 664	238 263
130 553	136 698	1 069	83 635	60 881
149 041	148 637	1 285	115 896	40 664
74 273 518	71 792 269	8 488 383	57 922 326	17 692 859
4 018 433	4 025 430	359 561	3 259 810	819 861
22 072 991	21 325 640	49 691	18 289 076	4 043 051
15 897 930	15 395 089	184 997	11 568 822	4 502 547
5 758 424	5 386 981	285 322	4 395 405	1 585 068
5 148 045	5 199 753	397 368	4 086 270	1 165 524
12 108 062	11 509 675	6 143 584	9 438 384	2 948 136
2 550 229	2 496 952	830 701	1 839 682	817 237

续 1

	企业单位数（个）	亏损企业
其他农副食品加工	48	12
食品制造业	595	113
焙烤食品制造	101	20
糖果、巧克力及蜜饯制造	122	18
方便食品制造	84	14
液体乳及乳制品制造	21	8
罐头制造	55	6
调味品、发酵制品制造	84	17
其他食品制造	128	30
饮料制造业	187	47
酒精制造	8	4
酒的制造	59	12
软饮料制造	104	25
精制茶加工	16	6
烟草制品业	10	2
烟叶复烤	2	
卷烟制造	2	
其他烟草制品加工	6	2
纺织业	2 104	421
棉、化纤纺织及印染精加工	747	154
毛纺织和染整精加工	113	34
麻纺织	3	1
丝绢纺织及精加工	51	8
纺织制成品制造	316	70
针织品、编织品及其制品制造	874	154
纺织服装、鞋、帽制造业	2 474	547
纺织服装制造	2 340	507
纺织面料鞋的制造	71	21
制帽	63	19
皮革、毛皮、羽毛（绒）及其制品业	1 344	293
皮革鞣制加工	102	18
皮革制品制造	1 188	260
毛皮鞣制及制品加工	14	4
羽毛（绒）加工及制品制造	40	11
木材加工及木、竹、藤、棕、草制品业	381	81
锯材、木片加工	48	13
人造板制造	156	38
木制品制造	122	23
竹、藤、棕、草制品制造	55	7
家具制造业	788	184
木质家具制造	455	111
竹、藤家具制造	16	3
金属家具制造	182	44
塑料家具制造	13	3
其他家具制造	122	23
造纸及纸制品业	1 280	256
纸浆制造	26	3
造纸	383	89
纸制品制造	871	164
印刷业和记录媒介的复制	978	155

经济指标(一)

5 年

计量单位:千元

工业总产值（当年价）	工业销售产值（当年价）	出口交货值	工业中间投入	工业增加值（当年价）
6 719 404	6 452 749	237 159	5 044 877	1 811 435
40 309 790	39 540 610	4 220 422	28 607 395	14 028 985
3 671 033	3 641 772	500 688	2 816 302	1 000 944
8 823 535	8 328 252	1 148 928	5 501 370	3 918 915
6 227 272	5 868 952	972 834	4 586 363	1 911 426
3 580 095	3 535 078	31 711	2 545 241	1 270 806
2 018 170	1 973 947	652 199	1 574 632	486 308
6 989 699	6 987 738	623 775	5 292 483	2 102 101
8 999 986	9 204 871	290 287	6 291 004	3 338 485
31 853 296	30 988 924	1 447 702	21 910 576	11 844 521
274 836	231 805		206 240	75 868
10 074 663	9 736 128	275 822	6 469 625	4 298 918
21 009 889	20 561 909	1 085 554	14 861 410	7 333 462
493 908	459 082	86 326	373 301	136 273
17 136 810	17 321 531	321 151	6 640 090	12 478 449
90 285	102 834	8 213	54 638	49 550
16 957 142	17 129 763	312 938	6 510 361	12 402 545
89 383	88 934		75 091	26 354
111 103 582	107 806 248	54 514 281	83 784 936	29 331 524
51 143 290	49 286 983	22 977 076	38 628 810	13 330 056
9 694 270	9 512 938	6 953 448	7 357 243	2 402 456
98 221	98 008	71 724	80 893	17 504
1 790 872	1 764 544	796 303	1 403 698	432 845
11 926 325	11 594 117	4 870 056	8 944 611	3 328 754
36 450 604	35 549 658	18 845 674	27 369 681	9 819 909
95 953 001	93 198 664	50 985 310	72 140 566	26 012 621
91 903 623	89 260 273	47 833 281	69 141 802	24 905 836
2 553 485	2 508 142	1 940 781	1 898 352	688 646
1 495 893	1 430 249	1 211 248	1 100 412	418 139
69 221 681	68 036 560	48 702 769	51 635 831	18 663 863
5 564 663	5 501 549	3 620 356	4 419 792	1 261 360
61 448 322	60 448 368	43 780 304	45 493 501	16 890 022
655 861	623 999	579 137	480 551	183 541
1 552 835	1 462 644	722 972	1 241 987	328 940
17 311 525	16 601 100	6 411 871	13 581 448	4 231 257
1 258 499	1 173 633	222 467	996 556	301 588
11 024 566	10 529 833	3 377 741	8 841 406	2 524 173
3 785 445	3 705 649	1 993 859	2 840 819	1 030 065
1 243 015	1 191 985	817 804	902 667	375 431
40 605 037	40 120 287	26 415 681	30 662 831	10 772 330
20 617 962	20 409 836	12 280 058	15 545 186	5 546 596
658 939	672 969	468 140	439 582	232 750
10 440 129	10 318 006	7 458 137	8 240 977	2 419 857
597 355	509 516	389 582	416 201	200 452
8 290 652	8 209 960	5 819 764	6 020 885	2 372 675
66 673 979	65 010 328	16 675 500	51 541 990	16 845 546
2 381 498	2 427 003	100 691	1 996 668	481 301
30 393 350	29 324 225	7 280 379	23 619 849	7 511 391
33 899 131	33 259 100	9 294 430	25 925 473	8 852 854
38 111 222	36 608 672	10 427 013	28 504 441	10 686 475

续2

	企业单位数（个）	亏损企业
印刷	896	126
装订及其他印刷服务活动	51	12
记录媒介的复制	31	17
文教体育用品制造业	878	220
文化用品制造	123	23
体育用品制造	175	47
乐器制造	51	9
玩具制造	506	135
游艺器材及娱乐用品制造	23	6
石油加工、炼焦及核燃料加工业	89	10
精炼石油产品的制造	85	10
炼焦	4	
核燃料加工		
化学原料及化学制品制造业	1 862	342
基础化学原料制造	148	30
肥料制造	55	7
农药制造	21	3
涂料、油墨、颜料及类似产品制造	653	103
合成材料制造	200	49
专用化学产品制造	444	87
日用化学产品制造	341	63
医药制造业	312	87
化学药品原药制造	30	13
化学药品制剂制造	89	23
中药饮片加工	31	8
中成药制造	77	23
兽用药品制造	24	8
生物、生化制品的制造	33	5
卫生材料及医药用品制造	28	7
化学纤维制造业	94	24
纤维素纤维原料及纤维制造	17	6
合成纤维制造	77	18
橡胶制品业	397	94
轮胎制造	22	8
橡胶板、管、带的制造	47	12
橡胶零件制造	86	16
再生橡胶制造	6	
日用及医用橡胶制品制造	37	13
橡胶靴鞋制造	102	27
其他橡胶制品制造	97	18
塑料制品业	2 660	507
塑料薄膜制造	254	50
塑料板、管、型材的制造	265	54
塑料丝、绳及编织品的制造	101	15
泡沫塑料制造	198	37
塑料人造革、合成革制造	47	7
塑料包装箱及容器制造	275	56
塑料零件制造	354	75
日用塑料制造	510	84
其他塑料制品制造	656	129

经济指标(一)

5 年

计量单位:千元

工业总产值（当年价）	工业销售产值（当年价）	出口交货值	工业中间投入	工业增加值（当年价）
35 393 445	33 997 980	9 674 237	26 449 710	9 932 668
1 631 562	1 569 597	579 500	1 231 193	457 489
1 086 215	1 041 095	173 276	823 538	296 318
48 841 682	47 911 889	39 143 727	36 633 598	12 868 655
4 450 451	4 382 967	2 207 537	3 406 604	1 113 582
8 704 328	8 430 145	7 050 660	6 607 163	2 271 865
2 468 649	2 466 551	1 331 458	1 853 576	700 859
32 399 423	31 816 478	27 919 069	24 106 710	8 611 018
818 831	815 748	635 003	659 545	171 331
95 840 541	92 366 548	420 879	81 079 211	18 509 702
94 736 578	91 255 701	420 879	80 214 680	18 261 200
1 103 963	1 110 847		864 531	248 502
165 287 985	163 306 332	23 514 219	121 212 184	52 549 220
11 644 901	11 843 430	1 194 352	8 589 772	3 480 870
2 326 307	2 142 439	138 092	1 829 440	555 485
1 081 516	1 055 016	45 897	863 533	242 267
32 487 303	32 821 999	6 334 034	25 783 169	7 694 053
36 731 818	36 806 112	6 026 468	30 460 414	7 187 528
23 286 409	22 768 129	4 908 577	18 105 476	5 848 424
57 729 731	55 869 207	4 866 799	35 580 380	27 540 593
28 674 589	25 991 954	1 284 725	19 061 970	11 381 945
3 299 745	2 871 893	382 976	2 495 448	909 884
12 817 498	11 595 094	343 493	8 312 264	5 240 682
1 791 666	1 576 974	96 826	1 309 660	552 035
6 365 948	6 149 053	186 724	4 088 880	2 889 722
754 152	731 255		575 684	213 969
2 317 269	1 878 910	228 505	1 312 348	1 149 302
1 328 311	1 188 775	46 201	967 686	426 351
7 982 688	7 587 349	2 601 801	6 241 552	1 887 924
1 259 210	1 217 463	57 374	939 882	359 049
6 723 478	6 369 886	2 544 427	5 301 670	1 528 875
18 338 846	17 608 209	9 972 237	13 991 841	4 702 426
4 262 711	4 118 427	2 088 388	3 347 750	969 791
1 466 886	1 422 588	374 013	1 203 769	315 362
3 418 383	3 384 839	2 081 270	2 632 899	865 845
118 992	116 460		90 438	30 275
966 042	960 283	607 182	745 844	233 003
4 315 213	4 185 285	3 174 145	3 169 313	1 168 685
3 790 619	3 420 327	1 647 239	2 801 828	1 119 465
124 376 993	121 945 591	56 325 210	96 967 097	29 860 480
18 701 781	18 512 334	6 255 780	15 020 594	4 061 453
14 781 691	14 643 655	3 397 061	11 570 423	3 487 472
2 751 771	2 677 044	615 863	2 088 817	731 512
7 489 045	7 322 117	2 509 443	6 012 689	1 613 565
3 652 487	3 593 988	1 699 572	2 902 796	857 532
12 030 903	11 470 411	4 158 584	9 297 870	3 059 636
16 594 097	16 432 361	9 412 240	12 408 742	4 541 592
22 243 129	21 777 101	13 405 657	17 218 506	5 401 363
26 132 089	25 516 580	14 871 010	20 446 660	6 106 355

续 3

	企业单位数（个）	亏损企业
非金属矿物制品业	2 017	461
水泥、石灰和石膏的制造	448	185
水泥及石膏制品制造	260	85
砖瓦、石材及其他建筑材料制造	488	86
玻璃及玻璃制品制造	274	53
陶瓷制品制造	458	39
耐火材料制品制造	13	2
石墨及其他非金属矿物制品制造	76	11
黑色金属冶炼及压延加工业	280	61
炼铁	15	5
炼钢	30	8
钢压延加工	230	46
铁合金冶炼	5	2
有色金属冶炼及压延加工业	526	68
常用有色金属冶炼	80	12
贵金属冶炼	2	
稀有稀土金属冶炼	25	3
有色金属合金制造	31	8
有色金属压延加工	388	45
金属制品业	2 929	446
结构性金属制品制造	502	92
金属工具制造	326	31
集装箱及金属包装容器制造	195	44
金属丝绳及其制品的制造	92	13
建筑、安全用金属制品制造	416	55
金属表面处理及热处理加工	252	40
搪瓷制品制造	37	5
不锈钢及类似日用金属制品制造	805	106
其他金属制品制造	304	60
通用设备制造业	1 203	207
锅炉及原动机制造	35	7
金属加工机械制造	129	25
起重运输设备制造	80	13
泵、阀门、压缩机及类似机械的制造	143	24
轴承、齿轮、传动和驱动部件的制造	59	9
烘炉、熔炉及电炉制造	16	2
风机、衡器、包装设备等通用设备制造	290	52
通用零部件制造及机械修理	236	32
金属铸、锻加工	215	43
专用设备制造业	1 060	213
矿山、冶金、建筑专用设备制造	58	14
化工、木材、非金属加工专用设备制造	446	89
食品、饮料、烟草及饲料生产专用设备制造	57	11
印刷、制药、日化生产专用设备制造	93	16
纺织、服装和皮革工业专用设备制造	69	14
电子和电工机械专用设备制造	120	24
农、林、牧、渔专用机械制造	30	6
医疗仪器设备及器械制造	89	18
环保、社会公共安全及其他专用设备制造	98	21
交通运输设备制造业	831	210

经济指标(一)

5 年

计量单位:千元

工业总产值（当年价）	工业销售产值（当年价）	出口交货值	工业中间投入	工业增加值（当年价）
105 353 429	102 526 877	19 950 542	78 416 410	30 830 433
22 301 729	21 757 721	99 408	17 035 741	6 464 173
11 486 529	11 502 133	736 122	8 980 677	3 046 746
37 604 711	36 066 558	5 032 394	27 668 449	10 949 425
15 324 129	15 082 234	4 320 885	10 886 326	4 848 882
16 378 480	15 905 135	9 412 460	12 130 485	4 894 456
404 044	386 874	87 533	300 501	117 986
1 853 807	1 826 222	261 740	1 414 231	508 765
72 710 758	69 797 817	7 123 789	61 659 948	12 532 576
687 611	651 251		533 333	180 094
18 881 103	17 485 170	1 459 993	16 683 693	2 347 920
52 738 182	51 271 124	5 463 444	44 091 388	9 948 673
403 862	390 272	200 352	351 534	55 889
66 020 535	63 742 427	10 475 510	52 187 479	15 403 607
10 004 720	9 652 285	1 669 446	8 616 572	1 777 452
68 949	69 239		56 534	13 267
1 969 331	1 966 798	486 520	1 741 376	279 444
1 745 562	1 652 119	172 887	1 331 353	449 914
52 231 973	50 401 986	8 146 657	40 441 644	12 883 530
146 753 185	143 687 209	64 847 654	113 801 785	36 900 877
27 358 728	26 470 211	9 404 118	21 786 405	6 801 722
11 550 478	11 214 001	7 228 702	8 304 852	3 689 396
23 219 296	22 924 120	10 850 976	17 651 168	5 908 005
4 160 335	3 983 308	1 661 310	3 318 830	908 753
19 159 051	18 690 130	9 267 419	15 096 475	4 536 357
10 675 980	10 121 082	1 446 189	8 363 526	2 526 930
1 291 656	1 303 284	663 849	1 019 154	308 892
36 328 203	36 069 475	17 343 938	28 220 777	8 917 727
13 009 458	12 911 598	6 981 153	10 040 598	3 303 095
65 737 748	63 864 267	15 627 344	50 755 297	17 124 214
2 006 123	1 917 429	469 094	1 465 263	582 256
4 403 424	4 225 947	929 625	3 355 246	1 192 617
9 365 568	9 250 100	1 011 555	7 046 624	2 556 534
14 360 336	13 798 824	2 700 543	11 107 266	3 903 093
2 091 654	2 059 381	822 648	1 571 169	586 165
1 368 368	1 344 481	862 106	1 203 111	231 208
18 005 764	17 550 329	4 945 849	13 875 971	4 603 692
6 920 186	6 685 034	2 271 709	5 196 323	1 927 718
7 216 325	7 032 742	1 614 215	5 934 324	1 540 931
53 850 954	51 972 710	18 331 917	39 949 951	15 520 388
3 492 705	3 254 235	218 724	2 332 814	1 274 347
21 654 404	20 686 649	4 980 251	15 884 692	6 533 379
2 226 478	2 176 230	982 059	1 760 837	532 362
4 323 335	4 285 637	1 541 652	3 186 138	1 233 406
4 343 808	4 415 451	2 494 494	3 579 604	820 206
7 691 616	7 427 546	4 596 205	5 797 483	2 076 138
738 045	720 332	274 747	563 537	186 131
5 629 232	5 384 819	2 568 444	4 050 812	1 758 089
3 751 331	3 621 811	675 341	2 794 034	1 106 330
159 242 194	156 144 846	31 024 879	120 911 453	43 480 161

工业企业主要

200

续4

	企业单位数（个）	亏损企业
铁路运输设备制造	5	2
汽车制造	415	109
摩托车制造	183	41
自行车制造	127	28
船舶及浮动装置制造	81	25
航空航天器制造	4	1
交通器材及其他交通运输设备制造	16	4
电气机械及器材制造业	3 519	740
电机制造	215	51
输配电及控制设备制造	757	191
电线、电缆、光缆及电工器材制造	593	121
电池制造	244	57
家用电力器具制造	801	145
非电力家用器具制造	98	11
照明器具制造	764	146
其他电气机械及器材制造	47	18
通信设备、计算机及其他电子设备制造业	2 980	810
通信设备制造	302	93
雷达及配套设备制造	3	1
广播电视设备制造	109	33
电子计算机制造	456	113
电子器件制造	345	97
电子元件制造	1 086	282
家用视听设备制造	524	154
其他电子设备制造	155	37
仪器仪表及文化、办公用机械制造业	631	171
通用仪器仪表制造	114	26
专用仪器仪表制造	46	7
钟表与计时仪器制造	189	61
光学仪器及眼镜制造	96	24
文化、办公用机械制造	163	50
其他仪器仪表的制造及修理	23	3
工艺品及其他制造业	918	206
工艺美术品制造	728	152
日用杂品制造	135	38
煤制品制造	2	
核辐射加工		
其他未列明的制造业	53	16
废弃资源和废旧材料回收加工业	76	7
金属废料和碎屑的加工处理	51	5
非金属废料和碎屑的加工处理	25	2
电力、热力的生产和供应业	447	202
电力生产	362	164
电力供应	78	38
热力生产和供应	7	
燃气生产和供应业	47	18
水的生产和供应业	272	85
自来水的生产和供应	259	83
污水处理及其再生利用	12	2
其他水的处理、利用与分配	1	

经济指标(一)

5 年

计量单位:千元

工业总产值（当年价）	工业销售产值（当年价）	出口交货值	工业中间投入	工业增加值（当年价）
950 665	946 084	573 010	823 601	148 828
109 860 684	107 594 397	11 267 639	81 188 410	32 798 697
26 108 732	25 624 893	4 696 001	21 011 575	5 698 249
10 799 672	10 448 006	8 696 693	9 025 222	1 879 094
9 367 594	9 379 555	5 479 475	7 364 925	2 138 282
1 736 377	1 726 534	169 341	1 158 218	722 121
418 470	425 377	142 720	339 502	94 890
378 766 741	367 540 690	176 723 192	289 925 986	96 159 403
19 405 862	19 170 429	11 112 548	14 304 409	5 398 708
60 364 628	59 433 843	32 616 951	46 567 336	14 953 708
51 285 632	50 227 270	16 353 620	40 811 245	11 520 687
32 396 763	30 886 995	17 941 465	21 988 580	10 851 437
168 319 197	161 773 160	73 459 080	129 735 580	41 877 798
8 915 585	8 979 267	3 468 404	7 325 015	1 859 175
36 501 824	35 482 117	21 213 879	27 986 385	9 272 455
1 577 250	1 587 609	557 245	1 207 436	425 435
983 134 111	955 021 567	602 898 780	787 568 572	209 527 018
173 015 628	163 793 025	94 217 352	118 251 556	60 858 228
55 596	54 309	42 929	44 280	15 627
5 163 994	4 672 170	2 283 268	3 593 732	1 787 233
398 586 707	391 202 034	215 274 692	343 662 892	57 553 080
87 604 487	85 739 813	66 533 259	67 458 841	21 598 907
153 474 088	148 346 232	116 581 638	120 453 129	34 504 856
152 732 545	149 074 401	98 643 775	125 115 586	29 555 178
12 501 066	12 139 583	9 321 867	8 988 556	3 653 909
93 056 893	92 123 128	77 471 418	73 538 056	20 558 979
5 626 870	5 465 569	1 795 706	4 049 481	1 809 173
2 776 063	2 733 417	913 288	2 081 174	741 233
7 634 750	7 338 731	6 055 377	5 602 128	2 138 393
17 473 643	17 116 762	14 430 691	12 853 373	4 849 908
57 778 412	57 733 869	53 020 266	47 595 826	10 583 247
1 767 155	1 734 780	1 256 090	1 356 074	437 025
48 202 944	46 901 022	26 243 902	37 221 683	11 934 955
42 201 619	40 983 076	23 048 190	32 644 576	10 382 689
4 075 735	4 036 204	2 509 699	3 098 896	1 042 844
59 278	59 278		14 026	48 985
1 866 312	1 822 464	686 013	1 464 185	460 437
7 177 817	6 818 165	151 169	6 028 989	1 282 491
6 684 100	6 338 786	65 040	5 650 654	1 154 809
493 717	479 379	86 129	378 335	127 682
238 141 281	237 657 146	5 222 887	182 867 228	69 467 386
90 852 310	90 448 001	5 222 887	57 098 221	40 003 855
147 022 992	146 955 732		125 601 225	29 353 616
265 979	253 413		167 782	109 915
13 777 345	13 774 621		11 765 105	2 156 379
12 360 422	12 124 189	123 861	7 249 640	5 724 262
12 149 472	11 914 409	122 007	7 094 761	5 666 214
172 978	171 833	1 854	118 743	54 588
37 972	37 947		36 136	3 460

	资产合计	流动资产小计
总计	**2 707 607 914**	**1 513 234 194**
一、按登记注册类型分组		
内资企业	1 107 153 692	540 568 688
国有企业	250 324 980	66 611 441
集体企业	45 343 453	18 966 678
股份合作企业	7 866 277	4 249 666
联营企业	11 886 558	4 550 475
有限责任公司	307 614 533	167 367 852
股份有限公司	225 857 556	125 204 001
私营企业	252 855 609	150 643 159
其他企业	5 404 726	2 975 416
港、澳、台商投资企业	908 114 156	526 445 464
外商投资企业	692 340 066	446 220 042
二、按经济组织类型分组		
独资企业	1 277 603 588	708 398 824
合作、合伙企业	158 729 293	87 560 780
股份有限公司	274 270 996	148 602 641
有限责任公司	997 004 037	568 671 949
在总计中：亏损企业	450 708 516	225 339 566
在总计中：国有及国有控股企业	667 689 087	265 439 225
在总计中：轻工业	1 071 546 921	638 317 747
重工业	1 636 060 993	874 916 447
在总计中：按工业行业大中类分		
煤炭开采和洗选业	281 042	114 803
烟煤和无烟煤的开采洗选	281 042	114 803
褐煤的开采洗选		
其他煤炭采选		
石油和天然气开采业	16 236 582	2 095 558
天然原油和天然气开采	15 220 744	2 019 783
与石油和天然气开采有关的服务活动	1 015 838	75 775
黑色金属矿采选业	3 770 351	1 912 652
铁矿采选	3 680 991	1 859 886
其他黑色金属矿采选	89 360	52 766
有色金属矿采选业	2 437 687	1 065 596
常用有色金属矿采选	1 727 970	659 926
贵金属矿采选	231 929	108 492
稀有稀土金属矿采选	477 788	297 178
非金属矿采选业	4 258 585	1 717 240
土砂石开采	3 249 469	1 366 907
化学矿采选	620 134	216 717
采盐	301 735	87 207
石棉及其他非金属矿采选	87 247	46 409
其他采矿业		
农副食品加工业	40 665 415	23 355 908
谷物磨制	2 900 812	1 627 473
饲料加工	8 630 591	5 714 811
植物油加工	6 667 132	3 792 870
制糖	6 671 022	2 825 325
屠宰及肉类加工	2 699 785	1 345 622
水产品加工	7 498 743	4 641 527
蔬菜、水果和坚果加工	2 241 034	1 621 332

经济指标(二)

5年

计量单位:千元

其中:短期投资	其中:应收账款净额	其中:存货	其中:产成品	流动资产年平均余额
15 631 781	**481 701 859**	**440 347 366**	**141 935 057**	**1 441 112 222**
2 123 534	133 308 019	151 565 526	58 898 213	532 482 900
51 306	8 167 209	11 966 157	2 387 939	68 582 989
75 947	4 540 196	3 730 031	1 454 786	20 215 902
31 676	1 361 876	1 097 630	415 430	4 262 491
5 087	1 382 785	1 096 594	524 229	3 844 190
1 146 941	45 146 504	46 520 069	18 593 910	160 854 816
142 227	25 469 018	38 441 306	16 693 429	122 382 888
663 217	46 449 567	47 420 732	18 197 384	149 190 955
7 133	790 864	1 293 007	631 106	3 148 669
6 604 797	172 410 996	173 800 386	51 177 386	500 937 096
6 903 450	175 982 844	114 981 454	31 859 458	407 692 226
8 929 336	264 832 747	204 584 081	54 781 172	660 475 069
1 743 038	26 779 862	24 716 309	7 643 942	86 245 719
340 262	33 362 046	46 001 193	18 945 384	144 464 537
4 619 145	156 727 204	165 045 783	60 564 559	549 926 897
2 118 559	66 837 473	74 662 498	23 953 187	218 102 295
1 317 598	51 410 805	63 186 886	19 829 304	262 140 040
8 690 257	185 191 433	206 520 749	69 869 933	619 647 453
6 941 524	296 510 426	233 826 617	72 065 124	821 464 769
	12 511	29 939	23 919	115 926
	12 511	29 939	23 919	115 926
	114 007	561 926	108 068	2 068 359
	84 999	546 103	108 068	1 990 763
	29 008	15 823		77 596
600	115 108	259 650	185 848	1 875 205
600	111 260	227 175	164 949	1 833 685
	3 848	32 475	20 899	41 520
	290 160	174 125	96 041	1 119 702
	253 532	104 985	74 846	634 202
	8 877	4 970		118 744
	27 751	64 170	21 195	366 756
6 849	417 458	328 873	196 849	1 888 959
6 849	331 707	260 947	161 476	1 427 310
	24 739	36 038	15 308	324 376
	35 143	19 743	17 332	90 068
	25 869	12 145	2 733	47 205
218 611	6 108 456	7 178 599	2 897 129	24 773 665
	431 506	566 447	152 104	1 423 558
10 306	2 044 678	1 433 204	362 787	6 128 987
2 039	423 593	1 557 691	550 728	4 773 122
3 247	652 586	785 604	566 189	2 790 518
2 894	360 811	249 994	74 397	1 556 887
9 682	1 437 866	1 461 067	864 355	4 555 436
190 143	410 368	345 706	121 164	1 653 734

续1

	资产合计	流动资产 小 计
其他农副食品加工	3 356 296	1 786 948
食品制造业	37 446 386	22 422 235
焙烤食品制造	3 890 988	2 333 596
糖果、巧克力及蜜饯制造	7 864 138	4 642 238
方便食品制造	5 031 143	2 497 398
液体乳及乳制品制造	2 853 224	1 912 141
罐头制造	1 904 363	1 047 179
调味品、发酵制品制造	7 749 282	4 947 678
其他食品制造	8 153 248	5 042 005
饮料制造业	28 547 102	14 516 007
酒精制造	280 300	151 106
酒的制造	13 383 032	5 571 527
软饮料制造	14 368 769	8 545 043
精制茶加工	515 001	248 331
烟草制品业	13 277 416	8 915 891
烟叶复烤	277 991	82 517
卷烟制造	12 795 017	8 803 906
其他烟草制品加工	204 408	29 468
纺织业	91 775 656	46 990 094
棉、化纤纺织及印染精加工	43 571 098	20 527 081
毛纺织和染整精加工	8 118 265	4 328 129
麻纺织	63 446	43 622
丝绢纺织及精加工	1 951 007	933 344
纺织制成品制造	9 405 621	5 342 840
针织品、编织品及其制品制造	28 666 219	15 815 078
纺织服装、鞋、帽制造业	58 634 065	37 204 174
纺织服装制造	55 291 259	34 924 543
纺织面料鞋的制造	2 111 612	1 533 096
制帽	1 231 194	746 535
皮革、毛皮、羽毛(绒)及其制品业	45 356 386	29 496 025
皮革鞣制加工	3 899 972	2 477 380
皮革制品制造	39 918 373	25 934 791
毛皮鞣制及制品加工	648 373	428 801
羽毛(绒)加工及制品制造	889 668	655 053
木材加工及木、竹、藤、棕、草制品业	14 459 600	7 065 582
锯材、木片加工	886 737	370 217
人造板制造	10 692 170	4 711 598
木制品制造	2 497 190	1 755 397
竹、藤、棕、草制品制造	383 503	228 370
家具制造业	27 230 769	17 295 400
木质家具制造	14 948 696	8 876 581
竹、藤家具制造	307 538	205 061
金属家具制造	6 348 054	4 261 753
塑料家具制造	291 811	217 846
其他家具制造	5 334 670	3 734 159
造纸及纸制品业	65 527 124	32 810 609
纸浆制造	2 896 049	1 220 922
造纸	37 104 476	15 944 262
纸制品制造	25 526 599	15 645 425
印刷业和记录媒介的复制	42 411 844	22 796 944

经济指标(二)

5 年

计量单位:千元

其中:短期投资	其中:应收账款净额	其中:存货	其中:产成品	流动资产年平均余额
300	347 048	778 886	205 405	1 891 423
1 789 555	5 352 710	5 129 644	2 223 732	20 941 415
196 368	684 212	506 437	163 770	2 325 657
850	1 545 965	1 054 971	421 784	4 614 473
6 660	581 684	684 749	189 485	2 683 814
	180 818	464 609	139 955	1 780 756
2 161	182 521	472 013	303 375	1 052 269
1 579 050	852 591	999 552	549 604	4 415 699
4 466	1 324 919	947 313	455 759	4 068 747
482 819	2 753 251	3 085 418	898 411	13 588 416
	19 771	53 564	19 297	123 077
129 927	1 034 881	1 248 685	240 667	5 345 825
352 892	1 669 272	1 710 473	600 873	7 937 337
	29 327	72 696	37 574	182 177
	883 505	4 892 012	133 426	8 449 279
	35 504	7 682	631	83 226
	844 869	4 870 828	121 173	8 345 236
	3 132	13 502	11 622	20 817
343 796	13 143 094	18 563 235	5 907 378	46 739 510
74 061	4 997 711	8 842 908	2 965 491	20 720 741
141 716	1 649 379	1 544 523	204 093	4 575 005
353	20 365	9 130	3 026	39 929
	222 943	416 250	113 400	912 408
54 168	1 439 768	2 091 828	778 754	5 151 489
73 498	4 812 928	5 658 596	1 842 614	15 339 938
227 338	9 782 136	13 000 609	3 923 950	36 007 278
225 643	9 096 710	12 237 670	3 802 863	33 889 182
1 150	460 315	454 982	91 145	1 392 509
545	225 111	307 957	29 942	725 587
145 239	8 739 786	11 722 369	2 323 028	28 513 950
21	754 719	1 206 750	352 343	2 466 877
131 044	7 722 109	10 003 149	1 815 425	24 970 669
2 594	116 850	264 199	56 072	412 590
11 580	146 108	248 271	99 188	663 814
19 322	1 286 773	3 122 330	1 041 761	7 145 378
12 636	87 224	134 814	59 120	367 175
2 155	654 178	2 136 534	740 244	4 742 577
3 519	486 218	768 760	207 592	1 743 237
1 012	59 153	82 222	34 805	292 389
40 766	4 423 066	7 797 903	1 575 553	17 207 908
32 771	2 227 679	3 427 194	910 855	8 553 187
	49 006	102 630	23 795	213 426
7 995	913 242	2 277 978	366 344	4 610 419
	115 480	55 593	15 639	249 295
	1 117 659	1 934 508	258 920	3 581 581
515 949	11 432 427	9 616 184	3 326 596	32 047 977
2 700	530 001	391 428	112 630	1 373 793
16 049	4 718 658	5 153 741	1 792 944	15 638 942
497 200	6 183 768	4 071 015	1 421 022	15 035 242
67 887	8 232 222	5 622 409	1 587 429	22 311 025

续2

	资产合计	流动资产 小　计
印刷	37 099 764	20 647 178
装订及其他印刷服务活动	1 898 473	887 873
记录媒介的复制	3 413 607	1 261 893
文教体育用品制造业	35 168 239	21 071 578
文化用品制造	3 250 530	2 009 362
体育用品制造	6 914 087	4 300 196
乐器制造	2 423 029	1 488 344
玩具制造	22 199 919	13 010 153
游艺器材及娱乐用品制造	380 674	263 523
石油加工、炼焦及核燃料加工业	41 978 646	17 458 934
精炼石油产品的制造	41 473 829	17 024 206
炼焦	504 817	434 728
核燃料加工		
化学原料及化学制品制造业	126 979 764	72 450 781
基础化学原料制造	11 230 894	4 953 567
肥料制造	2 146 866	792 672
农药制造	1 272 913	928 555
涂料、油墨、颜料及类似产品制造	24 968 677	15 922 336
合成材料制造	30 781 981	13 321 233
专用化学产品制造	20 860 711	12 350 966
日用化学产品制造	35 717 722	24 181 452
医药制造业	38 744 808	21 435 937
化学药品原药制造	4 554 396	1 874 125
化学药品制剂制造	13 803 005	6 749 284
中药饮片加工	2 127 300	849 174
中成药制造	13 037 135	9 062 683
兽用药品制造	621 100	286 073
生物、生化制品的制造	3 417 576	1 952 223
卫生材料及医药用品制造	1 184 296	662 375
化学纤维制造业	8 662 057	3 993 098
纤维素纤维原料及纤维制造	1 041 652	571 295
合成纤维制造	7 620 405	3 421 803
橡胶制品业	16 797 617	8 770 398
轮胎制造	5 234 592	2 015 377
橡胶板、管、带的制造	742 293	401 524
橡胶零件制造	3 091 256	2 016 504
再生橡胶制造	67 170	28 495
日用及医用橡胶制品制造	678 293	429 915
橡胶靴鞋制造	3 657 523	2 014 987
其他橡胶制品制造	3 326 490	1 863 596
塑料制品业	108 077 578	59 997 859
塑料薄膜制造	18 566 339	9 335 813
塑料板、管、型材的制造	10 779 634	6 669 842
塑料丝、绳及编织品的制造	1 990 117	919 533
泡沫塑料制造	5 407 147	3 740 700
塑料人造革、合成革制造	2 783 379	1 427 330
塑料包装箱及容器制造	13 372 260	6 645 393
塑料零件制造	15 222 083	9 197 559
日用塑料制造	18 813 666	9 920 762
其他塑料制品制造	21 142 953	12 140 927

经济指标(二)

5年

计量单位:千元

其中:短期投资	其中:应收账款净额	其中:存货		流动资产年平均余额
			其中:产成品	
67 634	7 727 398	5 114 318	1 429 220	20 307 604
	233 638	312 986	89 974	890 159
253	271 186	195 105	68 235	1 113 262
22 207	6 754 054	9 123 146	2 271 421	21 408 340
2 395	630 825	906 934	170 690	1 929 478
786	1 507 567	1 831 094	361 517	4 092 710
625	367 090	572 390	178 366	1 446 330
18 401	4 194 201	5 673 773	1 541 690	13 675 611
	54 371	138 955	19 158	264 211
1 202 420	2 081 134	9 399 688	2 302 014	16 760 200
1 202 420	2 006 310	9 159 084	2 293 917	16 377 357
	74 824	240 604	8 097	382 843
4 049 235	21 837 695	18 725 814	7 665 867	71 048 370
12 457	1 697 374	1 216 695	608 182	5 125 976
2 800	190 640	308 850	147 947	934 898
	153 341	340 398	231 504	924 427
205 474	6 776 993	3 976 057	1 496 343	15 726 992
152 492	3 391 239	4 100 961	1 430 179	13 459 749
56 550	5 225 701	3 142 023	1 197 235	11 734 662
3 619 462	4 402 407	5 640 830	2 554 477	23 141 666
98 055	5 195 232	4 738 757	1 991 736	20 396 893
22 021	556 267	642 648	276 650	1 706 661
3 100	1 874 462	1 837 602	775 334	6 320 893
16 167	223 282	281 573	96 793	869 232
46 781	1 696 808	1 218 769	512 509	8 633 566
8 798	81 486	109 947	74 881	317 156
445	601 561	456 448	178 935	1 926 296
743	161 366	191 770	76 634	623 089
5 199	1 474 227	1 355 208	504 783	3 899 622
49	173 447	180 235	92 966	509 234
5 150	1 300 780	1 174 973	411 817	3 390 388
4 028	3 164 552	2 684 534	894 313	8 150 006
1 760	397 709	641 314	226 176	1 701 324
	121 516	145 071	60 192	417 284
	1 052 897	499 829	176 994	1 868 231
65	13 516	7 238	2 761	25 204
650	127 350	207 593	97 165	427 280
1 550	780 585	713 678	188 557	1 978 080
3	670 979	469 811	142 468	1 732 603
234 392	21 737 608	18 830 794	6 554 906	58 319 921
69 377	2 868 329	2 570 112	768 461	9 074 239
28 275	2 082 377	2 098 800	923 442	6 348 937
1 605	298 237	260 137	88 009	963 160
48 304	1 316 384	1 128 517	549 943	3 683 424
9 710	618 880	493 069	142 897	1 446 850
11 108	2 333 068	1 808 979	571 990	6 889 570
35 325	4 055 974	2 491 334	892 425	8 567 014
8 927	3 429 790	4 029 191	1 232 137	9 245 953
21 761	4 734 569	3 950 655	1 385 602	12 100 774

续3

	资产合计	流动资产 小　　计
非金属矿物制品业	103 064 003	46 132 699
水泥、石灰和石膏的制造	33 316 627	10 110 688
水泥及石膏制品制造	12 414 610	8 105 751
砖瓦、石材及其他建筑材料制造	26 443 889	12 870 265
玻璃及玻璃制品制造	18 727 110	8 123 196
陶瓷制品制造	10 152 970	5 800 044
耐火材料制品制造	323 922	195 543
石墨及其他非金属矿物制品制造	1 684 875	927 212
黑色金属冶炼及压延加工业	59 229 493	26 057 232
炼铁	541 302	181 223
炼钢	17 807 653	6 391 747
钢压延加工	40 446 255	19 187 266
铁合金冶炼	434 283	296 996
有色金属冶炼及压延加工业	39 116 547	23 360 953
常用有色金属冶炼	6 339 356	3 341 059
贵金属冶炼	19 850	10 573
稀有稀土金属冶炼	1 403 750	862 491
有色金属合金制造	842 690	591 251
有色金属压延加工	30 510 901	18 555 579
金属制品业	93 637 419	58 096 999
结构性金属制品制造	20 685 571	13 248 856
金属工具制造	6 785 451	4 114 546
集装箱及金属包装容器制造	13 663 386	8 412 075
金属丝绳及其制品的制造	2 315 346	1 512 464
建筑、安全用金属制品制造	12 650 469	7 494 348
金属表面处理及热处理加工	7 454 789	4 231 192
搪瓷制品制造	821 619	436 926
不锈钢及类似日用金属制品制造	20 664 348	12 996 675
其他金属制品制造	8 596 440	5 649 917
通用设备制造业	57 121 139	35 964 623
锅炉及原动机制造	2 206 113	1 432 268
金属加工机械制造	4 298 544	2 604 786
起重运输设备制造	7 529 166	5 539 637
泵、阀门、压缩机及类似机械的制造	13 941 900	7 676 346
轴承、齿轮、传动和驱动部件的制造	1 922 768	1 146 015
烘炉、熔炉及电炉制造	469 925	335 520
风机、衡器、包装设备等通用设备制造	14 733 627	9 928 994
通用零部件制造及机械修理	6 428 008	4 128 595
金属铸、锻加工	5 591 088	3 172 462
专用设备制造业	52 807 609	34 144 831
矿山、冶金、建筑专用设备制造	3 745 709	2 163 291
化工、木材、非金属加工专用设备制造	22 880 272	14 339 401
食品、饮料、烟草及饲料生产专用设备制造	2 187 835	1 394 964
印刷、制药、日化生产专用设备制造	3 734 289	2 233 087
纺织、服装和皮革工业专用设备制造	3 163 344	2 268 941
电子和电工机械专用设备制造	6 647 328	4 304 969
农、林、牧、渔专用机械制造	699 908	437 538
医疗仪器设备及器械制造	5 824 780	4 276 804
环保、社会公共安全及其他专用设备制造	3 924 144	2 725 836
交通运输设备制造业	111 232 149	70 366 258

经济指标(二)

5 年

计量单位:千元

其中:短期投资	其中:应收账款净额	其中:存货	其中:产成品	流动资产年平均余额
723 821	11 341 271	14 075 832	6 604 094	45 825 285
276 934	2 226 525	2 457 986	732 083	9 907 025
8 012	3 039 961	1 664 964	894 999	7 933 073
209 591	2 135 941	5 272 229	2 979 931	13 493 185
11 608	2 251 651	2 266 727	888 002	7 845 116
217 576	1 357 195	1 924 599	932 910	5 541 185
	56 127	62 125	28 954	197 686
100	273 871	427 202	147 215	908 015
70 541	3 745 914	12 053 994	3 231 646	25 097 813
450	26 226	86 830	34 722	167 811
3 562	588 336	3 780 518	902 473	6 007 591
66 529	3 034 349	8 066 423	2 281 003	18 620 017
	97 003	120 223	13 448	302 394
37 929	6 917 427	7 725 680	3 090 339	23 073 176
	655 228	1 684 030	589 462	3 113 423
	1 173	3 186	1 857	10 154
	193 214	401 187	155 228	794 240
30	239 168	168 002	56 961	528 919
37 899	5 828 644	5 469 275	2 286 831	18 626 440
218 971	18 937 728	19 109 828	6 466 873	58 268 938
5 385	4 278 260	4 360 615	1 404 344	12 940 396
2 649	1 609 883	1 254 447	382 115	4 207 698
1 607	2 775 090	2 437 732	819 315	9 044 667
9 574	553 464	427 850	154 722	1 454 529
6 364	2 596 145	2 666 960	836 582	7 522 616
22 217	1 195 342	1 195 073	489 750	3 881 532
	127 861	136 691	48 832	450 309
169 214	3 558 736	4 674 971	1 828 595	13 145 271
1 961	2 242 947	1 955 489	502 618	5 621 920
226 536	11 960 845	12 218 372	4 260 814	34 029 660
56	409 410	447 791	182 112	1 389 928
502	767 918	1 112 910	325 672	2 437 513
55 164	1 560 173	1 911 926	275 906	5 035 847
10 531	2 647 950	2 467 494	1 169 535	7 106 790
156	438 467	442 820	220 194	1 132 389
	117 763	189 512	52 395	331 326
147 762	3 095 772	3 479 723	1 053 539	9 440 492
1 105	1 760 484	1 165 232	571 428	4 013 089
11 260	1 162 908	1 000 964	410 033	3 142 286
172 013	11 109 165	12 339 294	3 599 346	32 295 037
7 838	611 036	783 686	212 885	2 051 976
54 682	4 995 834	5 104 592	1 385 228	13 391 794
296	472 974	497 621	185 558	1 289 494
15 099	487 113	1 021 433	241 022	2 306 423
247	939 158	905 620	149 265	2 223 375
300	1 747 399	1 704 349	671 272	4 188 759
66	96 236	217 228	42 465	412 888
31 368	1 202 943	1 099 794	255 392	3 903 114
62 117	556 472	1 004 971	456 259	2 527 214
45 529	14 070 805	16 368 727	5 207 558	66 908 861

续 4

	资产合计	流动资产 小　计
铁路运输设备制造	1 181 602	601 859
汽车制造	69 933 327	44 890 938
摩托车制造	17 829 214	11 577 503
自行车制造	7 306 218	4 998 143
船舶及浮动装置制造	11 781 953	6 557 554
航空航天器制造	2 957 400	1 564 719
交通器材及其他交通运输设备制造	242 435	175 542
电气机械及器材制造业	261 780 670	174 463 753
电机制造	11 230 991	7 342 521
输配电及控制设备制造	45 811 863	31 196 462
电线、电缆、光缆及电工器材制造	31 581 978	21 611 707
电池制造	29 529 401	19 643 040
家用电力器具制造	113 022 663	74 695 194
非电力家用器具制造	5 996 566	3 797 837
照明器具制造	23 220 270	15 244 950
其他电气机械及器材制造	1 386 938	932 042
通信设备、计算机及其他电子设备制造业	562 367 631	411 920 815
通信设备制造	133 709 188	104 530 313
雷达及配套设备制造	182 086	158 063
广播电视设备制造	3 546 386	2 663 717
电子计算机制造	156 190 287	127 912 784
电子器件制造	62 956 674	37 465 789
电子元件制造	120 427 735	75 293 239
家用视听设备制造	77 308 255	58 664 497
其他电子设备制造	8 047 020	5 232 413
仪器仪表及文化、办公用机械制造业	55 893 278	33 808 031
通用仪器仪表制造	6 829 174	4 698 749
专用仪器仪表制造	2 008 779	1 411 551
钟表与计时仪器制造	6 571 076	4 166 046
光学仪器及眼镜制造	11 222 019	5 255 405
文化、办公用机械制造	28 192 248	17 586 167
其他仪器仪表的制造及修理	1 069 982	690 113
工艺品及其他制造业	28 425 061	18 837 230
工艺美术品制造	23 334 525	15 475 682
日用杂品制造	2 917 343	1 992 274
煤制品制造	159 391	128 247
核辐射加工		
其他未列明的制造业	2 013 802	1 241 027
废弃资源和废旧材料回收加工业	2 318 307	1 531 479
金属废料和碎屑的加工处理	1 904 358	1 356 272
非金属废料和碎屑的加工处理	413 949	175 207
电力、热力的生产和供应业	357 861 791	88 559 545
电力生产	205 047 153	59 795 107
电力供应	152 558 897	28 615 357
热力生产和供应	255 741	149 081
燃气生产和供应业	9 344 808	3 772 155
水的生产和供应业	44 683 290	11 264 288
自来水的生产和供应	43 681 168	10 963 375
污水处理及其再生利用	989 600	289 170
其他水的处理、利用与分配	12 522	11 743

经济指标(二)

5 年

计量单位:千元

其中:短期投资	其中:应收账款净额	其中:存货	其中:产成品	流动资产年平均余额
	222 005	207 669	57 537	600 411
18 981	7 851 625	9 872 352	3 429 744	41 845 142
24 103	2 516 558	2 308 968	793 317	11 627 860
65	2 003 025	1 955 409	590 695	4 896 216
2 380	638 483	1 555 766	182 906	6 273 676
	805 481	416 235	135 333	1 537 909
	33 628	52 328	18 026	127 647
476 297	54 866 690	57 157 176	22 069 039	164 541 887
10 743	2 975 340	2 308 117	735 719	6 868 629
182 811	12 749 231	9 939 960	3 164 135	28 653 315
30 800	9 048 254	6 330 191	2 248 235	20 545 959
9 756	6 077 770	5 171 089	973 621	18 310 340
184 870	18 756 437	26 286 047	12 878 369	71 172 248
561	1 060 407	1 076 600	324 326	3 119 408
56 756	3 965 434	5 715 143	1 689 921	14 959 974
	233 817	330 029	54 713	912 014
3 158 906	179 955 135	104 209 670	32 553 420	372 731 845
720 427	39 039 243	25 728 919	9 896 407	99 307 948
	7 811	5 217	1 815	25 177
	1 038 642	810 342	197 586	2 219 235
1 988 197	58 203 247	27 457 033	6 087 417	109 320 311
181 954	21 485 989	9 325 321	2 042 304	34 768 194
35 731	36 925 829	20 197 322	5 950 257	67 241 022
218 247	21 391 470	18 668 710	7 861 404	55 026 311
14 350	1 862 904	2 016 806	516 230	4 823 647
68 020	13 748 885	10 591 069	2 448 071	32 328 070
20 913	1 665 647	1 311 614	437 853	4 376 670
28 981	438 584	458 608	144 158	1 303 854
15 024	1 256 341	1 853 671	426 823	3 952 131
	2 425 154	1 537 388	419 709	4 813 464
3 102	7 735 874	5 188 808	954 139	17 203 035
	227 285	240 980	65 389	678 916
78 939	5 027 262	7 940 565	3 264 205	17 892 081
52 654	4 166 094	6 656 181	2 933 929	14 858 357
7 312	594 454	842 393	186 890	1 898 754
	3 107	2 500	8	67 684
18 973	263 607	439 491	143 378	1 067 286
2 901	286 214	613 398	177 279	1 735 616
2 900	220 794	555 974	157 097	1 549 957
1	65 420	57 424	20 182	185 659
837 934	12 310 024	8 834 051	54 169	86 293 315
827 545	10 674 163	7 988 593	45 203	55 828 982
10 389	1 616 363	843 443	8 966	30 316 927
	19 498	2 015		147 406
88	452 964	775 318	236 944	4 035 632
39 089	1 640 358	391 226	37 102	11 277 702
39 054	1 615 697	381 570	32 800	11 167 495
35	21 710	1 569		100 433
	2 951	8 087	4 302	9 774

	长期投资	固定资产 小 计
总 计	**58 008 293**	**999 670 274**
一、按登记注册类型分组		
内资企业	40 635 277	474 690 557
国有企业	5 817 442	168 564 340
集体企业	1 528 417	21 136 433
股份合作企业	154 953	3 086 065
联营企业	4 412 247	2 272 078
有限责任公司	10 402 089	116 230 109
股份有限公司	13 674 535	78 651 459
私营企业	4 632 959	82 518 718
其他企业	12 635	2 231 355
港、澳、台商投资企业	9 239 553	320 966 004
外商投资企业	8 133 463	204 013 713
二、按经济组织类型分组		
独资企业	12 225 923	487 197 465
合作、合伙企业	5 307 659	58 345 141
股份有限公司	16 089 877	98 854 037
有限责任公司	24 384 834	355 273 631
在总计中：亏损企业	10 170 984	183 849 884
在总计中：国有及国有控股企业	24 587 602	354 796 064
在总计中：轻工业	24 853 193	344 819 090
重工业	33 155 100	654 851 184
在总计中：按工业行业大中类分		
煤炭开采和洗选业		150 404
烟煤和无烟煤的开采洗选		150 404
褐煤的开采洗选		
其他煤炭采选		
石油和天然气开采业		5 867 359
天然原油和天然气开采		4 927 296
与石油和天然气开采有关的服务活动		940 063
黑色金属矿采选业	158 168	878 957
铁矿采选	147 604	863 763
其他黑色金属矿采选	10 564	15 194
有色金属矿采选业	118 196	969 294
常用有色金属矿采选	98 102	751 540
贵金属矿采选	19 104	47 153
稀有稀土金属矿采选	990	170 601
非金属矿采选业	615 392	1 635 875
土砂石开采	570 961	1 065 266
化学矿采选	44 431	335 776
采盐		208 490
石棉及其他非金属矿采选		26 343
其他采矿业		
农副食品加工业	750 940	13 763 092
谷物磨制	68 171	1 066 455
饲料加工	187 031	2 223 086
植物油加工	5 820	2 434 279
制糖	221 320	2 659 735
屠宰及肉类加工	11 789	1 111 939
水产品加工	117 126	2 459 691
蔬菜、水果和坚果加工	11 213	535 185

经济指标(三)

5 年

计量单位:千元

固定资产原价	生产经营用	累计折旧	本年折旧	固定资产净值年平均余额
1 445 316 491	**1 098 201 486**	**549 430 614**	**120 546 653**	**883 468 230**
635 010 029	434 695 499	221 973 935	48 432 800	406 534 172
212 926 566	75 587 131	66 712 333	11 176 536	139 333 217
29 133 753	25 005 279	12 120 135	2 436 776	17 649 332
4 218 323	3 076 910	1 491 408	328 032	2 872 319
3 065 006	2 221 423	1 136 418	181 954	1 862 978
159 359 200	127 154 528	55 279 464	12 393 462	104 402 779
113 615 572	107 398 832	47 714 680	9 742 490	64 975 651
109 560 949	92 172 194	36 543 269	11 717 511	73 992 760
3 130 660	2 079 202	976 228	456 039	1 445 136
508 046 485	412 564 577	212 923 880	43 650 548	292 938 851
302 259 977	250 941 410	114 532 799	28 463 305	183 995 207
667 912 815	452 723 858	232 080 691	53 345 183	425 421 161
103 026 072	90 446 348	49 884 445	11 067 401	52 231 881
143 669 819	131 913 825	59 402 030	11 797 238	81 958 649
530 707 785	423 117 455	208 063 448	44 336 831	323 856 539
267 675 689	223 758 915	102 473 723	20 910 209	159 889 534
515 382 881	323 683 827	200 636 154	30 347 408	306 152 995
512 697 680	433 086 530	203 943 141	46 885 984	309 800 705
932 618 811	665 114 956	345 487 473	73 660 669	573 667 525
202 211	149 304	52 007	8 839	145 153
202 211	149 304	52 007	8 839	145 153
6 149 080	6 148 299	851 826	680 086	5 909 407
4 957 701	4 957 701	600 510	574 052	4 925 766
1 191 379	1 190 598	251 316	106 034	983 641
1 313 299	1 189 709	460 753	63 894	847 582
1 283 640	1 160 782	445 677	61 641	837 027
29 659	28 927	15 076	2 253	10 555
1 595 219	1 505 944	764 813	82 512	774 450
1 295 457	1 227 601	571 168	56 049	660 291
171 437	170 880	129 498	8 682	42 943
128 325	107 463	64 147	17 781	71 216
2 541 286	2 078 860	1 116 743	181 120	1 498 551
1 683 506	1 474 357	721 489	131 283	997 918
570 173	386 854	284 696	38 565	319 679
250 972	181 892	99 970	8 487	156 989
36 635	35 757	10 588	2 785	23 965
20 262 255	16 494 073	7 476 425	1 929 654	12 633 918
1 801 086	1 030 324	783 283	111 120	690 690
3 658 817	2 913 733	1 591 677	439 394	2 125 777
3 155 912	2 686 428	942 682	210 084	2 179 141
4 095 001	3 469 209	1 539 913	556 841	2 558 171
1 725 829	1 218 593	676 841	91 654	1 047 279
3 228 915	2 905 550	1 021 373	352 650	2 323 254
804 150	696 330	321 325	54 070	481 306

续 1

	长期投资	固定资产 小　计
其他农副食品加工	128 470	1 272 722
食品制造业	1 128 984	11 915 074
焙烤食品制造	86 065	1 149 594
糖果、巧克力及蜜饯制造	225 034	2 748 106
方便食品制造	49 564	2 177 711
液体乳及乳制品制造	48 294	781 928
罐头制造	140 496	593 823
调味品、发酵制品制造	71 640	2 302 158
其他食品制造	507 891	2 161 754
饮料制造业	1 546 371	10 621 536
酒精制造	100	110 524
酒的制造	1 331 364	5 450 904
软饮料制造	188 155	4 870 105
精制茶加工	26 752	190 003
烟草制品业	277 603	3 898 166
烟叶复烤		188 238
卷烟制造	277 588	3 639 488
其他烟草制品加工	15	70 440
纺织业	1 139 595	39 048 644
棉、化纤纺织及印染精加工	691 008	19 981 383
毛纺织和染整精加工	16 721	3 420 558
麻纺织		16 817
丝绢纺织及精加工	10 902	916 323
纺织制成品制造	109 286	3 432 892
针织品、编织品及其制品制造	311 678	11 280 671
纺织服装、鞋、帽制造业	1 126 629	17 438 029
纺织服装制造	1 117 659	16 596 373
纺织面料鞋的制造	8 969	396 530
制帽	1	445 126
皮革、毛皮、羽毛(绒)及其制品业	162 920	12 513 209
皮革鞣制加工	14 149	985 097
皮革制品制造	109 711	11 166 324
毛皮鞣制及制品加工	19 859	179 972
羽毛(绒)加工及制品制造	19 201	181 816
木材加工及木、竹、藤、棕、草制品业	525 155	5 510 805
锯材、木片加工	2 065	484 331
人造板制造	512 927	4 278 626
木制品制造	7 095	605 661
竹、藤、棕、草制品制造	3 068	142 187
家具制造业	154 037	7 769 332
木质家具制造	125 019	4 736 331
竹、藤家具制造	10	93 070
金属家具制造	12 995	1 640 185
塑料家具制造		60 375
其他家具制造	16 013	1 239 371
造纸及纸制品业	1 682 539	28 410 349
纸浆制造	246 090	1 064 666
造纸	1 198 677	18 715 503
纸制品制造	237 772	8 630 180
印刷业和记录媒介的复制	912 078	17 080 600

经济指标(三)

5 年

计量单位:千元

固定资产原价	生产经营用	累计折旧	本年折旧	固定资产净值年平均余额
1 792 545	1 573 906	599 331	113 841	1 228 300
18 812 621	15 980 247	8 075 576	1 787 281	10 799 496
1 993 821	1 796 971	928 617	154 157	1 081 914
4 231 483	3 109 342	1 835 125	500 262	2 600 422
3 796 033	3 267 755	1 654 487	328 004	2 189 892
1 215 838	1 151 230	465 283	76 098	746 125
847 773	780 242	329 190	65 378	456 694
3 553 567	3 126 263	1 514 261	276 863	1 940 522
3 174 106	2 748 444	1 348 613	386 519	1 783 927
18 359 215	15 751 369	8 205 826	1 170 587	10 130 064
145 735	134 973	44 437	17 959	102 283
9 789 210	8 496 284	4 677 396	549 403	5 103 164
8 174 112	6 897 413	3 418 110	585 670	4 766 042
250 158	222 699	65 883	17 555	158 575
6 450 168	6 300 267	3 137 563	307 273	2 909 428
282 629	225 111	94 474	16 852	133 486
6 092 391	6 003 585	3 020 284	284 588	2 723 582
75 148	71 571	22 805	5 833	52 360
59 794 602	50 811 878	24 513 682	6 871 206	35 637 208
30 933 660	26 086 480	12 615 695	3 406 584	18 407 200
6 243 724	5 772 622	2 928 423	1 236 512	3 225 747
18 300	17 535	6 212	3 274	14 732
1 556 253	1 413 961	748 836	148 903	826 796
5 415 973	4 674 150	2 372 256	476 991	3 067 796
15 626 692	12 847 130	5 842 260	1 598 942	10 094 937
26 525 266	22 782 697	11 207 469	2 532 121	15 729 202
25 127 837	21 634 467	10 628 889	2 395 941	14 899 597
679 415	534 080	296 864	66 256	391 597
718 014	614 150	281 716	69 924	438 008
19 266 611	15 665 777	7 536 954	1 614 720	11 768 116
1 609 929	1 412 228	673 958	158 318	958 361
17 081 400	13 776 691	6 628 601	1 395 783	10 457 076
284 965	259 638	108 025	23 836	178 902
290 317	217 220	126 370	36 783	173 777
8 048 079	6 756 142	2 771 269	665 243	5 326 650
552 398	444 517	95 006	49 382	423 253
6 426 744	5 417 886	2 291 790	513 880	4 234 311
863 845	738 896	317 866	77 722	530 195
205 092	154 843	66 607	24 259	138 891
10 651 450	8 296 987	3 459 398	1 043 961	7 239 065
6 207 692	4 778 554	1 883 847	627 077	4 365 304
172 063	159 851	80 800	18 587	94 042
2 443 239	1 885 754	900 008	251 164	1 468 472
101 859	77 109	42 518	31 038	52 769
1 726 597	1 395 719	552 225	116 095	1 258 478
37 333 949	32 793 041	13 355 062	3 189 606	26 245 499
1 597 281	1 537 681	555 346	106 522	1 069 780
22 061 860	19 714 659	7 186 626	1 822 858	17 111 977
13 674 808	11 540 701	5 613 090	1 260 226	8 063 742
25 030 607	20 586 255	9 189 942	1 937 867	15 634 168

续 2

	长期投资	固定资产 小　计
印刷	804 649	14 434 969
装订及其他印刷服务活动	30	715 318
记录媒介的复制	107 399	1 930 313
文教体育用品制造业	324 017	12 124 933
文化用品制造	49 580	1 110 828
体育用品制造	55 499	2 253 731
乐器制造	140 662	664 030
玩具制造	78 176	7 992 534
游艺器材及娱乐用品制造	100	103 810
石油加工、炼焦及核燃料加工业	154 981	22 563 318
精炼石油产品的制造	131 629	22 518 039
炼焦	23 352	45 279
核燃料加工		
化学原料及化学制品制造业	3 301 593	42 825 424
基础化学原料制造	629 825	5 016 241
肥料制造	29 376	1 048 896
农药制造	23 529	263 333
涂料、油墨、颜料及类似产品制造	1 115 131	6 193 645
合成材料制造	743 691	14 289 372
专用化学产品制造	400 493	6 861 425
日用化学产品制造	359 548	9 152 512
医药制造业	2 062 404	12 207 011
化学药品原药制造	125 480	2 260 470
化学药品制剂制造	1 052 655	4 865 364
中药饮片加工	48 860	1 010 186
中成药制造	680 183	2 642 462
兽用药品制造	5 593	215 525
生物、生化制品的制造	99 095	823 126
卫生材料及医药用品制造	50 538	389 878
化学纤维制造业	112 701	3 825 221
纤维素纤维原料及纤维制造	2 490	230 425
合成纤维制造	110 211	3 594 796
橡胶制品业	609 549	5 699 533
轮胎制造	256 346	2 644 680
橡胶板、管、带的制造	6 985	283 912
橡胶零件制造	54 361	884 069
再生橡胶制造		37 672
日用及医用橡胶制品制造	18 096	177 025
橡胶靴鞋制造	3 703	874 417
其他橡胶制品制造	270 058	797 758
塑料制品业	3 399 174	36 452 150
塑料薄膜制造	693 996	7 735 902
塑料板、管、型材的制造	183 177	3 573 266
塑料丝、绳及编织品的制造	56 272	902 417
泡沫塑料制造	5 033	1 442 686
塑料人造革、合成革制造		1 240 321
塑料包装箱及容器制造	2 015 301	4 188 489
塑料零件制造	96 251	5 173 517
日用塑料制造	74 472	5 160 036
其他塑料制品制造	274 672	7 035 516

经济指标(三)

5 年

计量单位:千元

固定资产原价	生产经营用	累计折旧	本年折旧	固定资产净值年平均余额
21 409 569	17 943 943	8 046 408	1 670 325	13 088 674
1 027 426	849 482	329 059	65 298	659 033
2 593 612	1 792 830	814 475	202 244	1 886 461
18 947 207	14 940 462	7 566 482	1 440 474	11 464 472
1 527 526	1 371 777	571 628	114 467	1 060 823
3 400 771	2 844 127	1 257 935	262 261	2 047 486
969 420	703 488	367 729	53 376	583 465
12 894 805	9 923 595	5 310 890	971 833	7 674 267
154 685	97 475	58 300	38 537	98 431
34 685 126	34 156 036	18 050 408	3 172 361	16 649 006
34 631 464	34 102 432	18 041 428	3 169 183	16 606 132
53 662	53 604	8 980	3 178	42 874
61 420 740	54 340 183	23 069 559	5 211 878	38 049 623
7 528 170	6 270 254	2 720 117	564 176	4 579 377
1 509 229	1 340 657	514 769	71 040	1 016 200
624 555	601 624	386 005	54 373	253 554
9 368 591	7 573 647	3 623 510	800 207	5 907 105
19 697 060	18 451 533	7 699 911	1 948 661	12 511 727
9 682 973	8 238 611	3 573 254	884 248	6 212 265
13 010 162	11 863 857	4 551 993	889 173	7 569 395
16 854 723	14 135 752	6 280 898	1 395 588	10 592 867
2 588 183	2 155 653	964 031	247 325	1 646 713
7 146 090	5 968 070	2 668 279	603 162	4 322 861
1 283 463	1 122 778	480 300	106 540	906 873
3 712 825	3 140 203	1 278 940	250 805	2 524 715
290 518	248 441	81 372	25 791	191 946
1 357 943	1 102 168	634 470	115 610	716 243
475 701	398 439	173 506	46 355	283 516
5 787 507	5 181 013	2 014 917	525 533	3 685 935
584 143	472 012	357 873	81 558	266 651
5 203 364	4 709 001	1 657 044	443 975	3 419 284
8 608 544	7 342 272	3 242 633	617 302	5 242 226
3 536 029	3 156 251	1 049 170	127 615	2 452 192
472 056	382 958	208 168	40 952	254 997
1 503 432	1 212 681	644 559	118 829	826 802
53 203	51 060	15 910	3 841	34 813
280 549	223 511	134 419	37 997	151 736
1 571 624	1 333 927	752 992	158 086	820 176
1 191 651	981 884	437 415	129 982	701 510
55 972 433	49 342 018	22 450 350	5 172 275	34 137 336
11 739 892	11 032 423	4 783 659	1 040 220	7 063 543
5 309 994	4 632 201	1 893 605	479 902	3 416 227
1 270 637	1 055 500	517 754	155 072	782 733
2 467 556	2 199 672	1 101 719	229 529	1 347 887
1 900 886	1 585 527	708 502	118 305	1 218 773
6 776 650	5 834 709	2 812 241	599 748	4 027 853
7 357 738	6 578 461	2 475 503	750 495	4 776 597
8 518 427	7 457 617	3 755 296	834 400	5 010 550
10 630 653	8 965 908	4 402 071	964 604	6 493 173

续3

	长期投资	固定资产 小　计
非金属矿物制品业	1 496 113	49 199 050
水泥、石灰和石膏的制造	662 034	20 425 862
水泥及石膏制品制造	233 121	3 564 023
砖瓦、石材及其他建筑材料制造	194 636	11 247 885
玻璃及玻璃制品制造	272 762	9 531 263
陶瓷制品制造	129 594	3 651 963
耐火材料制品制造	526	94 196
石墨及其他非金属矿物制品制造	3 440	683 858
黑色金属冶炼及压延加工业	1 201 301	28 223 489
炼铁		306 275
炼钢	375 227	8 474 931
钢压延加工	781 054	19 354 462
铁合金冶炼	45 020	87 821
有色金属冶炼及压延加工业	670 919	13 505 124
常用有色金属冶炼	44 374	2 704 784
贵金属冶炼	3 150	6 100
稀有稀土金属冶炼	26 707	424 923
有色金属合金制造	125	220 982
有色金属压延加工	596 563	10 148 335
金属制品业	772 136	29 575 202
结构性金属制品制造	153 879	6 291 904
金属工具制造	7 253	2 314 940
集装箱及金属包装容器制造	163 846	4 367 273
金属丝绳及其制品的制造	10 764	683 530
建筑、安全用金属制品制造	96 725	4 106 073
金属表面处理及热处理加工	41 520	2 734 716
搪瓷制品制造	450	318 559
不锈钢及类似日用金属制品制造	215 211	6 365 503
其他金属制品制造	82 488	2 392 704
通用设备制造业	1 744 667	16 368 020
锅炉及原动机制造	62 614	555 950
金属加工机械制造	143 763	1 301 994
起重运输设备制造	207 482	1 417 680
泵、阀门、压缩机及类似机械的制造	683 112	4 986 355
轴承、齿轮、传动和驱动部件的制造	22 953	675 028
烘炉、熔炉及电炉制造		123 128
风机、衡器、包装设备等通用设备制造	502 856	3 263 254
通用零部件制造及机械修理	51 095	2 002 988
金属铸、锻加工	70 792	2 041 643
专用设备制造业	921 194	15 054 181
矿山、冶金、建筑专用设备制造	318 033	992 643
化工、木材、非金属加工专用设备制造	175 104	6 873 267
食品、饮料、烟草及饲料生产专用设备制造	38 289	600 221
印刷、制药、日化生产专用设备制造	90 251	1 266 659
纺织、服装和皮革工业专用设备制造	14 945	775 375
电子和电工机械专用设备制造	92 305	2 089 853
农、林、牧、渔专用机械制造	3 867	232 290
医疗仪器设备及器械制造	126 671	1 244 659
环保、社会公共安全及其他专用设备制造	61 729	979 214
交通运输设备制造业	2 081 409	33 685 062

经济指标(三)

5年

计量单位:千元

固定资产原价	生产经营用	累计折旧	本年折旧	固定资产净值年平均余额
67 980 437	58 308 471	23 773 365	5 695 916	44 611 758
25 134 379	21 484 462	7 764 091	1 530 545	17 549 623
5 727 438	4 847 340	2 358 642	548 140	3 352 794
17 222 447	14 942 654	6 959 507	1 914 865	10 437 541
13 306 193	11 665 192	4 173 017	954 698	8 835 227
5 474 914	4 573 335	2 153 561	585 896	3 686 622
131 153	99 165	40 865	8 175	81 159
983 913	696 323	323 682	153 597	668 792
32 624 777	28 618 916	8 355 922	2 006 573	21 480 512
347 798	313 899	92 384	60 213	259 675
10 360 546	8 104 547	2 200 409	513 578	8 106 524
21 742 683	20 146 723	5 976 634	1 428 213	13 022 128
173 750	53 747	86 495	4 569	92 185
20 420 191	16 303 809	8 854 504	3 141 188	11 563 630
3 807 674	3 578 069	1 284 078	163 148	2 315 814
7 925	7 468	1 969	412	5 790
606 692	495 479	208 141	31 436	393 477
295 078	213 436	88 401	36 554	214 964
15 702 822	12 009 357	7 271 915	2 909 638	8 633 585
44 681 236	37 896 586	17 178 200	4 812 480	26 491 539
8 906 414	7 092 107	3 120 952	1 002 868	5 684 615
3 403 973	2 738 904	1 153 555	275 241	2 033 542
7 259 173	6 141 378	3 059 481	525 178	3 604 599
1 160 755	1 061 844	492 425	155 548	650 682
5 744 646	4 957 805	1 937 062	478 733	3 851 356
3 737 102	3 426 973	1 185 664	304 257	2 519 791
493 421	399 326	207 563	34 889	278 734
10 287 321	8 868 096	4 544 373	1 649 182	5 714 815
3 688 431	3 210 153	1 477 125	386 584	2 153 405
25 876 055	21 538 166	10 942 149	2 271 352	14 434 222
1 575 600	1 451 610	1 049 110	146 269	519 122
1 798 038	1 577 004	665 126	169 740	1 208 055
2 167 929	1 899 566	830 729	142 908	1 311 749
8 001 045	6 430 619	3 530 727	626 086	4 222 274
1 188 343	1 053 191	539 389	106 983	646 868
140 817	120 030	19 516	10 148	114 264
4 981 386	4 222 924	2 049 618	511 960	2 843 264
3 213 320	2 536 901	1 318 012	286 223	1 884 676
2 809 577	2 246 321	939 922	271 035	1 683 950
21 758 970	16 861 607	7 815 174	2 348 002	13 641 270
1 498 333	878 037	548 739	94 395	869 556
9 754 239	7 859 086	3 237 900	1 054 144	6 184 004
906 435	631 189	327 951	61 139	620 837
2 080 899	1 515 482	977 457	239 153	1 143 196
1 176 087	851 570	438 667	96 854	835 795
2 949 146	2 796 868	1 068 762	468 619	1 895 403
293 841	251 016	77 482	18 882	207 343
1 608 893	1 221 153	501 594	137 565	1 080 492
1 491 097	857 206	636 622	177 251	804 644
44 243 447	38 961 140	14 391 645	3 896 558	28 250 504

续 4

	长期投资	固定资产 小　计
铁路运输设备制造	57 760	520 681
汽车制造	883 475	21 338 593
摩托车制造	755 206	4 322 193
自行车制造	121 227	1 896 402
船舶及浮动装置制造	263 550	4 172 435
航空航天器制造		1 378 527
交通器材及其他交通运输设备制造	191	56 231
电气机械及器材制造业	5 963 981	68 612 645
电机制造	56 328	3 484 003
输配电及控制设备制造	713 713	12 001 104
电线、电缆、光缆及电工器材制造	582 844	8 256 955
电池制造	1 646 316	7 574 004
家用电力器具制造	2 400 389	29 326 146
非电力家用器具制造	117 812	1 327 870
照明器具制造	428 554	6 282 753
其他电气机械及器材制造	18 025	359 810
通信设备、计算机及其他电子设备制造业	12 792 396	124 349 244
通信设备制造	8 047 551	19 189 802
雷达及配套设备制造	2 500	21 486
广播电视设备制造	58 916	702 786
电子计算机制造	1 310 210	23 575 107
电子器件制造	464 586	23 713 536
电子元件制造	1 445 949	40 272 781
家用视听设备制造	1 441 998	14 363 311
其他电子设备制造	20 686	2 510 435
仪器仪表及文化、办公用机械制造业	1 153 048	15 098 869
通用仪器仪表制造	633 756	1 251 606
专用仪器仪表制造	10 307	446 463
钟表与计时仪器制造	122 593	1 930 732
光学仪器及眼镜制造	5 012	5 571 638
文化、办公用机械制造	356 119	5 565 287
其他仪器仪表的制造及修理	25 261	333 143
工艺品及其他制造业	287 586	7 737 145
工艺美术品制造	236 936	6 269 649
日用杂品制造	20 738	745 712
煤制品制造	15 583	15 053
核辐射加工		
其他未列明的制造业	14 329	706 731
废弃资源和废旧材料回收加工业	18 876	562 408
金属废料和碎屑的加工处理	17 500	370 264
非金属废料和碎屑的加工处理	1 376	192 144
电力、热力的生产和供应业	6 662 390	250 527 174
电力生产	5 924 806	130 772 058
电力供应	734 100	119 657 945
热力生产和供应	3 484	97 171
燃气生产和供应业	469 694	4 603 437
水的生产和供应业	1 509 557	29 400 909
自来水的生产和供应	1 489 037	28 764 367
污水处理及其再生利用	20 520	635 846
其他水的处理、利用与分配		696

经济指标(三)

5 年

计量单位:千元

固定资产原价	生产经营用	累计折旧	本年折旧	固定资产净值年平均余额
692 563	486 486	175 092	19 441	400 273
25 488 272	23 206 464	6 939 531	2 830 908	17 017 678
6 328 216	5 801 936	2 675 182	474 540	3 953 467
3 584 783	2 137 175	1 812 637	227 000	1 735 263
6 217 587	5 418 661	2 278 574	235 142	3 722 627
1 843 923	1 843 741	473 072	102 274	1 369 451
88 103	66 677	37 557	7 253	51 745
93 466 227	76 339 182	34 987 958	10 225 419	57 403 917
5 224 416	4 124 933	1 908 176	657 781	3 394 901
17 556 879	14 129 665	6 685 863	1 600 801	10 468 610
12 559 034	10 504 666	4 915 941	1 252 497	7 378 814
9 311 445	5 917 408	3 442 083	871 016	5 462 037
37 231 666	31 899 100	13 343 169	4 579 044	23 830 859
1 934 623	1 734 410	749 648	257 247	1 176 156
9 150 628	7 674 744	3 794 208	975 495	5 352 930
497 536	354 256	148 870	31 538	339 610
182 510 422	139 345 995	65 156 395	17 627 094	115 388 649
28 924 854	16 021 554	10 538 998	2 539 578	17 583 482
39 718	36 022	18 232	1 980	22 726
985 265	668 218	295 902	84 465	646 788
33 654 558	24 272 116	11 214 617	3 813 918	20 970 116
33 552 242	27 303 435	10 939 478	3 046 491	22 562 871
57 402 540	49 608 403	20 081 453	5 036 996	37 736 608
24 551 487	19 141 357	11 066 987	2 830 096	13 458 635
3 399 758	2 294 890	1 000 728	273 570	2 407 423
23 208 848	19 066 164	8 591 328	1 977 252	14 356 477
1 685 998	1 453 644	523 160	112 491	1 091 517
613 849	395 426	191 473	63 755	413 150
3 217 823	2 532 488	1 418 634	246 511	1 801 755
7 779 486	5 949 314	2 261 700	721 519	5 361 598
9 454 496	8 336 153	4 058 309	799 064	5 397 540
457 196	399 139	138 052	33 912	290 917
11 325 737	9 195 933	4 278 380	901 780	6 949 413
9 127 558	7 526 345	3 399 930	733 255	5 766 904
1 139 389	844 557	490 211	88 317	626 174
27 243	15 893	12 190	1 999	9 155
1 031 547	809 138	376 049	78 209	547 180
896 123	770 236	410 838	242 586	505 158
665 675	576 167	350 472	223 885	337 252
230 448	194 069	60 366	18 701	167 906
362 397 711	188 153 681	140 722 713	21 017 684	215 355 562
224 363 160	175 901 361	103 871 917	13 909 945	121 187 678
137 822 438	12 042 209	36 734 916	7 102 008	94 071 719
212 113	210 111	115 880	5 731	96 165
5 297 179	3 994 746	1 612 721	301 867	4 251 685
44 016 933	40 118 269	17 508 767	2 479 521	25 734 512
43 299 788	39 425 317	17 404 440	2 423 831	25 118 004
714 820	691 122	102 698	55 359	615 722
2 325	1 830	1 629	331	786

	无形资产	负债合计
总　　计	**60 022 139**	**1 566 124 409**
一、按登记注册类型分组		
内资企业	26 510 434	646 598 803
国有企业	2 515 440	131 317 909
集体企业	2 304 207	28 854 001
股份合作企业	187 667	4 908 704
联营企业	240 189	4 907 245
有限责任公司	7 667 218	194 522 908
股份有限公司	5 669 264	122 273 130
私营企业	7 892 785	156 742 679
其他企业	33 664	3 072 227
港、澳、台商投资企业	20 794 710	514 509 400
外商投资企业	12 716 995	405 016 206
二、按经济组织类型分组		
独资企业	23 273 435	727 160 584
合作、合伙企业	3 290 985	87 682 198
股份有限公司	7 276 967	146 070 709
有限责任公司	26 180 752	605 210 918
在总计中：亏损企业	14 274 934	307 533 104
在总计中：国有及国有控股企业	10 079 829	355 269 261
在总计中：轻工业	30 200 755	603 119 414
重工业	29 821 384	963 004 995
在总计中：按工业行业大中类分		
煤炭开采和洗选业	10 467	220 546
烟煤和无烟煤的开采洗选	10 467	220 546
褐煤的开采洗选		
其他煤炭采选		
石油和天然气开采业	21 880	2 148 872
天然原油和天然气开采	21 880	1 631 060
与石油和天然气开采有关的服务活动		517 812
黑色金属矿采选业	205 121	2 168 797
铁矿采选	205 121	2 113 401
其他黑色金属矿采选		55 396
有色金属矿采选业	81 000	1 106 591
常用有色金属矿采选	74 211	635 832
贵金属矿采选	233	116 938
稀有稀土金属矿采选	6 556	353 821
非金属矿采选业	184 864	1 777 591
土砂石开采	147 518	1 258 749
化学矿采选	22 720	239 355
采盐	5 850	225 843
石棉及其他非金属矿采选	8 776	53 644
其他采矿业		
农副食品加工业	1 885 498	24 745 965
谷物磨制	110 309	1 781 125
饲料加工	259 749	5 669 114
植物油加工	226 493	4 134 148
制糖	834 441	4 385 164
屠宰及肉类加工	104 823	1 415 508
水产品加工	157 836	4 295 093
蔬菜、水果和坚果加工	54 313	1 140 300

经济指标(四)

5 年

计量单位:千元

流动负债	长期负债	所有者权益合计	实收资本	1.国家资本
1 332 003 993	**217 420 475**	**1 141 484 029**	**734 269 724**	**47 040 573**
506 797 185	129 413 638	460 555 893	246 222 692	32 824 975
75 288 498	55 433 447	119 007 071	72 580 672	15 549 466
21 435 495	6 833 264	16 489 452	9 152 155	288 373
4 249 096	596 053	2 957 573	1 985 210	134 646
4 320 611	468 141	6 980 317	1 606 130	256 127
147 833 244	44 401 798	113 091 625	62 231 606	10 288 942
107 979 223	9 953 631	103 584 426	45 415 620	5 894 811
142 744 846	11 613 049	96 112 930	52 152 526	405 103
2 946 172	114 255	2 332 499	1 098 773	7 507
448 203 845	62 674 100	393 604 756	301 531 389	7 954 917
377 002 963	25 332 737	287 323 380	186 515 643	6 260 681
627 824 881	94 738 629	550 443 004	391 417 580	16 110 997
74 091 316	12 114 229	71 048 099	50 464 228	1 679 882
127 485 252	14 012 966	128 200 287	56 792 803	7 582 108
502 602 544	96 554 651	391 792 639	235 595 113	21 667 586
254 874 265	48 886 737	143 175 936	164 826 015	11 749 708
235 586 097	113 696 621	312 420 830	169 291 623	41 116 915
547 517 389	50 301 909	468 428 031	309 158 764	15 034 673
784 486 604	167 118 566	673 055 998	425 110 960	32 005 900
186 625	31 943	60 496	76 505	1 400
186 625	31 943	60 496	76 505	1 400
1 973 020	173 852	14 087 710	4 736 302	8 277
1 622 208	8 852	13 589 684	4 305 900	
350 812	165 000	498 026	430 402	8 277
1 495 527	671 769	1 601 554	691 948	179 778
1 440 401	671 499	1 567 590	657 727	160 337
55 126	270	33 964	34 221	19 441
882 475	127 812	1 331 096	671 547	371 464
603 634	32 198	1 092 138	579 329	318 473
108 191	6 257	114 991	11 448	11 268
170 650	89 357	123 967	80 770	41 723
1 343 029	237 095	2 480 994	1 702 185	632 100
943 740	119 387	1 990 720	1 052 163	48 512
231 952	7 243	380 779	502 410	497 623
115 681	110 162	75 892	125 262	85 965
51 656	303	33 603	22 350	
21 657 130	2 619 708	15 919 450	10 570 628	517 600
1 587 825	168 398	1 119 687	868 807	158 584
5 084 261	510 839	2 961 477	1 728 410	89 469
3 818 958	312 575	2 532 984	1 791 671	1 187
3 688 731	675 274	2 285 858	1 047 268	95 951
1 187 103	116 177	1 284 277	1 246 166	122 462
3 754 477	334 625	3 203 650	2 261 220	29 251
999 959	140 341	1 100 734	384 364	5 711

续 1

	无形资产	负债合计
其他农副食品加工	137 534	1 925 513
食品制造业	1 226 080	20 371 700
焙烤食品制造	99 209	2 268 686
糖果、巧克力及蜜饯制造	223 723	3 930 939
方便食品制造	174 459	2 795 303
液体乳及乳制品制造	69 322	1 523 980
罐头制造	73 749	1 015 106
调味品、发酵制品制造	368 581	4 039 442
其他食品制造	217 037	4 798 244
饮料制造业	1 092 259	13 988 978
酒精制造	14 457	230 735
酒的制造	565 121	6 061 381
软饮料制造	467 071	7 397 312
精制茶加工	45 610	299 550
烟草制品业	63 620	2 857 113
烟叶复烤	7 236	29 533
卷烟制造	56 384	2 646 705
其他烟草制品加工		180 875
纺织业	2 255 038	51 397 684
棉、化纤纺织及印染精加工	1 216 822	24 683 994
毛纺织和染整精加工	194 147	5 458 867
麻纺织		30 265
丝绢纺织及精加工	50 155	1 046 916
纺织制成品制造	302 204	5 013 524
针织品、编织品及其制品制造	491 710	15 164 118
纺织服装、鞋、帽制造业	1 119 580	34 428 355
纺织服装制造	1 085 268	32 529 506
纺织面料鞋的制造	16 313	1 386 339
制帽	17 999	512 510
皮革、毛皮、羽毛(绒)及其制品业	1 115 271	26 607 543
皮革鞣制加工	87 610	2 264 504
皮革制品制造	998 849	23 461 678
毛皮鞣制及制品加工	6 180	339 066
羽毛(绒)加工及制品制造	22 632	542 295
木材加工及木、竹、藤、棕、草制品业	1 170 387	8 219 775
锯材、木片加工	10 496	557 093
人造板制造	1 087 802	5 948 685
木制品制造	69 420	1 539 148
竹、藤、棕、草制品制造	2 669	174 849
家具制造业	824 102	16 576 989
木质家具制造	484 787	8 763 122
竹、藤家具制造	8 256	142 492
金属家具制造	177 294	4 083 166
塑料家具制造	10 203	212 629
其他家具制造	143 562	3 375 580
造纸及纸制品业	1 556 635	37 148 360
纸浆制造	183 693	1 504 572
造纸	811 554	21 574 255
纸制品制造	561 388	14 069 533
印刷业和记录媒介的复制	714 464	22 097 603

经济指标(四)

5 年

计量单位:千元

流动负债	长期负债	所有者权益合计	实收资本	1. 国家资本
1 535 816	361 479	1 430 783	1 242 722	14 985
18 745 549	1 485 851	17 074 686	12 124 084	542 089
2 134 987	98 325	1 622 302	1 453 076	41 416
3 647 571	263 575	3 933 199	2 880 419	8 466
2 528 983	257 462	2 235 840	2 014 416	197 413
1 493 075	30 619	1 329 244	897 431	62 536
966 905	45 950	889 257	575 704	9 280
3 651 693	344 865	3 709 840	1 902 335	100 579
4 322 335	445 055	3 355 004	2 400 703	122 399
12 742 705	1 235 935	14 558 124	10 373 983	471 650
207 595	23 140	49 565	29 390	
5 296 147	760 886	7 321 651	4 713 744	327 903
7 015 023	379 485	6 971 457	5 459 178	134 388
223 940	72 424	215 451	171 671	9 359
2 441 515	415 598	10 420 303	1 972 799	1 870 348
29 533		248 458	227 795	137 639
2 231 257	415 448	10 148 312	1 727 814	1 727 814
180 725	150	23 533	17 190	4 895
46 038 154	4 848 703	40 377 972	34 509 209	1 038 948
21 534 722	2 843 118	18 887 104	16 021 415	704 343
5 306 275	134 658	2 659 398	3 201 273	195 615
30 265		33 181	6 830	
870 824	156 631	904 091	942 341	2 695
4 663 172	325 259	4 392 097	3 697 627	38 022
13 632 896	1 389 037	13 502 101	10 639 723	98 273
32 092 015	1 734 767	24 205 710	20 986 690	171 482
30 230 131	1 699 559	22 761 753	19 070 770	160 880
1 353 465	32 419	725 273	1 182 051	10 602
508 419	2 789	718 684	733 869	
25 097 251	982 773	18 748 843	15 841 098	66 920
2 099 136	140 607	1 635 468	1 254 552	
22 145 190	823 258	16 456 695	14 056 158	66 920
332 286	6 780	309 307	258 073	
520 639	12 128	347 373	272 315	
6 849 435	1 331 109	6 239 825	3 945 644	66 512
359 649	190 057	329 644	302 409	3 120
4 862 854	1 072 633	4 743 485	2 615 016	39 529
1 464 184	58 679	958 042	877 889	1 500
162 748	9 740	208 654	150 330	22 363
15 668 961	824 209	10 653 780	8 655 172	17 700
7 998 896	710 678	6 185 574	5 109 247	10 825
140 069	21	165 046	82 628	
4 035 669	41 835	2 264 888	1 690 779	2 775
211 244	407	79 182	64 785	
3 283 083	71 268	1 959 090	1 707 733	4 100
30 031 612	6 960 951	28 378 284	21 155 506	2 113 363
1 202 483	287 489	1 391 477	713 762	88 748
16 093 080	5 474 826	15 530 221	11 536 188	1 744 163
12 736 049	1 198 636	11 456 586	8 905 556	280 452
19 908 320	2 066 019	20 314 241	14 093 212	1 192 310

续2

	无形资产	负债合计
印刷	648 665	19 236 520
装订及其他印刷服务活动	17 840	1 031 689
记录媒介的复制	47 959	1 829 394
文教体育用品制造业	766 039	17 903 953
文化用品制造	36 335	1 552 472
体育用品制造	166 607	3 733 691
乐器制造	54 516	985 469
玩具制造	503 209	11 354 691
游艺器材及娱乐用品制造	5 372	277 630
石油加工、炼焦及核燃料加工业	871 877	22 502 846
精炼石油产品的制造	871 862	22 133 526
炼焦	15	369 320
核燃料加工		
化学原料及化学制品制造业	3 675 413	66 218 200
基础化学原料制造	344 290	6 228 074
肥料制造	132 900	1 008 942
农药制造	56 163	665 337
涂料、油墨、颜料及类似产品制造	725 998	12 731 234
合成材料制造	839 097	19 377 896
专用化学产品制造	420 836	11 120 288
日用化学产品制造	1 156 129	15 086 429
医药制造业	2 084 162	19 641 710
化学药品原药制造	285 960	2 258 360
化学药品制剂制造	846 037	7 109 374
中药饮片加工	142 738	1 256 777
中成药制造	508 312	6 308 859
兽用药品制造	77 308	341 414
生物、生化制品的制造	169 539	1 571 234
卫生材料及医药用品制造	54 268	795 692
化学纤维制造业	229 830	4 690 781
纤维素纤维原料及纤维制造	1 843	229 544
合成纤维制造	227 987	4 461 237
橡胶制品业	459 199	7 898 948
轮胎制造	256 486	2 234 604
橡胶板、管、带的制造	26 330	369 067
橡胶零件制造	62 229	1 735 523
再生橡胶制造	1 003	37 391
日用及医用橡胶制品制造	29 360	436 568
橡胶靴鞋制造	39 625	1 735 014
其他橡胶制品制造	44 166	1 350 781
塑料制品业	2 635 406	57 860 536
塑料薄膜制造	491 678	10 540 418
塑料板、管、型材的制造	204 187	6 614 077
塑料丝、绳及编织品的制造	76 278	1 126 941
泡沫塑料制造	139 931	3 224 930
塑料人造革、合成革制造	94 415	1 759 656
塑料包装箱及容器制造	232 477	6 420 456
塑料零件制造	203 148	8 695 594
日用塑料制造	770 854	9 127 495
其他塑料制品制造	422 438	10 350 969

经济指标(四)

5年

计量单位:千元

流动负债	长期负债	所有者权益合计	实收资本	1.国家资本
17 408 256	1 713 695	17 863 244	12 113 591	1 095 042
914 980	116 016	866 784	533 443	683
1 585 084	236 308	1 584 213	1 446 178	96 585
16 947 667	770 372	17 264 286	14 016 735	231 751
1 511 265	39 999	1 698 058	1 328 128	8 500
3 456 269	239 907	3 180 396	2 636 394	87 183
911 144	74 312	1 437 560	400 682	129 850
10 793 389	416 154	10 845 228	9 555 750	6 218
275 600		103 044	95 781	
17 479 519	1 454 015	19 475 800	16 615 467	57 758
17 111 058	1 454 015	19 340 303	16 579 757	57 758
368 461		135 497	35 710	
57 380 869	8 155 356	60 761 564	34 441 054	1 409 328
5 354 448	867 571	5 002 820	3 092 370	263 358
793 996	152 714	1 137 924	722 441	105 838
625 582	36 711	607 576	430 993	141 049
12 063 426	610 570	12 237 443	6 759 603	136 164
14 474 828	4 802 397	11 404 085	7 893 182	330 487
9 598 863	1 104 044	9 740 423	6 136 059	266 723
14 469 726	581 349	20 631 293	9 406 406	165 709
17 275 050	2 312 171	19 103 098	11 816 164	1 205 597
1 694 005	520 880	2 296 036	1 695 741	104 998
6 321 714	786 813	6 693 631	3 969 227	136 491
981 805	274 970	870 523	713 036	10 067
5 920 220	381 938	6 728 276	3 547 396	769 873
287 662	53 304	279 686	196 933	39 860
1 378 019	190 883	1 846 342	1 332 380	75 268
691 625	103 383	388 604	361 451	69 040
3 275 596	1 397 969	3 971 276	3 496 239	312 861
228 955	589	812 108	605 999	306 344
3 046 641	1 397 380	3 159 168	2 890 240	6 517
7 343 299	514 416	8 898 669	6 728 391	52 775
1 977 155	253 585	2 999 988	2 363 593	9 926
323 007	37 799	373 226	270 349	11 708
1 668 460	66 715	1 355 733	1 011 798	500
37 000	50	29 779	18 070	
390 750	35 937	241 725	255 548	
1 648 518	71 356	1 922 509	1 925 380	8 871
1 298 409	48 974	1 975 709	883 653	21 770
52 482 904	4 885 082	50 217 042	36 346 654	580 505
9 301 250	1 152 671	8 025 921	5 834 354	316 923
5 768 767	760 456	4 165 557	3 521 496	132 753
1 002 839	107 268	863 176	684 245	15 111
3 064 792	137 217	2 182 217	1 845 736	17 098
1 712 294	47 362	1 023 723	1 231 182	
5 690 523	719 087	6 951 804	4 742 897	23 980
7 935 517	741 141	6 526 489	4 544 319	30 778
8 360 003	622 867	9 686 171	5 943 286	39 401
9 646 919	597 013	10 791 984	7 999 139	4 461

续3

	无形资产	负债合计
非金属矿物制品业	3 516 826	63 703 722
水泥、石灰和石膏的制造	1 394 899	20 884 016
水泥及石膏制品制造	336 305	8 036 912
砖瓦、石材及其他建筑材料制造	919 278	16 812 100
玻璃及玻璃制品制造	395 845	11 730 677
陶瓷制品制造	407 398	5 120 957
耐火材料制品制造	18 255	159 691
石墨及其他非金属矿物制品制造	44 846	959 369
黑色金属冶炼及压延加工业	1 282 972	39 274 214
炼铁	42 925	252 039
炼钢	581 639	12 165 349
钢压延加工	654 416	26 578 538
铁合金冶炼	3 992	278 288
有色金属冶炼及压延加工业	937 272	25 046 022
常用有色金属冶炼	119 203	4 377 358
贵金属冶炼		15 759
稀有稀土金属冶炼	75 079	974 661
有色金属合金制造	24 836	543 744
有色金属压延加工	718 154	19 134 500
金属制品业	2 666 361	51 205 832
结构性金属制品制造	464 906	12 038 900
金属工具制造	171 720	3 080 606
集装箱及金属包装容器制造	484 417	6 661 075
金属丝绳及其制品的制造	93 910	1 169 061
建筑、安全用金属制品制造	484 111	7 057 186
金属表面处理及热处理加工	284 295	4 466 230
搪瓷制品制造	42 067	549 602
不锈钢及类似日用金属制品制造	502 357	11 366 060
其他金属制品制造	138 578	4 817 112
通用设备制造业	1 823 616	32 525 878
锅炉及原动机制造	119 736	1 284 583
金属加工机械制造	181 182	2 527 910
起重运输设备制造	286 648	4 472 013
泵、阀门、压缩机及类似机械的制造	413 028	7 428 327
轴承、齿轮、传动和驱动部件的制造	43 698	804 820
烘炉、熔炉及电炉制造	7 533	246 225
风机、衡器、包装设备等通用设备制造	508 314	9 395 386
通用零部件制造及机械修理	145 204	2 975 349
金属铸、锻加工	118 273	3 391 265
专用设备制造业	1 170 998	27 959 261
矿山、冶金、建筑专用设备制造	123 346	2 223 717
化工、木材、非金属加工专用设备制造	511 277	11 707 321
食品、饮料、烟草及饲料生产专用设备制造	82 545	1 511 100
印刷、制药、日化生产专用设备制造	102 632	1 954 557
纺织、服装和皮革工业专用设备制造	55 030	1 846 203
电子和电工机械专用设备制造	53 981	2 967 257
农、林、牧、渔专用机械制造	16 615	425 296
医疗仪器设备及器械制造	130 263	2 789 716
环保、社会公共安全及其他专用设备制造	95 309	2 534 094
交通运输设备制造业	2 572 522	63 616 130

经济指标(四)

5 年

计量单位:千元

流动负债	长期负债	所有者权益合　计	实收资本	1.国家资本
50 123 382	12 496 583	39 360 281	28 617 193	1 714 150
13 201 986	6 903 100	12 432 611	8 827 288	1 082 485
7 473 888	499 948	4 377 698	3 711 180	103 876
15 608 967	1 084 800	9 631 789	5 836 634	136 083
8 390 428	3 265 449	6 996 433	5 925 085	349 517
4 565 432	515 545	5 032 013	3 686 370	25 417
112 753	46 937	164 231	77 855	
769 928	180 804	725 506	552 781	16 772
30 667 148	8 447 608	19 955 279	11 987 466	792 540
185 859	66 179	289 263	254 926	11 383
7 651 533	4 505 605	5 642 304	3 167 202	529 454
22 552 544	3 874 748	13 867 717	8 456 485	251 703
277 212	1 076	155 995	108 853	
22 671 656	2 123 988	14 070 525	8 770 913	86 147
4 005 945	354 381	1 961 998	1 511 383	20 786
5 759	10 000	4 091	3 800	2 800
885 711	88 709	429 089	311 435	5 848
490 059	48 899	298 946	255 490	500
17 284 182	1 621 999	11 376 401	6 688 805	56 213
47 568 179	2 806 275	42 431 587	28 444 383	312 708
10 938 085	845 638	8 646 671	5 867 487	66 020
2 844 118	234 459	3 704 845	2 064 671	60 198
6 154 452	230 864	7 002 311	3 590 746	40 785
1 090 692	69 505	1 146 285	887 268	31 929
6 542 755	448 560	5 593 283	3 939 368	10 559
4 213 064	233 984	2 988 559	2 264 995	16 147
516 962	11 617	272 017	279 202	27 378
10 620 568	592 174	9 298 288	6 819 295	5 974
4 647 483	139 474	3 779 328	2 731 351	53 718
30 488 425	1 843 285	24 595 261	16 260 211	549 915
1 145 087	93 644	921 530	701 262	20 991
2 389 076	100 821	1 770 634	1 108 879	25 025
4 397 828	65 513	3 057 153	1 819 373	19 015
6 943 053	474 239	6 513 573	3 777 376	55 365
692 730	72 960	1 117 948	803 479	34 297
232 873	8 400	223 700	101 847	
8 737 209	641 923	5 338 241	3 524 659	57 171
2 813 055	152 145	3 452 659	2 779 635	72 470
3 137 514	233 640	2 199 823	1 643 701	265 581
26 217 462	1 462 186	24 848 348	15 158 224	640 532
2 097 677	106 304	1 521 992	812 842	369 905
10 882 089	662 037	11 172 951	6 773 248	67 120
1 351 711	144 934	676 735	496 415	18 351
1 873 678	57 378	1 779 732	1 030 869	5 700
1 800 247	45 955	1 317 141	716 926	3 515
2 835 584	129 040	3 680 071	2 390 091	12 268
414 640	7 997	274 612	200 430	7 531
2 547 568	211 807	3 035 064	1 547 300	140 455
2 414 268	96 734	1 390 050	1 190 103	15 687
56 717 120	6 690 929	47 616 019	24 989 490	1 915 495

续4

	无形资产	负债合计
铁路运输设备制造	236	546 112
汽车制造	1 595 789	34 399 494
摩托车制造	497 420	12 234 297
自行车制造	199 677	6 098 798
船舶及浮动装置制造	264 762	8 437 445
航空航天器制造	13 829	1 755 885
交通器材及其他交通运输设备制造	809	144 099
电气机械及器材制造业	8 363 927	166 686 145
电机制造	242 736	7 238 863
输配电及控制设备制造	1 027 707	26 179 998
电线、电缆、光缆及电工器材制造	694 973	18 968 316
电池制造	418 328	18 305 500
家用电力器具制造	4 990 692	78 297 578
非电力家用器具制造	282 988	4 176 353
照明器具制造	672 005	12 633 771
其他电气机械及器材制造	34 498	885 766
通信设备、计算机及其他电子设备制造业	4 788 456	366 036 233
通信设备制造	946 250	82 551 614
雷达及配套设备制造		12 213
广播电视设备制造	71 481	2 105 701
电子计算机制造	1 044 351	113 375 225
电子器件制造	564 475	37 713 382
电子元件制造	1 136 202	72 947 311
家用视听设备制造	861 434	52 881 722
其他电子设备制造	164 263	4 449 065
仪器仪表及文化、办公用机械制造业	712 849	26 929 715
通用仪器仪表制造	103 099	3 305 540
专用仪器仪表制造	43 677	1 136 823
钟表与计时仪器制造	134 498	3 649 673
光学仪器及眼镜制造	186 104	5 926 629
文化、办公用机械制造	229 390	12 385 224
其他仪器仪表的制造及修理	16 081	525 826
工艺品及其他制造业	691 808	15 274 726
工艺美术品制造	563 282	12 242 454
日用杂品制造	99 893	1 727 114
煤制品制造	507	22 943
核辐射加工		
其他未列明的制造业	28 126	1 282 215
废弃资源和废旧材料回收加工业	99 352	1 591 990
金属废料和碎屑的加工处理	68 753	1 372 170
非金属废料和碎屑的加工处理	30 599	219 820
电力、热力的生产和供应业	4 844 469	197 813 859
电力生产	4 305 152	117 823 281
电力供应	537 023	79 879 806
热力生产和供应	2 294	110 772
燃气生产和供应业	413 274	6 512 733
水的生产和供应业	1 889 245	19 368 513
自来水的生产和供应	1 851 354	18 546 867
污水处理及其再生利用	37 891	811 447
其他水的处理、利用与分配		10 199

经济指标(四)

5 年

计量单位:千元

流动负债	长期负债	所有者权益合　计	实收资本	1. 国家资本
544 033	2 079	635 490	487 774	
32 622 426	1 734 461	35 533 833	14 472 082	1 200 039
10 551 811	1 550 648	5 594 917	3 926 343	128 677
5 003 468	1 094 022	1 207 420	2 650 508	95 263
6 746 643	1 658 474	3 344 508	2 616 814	399 272
1 115 779	640 106	1 201 515	787 953	86 694
132 960	11 139	98 336	48 016	5 550
157 360 594	7 860 999	95 094 525	56 899 000	1 132 652
6 835 798	340 133	3 992 128	3 046 630	120 563
24 911 841	1 112 161	19 631 865	12 958 287	214 450
17 720 072	1 171 901	12 613 662	8 701 445	288 744
15 980 928	2 107 476	11 223 901	5 274 570	150 453
75 288 413	2 688 262	34 725 085	18 159 605	155 219
3 839 988	86 596	1 820 213	1 636 664	
11 956 229	304 985	10 586 499	6 635 029	203 060
827 325	49 485	501 172	486 770	163
347 994 072	14 887 670	196 332 402	112 803 564	3 385 531
76 119 122	4 302 876	51 157 574	17 438 799	1 303 537
12 213		169 873	44 244	
2 020 198	83 000	1 440 685	861 474	21 900
111 539 858	1 237 643	42 815 062	22 434 277	428 170
33 824 109	3 836 902	25 243 292	18 209 320	963 061
68 759 614	4 015 297	47 480 424	37 056 964	534 173
51 349 118	1 340 598	24 427 537	14 264 907	133 320
4 369 840	71 354	3 597 955	2 493 579	1 370
25 059 317	1 776 623	28 963 563	17 388 524	376 908
2 751 685	481 960	3 523 634	1 778 328	327 057
1 099 398	37 423	871 956	492 021	8 300
3 301 838	345 858	2 921 403	2 733 296	20 506
5 526 568	385 466	5 295 390	4 367 845	10 166
11 879 093	504 859	15 807 024	7 672 284	10 879
500 735	21 057	544 156	344 750	
14 144 124	936 032	13 150 335	9 641 922	78 614
11 280 441	773 976	11 092 071	7 895 630	59 941
1 681 078	40 214	1 190 229	1 076 486	
22 943		136 448	13 100	
1 159 662	121 842	731 587	656 706	18 673
1 450 714	134 231	726 317	261 724	19 100
1 259 325	105 800	532 188	211 874	19 100
191 389	28 431	194 129	49 850	
95 182 091	102 174 004	160 047 932	107 202 955	18 236 928
53 181 012	64 190 597	87 223 872	56 313 254	16 378 236
41 921 057	37 952 657	72 679 091	50 753 296	1 734 915
80 022	30 750	144 969	136 405	123 777
5 323 902	1 165 862	2 832 075	2 883 334	1 015 605
11 697 580	7 376 725	25 314 777	7 393 605	3 671 232
11 349 623	7 116 612	25 134 301	7 285 113	3 609 240
337 758	260 113	178 153	106 492	61 992
10 199		2 323	2 000	

	2. 集体资本	3. 法人资本
总　　计	**13 039 965**	**197 789 880**
一、按登记注册类型分组		
内资企业	8 554 426	142 064 780
国有企业	144 310	56 479 741
集体企业	4 412 564	1 923 139
股份合作企业	190 474	932 430
联营企业	178 782	1 005 021
有限责任公司	2 171 973	32 341 800
股份有限公司	594 355	28 854 357
私营企业	825 665	20 151 513
其他企业	36 303	376 779
港、澳、台商投资企业	2 829 056	33 661 136
外商投资企业	1 656 483	22 063 964
二、按经济组织类型分组		
独资企业	5 020 176	68 856 534
合作、合伙企业	1 149 781	13 133 790
股份有限公司	682 005	30 665 264
有限责任公司	6 188 003	85 134 292
在总计中：亏损企业	3 998 839	29 835 557
在总计中：国有及国有控股企业	867 391	105 985 546
在总计中：轻工业	6 723 538	50 899 519
重工业	6 316 427	146 890 361
在总计中：按工业行业大中类分		
煤炭开采和洗选业	5 740	18 155
烟煤和无烟煤的开采洗选	5 740	18 155
褐煤的开采洗选		
其他煤炭采选		
石油和天然气开采业		310 683
天然原油和天然气开采		300
与石油和天然气开采有关的服务活动		310 383
黑色金属矿采选业	12 200	345 461
铁矿采选	12 200	339 471
其他黑色金属矿采选		5 990
有色金属矿采选业	23 468	229 413
常用有色金属矿采选	22 200	198 476
贵金属矿采选	180 476 697	383 314
稀有稀土金属矿采选	1 088	30 937
非金属矿采选业	54 339	499 479
土砂石开采	43 049	452 701
化学矿采选		3 401
采盐	8 970	30 327
石棉及其他非金属矿采选	2 320	13 050
其他采矿业		
农副食品加工业	199 030	3 080 141
谷物磨制	14 162	115 619
饲料加工	70 543	529 101
植物油加工		673 016
制糖	80 555	367 585
屠宰及肉类加工	16 509	541 210
水产品加工	6 171	559 258
蔬菜、水果和坚果加工	6 090	46 279

经济指标(五)

5 年

计量单位:千元

4. 个人资本	5. 港澳台资本	6. 外商资本	主营业务收入	主营业务成本
61 094 195	**247 787 237**	**167 517 874**	**3 478 157 715**	**3 001 054 215**
53 707 023	5 362 302	3 709 186	1 274 991 322	1 087 250 808
101 129	245 611	60 415	204 676 895	177 504 219
857 421	939 339	731 319	44 708 757	38 803 331
667 383	41 647	18 630	10 433 379	9 005 962
147 980	8 472	9 748	8 279 129	6 853 821
15 491 884	418 892	1 518 115	315 883 153	256 552 584
8 278 841	1 194 616	598 640	250 932 712	209 921 204
27 890 312	2 332 286	547 647	431 868 654	381 522 566
272 073	181 439	224 672	8 208 643	7 087 121
4 667 068	219 428 407	32 990 805	1 111 006 777	960 188 888
2 720 104	22 996 528	130 817 883	1 092 159 616	953 614 519
6 902 787	181 974 697	112 552 389	1 706 774 460	1 498 355 572
2 844 639	19 708 004	11 948 132	204 632 933	171 237 882
10 555 698	4 483 360	2 824 368	299 752 698	252 176 488
40 791 071	41 621 176	40 192 985	1 266 997 624	1 079 284 273
8 440 114	63 309 080	47 492 717	373 589 036	350 467 616
5 483 567	8 669 437	7 168 767	626 169 540	529 421 123
29 150 688	131 390 989	75 959 357	1 401 338 686	1 184 090 521
31 943 507	116 396 248	91 558 517	2 076 819 029	1 816 963 694
44 350	6 860		396 403	327 462
44 350	6 860		396 403	327 462
	4 409 065	8 277	25 711 243	4 847 598
	4 305 600		25 441 352	4 671 954
	103 465	8 277	269 891	175 644
143 404	5 115	5 990	2 557 287	1 600 774
140 604	5 115		2 500 591	1 561 422
2 800		5 990	56 696	39 352
47 202			3 002 538	2 133 601
40 180			1 651 900	1 027 155
7 022			873 941	723 132
146 114	365 153	5 000	3 977 198	3 190 146
140 555	362 346	5 000	3 208 391	2 593 492
79	1 307		494 287	395 024
			127 581	88 054
5 480	1 500		146 939	113 576
1 901 182	2 168 899	2 703 776	71 832 095	64 321 743
131 408	287 690	161 344	3 602 037	3 207 811
419 802	243 272	376 223	21 026 112	19 289 148
153 228	184 119	780 121	16 276 526	14 799 986
407 534	95 643		5 345 609	4 578 450
32 238	194 848	338 899	4 999 462	4 450 152
491 341	793 351	381 848	11 520 345	10 172 992
47 959	128 790	149 535	2 467 489	1 892 025

续1

	2.集体资本	3.法人资本
其他农副食品加工	5 000	248 073
食品制造业	61 680	2 138 940
焙烤食品制造	10 838	219 344
糖果、巧克力及蜜饯制造	5 720	128 781
方便食品制造	10 147	131 677
液体乳及乳制品制造	3 000	343 764
罐头制造	21 870	297 533
调味品、发酵制品制造	5 287	584 798
其他食品制造	4 818	433 043
饮料制造业	123 279	1 947 236
酒精制造		14 900
酒的制造	16 686	1 201 283
软饮料制造	106 593	681 803
精制茶加工		49 250
烟草制品业		91 272
烟叶复烤		90 156
卷烟制造	16 869 891	6 025 493
其他烟草制品加工		1 116
纺织业	722 306	4 104 977
棉、化纤纺织及印染精加工	425 849	2 189 340
毛纺织和染整精加工	32 265	112 729
麻纺织		3 410
丝绢纺织及精加工	16 463	253 232
纺织制成品制造	59 308	485 965
针织品、编织品及其制品制造	188 421	1 060 301
纺织服装、鞋、帽制造业	395 287	2 673 696
纺织服装制造	393 087	2 631 368
纺织面料鞋的制造		22 159
制帽	2 200	20 169
皮革、毛皮、羽毛(绒)及其制品业	250 551	1 009 745
皮革鞣制加工	41 058	81 208
皮革制品制造	186 682	764 463
毛皮鞣制及制品加工		76 129
羽毛(绒)加工及制品制造	22 811	87 945
木材加工及木、竹、藤、棕、草制品业	50 756	1 026 046
锯材、木片加工	2 860	162 290
人造板制造	34 376	796 624
木制品制造	4 124	45 977
竹、藤、棕、草制品制造	9 396	21 155
家具制造业	74 745	1 139 663
木质家具制造	17 959	548 826
竹、藤家具制造	8 229	2 402
金属家具制造	17 269	235 748
塑料家具制造		1 724
其他家具制造	31 288	350 963
造纸及纸制品业	592 002	3 103 591
纸浆制造	2 146	87 448
造纸	268 277	1 805 174
纸制品制造	321 579	1 210 969
印刷业和记录媒介的复制	220 705	2 888 232

经济指标(五)

5年

计量单位:千元

4. 个人资本	5. 港澳台资本	6. 外商资本	主营业务收入	主营业务成本
217 672	241 186	515 806	6 594 515	5 931 179
1 228 036	3 531 135	4 622 204	40 044 884	27 738 860
106 716	849 897	224 865	3 634 321	2 951 039
262 656	544 221	1 930 575	8 078 435	5 285 730
128 558	1 108 370	438 251	6 085 603	4 630 467
93 100	62 839	332 192	3 525 015	2 114 129
103 889	100 569	42 563	1 976 320	1 705 364
83 522	332 963	795 186	7 799 189	5 870 669
449 595	532 276	858 572	8 946 001	5 181 462
500 946	2 429 715	4 901 157	31 198 257	20 740 669
14 490			249 841	204 979
167 111	1 417 930	1 582 831	9 771 450	6 352 725
231 508	993 160	3 311 726	20 706 892	13 801 746
87 837	18 625	6 600	470 074	381 219
10 255		924	17 065 468	6 171 629
			106 639	67 999
10 255		924	88 938	78 137
3 305 756	19 529 709	5 807 513	107 121 408	96 503 666
1 529 865	8 065 719	3 106 299	48 981 063	44 522 508
368 869	2 337 057	154 738	9 305 296	8 810 345
240	3 180		111 242	92 847
69 626	553 756	46 569	1 734 813	1 550 663
298 465	1 845 974	969 893	11 584 432	10 120 370
1 038 691	6 724 023	1 530 014	35 404 562	31 406 933
2 033 608	11 113 606	4 599 011	92 707 226	82 126 521
1 983 587	9 772 046	4 129 802	88 864 238	78 716 892
28 283	979 011	141 996	2 388 755	2 125 945
21 738	362 549	327 213	1 454 233	1 283 684
596 439	9 742 227	4 175 216	66 663 580	59 940 673
41 109	477 630	613 547	5 205 339	4 797 815
500 856	9 046 285	3 490 952	59 358 413	53 313 063
	157 114	24 830	633 365	561 552
54 474	61 198	45 887	1 466 463	1 268 243
435 777	1 375 920	990 633	16 379 268	14 323 646
52 834	25 351	55 954	1 192 846	979 917
252 614	861 254	630 619	10 290 653	9 003 105
106 271	434 360	285 657	3 705 892	3 302 324
24 058	54 955	18 403	1 189 877	1 038 300
1 075 867	3 990 777	2 356 420	39 902 888	35 251 954
695 414	2 238 178	1 598 045	20 180 625	17 796 746
21 318	43 316	7 363	647 975	584 778
95 129	1 001 790	338 068	10 364 265	9 353 168
3 015	32 036	28 010	478 710	417 813
260 991	675 457	384 934	8 231 313	7 099 449
1 736 444	9 240 636	4 369 470	64 479 898	55 997 007
182 751	352 669		2 361 292	2 085 449
770 875	5 129 299	1 818 400	29 208 015	25 834 596
782 818	3 758 668	2 551 070	32 910 591	28 076 962
1 721 325	6 556 473	1 514 167	36 218 168	31 035 480

续 2

	2. 集体资本	3. 法人资本
印刷	187 821	1 925 931
装订及其他印刷服务活动	28 466	111 989
记录媒介的复制	4 418	850 312
文教体育用品制造业	205 180	1 066 244
文化用品制造	1 273	200 096
体育用品制造	49 564	95 961
乐器制造	6 150	57 304
玩具制造	148 193	693 762
游艺器材及娱乐用品制造		19 121
石油加工、炼焦及核燃料加工业	29 992	14 040 695
精炼石油产品的制造	29 712	14 028 695
炼焦	280	12 000
核燃料加工		
化学原料及化学制品制造业	588 479	5 846 162
基础化学原料制造	65 179	1 001 576
肥料制造	21 390	190 805
农药制造	2 000	184 292
涂料、油墨、颜料及类似产品制造	147 994	809 067
合成材料制造	272 410	1 749 957
专用化学产品制造	44 069	1 059 643
日用化学产品制造	35 437	850 822
医药制造业	271 453	4 327 671
化学药品原药制造	31 044	457 478
化学药品制剂制造	117 705	1 246 561
中药饮片加工	25 531	266 044
中成药制造	40 525	1 561 775
兽用药品制造	51 115	40 127
生物、生化制品的制造	4 998	612 727
卫生材料及医药用品制造	535	142 959
化学纤维制造业	19 703	390 791
纤维素纤维原料及纤维制造	10 000	22 766
合成纤维制造	9 703	368 025
橡胶制品业	93 929	2 354 960
轮胎制造	59 175	1 919 532
橡胶板、管、带的制造	6 050	78 755
橡胶零件制造	11 654	93 591
再生橡胶制造		13 400
日用及医用橡胶制品制造	6 300	37 493
橡胶靴鞋制造	3 812	90 407
其他橡胶制品制造	6 938	121 782
塑料制品业	587 217	4 986 284
塑料薄膜制造	82 698	858 574
塑料板、管、型材的制造	83 966	572 340
塑料丝、绳及编织品的制造	10 932	208 192
泡沫塑料制造	155 443	170 037
塑料人造革、合成革制造	4 346	83 441
塑料包装箱及容器制造	68 210	1 167 389
塑料零件制造	28 833	366 924
日用塑料制造	42 855	806 785
其他塑料制品制造	109 934	752 602

经济指标(五)

5 年

计量单位:千元

4.个人资本	5.港澳台资本	6.外商资本	主营业务收　入	主营业务成　本
1 531 056	6 027 477	1 346 264	33 596 770	28 707 470
60 380	261 480	70 445	1 582 328	1 394 324
129 889	267 516	97 458	1 039 070	933 686
641 703	8 860 730	3 011 127	47 322 985	42 024 487
157 259	600 768	360 232	4 453 985	3 931 456
83 194	1 313 890	1 006 602	8 473 924	7 615 395
57 263	60 844	89 271	2 559 465	2 119 270
336 587	6 824 212	1 546 778	31 024 364	27 622 022
7 400	61 016	8 244	811 247	736 344
594 207	230 587	1 662 228	91 453 240	84 887 427
594 207	227 587	1 641 798	90 334 182	83 820 150
	3 000	20 430	1 119 058	1 067 277
3 915 365	11 573 819	11 107 901	164 286 719	118 788 951
261 211	755 080	745 966	11 941 162	9 982 893
138 623	145 475	120 310	2 202 514	1 911 108
84 652	19 000		1 038 102	868 475
784 543	2 661 785	2 220 050	32 661 499	26 891 632
971 305	1 374 084	3 194 939	36 604 707	33 102 088
680 729	2 173 477	1 911 418	22 776 908	18 988 660
994 302	4 444 918	2 915 218	57 061 827	27 044 095
1 818 372	1 600 499	2 592 572	25 410 164	15 969 132
486 080	141 889	474 252	2 927 365	2 342 053
431 866	847 163	1 189 441	10 966 553	7 054 736
69 957	108 298	233 139	1 455 857	1 107 854
598 490	362 440	214 293	6 233 552	3 198 965
52 186		13 645	705 274	562 471
144 414	110 019	384 954	1 982 690	978 900
35 379	30 690	82 848	1 138 873	724 153
116 887	1 652 831	1 003 166	7 491 582	6 739 336
63 570	72 029	131 290	1 210 397	998 237
53 317	1 580 802	871 876	6 281 185	5 741 099
280 864	2 449 887	1 495 976	17 755 384	15 323 972
11 081	101 818	262 061	4 144 922	3 473 761
15 975	127 349	30 512	1 385 438	1 232 569
81 304	706 768	117 981	3 400 087	2 908 145
4 670			116 478	102 996
25 271	150 626	35 858	976 231	865 070
39 233	967 761	815 296	4 122 789	3 725 721
103 330	395 565	234 268	3 609 439	3 015 710
2 926 803	19 656 863	7 608 982	122 252 303	108 829 493
576 637	3 150 228	849 294	18 862 321	17 203 344
159 385	1 597 767	975 285	14 736 518	13 115 053
166 326	142 435	141 249	2 686 270	2 364 571
126 643	1 000 795	375 720	7 295 071	6 632 189
87 083	967 541	88 771	3 492 456	3 150 075
608 674	1 950 995	923 649	11 618 058	10 140 761
222 357	2 431 153	1 464 274	16 614 659	14 433 100
472 074	3 632 476	949 695	21 305 630	19 142 966
507 624	4 783 473	1 841 045	25 641 320	22 647 434

续3

	2. 集体资本	3. 法人资本
非金属矿物制品业	1 458 855	8 138 414
水泥、石灰和石膏的制造	795 804	2 605 458
水泥及石膏制品制造	202 133	1 344 998
砖瓦、石材及其他建筑材料制造	246 873	1 799 967
玻璃及玻璃制品制造	155 841	1 487 287
陶瓷制品制造	44 213	800 157
耐火材料制品制造	100	15 032
石墨及其他非金属矿物制品制造	13 891	85 515
黑色金属冶炼及压延加工业	85 630	3 494 402
炼铁		140 733
炼钢	9 100	893 817
钢压延加工	76 530	2 369 199
铁合金冶炼		90 653
有色金属冶炼及压延加工业	335 892	2 980 671
常用有色金属冶炼	15 608	755 432
贵金属冶炼		
稀有稀土金属冶炼		174 239
有色金属合金制造	1 603	123 899
有色金属压延加工	318 681	1 927 101
金属制品业	601 138	5 615 498
结构性金属制品制造	83 678	1 117 579
金属工具制造	27 193	274 389
集装箱及金属包装容器制造	132 940	821 340
金属丝绳及其制品的制造	32 766	295 849
建筑、安全用金属制品制造	155 524	658 857
金属表面处理及热处理加工	45 929	436 985
搪瓷制品制造		16 103
不锈钢及类似日用金属制品制造	108 522	1 635 469
其他金属制品制造	14 586	358 927
通用设备制造业	311 067	3 767 228
锅炉及原动机制造	40 576	304 818
金属加工机械制造	2 091	298 039
起重运输设备制造	8 489	729 928
泵、阀门、压缩机及类似机械的制造	28 581	907 517
轴承、齿轮、传动和驱动部件的制造	28 150	61 707
烘炉、熔炉及电炉制造	750	4 979
风机、衡器、包装设备等通用设备制造	97 944	865 569
通用零部件制造及机械修理	22 337	238 081
金属铸、锻加工	82 149	356 590
专用设备制造业	142 670	2 923 451
矿山、冶金、建筑专用设备制造	19 672	80 077
化工、木材、非金属加工专用设备制造	28 974	914 946
食品、饮料、烟草及饲料生产专用设备制造	28 141	309 652
印刷、制药、日化生产专用设备制造	16 165	351 065
纺织、服装和皮革工业专用设备制造	5 461	97 434
电子和电工机械专用设备制造	500	252 383
农、林、牧、渔专用机械制造	8 757	41 494
医疗仪器设备及器械制造	3 500	427 458
环保、社会公共安全及其他专用设备制造	31 500	448 942
交通运输设备制造业	315 758	7 215 762

经济指标(五)

5年

计量单位:千元

4.个人资本	5.港澳台资本	6.外商资本	主营业务收入	主营业务成本
5 040 563	7 613 851	4 651 360	98 894 178	85 630 020
2 003 960	1 948 873	390 708	21 158 631	18 709 032
746 327	520 641	793 205	11 862 846	10 549 243
1 041 641	1 653 203	958 867	33 148 720	28 710 284
295 492	1 918 704	1 718 244	14 796 549	12 440 809
777 691	1 345 200	693 692	15 725 179	13 334 524
19 520	26 809	16 394	399 145	331 376
155 932	200 421	80 250	1 803 108	1 554 752
2 137 295	4 298 203	1 179 396	70 336 259	66 001 316
75 160	27 650		642 070	590 061
649 574	1 085 257		18 352 343	17 002 539
1 409 761	3 169 896	1 179 396	50 953 390	48 052 904
2 800	15 400		388 456	355 812
1 039 567	3 323 426	1 005 210	64 133 409	58 740 064
179 462	481 243	58 852	9 897 369	8 914 569
1 000			68 936	59 864
83 237	21 800	26 311	1 797 810	1 683 097
63 257	19 646	46 585	1 679 226	1 555 808
712 611	2 800 737	873 462	50 690 068	46 526 726
2 538 671	11 999 296	7 377 072	143 814 027	127 154 335
619 324	2 374 143	1 606 743	27 341 214	24 692 025
215 278	1 250 433	237 180	11 039 314	9 449 347
253 917	1 325 874	1 015 890	23 092 910	19 869 867
57 449	238 410	230 865	3 990 614	3 542 211
299 099	1 516 057	1 299 272	18 550 493	16 297 843
158 314	766 278	841 342	10 103 784	9 093 730
32 597	58 187	144 937	1 286 986	1 158 530
700 766	2 959 620	1 408 944	35 526 134	31 523 711
201 927	1 510 294	591 899	12 882 578	11 527 071
2 051 525	4 336 178	5 244 298	63 487 911	53 844 391
80 409	86 922	167 546	1 943 926	1 679 103
168 421	494 416	120 887	4 204 714	3 507 061
265 115	190 047	606 779	9 312 705	7 616 936
422 833	500 838	1 862 242	13 670 290	11 593 977
35 250	344 355	299 720	2 059 176	1 757 086
3 980	74 061	18 077	1 284 320	1 070 880
753 311	877 812	872 852	17 281 332	14 543 868
145 265	1 235 068	1 066 414	6 705 830	5 700 495
176 941	532 659	229 781	7 025 618	6 374 985
1 794 064	6 022 948	3 634 559	52 543 173	42 799 320
116 068	58 206	168 914	3 385 850	2 630 599
578 817	3 679 757	1 503 634	21 133 515	17 523 746
65 861	74 410		2 188 274	1 896 662
217 121	281 476	159 342	4 256 863	3 707 165
68 060	370 521	171 935	4 410 929	3 841 674
154 580	937 364	1 032 996	7 343 412	6 125 595
34 094	99 594	8 960	704 823	607 531
343 783	345 155	286 949	5 473 456	3 724 049
215 680	176 465	301 829	3 646 051	2 742 299
1 343 490	4 035 141	10 163 844	156 498 765	128 614 997

续 4

	2. 集体资本	3. 法人资本
铁路运输设备制造	2 025	428 905
汽车制造	120 642	3 089 155
摩托车制造	130 209	1 432 937
自行车制造	4 335	351 895
船舶及浮动装置制造	33 746	1 570 457
航空航天器制造	21 105	332 313
交通器材及其他交通运输设备制造	3 696	10 100
电气机械及器材制造业	1 474 001	9 736 188
电机制造	94 951	291 921
输配电及控制设备制造	144 675	2 145 448
电线、电缆、光缆及电工器材制造	193 390	1 625 968
电池制造	37 135	935 285
家用电力器具制造	936 858	3 253 056
非电力家用器具制造	15 620	226 721
照明器具制造	40 664	1 182 126
其他电气机械及器材制造	10 708	75 663
通信设备、计算机及其他电子设备制造业	874 519	15 532 428
通信设备制造	135 014	3 328 521
雷达及配套设备制造	2 244	500
广播电视设备制造	750	192 660
电子计算机制造	97 197	2 595 401
电子器件制造	182 574	1 777 044
电子元件制造	214 708	3 389 712
家用视听设备制造	200 245	3 950 795
其他电子设备制造	41 787	297 795
仪器仪表及文化、办公用机械制造业	234 492	2 626 057
通用仪器仪表制造	25 991	532 665
专用仪器仪表制造	3 815	75 521
钟表与计时仪器制造	37 649	401 072
光学仪器及眼镜制造	66 120	723 567
文化、办公用机械制造	36 566	799 305
其他仪器仪表的制造及修理	64 351	93 927
工艺品及其他制造业	251 723	1 457 174
工艺美术品制造	197 861	1 120 556
日用杂品制造	20 762	170 891
煤制品制造	1 310 062 048	15 368
核辐射加工		
其他未列明的制造业	20 000	165 727
废弃资源和废旧材料回收加工业	13 170	72 158
金属废料和碎屑的加工处理	12 100	55 000
非金属废料和碎屑的加工处理	1 070	17 158
电力、热力的生产和供应业	1 048 653	74 708 460
电力生产	1 001 584	26 004 779
电力供应	47 069	48 703 681
热力生产和供应		
燃气生产和供应业	43 060	523 322
水的生产和供应业	1 267 296	1 379 130
自来水的生产和供应	1 267 296	1 356 044
污水处理及其再生利用		21 086
其他水的处理、利用与分配		2 000

经济指标(五)

5 年

计量单位:千元

4. 个人资本	5. 港澳台资本	6. 外商资本	主营业务收入	主营业务成本
3 000	2 921	50 923	951 145	841 400
508 712	1 487 131	8 066 403	108 254 728	86 591 992
485 008	779 215	970 297	26 020 002	22 078 210
121 192	1 394 468	683 355	10 434 702	9 499 569
221 725	356 825	34 789	8 674 244	7 785 451
		347 841	1 743 231	1 463 956
3 853	14 581	10 236	420 713	354 419
6 903 433	19 234 710	18 418 016	363 602 322	317 736 880
294 748	579 572	1 664 875	18 962 812	17 224 206
1 576 871	4 798 478	4 078 365	58 901 618	51 124 647
1 260 070	2 565 731	2 767 542	50 264 251	45 289 458
887 593	1 788 692	1 475 412	31 682 003	28 243 525
1 734 462	6 195 967	5 884 043	158 237 883	136 289 443
380 852	239 745	773 726	8 307 360	7 356 546
729 661	2 924 593	1 554 925	35 733 018	30 960 910
39 176	141 932	219 128	1 513 377	1 248 145
9 962 614	45 304 774	37 743 698	959 928 080	860 449 737
5 584 160	3 024 481	4 063 086	168 982 236	128 410 944
5 000	36 500		56 099	46 034
235 008	266 212	144 944	4 730 081	4 098 744
767 920	8 287 121	10 258 468	390 925 903	368 300 679
754 890	8 378 978	6 152 773	86 541 140	79 777 423
1 548 142	18 795 989	12 574 240	149 177 597	136 337 721
893 300	5 608 388	3 478 859	147 323 640	132 789 449
174 194	907 105	1 071 328	12 191 384	10 688 743
878 872	5 959 493	7 312 702	91 165 496	83 035 527
406 198	371 841	114 576	5 359 751	4 037 375
55 566	183 168	165 651	2 795 351	2 360 321
68 798	1 630 636	574 635	7 327 324	6 380 047
66 650	1 635 601	1 865 741	17 294 869	15 607 532
270 510	2 042 123	4 512 901	56 653 352	53 231 996
11 150	96 124	79 198	1 734 849	1 418 256
1 147 014	4 910 753	1 796 644	45 827 361	40 925 432
1 052 984	3 991 549	1 472 739	40 088 579	35 877 135
50 931	601 323	232 579	3 821 242	3 381 152
43 099	317 881	91 326	1 855 492	1 651 777
76 472	68 835	11 989	6 984 205	6 323 198
69 184	53 490	3 000	6 475 496	5 878 140
7 288	15 345	8 989	508 709	445 058
625 778	9 573 151	3 009 985	237 315 742	206 740 570
545 454	9 480 044	2 903 157	90 340 204	69 043 134
75 324	93 107	99 200	146 725 948	137 473 161
5 000		7 628	249 590	224 275
19 170	448 465	833 712	16 485 142	15 534 527
314 761	167 507	593 679	11 911 459	8 709 674
306 247	157 707	588 579	11 698 620	8 571 745
8 514	9 800	5 100	174 892	111 874
			37 947	26 055

	营业费用	其中:广告费
总　　　计	**119 215 553**	**15 080 527**
一、按登记注册类型分组		
内资企业	45 453 506	3 041 044
国有企业	1 731 107	224 656
集体企业	899 682	30 563
股份合作企业	284 013	6 070
联营企业	360 873	4 201
有限责任公司	14 693 570	606 474
股份有限公司	15 306 889	1 460 563
私营企业	11 851 457	706 145
其他企业	325 915	2 372
港、澳、台商投资企业	31 617 329	7 195 840
外商投资企业	42 144 718	4 843 643
二、按经济组织类型分组		
独资企业	43 007 085	8 733 442
合作、合伙企业	11 335 493	642 464
股份有限公司	16 385 708	1 512 827
有限责任公司	48 487 267	4 191 794
在总计中：亏损企业	11 150 204	1 153 137
在总计中：国有及国有控股企业	15 767 260	1 517 775
在总计中：轻工业	73 921 179	13 616 691
重工业	45 294 374	1 463 836
在总计中：按工业行业大中类分		
煤炭开采和洗选业	16 239	
烟煤和无烟煤的开采洗选	16 239	
褐煤的开采洗选		
其他煤炭采选		
石油和天然气开采业	10 450	
天然原油和天然气开采	10 410	
与石油和天然气开采有关的服务活动	40	
黑色金属矿采选业	168 533	
铁矿采选	164 946	
其他黑色金属矿采选	3 587	
有色金属矿采选业	77 160	1 092
常用有色金属矿采选	47 194	874
贵金属矿采选	7 539	218
稀有稀土金属矿采选	22 427	
非金属矿采选业	222 802	388
土砂石开采	173 458	388
化学矿采选	22 166	
采盐	11 471	
石棉及其他非金属矿采选	15 707	
其他采矿业		
农副食品加工业	1 450 626	126 189
谷物磨制	165 012	1 537
饲料加工	265 772	10 340
植物油加工	409 097	96 480
制糖	63 554	188
屠宰及肉类加工	116 593	798
水产品加工	197 020	3 925
蔬菜、水果和坚果加工	134 464	552

经济指标(六)

5 年

计量单位:千元

主营业务税金及附加	其他业务利润	管理费用	税金	财产保险费
22 728 673	**11 840 213**	**140 858 556**	**4 368 098**	**1 573 016**
15 107 815	3 697 079	56 887 766	2 018 199	849 219
7 479 757	893 801	6 230 432	246 307	64 176
331 410	148 959	2 487 677	129 109	23 965
61 488	20 301	557 650	25 947	3 389
22 357	37 576	433 812	12 078	2 393
1 930 558	1 013 751	18 696 943	631 711	114 044
2 766 562	989 076	11 804 624	227 728	437 582
2 455 657	586 968	16 324 231	722 720	187 944
60 026	6 647	352 397	22 599	15 726
3 875 898	3 985 542	46 439 664	1 366 386	418 761
3 744 960	4 157 592	37 531 126	983 513	305 036
11 744 923	5 990 772	63 774 383	2 031 074	523 071
780 537	630 247	8 228 048	276 142	84 855
2 868 387	1 167 531	13 970 112	284 458	454 158
7 334 826	4 051 663	54 886 013	1 776 424	510 932
1 502 480	1 476 659	24 640 149	606 465	218 060
12 944 229	2 478 247	25 127 525	708 132	262 215
12 853 882	5 186 292	65 298 279	2 128 450	993 021
9 874 791	6 653 921	75 560 277	2 239 648	579 995
4 030	2	32 877	1 499	130
4 030	2	32 877	1 499	130
1 557 285	-111	361 836	1 534	363
1 549 193	13	352 448	1 479	237
8 092	-124	9 388	55	126
52 154	5 385	224 290	3 762	396
51 865	5 196	217 274	3 675	396
289	189	7 016	87	
27 621	55 032	258 214	5 646	1 275
18 330	42 339	167 363	4 575	1 218
451	1 295	36 918	214	
8 840	11 398	53 933	857	57
48 512	22 345	275 269	12 224	12 327
36 334	11 545	187 505	10 670	11 810
5 050	4 484	45 369	1 036	332
4 873	6 301	34 721	151	12
2 255	15	7 674	367	173
224 415	219 718	1 771 147	87 600	21 413
4 826	10 797	122 629	6 589	1 188
37 380	9 400	472 890	20 149	4 594
8 468	33 210	202 473	7 855	3 105
82 819	36 017	241 503	13 104	1 628
28 646	14 649	174 931	12 402	1 698
48 293	37 492	315 544	13 989	6 377
5 314	4 342	81 837	3 389	506

续1

	营业费用	其中:广告费
其他农副食品加工	99 114	12 369
食品制造业	5 978 307	1 170 434
焙烤食品制造	235 613	29 282
糖果、巧克力及蜜饯制造	1 326 013	465 381
方便食品制造	762 826	233 119
液体乳及乳制品制造	670 023	217 927
罐头制造	77 949	5 695
调味品、发酵制品制造	589 760	113 049
其他食品制造	2 316 123	105 981
饮料制造业	5 420 597	2 059 312
酒精制造	778	
酒的制造	1 173 832	319 436
软饮料制造	4 226 767	1 738 679
精制茶加工	19 220	1 197
烟草制品业	346 208	148 514
烟叶复烤	744	12
卷烟制造	339 184	148 502
其他烟草制品加工	6 280	
纺织业	2 269 687	50 138
棉、化纤纺织及印染精加工	1 023 244	3 046
毛纺织和染整精加工	65 986	551
麻纺织	2 652	7
丝绢纺织及精加工	27 681	25
纺织制成品制造	349 749	12 967
针织品、编织品及其制品制造	800 375	33 542
纺织服装、鞋、帽制造业	2 747 429	81 976
纺织服装制造	2 682 679	81 511
纺织面料鞋的制造	37 766	187
制帽	26 984	278
皮革、毛皮、羽毛(绒)及其制品业	1 098 929	13 756
皮革鞣制加工	64 321	205
皮革制品制造	995 348	12 525
毛皮鞣制及制品加工	13 240	105
羽毛(绒)加工及制品制造	26 020	921
木材加工及木、竹、藤、棕、草制品业	363 783	14 982
锯材、木片加工	58 542	882
人造板制造	191 543	12 604
木制品制造	91 748	1 460
竹、藤、棕、草制品制造	21 950	36
家具制造业	1 554 110	47 234
木质家具制造	638 387	26 622
竹、藤家具制造	13 228	248
金属家具制造	292 487	1 987
塑料家具制造	48 240	2
其他家具制造	561 768	18 375
造纸及纸制品业	1 696 781	28 053
纸浆制造	39 768	1 785
造纸	683 411	12 688
纸制品制造	973 602	13 580
印刷业和记录媒介的复制	942 176	51 806

经济指标(六)

5年

计量单位:千元

主营业务税金及附加	其他业务利润	管理费用		
			税金	财产保险费
8 669	73 811	159 340	10 123	2 317
100 922	86 361	2 519 688	57 871	15 609
11 890	8 394	234 546	7 746	2 028
6 912	13 288	486 270	12 355	1 857
19 549	17 148	307 773	8 378	2 938
4 571	16 334	142 983	4 488	1 959
10 030	11 646	92 625	6 379	797
12 475	12 825	740 909	10 049	3 542
35 495	6 726	514 582	8 476	2 488
983 511	139 378	1 600 321	46 995	15 306
9 983	-139	7 820	2 308	82
954 132	112 790	696 606	17 998	7 833
10 536	23 900	860 078	24 306	5 961
8 860	2 827	35 817	2 383	1 430
6 565 026	41 426	1 259 442	20 736	12 956
1 277	3 550	27 185	1 277	491
6 562 510	32 694	1 225 665	19 192	12 436
1 239	5 182	6 592	267	29
322 705	261 070	4 532 316	225 446	58 648
153 466	167 111	1 785 562	107 520	26 947
13 606	6 738	401 877	32 836	3 660
		4 791	66	11
5 672	14 078	82 664	3 231	1 432
34 056	25 407	555 445	18 457	7 356
115 905	47 736	1 701 977	63 336	19 242
338 949	199 281	4 966 735	144 554	53 328
333 910	189 195	4 666 738	139 208	49 812
1 839	6 414	178 077	3 061	1 854
3 200	3 672	121 920	2 285	1 662
189 385	151 083	3 653 008	88 241	36 622
6 628	26 746	190 717	6 370	4 572
178 104	118 863	3 388 389	79 568	31 805
490	1 675	27 545	1 263	50
4 163	3 799	46 357	1 040	195
77 070	33 561	665 322	29 427	8 547
11 376	3 696	53 984	2 888	605
53 133	11 987	391 279	20 208	5 324
6 390	17 576	178 001	3 510	2 287
6 171	302	42 058	2 821	331
96 424	145 827	1 816 020	41 490	28 233
42 764	101 010	995 194	22 784	18 612
1 996	381	24 949	994	512
41 086	18 082	426 220	12 278	4 500
649	16 215	19 435	621	81
9 929	10 139	350 222	4 813	4 528
499 604	265 068	2 737 961	92 311	32 845
15 799	1 870	140 125	8 002	2 209
84 989	150 674	1 115 178	36 481	12 751
398 816	112 524	1 482 658	47 828	17 885
105 643	227 486	1 981 269	124 995	16 318

续2

	营业费用	其中:广告费
印刷	869 607	51 488
装订及其他印刷服务活动	49 607	318
记录媒介的复制	22 962	
文教体育用品制造业	756 861	19 638
文化用品制造	107 974	5 173
体育用品制造	122 730	3 292
乐器制造	73 795	4 873
玩具制造	435 400	5 939
游艺器材及娱乐用品制造	16 962	361
石油加工、炼焦及核燃料加工业	539 113	4 980
精炼石油产品的制造	528 569	4 980
炼焦	10 544	
核燃料加工		
化学原料及化学制品制造业	19 472 836	6 004 656
基础化学原料制造	449 685	5 390
肥料制造	54 124	1 486
农药制造	57 082	2 227
涂料、油墨、颜料及类似产品制造	1 823 818	229 281
合成材料制造	671 216	3 868
专用化学产品制造	778 865	12 372
日用化学产品制造	15 638 046	5 750 032
医药制造业	3 929 097	891 306
化学药品原药制造	116 191	4 936
化学药品制剂制造	1 756 090	385 470
中药饮片加工	97 909	21 380
中成药制造	1 262 282	409 769
兽用药品制造	44 208	1 242
生物、生化制品的制造	464 053	24 650
卫生材料及医药用品制造	188 364	43 859
化学纤维制造业	160 454	660
纤维素纤维原料及纤维制造	5 758	15
合成纤维制造	154 696	645
橡胶制品业	407 415	25 539
轮胎制造	138 227	17 937
橡胶板、管、带的制造	30 122	1 145
橡胶零件制造	77 215	4 056
再生橡胶制造	2 776	
日用及医用橡胶制品制造	27 592	296
橡胶靴鞋制造	59 366	173
其他橡胶制品制造	72 117	1 932
塑料制品业	2 820 482	50 788
塑料薄膜制造	397 546	4 990
塑料板、管、型材的制造	420 203	14 198
塑料丝、绳及编织品的制造	53 703	799
泡沫塑料制造	164 983	2 062
塑料人造革、合成革制造	61 784	16
塑料包装箱及容器制造	324 978	3 309
塑料零件制造	304 153	5 300
日用塑料制造	524 029	14 644
其他塑料制品制造	569 103	5 470

经济指标(六)

5年

计量单位:千元

主营业务税金及附加	其他业务利润	管理费用		
			税金	财产保险费
99 940	212 571	1 796 160	120 365	15 169
3 759	11 156	89 799	3 423	411
1 944	3 759	95 310	1 207	738
81 090	209 843	2 878 133	72 649	23 971
6 555	18 635	217 160	5 214	2 229
7 770	55 195	487 873	15 149	3 055
13 046	7 488	179 575	6 011	2 325
50 717	123 694	1 958 537	45 954	16 280
3 002	4 831	34 988	321	82
2 290 430	-132 840	1 167 987	28 874	19 563
2 289 844	-132 840	1 151 679	28 627	19 563
586		16 308	247	
1 078 353	420 709	8 471 666	242 742	59 394
30 789	55 571	587 764	34 290	5 885
15 378	11 808	93 580	3 331	831
11 067	5 577	74 987	2 209	728
74 017	83 457	1 801 006	71 868	15 316
64 924	71 298	1 146 529	52 539	12 758
58 215	76 779	1 214 912	29 169	10 877
823 963	116 219	3 552 888	49 336	12 999
158 774	135 179	2 879 348	83 345	15 653
14 132	-415	256 752	8 987	1 811
80 632	98 985	1 242 463	48 226	6 906
5 291	627	144 487	3 257	396
38 724	29 880	788 248	15 206	4 716
2 498	1 063	48 825	1 375	230
9 279	2 926	273 236	5 043	1 286
8 218	2 113	125 337	1 251	308
6 822	27 652	286 324	11 819	4 306
575	277	42 686	2 411	1 066
6 247	27 375	243 638	9 408	3 240
100 852	62 284	1 015 941	25 133	9 822
46 602	32 196	199 674	7 660	1 256
9 656	1 348	69 602	2 405	1 065
27 234	1 541	204 481	3 343	1 366
198		3 767	80	16
2 685	511	48 812	1 572	849
5 716	3 677	260 932	3 140	3 765
8 761	23 011	228 673	6 933	1 505
344 704	644 664	5 387 401	197 110	66 788
43 048	96 923	645 412	26 924	7 909
16 420	103 435	573 590	19 755	4 297
29 839	5 041	101 091	9 441	2 406
13 152	8 535	288 219	9 000	4 828
7 922	3 335	96 378	3 630	1 674
92 378	151 558	594 674	18 151	22 405
23 418	80 951	903 929	25 456	6 768
50 897	93 568	909 117	34 458	7 463
67 630	101 318	1 274 991	50 295	9 038

续3

	营业费用	其中:广告费
非金属矿物制品业	3 133 100	139 974
水泥、石灰和石膏的制造	445 976	6 892
水泥及石膏制品制造	366 144	3 514
砖瓦、石材及其他建筑材料制造	1 070 648	48 203
玻璃及玻璃制品制造	436 984	8 827
陶瓷制品制造	753 360	69 898
耐火材料制品制造	8 958	1 055
石墨及其他非金属矿物制品制造	51 030	1 585
黑色金属冶炼及压延加工业	650 996	5 676
炼铁	12 731	
炼钢	189 247	169
钢压延加工	442 349	5 507
铁合金冶炼	6 669	
有色金属冶炼及压延加工业	685 601	61 813
常用有色金属冶炼	107 008	624
贵金属冶炼	295	
稀有稀土金属冶炼	14 152	635
有色金属合金制造	20 117	274
有色金属压延加工	544 029	60 280
金属制品业	3 413 059	58 338
结构性金属制品制造	552 299	6 900
金属工具制造	234 582	4 567
集装箱及金属包装容器制造	553 853	2 961
金属丝绳及其制品的制造	92 865	507
建筑、安全用金属制品制造	482 830	11 411
金属表面处理及热处理加工	135 636	893
搪瓷制品制造	30 172	1 946
不锈钢及类似日用金属制品制造	1 132 153	27 787
其他金属制品制造	198 669	1 366
通用设备制造业	2 360 215	54 833
锅炉及原动机制造	56 690	389
金属加工机械制造	159 648	6 353
起重运输设备制造	541 596	11 771
泵、阀门、压缩机及类似机械的制造	396 841	11 274
轴承、齿轮、传动和驱动部件的制造	52 823	2 272
烘炉、熔炉及电炉制造	63 477	401
风机、衡器、包装设备等通用设备制造	814 928	18 159
通用零部件制造及机械修理	164 382	1 236
金属铸、锻加工	109 830	2 978
专用设备制造业	2 074 258	92 145
矿山、冶金、建筑专用设备制造	115 639	3 343
化工、木材、非金属加工专用设备制造	595 576	21 169
食品、饮料、烟草及饲料生产专用设备制造	60 167	3 773
印刷、制药、日化生产专用设备制造	117 362	4 555
纺织、服装和皮革工业专用设备制造	104 993	1 784
电子和电工机械专用设备制造	215 243	7 066
农、林、牧、渔专用机械制造	23 373	542
医疗仪器设备及器械制造	523 655	43 287
环保、社会公共安全及其他专用设备制造	318 250	6 626
交通运输设备制造业	6 070 624	398 707

经济指标(六)

5年

计量单位:千元

主营业务税金及附加	其他业务利润	管理费用	税金	财产保险费
530 951	139 496	4 358 464	221 223	70 240
160 821	31 741	1 028 064	60 491	12 437
65 762	22 408	599 191	14 580	10 595
205 550	-15 573	1 266 074	79 255	29 043
36 687	73 913	702 672	21 094	7 317
55 368	20 362	654 476	41 601	10 108
1 119	800	16 397	485	149
5 644	5 845	91 590	3 717	591
126 740	378 657	1 127 800	52 198	8 948
5 731	931	30 380	514	123
15 298	41 472	216 196	18 944	300
105 383	334 699	874 314	32 380	8 517
328	1 555	6 910	360	8
146 974	160 368	1 535 287	78 276	15 894
33 466	16 659	326 366	18 823	2 361
150	671	890	3	
4 162	2 549	58 320	2 889	426
4 111	4 771	48 237	5 111	156
105 085	135 718	1 101 474	51 450	12 951
435 074	776 019	5 629 071	234 313	68 480
66 264	281 321	1 092 603	32 317	12 379
28 800	63 330	592 411	12 969	3 908
33 319	103 417	621 626	47 747	18 098
11 694	20 938	133 899	4 108	1 175
68 351	67 813	871 847	30 414	8 254
35 141	39 451	396 357	17 291	2 550
3 517	14 009	50 761	1 187	506
164 645	121 103	1 345 225	70 755	18 567
23 343	64 637	524 342	17 525	3 043
174 803	306 460	3 627 266	216 335	26 934
6 114	13 985	149 134	4 629	1 095
11 850	28 923	308 784	19 721	2 881
27 015	11 252	617 619	15 361	3 917
30 327	91 731	683 241	25 564	3 524
10 374	14 444	140 320	2 679	1 027
5 482	318	64 310	1 457	239
46 361	84 830	965 558	117 519	8 586
20 766	34 437	430 619	18 176	2 308
16 514	26 540	267 681	11 229	3 357
162 622	262 117	3 734 200	112 966	20 436
26 013	14 178	232 854	6 189	1 134
45 800	138 640	1 358 917	58 310	8 119
10 787	23 579	151 635	6 071	772
20 685	16 453	237 562	3 754	834
23 114	21 588	239 547	6 677	652
7 733	26 734	567 380	14 238	3 041
4 188	7 383	59 029	3 077	190
9 883	-13 019	507 263	9 392	4 587
14 419	26 581	380 013	5 258	1 107
3 335 249	1 107 179	6 944 728	230 935	49 215

续 4

	营业费用	其中:广告费
铁路运输设备制造	13 269	8
汽车制造	4 649 082	341 909
摩托车制造	987 920	48 320
自行车制造	281 501	6 376
船舶及浮动装置制造	68 586	790
航空航天器制造	58 676	1 230
交通器材及其他交通运输设备制造	11 590	74
电气机械及器材制造业	16 561 234	1 360 878
电机制造	417 656	3 751
输配电及控制设备制造	1 448 151	37 252
电线、电缆、光缆及电工器材制造	942 301	32 437
电池制造	606 323	23 886
家用电力器具制造	11 373 768	987 509
非电力家用器具制造	478 730	161 803
照明器具制造	1 188 963	113 218
其他电气机械及器材制造	105 342	1 022
通信设备、计算机及其他电子设备制造业	27 788 074	1 985 544
通信设备制造	13 871 862	372 248
雷达及配套设备制造	3 188	125
广播电视设备制造	151 151	6 322
电子计算机制造	4 452 093	166 295
电子器件制造	832 989	11 512
电子元件制造	1 639 172	23 248
家用视听设备制造	6 663 557	1 402 811
其他电子设备制造	174 062	2 983
仪器仪表及文化、办公用机械制造业	1 469 072	79 288
通用仪器仪表制造	290 926	12 720
专用仪器仪表制造	110 701	2 444
钟表与计时仪器制造	233 574	44 730
光学仪器及眼镜制造	159 308	465
文化、办公用机械制造	615 637	17 091
其他仪器仪表的制造及修理	58 926	1 838
工艺品及其他制造业	1 244 096	27 668
工艺美术品制造	1 103 429	25 895
日用杂品制造	96 632	844
煤制品制造	4 435	
核辐射加工		
其他未列明的制造业	39 600	929
废弃资源和废旧材料回收加工业	212 534	380
金属废料和碎屑的加工处理	203 652	375
非金属废料和碎屑的加工处理	8 882	5
电力、热力的生产和供应业	323 321	17 298
电力生产	129 603	2 572
电力供应	192 897	14 713
热力生产和供应	821	13
燃气生产和供应业	223 478	2 382
水的生产和供应业	555 816	4 162
自来水的生产和供应	543 858	4 008
污水处理及其再生利用	1 407	4
其他水的处理、利用与分配	10 551	150

经济指标(六)

5 年

计量单位:千元

主营业务 税金及附加	其他业务 利润	管理费用	税金	财产保险费
1 234	24 890	87 895	2 892	252
2 204 037	812 452	4 297 406	164 698	26 494
1 106 888	148 273	1 368 646	34 674	7 296
5 876	33 431	413 552	9 480	9 905
11 043	76 133	591 351	15 191	3 019
4 791	10 088	163 110	3 087	1 746
1 380	1 912	22 768	913	503
581 531	1 468 509	15 835 316	507 635	501 898
20 166	58 921	842 780	19 415	7 147
94 888	263 371	3 350 745	94 971	16 171
74 014	152 848	1 698 841	49 082	14 293
23 884	57 964	1 230 310	19 257	21 101
226 725	692 744	6 340 878	240 742	415 720
14 659	124 314	333 571	6 608	10 605
124 497	114 186	1 884 991	76 329	16 251
2 698	4 161	153 200	1 231	610
744 816	2 651 967	35 550 439	594 585	165 270
460 321	627 286	14 002 591	126 670	11 992
57		10 885		7
13 738	5 437	300 713	3 680	985
54 510	443 825	8 067 795	177 396	61 123
40 533	495 676	2 835 727	52 556	19 507
95 928	514 868	5 312 918	121 154	33 295
56 211	549 964	4 417 798	82 021	35 811
23 518	14 911	602 012	31 108	2 550
60 467	458 006	3 290 394	128 366	21 473
16 357	54 399	534 145	12 179	1 394
6 917	8 757	206 948	3 381	1 447
12 949	41 790	495 493	14 139	2 041
9 068	35 321	600 185	13 380	9 137
12 178	310 046	1 315 220	82 703	6 397
2 998	7 693	138 403	2 584	1 057
128 436	158 537	1 920 639	64 004	14 445
106 496	138 781	1 605 202	52 118	12 285
16 048	10 775	211 333	6 532	1 842
156	2 959	10 225	65	24
5 736	6 022	93 879	5 289	294
26 886	7 696	101 459	4 534	1 172
22 994	5 322	74 981	3 559	824
3 892	2 374	26 478	975	348
913 563	527 523	4 735 699	220 671	87 766
315 473	253 343	3 564 525	145 127	74 451
596 481	274 005	1 161 526	75 435	13 260
1 609	175	9 648	109	55
7 720	110 329	239 518	13 106	1 679
98 560	106 947	1 485 761	42 948	5 353
97 443	106 705	1 460 336	42 098	5 048
1 052	241	24 366	842	290
65	1	1 059	8	15

	劳动、待业保险费	养老保险和医疗保险费
总　　计	**3 880 362**	**12 711 787**
一、按登记注册类型分组		
内资企业	2 252 252	5 497 797
国有企业	787 362	1 018 707
集体企业	65 672	325 208
股份合作企业	24 266	61 962
联营企业	10 787	31 716
有限责任公司	518 472	1 621 901
股份有限公司	304 614	866 216
私营企业	535 518	1 541 681
其他企业	5 561	30 406
港、澳、台商投资企业	981 991	4 360 375
外商投资企业	646 119	2 853 615
二、按经济组织类型分组		
独资企业	1 833 638	6 172 795
合作、合伙企业	216 566	826 080
股份有限公司	390 872	1 106 381
有限责任公司	1 439 286	4 606 531
在总计中：亏损企业	628 194	2 210 966
在总计中：国有及国有控股企业	1 406 387	2 843 050
在总计中：轻工业	1 672 685	6 517 380
重工业	2 207 677	6 194 407
在总计中：按工业行业大中类分		
煤炭开采和洗选业	335	12
烟煤和无烟煤的开采洗选	335	12
褐煤的开采洗选		
其他煤炭采选		
石油和天然气开采业	1 389	3 638
天然原油和天然气开采	1 365	3 189
与石油和天然气开采有关的服务活动	24	449
黑色金属矿采选业	4 496	19 072
铁矿采选	3 951	18 792
其他黑色金属矿采选	545	280
有色金属矿采选业	41 375	37 911
常用有色金属矿采选	37 477	28 995
贵金属矿采选	783	2 436
稀有稀土金属矿采选	3 115	6 480
非金属矿采选业	15 122	48 725
土砂石开采	7 655	22 820
化学矿采选	5 151	17 582
采盐	2 289	7 976
石棉及其他非金属矿采选	27	347
其他采矿业		
农副食品加工业	67 446	170 831
谷物磨制	1 900	11 581
饲料加工	13 820	40 536
植物油加工	6 280	6 344
制糖	10 243	25 167
屠宰及肉类加工	10 452	24 347
水产品加工	18 146	40 749
蔬菜、水果和坚果加工	1 839	8 923

经济指标(七)

5 年

计量单位:千元

办公费	职工教育费	财务费用		营业利润
			利息支出	
5 783 532	**745 433**	**20 846 007**	**18 042 163**	**185 292 045**
2 298 873	405 859	12 964 093	10 961 919	61 021 534
181 277	55 192	2 343 479	2 259 901	10 278 923
160 279	22 075	673 445	539 515	1 662 171
23 877	5 349	91 110	76 565	453 457
12 328	3 328	60 466	53 309	585 376
520 321	114 641	5 047 363	4 225 559	19 975 886
152 451	84 662	2 319 349	1 962 828	9 803 160
1 220 289	119 274	2 392 466	1 820 652	17 909 145
28 051	1 338	36 415	23 590	353 416
2 252 937	185 822	5 974 557	5 040 401	66 895 983
1 231 722	153 752	1 907 357	2 039 843	57 374 528
2 823 248	242 003	5 894 738	5 619 461	89 985 752
421 571	45 192	1 342 086	1 079 555	12 339 134
222 607	98 301	2 915 854	2 513 380	12 603 680
2 316 106	359 937	10 693 329	8 829 767	70 363 479
1 033 524	106 998	4 323 041	3 537 015	-17 017 895
445 298	181 372	7 645 648	6 964 536	37 739 223
3 192 777	370 842	6 750 455	5 272 007	63 610 662
2 590 755	374 591	14 095 552	12 770 156	121 681 383
939	496	2 053	1 988	13 744
939	496	2 053	1 988	13 744
516	3 112	93 156	91 699	18 840 807
471	2 944	77 045	76 469	18 780 315
45	168	16 111	15 230	60 492
8 542	2 552	48 587	48 558	468 334
7 933	2 537	46 686	46 661	463 594
609	15	1 901	1 897	4 740
6 139	3 859	45 860	44 028	515 114
3 472	2 626	40 272	38 971	393 925
615	618	1 084	1 059	48 686
2 052	615	4 504	3 998	72 503
12 970	1 774	30 231	20 574	232 583
9 738	1 366	23 295	14 133	205 852
1 461	131	3 793	3 694	27 369
1 383	269	2 458	2 327	-7 695
388	8	685	420	7 057
102 876	13 979	515 330	454 594	3 768 552
4 139	355	26 802	21 916	85 754
20 607	3 212	116 099	99 017	854 223
16 346	574	69 541	68 960	820 171
7 963	1 478	106 645	90 413	308 655
5 499	1 464	25 723	23 174	218 066
19 409	5 065	88 339	63 480	735 649
9 825	174	15 865	13 333	342 326

续 1

	劳动、待业保险费	养老保险和医疗保险费
其他农副食品加工	4 766	13 184
食品制造业	61 234	207 534
焙烤食品制造	4 150	23 837
糖果、巧克力及蜜饯制造	4 491	28 787
方便食品制造	9 741	39 028
液体乳及乳制品制造	3 191	16 624
罐头制造	5 579	20 398
调味品、发酵制品制造	18 221	42 373
其他食品制造	15 861	36 487
饮料制造业	28 536	147 081
酒精制造	1 364	2 123
酒的制造	15 445	61 902
软饮料制造	10 996	80 041
精制茶加工	731	3 015
烟草制品业	127 219	78 815
烟叶复烤	1 716	380
卷烟制造	125 463	78 123
其他烟草制品加工	40	312
纺织业	130 903	519 468
棉、化纤纺织及印染精加工	52 090	235 638
毛纺织和染整精加工	4 252	19 980
麻纺织	150	426
丝绢纺织及精加工	2 909	12 189
纺织制成品制造	14 051	47 101
针织品、编织品及其制品制造	57 451	204 134
纺织服装、鞋、帽制造业	125 395	581 388
纺织服装制造	120 786	543 108
纺织面料鞋的制造	2 425	22 242
制帽	2 184	16 038
皮革、毛皮、羽毛(绒)及其制品业	84 995	545 782
皮革鞣制加工	4 198	17 070
皮革制品制造	79 173	522 413
毛皮鞣制及制品加工	122	1 878
羽毛(绒)加工及制品制造	1 502	4 421
木材加工及木、竹、藤、棕、草制品业	18 267	53 728
锯材、木片加工	2 696	4 833
人造板制造	9 896	26 613
木制品制造	2 918	16 155
竹、藤、棕、草制品制造	2 757	6 127
家具制造业	48 288	169 590
木质家具制造	22 454	87 341
竹、藤家具制造	374	2 510
金属家具制造	18 991	54 805
塑料家具制造	371	3 182
其他家具制造	6 098	21 752
造纸及纸制品业	64 564	269 545
纸浆制造	1 575	18 684
造纸	31 183	112 350
纸制品制造	31 806	138 511
印刷业和记录媒介的复制	39 925	197 425

经济指标(七)

5 年

计量单位:千元

办公费	职工教育费	财务费用	利息支出	营业利润
19 088	1 657	66 316	74 301	403 708
134 919	11 948	221 227	176 527	3 572 241
14 643	675	32 490	19 644	177 137
50 439	751	38 265	38 371	948 533
12 627	2 877	59 951	29 938	322 185
12 310	1 258	9 424	14 518	600 219
3 937	333	20 648	18 039	81 350
12 465	1 726	30 612	28 155	567 589
28 498	4 328	29 837	27 862	875 228
66 951	15 441	71 962	87 403	2 520 575
747	10	6 117	6 113	20 025
9 562	7 020	53 622	67 230	653 323
47 251	7 715	2 259	5 584	1 829 406
9 391	696	9 964	8 476	17 821
14 373	11 249	20 445	19 886	2 744 144
622	278	-248	-258	13 232
13 540	10 971	20 565	20 021	2 729 168
211		128	123	1 744
282 405	25 455	617 023	545 086	3 137 081
78 164	9 377	305 072	293 065	1 358 322
19 966	2 595	97 132	87 971	-76 912
298	10	2 159	1 409	8 793
8 773	591	17 249	31 642	64 962
36 332	4 045	74 323	60 367	475 896
138 872	8 837	121 088	70 632	1 306 020
345 180	19 588	439 545	260 784	2 287 328
329 749	18 609	432 415	258 590	2 220 799
11 772	811	3 697	2 056	47 845
3 659	168	3 433	138	18 684
225 343	9 371	97 264	68 687	1 835 404
15 500	779	10 941	10 201	161 663
206 818	8 361	67 385	48 579	1 534 987
1 081	8	4 111	3 507	28 102
1 944	223	14 827	6 400	110 652
56 855	3 535	136 201	93 550	846 807
2 486	100	7 314	4 110	85 409
39 561	2 317	107 879	76 386	555 701
11 118	1 050	13 105	8 862	131 900
3 690	68	7 903	4 192	73 797
110 312	6 716	141 354	103 298	1 188 853
69 738	3 276	77 819	62 637	730 725
1 397	25	3 303	2 460	20 102
20 776	738	34 018	22 666	235 368
690	8	2 299	1 490	6 489
17 711	2 669	23 915	14 045	196 169
129 768	15 554	653 543	572 380	3 160 070
3 167	795	39 804	37 043	42 217
40 644	6 616	417 626	411 465	1 222 889
85 957	8 143	196 113	123 872	1 894 964
103 679	9 092	268 651	201 133	2 112 435

续 2

	劳动、待业保险费	养老保险和医疗保险费
印刷	30 638	178 104
装订及其他印刷服务活动	4 585	13 205
记录媒介的复制	4 702	6 116
文教体育用品制造业	52 800	373 039
文化用品制造	3 499	18 914
体育用品制造	9 902	69 092
乐器制造	5 116	33 414
玩具制造	33 536	249 655
游艺器材及娱乐用品制造	747	1 964
石油加工、炼焦及核燃料加工业	83 263	153 350
精炼石油产品的制造	80 984	152 984
炼焦	2 279	366
核燃料加工		
化学原料及化学制品制造业	142 409	560 405
基础化学原料制造	18 765	62 878
肥料制造	4 832	9 042
农药制造	2 656	3 970
涂料、油墨、颜料及类似产品制造	28 137	110 568
合成材料制造	27 828	73 562
专用化学产品制造	26 239	74 524
日用化学产品制造	33 952	225 861
医药制造业	119 698	260 661
化学药品原药制造	5 084	23 250
化学药品制剂制造	60 719	114 638
中药饮片加工	2 664	6 865
中成药制造	42 534	83 200
兽用药品制造	1 397	5 636
生物、生化制品的制造	3 775	16 072
卫生材料及医药用品制造	3 525	11 000
化学纤维制造业	8 625	25 891
纤维素纤维原料及纤维制造	1 024	3 165
合成纤维制造	7 601	22 726
橡胶制品业	39 863	124 613
轮胎制造	22 431	32 507
橡胶板、管、带的制造	2 002	11 185
橡胶零件制造	3 138	20 934
再生橡胶制造	108	589
日用及医用橡胶制品制造	1 468	4 256
橡胶靴鞋制造	8 265	43 255
其他橡胶制品制造	2 451	11 887
塑料制品业	142 585	502 228
塑料薄膜制造	30 951	62 614
塑料板、管、型材的制造	12 229	49 566
塑料丝、绳及编织品的制造	8 484	15 841
泡沫塑料制造	5 043	25 209
塑料人造革、合成革制造	1 939	12 379
塑料包装箱及容器制造	18 826	60 856
塑料零件制造	24 798	89 613
日用塑料制造	19 022	92 605
其他塑料制品制造	21 293	93 545

经济指标(七)

5年

计量单位:千元

办公费	职工教育费	财务费用		营业利润
			利息支出	
88 491	7 692	224 420	171 440	2 111 744
7 859	855	4 312	3 924	51 683
7 329	545	39 919	25 769	-50 992
149 296	10 717	132 212	75 218	1 660 045
17 659	1 071	19 367	9 645	190 108
18 552	1 059	19 092	7 731	276 259
7 321	488	16 393	9 849	164 874
103 615	7 910	75 791	47 171	1 005 591
2 149	189	1 569	822	23 213
12 365	16 655	280 163	430 632	2 155 280
12 239	16 585	279 724	427 298	2 131 376
126	70	439	3 334	23 904
309 855	44 384	742 361	588 679	16 153 261
16 427	4 079	110 395	91 567	835 207
4 189	550	12 767	11 366	127 365
3 817	391	27 205	26 309	4 863
73 008	9 238	125 863	104 140	2 028 620
37 846	10 365	331 138	307 099	1 360 110
76 664	7 695	130 742	131 492	1 682 293
97 904	12 066	4 251	-83 294	10 114 803
92 064	22 463	392 248	410 032	2 216 744
12 776	1 796	23 704	30 284	174 118
41 180	9 276	104 359	91 999	827 258
2 786	1 291	29 190	18 340	71 753
18 323	5 823	180 666	213 110	794 547
3 336	452	7 315	6 801	41 020
10 306	3 145	30 731	33 422	229 417
3 357	680	16 283	16 076	78 631
7 688	542	67 383	92 714	258 915
1 831	290	-2 294	-3 206	165 712
5 857	252	69 677	95 920	93 203
64 954	3 988	119 284	88 181	850 204
6 224	1 348	80 496	67 383	238 358
7 371	781	4 441	3 932	40 396
12 690	813	13 872	6 844	170 681
121		49	25	6 692
3 614	32	4 584	2 990	27 999
14 771	457	6 753	1 214	67 978
20 163	557	9 089	5 793	298 100
380 372	40 749	761 572	604 085	4 753 315
37 478	3 613	225 020	189 201	444 874
47 987	4 260	95 411	96 460	619 276
6 578	1 979	19 354	15 164	122 753
19 098	2 238	35 946	25 136	169 117
3 364	451	38 128	26 242	141 504
40 566	4 019	92 065	67 497	524 760
46 819	3 893	85 767	59 366	945 243
58 000	6 710	70 244	54 171	701 945
120 482	13 586	99 637	70 848	1 083 843

续 3

	劳动、待业保险费	养老保险和医疗保险费
非金属矿物制品业	186 020	539 316
水泥、石灰和石膏的制造	48 147	114 864
水泥及石膏制品制造	17 805	60 363
砖瓦、石材及其他建筑材料制造	67 379	198 450
玻璃及玻璃制品制造	25 133	77 116
陶瓷制品制造	25 773	74 961
耐火材料制品制造	87	1 697
石墨及其他非金属矿物制品制造	1 696	11 865
黑色金属冶炼及压延加工业	42 148	241 639
炼铁	305	925
炼钢	7 492	59 534
钢压延加工	34 341	180 347
铁合金冶炼	10	833
有色金属冶炼及压延加工业	107 356	216 871
常用有色金属冶炼	10 827	49 274
贵金属冶炼	2	36
稀有稀土金属冶炼	415	6 085
有色金属合金制造	977	1 916
有色金属压延加工	95 135	159 560
金属制品业	234 682	614 875
结构性金属制品制造	33 623	105 844
金属工具制造	6 446	40 087
集装箱及金属包装容器制造	36 455	79 310
金属丝绳及其制品的制造	6 318	16 331
建筑、安全用金属制品制造	18 282	83 978
金属表面处理及热处理加工	8 386	39 062
搪瓷制品制造	751	7 232
不锈钢及类似日用金属制品制造	110 514	198 592
其他金属制品制造	13 907	44 439
通用设备制造业	117 643	316 944
锅炉及原动机制造	22 388	22 434
金属加工机械制造	5 007	28 612
起重运输设备制造	25 886	33 153
泵、阀门、压缩机及类似机械的制造	24 043	53 887
轴承、齿轮、传动和驱动部件的制造	4 347	19 112
烘炉、熔炉及电炉制造	1 498	2 512
风机、衡器、包装设备等通用设备制造	15 165	82 192
通用零部件制造及机械修理	11 109	38 672
金属铸、锻加工	8 200	36 370
专用设备制造业	77 489	302 834
矿山、冶金、建筑专用设备制造	3 166	25 557
化工、木材、非金属加工专用设备制造	22 300	95 170
食品、饮料、烟草及饲料生产专用设备制造	3 801	16 003
印刷、制药、日化生产专用设备制造	20 797	29 147
纺织、服装和皮革工业专用设备制造	5 190	22 439
电子和电工机械专用设备制造	4 540	37 427
农、林、牧、渔专用机械制造	1 619	8 232
医疗仪器设备及器械制造	8 538	45 340
环保、社会公共安全及其他专用设备制造	7 538	23 519
交通运输设备制造业	232 771	612 180

经济指标(七)

5 年

计量单位:千元

办公费	职工教育费	财务费用	利息支出	营业利润
203 239	23 434	835 760	721 439	4 545 279
34 228	6 483	265 162	255 877	581 217
25 710	3 500	100 630	82 761	204 284
42 650	5 308	249 327	174 099	1 631 264
34 092	2 497	127 099	134 931	1 126 211
58 737	4 671	79 534	59 995	868 279
1 016	356	2 222	1 347	39 873
6 806	619	11 786	12 429	94 151
39 446	7 615	919 058	842 942	1 889 006
1 523	276	3 586	3 192	512
5 801	2 165	419 178	415 258	551 357
31 995	5 170	495 159	422 990	1 317 980
127	4	1 135	1 502	19 157
64 884	8 810	507 661	412 657	2 678 190
9 262	2 890	126 412	126 313	406 207
57	2	284	281	8 124
3 300	756	21 077	17 417	19 551
1 960	75	10 519	8 801	45 205
50 305	5 087	349 369	259 845	2 199 103
392 834	26 242	708 166	572 724	7 250 341
54 839	4 170	169 352	125 043	1 049 992
72 488	1 719	32 792	25 781	764 712
26 318	3 132	70 181	95 589	2 047 481
6 607	768	19 497	14 470	211 386
61 816	4 612	92 767	59 096	804 668
27 395	1 204	64 153	53 569	418 218
6 493	209	6 807	5 567	51 208
93 640	8 872	207 813	155 479	1 273 690
43 238	1 556	44 804	38 130	628 986
194 906	23 336	346 552	289 467	3 441 144
6 051	692	13 614	13 654	53 256
20 814	1 310	21 791	24 507	224 503
27 161	3 036	8 425	-3 247	512 366
26 914	3 569	102 442	103 209	955 193
6 747	787	17 416	10 578	95 601
1 141	61	3 920	2 637	76 569
56 151	10 826	112 842	86 697	882 605
27 588	1 592	30 963	23 000	393 042
22 339	1 463	35 139	28 432	248 009
205 254	20 301	269 749	204 399	3 765 141
6 604	1 409	22 363	19 927	372 560
90 885	5 637	101 901	80 856	1 646 215
18 460	1 951	33 148	27 561	59 454
15 608	1 219	17 585	14 129	172 957
5 672	773	8 521	3 489	214 668
20 760	2 481	15 524	5 660	438 671
2 650	388	3 837	3 021	14 248
29 369	4 829	21 545	29 637	674 042
15 246	1 614	45 325	20 119	172 326
170 516	42 765	2 425	73 986	12 637 921

续4

	劳动、待业保险费	养老保险和医疗保险费
铁路运输设备制造	725	11 000
汽车制造	85 871	221 822
摩托车制造	48 070	116 774
自行车制造	7 517	45 284
船舶及浮动装置制造	74 597	168 868
航空航天器制造	14 044	47 228
交通器材及其他交通运输设备制造	1 947	1 204
电气机械及器材制造业	316 162	1 443 079
电机制造	23 580	92 233
输配电及控制设备制造	67 678	262 654
电线、电缆、光缆及电工器材制造	27 609	134 490
电池制造	26 470	90 858
家用电力器具制造	94 918	571 873
非电力家用器具制造	3 119	28 263
照明器具制造	70 504	247 991
其他电气机械及器材制造	2 284	14 717
通信设备、计算机及其他电子设备制造业	380 790	1 968 275
通信设备制造	68 497	361 548
雷达及配套设备制造	80	1 063
广播电视设备制造	6 346	15 950
电子计算机制造	82 454	522 241
电子器件制造	52 742	216 882
电子元件制造	116 538	550 883
家用视听设备制造	46 306	257 760
其他电子设备制造	7 827	41 948
仪器仪表及文化、办公用机械制造业	56 408	322 726
通用仪器仪表制造	6 718	30 344
专用仪器仪表制造	1 773	10 882
钟表与计时仪器制造	12 576	65 085
光学仪器及眼镜制造	8 785	38 912
文化、办公用机械制造	23 406	157 982
其他仪器仪表的制造及修理	3 150	19 521
工艺品及其他制造业	69 277	214 495
工艺美术品制造	64 165	182 970
日用杂品制造	2 995	19 931
煤制品制造	106	871
核辐射加工		
其他未列明的制造业	2 011	10 723
废弃资源和废旧材料回收加工业	4 974	12 736
金属废料和碎屑的加工处理	4 121	10 619
非金属废料和碎屑的加工处理	853	2 117
电力、热力的生产和供应业	556 533	610 307
电力生产	148 637	311 431
电力供应	407 592	295 953
热力生产和供应	304	2 923
燃气生产和供应业	7 852	35 452
水的生产和供应业	41 525	209 326
自来水的生产和供应	41 165	207 930
污水处理及其再生利用	360	1 209
其他水的处理、利用与分配		187

经济指标(七)

5年

计量单位:千元

办公费	职工教育费	财务费用	利息支出	营业利润
2 337	1 066	-6 085	-3 444	38 322
99 379	17 165	-197 094	-115 452	11 521 757
24 267	7 706	135 490	89 727	491 121
20 889	2 283	-1 708	16 138	269 343
10 727	8 786	46 502	37 597	247 444
12 004	5 664	24 437	49 165	38 349
913	95	883	255	31 585
636 061	111 566	2 010 853	1 463 230	12 345 017
29 524	4 486	77 977	68 515	438 948
143 442	28 674	269 152	239 269	2 877 406
109 899	10 506	265 285	240 476	2 147 200
59 960	15 147	233 643	202 160	1 402 282
151 524	40 484	1 035 776	627 712	3 664 037
23 006	2 238	32 322	29 205	215 846
111 167	9 611	87 219	52 877	1 600 624
7 539	420	9 479	3 016	-1 326
804 067	105 617	2 716 504	2 416 633	35 330 477
116 081	16 901	1 521 111	993 649	11 342 693
742		-7	-7	-4 058
12 419	1 857	29 296	16 713	141 876
155 757	20 380	48 968	416 856	10 445 683
112 488	12 046	295 879	361 375	3 254 265
234 865	28 019	517 043	419 277	5 789 683
143 541	24 018	247 809	172 597	3 698 780
28 174	2 396	56 405	36 173	661 555
131 251	11 508	99 939	80 169	3 668 103
22 959	2 653	35 590	28 575	499 757
8 279	732	7 584	10 138	111 637
32 283	1 644	22 464	10 330	224 587
21 563	2 965	45 793	61 402	908 304
40 106	3 433	-55 340	-34 555	1 843 707
6 061	81	43 848	4 279	80 111
106 051	5 283	156 127	104 554	1 611 168
85 210	4 330	134 185	88 129	1 400 913
12 674	353	9 987	6 235	116 865
317	240	-525	-557	35 348
7 850	360	12 480	10 747	58 042
5 372	650	19 548	22 976	308 276
3 904	478	14 341	17 918	286 710
1 468	172	5 207	5 058	21 566
140 348	43 017	5 849 853	5 245 702	19 277 480
75 523	31 076	4 442 155	3 917 669	13 098 657
64 409	11 316	1 407 197	1 327 538	6 165 912
416	625	501	495	12 911
8 594	1 673	34 686	69 413	555 542
62 348	20 397	471 471	442 156	697 124
61 084	20 300	462 822	433 911	669 121
1 104	97	8 638	8 239	27 796
160		11	6	207

	投资收益	补贴收入
总　　计	**3 828 371**	**6 265 321**
一、按登记注册类型分组		
内资企业	1 912 017	3 849 559
国有企业	450 780	315 043
集体企业	12 864	116 906
股份合作企业	366	6 257
联营企业	22 523	11 524
有限责任公司	479 408	1 014 665
股份有限公司	816 748	1 945 644
私营企业	128 831	438 849
其他企业	497	671
港、澳、台商投资企业	871 329	1 748 605
外商投资企业	1 045 025	667 157
二、按经济组织类型分组		
独资企业	1 427 500	1 100 487
合作、合伙企业	134 215	522 088
股份有限公司	892 551	2 106 075
有限责任公司	1 374 105	2 536 671
在总计中：亏损企业	-195 698	1 022 079
在总计中：国有及国有控股企业	1 346 648	3 148 960
在总计中：轻工业	1 268 763	1 194 286
重工业	2 559 608	5 071 035
在总计中：按工业行业大中类分		
煤炭开采和洗选业		
烟煤和无烟煤的开采洗选		
褐煤的开采洗选		
其他煤炭采选		
石油和天然气开采业		
天然原油和天然气开采		
与石油和天然气开采有关的服务活动		
黑色金属矿采选业	64	
铁矿采选	64	
其他黑色金属矿采选		
有色金属矿采选业	14 856	2 365
常用有色金属矿采选	14 836	505
贵金属矿采选		
稀有稀土金属矿采选	20	1 860
非金属矿采选业	5 919	1 902
土砂石开采	6 355	351
化学矿采选	-436	194
采盐		1 315
石棉及其他非金属矿采选		42
其他采矿业		
农副食品加工业	38 903	291 537
谷物磨制		6 846
饲料加工	31 713	214 492
植物油加工	-23 354	908
制糖	-13 419	4 462
屠宰及肉类加工	55	7 518
水产品加工	7 027	48 283
蔬菜、水果和坚果加工	35 471	8 502

经济指标(八)

5 年

计量单位:千元

利润总额	应交所得税	亏损企业亏损额	利税总额	本年应付工资总额
169 399 075	**22 294 721**	**22 216 250**	**287 780 911**	**196 389 981**
55 397 416	11 708 686	6 456 850	120 123 425	68 702 286
9 269 812	4 090 315	1 584 476	28 512 803	8 334 023
1 387 403	288 473	404 137	3 085 392	5 063 946
392 197	55 894	46 614	792 220	688 452
475 614	33 638	64 846	712 846	414 648
17 855 631	3 386 258	1 966 683	33 555 699	17 867 564
10 719 860	1 739 654	990 416	23 558 872	9 788 876
15 008 446	2 077 801	1 338 567	29 379 706	26 030 556
288 453	36 653	61 111	525 887	514 221
60 518 426	5 454 225	9 650 864	88 352 790	76 482 990
53 483 233	5 131 810	6 108 536	79 304 696	51 204 705
79 969 674	10 127 434	11 290 623	129 235 481	102 217 710
11 816 169	1 481 569	1 514 197	20 576 504	17 568 005
13 474 828	2 058 804	1 239 706	27 654 979	12 277 595
64 138 404	8 626 914	8 171 724	110 313 947	64 326 671
-22 216 250	278 449	22 216 250	-12 309 736	31 361 400
38 731 082	8 272 689	4 115 880	80 026 051	23 548 489
55 573 783	8 534 363	10 621 380	106 414 091	105 836 545
113 825 292	13 760 358	11 594 870	181 366 820	90 553 436
10 278	1 234	11 016	46 561	75 390
10 278	1 234	11 016	46 561	75 390
17 756 746	608		21 619 952	112 334
17 695 640			21 549 376	107 379
61 106	608		70 576	4 955
684 672	32 904	5 815	966 622	173 458
688 563	32 855	1 570	967 551	169 491
-3 891	49	4 245	-929	3 967
465 750	51 046	1 934	686 364	263 768
344 573	33 856	1 144	493 040	187 333
47 284	1 628		51 647	22 796
73 893	15 562	790	141 677	53 639
212 120	30 616	41 612	416 578	354 387
192 695	20 732	27 617	337 318	225 188
22 688	8 624		53 913	80 815
-6 259	777	12 818	12 577	34 556
2 996	483	1 177	12 770	13 828
2 358 046	184 693	412 106	3 924 128	1 895 742
67 001	10 431	28 182	133 065	93 093
580 041	55 298	42 386	876 557	395 542
284 238	39 656	155 270	466 145	117 476
104 915	18 907	90 406	409 783	251 603
109 051	7 201	32 054	241 446	192 651
452 807	28 260	42 533	779 558	583 411
355 991	11 018	4 955	467 995	143 278

续1

	投资收益	补贴收入
其他农副食品加工	1 410	526
食品制造业	60 496	25 812
焙烤食品制造	-1 290	766
糖果、巧克力及蜜饯制造	3 910	1 184
方便食品制造	2 398	9 133
液体乳及乳制品制造		190
罐头制造	25 150	2 695
调味品、发酵制品制造	29 081	6 054
其他食品制造	1 247	5 790
饮料制造业	-3 972	9 860
酒精制造	-2 514	
酒的制造	-10 340	8 911
软饮料制造	9 100	938
精制茶加工	-218	11
烟草制品业	4 709	300
烟叶复烤		
卷烟制造	4 709	300
其他烟草制品加工		
纺织业	14 057	27 835
棉、化纤纺织及印染精加工	-1 485	10 422
毛纺织和染整精加工	5 622	1 723
麻纺织	-116	
丝绢纺织及精加工		303
纺织制成品制造	424	7 038
针织品、编织品及其制品制造	9 612	8 349
纺织服装、鞋、帽制造业	76 983	21 815
纺织服装制造	76 983	21 629
纺织面料鞋的制造		110
制帽		76
皮革、毛皮、羽毛(绒)及其制品业	9 314	47 285
皮革鞣制加工	90	862
皮革制品制造	8 626	45 472
毛皮鞣制及制品加工		812
羽毛(绒)加工及制品制造	598	139
木材加工及木、竹、藤、棕、草制品业	76 556	83 704
锯材、木片加工	-3 190	608
人造板制造	76 615	82 783
木制品制造	673	214
竹、藤、棕、草制品制造	2 458	99
家具制造业	1 528	24 672
木质家具制造	1 369	10 118
竹、藤家具制造		111
金属家具制造		12 338
塑料家具制造		32
其他家具制造	159	2 073
造纸及纸制品业	-14 316	30 851
纸浆制造	-56 625	7 041
造纸	43 297	11 208
纸制品制造	-988	12 602
印刷业和记录媒介的复制	49 799	74 789

经济指标(八)

5年

计量单位:千元

利润总额	应交所得税	亏损企业亏损额	利税总额	本年应付工资总额
404 002	13 922	16 320	549 579	118 688
3 393 731	589 341	419 278	5 821 243	3 000 002
149 178	32 256	42 159	307 281	326 336
931 897	146 881	30 970	1 535 559	710 208
304 274	47 161	54 832	594 340	461 046
590 249	55 374	63 225	830 772	212 500
93 414	6 995	8 612	146 214	127 765
595 132	125 870	118 659	1 012 492	758 303
729 587	174 804	100 821	1 394 585	403 844
2 213 736	431 710	521 993	5 099 048	1 493 666
-12 896	704	15 165	4 359	7 226
557 815	146 427	166 794	2 205 827	548 732
1 656 418	282 786	333 175	2 851 937	906 599
12 399	1 793	6 859	36 925	31 109
2 734 190	834 999	1 005	11 280 945	730 810
13 945	5 507		29 125	11 936
2 718 351	829 058		11 236 625	712 299
1 894	434	1 005	15 195	6 575
2 245 741	376 628	1 249 359	4 581 324	8 441 458
851 926	131 403	548 555	1 820 968	2 898 329
-98 113	19 545	315 334	-19 078	555 885
8 513		82	8 689	6 740
21 467	11 933	39 624	72 810	153 111
385 931	43 948	76 024	767 027	911 238
1 076 017	169 799	269 740	1 930 908	3 916 155
1 946 761	353 805	731 657	4 485 896	11 753 289
1 936 233	346 859	673 386	4 414 158	11 123 745
9 700	4 072	34 532	45 052	378 986
828	2 874	23 739	26 686	250 558
1 166 611	149 605	416 462	2 434 009	10 176 541
109 759	14 643	18 765	232 876	256 889
1 016 263	129 454	389 001	2 129 568	9 735 383
26 094	2 959	2 011	34 815	61 648
14 495	2 549	6 685	36 750	122 621
812 546	47 238	153 428	1 390 796	983 053
-1 332	1 831	24 917	49 689	57 302
658 805	28 896	112 372	1 052 951	476 900
121 686	14 237	12 343	213 515	303 238
33 387	2 274	3 796	74 641	145 613
789 266	112 005	276 027	1 715 814	3 675 073
432 194	52 981	164 799	948 778	2 200 452
17 015	575	1 171	32 404	43 197
159 408	30 807	78 231	421 199	724 286
-4 990	1 081	9 952	14 957	37 439
185 639	26 561	21 874	298 476	669 699
2 653 986	363 761	473 224	4 867 147	3 419 262
-50 911	13 454	180 701	61 359	100 605
1 192 508	124 385	117 492	2 015 387	1 112 075
1 512 389	225 922	175 031	2 790 401	2 206 582
1 956 253	279 754	228 090	3 141 590	3 188 708

续2

	投资收益	补贴收入
印刷	62 666	73 913
装订及其他印刷服务活动	3 315	4
记录媒介的复制	-16 182	872
文教体育用品制造业	32 747	12 311
文化用品制造	72	875
体育用品制造	9 625	2 224
乐器制造	1 822	82
玩具制造	21 228	9 128
游艺器材及娱乐用品制造		2
石油加工、炼焦及核燃料加工业	69 038	1 465 204
精炼石油产品的制造	63 789	1 465 204
炼焦	5 249	
核燃料加工		
化学原料及化学制品制造业	680 728	45 643
基础化学原料制造	196 060	2 226
肥料制造	32	17 934
农药制造	2 774	1 072
涂料、油墨、颜料及类似产品制造	340 795	10 141
合成材料制造	29 899	2 191
专用化学产品制造	15 512	3 399
日用化学产品制造	95 656	8 680
医药制造业	-3 080	27 620
化学药品原药制造	2 627	3 323
化学药品制剂制造	7 425	15 936
中药饮片加工	-4 739	1 587
中成药制造	-11 809	1 337
兽用药品制造	410	450
生物、生化制品的制造	-3 591	4 348
卫生材料及医药用品制造	6 597	639
化学纤维制造业	-395	2 782
纤维素纤维原料及纤维制造		
合成纤维制造	-395	2 782
橡胶制品业	83 457	118 362
轮胎制造	8 730	
橡胶板、管、带的制造	-32	
橡胶零件制造	18 217	100 745
再生橡胶制造		
日用及医用橡胶制品制造		1 087
橡胶靴鞋制造	24	3 739
其他橡胶制品制造	56 518	12 791
塑料制品业	23 334	53 650
塑料薄膜制造	-40 281	11 646
塑料板、管、型材的制造	-763	8 966
塑料丝、绳及编织品的制造		861
泡沫塑料制造		2 925
塑料人造革、合成革制造	217	321
塑料包装箱及容器制造	31 777	7 384
塑料零件制造	19 963	5 309
日用塑料制造	3 441	7 586
其他塑料制品制造	8 980	8 652

经济指标(八)

5 年

计量单位:千元

利润总额	应交所得税	亏损企业亏损额	利税总额	本年应付工资总额
1 992 493	270 375	130 845	3 081 366	2 895 964
44 646	8 288	4 463	105 525	222 389
-80 886	1 091	92 782	-45 301	70 355
1 217 981	189 721	405 440	1 959 642	7 096 618
173 433	17 529	27 125	249 723	446 241
186 085	23 533	60 961	368 555	1 162 453
161 546	38 701	4 789	260 378	262 173
684 552	108 057	305 406	1 053 574	5 150 598
12 365	1 901	7 159	27 412	75 153
1 911 691	475 864	170 395	7 950 493	1 261 708
1 883 953	472 890	170 395	7 913 099	1 251 370
27 738	2 974		37 394	10 338
15 949 936	2 117 860	1 167 850	25 501 708	10 503 166
1 036 415	261 654	61 905	1 492 945	468 799
109 088	9 918	4 322	183 084	135 551
1 737	1 962	19 737	37 088	61 969
2 187 880	253 898	125 710	3 251 816	1 388 179
1 131 129	96 317	481 205	2 112 177	657 181
1 438 730	245 296	242 792	2 164 436	927 314
10 044 957	1 248 815	232 179	16 260 162	6 864 173
1 979 358	434 338	575 998	3 907 458	2 055 444
147 710	22 473	39 685	267 429	190 079
688 847	200 254	352 394	1 504 927	868 397
64 769	14 684	43 851	140 089	110 630
737 382	142 444	71 857	1 388 760	596 379
41 125	9 193	4 439	79 124	37 560
214 784	35 231	26 201	368 444	159 186
84 741	10 059	37 571	158 685	93 213
218 649	54 902	242 491	372 259	340 344
152 121	25 539	11 451	192 417	36 497
66 528	29 363	231 040	179 842	303 847
772 009	92 622	170 561	1 228 282	1 738 876
236 981	36 554	27 359	338 413	269 834
16 047	5 187	12 443	77 948	97 782
203 034	17 239	38 163	310 629	352 002
6 533	336		8 452	8 809
5 819	2 566	20 187	21 309	87 936
44 632	8 550	46 472	73 133	607 793
258 963	22 190	25 937	398 398	314 720
3 861 169	505 490	1 013 051	6 656 457	8 502 767
355 758	72 757	220 901	779 072	722 962
463 534	59 658	68 443	756 158	733 279
91 247	9 398	21 853	189 644	181 109
149 779	18 116	84 263	300 140	388 295
142 164	24 120	14 621	257 927	125 821
367 611	56 986	118 466	786 592	931 995
875 112	96 625	154 394	1 254 767	1 568 004
489 085	86 796	148 821	916 722	1 838 479
926 879	81 034	181 289	1 415 435	2 012 823

续3

	投资收益	补贴收入
非金属矿物制品业	89 496	171 654
水泥、石灰和石膏的制造	4 395	91 828
水泥及石膏制品制造	9 097	17 098
砖瓦、石材及其他建筑材料制造	65 881	15 239
玻璃及玻璃制品制造	508	7 666
陶瓷制品制造	9 595	39 075
耐火材料制品制造		512
石墨及其他非金属矿物制品制造	20	236
黑色金属冶炼及压延加工业	84 924	1 451
炼铁		130
炼钢	41 014	16
钢压延加工	43 910	1 305
铁合金冶炼		
有色金属冶炼及压延加工业	66 774	45 823
常用有色金属冶炼	87	26 125
贵金属冶炼		
稀有稀土金属冶炼		1 206
有色金属合金制造	176	657
有色金属压延加工	66 511	17 835
金属制品业	34 680	152 171
结构性金属制品制造	7 462	26 829
金属工具制造	3 068	3 109
集装箱及金属包装容器制造	-16 426	3 451
金属丝绳及其制品的制造	89	541
建筑、安全用金属制品制造	28 410	5 173
金属表面处理及热处理加工	877	3 348
搪瓷制品制造		
不锈钢及类似日用金属制品制造	10 435	11 421
其他金属制品制造	765	98 299
通用设备制造业	346 180	42 491
锅炉及原动机制造	-6 719	491
金属加工机械制造	49 416	16 184
起重运输设备制造	15 581	86
泵、阀门、压缩机及类似机械的制造	217 915	3 061
轴承、齿轮、传动和驱动部件的制造	2 418	2 076
烘炉、熔炉及电炉制造		349
风机、衡器、包装设备等通用设备制造	56 859	4 694
通用零部件制造及机械修理	5 939	1 936
金属铸、锻加工	4 771	13 614
专用设备制造业	20 814	135 398
矿山、冶金、建筑专用设备制造	-7 787	222
化工、木材、非金属加工专用设备制造	8 798	28 972
食品、饮料、烟草及饲料生产专用设备制造	3 851	3 444
印刷、制药、日化生产专用设备制造	12 471	1 560
纺织、服装和皮革工业专用设备制造	117	98
电子和电工机械专用设备制造	891	16 175
农、林、牧、渔专用机械制造		27
医疗仪器设备及器械制造	518	66 961
环保、社会公共安全及其他专用设备制造	1 955	17 939
交通运输设备制造业	197 932	257 818

经济指标(八)

5 年

计量单位:千元

利润总额	应交所得税	亏损企业亏损额	利税总额	本年应付工资总额
3 973 728	534 191	1 006 539	8 398 093	6 666 001
550 199	66 531	388 411	1 909 205	1 272 803
164 207	47 765	179 755	770 863	658 908
1 254 568	176 675	238 031	2 473 281	1 944 777
1 098 027	113 331	123 805	1 545 793	906 731
787 510	114 876	67 191	1 489 339	1 711 540
36 037	5 532	1 019	51 599	31 350
83 180	9 481	8 327	158 013	139 892
1 271 582	173 341	511 939	2 880 088	1 585 674
1 039	564	9 999	32 586	34 885
535 844	10 133	97 822	701 652	449 164
715 428	160 717	404 035	2 122 690	1 061 995
19 271	1 927	83	23 160	39 630
2 083 740	224 092	118 333	3 801 265	1 957 322
218 099	36 140	41 538	640 869	333 499
2 292	48		3 294	3 409
17 262	4 962	9 742	72 913	64 741
28 315	6 687	9 864	68 131	43 699
1 817 772	176 255	57 189	3 016 058	1 511 974
6 521 471	776 646	791 170	10 906 022	9 602 699
875 959	114 565	136 799	2 171 622	1 676 699
764 527	135 986	54 246	1 237 097	1 090 493
2 041 166	159 646	106 485	2 414 362	969 307
79 871	10 205	20 297	158 813	184 572
805 257	103 633	140 461	1 347 389	1 479 773
377 887	50 645	118 380	627 504	615 202
48 645	6 454	5 293	88 552	91 566
1 091 949	148 138	159 143	2 066 895	2 601 130
436 210	47 374	50 066	793 788	893 957
3 411 068	478 869	304 931	5 727 634	4 205 566
71 684	10 764	14 291	119 194	177 731
251 512	36 501	29 702	407 801	390 914
499 246	78 189	45 391	763 851	377 754
1 100 492	82 993	35 340	1 780 842	816 663
85 063	8 388	10 507	161 117	186 537
76 563	1 573	3 554	147 996	46 494
791 298	185 791	69 108	1 311 558	1 170 419
337 819	33 898	44 323	562 440	603 184
197 391	40 772	52 715	472 835	435 870
3 572 930	382 800	468 878	5 354 937	4 549 937
344 455	32 939	34 108	484 924	197 278
1 619 656	196 813	140 188	2 429 123	1 812 371
56 686	13 103	30 489	134 194	145 456
176 129	20 779	45 628	293 023	316 855
220 731	15 132	20 914	299 847	272 543
437 392	41 662	49 411	627 130	832 729
12 883	3 793	4 888	28 694	74 074
588 427	40 785	42 643	777 979	581 836
116 571	17 794	100 609	280 023	316 795
12 836 319	1 173 532	919 613	21 320 988	5 728 490

续4

	投资收益	补贴收入
铁路运输设备制造	5 536	
汽车制造	98 780	132 385
摩托车制造	91 235	32 218
自行车制造	-9 926	435
船舶及浮动装置制造	9 703	38 177
航空航天器制造	3 662	54 602
交通器材及其他交通运输设备制造	-1 058	1
电气机械及器材制造业	483 691	395 228
电机制造	567	9 477
输配电及控制设备制造	11 459	44 759
电线、电缆、光缆及电工器材制造	12 787	14 458
电池制造	24 118	34 471
家用电力器具制造	400 747	263 717
非电力家用器具制造	22 373	15 803
照明器具制造	11 738	10 628
其他电气机械及器材制造	-98	1 915
通信设备、计算机及其他电子设备制造业	675 947	780 836
通信设备制造	117 612	496 649
雷达及配套设备制造		
广播电视设备制造	29 228	12 797
电子计算机制造	511 605	69 163
电子器件制造	5 032	88 430
电子元件制造	96 349	90 393
家用视听设备制造	-82 557	14 499
其他电子设备制造	-1 322	8 905
仪器仪表及文化、办公用机械制造业	65 714	76 648
通用仪器仪表制造	71 045	34 777
专用仪器仪表制造	2 046	3 575
钟表与计时仪器制造	9 497	11 409
光学仪器及眼镜制造	150	257
文化、办公用机械制造	-17 202	25 064
其他仪器仪表的制造及修理	178	1 566
工艺品及其他制造业	5 882	15 634
工艺美术品制造	1 760	14 723
日用杂品制造		911
煤制品制造	612	
核辐射加工		
其他未列明的制造业	3 510	
废弃资源和废旧材料回收加工业	81	4 013
金属废料和碎屑的加工处理	59	
非金属废料和碎屑的加工处理	22	4 013
电力、热力的生产和供应业	490 980	1 758 226
电力生产	314 666	1 667 252
电力供应	175 885	90 974
热力生产和供应	429	
燃气生产和供应业	-512	34 525
水的生产和供应业	45 063	25 106
自来水的生产和供应	45 078	25 101
污水处理及其再生利用	-15	5
其他水的处理、利用与分配		

经济指标(八)

5 年

计量单位:千元

利润总额	应交所得税	亏损企业亏损额	利税总额	本年应付工资总额
40 772	2 928	16 591	63 770	99 076
11 554 243	901 495	590 007	17 884 703	2 928 756
617 714	174 327	215 943	2 325 694	930 624
217 834	32 859	48 637	328 354	748 758
280 855	44 793	39 586	427 511	692 605
95 065	13 595	5 413	243 818	298 180
29 836	3 535	3 436	47 138	30 491
11 106 834	1 469 669	2 387 268	19 007 013	20 892 878
385 411	64 775	140 282	702 832	1 296 854
2 700 897	327 759	377 232	3 952 201	4 589 138
1 647 104	186 232	221 606	2 767 418	2 229 590
1 382 942	158 015	166 889	1 850 080	2 052 789
3 339 037	470 730	1 244 694	6 859 943	6 855 435
250 527	52 055	22 287	533 791	417 747
1 414 836	206 911	171 692	2 296 349	3 279 106
-13 920	3 192	42 586	44 399	172 219
31 806 661	3 427 345	3 850 643	46 512 956	42 381 586
9 858 628	1 507 674	953 036	16 413 105	10 385 962
-4 051	90	4 423	317	12 561
164 451	15 209	35 870	395 160	357 445
9 954 627	693 660	701 736	12 638 402	10 092 843
3 068 210	280 150	468 387	4 562 004	3 892 528
5 264 625	564 866	905 211	6 844 450	10 153 625
3 011 922	313 856	717 811	5 006 352	6 261 563
488 249	51 840	64 169	653 166	1 225 059
3 182 802	412 969	392 574	4 283 411	4 967 745
573 010	51 263	44 615	821 151	494 440
113 938	13 693	8 863	167 199	186 173
185 468	24 436	90 424	304 188	1 000 701
800 698	108 228	42 402	1 039 404	1 057 711
1 433 162	206 023	201 126	1 846 001	2 014 395
76 526	9 326	5 144	105 468	214 325
1 451 563	170 986	221 479	2 533 693	4 572 062
1 259 231	140 168	176 313	2 191 373	3 977 692
94 443	15 120	35 383	176 496	407 901
36 496	2 870		40 385	16 751
61 393	12 828	9 783	125 439	169 718
152 259	24 715	7 182	312 808	167 435
132 549	22 903	6 552	276 906	137 346
19 710	1 812	630	35 902	30 089
19 730 334	5 073 029	1 968 925	34 837 230	6 395 935
14 486 754	2 304 205	1 614 948	21 051 993	2 714 887
5 229 078	2 763 873	353 977	13 757 408	3 658 866
14 502	4 951		27 829	22 182
227 363	14 948	178 561	379 222	197 046
759 195	246 845	399 423	1 471 235	1 283 741
740 511	245 831	399 165	1 449 457	1 266 744
18 515	986	258	19 920	13 208
169	28		1 858	3 789

	主营业务应付工资总额	本年应付福利费总额
总　计	**192 506 224**	**17 536 322**
一、按登记注册类型分组		
内资企业	67 490 148	8 611 139
国有企业	8 241 767	1 055 099
集体企业	5 007 860	445 450
股份合作企业	671 337	66 874
联营企业	392 999	58 442
有限责任公司	17 614 930	2 577 914
股份有限公司	9 688 598	1 230 044
私营企业	25 373 220	3 142 712
其他企业	499 437	34 604
港、澳、台商投资企业	74 799 470	5 270 302
外商投资企业	50 216 606	3 654 881
二、按经济组织类型分组		
独资企业	100 300 186	7 589 831
合作、合伙企业	17 318 718	1 011 309
股份有限公司	12 122 698	1 497 949
有限责任公司	62 764 622	7 437 233
在总计中：亏损企业	30 492 312	2 482 821
在总计中：国有及国有控股企业	23 349 335	2 940 644
在总计中：轻工业	103 725 759	8 544 346
重工业	88 780 465	8 991 976
在总计中：按工业行业大中类分		
煤炭开采和洗选业	68 260	11 914
烟煤和无烟煤的开采洗选	68 260	11 914
褐煤的开采洗选		
其他煤炭采选		
石油和天然气开采业	110 824	9 181
天然原油和天然气开采	107 243	8 488
与石油和天然气开采有关的服务活动	3 581	693
黑色金属矿采选业	171 858	20 417
铁矿采选	167 891	20 014
其他黑色金属矿采选	3 967	403
有色金属矿采选业	262 523	33 950
常用有色金属矿采选	186 724	24 072
贵金属矿采选	22 796	3 150
稀有稀土金属矿采选	53 003	6 728
非金属矿采选业	336 012	42 483
土砂石开采	215 330	32 735
化学矿采选	80 815	4 807
采盐	26 057	3 196
石棉及其他非金属矿采选	13 810	1 745
其他采矿业		
农副食品加工业	1 834 265	260 592
谷物磨制	90 031	10 922
饲料加工	363 672	77 161
植物油加工	115 816	11 554
制糖	243 828	30 155
屠宰及肉类加工	183 305	42 113
水产品加工	580 319	66 084
蔬菜、水果和坚果加工	139 912	11 828

经济指标(九)

5年

计量单位:千元

主营业务应付福利费总额	本年应交增值税	本年进项税额	本年销项税额	全部从业人员年平均人数(人)
16 998 063	**95 653 163**	**271 141 953**	**300 841 039**	**10 856 528**
8 350 134	49 618 194	125 303 239	149 519 579	3 735 913
1 031 742	11 763 234	6 518 056	10 569 793	276 299
423 020	1 366 579	3 198 269	4 257 076	364 904
64 846	338 535	1 032 901	1 313 555	47 199
48 143	214 875	829 460	963 084	23 395
2 521 886	13 769 510	33 403 448	40 515 605	857 935
1 213 605	10 072 450	32 033 177	36 522 147	300 292
3 013 443	11 915 603	47 515 921	54 472 826	1 833 278
33 449	177 408	772 007	905 493	32 611
5 089 084	23 958 466	83 099 648	79 234 923	4 902 564
3 558 845	22 076 503	62 739 066	72 086 537	2 218 051
7 365 078	37 520 884	92 202 628	91 343 007	6 130 833
980 771	7 979 798	15 573 634	21 188 806	787 951
1 474 687	11 311 764	36 291 380	41 284 335	430 123
7 177 527	38 840 717	127 074 311	147 024 891	3 507 621
2 368 821	8 404 034	39 018 066	31 856 019	2 088 555
2 879 746	28 350 740	49 676 616	64 471 928	694 211
8 237 023	37 986 426	115 433 318	132 881 720	6 444 808
8 761 040	57 666 737	155 708 635	167 959 319	4 411 720
9 331	32 253	23 391	55 304	7 125
9 331	32 253	23 391	55 304	7 125
9 136	2 305 921	46 875	584 790	1 526
8 477	2 304 543	31 800	568 337	1 427
659	1 378	15 075	16 453	99
19 652	229 796	68 824	297 698	6 578
19 249	227 123	62 945	289 155	6 124
403	2 673	5 879	8 543	454
31 676	192 993	104 488	294 078	10 168
23 453	130 137	62 883	191 722	6 469
3 150	3 912	332	2 291	754
5 073	58 944	41 273	100 065	2 945
39 549	155 946	245 438	359 809	23 258
30 868	108 289	197 572	265 620	13 006
4 807	26 175	34 543	59 930	4 883
2 171	13 963	5 029	18 646	4 319
1 703	7 519	8 294	15 613	1 050
250 940	1 341 667	6 007 366	6 790 821	116 422
10 536	61 238	405 704	391 421	3 892
75 784	259 136	783 956	993 710	18 571
11 395	173 439	1 845 542	1 968 609	4 979
28 219	222 049	606 955	792 475	22 480
37 153	103 749	322 164	378 748	12 604
65 595	278 458	1 018 682	1 086 183	37 696
11 600	106 690	227 575	293 225	9 506

续1

	主营业务应付工资总额	本年应付福利费总额
其他农副食品加工	117 382	10 775
食品制造业	2 791 047	259 756
焙烤食品制造	315 778	36 486
糖果、巧克力及蜜饯制造	704 118	41 501
方便食品制造	456 389	38 195
液体乳及乳制品制造	212 498	19 841
罐头制造	125 894	13 889
调味品、发酵制品制造	599 763	41 699
其他食品制造	376 607	68 145
饮料制造业	1 424 981	205 445
酒精制造	7 124	797
酒的制造	535 894	57 762
软饮料制造	851 417	143 715
精制茶加工	30 546	3 171
烟草制品业	729 903	134 076
烟叶复烤	11 936	2 347
卷烟制造	712 299	131 078
其他烟草制品加工	5 668	651
纺织业	8 279 821	656 013
棉、化纤纺织及印染精加工	2 829 427	266 330
毛纺织和染整精加工	552 396	53 768
麻纺织	6 740	324
丝绢纺织及精加工	150 433	9 667
纺织制成品制造	892 111	73 293
针织品、编织品及其制品制造	3 848 714	252 631
纺织服装、鞋、帽制造业	11 471 309	806 674
纺织服装制造	10 847 795	776 922
纺织面料鞋的制造	375 376	19 552
制帽	248 138	10 200
皮革、毛皮、羽毛(绒)及其制品业	9 993 908	546 582
皮革鞣制加工	254 692	25 065
皮革制品制造	9 559 989	502 886
毛皮鞣制及制品加工	61 248	7 806
羽毛(绒)加工及制品制造	117 979	10 825
木材加工及木、竹、藤、棕、草制品业	950 436	86 866
锯材、木片加工	56 786	6 482
人造板制造	452 854	44 928
木制品制造	298 180	26 606
竹、藤、棕、草制品制造	142 616	8 850
家具制造业	3 608 413	248 859
木质家具制造	2 158 056	123 947
竹、藤家具制造	43 197	9 531
金属家具制造	708 208	75 755
塑料家具制造	32 486	1 973
其他家具制造	666 466	37 653
造纸及纸制品业	3 357 884	305 974
纸浆制造	95 124	8 908
造纸	1 099 878	104 597
纸制品制造	2 162 882	192 469
印刷业和记录媒介的复制	3 100 944	269 776

经济指标(九)

5 年

计量单位:千元

主营业务应付福利费总额	本年应交增值税	本年进项税额	本年销项税额	全部从业人员年平均人数(人)
10 658	136 908	796 788	886 450	6 694
255 618	2 326 590	3 845 909	5 896 317	117 271
34 933	146 213	407 601	520 272	19 744
41 427	596 750	669 901	1 187 228	24 264
37 176	270 517	601 573	804 887	21 063
19 840	235 952	358 007	590 924	7 269
13 419	42 770	216 202	241 480	9 535
41 537	404 885	811 384	1 186 241	16 691
67 286	629 503	781 241	1 365 285	18 705
196 432	1 901 801	3 388 810	4 882 383	48 732
797	7 272	23 506	30 514	721
57 606	693 880	1 016 226	1 484 095	15 411
134 872	1 184 983	2 326 781	3 335 909	30 735
3 157	15 666	22 297	31 865	1 865
134 076	1 981 729	1 325 429	3 039 425	7 132
2 347	13 903	4 044	17 796	644
131 078	1 955 764	1 310 620	3 006 565	6 014
651	12 062	10 765	15 064	474
639 761	2 012 878	8 612 739	8 800 734	592 967
262 502	815 576	3 923 953	3 930 512	191 609
53 557	65 429	743 163	471 633	36 863
324	176	1 341	1 517	228
8 822	45 671	142 128	159 936	9 459
70 637	347 040	1 130 345	1 189 302	61 821
243 919	738 986	2 671 809	3 047 834	292 987
748 568	2 200 186	7 336 575	8 571 233	846 948
718 992	2 144 015	7 114 656	8 376 374	791 162
19 552	33 513	112 738	114 416	34 990
10 024	22 658	109 181	80 443	20 796
532 885	1 078 013	3 557 640	3 637 677	778 115
24 902	116 489	342 139	353 834	17 843
489 572	935 201	3 090 264	3 170 927	748 854
7 695	8 231	17 682	17 569	3 860
10 716	18 092	107 555	95 347	7 558
82 910	501 180	1 781 441	1 954 965	68 277
6 113	39 645	128 673	160 609	4 991
43 269	341 013	1 299 442	1 386 123	30 702
24 729	85 439	255 675	282 923	23 240
8 799	35 083	97 651	125 310	9 344
242 367	830 124	2 811 404	2 826 230	252 450
119 805	473 820	1 523 413	1 541 396	155 192
9 531	13 393	49 723	59 460	3 224
74 159	220 705	728 447	768 607	53 610
1 973	19 298	34 900	39 411	3 324
36 899	102 908	474 921	417 356	37 100
285 966	1 713 557	6 307 138	7 290 622	212 739
8 902	96 471	224 568	315 373	6 994
95 386	737 890	2 873 721	3 413 195	62 687
181 678	879 196	3 208 849	3 562 054	143 058
242 236	1 079 694	3 551 713	3 886 154	183 435

续2

	主营业务应付工资总额	本年应付福利费总额
印刷	2 812 533	248 159
装订及其他印刷服务活动	218 793	15 510
记录媒介的复制	69 618	6 107
文教体育用品制造业	6 965 739	391 463
文化用品制造	438 960	25 010
体育用品制造	1 146 999	120 823
乐器制造	257 851	29 328
玩具制造	5 048 441	211 174
游艺器材及娱乐用品制造	73 488	5 128
石油加工、炼焦及核燃料加工业	1 258 886	142 454
精炼石油产品的制造	1 248 548	142 151
炼焦	10 338	303
核燃料加工		
化学原料及化学制品制造业	10 396 187	895 110
基础化学原料制造	457 701	69 093
肥料制造	133 445	15 520
农药制造	61 687	7 010
涂料、油墨、颜料及类似产品制造	1 356 695	199 754
合成材料制造	652 731	84 146
专用化学产品制造	897 495	129 435
日用化学产品制造	6 836 433	390 152
医药制造业	2 006 330	258 586
化学药品原药制造	180 847	23 491
化学药品制剂制造	854 721	96 800
中药饮片加工	109 455	24 854
中成药制造	578 982	68 494
兽用药品制造	37 560	4 090
生物、生化制品的制造	151 962	18 425
卫生材料及医药用品制造	92 803	22 432
化学纤维制造业	313 733	52 970
纤维素纤维原料及纤维制造	35 852	4 068
合成纤维制造	277 881	48 902
橡胶制品业	1 709 764	152 840
轮胎制造	269 622	35 373
橡胶板、管、带的制造	95 677	10 193
橡胶零件制造	345 931	22 933
再生橡胶制造	8 809	1 223
日用及医用橡胶制品制造	87 835	7 777
橡胶靴鞋制造	592 560	36 074
其他橡胶制品制造	309 330	39 267
塑料制品业	8 282 185	781 656
塑料薄膜制造	701 993	69 568
塑料板、管、型材的制造	724 648	61 056
塑料丝、绳及编织品的制造	178 400	24 575
泡沫塑料制造	383 064	32 344
塑料人造革、合成革制造	123 237	12 322
塑料包装箱及容器制造	898 841	133 041
塑料零件制造	1 514 221	119 500
日用塑料制造	1 801 840	144 590
其他塑料制品制造	1 955 941	184 660

经济指标(九)

5 年

计量单位:千元

主营业务应付福利费总额	本年应交增值税	本年进项税额	本年销项税额	全部从业人员年平均人数(人)
221 207	988 933	3 162 282	3 595 935	167 038
14 984	57 120	160 735	163 406	12 572
6 045	33 641	228 696	126 813	3 825
367 699	660 571	2 094 918	2 083 009	540 811
24 386	69 735	300 287	238 899	37 063
118 875	174 700	349 578	392 764	92 433
28 739	85 786	229 518	275 541	16 373
190 848	318 305	1 169 850	1 126 221	390 462
4 851	12 045	45 685	49 584	4 480
140 891	3 748 372	13 454 751	15 463 932	23 860
140 588	3 739 302	13 276 393	15 276 509	23 664
303	9 070	178 358	187 423	196
857 798	8 473 419	15 618 438	22 195 252	221 664
61 560	425 741	1 361 896	1 612 655	20 417
15 302	58 618	150 852	196 905	6 762
6 929	24 284	118 231	124 538	3 460
180 415	989 919	3 347 994	4 016 367	66 155
83 599	916 124	4 356 154	4 808 141	26 183
122 487	667 491	2 552 898	2 752 020	42 810
387 506	5 391 242	3 730 413	8 684 626	55 877
251 090	1 769 326	2 097 047	3 613 072	70 804
18 417	105 587	360 871	432 203	8 111
96 109	735 448	1 017 310	1 668 734	27 581
24 826	70 029	105 170	135 122	5 332
67 899	612 654	419 514	978 205	19 763
4 090	35 501	41 899	63 298	2 059
17 897	144 381	74 498	203 945	4 251
21 852	65 726	77 785	131 565	3 707
48 579	146 788	699 346	797 943	17 637
1 721	39 721	94 774	120 326	1 714
46 858	107 067	604 572	677 617	15 923
151 628	355 421	1 283 310	1 244 556	113 214
35 349	54 830	390 898	336 870	11 036
9 583	52 245	190 649	176 691	6 121
22 575	80 361	217 973	215 557	22 096
1 223	1 721	16 878	18 589	619
7 777	12 805	66 189	65 873	5 977
36 017	22 785	167 126	154 930	48 977
39 104	130 674	233 597	276 046	18 388
743 150	2 450 584	10 579 446	11 031 518	578 676
67 568	380 266	1 859 047	2 078 835	41 848
58 005	276 204	1 587 267	1 725 509	48 907
24 085	68 558	286 671	306 529	13 286
31 967	137 209	828 112	729 670	26 119
12 053	107 841	294 777	377 930	8 002
129 496	326 603	1 236 072	1 221 986	61 676
107 597	356 237	1 229 786	1 316 940	100 760
139 690	376 740	1 715 899	1 693 720	131 872
172 689	420 926	1 541 815	1 580 399	146 206

续3

	主营业务应付工资总额	本年应付福利费总额
非金属矿物制品业	6 542 386	952 603
水泥、石灰和石膏的制造	1 256 775	126 350
水泥及石膏制品制造	640 702	64 254
砖瓦、石材及其他建筑材料制造	1 906 419	427 357
玻璃及玻璃制品制造	874 798	106 865
陶瓷制品制造	1 697 328	199 114
耐火材料制品制造	28 269	3 836
石墨及其他非金属矿物制品制造	138 095	24 827
黑色金属冶炼及压延加工业	1 557 271	186 947
炼铁	34 885	5 594
炼钢	432 804	42 679
钢压延加工	1 049 952	137 376
铁合金冶炼	39 630	1 298
有色金属冶炼及压延加工业	1 930 629	331 906
常用有色金属冶炼	328 681	49 080
贵金属冶炼	3 409	36
稀有稀土金属冶炼	64 732	6 197
有色金属合金制造	42 374	3 853
有色金属压延加工	1 491 433	272 740
金属制品业	9 360 378	922 450
结构性金属制品制造	1 609 265	157 143
金属工具制造	1 079 360	86 827
集装箱及金属包装容器制造	920 622	106 558
金属丝绳及其制品的制造	180 396	20 916
建筑、安全用金属制品制造	1 446 701	135 358
金属表面处理及热处理加工	598 685	52 263
搪瓷制品制造	87 568	8 539
不锈钢及类似日用金属制品制造	2 563 917	266 300
其他金属制品制造	873 864	88 546
通用设备制造业	4 085 945	416 478
锅炉及原动机制造	175 846	20 437
金属加工机械制造	388 102	34 854
起重运输设备制造	376 398	38 621
泵、阀门、压缩机及类似机械的制造	796 223	71 343
轴承、齿轮、传动和驱动部件的制造	186 101	14 639
烘炉、熔炉及电炉制造	46 063	2 978
风机、衡器、包装设备等通用设备制造	1 128 088	114 294
通用零部件制造及机械修理	562 549	68 718
金属铸、锻加工	426 575	50 594
专用设备制造业	4 370 973	412 151
矿山、冶金、建筑专用设备制造	189 383	28 994
化工、木材、非金属加工专用设备制造	1 774 272	151 281
食品、饮料、烟草及饲料生产专用设备制造	144 542	13 436
印刷、制药、日化生产专用设备制造	306 054	35 388
纺织、服装和皮革工业专用设备制造	264 655	12 110
电子和电工机械专用设备制造	780 431	48 288
农、林、牧、渔专用机械制造	71 732	6 932
医疗仪器设备及器械制造	548 460	69 152
环保、社会公共安全及其他专用设备制造	291 444	46 570
交通运输设备制造业	5 610 351	684 112

经济指标(九)

5年

计量单位:千元

主营业务应付福利费总额	本年应交增值税	本年进项税额	本年销项税额	全部从业人员年平均人数(人)
938 276	3 893 414	9 431 943	12 297 780	442 306
121 513	1 198 185	2 078 946	3 023 255	94 062
62 298	540 894	735 249	1 150 698	31 822
423 158	1 013 163	3 595 304	4 337 324	129 375
104 845	411 079	1 466 515	1 680 482	58 632
198 356	646 461	1 346 344	1 838 722	118 996
3 431	14 443	33 507	42 330	1 800
24 675	69 189	176 078	224 969	7 619
176 070	1 481 766	8 441 868	9 025 182	66 554
5 579	25 816	45 850	62 539	2 444
40 128	150 510	2 359 064	1 972 180	15 912
129 065	1 301 879	5 998 071	6 964 428	46 273
1 298	3 561	38 883	26 035	1 925
328 113	1 570 551	7 519 171	8 234 947	99 671
47 880	389 304	1 219 630	1 466 829	14 424
36	852	9 065	9 917	56
5 942	51 489	189 735	201 824	3 322
3 681	35 705	229 603	244 110	3 632
270 574	1 093 201	5 871 138	6 312 267	78 237
903 657	3 949 477	12 588 231	13 935 156	608 806
153 202	1 229 399	2 345 872	2 625 975	99 339
83 966	443 770	1 002 586	1 283 071	69 227
104 954	339 877	1 396 707	1 478 441	43 501
19 878	67 248	375 926	381 255	12 294
133 560	473 781	1 754 279	1 892 229	97 063
50 153	214 476	1 160 034	1 293 516	45 661
8 415	36 390	137 913	142 523	6 719
262 951	810 301	3 474 490	3 763 787	172 488
86 578	334 235	940 424	1 074 359	62 514
403 349	2 141 763	7 505 005	8 000 920	229 392
20 305	41 396	187 664	206 720	8 213
34 057	144 439	421 718	518 500	21 702
38 395	237 590	1 116 395	1 341 410	15 027
67 990	650 023	2 403 051	1 959 444	38 504
14 604	65 680	190 689	211 884	12 044
2 907	65 951	63 751	127 980	4 909
110 373	473 899	1 846 929	2 119 070	65 302
66 557	203 855	595 722	681 055	34 204
48 161	258 930	679 086	834 857	29 487
395 964	1 619 385	4 592 873	5 501 782	230 284
28 242	114 456	354 972	377 625	9 425
145 805	763 667	2 158 976	2 670 141	99 910
12 335	66 721	179 684	237 794	8 844
34 381	96 209	410 466	404 710	17 186
11 805	56 002	251 571	237 656	12 514
47 049	182 005	420 463	527 681	40 478
6 379	11 623	75 509	79 047	4 418
65 450	179 669	362 185	484 121	22 793
44 518	149 033	379 047	483 007	14 716
675 493	5 149 420	17 832 585	21 424 875	240 594

续 4

	主营业务应付工资总额	本年应付福利费总额
铁路运输设备制造	98 296	11 271
汽车制造	2 870 424	360 644
摩托车制造	928 875	144 783
自行车制造	713 821	65 068
船舶及浮动装置制造	679 196	91 279
航空航天器制造	290 309	9 335
交通器材及其他交通运输设备制造	29 430	1 732
电气机械及器材制造业	20 550 505	1 927 625
电机制造	1 277 863	101 789
输配电及控制设备制造	4 488 783	348 111
电线、电缆、光缆及电工器材制造	2 181 874	258 362
电池制造	2 021 254	207 168
家用电力器具制造	6 779 098	667 790
非电力家用器具制造	410 843	36 964
照明器具制造	3 225 168	287 461
其他电气机械及器材制造	165 622	19 980
通信设备、计算机及其他电子设备制造业	41 767 356	3 394 924
通信设备制造	10 298 396	1 104 325
雷达及配套设备制造	11 861	192
广播电视设备制造	344 985	37 811
电子计算机制造	9 990 771	664 139
电子器件制造	3 790 902	303 340
电子元件制造	9 917 308	748 312
家用视听设备制造	6 200 462	344 193
其他电子设备制造	1 212 671	192 612
仪器仪表及文化、办公用机械制造业	4 873 449	349 293
通用仪器仪表制造	469 193	54 642
专用仪器仪表制造	182 640	18 616
钟表与计时仪器制造	975 106	52 555
光学仪器及眼镜制造	1 054 336	56 555
文化、办公用机械制造	1 991 423	147 448
其他仪器仪表的制造及修理	200 751	19 477
工艺品及其他制造业	4 486 783	319 541
工艺美术品制造	3 902 471	283 792
日用杂品制造	399 837	19 674
煤制品制造	16 751	2 652
核辐射加工		
其他未列明的制造业	167 724	13 423
废弃资源和废旧材料回收加工业	165 070	25 234
金属废料和碎屑的加工处理	135 195	21 852
非金属废料和碎屑的加工处理	29 875	3 382
电力、热力的生产和供应业	6 350 961	821 261
电力生产	2 685 116	378 325
电力供应	3 643 663	440 667
热力生产和供应	22 182	2 269
燃气生产和供应业	190 884	28 650
水的生产和供应业	1 238 071	189 510
自来水的生产和供应	1 222 272	187 806
污水处理及其再生利用	12 759	1 703
其他水的处理、利用与分配	3 040	1

经济指标(九)

5 年

计量单位:千元

主营业务应付福利费总额	本年应交增值税	本年进项税额	本年销项税额	全部从业人员年平均人数(人)
11 149	21 764	21 430	41 313	3 382
355 458	4 126 423	12 629 254	16 354 493	110 808
144 308	601 092	3 674 532	3 817 667	45 796
63 127	104 644	515 924	475 882	50 063
90 513	135 613	797 069	431 773	25 460
9 251	143 962	163 095	256 627	3 436
1 687	15 922	31 281	47 120	1 649
1 886 022	7 318 648	35 959 352	35 270 389	1 318 661
98 261	297 255	1 099 807	1 223 011	86 526
334 365	1 156 416	4 252 573	4 392 001	287 677
252 364	1 046 300	4 114 229	4 739 644	136 163
201 280	443 254	3 018 405	2 216 328	130 962
661 074	3 294 181	19 479 745	18 539 305	418 887
36 345	268 605	892 528	1 082 300	25 742
282 608	757 016	2 976 334	2 940 338	223 865
19 725	55 621	125 731	137 462	8 839
3 315 208	13 961 479	53 248 167	44 388 900	1 992 320
1 095 581	6 094 156	13 267 942	14 970 784	270 182
192	4 311	5 490	8 753	1 665
35 601	216 971	388 910	496 802	23 705
648 109	2 629 265	11 436 519	9 404 467	444 674
294 425	1 453 261	3 304 135	3 546 095	200 145
722 842	1 483 897	14 577 861	5 145 670	614 158
328 516	1 938 219	9 713 115	10 271 149	369 492
189 942	141 399	554 195	545 180	68 299
338 013	1 040 142	2 680 003	3 016 808	286 528
52 747	231 784	440 805	618 666	19 892
18 122	46 344	171 159	195 967	10 559
50 700	105 771	362 447	380 507	74 478
51 797	229 638	397 290	436 739	68 131
146 424	400 661	1 248 180	1 324 063	102 028
18 223	25 944	60 122	60 866	11 440
314 540	953 694	4 049 808	4 598 730	304 077
279 900	825 646	3 572 306	4 073 358	261 568
18 856	66 005	300 908	321 817	30 039
2 652	3 733	1 942	5 675	359
13 132	58 310	174 652	197 880	12 111
25 059	133 663	895 819	973 974	10 229
21 697	121 363	835 887	902 566	8 241
3 362	12 300	59 932	71 408	1 988
806 391	14 193 333	9 268 981	15 691 171	135 297
369 680	6 249 766	7 593 981	13 239 714	66 501
434 442	7 931 849	1 649 524	2 414 289	68 276
2 269	11 718	25 476	37 168	520
28 209	144 139	2 045 391	2 138 641	6 826
181 761	613 480	240 320	744 262	45 174
180 152	611 503	225 814	727 892	44 415
1 608	353	9 677	9 920	634
1	1 624	4 829	6 450	125

200

	企业单位数（个）	亏损企业
总　　计	**1 806**	**641**
在总计中：亏损企业	641	641
在总计中：中央企业	132	31
地方企业	1 674	610
在总计中：轻工业	776	263
重工业	1 030	378
在总计中：大型企业	44	8
中型企业	358	89
小型企业	1 404	544
在总计中:按工业行业大类分		
煤炭开采和洗选业		
石油和天然气开采业	2	
黑色金属矿采选业	6	1
有色金属矿采选业	14	
非金属矿采选业	21	10
其他采矿业		
农副食品加工业	121	31
食品制造业	58	21
饮料制造业	43	11
烟草制品业	7	2
纺织业	57	19
纺织服装、鞋、帽制造业	27	5
皮革、毛皮、羽毛(绒)及其制品业	8	4
木材加工及木、竹、藤、棕、草制品业	12	6
家具制造业	11	9
造纸及纸制品业	39	14
印刷业和记录媒介的复制	86	31
文教体育用品制造业	12	3
石油加工、炼焦及核燃料加工业	7	
化学原料及化学制品制造业	97	34
医药制造业	45	12
化学纤维制造业	1	
橡胶制品业	17	6
塑料制品业	33	12
非金属矿物制品业	121	53
黑色金属冶炼及压延加工业	16	1
有色金属冶炼及压延加工业	22	2
金属制品业	48	12
通用设备制造业	59	19
专用设备制造业	59	22
交通运输设备制造业	112	38
电气机械及器材制造业	88	29
通信设备、计算机及其他电子设备制造业	118	24
仪器仪表及文化、办公用机械制造业	23	10
工艺品及其他制造业	28	8
废弃资源和废旧材料回收加工业		
电力、热力的生产和供应业	288	136
燃气生产和供应业	8	4
水的生产和供应业	92	52

业主要经济指标(一)

5 年

计量单位:千元

工业总产值(当年价)	工业销售产值(当年价)	出口交货值	工业中间投入	工业增加值(当年价)
637 553 776	**629 345 122**	**102 130 159**	**496 903 061**	**169 001 455**
36 684 247	36 279 952	5 416 232	29 899 835	8 200 708
154 823 984	152 188 085	24 247 685	118 540 364	44 684 834
482 729 792	477 157 037	77 882 474	378 362 697	124 316 621
116 025 926	113 695 439	18 848 689	80 827 329	40 663 952
521 527 850	515 649 683	83 281 470	416 075 732	128 337 503
413 039 653	408 008 789	76 776 185	335 042 759	95 049 300
157 466 926	155 133 999	14 805 657	115 150 773	50 647 948
67 047 197	66 202 334	10 548 317	46 709 529	23 304 207
284 013	284 013		80 740	203 310
1 572 466	1 488 659		889 327	841 569
1 949 620	1 969 931		1 181 389	898 303
736 718	731 571	6 062	426 304	359 484
6 015 866	5 883 372	297 016	4 852 342	1 358 366
2 356 690	2 301 049	114 939	1 817 000	664 109
6 547 780	6 180 659	199 624	4 444 928	2 522 713
17 054 157	17 239 197	321 151	6 570 215	12 454 587
5 296 289	5 089 582	2 115 431	3 827 853	1 615 022
934 893	926 846	606 864	651 052	315 094
82 693	77 591	9 036	57 232	30 477
435 387	429 121	85 876	320 569	135 267
145 669	129 260	53 443	98 320	53 225
6 494 541	6 306 381	959 866	5 289 655	1 471 190
2 207 814	2 113 998	11 930	1 306 197	1 013 326
1 088 953	1 065 839	412 375	784 726	341 389
70 483 372	68 379 929	318 557	61 180 171	12 629 353
12 725 783	12 444 175	691 537	10 300 264	2 827 240
8 294 627	7 959 605	140 323	5 460 104	3 548 100
917 812	851 010		677 799	274 152
3 269 770	3 177 297	1 587 789	2 451 420	875 564
5 118 001	5 049 634	536 054	4 117 836	1 127 826
5 772 685	5 757 028	546 795	4 318 378	1 758 779
27 019 501	26 072 520	1 521 534	24 475 695	3 066 825
6 138 741	6 069 640	1 350 545	5 561 190	787 778
2 818 945	2 790 574	574 085	2 224 392	673 704
4 552 799	4 344 065	400 471	3 623 801	1 086 639
2 220 320	1 951 719	105 274	1 647 971	637 361
63 640 612	62 902 419	5 779 273	48 337 652	17 722 994
29 565 765	29 117 552	7 112 136	23 312 352	6 835 376
122 735 314	121 531 139	69 933 239	98 406 644	27 059 154
1 172 739	1 081 242	282 907	795 134	452 077
1 188 791	1 185 652	846 861	296 290	915 380
206 226 225	206 059 372	5 209 166	159 716 718	59 007 520
5 256 528	5 256 528		4 664 469	640 353
5 231 897	5 146 953		2 736 932	2 797 849

200

	资产合计	流动资产 小 计
总　　计	**667 689 087**	**265 439 225**
在总计中：亏损企业	76 394 765	25 832 951
在总计中：中央企业	116 408 894	65 346 891
地方企业	551 280 193	200 092 334
在总计中：轻工业	136 662 940	69 137 843
重工业	531 026 147	196 301 382
在总计中：大型企业	322 382 086	127 114 819
中型企业	216 322 230	92 682 495
小型企业	128 984 771	45 641 911
在总计中:按工业行业大类分		
煤炭开采和洗选业		
石油和天然气开采业	1 000 845	59 966
黑色金属矿采选业	3 153 868	1 602 108
有色金属矿采选业	2 094 082	853 648
非金属矿采选业	1 882 182	552 484
其他采矿业		
农副食品加工业	4 150 455	1 762 661
食品制造业	4 106 945	2 046 807
饮料制造业	7 931 703	3 045 761
烟草制品业	13 092 289	8 889 771
纺织业	7 047 807	3 055 110
纺织服装、鞋、帽制造业	756 465	424 712
皮革、毛皮、羽毛(绒)及其制品业	736 031	456 617
木材加工及木、竹、藤、棕、草制品业	1 442 875	230 004
家具制造业	311 622	116 935
造纸及纸制品业	13 845 366	4 600 278
印刷业和记录媒介的复制	3 721 970	1 624 656
文教体育用品制造业	1 838 248	1 026 681
石油加工、炼焦及核燃料加工业	29 531 247	10 300 295
化学原料及化学制品制造业	16 491 705	5 985 382
医药制造业	14 752 246	9 129 191
化学纤维制造业	643 181	326 277
橡胶制品业	4 487 446	1 669 563
塑料制品业	7 074 185	3 449 375
非金属矿物制品业	8 779 245	3 804 100
黑色金属冶炼及压延加工业	28 370 366	10 375 315
有色金属冶炼及压延加工业	5 112 230	2 701 129
金属制品业	3 056 626	1 657 598
通用设备制造业	6 781 024	4 072 962
专用设备制造业	3 645 808	2 218 067
交通运输设备制造业	45 986 245	29 803 040
电气机械及器材制造业	18 987 299	13 560 831
通信设备、计算机及其他电子设备制造业	84 187 574	60 780 462
仪器仪表及文化、办公用机械制造业	3 463 718	1 845 164
工艺品及其他制造业	535 222	321 665
废弃资源和废旧材料回收加工业		
电力、热力的生产和供应业	290 882 271	66 534 257
燃气生产和供应业	3 614 462	876 373
水的生产和供应业	24 194 234	5 679 980

业主要经济指标(二)

5 年

计量单位:千元

其中:短期投资	其中:应收账款净额	其中:存货	其中:产成品	流动资产年平均余额
1 317 598	**51 410 805**	**63 186 886**	**19 829 304**	**262 140 040**
309 599	6 492 726	6 454 855	2 395 372	27 822 685
30 723	11 706 215	18 973 213	4 000 259	64 299 355
1 286 875	39 704 590	44 213 673	15 829 045	197 840 685
76 855	13 738 784	19 986 017	7 976 323	69 952 009
1 240 743	37 672 021	43 200 869	11 852 981	192 188 031
4 464	22 607 671	29 714 786	8 504 034	128 383 508
1 229 637	20 298 741	22 584 761	8 649 604	92 154 244
83 497	8 504 393	10 887 339	2 675 666	41 602 288
	28 222	14 473		65 688
	50 881	174 054	126 452	1 578 526
	254 178	118 400	72 085	767 507
300	117 624	58 458	36 703	682 207
1 498	456 079	408 892	241 109	1 974 036
55	340 383	365 328	150 115	2 220 232
	470 423	712 363	157 948	2 931 808
	880 496	4 879 586	122 228	8 431 947
999	820 452	798 425	338 150	3 471 285
4 850	114 035	101 198	39 954	443 098
	164 938	36 439	28 427	507 207
	22 830	60 982	36 012	253 306
	14 984	41 275	23 262	112 779
2 807	1 588 439	1 337 703	689 027	4 780 497
367	674 914	303 200	122 341	1 660 955
	231 054	484 063	123 881	1 052 542
	1 032 974	7 248 078	1 588 865	10 386 038
50	1 243 345	1 866 644	935 917	6 388 618
30 583	1 776 486	1 254 075	507 163	8 801 518
	78 102	87 314	57 454	281 863
	329 411	432 379	133 096	1 348 751
1 200	750 515	735 291	311 825	3 205 054
253 376	1 237 074	1 070 646	496 632	3 840 354
505	495 011	6 162 079	1 316 887	9 060 535
50	279 312	1 368 862	413 889	2 546 343
	449 811	571 411	258 163	1 592 780
7 663	912 761	1 441 607	500 969	4 069 383
190	488 783	935 850	372 879	2 108 411
530	2 409 857	4 152 325	795 195	29 743 180
23 692	2 765 066	4 884 004	3 009 972	13 485 183
161 770	20 448 746	13 517 352	6 544 797	61 393 502
170	585 447	420 670	175 846	1 684 900
	75 533	91 062	64 114	313 117
798 138	8 887 672	6 677 294	11 453	64 267 524
38	103 945	214 310	14 491	1 136 288
28 767	831 022	160 794	12 003	5 553 078

200

	长期投资	固定资产 小　计
总　　　计	**24 587 602**	**354 796 064**
在总计中：亏损企业	3 116 303	42 080 518
在总计中：中央企业	3 059 649	45 752 932
地方企业	21 527 953	309 043 132
在总计中：轻工业	9 121 621	53 183 716
重工业	15 465 981	301 612 348
在总计中：大型企业	5 978 162	181 723 155
中型企业	15 314 504	99 298 641
小型企业	3 294 936	73 774 268
在总计中:按工业行业大类分		
煤炭开采和洗选业		
石油和天然气开采业		940 657
黑色金属矿采选业	147 210	659 494
有色金属矿采选业	112 594	865 421
非金属矿采选业	603 590	668 728
其他采矿业		
农副食品加工业	211 971	1 754 880
食品制造业	344 795	1 496 945
饮料制造业	1 160 858	3 316 209
烟草制品业	277 603	3 834 526
纺织业	276 963	3 035 727
纺织服装、鞋、帽制造业	43 970	218 080
皮革、毛皮、羽毛(绒)及其制品业	13 664	32 999
木材加工及木、竹、藤、棕、草制品业	45 363	1 143 770
家具制造业	475	181 875
造纸及纸制品业	1 062 973	7 723 932
印刷业和记录媒介的复制	270 017	1 667 726
文教体育用品制造业	164 859	541 924
石油加工、炼焦及核燃料加工业	77 648	18 067 650
化学原料及化学制品制造业	443 319	7 790 295
医药制造业	1 556 222	3 556 511
化学纤维制造业		84 571
橡胶制品业	257 960	2 313 749
塑料制品业	346 624	3 048 831
非金属矿物制品业	319 533	4 142 786
黑色金属冶炼及压延加工业	482 594	16 902 735
有色金属冶炼及压延加工业	97 920	2 168 549
金属制品业	86 062	1 133 351
通用设备制造业	478 796	1 959 533
专用设备制造业	107 240	1 061 018
交通运输设备制造业	462 075	14 114 378
电气机械及器材制造业	1 328 215	3 680 948
通信设备、计算机及其他电子设备制造业	6 825 317	14 854 952
仪器仪表及文化、办公用机械制造业	941 394	641 335
工艺品及其他制造业	4 555	185 117
废弃资源和废旧材料回收加工业		
电力、热力的生产和供应业	4 851 460	211 647 138
燃气生产和供应业	319 365	2 279 662
水的生产和供应业	864 398	17 080 062

业主要经济指标(三)

5 年

计量单位:千元

固定资产原价	生产经营用	累计折旧	本年折旧	固定资产净值年平均余额
515 382 881	**323 683 827**	**200 636 154**	**30 347 408**	**306 152 995**
65 780 640	53 943 133	26 704 944	3 637 782	37 465 547
69 958 407	68 046 112	31 175 278	4 554 938	37 718 548
445 424 474	255 637 715	169 460 876	25 792 470	268 434 447
81 426 019	70 322 300	34 114 273	5 017 080	46 639 880
433 956 862	253 361 527	166 521 881	25 330 328	259 513 115
236 331 141	104 693 069	82 023 197	13 185 817	145 980 954
162 958 271	147 309 014	73 823 215	11 145 226	88 907 286
116 093 469	71 681 744	44 789 742	6 016 365	71 264 755
1 194 957	1 194 957	254 406	105 564	989 427
1 073 791	969 091	427 662	43 552	669 370
1 441 853	1 389 427	708 856	69 017	701 713
1 066 011	766 597	508 214	52 760	606 737
3 042 476	2 483 080	1 310 069	315 462	1 770 705
2 187 724	1 973 976	801 180	137 154	1 411 939
4 907 745	3 842 295	1 878 574	316 356	3 012 451
6 384 108	6 237 239	3 117 956	301 840	2 863 029
6 038 435	4 967 689	3 118 053	459 860	2 902 284
417 664	345 387	203 188	27 050	209 099
60 984	30 595	28 270	1 993	32 985
1 460 068	1 394 252	376 838	37 383	1 099 361
278 858	219 830	101 862	15 724	181 165
9 451 950	8 038 070	3 266 661	531 478	6 336 258
2 881 124	2 055 152	1 332 044	235 057	1 464 719
814 368	584 639	358 987	42 735	441 014
28 908 266	28 765 162	16 436 777	2 111 169	13 060 492
13 240 614	11 731 602	5 708 582	1 005 854	7 827 047
4 780 864	4 049 452	1 892 823	296 492	2 935 210
336 468	256 421	251 897	45 106	125 686
3 023 625	2 530 373	876 330	94 213	2 098 562
4 326 307	4 173 715	1 667 986	382 834	2 561 405
5 936 109	5 276 639	2 315 375	323 044	3 680 913
21 476 008	18 981 323	5 250 086	847 614	14 257 997
3 505 203	3 116 595	1 430 728	153 364	2 128 912
1 519 602	1 362 221	483 119	87 319	1 070 793
3 253 130	2 762 463	1 485 701	147 116	1 758 766
1 682 824	1 268 875	685 719	90 475	1 003 080
19 351 874	18 041 366	6 663 567	1 493 260	12 452 959
5 349 453	4 623 776	1 846 691	348 936	3 284 856
23 246 217	18 789 549	9 148 244	1 992 253	13 974 650
871 623	787 503	270 737	40 455	564 125
271 412	239 837	105 878	19 172	193 788
302 598 465	133 592 882	114 631 804	16 684 370	181 700 830
2 733 621	2 129 954	854 806	131 380	1 793 919
26 269 080	24 711 843	10 836 484	1 359 997	14 986 749

	无形资产	负债合计
总　　　计	**10 079 829**	**355 269 261**
在总计中：亏损企业	2 058 820	52 669 628
在总计中：中央企业	1 145 699	51 675 675
地方企业	8 934 130	303 593 586
在总计中：轻工业	2 896 218	68 791 416
重工业	7 183 611	286 477 845
在总计中：大型企业	2 674 943	160 009 349
中型企业	4 398 396	110 301 696
小型企业	3 006 490	84 958 216
在总计中：按工业行业大类分		
煤炭开采和洗选业		
石油和天然气开采业		520 512
黑色金属矿采选业	164 571	1 839 147
有色金属矿采选业	68 451	918 474
非金属矿采选业	50 532	674 459
其他采矿业		
农副食品加工业	254 204	2 291 730
食品制造业	123 817	2 551 211
饮料制造业	255 343	3 469 809
烟草制品业	63 620	2 687 605
纺织业	414 248	6 084 109
纺织服装、鞋、帽制造业	7 473	343 458
皮革、毛皮、羽毛(绒)及其制品业		460 530
木材加工及木、竹、藤、棕、草制品业	9 580	693 731
家具制造业	8 957	354 012
造纸及纸制品业	416 427	7 571 166
印刷业和记录媒介的复制	59 828	1 692 741
文教体育用品制造业	35 297	535 146
石油加工、炼焦及核燃料加工业	239 037	13 686 584
化学原料及化学制品制造业	420 413	10 298 893
医药制造业	466 925	7 396 136
化学纤维制造业		39 794
橡胶制品业	217 378	2 059 096
塑料制品业	145 582	4 796 025
非金属矿物制品业	289 764	5 627 843
黑色金属冶炼及压延加工业	600 442	18 336 035
有色金属冶炼及压延加工业	104 805	3 632 303
金属制品业	68 073	1 814 150
通用设备制造业	176 380	4 217 198
专用设备制造业	102 569	2 620 466
交通运输设备制造业	831 110	21 534 654
电气机械及器材制造业	263 757	12 974 792
通信设备、计算机及其他电子设备制造业	767 736	46 675 948
仪器仪表及文化、办公用机械制造业	21 827	1 493 164
工艺品及其他制造业	689	339 365
废弃资源和废旧材料回收加工业		
电力、热力的生产和供应业	2 905 025	154 382 025
燃气生产和供应业	135 558	2 060 280
水的生产和供应业	390 411	8 596 670

业主要经济指标(四)

5 年

计量单位:千元

流动负债	长期负债	所有者权益合　　计	实收资本	1. 国家资本
235 586 097	**113 696 621**	**312 420 830**	**169 291 623**	**41 116 915**
36 845 912	14 148 527	23 726 141	22 606 755	9 866 606
41 244 328	6 769 793	64 733 219	28 265 850	5 193 672
194 341 769	106 926 828	247 687 611	141 025 773	35 923 243
56 168 492	12 243 529	67 872 528	30 361 593	12 695 598
179 417 605	101 453 092	244 548 302	138 930 030	28 421 317
116 863 062	39 612 857	162 372 737	85 502 600	8 082 534
75 232 267	33 210 294	106 021 538	51 278 665	17 353 874
43 490 768	40 873 470	44 026 555	32 510 358	15 680 507
355 512	165 000	480 333	414 148	
1 218 917	620 230	1 314 721	505 069	179 778
719 688	104 972	1 175 608	571 413	371 464
555 422	119 036	1 207 723	848 882	632 100
1 797 509	352 223	1 858 725	1 434 229	430 025
2 198 760	328 663	1 555 734	1 220 513	339 523
3 409 595	58 893	4 461 894	2 268 217	405 913
2 272 157	415 448	10 404 684	1 960 504	1 870 348
4 601 719	1 457 803	963 698	2 192 836	756 617
267 040	74 124	413 007	293 726	115 000
458 056	2 474	275 501	90 434	32 970
414 223	279 508	749 144	244 352	43 024
153 828	200 184	-42 390	27 162	13 600
5 138 410	2 432 753	6 274 200	4 170 176	1 885 825
1 424 230	268 233	2 029 229	1 409 822	990 170
479 027	56 108	1 303 102	292 417	192 331
9 852 759	298 507	15 844 663	13 954 311	51 008
8 686 786	1 585 948	6 192 812	3 702 991	1 018 638
6 778 090	618 043	7 356 110	3 812 842	1 095 242
39 794		603 387	437 634	306 344
1 760 580	298 066	2 428 350	1 765 446	39 258
3 673 939	1 111 757	2 278 160	1 041 931	417 364
3 941 812	1 636 111	3 151 402	2 494 746	1 165 860
13 085 958	5 250 070	10 034 331	4 877 661	778 152
3 261 946	370 117	1 479 927	1 100 130	46 533
1 447 749	284 153	1 242 476	719 664	175 704
3 745 636	430 324	2 563 826	1 736 540	451 903
2 285 780	320 505	1 025 342	1 085 097	439 630
18 600 249	2 820 005	24 451 591	7 688 755	1 750 908
12 748 854	225 581	6 012 507	2 293 551	390 731
42 110 219	3 032 515	37 512 630	11 303 453	2 583 022
781 142	712 021	1 970 554	1 095 587	327 879
308 399	10 263	195 857	122 373	70 663
71 190 849	83 054 253	136 500 246	86 429 605	17 474 384
1 554 158	506 122	1 554 182	1 306 678	966 232
4 267 305	4 196 608	15 597 564	4 378 728	3 308 772

	2. 集体资本	3. 法人资本
总　　计	**867 391**	**105 985 546**
在总计中：亏损企业	266 587	8 312 872
在总计中：中央企业	2 033	21 192 260
地方企业	865 358	84 793 286
在总计中：轻工业	324 205	9 928 323
重工业	543 186	96 057 223
在总计中：大型企业	16 820	71 793 941
中型企业	299 615	24 030 543
小型企业	550 956	10 161 062
在总计中：按工业行业大类分		
煤炭开采和洗选业		
石油和天然气开采业		310 683
黑色金属矿采选业		325 291
有色金属矿采选业	1 088	196 651
非金属矿采选业		216 782
其他采矿业		
农副食品加工业	9 158	651 968
食品制造业	2 160	686 227
饮料制造业		911 947
烟草制品业		90 156
纺织业	16 410	677 190
纺织服装、鞋、帽制造业	74 513	25 252
皮革、毛皮、羽毛(绒)及其制品业		1 982
木材加工及木、竹、藤、棕、草制品业	922	70 750
家具制造业		11 567
造纸及纸制品业		1 008 765
印刷业和记录媒介的复制	5 991	314 305
文教体育用品制造业	26 456	16 146
石油加工、炼焦及核燃料加工业	4 300	13 875 300
化学原料及化学制品制造业	65 485	1 397 204
医药制造业	66 385	1 542 010
化学纤维制造业 131290	851 042	666 681
橡胶制品业	4 400	1 693 665
塑料制品业	9 493	320 734
非金属矿物制品业	103 208	808 829
黑色金属冶炼及压延加工业		1 785 850
有色金属冶炼及压延加工业		943 269
金属制品业	12 377	330 750
通用设备制造业	30 033	1 049 962
专用设备制造业	12 800	520 031
交通运输设备制造业	7 030	3 384 604
电气机械及器材制造业	47 699	1 344 837
通信设备、计算机及其他电子设备制造业	75 361	5 724 765
仪器仪表及文化、办公用机械制造业	2 944	461 207
工艺品及其他制造业	13 748	34 903
废弃资源和废旧材料回收加工业		
电力、热力的生产和供应业	234 550	64 560 236
燃气生产和供应业		205 072
水的生产和供应业	40 880	486 656

业主要经济指标(五)

5年

计量单位:千元

4. 个人资本	5. 港澳台资本	6. 外商资本	主营业务收入	主营业务成本
5 483 567	**8 669 437**	**7 168 767**	**626 169 540**	**529 421 123**
834 294	1 831 830	1 494 566	35 392 298	33 116 542
662 860	467 233	747 792	151 335 644	120 625 745
4 820 707	8 202 204	6 420 975	474 833 896	408 795 378
2 706 452	2 119 944	2 587 071	109 373 684	81 074 294
2 777 115	6 549 493	4 581 696	516 795 856	448 346 829
2 772 651	887 507	1 949 147	405 726 630	353 918 804
2 018 760	4 710 944	2 864 929	155 740 960	124 953 750
692 156	3 070 986	2 354 691	64 701 950	50 548 569
	103 465		277 742	183 738
			1 476 480	776 884
2 210			1 983 852	1 277 154
			712 146	537 452
196 016	111 734	35 328	5 992 752	5 219 105
40 681	26 221	125 701	2 265 593	1 788 376
23 292	263 310	663 755	6 233 767	4 310 228
			16 983 134	6 099 268
343 288	355 958	43 373	4 625 628	4 204 334
6 000	23 556	49 405	931 219	797 012
880	3 183	51 419	76 630	69 026
	129 656		442 807	355 749
	1 995		126 697	110 544
164 330	941 970	169 286	6 255 448	5 461 060
34 291	47 381	17 684	1 829 739	1 435 783
	57 484		1 121 446	831 513
		23 703	68 237 769	63 952 968
228 215	312 467	680 982	12 392 955	10 924 543
930 198	32 141	146 866	8 050 882	4 446 201
	20 122	8 001	3 231 351	2 604 664
162 548	67 004	64 788	5 507 624	5 001 958
168 400	234 691	13 758	5 844 686	5 102 329
1 042 167	1 252 964	18 528	27 343 401	25 687 667
1 000	69 841	39 487	6 109 443	5 485 226
78 980	53 784	68 069	2 713 341	2 353 980
85 769	110 449	8 424	4 392 666	3 650 280
38 781	22 343	51 512	2 111 498	1 639 139
204 460	582 779	1 758 974	62 477 491	49 183 649
237 097	120 978	152 209	26 532 502	22 558 285
1 100 325	560 712	1 259 268	120 798 007	102 657 335
267 300	10 941	25 316	1 038 909	702 438
2 559	500		391 821	284 523
112 200	3 102 308	945 927	206 479 543	180 179 288
	45 540	89 834	5 344 910	4 892 266
12 580	3 960	525 880	4 984 619	3 990 477

200

	营业费用	其中:广告费
总　　计	**15 767 260**	**1 517 775**
在总计中：亏损企业	1 091 048	19 872
在总计中：中央企业	4 317 116	324 129
地方企业	11 450 144	1 193 646
在总计中：轻工业	7 424 209	1 109 809
重工业	8 343 051	407 966
在总计中：大型企业	9 593 830	692 271
中型企业	4 607 163	759 366
小型企业	1 566 267	66 138
在总计中：按工业行业大类分		
煤炭开采和洗选业		
石油和天然气开采业	41	
黑色金属矿采选业	90 375	
有色金属矿采选业	37 618	1 092
非金属矿采选业	33 431	
其他采矿业		
农副食品加工业	126 658	2 125
食品制造业	185 052	16 044
饮料制造业	489 382	86 722
烟草制品业	340 017	148 514
纺织业	72 622	1 090
纺织服装、鞋、帽制造业	25 885	326
皮革、毛皮、羽毛(绒)及其制品业	2 627	384
木材加工及木、竹、藤、棕、草制品业	15 238	133
家具制造业	3 312	
造纸及纸制品业	179 449	618
印刷业和记录媒介的复制	61 431	1 188
文教体育用品制造业	45 445	4 311
石油加工、炼焦及核燃料加工业	286 965	4 114
化学原料及化学制品制造业	352 761	19 185
医药制造业	1 351 570	487 568
化学纤维制造业	1 178	
橡胶制品业	124 600	14 257
塑料制品业	129 242	1 651
非金属矿物制品业	209 624	4 305
黑色金属冶炼及压延加工业	206 768	234
有色金属冶炼及压延加工业	80 912	398
金属制品业	64 145	1 109
通用设备制造业	151 970	807
专用设备制造业	118 597	4 698
交通运输设备制造业	1 849 179	335 812
电气机械及器材制造业	2 566 207	135 965
通信设备、计算机及其他电子设备制造业	5 744 838	216 318
仪器仪表及文化、办公用机械制造业	93 720	9 234
工艺品及其他制造业	12 190	102
废弃资源和废旧材料回收加工业		
电力、热力的生产和供应业	210 655	17 285
燃气生产和供应业	136 415	745
水的生产和供应业	367 141	1 441

业主要经济指标(六)

5 年

计量单位:千元

主营业务税金及附加	其他业务利润	管理费用		
			税金	财产保险费
12 944 229	**2 478 247**	**25 127 525**	**708 132**	**262 215**
192 608	264 504	3 959 257	119 215	37 775
8 633 751	278 187	7 422 255	116 632	39 039
4 310 478	2 200 060	17 705 270	591 500	223 176
7 570 789	899 593	7 631 691	216 867	114 389
5 373 440	1 578 654	17 495 834	491 265	147 826
11 297 855	913 372	11 718 958	234 369	140 859
1 353 879	1 155 996	8 908 954	341 349	81 583
292 495	408 879	4 499 613	132 414	39 773
8 670		9 717	144	5
31 277	5 196	166 674	3 225	228
16 794	44 797	224 030	3 422	1 182
15 770	13 777	116 272	1 729	523
30 285	49 650	271 683	15 718	2 695
15 274	41 342	244 726	6 137	1 000
468 270	76 509	416 604	11 845	4 808
6 564 786	36 376	1 253 682	20 489	12 936
28 913	31 110	442 047	25 342	2 436
4 675	21 299	87 463	2 136	224
80	464	14 652	217	35
4 784	563	50 492	2 067	610
273	31	12 227	454	34
12 922	80 197	469 553	17 466	2 946
7 424	34 478	288 031	4 657	965
7 195	9 759	98 534	4 581	1 872
1 879 394	-163 483	751 479	13 929	13 696
30 366	59 223	795 798	36 852	6 268
54 751	56 837	1 080 687	20 204	7 342
		29 615	874	767
20 262	28 301	182 306	6 446	883
7 769	54 857	240 322	10 235	2 098
42 812	13 535	442 040	12 217	5 676
58 278	62 326	378 059	24 186	313
24 713	13 798	307 746	14 673	1 216
12 617	37 550	183 333	6 808	438
15 557	67 993	410 445	9 002	2 296
20 734	49 902	265 136	6 224	1 446
2 433 520	702 373	2 737 624	107 240	19 159
55 886	271 461	984 294	25 254	62 288
161 232	178 770	7 640 168	63 316	45 030
5 385	22 150	163 773	3 843	315
1 518	9 110	60 067	4 095	451
854 051	469 535	3 519 153	191 340	57 631
4 238	47 014	115 024	4 430	638
43 754	51 447	674 069	27 335	1 765

	劳动、待业 保　险　费	养老保险和 医疗保险费
总　　　计	**1 406 387**	**2 843 050**
在总计中：亏损企业	243 003	502 704
在总计中：中央企业	329 878	533 184
地方企业	1 076 509	2 309 866
在总计中：轻工业	396 150	985 808
重工业	1 010 237	1 857 242
在总计中：大型企业	777 602	1 243 625
中型企业	445 475	1 119 809
小型企业	183 310	479 616
在总计中：按工业行业大类分		
煤炭开采和洗选业		
石油和天然气开采业	22	986
黑色金属矿采选业	3 840	18 652
有色金属矿采选业	39 417	33 498
非金属矿采选业	10 230	31 356
其他采矿业		
农副食品加工业	12 304	36 444
食品制造业	13 840	41 622
饮料制造业	10 719	38 000
烟草制品业	127 216	78 739
纺织业	15 203	75 976
纺织服装、鞋、帽制造业	1 682	10 640
皮革、毛皮、羽毛(绒)及其制品业	757	1 743
木材加工及木、竹、藤、棕、草制品业	976	8 030
家具制造业	1 689	1 592
造纸及纸制品业	19 355	80 552
印刷业和记录媒介的复制	8 907	46 092
文教体育用品制造业	3 597	34 306
石油加工、炼焦及核燃料加工业	74 701	124 472
化学原料及化学制品制造业	36 837	118 356
医药制造业	80 996	135 197
化学纤维制造业	636	2 347
橡胶制品业	16 189	35 109
塑料制品业	23 590	29 550
非金属矿物制品业	34 606	85 563
黑色金属冶炼及压延加工业	18 252	192 343
有色金属冶炼及压延加工业	8 948	50 483
金属制品业	5 735	21 793
通用设备制造业	30 300	62 168
专用设备制造业	9 147	39 412
交通运输设备制造业	161 717	321 523
电气机械及器材制造业	34 133	119 516
通信设备、计算机及其他电子设备制造业	43 961	236 290
仪器仪表及文化、办公用机械制造业	2 921	10 502
工艺品及其他制造业	2 968	6 134
废弃资源和废旧材料回收加工业		
电力、热力的生产和供应业	514 762	538 800
燃气生产和供应业	4 082	19 942
水的生产和供应业	32 152	155 322

业主要经济指(七)

5 年

计量单位:千元

办公费	职工教育费	财务费用	利息支出	营业利润
445 298	**181 372**	**7 645 648**	**6 964 536**	**37 739 223**
92 659	31 605	1 053 993	929 886	-3 756 646
57 075	49 830	879 108	775 864	9 735 856
388 223	131 542	6 766 540	6 188 672	28 003 367
156 162	65 497	1 077 069	969 813	5 495 225
289 136	115 875	6 568 579	5 994 723	32 243 998
103 414	68 669	2 217 012	1 950 644	17 893 543
203 913	81 425	2 636 755	2 432 537	14 433 676
137 971	31 278	2 791 881	2 581 355	5 412 004
26	168	15 777	14 951	59 799
1 448	527	37 600	39 432	378 866
4 441	3 647	40 996	39 496	432 057
3 493	689	8 650	8 529	14 348
6 667	2 884	63 318	57 493	331 353
5 534	1 087	59 906	32 569	13 601
8 762	3 832	53 062	61 345	572 730
14 167	11 249	20 431	19 878	2 741 326
9 108	2 737	132 962	130 511	-224 140
2 930	339	2 759	878	34 724
100	69	4 314	4 258	-13 605
676	129	2 936	2 795	14 171
337	23	7 029	6 799	-6 657
6 451	1 876	150 987	149 540	61 674
7 496	2 121	19 767	19 135	51 781
2 614	284	11 484	7 086	137 034
3 905	14 881	142 492	218 058	1 060 988
17 921	6 679	212 478	172 037	136 232
24 305	11 979	189 356	220 142	985 154
50	243	-3 082	-3 654	156 650
5 750	1 232	65 800	59 003	262 020
8 122	1 198	120 665	123 966	62 525
9 368	2 033	75 548	64 523	-14 132
4 047	2 230	571 818	558 039	503 137
5 664	3 057	152 152	149 494	72 492
7 269	1 699	29 378	22 932	107 438
9 000	2 712	90 888	88 350	141 519
7 628	1 542	31 859	32 525	85 935
51 027	25 519	-78 285	-65 521	7 054 177
19 322	4 660	123 949	32 245	515 342
52 339	21 021	742 633	477 373	4 030 571
4 426	1 086	11 951	10 365	83 792
831	178	3 433	2 635	39 200
104 522	36 578	4 373 251	4 054 663	17 809 901
1 864	822	24 414	34 960	219 567
33 688	10 362	132 972	117 706	-172 347

	投资收益	补贴收入
总　　计	**1 346 648**	**3 148 960**
在总计中：亏损企业	-153 828	239 141
在总计中：中央企业	563 940	1 816 989
地方企业	782 708	1 331 971
在总计中：轻工业	119 431	153 759
重工业	1 227 217	2 995 201
在总计中：大型企业	902 531	1 798 066
中型企业	405 654	331 263
小型企业	38 463	1 019 631
在总计中：按工业行业大类分		
煤炭开采和洗选业		
石油和天然气开采业		
黑色金属矿采选业	64	
有色金属矿采选业	13 998	1 877
非金属矿采选业	-381	1 317
其他采矿业		
农副食品加工业	359	6 357
食品制造业	32 424	9 495
饮料制造业	-18 022	9 322
烟草制品业	4 709	300
纺织业	5 655	858
纺织服装、鞋、帽制造业	5 271	1 204
皮革、毛皮、羽毛(绒)及其制品业		
木材加工及木、竹、藤、棕、草制品业	332	6 322
家具制造业	24	1 364
造纸及纸制品业	-25 570	6 785
印刷业和记录媒介的复制	-13 627	61 090
文教体育用品制造业	1 894	2 112
石油加工、炼焦及核燃料加工业	16 885	1 271 429
化学原料及化学制品制造业	42 556	11 170
医药制造业	314	492
化学纤维制造业		
橡胶制品业	9 106	
塑料制品业	16 536	10 768
非金属矿物制品业	10 826	34 600
黑色金属冶炼及压延加工业	53 529	181
有色金属冶炼及压延加工业	3 709	16 137
金属制品业	-1 315	8 510
通用设备制造业	13 260	6 866
专用设备制造业	752	5 857
交通运输设备制造业	66 881	91 814
电气机械及器材制造业	143 490	14 023
通信设备、计算机及其他电子设备制造业	466 708	477 710
仪器仪表及文化、办公用机械制造业	33 139	9 989
工艺品及其他制造业	1 455	1 030
废弃资源和废旧材料回收加工业		
电力、热力的生产和供应业	422 387	1 029 608
燃气生产和供应业	-243	30 340
水的生产和供应业	39 543	20 033

业主要经济指标(八)

5 年

计量单位:千元

利润总额	应交所得税	亏损企业亏损额	利税总额	本年应付工资总额
38 731 082	**8 272 689**	**4 115 880**	**80 026 051**	**23 548 489**
-4 115 880	30 904	4 115 880	-2 506 976	3 180 143
10 584 458	2 099 473	106 375	27 619 423	6 416 739
28 146 624	6 173 216	4 009 505	52 406 628	17 131 750
5 310 928	1 542 131	1 793 351	18 347 072	6 402 246
33 420 154	6 730 558	2 322 529	61 678 979	17 146 243
18 339 749	4 972 535	1 065 125	46 690 010	11 868 911
14 602 996	2 533 156	1 402 164	24 288 670	8 102 749
5 788 337	766 998	1 648 591	9 047 371	3 576 829
59 799			68 506	17 578
618 172	29 686	2 048	807 879	115 109
408 453	48 493		555 319	226 258
13 347	12 087	24 111	78 187	155 087
180 253	22 767	48 682	405 380	218 624
41 954	22 686	60 418	181 647	232 805
501 331	128 001	38 942	1 389 462	298 469
2 731 291	834 586	1 005	11 266 722	725 179
-337 976	14 835	410 223	-162 477	494 339
42 360	3 136	6 096	78 288	218 092
-13 393	64	13 699	-8 297	9 745
-10 233	327	21 221	15 000	32 932
-5 537		6 872	612	19 795
30 811	37 550	227 224	310 037	361 510
50 624	14 164	65 962	169 757	257 421
104 676	33 841	1 503	149 033	113 849
1 531 239	415 600		6 736 785	999 422
188 717	72 689	303 113	620 804	720 159
936 596	203 142	40 663	1 704 924	787 485
155 604	23 341		189 743	19 036
211 054	38 012	31 553	288 530	240 379
87 201	22 244	34 913	222 631	257 575
-26 058	16 650	197 111	321 226	472 481
591 131	84 600	182	1 172 428	606 827
111 535	11 932	3 456	346 475	259 462
99 659	19 987	36 061	191 427	236 745
170 846	23 065	43 323	344 044	378 182
99 895	13 820	74 786	185 641	248 695
7 177 328	790 918	403 706	12 030 882	1 930 480
666 675	100 838	174 869	1 304 524	924 471
4 339 248	508 752	706 457	7 230 964	5 220 037
123 888	15 796	39 232	203 745	124 089
36 738	7 231	10 086	61 135	76 862
17 780 144	4 665 270	708 740	31 132 208	5 654 071
150 676	4 639	44 481	203 208	125 155
-116 966	31 940	335 142	229 672	770 084

200

	主营业务应付工资总额	本年应付福利费总额
总　　计	**23 349 335**	**2 940 644**
在总计中：亏损企业	3 109 442	404 255
在总计中：中央企业	6 374 972	793 880
地方企业	16 974 363	2 146 764
在总计中：轻工业	6 336 961	838 814
重工业	17 012 374	2 101 830
在总计中：大型企业	11 868 711	1 381 033
中型企业	8 018 887	1 113 587
小型企业	3 461 737	446 024
在总计中：按工业行业大类分		
煤炭开采和洗选业		
石油和天然气开采业	17 578	725
黑色金属矿采选业	115 109	15 021
有色金属矿采选业	225 643	30 613
非金属矿采选业	143 722	13 696
其他采矿业		
农副食品加工业	207 735	46 899
食品制造业	229 793	23 294
饮料制造业	296 964	44 276
烟草制品业	725 179	133 477
纺织业	489 421	51 974
纺织服装、鞋、帽制造业	208 920	8 622
皮革、毛皮、羽毛(绒)及其制品业	9 368	1 219
木材加工及木、竹、藤、棕、草制品业	32 453	4 009
家具制造业	18 217	2 651
造纸及纸制品业	361 162	36 182
印刷业和记录媒介的复制	254 471	31 177
文教体育用品制造业	113 564	17 397
石油加工、炼焦及核燃料加工业	999 422	109 790
化学原料及化学制品制造业	699 703	105 106
医药制造业	787 485	106 845
化学纤维制造业	18 391	2 347
橡胶制品业	239 361	34 003
塑料制品业	254 924	29 012
非金属矿物制品业	469 034	58 112
黑色金属冶炼及压延加工业	606 618	84 482
有色金属冶炼及压延加工业	259 398	35 969
金属制品业	229 413	25 680
通用设备制造业	366 911	49 401
专用设备制造业	239 607	32 052
交通运输设备制造业	1 920 370	292 988
电气机械及器材制造业	916 360	116 857
通信设备、计算机及其他电子设备制造业	5 197 151	496 949
仪器仪表及文化、办公用机械制造业	122 775	11 162
工艺品及其他制造业	74 903	8 162
废弃资源和废旧材料回收加工业		
电力、热力的生产和供应业	5 625 786	746 906
燃气生产和供应业	122 592	18 470
水的生产和供应业	749 832	115 119

业主要经济指标(九)

5 年

计量单位:千元

主营业务应付福利费总额	本年应交增值税	本年进项税额	本年销项税额	全部从业人员年平均人数(人)
2 879 746	**28 350 740**	**49 676 616**	**64 471 928**	**694 211**
379 410	1 416 296	3 817 583	4 469 380	156 546
783 394	8 401 214	16 624 061	21 668 965	114 350
2 096 352	19 949 526	33 052 555	42 802 963	579 861
808 597	5 465 355	11 108 936	14 685 884	243 165
2 071 149	22 885 385	38 567 680	49 786 044	451 046
1 380 465	17 052 406	27 943 575	34 353 988	234 688
1 075 989	8 331 795	16 534 989	22 625 291	273 792
423 292	2 966 539	5 198 052	7 492 649	185 731
719	37	16 875	16 912	901
15 021	158 430	29 225	187 212	3 912
29 035	130 072	48 168	177 422	7 120
12 351	49 070	40 937	89 147	11 525
42 094	194 842	350 897	500 272	13 955
23 121	124 419	230 775	348 516	9 948
44 015	419 861	597 338	921 648	9 691
133 477	1 970 645	1 314 762	3 025 436	6 772
51 938	146 586	358 915	404 479	26 870
6 781	31 253	62 553	66 427	11 567
1 087	5 016	5 060	9 471	663
3 961	20 449	41 004	61 095	2 182
2 034	5 876	11 872	17 671	1 461
28 510	266 304	673 419	889 480	17 707
30 948	111 709	193 987	274 613	10 435
17 368	37 162	113 220	135 119	4 806
109 790	3 326 152	10 005 789	11 704 376	15 391
96 355	401 721	1 685 607	1 922 336	33 517
106 768	713 577	698 945	1 351 619	19 674
0	34 139	48 376	71 960	321
33 846	57 214	325 294	276 313	9 008
28 882	127 661	698 147	764 752	10 537
57 534	304 472	610 868	721 350	29 094
84 433	523 019	3 965 915	3 942 233	21 014
35 815	210 227	807 887	979 575	8 761
24 264	79 151	316 480	308 360	10 200
47 951	157 641	583 334	702 926	18 243
31 347	65 012	250 026	257 696	10 358
292 366	2 420 034	7 710 148	9 522 423	49 884
115 474	581 963	3 756 002	3 542 988	41 897
487 920	2 730 484	7 349 696	8 993 023	124 277
11 001	74 472	73 872	131 475	4 520
7 993	22 879	22 422	42 921	3 796
736 527	12 498 013	5 836 656	11 056 862	113 375
18 130	48 294	714 081	715 621	3 780
110 890	302 884	128 064	338 199	27 049

集体工业企业主要

200

	企业单位数（个）	亏损企业
总　　计	**1 272**	**249**
在总计中：亏损企业	249	249
在总计中：轻工业	680	132
重工业	592	117
在总计中：大型企业	1	
中型企业	61	15
小型企业	1 210	234
在总计中：按工业行业大类分		
煤炭开采和洗选业	1	
石油和天然气开采业		
黑色金属矿采选业	6	1
有色金属矿采选业	3	
非金属矿采选业	40	2
其他采矿业		
农副食品加工业	25	4
食品制造业	17	1
饮料制造业	5	
烟草制品业		
纺织业	84	12
纺织服装、鞋、帽制造业	74	18
皮革、毛皮、羽毛(绒)及其制品业	45	12
木材加工及木、竹、藤、棕、草制品业	10	1
家具制造业	8	2
造纸及纸制品业	61	11
印刷业和记录媒介的复制	27	3
文教体育用品制造业	33	10
石油加工、炼焦及核燃料加工业	3	
化学原料及化学制品制造业	47	3
医药制造业	7	1
化学纤维制造业	4	
橡胶制品业	19	5
塑料制品业	59	13
非金属矿物制品业	138	38
黑色金属冶炼及压延加工业	9	
有色金属冶炼及压延加工业	34	6
金属制品业	108	18
通用设备制造业	41	5
专用设备制造业	21	2
交通运输设备制造业	26	7
电气机械及器材制造业	91	28
通信设备、计算机及其他电子设备制造业	44	10
仪器仪表及文化、办公用机械制造业	17	3
工艺品及其他制造业	34	6
废弃资源和废旧材料回收加工业	4	
电力、热力的生产和供应业	17	9
燃气生产和供应业	1	
水的生产和供应业	109	18

经济指标(一)

5 年

计量单位:千元

工业总产值（当年价）	二业销售产值（当年价）	出口交货值	工业中间投入	工业增加值（当年价）
46 855 937	**46 025 474**	**10 794 224**	**34 515 465**	**13 707 051**
7 711 926	7 617 275	1 099 014	5 923 503	2 015 969
25 036 781	24 692 439	7 438 138	18 211 996	7 409 743
21 819 156	21 333 035	3 356 086	16 303 469	6 297 308
757 768	757 768		572 114	185 654
13 691 331	13 379 811	4 505 648	9 639 435	4 353 718
32 406 838	31 887 895	6 288 576	24 303 916	9 167 679
7 042	7 234		5 377	2 681
225 055	208 954		176 193	66 150
47 400	47 400		35 707	15 911
654 567	644 069		492 856	185 000
1 303 988	1 310 192	6 046	1 129 424	227 492
374 308	355 045	17 493	303 295	84 769
167 496	159 190		127 792	46 818
2 671 936	2 606 311	1 379 867	2 018 566	699 120
1 837 799	1 790 884	773 233	1 374 678	507 204
3 400 342	3 427 403	487 060	2 452 884	966 788
188 140	187 368	53 265	142 319	52 277
142 312	141 671	66 126	108 158	36 267
2 215 291	2 198 992	65 379	1 763 750	517 565
495 525	490 481		367 524	146 312
2 359 156	2 356 644	2 114 472	1 732 552	647 704
46 129	45 897		33 061	14 659
1 236 888	1 175 324	205 663	959 808	311 167
322 086	285 711	1 888	234 273	101 006
94 712	88 834	17 085	74 551	22 849
534 175	510 467	105 038	444 424	119 478
1 468 034	1 382 430	430 497	1 097 049	413 945
4 379 918	4 301 747	151 021	3 392 946	1 184 955
1 274 538	1 166 734		931 518	364 035
1 865 389	1 849 787		1 555 219	457 603
2 513 795	2 481 895	367 145	1 988 428	596 759
1 243 396	1 198 118	359 706	941 398	351 250
532 605	537 434	148 600	389 382	155 215
571 355	555 140	7 603	441 616	154 290
3 260 689	3 259 852	861 680	2 359 719	977 078
2 070 182	2 064 459	1 656 753	1 198 596	908 776
1 132 560	1 091 203	575 623	577 710	562 021
1 242 785	1 234 355	807 253	904 197	353 276
535 437	522 087		422 040	120 270
2 241 069	2 196 624	13 721	1 702 368	617 200
60 280	62 278		46 747	15 070
4 139 558	4 083 260	122 007	2 589 340	1 704 091

	资产合计	流动资产 小　计
总　　计	**45 343 453**	**18 966 678**
在总计中：亏损企业	15 084 706	6 296 015
在总计中：轻工业	24 815 681	10 236 396
重工业	20 527 772	8 730 282
在总计中：大型企业	672 608	567 668
中型企业	18 388 241	6 781 265
小型企业	26 282 604	11 617 745
在总计中：按工业行业大类分		
煤炭开采和洗选业	1 526	1 526
石油和天然气开采业		
黑色金属矿采选业	81 252	54 007
有色金属矿采选业	10 200	4 118
非金属矿采选业	240 041	134 606
其他采矿业		
农副食品加工业	542 554	294 510
食品制造业	473 217	282 228
饮料制造业	210 354	80 992
烟草制品业		
纺织业	1 139 533	551 532
纺织服装、鞋、帽制造业	796 320	400 105
皮革、毛皮、羽毛(绒)及其制品业	1 737 641	1 305 400
木材加工及木、竹、藤、棕、草制品业	74 867	55 291
家具制造业	52 957	40 920
造纸及纸制品业	1 476 004	761 268
印刷业和记录媒介的复制	351 942	184 592
文教体育用品制造业	716 378	300 216
石油加工、炼焦及核燃料加工业	8 498	5 148
化学原料及化学制品制造业	682 654	407 153
医药制造业	245 425	111 523
化学纤维制造业	45 749	24 743
橡胶制品业	225 717	155 426
塑料制品业	747 478	415 650
非金属矿物制品业	5 009 629	1 882 957
黑色金属冶炼及压延加工业	428 773	215 656
有色金属冶炼及压延加工业	710 278	342 996
金属制品业	1 632 525	1 023 265
通用设备制造业	722 683	419 914
专用设备制造业	343 404	239 134
交通运输设备制造业	547 635	333 743
电气机械及器材制造业	4 094 678	1 843 983
通信设备、计算机及其他电子设备制造业	1 563 822	554 407
仪器仪表及文化、办公用机械制造业	405 371	158 814
工艺品及其他制造业	413 616	258 510
废弃资源和废旧材料回收加工业	161 046	117 636
电力、热力的生产和供应业	7 127 564	2 478 804
燃气生产和供应业	16 402	8 734
水的生产和供应业	12 305 720	3 517 171

经济指标(二)

5 年

计量单位:千元

其中:短期投资	其中:应收账款净额	其中:存货	其中:产成品	流动资产年平均余额
75 947	**4 540 196**	**3 730 031**	**1 454 786**	**20 215 902**
14 694	1 350 979	1 165 888	482 724	6 058 544
31 088	2 635 794	1 739 443	624 205	11 348 746
44 859	1 904 402	1 990 588	830 581	8 867 156
	16 181	104 732		439 830
1 120	1 179 152	1 060 327	429 744	7 039 754
74 827	3 344 863	2 564 972	1 025 042	12 736 318
		1 485	1 485	2 064
	25 340	13 832	9 298	50 436
	751	1 100	1 100	9 018
1 736	46 444	25 198	12 374	153 736
	135 432	42 413	15 473	400 853
	91 143	97 709	26 668	276 878
	16 583	15 037	3 978	79 402
7 110	123 043	174 754	91 754	743 607
1 711	156 590	98 775	22 604	562 244
326	104 952	229 491	25 513	1 222 318
167	8 460	23 841	12 712	55 450
	12 681	7 147	1 781	45 108
3 653	369 385	156 153	65 730	773 966
	44 765	47 781	24 627	203 745
	49 946	39 757	17 052	961 114
	2 615	1 859		8 371
97	155 801	128 456	59 834	415 558
2	57 058	39 994	21 405	111 111
	6 398	12 864	2 495	23 513
65	55 602	43 046	16 066	147 683
11 997	121 502	114 542	50 743	449 025
13 850	325 890	590 618	304 325	1 925 919
11 160	28 664	120 001	74 037	224 605
1 100	85 386	166 564	54 436	349 598
2 031	322 817	259 453	93 838	1 039 538
308	161 477	90 055	36 868	431 890
	135 360	37 603	18 329	233 945
	59 364	107 727	58 900	317 461
4 710	707 451	512 636	207 591	2 205 277
4 058	160 684	54 752	31 484	626 330
	44 354	38 494	32 385	227 364
11 296	65 434	74 301	24 562	302 957
	13 258	42 138	11 113	120 492
53	200 123	161 941	3 456	2 030 342
	746	106	106	12 787
517	644 697	158 408	20 664	3 472 197

	长期投资	固定资产 小　计
总　　计	**1 528 417**	**21 136 433**
在总计中：亏损企业	823 042	6 590 685
在总计中：轻工业	685 764	11 134 065
重工业	842 653	10 002 368
在总计中：大型企业		104 940
中型企业	852 469	8 566 261
小型企业	675 948	12 465 232
在总计中：按工业行业大类分		
煤炭开采和洗选业		
石油和天然气开采业		
黑色金属矿采选业	1 290	24 465
有色金属矿采选业		4 276
非金属矿采选业	6 402	73 711
其他采矿业		
农副食品加工业	19 328	213 652
食品制造业	80	167 729
饮料制造业	11 003	65 868
烟草制品业		
纺织业	6 793	553 344
纺织服装、鞋、帽制造业	9 033	261 119
皮革、毛皮、羽毛(绒)及其制品业	7 303	360 693
木材加工及木、竹、藤、棕、草制品业	10	16 119
家具制造业		7 718
造纸及纸制品业	35 588	603 545
印刷业和记录媒介的复制	326	150 557
文教体育用品制造业	30	390 822
石油加工、炼焦及核燃料加工业		1 308
化学原料及化学制品制造业	8 951	258 610
医药制造业	28 727	82 833
化学纤维制造业		20 690
橡胶制品业	4 390	63 507
塑料制品业	500	279 299
非金属矿物制品业	164 108	2 732 724
黑色金属冶炼及压延加工业	1 861	127 206
有色金属冶炼及压延加工业	1 125	307 469
金属制品业	22 360	551 707
通用设备制造业	56 426	229 850
专用设备制造业	12	99 767
交通运输设备制造业	50 281	119 873
电气机械及器材制造业	40 694	1 448 871
通信设备、计算机及其他电子设备制造业	17 608	880 809
仪器仪表及文化、办公用机械制造业		239 815
工艺品及其他制造业	9 246	93 103
废弃资源和废旧材料回收加工业		43 410
电力、热力的生产和供应业	517 086	3 863 645
燃气生产和供应业		3 590
水的生产和供应业	507 856	6 794 729

经济指标(三)

5 年

计量单位:千元

固定资产原价	生产经营用	累计折旧	本年折旧	固定资产净值年平均余额
29 133 753	**25 005 279**	**12 120 135**	**2 436 776**	**17 649 332**
7 861 483	6 763 092	3 778 188	784 623	4 503 458
16 533 363	14 073 319	6 751 636	1 175 842	9 889 041
12 600 390	10 931 960	5 368 499	1 260 934	7 760 291
138 900	69 494	33 960	12 501	104 940
11 016 627	9 265 217	5 041 539	1 088 471	6 205 096
17 978 226	15 670 568	7 044 636	1 335 804	11 339 296
28 937	20 135	5 864	2 389	15 875
5 811	5 457	1 539	354	4 207
123 600	88 166	59 349	14 339	69 019
367 804	317 085	160 075	42 873	208 829
312 514	306 800	156 485	17 311	151 038
154 998	112 980	91 366	10 629	62 613
907 044	799 135	439 413	107 332	473 943
390 170	328 145	143 762	30 381	252 514
469 797	172 518	123 227	45 042	343 294
32 020	29 383	16 907	3 240	23 852
13 670	10 726	6 816	1 714	7 026
797 841	734 052	316 665	42 148	614 682
250 964	233 675	104 535	29 491	153 372
529 929	425 059	142 501	19 606	387 756
2 442	2 434	1 158	183	1 457
350 655	302 593	192 551	52 392	205 406
106 892	98 350	47 924	10 088	51 280
33 629	33 548	16 674	9 681	20 642
161 782	149 867	98 670	16 827	60 353
428 776	384 912	204 608	42 680	216 570
4 302 090	3 862 158	1 741 117	269 884	2 626 484
196 420	185 502	77 802	23 493	129 002
476 971	367 878	211 600	44 820	272 924
853 041	729 962	325 076	90 844	549 170
312 876	264 100	125 963	27 406	184 023
220 258	209 526	123 330	26 187	89 877
258 734	236 639	152 958	19 229	105 955
2 190 074	1 971 825	867 453	223 888	1 403 447
1 138 759	801 799	405 723	76 971	755 988
290 175	256 253	73 924	24 011	245 305
168 173	161 940	89 443	38 183	91 432
82 440	60 145	46 330	32 363	29 736
2 978 412	2 542 933	1 357 636	392 049	1 949 491
6 742	6 742	3 152	1 320	3 750
10 189 313	8 792 857	4 188 539	647 428	5 889 020

200

	无形资产	负债合计
总　　计	**2 304 207**	**28 854 001**
在总计中：农村工业	1 012 820	12 290 629
在总计中：轻工业	1 943 155	14 757 815
重工业	361 052	14 096 186
在总计中：大型企业		563 613
中型企业	1 809 771	11 092 785
小型企业	494 436	17 197 603
在总计中：按工业行业大类分		
煤炭开采和洗选业		470
石油和天然气开采业		
黑色金属矿采选业		37 687
有色金属矿采选业		7 815
非金属矿采选业	14 181	100 645
其他采矿业		
农副食品加工业	13 154	328 289
食品制造业	21 243	255 023
饮料制造业		156 415
烟草制品业		
纺织业	9 103	496 928
纺织服装、鞋、帽制造业	15 926	673 082
皮革、毛皮、羽毛(绒)及其制品业	12 251	1 235 801
木材加工及木、竹、藤、棕、草制品业	50	48 397
家具制造业		17 111
造纸及纸制品业	3 861	689 535
印刷业和记录媒介的复制	10 728	202 751
文教体育用品制造业	11 800	341 439
石油加工、炼焦及核燃料加工业		4 328
化学原料及化学制品制造业	1 491	390 385
医药制造业	18 131	150 001
化学纤维制造业		24 941
橡胶制品业		138 597
塑料制品业	4 140	685 063
非金属矿物制品业	63 521	3 812 172
黑色金属冶炼及压延加工业	3 386	96 464
有色金属冶炼及压延加工业	7 379	649 404
金属制品业	24 658	1 100 148
通用设备制造业	4 607	350 744
专用设备制造业	2 557	154 825
交通运输设备制造业	34 761	389 371
电气机械及器材制造业	688 613	2 917 710
通信设备、计算机及其他电子设备制造业	28 520	905 213
仪器仪表及文化、办公用机械制造业	13	96 894
工艺品及其他制造业	47	264 109
废弃资源和废旧材料回收加工业		88 368
电力、热力的生产和供应业	164 133	5 488 061
燃气生产和供应业	4 078	6 242
水的生产和供应业	1 141 875	6 549 573

经济指标(四)

5年

计量单位:千元

流动负债	长期负债	所有者权益合计	实收资本	1. 国家资本
21 435 495	**6 833 264**	**16 489 452**	**9 152 155**	**288 373**
8 479 349	3 706 633	2 794 077	3 425 007	133 457
11 991 816	2 616 879	10 057 866	4 276 223	215 070
9 443 679	4 216 385	6 431 586	4 875 932	73 303
550 668	12 945	108 995	50	
8 058 052	2 986 986	7 295 456	3 461 902	125 286
12 826 775	3 833 333	9 085 001	5 690 203	163 087
470		1 056	800	
34 840	2 847	43 565	33 764	
3 675	1 650	2 385	2 380	
83 179	10 140	139 396	62 932	
186 719	141 569	214 265	135 678	
230 980	24 043	218 194	95 114	
156 287	128	53 939	42 402	
436 919	59 519	642 605	424 614	36
546 209	27 647	123 238	138 079	800
1 156 441	62 642	501 840	88 278	
47 931	457	26 470	31 537	
16 113		35 846	22 530	
585 199	103 331	786 469	357 311	
176 348	26 133	149 191	86 412	
265 032	66 595	374 939	304 704	1 852
2 300		4 170	2 750	
318 566	68 632	292 269	99 007	
144 164	5 837	95 424	43 937	10 067
24 941		20 808	12 120	
120 138	17 633	87 120	68 038	
655 039	30 010	62 415	207 964	
2 049 844	1 374 671	1 197 457	1 084 458	2 161
67 112	21 652	332 309	46 400	2 000
423 801	219 715	60 874	89 326	
1 038 833	50 636	532 377	330 969	
328 167	21 557	371 939	136 650	
130 889	16 116	188 579	100 425	
383 010	2 840	158 264	81 776	
2 649 301	263 366	1 176 968	1 454 791	66 009
901 020	2 193	658 609	382 559	
91 872	3 398	308 477	228 027	
247 381	16 727	149 507	111 931	
73 368	15 000	72 678	10 348	
3 147 043	2 337 939	1 639 503	1 637 021	52 088
5 796	446	10 160	2 380	
4 706 568	1 838 195	5 756 147	1 194 743	153 360

	2. 集体资本	3. 法人资本
总　　计	**4 412 564**	**1 923 139**
在总计中：亏损企业	1 931 326	511 341
在总计中：轻工业	2 480 926	646 007
重工业	1 931 638	1 277 132
在总计中：大型企业	50 757 768	738 825
中型企业	1 523 499	405 472
小型企业	2 889 015	1 517 667
在总计中：按工业行业大类分		
煤炭开采和洗选业		
石油和天然气开采业		
黑色金属矿采选业	2 200	10 000
有色金属矿采选业	238 047 400	36 707
非金属矿采选业	10 852	29 367
其他采矿业		
农副食品加工业	39 011	86 944
食品制造业	39 669	1 000
饮料制造业	22 623	13 042
烟草制品业		
纺织业	232 642	101 924
纺织服装、鞋、帽制造业	61 283	38 933
皮革、毛皮、羽毛(绒)及其制品业	38 048	32 603
木材加工及木、竹、藤、棕、草制品业	20 256	5 000
家具制造业	21 050	
造纸及纸制品业	242 871	19 702
印刷业和记录媒介的复制	57 355	16 057
文教体育用品制造业	85 927	93 331
石油加工、炼焦及核燃料加工业	280	590
化学原料及化学制品制造业	74 115	14 490
医药制造业	33 416	154
化学纤维制造业	1 212 088 834	81 783
橡胶制品业	41 673	5 992
塑料制品业	67 522	118 545
非金属矿物制品业	723 936	165 521
黑色金属冶炼及压延加工业	26 600	16 790
有色金属冶炼及压延加工业	39 617	35 581
金属制品业	174 396	66 818
通用设备制造业	65 638	53 057
专用设备制造业	20 376	69 626
交通运输设备制造业	56 529	12 989
电气机械及器材制造业	585 654	84 938
通信设备、计算机及其他电子设备制造业	223 574	19 930
仪器仪表及文化、办公用机械制造业	9 130	7 415
工艺品及其他制造业	73 259	11 089
废弃资源和废旧材料回收加工业	2 500	3 302
电力、热力的生产和供应业	437 100	662 289
燃气生产和供应业		2 380
水的生产和供应业	868 962	123 740

经济指标(五)

5 年

计量单位:千元

4. 个人资本	5. 港澳台资本	6. 外商资本	主营业务收　入	主营业务成　本
857 421	**939 339**	**731 319**	**44 708 757**	**38 803 331**
286 749	544 251	17 883	7 192 808	6 584 003
329 399	467 714	137 107	23 643 066	20 446 458
528 022	471 625	594 212	21 065 691	18 356 873
282 830	543 443	581 372	12 921 365	11 284 447
574 591	395 896	149 947	31 029 624	26 780 059
800			8 864	8 731
21 564			207 960	141 385
22 713			622 926	513 883
9 723			1 285 422	1 241 431
7 758		46 687	354 499	298 330
1 633	5 104		148 760	108 317
39 214	46 854	3 944	2 599 473	2 327 379
17 527	10 520	9 016	1 753 135	1 588 968
13 028	4 599		2 891 998	2 683 614
6 281			187 112	154 168
1 330	150		133 965	121 578
86 749	1 301	6 688	2 197 416	2 008 908
13 000			490 814	419 741
7 369	98 973	17 252	2 373 482	2 220 800
1 880			45 898	34 859
6 642	3 760		1 186 524	1 004 594
300			251 908	209 489
13 021	200	7 152	477 160	436 246
15 067	5 830	1 000	1 352 972	1 164 290
168 724	24 116		4 175 768	3 816 004
1 010			1 238 147	1 082 785
11 450	2 678		1 874 283	1 707 539
29 809	59 946		2 412 639	2 159 391
9 765	8 190		1 216 469	1 008 887
1 790	8 633		540 467	446 897
12 198		60	545 437	444 171
49 193	131 419	537 578	3 093 852	2 665 149
20 711	69 862	48 482	2 070 260	1 683 089
34 052	123 970	53 460	925 291	707 603
15 740	11 843		1 143 114	1 038 760
4 546			519 874	460 935
164 153	321 391		2 108 403	1 856 516
			62 238	60 536
48 681			4 075 993	2 859 868

	营业费用	其中:广告费
总　　计	**899 682**	**30 563**
在总计中：亏损企业	143 690	3 941
在总计中：轻工业	496 556	27 026
重工业	403 126	3 537
在总计中：大型企业		
中型企业	247 242	6 265
小型企业	652 440	24 298
在总计中：按工业行业大类分		
煤炭开采和洗选业		
石油和天然气开采业		
黑色金属矿采选业	13 427	
有色金属矿采选业	1 105	
非金属矿采选业	30 190	4
其他采矿业		
农副食品加工业	11 495	326
食品制造业	20 680	14 679
饮料制造业	18 481	680
烟草制品业		
纺织业	55 010	26
纺织服装、鞋、帽制造业	25 804	705
皮革、毛皮、羽毛(绒)及其制品业	16 650	1 126
木材加工及木、竹、藤、棕、草制品业	6 521	
家具制造业	2 625	68
造纸及纸制品业	22 784	10
印刷业和记录媒介的复制	10 243	9
文教体育用品制造业	28 236	31
石油加工、炼焦及核燃料加工业	1 137	6
化学原料及化学制品制造业	42 691	2 074
医药制造业	6 542	2 267
化学纤维制造业	1 162	
橡胶制品业	4 840	34
塑料制品业	28 587	65
非金属矿物制品业	59 366	171
黑色金属冶炼及压延加工业	10 563	
有色金属冶炼及压延加工业	13 880	516
金属制品业	63 020	347
通用设备制造业	36 516	268
专用设备制造业	18 563	1 306
交通运输设备制造业	28 869	35
电气机械及器材制造业	98 375	3 728
通信设备、计算机及其他电子设备制造业	42 624	87
仪器仪表及文化、办公用机械制造业	16 695	
工艺品及其他制造业	19 025	10
废弃资源和废旧材料回收加工业	11 567	
电力、热力的生产和供应业	2 322	
燃气生产和供应业	532	
水的生产和供应业	129 555	1 985

经济指标(六)

5 年

计量单位:千元

主营业务税金及附加	其他业务利润	管理费用	税金	财产保险费
331 410	**148 959**	**2 487 677**	**129 109**	**23 965**
43 136	23 655	539 752	16 302	3 098
179 562	50 627	1 270 665	50 045	11 515
151 848	98 332	1 217 012	79 064	12 450
4 641		12 503		
65 708	37 473	618 881	55 611	5 752
261 061	111 486	1 856 293	73 498	18 213
102				
7 601		22 087	37	8
565	190	2 398	1 170	
10 213		21 247	1 873	425
6 648	793	28 110	1 533	619
2 790	1 766	14 910	2 308	100
354	1 769	9 901	1 820	134
15 024	-810	112 274	4 904	1 803
11 149	-50	92 894	4 860	727
20 927	262	92 011	1 840	398
1 088	85	8 906	850	284
1 467	1 411	5 273	633	42
19 735	55	50 471	3 098	881
2 701	2 595	32 560	1 154	200
3 132		76 277	964	515
113		756	5	19
8 173	1 984	53 563	1 709	280
1 332	1 105	14 805	517	163
448		2 885	1 097	10
4 689	3 584	25 846	2 071	261
15 721	1 629	81 587	2 428	2 998
37 554	-864	165 422	10 915	955
3 263	1 610	13 927	271	104
8 007	3 716	40 096	2 247	406
14 903	64 304	103 152	7 185	921
19 604	1 868	92 678	10 527	825
7 487	1 593	42 920	2 357	379
4 400	3 015	44 539	692	138
22 040	13 737	229 741	6 676	1 373
9 665	7 286	239 321	28 072	2 427
9 334	265	135 280	1 756	2 828
11 109	5 657	46 411	9 439	310
2 923		5 520	425	222
6 662	160	132 612	4 424	1 288
153	1 468	487	180	10
40 334	28 776	446 810	9 072	1 912

	劳动、待业保险费	养老保险和医疗保险费
总　　计	**65 672**	**325 208**
在总计中：亏损企业	12 915	76 490
在总计中：轻工业	33 480	183 090
重工业	32 192	142 118
在总计中：大型企业		7 142
中型企业	15 651	98 622
小型企业	50 021	219 444
在总计中：按工业行业大类分		
煤炭开采和洗选业		31
石油和天然气开采业		
黑色金属矿采选业	166	15
有色金属矿采选业		
非金属矿采选业	881	4 201
其他采矿业		
农副食品加工业	1 111	2 913
食品制造业	600	2 015
饮料制造业	957	421
烟草制品业		
纺织业	4 584	21 432
纺织服装、鞋、帽制造业	2 260	15 129
皮革、毛皮、羽毛(绒)及其制品业	1 038	30 111
木材加工及木、竹、藤、棕、草制品业	909	986
家具制造业	272	945
造纸及纸制品业	1 133	7 445
印刷业和记录媒介的复制	346	2 668
文教体育用品制造业	2 840	18 907
石油加工、炼焦及核燃料加工业		6
化学原料及化学制品制造业	1 689	4 880
医药制造业	1 896	3 006
化学纤维制造业	23	288
橡胶制品业	2 524	4 926
塑料制品业	4 421	10 690
非金属矿物制品业	4 773	16 082
黑色金属冶炼及压延加工业	253	1 205
有色金属冶炼及压延加工业	457	5 919
金属制品业	3 338	15 658
通用设备制造业	2 091	8 777
专用设备制造业	698	3 995
交通运输设备制造业	855	6 157
电气机械及器材制造业	6 674	46 467
通信设备、计算机及其他电子设备制造业	3 580	30 660
仪器仪表及文化、办公用机械制造业	3 990	8 307
工艺品及其他制造业	3 316	7 703
废弃资源和废旧材料回收加工业	201	2 394
电力、热力的生产和供应业	1 714	10 783
燃气生产和供应业	85	25
水的生产和供应业	5 997	30 092

经济指标(七)

5 年

计量单位:千元

办公费	职工教育费	财务费用	利息支出	营业利润
160 279	**22 075**	**673 445**	**539 515**	**1 662 171**
22 723	2 558	256 208	235 051	-350 326
89 206	12 054	398 781	322 947	901 671
71 073	10 021	274 664	216 568	760 500
		750		1 049
53 595	6 328	249 333	209 502	493 227
106 684	15 747	423 362	330 013	1 167 895
3 171	189	338	283	23 122
50		750	700	6 065
2 785	167	3 931	1 475	43 462
7 467	686	8 302	7 134	-9 771
1 450	60	5 011	4 803	14 544
528	75	2 818	2 459	10 658
8 871	728	22 511	11 950	66 465
6 621	383	16 314	9 266	17 956
7 512	45	4 520	892	74 538
2 253	37	1 121	1 072	15 393
254		185	29	4 248
1 830	159	23 363	7 270	72 210
860	663	7 189	3 423	20 975
9 336	274	4 324	2 136	40 713
188	7	111	-1	8 922
9 443	626	5 652	5 011	73 835
1 171	140	4 910	4 914	15 935
	3	217	169	2 339
967	121	2 196	1 325	6 927
5 685	1 089	15 770	13 311	48 646
6 723	1 209	54 350	49 488	42 208
740	1 057	7 458	7 232	121 761
2 683	80	12 640	8 343	95 837
5 984	236	17 154	13 984	119 323
6 157	473	3 305	2 282	57 347
13 901	1 324	8 297	5 369	17 896
1 316	113	6 173	5 921	20 300
9 107	2 407	63 298	55 424	28 986
7 689	805	43 712	14 204	59 135
5 883	1 199	2 870	614	53 774
2 375	68	6 727	2 614	26 739
586	39	263	234	38 666
7 766	796	104 617	95 218	5 834
20	60	130	130	1 868
18 907	6 757	212 918	200 837	415 284

	投资收益	补贴收入
总　　计	**12 864**	**116 906**
在总计中：亏损企业	4 924	37 884
在总计中：轻工业	5 074	57 552
重工业	7 790	59 354
在总计中：大型企业		
中型企业	11 441	32 813
小型企业	1 423	84 093
在总计中：按工业行业大类分		
煤炭开采和洗选业	1 149	2 250
石油和天然气开采业		
黑色金属矿采选业		
有色金属矿采选业		
非金属矿采选业		42
其他采矿业		
农副食品加工业	2 131	31 741
食品制造业		79
饮料制造业	-125	
烟草制品业		
纺织业	-2 308	2 961
纺织服装、鞋、帽制造业	-112	1 357
皮革、毛皮、羽毛(绒)及其制品业		2 448
木材加工及木、竹、藤、棕、草制品业		
家具制造业		
造纸及纸制品业		5 070
印刷业和记录媒介的复制		
文教体育用品制造业		2
石油加工、炼焦及核燃料加工业		
化学原料及化学制品制造业	-1 442	31
医药制造业	1 259	523
化学纤维制造业		76
橡胶制品业		3 304
塑料制品业		2 293
非金属矿物制品业	270	3 809
黑色金属冶炼及压延加工业	29	
有色金属冶炼及压延加工业	101	12 076
金属制品业	1	2 443
通用设备制造业	6	825
专用设备制造业	232	
交通运输设备制造业	2	9 907
电气机械及器材制造业	232	3 327
通信设备、计算机及其他电子设备制造业		
仪器仪表及文化、办公用机械制造业		
工艺品及其他制造业		1 121
废弃资源和废旧材料回收加工业		
电力、热力的生产和供应业	7 203	30 358
燃气生产和供应业		1 865
水的生产和供应业	5 385	1 248

经济指标(八)

5 年

计量单位:千元

利润总额	应交所得税	亏损企业亏损额	利税总额	本年应付工资总额
1 387 403	**288 473**	**404 137**	**3 085 392**	**5 063 946**
-404 137	12 509	404 137	-133 455	755 820
802 826	184 379	232 442	1 567 346	2 804 908
584 577	104 094	171 695	1 518 046	2 259 038
1 883	559		6 524	120 165
434 332	83 792	115 556	801 862	1 931 990
951 188	204 122	288 581	2 277 006	3 011 791
21 366	531	17	46 255	7 371
1 601	300		6 384	2 192
39 617	3 525	2 678	73 119	40 077
16 238	2 288	4 958	75 814	28 331
14 485	3 136	85	31 031	38 190
14 445	361		21 913	14 080
39 809	7 949	24 414	100 583	275 096
12 789	4 978	29 569	68 021	238 401
26 053	9 586	7 780	66 310	438 481
7 230	585	1 504	14 774	14 854
4 246	695	299	7 826	25 331
60 427	10 923	13 617	146 186	103 502
13 919	3 390	5 532	34 931	32 112
39 006	13 293	14 330	63 238	529 640
8 610	91		10 314	2 672
66 783	6 510	1 059	109 043	67 021
16 013	825	230	30 538	15 592
2 410	920		5 546	5 325
7 094	1 600	2 371	41 510	47 556
44 669	3 676	25 816	103 350	125 780
31 921	19 980	66 714	267 458	268 302
121 883	282		146 161	97 248
4 083	5 173	18 604	159 523	51 261
46 889	11 881	17 930	133 184	178 429
61 661	7 415	2 802	130 517	128 448
14 958	3 245	3 762	34 437	64 762
28 106	12 730	9 678	57 057	47 105
-11 585	11 577	84 300	86 563	499 426
58 783	16 510	7 257	105 638	965 464
44 958	1 797	2 683	61 463	174 987
19 023	2 862	5 184	44 820	136 800
38 660	4 048		48 456	7 694
48 379	20 215	17 969	133 540	85 192
400	220		2 090	1 224
422 443	95 376	32 995	616 650	303 750

200

	主营业务应付工资总额	本年应付福利费总额
总计	**5 007 860**	**445 450**
在总计中：亏损企业	746 404	52 736
在总计中：轻工业	2 771 331	209 482
重工业	2 236 529	235 968
在总计中：大型企业	120 165	
中型企业	1 922 142	190 662
小型企业	2 965 553	254 788
在总计中：按工业行业大类分		
煤炭开采和洗选业	2 250	315
石油和天然气开采业		
黑色金属矿采选业	7 371	1 757
有色金属矿采选业	2 192	
非金属矿采选业	40 059	6 724
其他采矿业		
农副食品加工业	28 281	2 913
食品制造业	37 889	3 306
饮料制造业	14 080	926
烟草制品业		
纺织业	270 330	26 164
纺织服装、鞋、帽制造业	236 521	15 233
皮革、毛皮、羽毛(绒)及其制品业	437 712	8 919
木材加工及木、竹、藤、棕、草制品业	14 854	1 685
家具制造业	25 331	2 150
造纸及纸制品业	103 274	5 209
印刷业和记录媒介的复制	31 769	2 740
文教体育用品制造业	526 121	38 562
石油加工、炼焦及核燃料加工业	2 672	55
化学原料及化学制品制造业	64 336	7 337
医药制造业	15 592	2 820
化学纤维制造业	5 325	670
橡胶制品业	47 344	3 540
塑料制品业	117 567	14 799
非金属矿物制品业	267 562	22 447
黑色金属冶炼及压延加工业	96 128	3 987
有色金属冶炼及压延加工业	47 982	5 901
金属制品业	174 704	16 916
通用设备制造业	127 630	14 819
专用设备制造业	64 762	3 023
交通运输设备制造业	46 845	4 316
电气机械及器材制造业	497 366	24 039
通信设备、计算机及其他电子设备制造业	958 916	103 228
仪器仪表及文化、办公用机械制造业	173 941	15 182
工艺品及其他制造业	136 709	27 111
废弃资源和废旧材料回收加工业	7 694	1 235
电力、热力的生产和供应业	84 193	11 358
燃气生产和供应业	1 224	105
水的生产和供应业	291 334	45 959

经济指标(九)

5 年

计量单位:千元

主营业务应付福利费总额	本年应交增值税	本年进项税额	本年销项税额	全部从业人员年平均人数(人)
423 020	**1 366 579**	**3 198 269**	**4 257 076**	**364 904**
49 881	227 546	687 749	882 427	65 012
192 955	584 958	1 385 074	1 829 608	208 381
230 065	781 621	1 813 195	2 427 468	156 523
		45 467	45 467	8 000
177 947	301 822	777 432	1 023 855	116 522
245 073	1 064 757	2 375 370	3 187 754	240 382
315	1 016	491	1 507	250
1 557	17 288	442	17 730	239
	4 218	800	3 065	401
6 403	23 289	48 454	60 528	2 200
2 907	52 928	71 550	93 332	2 263
2 964	13 756	33 136	45 550	1 813
926	7 114	13 797	18 380	905
24 898	45 750	163 542	201 482	21 924
14 542	44 083	123 739	157 768	22 237
8 811	19 330	210 040	209 298	37 189
1 685	6 456	20 288	26 525	1 119
2 150	2 113	5 675	7 788	1 566
5 198	66 024	198 546	244 053	8 456
2 566	18 311	48 914	67 151	1 910
28 602	21 100	32 018	45 488	27 402
44	1 591	5 227	6 813	118
7 337	34 087	131 453	158 258	4 287
2 820	13 193	19 685	32 506	1 247
670	2 688	11 229	13 916	356
3 516	29 727	28 746	51 324	5 053
14 112	42 960	101 198	141 328	9 497
22 278	197 983	330 431	514 820	22 917
3 278	21 015	41 254	62 132	4 266
5 881	147 433	239 367	301 186	4 012
14 866	71 392	238 203	290 718	15 163
14 819	49 252	83 090	127 267	9 018
2 029	11 992	33 741	45 018	4 743
4 305	24 551	55 652	76 864	3 459
23 937	76 108	286 566	346 907	43 206
103 167	37 190	84 097	116 571	63 785
13 652	7 171	47 582	54 285	17 847
27 081	14 688	66 665	71 968	10 904
1 235	6 873	74 755	79 828	546
10 168	78 499	269 779	347 053	3 362
105	1 537	6 545	8 082	21
44 196	153 873	71 572	210 587	11 223

	企业单位数（个）	亏损企业
总　　计	**331**	**51**
在总计中：亏损企业	51	51
在总计中：轻工业	167	23
重工业	164	28
在总计中：大型企业		
中型企业	9	1
小型企业	322	50
在总计中：按工业行业大类分		
煤炭开采和洗选业	1	
石油和天然气开采业		
黑色金属矿采选业		
有色金属矿采选业		
非金属矿采选业		
其他采矿业		
农副食品加工业	9	2
食品制造业	4	
饮料制造业	2	
烟草制品业		
纺织业	16	2
纺织服装、鞋、帽制造业	19	3
皮革、毛皮、羽毛（绒）及其制品业	1	
木材加工及木、竹、藤、棕、草制品业	1	
家具制造业	6	1
造纸及纸制品业	11	1
印刷业和记录媒介的复制	18	
文教体育用品制造业	3	1
石油加工、炼焦及核燃料加工业	1	
化学原料及化学制品制造业	20	2
医药制造业	6	2
化学纤维制造业	1	
橡胶制品业	2	
塑料制品业	21	1
非金属矿物制品业	27	4
黑色金属冶炼及压延加工业	1	
有色金属冶炼及压延加工业	7	
金属制品业	32	4
通用设备制造业	20	3
专用设备制造业	17	4
交通运输设备制造业	13	1
电气机械及器材制造业	30	4
通信设备、计算机及其他电子设备制造业	18	6
仪器仪表及文化、办公用机械制造业	4	1
工艺品及其他制造业	7	3
废弃资源和废旧材料回收加工业		
电力、热力的生产和供应业	9	5
燃气生产和供应业	3	
水的生产和供应业	1	1

主要经济指标(一)

5 年

计量单位:千元

工业总产值（当年价）	工业销售产值（当年价）	出口交货值	工业中间投入	工业增加值（当年价）
10 372 431	**10 125 978**	**2 440 691**	**7 988 831**	**2 722 135**
1 231 667	1 219 903	187 066	843 989	436 427
4 468 178	4 328 390	1 441 235	3 449 696	1 163 591
5 904 253	5 797 588	999 456	4 539 135	1 558 544
1 780 317	1 795 859	1 090 560	1 350 115	487 870
8 592 114	8 330 119	1 350 131	6 638 716	2 234 265
25 022	25 022		12 672	15 288
568 048	548 796	73 794	427 559	150 460
28 219	28 074	1 325	23 132	6 288
12 620	11 432		10 735	2 567
537 022	526 988	201 718	418 194	133 328
746 818	685 590	405 953	528 627	236 340
25 378	25 378	25 378	21 696	4 726
13 840	13 840		10 380	4 014
132 929	131 755	71 848	112 522	24 420
171 651	166 317	35 044	137 767	39 371
217 465	209 040	5 187	174 079	50 694
48 709	46 061	22 839	39 678	10 570
114 720	119 244	18 675	89 648	25 823
646 404	642 841	16 939	525 144	150 947
183 957	185 992		110 503	86 764
14 040	12 742		11 228	3 386
39 418	37 676		30 400	9 424
543 226	526 238	127 236	447 984	107 960
866 546	845 344	280 541	706 246	202 392
36 000	36 000		32 440	11 640
275 387	272 475	11 478	211 410	68 114
1 746 352	1 722 106	865 426	1 411 891	359 827
310 631	278 172	11 241	250 031	70 635
601 245	627 512	10 141	487 941	145 584
337 392	335 208	4 500	238 548	106 631
956 727	927 728	68 058	725 734	265 466
443 108	432 238	47 202	286 859	174 257
150 871	129 811	12 027	125 292	31 771
202 547	201 186	124 141	130 661	79 189
221 408	220 441		132 206	100 695
148 017	148 017		112 588	41 483
6 714	6 714		5 036	2 081

股份合作制工业企业

200

	资产合计	流动资产 小　　计
总　　计	**7 866 277**	**4 249 666**
在总计中：亏损企业	1 910 853	837 889
在总计中：轻工业	2 786 979	1 423 880
重工业	5 079 298	2 825 786
在总计中：大型企业		
中型企业	1 172 342	765 176
小型企业	6 693 935	3 484 490
在总计中：按工业行业大类分		
煤炭开采和洗选业	9 136	16 981 006
石油和天然气开采业		
黑色金属矿采选业		
有色金属矿采选业		
非金属矿采选业		
其他采矿业		
农副食品加工业	229 406	146 659
食品制造业	25 786	14 785
饮料制造业	9 020	4 993
烟草制品业		
纺织业	501 813	198 397
纺织服装、鞋、帽制造业	427 860	129 350
皮革、毛皮、羽毛(绒)及其制品业	7 589	5 279
木材加工及木、竹、藤、棕、草制品业	4 256	3 400
家具制造业	55 127	36 248
造纸及纸制品业	99 256	55 533
印刷业和记录媒介的复制	192 192	100 724
文教体育用品制造业	23 422	13 852
石油加工、炼焦及核燃料加工业	17 854	14 495
化学原料及化学制品制造业	705 191	548 704
医药制造业	195 971	93 868
化学纤维制造业	14 418	8 480
橡胶制品业	11 471	10 187
塑料制品业	305 513	156 624
非金属矿物制品业	464 181	258 224
黑色金属冶炼及压延加工业	12 960	1 120 011 200
有色金属冶炼及压延加工业	95 780	63 973
金属制品业	920 637	622 042
通用设备制造业	260 429	147 604
专用设备制造业	472 798	293 629
交通运输设备制造业	259 687	144 363
电气机械及器材制造业	691 663	452 853
通信设备、计算机及其他电子设备制造业	460 365	369 186
仪器仪表及文化、办公用机械制造业	59 165	56 716
工艺品及其他制造业	119 269	63 965
废弃资源和废旧材料回收加工业		
电力、热力的生产和供应业	1 048 300	122 446
燃气生产和供应业	75 206	51 613
水的生产和供应业	90 556	48 576

主要经济指标(二)

5 年

计量单位:千元

其中:短期投资	其中:应收账款净额	其中:存货	其中:产成品	流动资产年平均余额
31 676	**1 361 876**	**1 097 630**	**415 430**	**4 262 491**
20 424	230 024	228 815	116 321	821 434
20 044	514 057	376 270	175 575	1 495 759
11 632	847 819	721 360	239 855	2 766 732
	225 699	102 449	42 935	783 268
31 676	1 136 177	995 181	372 495	3 479 223
1	57 021	42 470	27 079	153 746
	4 154	5 054	523	14 996
	1 574	3 080	1 850	6 483
	123 397	36 121	10 755	232 442
	23 543	41 065	10 399	161 596
	1 279			6 666
	350	410	50	3 400
	10 234	5 447	870	44 937
	21 431	23 008	7 758	60 078
582	48 558	15 433	5 046	95 103
	2 894	7 368	6 754	14 323
	1 237	5 986		17 610
10 000	158 931	226 847	41 265	444 675
	13 753	33 950	26 558	97 725
	1 868	6 200		8 480
	3 762	3 611	780	9 206
337	76 370	29 377	9 435	160 926
95	67 310	85 868	38 877	266 755
7	8 146	6 471	3 326	67 802
211	166 162	94 522	54 331	649 398
	47 451	41 690	17 459	125 770
10	95 284	117 375	42 739	312 260
	40 146	30 062	6 270	139 182
9	158 321	116 582	36 851	437 988
	144 038	83 901	54 022	379 067
	16 306	13 524	7 265	53 062
	16 968	17 448	4 694	69 114
1 344	26 079	3 597		144 827
	25 309	1 106	474	51 834
19 080		57		20 834

	长期投资	固定资产 小　计
总　　计	**154 953**	**3 086 065**
在总计中：亏损企业	51 040	954 620
在总计中：轻工业	46 639	1 215 117
重工业	108 314	1 870 948
在总计中：大型企业		
中型企业	34 213	259 406
小型企业	120 740	2 826 659
在总计中：按工业行业大类分		
煤炭开采和洗选业		4 927
石油和天然气开采业		
黑色金属矿采选业		
有色金属矿采选业		
非金属矿采选业		
其他采矿业		
农副食品加工业	1 800	79 379
食品制造业		9 667
饮料制造业		4 027
烟草制品业		
纺织业	89	299 370
纺织服装、鞋、帽制造业	813	294 296
皮革、毛皮、羽毛(绒)及其制品业		2 310
木材加工及木、竹、藤、棕、草制品业		856
家具制造业		16 810
造纸及纸制品业	4 959	37 022
印刷业和记录媒介的复制	350	85 655
文教体育用品制造业	2 000	6 567
石油加工、炼焦及核燃料加工业		2 590
化学原料及化学制品制造业	1 232	128 605
医药制造业	10 213	76 413
化学纤维制造业	1 940	3 197
橡胶制品业		646
塑料制品业	1 938	141 917
非金属矿物制品业	13 277	141 346
黑色金属冶炼及压延加工业		1 760
有色金属冶炼及压延加工业		31 663
金属制品业	3 472	214 584
通用设备制造业	1 020	81 631
专用设备制造业	3 145	133 368
交通运输设备制造业	10 742	71 407
电气机械及器材制造业	27 226	197 177
通信设备、计算机及其他电子设备制造业	35 859	50 105
仪器仪表及文化、办公用机械制造业	900	1 483
工艺品及其他制造业	858	35 243
废弃资源和废旧材料回收加工业		
电力、热力的生产和供应业	33 120	872 327
燃气生产和供应业		22 487
水的生产和供应业		37 230

主要经济指标(三)

5 年

计量单位:千元

固定资产原价	生产经营用	累计折旧	本年折旧	固定资产净值年平均余额
4 218 323	**3 076 910**	**1 491 408**	**328 032**	**2 872 319**
1 268 405	556 924	333 702	41 634	916 000
1 606 840	1 461 789	663 186	171 169	1 095 406
2 611 483	1 615 121	828 222	156 863	1 776 913
368 671	354 099	115 167	26 078	232 220
3 849 652	2 722 811	1 376 241	301 954	2 640 099
6 571	5 862	1 843	1 200	4 615
151 742	56 721	93 711	44 920	58 655
15 447	15 104	6 476	1 933	7 372
4 373	4 198	346	79	4 059
337 630	323 891	143 274	40 834	296 667
345 320	341 297	128 774	26 875	267 686
2 576	1 512	266	146	2 016
967	967	111	40	856
32 587	31 538	15 780	2 355	16 379
58 858	55 430	23 893	5 937	28 377
100 011	96 223	18 542	7 897	70 646
13 009	12 657	6 442	1 276	6 582
14 418	13 763	11 828	11 261	2 597
259 324	175 794	141 571	13 108	115 185
120 956	119 722	48 944	7 166	72 091
5 176	5 150	1 979	495	3 197
1 638	1 638	992	186	669
175 501	171 067	76 108	19 299	121 017
218 948	176 412	81 206	21 294	131 238
3 000		1 240	256	1 760
42 439	38 400	13 936	4 865	30 708
306 487	286 148	92 934	21 862	199 619
115 753	84 566	37 894	6 422	76 015
207 571	166 287	96 493	12 986	135 745
121 271	92 203	67 457	14 103	42 548
315 902	257 370	128 718	18 380	183 832
60 667	50 377	20 916	4 191	41 984
4 888	4 850	3 405	408	1 447
42 630	38 941	21 070	2 479	20 012
1 038 596	361 521	167 399	31 209	872 058
42 229	39 456	23 252	2 442	19 457
51 838	47 845	14 608	2 128	37 230

	无形资产	负债合计
总　　　计	**187 667**	**4 908 704**
在总计中：亏损企业	40 110	1 463 659
在总计中：轻工业	82 126	1 684 281
重工业	105 541	3 224 423
在总计中：大型企业		
中型企业	46 662	787 083
小型企业	141 005	4 121 621
在总计中：按工业行业大类分		
煤炭开采和洗选业		1 978
石油和天然气开采业		
黑色金属矿采选业		
有色金属矿采选业		
非金属矿采选业		
其他采矿业		
农副食品加工业	1 102	144 676
食品制造业	1 334	13 804
饮料制造业		2 560
烟草制品业		
纺织业	1 791	365 866
纺织服装、鞋、帽制造业	3 167	215 015
皮革、毛皮、羽毛(绒)及其制品业		932
木材加工及木、竹、藤、棕、草制品业		2 660
家具制造业	424	31 355
造纸及纸制品业	1 168	45 164
印刷业和记录媒介的复制	2 054	113 877
文教体育用品制造业		13 670
石油加工、炼焦及核燃料加工业	769	12 043
化学原料及化学制品制造业	26 188	474 743
医药制造业	14 985	148 208
化学纤维制造业	801	7 021
橡胶制品业		9 704
塑料制品业	2 366	192 329
非金属矿物制品业	24 070	286 440
黑色金属冶炼及压延加工业		5 200
有色金属冶炼及压延加工业		37 551
金属制品业	16 087	634 838
通用设备制造业	1 517	112 131
专用设备制造业	40 964	262 888
交通运输设备制造业	14 987	165 290
电气机械及器材制造业	11 648	451 528
通信设备、计算机及其他电子设备制造业	1 299	362 209
仪器仪表及文化、办公用机械制造业		40 512
工艺品及其他制造业	13 312	80 330
废弃资源和废旧材料回收加工业		
电力、热力的生产和供应业	2 349	588 162
燃气生产和供应业	580	37 445
水的生产和供应业	4 705	48 575

主要经济指标(四)

5 年

计量单位:千元

流动负债	长期负债	所有者权益合　计	实收资本	1. 国家资本
4 249 096	**596 053**	**2 957 573**	**1 985 210**	**134 646**
1 206 597	244 686	447 194	453 706	27 013
1 464 954	194 864	1 102 698	739 719	
2 784 142	401 189	1 854 875	1 245 491	134 646
725 313	43 027	385 259	227 905	
3 523 783	553 026	2 572 314	1 757 305	134 646
		7 158	5 898	
104 526	19 950	84 730	37 512	
12 234	1 570	11 982	6 580	
2 528		6 460	5 800	
311 540	54 326	135 947	135 928	
178 750	32 036	212 845	172 764	
932		6 657	1 680	
2 660		1 596	1 500	
31 240	115	23 772	22 427	
42 041	3 123	54 092	41 782	
113 277	600	78 315	39 812	
13 670		9 752	2 600	
11 101		5 811	3 000	
455 733	19 010	230 448	109 415	12 122
128 267	19 941	47 763	30 953	
7 021		7 397	100	
9 704		1 767	1 030	
166 656	25 673	113 184	60 793	
198 449	81 468	177 741	120 704	10 000
5 200		7 760		
37 551		58 229	15 022	
611 969	6 080	285 799	163 095	
107 250	4 881	148 298	114 582	
220 140	42 748	209 910	124 511	1 560
161 780	3 510	94 397	69 025	19 800
351 586	98 439	240 135	114 130	
349 646	1 204	98 156	77 190	13 200
40 512		18 653	5 546	
78 831	1 499	38 939	36 490	
433 103	155 059	460 138	430 333	77 964
37 445		37 761	18 338	
23 754	24 821	41 981	16 670	

	2. 集体资本	3. 法人资本
总　　　计	**190 474**	**932 430**
在总计中：亏损企业	69 118	239 868
在总计中：轻工业	40 608	314 931
重工业	149 866	617 499
在总计中：大型企业		
中型企业		102 215
小型企业	190 474	830 215
在总计中：按工业行业大类分		
煤炭开采和洗选业		
石油和天然气开采业		
黑色金属矿采选业		
有色金属矿采选业		
非金属矿采选业		
其他采矿业		
农副食品加工业	9 600	16 250
食品制造业	1 000	1 000
饮料制造业		3 000
烟草制品业		
纺织业	3 259	57 406
纺织服装、鞋、帽制造业	600	127 422
皮革、毛皮、羽毛(绒)及其制品业		
木材加工及木、竹、藤、棕、草制品业		
家具制造业		1 040
造纸及纸制品业	4 353	26 592
印刷业和记录媒介的复制		23 277
文教体育用品制造业		100
石油加工、炼焦及核燃料加工业		
化学原料及化学制品制造业	15 879	24 705
医药制造业	8 166	3 113
化学纤维制造业		100
橡胶制品业		30
塑料制品业	1 680	29 651
非金属矿物制品业	2 195	24 283
黑色金属冶炼及压延加工业	36 000	30 400
有色金属冶炼及压延加工业		7 842
金属制品业	16 343	98 596
通用设备制造业	14 349	75 539
专用设备制造业	24 713	25 125
交通运输设备制造业	13 020	3 300
电气机械及器材制造业	21 096	31 905
通信设备、计算机及其他电子设备制造业	28 000	25 380
仪器仪表及文化、办公用机械制造业	1 850	
工艺品及其他制造业	2 198	1 000
废弃资源和废旧材料回收加工业		
电力、热力的生产和供应业	11 493	302 304
燃气生产和供应业	10 680	6 800
水的生产和供应业		16 670

主要经济指标(五)

5年

计量单位:千元

4.个人资本	5.港澳台资本	6.外商资本	主营业务收入	主营业务成本
667 383	**41 647**	**18 630**	**10 433 379**	**9 005 962**
108 295	9 412		1 357 240	1 146 724
368 063	16 117		4 178 033	3 742 319
299 320	25 530	18 630	6 255 346	5 263 643
81 560	25 500	18 630	1 757 525	1 411 926
585 823	16 147		8 675 854	7 594 036
5 898			25 399	18 672
11 662			502 945	461 639
4 580			26 265	23 071
2 800			11 432	9 577
75 263			506 840	461 984
39 120	5 622		658 220	608 376
1 680			25 378	23 075
1 500			13 840	13 499
13 040	8 347		127 616	117 581
10 837			171 511	156 940
16 535			210 521	181 657
2 500			45 763	42 170
3 000			119 244	104 605
56 709			636 283	515 619
19 674			170 045	125 011
			12 742	11 741
1 000			40 212	37 907
29 462			511 417	469 770
84 226			834 677	740 175
7 180			251 827	216 478
29 496	30	18 630	1 661 455	1 444 844
24 694			266 347	228 785
47 613	25 500		605 109	436 667
32 905			338 800	254 064
58 981	2 148		892 017	796 800
10 610			632 497	556 150
3 696			149 164	123 804
33 292			202 204	159 586
38 572			217 318	130 207
858			523 577	498 998
			6 714	6 110

	营业费用	其中:广告费
总　　计	**284 013**	**6 070**
在总计中：亏损企业	41 995	324
在总计中：轻工业	87 307	3 151
重工业	196 706	2 919
在总计中：大型企业		
中型企业	72 139	2 215
小型企业	211 874	3 855
在总计中：按工业行业大类分		
煤炭开采和洗选业		
石油和天然气开采业		
黑色金属矿采选业		
有色金属矿采选业		
非金属矿采选业		
其他采矿业		
农副食品加工业	9 509	4
食品制造业	617	10
饮料制造业	284	
烟草制品业		
纺织业	8 882	354
纺织服装、鞋、帽制造业	3 143	
皮革、毛皮、羽毛(绒)及其制品业	513	
木材加工及木、竹、藤、棕、草制品业	2	
家具制造业	3 791	46
造纸及纸制品业	1 644	0
印刷业和记录媒介的复制	7 364	8
文教体育用品制造业	976	57
石油加工、炼焦及核燃料加工业	3 755	3
化学原料及化学制品制造业	15 662	532
医药制造业	8 715	28
化学纤维制造业	117	
橡胶制品业	207	
塑料制品业	16 056	158
非金属矿物制品业	24 125	1 466
黑色金属冶炼及压延加工业	1 120	
有色金属冶炼及压延加工业	3 576	90
金属制品业	36 746	1 200
通用设备制造业	7 992	443
专用设备制造业	46 759	1 040
交通运输设备制造业	26 210	29
电气机械及器材制造业	11 985	385
通信设备、计算机及其他电子设备制造业	22 770	41
仪器仪表及文化、办公用机械制造业	2 798	172
工艺品及其他制造业	4 173	4
废弃资源和废旧材料回收加工业		
电力、热力的生产和供应业	9 818	
燃气生产和供应业	4 704	
水的生产和供应业		

主要经济指标(六)

5 年

计量单位:千元

主营业务税金及附加	其他业务利润	管理费用		
			税金	财产保险费
61 488	**20 301**	**557 650**	**25 947**	**3 389**
6 531	7 638	139 408	2 517	667
20 474	9 869	200 540	8 314	1 558
41 014	10 432	357 110	17 633	1 831
12 390	1 592	78 177	1 520	447
49 098	18 709	479 473	24 427	2 942
		3 666	1 317	
286	66	6 242	277	78
65	80	1 710	41	15
418		558	18	21
4 675	455	17 189	1 172	83
2 393	284	19 150	579	131
72		923	11	24
11		228		7
245	1 483	6 936	146	78
921	492	7 257	204	211
1 701	56	11 800	2 639	269
177		1 519	27	10
7 155		578	65	10
4 809	2 013	64 516	7 184	292
1 604	1 034	21 934	663	211
57		365	45	14
241		541	125	
1 664	45	12 118	780	171
6 497	828	31 910	1 343	73
		1 680		
459	1 302	4 731	116	32
10 964	104	49 870	1 172	140
1 689	554	21 854	1 194	122
2 449	2 553	62 522	1 894	130
992	795	23 660	445	306
5 450	2 077	54 208	2 594	363
1 349	1 353	39 506	913	76
634		15 034	31	
821	3 840	41 399	229	44
3 388	200	19 029	211	265
262	687	12 693	499	145
40		2 324	13	68

200

	劳动、待业保险费	养老保险和医疗保险费
总　　计	**24 266**	**61 962**
在总计中：亏损企业	9 910	15 917
在总计中：轻工业	8 315	22 585
重工业	15 951	39 377
在总计中：大型企业		
中型企业	3 815	6 675
小型企业	20 451	55 287
在总计中：按工业行业大类分		
煤炭开采和洗选业		
石油和天然气开采业		
黑色金属矿采选业		
有色金属矿采选业		
非金属矿采选业		
其他采矿业		
农副食品加工业	614	610
食品制造业	142	67
饮料制造业		
烟草制品业		
纺织业	150	1 270
纺织服装、鞋、帽制造业	1 301	3 080
皮革、毛皮、羽毛(绒)及其制品业	28	276
木材加工及木、竹、藤、棕、草制品业		
家具制造业	2 325	993
造纸及纸制品业	170	1 260
印刷业和记录媒介的复制	362	1 387
文教体育用品制造业	13	111
石油加工、炼焦及核燃料加工业	2	8
化学原料及化学制品制造业	1 801	11 881
医药制造业	970	1 986
化学纤维制造业	88	115
橡胶制品业	31	44
塑料制品业	759	1 370
非金属矿物制品业	1 233	2 867
黑色金属冶炼及压延加工业		
有色金属冶炼及压延加工业	150	196
金属制品业	3 369	7 256
通用设备制造业	2 545	4 862
专用设备制造业	4 411	5 862
交通运输设备制造业	401	2 768
电气机械及器材制造业	1 389	5 283
通信设备、计算机及其他电子设备制造业	216	2 009
仪器仪表及文化、办公用机械制造业	38	214
工艺品及其他制造业	505	3 741
废弃资源和废旧材料回收加工业		
电力、热力的生产和供应业	1 129	1 277
燃气生产和供应业	115	1 096
水的生产和供应业	9	73

主要经济指标(七)

5 年

计量单位:千元

办公费	职工教育费	财务费用		营业利润
			利息支出	
23 877	**5 349**	**91 110**	**76 565**	**453 457**
3 807	3 108	28 742	27 138	1 478
10 877	2 995	18 570	14 865	118 692
13 000	2 354	72 540	61 700	334 765
3 850	335	21 882	14 504	162 603
20 027	5 014	69 228	62 061	290 854
120	98	-20	-20	3 081
375	21	2 423	1 211	22 912
41	7	109	109	773
32	28	133	82	462
680	1	1 417	1 338	13 148
1 062	90	2 060	430	23 382
58	13	79		716
				100
610		436	354	110
416	18	868	666	4 373
1 758	10	595	1 319	7 460
76	1	308	308	613
35	2	26	-9	3 125
2 159	612	6 447	5 530	31 243
654	222	3 734	3 734	10 081
126		-5		467
84				1 316
1 512	129	3 418	2 020	8 436
2 002	116	3 460	2 612	29 338
				2 800
382	18	1 150	1 140	26 735
2 341	207	20 138	12 609	98 997
1 692	58	768	639	5 813
2 571	171	2 080	2 229	57 185
1 006	189	1 199	362	33 470
1 559	500	7 490	7 628	18 161
989	370	10 919	10 893	3 156
298	57	28	-24	6 866
256	30	583	153	-518
650	73	21 048	21 047	34 028
321	77	219	205	7 388
12	2 231			-1 760

	投资收益	补贴收入
总　　计	**366**	**6 257**
在总计中：亏损企业	28	2 497
在总计中：轻工业	589	2 247
重工业	-223	4 010
在总计中：大型企业		
中型企业		664
小型企业	366	5 593
在总计中：按工业行业大类分		
煤炭开采和洗选业		
石油和天然气开采业		
黑色金属矿采选业		
有色金属矿采选业		
非金属矿采选业		
其他采矿业		
农副食品加工业		833
食品制造业		3
饮料制造业		
烟草制品业		
纺织业		
纺织服装、鞋、帽制造业		
皮革、毛皮、羽毛(绒)及其制品业		
木材加工及木、竹、藤、棕、草制品业	565	3 000
家具制造业		
造纸及纸制品业		
印刷业和记录媒介的复制		
文教体育用品制造业		110
石油加工、炼焦及核燃料加工业		
化学原料及化学制品制造业	101	935
医药制造业		
化学纤维制造业		
橡胶制品业		
塑料制品业		52
非金属矿物制品业		1 235
黑色金属冶炼及压延加工业		
有色金属冶炼及压延加工业		35
金属制品业	1	14
通用设备制造业		
专用设备制造业		27
交通运输设备制造业	819	80
电气机械及器材制造业		
通信设备、计算机及其他电子设备制造业	-583	2 933
仪器仪表及文化、办公用机械制造业		
工艺品及其他制造业	28	
废弃资源和废旧材料回收加工业		
电力、热力的生产和供应业		
燃气生产和供应业		
水的生产和供应业		

主要经济指标(八)

5 年

计量单位:千元

利润总额	应交所得税	亏损企业 亏 损 额	利税总额	本年应付 工资总额
392 197	**55 894**	**46 614**	**792 220**	**688 452**
-46 614	1 552	46 614	8 666	121 718
106 104	27 659	19 883	271 687	319 657
286 093	28 235	26 731	520 533	368 795
157 762	8 844	2 315	227 820	120 993
234 435	47 050	44 299	564 400	567 459
3 391			6 329	6 535
10 669	692	5 551	20 926	12 658
776	146		2 042	1 725
462			1 562	851
14 624	4 521	523	33 799	24 363
21 077	3 393	497	41 619	60 371
716	203		1 832	2 976
128	632	1 789	4 386	9 102
4 173	770	144	10 581	12 512
7 452	1 458		16 461	11 914
712	227	292	2 428	5 052
3 125	15		11 031	706
31 750	5 037	498	66 246	45 020
11 737	4 581	2 083	26 651	19 908
467	76		1 098	989
1 220	108		1 867	1 280
8 068	2 013	74	22 450	30 541
19 865	6 389	4 520	68 454	81 882
2 800			10 880	504
27 097	1 193		31 693	11 637
98 966	5 672	2 985	135 296	86 218
5 888	2 011	603	17 612	19 459
62 446	1 186	6 232	97 175	59 963
18 235	1 094	199	27 014	31 684
14 009	4 321	5 026	53 932	46 427
6 086	1 619	2 975	25 443	22 951
6 123	1 564	396	12 949	16 901
-505	578	2 118	7 619	43 334
5 069	4 309	8 349	19 950	11 081
7 331	2 086		13 647	6 120
-1 760		1 760	-1 317	788

200

	主营业务应付工资总额	本年应付福利费总额
总　　计	**671 337**	**66 874**
在总计中：亏损企业	119 820	11 521
在总计中：轻工业	314 745	29 152
重工业	356 592	37 722
在总计中：大型企业		
中型企业	116 005	7 152
小型企业	555 332	59 722
在总计中：按工业行业大类分		
煤炭开采和洗选业	6 020	1 867
石油和天然气开采业		
黑色金属矿采选业		
有色金属矿采选业		
非金属矿采选业		
其他采矿业		
农副食品加工业	12 192	2 415
食品制造业	1 725	169
饮料制造业	845	42
烟草制品业		
纺织业	23 786	953
纺织服装、鞋、帽制造业	59 949	5 997
皮革、毛皮、羽毛(绒)及其制品业	2 744	95
木材加工及木、竹、藤、棕、草制品业	3 000	
家具制造业	9 102	316
造纸及纸制品业	12 512	1 423
印刷业和记录媒介的复制	11 914	983
文教体育用品制造业	5 052	256
石油加工、炼焦及核燃料加工业	706	99
化学原料及化学制品制造业	44 996	6 256
医药制造业	19 813	2 783
化学纤维制造业	989	
橡胶制品业	1 280	90
塑料制品业	30 122	2 618
非金属矿物制品业	81 782	8 059
黑色金属冶炼及压延加工业	504	
有色金属冶炼及压延加工业	11 533	1 254
金属制品业	83 925	8 538
通用设备制造业	19 437	2 275
专用设备制造业	59 090	5 935
交通运输设备制造业	21 207	2 580
电气机械及器材制造业	46 427	4 490
通信设备、计算机及其他电子设备制造业	22 581	2 428
仪器仪表及文化、办公用机械制造业	16 901	543
工艺品及其他制造业	43 334	2 183
废弃资源和废旧材料回收加工业		
电力、热力的生产和供应业	10 961	1 220
燃气生产和供应业	6 120	831
水的生产和供应业	788	176

主要经济指标(九)

5 年

计量单位:千元

主营业务应付福利费总额	本年应交增值税	本年进项税额	本年销项税额	全部从业人员年平均人数(人)
64 846	**338 535**	**1 032 901**	**1 313 555**	**47 199**
11 139	48 749	108 350	147 937	10 777
28 296	145 109	425 718	539 780	24 610
36 550	193 426	607 183	773 775	22 589
6 884	57 668	106 021	161 912	6 836
57 962	280 867	926 880	1 151 643	40 363
1 702	2 938	780	3 718	485
2 257	9 971	28 874	35 884	1 140
169	1 201	3 089	4 290	208
42	682	661	1 343	143
927	14 500	63 406	69 266	1 948
5 919	18 149	59 960	76 048	5 572
93	1 044	3 273	2 333	497
	554	346	900	125
281	4 013	13 027	14 580	641
1 423	5 487	19 749	24 318	927
983	7 308	25 340	29 284	1 032
256	1 539	4 468	5 995	351
99	751	16 973	17 724	25
5 963	29 687	75 450	97 821	2 413
2 779	13 310	10 488	23 395	1 321
	574	1 787	2 166	132
90	406	2 992	3 398	68
2 385	12 718	62 390	71 831	2 346
7 944	42 092	87 604	127 092	4 869
	8 080		3 360	60
1 254	4 137	38 820	42 035	670
8 530	25 366	109 369	131 123	5 743
2 271	10 035	30 747	40 281	1 767
5 581	32 280	47 371	77 729	3 001
2 156	7 787	42 239	49 263	1 262
4 490	34 473	111 210	139 769	3 417
2 372	18 008	66 463	83 800	1 358
543	6 192	17 454	23 516	702
2 183	7 303	16 262	22 028	3 685
1 199	11 493	8 437	18 946	943
831	6 054	63 872	69 916	286
124	403		403	62

股份制工业企业主

200

	企业单位数（个）	亏损企业
总　　计	**12 753**	**1 918**
在总计中：亏损企业	1 918	1 918
在总计中：轻工业	7 012	974
重工业	5 741	944
在总计中：大型企业	44	3
中型企业	944	112
小型企业	11 765	1 803
在总计中：按工业行业大类分		
煤炭开采和洗选业	13	6
石油和天然气开采业		
黑色金属矿采选业	18	2
有色金属矿采选业	21	2
非金属矿采选业	34	7
其他采矿业		
农副食品加工业	313	57
食品制造业	251	35
饮料制造业	76	16
烟草制品业	4	0
纺织业	659	83
纺织服装、鞋、帽制造业	717	82
皮革、毛皮、羽毛(绒)及其制品业	306	33
木材加工及木、竹、藤、棕、草制品业	141	24
家具制造业	250	33
造纸及纸制品业	561	100
印刷业和记录媒介的复制	473	58
文教体育用品制造业	191	24
石油加工、炼焦及核燃料加工业	53	5
化学原料及化学制品制造业	842	125
医药制造业	159	41
化学纤维制造业	21	4
橡胶制品业	118	17
塑料制品业	884	97
非金属矿物制品业	913	185
黑色金属冶炼及压延加工业	122	27
有色金属冶炼及压延加工业	265	25
金属制品业	1 146	123
通用设备制造业	501	74
专用设备制造业	453	68
交通运输设备制造业	316	70
电气机械及器材制造业	1 425	203
通信设备、计算机及其他电子设备制造业	855	170
仪器仪表及文化、办公用机械制造业	160	35
工艺品及其他制造业	265	39
废弃资源和废旧材料回收加工业	45	5
电力、热力的生产和供应业	95	23
燃气生产和供应业	13	3
水的生产和供应业	74	17

要经济指标(一)

5 年

计量单位:千元

工业总产值（当年价）	工业销售产值（当年价）	出口交货值	工业中间投入	工业增加值（当年价）
925 647 070	**897 833 361**	**172 771 079**	**714 148 498**	**244 356 860**
65 165 418	62 816 127	9 262 480	53 833 311	13 791 142
403 661 073	390 263 514	96 896 528	310 736 365	103 637 231
521 985 997	507 569 847	75 874 551	403 412 133	140 719 629
275 861 757	266 174 586	75 353 776	214 787 365	71 853 400
256 755 008	248 719 686	44 002 474	192 714 538	72 523 573
393 030 305	382 939 089	53 414 829	306 646 595	99 979 887
247 737	280 963		164 208	108 896
2 264 432	2 170 044		1 417 479	1 047 995
2 143 849	2 156 037	22 045	1 410 842	903 389
706 432	697 506	1 328	513 169	222 156
30 891 782	29 690 878	2 102 267	24 637 858	6 817 380
8 975 693	8 863 332	467 007	6 958 747	2 377 228
7 435 785	7 281 358	68 948	5 200 707	2 688 268
155 975	165 497	8 213	107 768	72 182
24 198 807	23 747 922	4 432 442	18 530 177	6 259 571
27 056 295	26 005 186	8 184 693	20 607 405	7 095 573
8 092 493	7 915 991	3 005 357	6 270 859	2 040 158
7 094 085	6 933 568	2 473 074	5 738 671	1 601 734
9 200 960	8 958 986	2 666 276	7 079 894	2 416 035
18 725 952	18 391 724	792 152	15 007 748	4 309 262
12 547 692	12 093 842	996 130	9 686 988	3 282 337
7 231 871	7 004 525	3 549 966	5 611 375	1 814 597
80 714 157	78 215 339	344 020	68 474 026	15 833 140
44 533 762	43 769 680	2 353 124	35 623 493	10 234 795
14 813 630	13 763 092	507 594	9 902 688	5 881 202
1 195 403	1 184 953	80 736	955 424	260 141
5 919 726	5 748 443	1 952 966	4 541 873	1 517 051
30 575 859	30 208 787	4 883 021	24 054 215	7 366 370
49 820 172	48 712 395	6 943 180	37 857 958	13 785 615
28 296 118	26 855 113	935 090	22 985 709	6 202 370
32 693 604	31 592 324	3 504 932	25 741 392	7 782 408
40 730 451	39 864 632	9 121 797	32 194 319	10 297 577
20 818 827	19 800 664	2 243 966	16 207 431	5 285 777
15 048 947	14 316 600	1 453 144	11 183 288	4 400 384
19 416 436	18 876 732	5 592 371	15 155 353	4 788 921
166 580 435	160 863 555	48 114 492	127 256 003	42 902 912
146 343 651	142 082 423	49 871 934	109 842 066	42 929 353
6 993 774	6 683 965	2 149 224	5 236 123	2 035 081
15 392 938	14 641 588	3 879 732	12 730 950	2 943 163
4 750 850	4 393 859	68 004	4 015 529	840 076
30 416 404	30 374 482		18 921 626	14 533 699
571 476	567 956		466 982	122 566
3 050 610	2 959 420	1 854	1 858 155	1 357 498

	资产合计	流动资产 小　计
总　　计	**741 990 608**	**417 183 400**
在总计中：亏损企业	77 748 776	39 463 983
在总计中：轻工业	284 319 072	171 082 273
重工业	457 671 536	246 101 127
在总计中：大型企业	221 737 796	139 520 918
中型企业	234 575 733	126 962 146
小型企业	285 677 079	150 700 336
在总计中：按工业行业大类分		
煤炭开采和洗选业	226 350	108 136
石油和天然气开采业		
黑色金属矿采选业	3 448 990	1 751 235
有色金属矿采选业	1 709 461	704 004
非金属矿采选业	1 426 109	479 462
其他采矿业		
农副食品加工业	16 719 985	8 995 047
食品制造业	7 173 797	4 096 151
饮料制造业	6 498 358	3 418 545
烟草制品业	458 631	104 812
纺织业	17 334 704	7 461 242
纺织服装、鞋、帽制造业	14 681 342	9 000 251
皮革、毛皮、羽毛(绒)及其制品业	3 653 786	2 313 674
木材加工及木、竹、藤、棕、草制品业	6 635 868	2 763 563
家具制造业	4 151 701	2 539 712
造纸及纸制品业	15 402 953	7 880 540
印刷业和记录媒介的复制	12 587 706	6 362 568
文教体育用品制造业	4 818 125	2 705 154
石油加工、炼焦及核燃料加工业	33 685 960	12 012 720
化学原料及化学制品制造业	32 307 894	16 470 604
医药制造业	22 504 670	12 498 237
化学纤维制造业	554 774	394 045
橡胶制品业	6 121 752	2 538 258
塑料制品业	25 912 624	13 787 425
非金属矿物制品业	40 682 620	18 644 459
黑色金属冶炼及压延加工业	20 012 686	7 862 383
有色金属冶炼及压延加工业	18 523 353	11 070 939
金属制品业	22 135 189	13 170 138
通用设备制造业	18 686 557	11 738 816
专用设备制造业	15 148 188	9 808 310
交通运输设备制造业	16 188 970	10 126 822
电气机械及器材制造业	112 719 429	79 821 462
通信设备、计算机及其他电子设备制造业	133 232 673	102 307 078
仪器仪表及文化、办公用机械制造业	9 069 946	5 403 230
工艺品及其他制造业	6 277 115	4 428 254
废弃资源和废旧材料回收加工业	1 609 660	1 060 563
电力、热力的生产和供应业	80 713 794	20 814 918
燃气生产和供应业	384 182	202 739
水的生产和供应业	8 590 706	2 337 904

要经济指标(二)

5 年

计量单位:千元

其中:短期投资	其中:应收账款净额	其中:存货	其中:产成品	流动资产年平均余额
1 728 125	**108 574 244**	**125 757 708**	**50 943 262**	**404 285 496**
86 164	10 178 000	13 589 308	5 186 427	39 226 390
561 131	42 858 130	53 191 424	23 854 439	168 007 144
1 166 994	65 716 114	72 566 284	27 088 823	236 278 352
35 199	32 757 664	44 599 433	18 640 802	133 603 595
1 155 856	32 475 584	35 684 457	15 608 821	122 932 512
537 070	43 340 996	45 473 818	16 693 639	147 749 389
	12 413	27 382	21 362	102 841
600	81 109	203 898	154 264	1 728 964
	247 657	148 484	82 048	759 797
101	151 506	43 087	15 568	503 748
15 055	2 668 428	2 580 176	1 284 980	9 702 561
14 026	952 991	1 220 001	437 860	4 346 738
12 305	458 193	924 136	233 617	3 017 667
	36 853	18 094	11 023	96 482
62 405	1 721 082	2 749 602	1 175 311	7 911 476
75 131	2 145 561	3 341 717	1 328 676	9 030 762
1 714	578 214	746 492	290 685	2 322 174
1 326	384 534	1 318 471	384 330	2 735 793
1 090	606 186	821 246	338 881	2 598 324
21 274	2 860 231	2 212 894	841 436	7 733 113
26 779	2 354 068	1 333 069	355 006	6 234 775
4 411	711 174	1 012 174	318 824	2 770 531
2 420	1 407 463	7 888 442	1 955 989	12 259 300
74 382	5 014 183	5 103 566	2 286 867	16 715 561
50 692	2 738 848	2 452 450	1 042 582	11 998 417
5 028	62 831	129 715	71 066	393 448
650	642 704	625 415	200 987	2 307 260
51 389	4 514 885	3 331 434	1 328 999	13 822 008
240 788	4 449 235	6 081 075	2 985 050	18 352 183
1 160	770 866	3 806 933	1 048 165	7 430 478
26 566	2 755 696	3 814 005	1 681 798	11 311 157
30 786	4 137 495	3 947 704	1 395 381	14 007 405
19 496	3 324 048	3 869 414	1 360 617	11 522 107
19 677	2 419 796	3 711 731	1 279 173	9 153 842
26 414	2 121 633	2 974 459	819 667	10 250 989
111 544	19 927 373	26 030 793	12 706 692	75 311 896
86 142	31 166 803	26 933 656	12 062 795	97 697 653
31 518	1 776 380	1 335 507	480 247	4 825 107
21 108	1 324 939	1 799 558	800 055	4 234 803
1 600	167 424	465 695	148 295	1 221 506
680 743	3 517 643	2 630 321	1 651	17 400 295
	15 868	51 050	8 198	228 986
9 805	347 931	73 862	5 117	2 245 349

200

	长期投资	固定资产 小　计
总　　计	**28 290 308**	**261 765 229**
在总计中：亏损企业	4 861 292	28 211 847
在总计中：轻工业	13 147 495	85 025 195
重工业	15 142 813	176 740 034
在总计中：大型企业	7 667 612	67 356 441
中型企业	14 063 863	81 903 982
小型企业	6 558 833	112 504 806
在总计中：按工业行业大类分		
煤炭开采和洗选业		105 367
石油和天然气开采业		
黑色金属矿采选业	146 314	807 776
有色金属矿采选业	6 592	781 808
非金属矿采选业	554 929	343 993
其他采矿业		
农副食品加工业	425 822	5 587 814
食品制造业	236 772	2 244 494
饮料制造业	349 775	2 391 232
烟草制品业		251 216
纺织业	496 697	8 424 096
纺织服装、鞋、帽制造业	820 021	4 331 278
皮革、毛皮、羽毛(绒)及其制品业	24 443	1 123 927
木材加工及木、竹、藤、棕、草制品业	285 427	2 577 968
家具制造业	86 715	1 129 914
造纸及纸制品业	1 105 632	5 766 995
印刷业和记录媒介的复制	396 921	5 072 562
文教体育用品制造业	256 907	1 647 414
石油加工、炼焦及核燃料加工业	131 509	20 253 835
化学原料及化学制品制造业	2 003 034	11 684 669
医药制造业	1 713 332	6 883 601
化学纤维制造业	20 180	131 874
橡胶制品业	569 310	2 699 542
塑料制品业	2 136 052	8 871 326
非金属矿物制品业	579 361	18 529 430
黑色金属冶炼及压延加工业	186 179	11 525 087
有色金属冶炼及压延加工业	374 318	6 463 318
金属制品业	280 283	7 339 757
通用设备制造业	1 124 415	4 410 980
专用设备制造业	456 251	4 130 614
交通运输设备制造业	458 773	4 452 621
电气机械及器材制造业	3 614 978	23 601 871
通信设备、计算机及其他电子设备制造业	5 858 441	22 895 137
仪器仪表及文化、办公用机械制造业	989 836	2 412 358
工艺品及其他制造业	166 651	1 463 418
废弃资源和废旧材料回收加工业	17 626	379 948
电力、热力的生产和供应业	2 198 585	55 296 866
燃气生产和供应业	71 511	101 347
水的生产和供应业	146 716	5 649 776

要经济指标(三)

5年

计量单位:千元

固定资产原价	生产经营用	累计折旧	本年折旧	固定资产净值年平均余额
361 453 806	**309 028 474**	**132 185 154**	**31 299 613**	**229 284 183**
40 363 748	33 309 810	14 721 491	2 983 935	24 454 753
114 506 281	97 494 612	40 603 095	11 969 664	75 280 047
246 947 525	211 533 862	91 582 059	19 329 949	154 004 136
97 776 720	83 510 970	40 859 161	7 715 372	55 595 194
118 733 833	103 718 531	49 008 403	11 446 567	70 336 947
144 943 253	121 798 973	42 317 590	12 137 674	103 352 042
149 296	97 098	43 929	7 184	109 727
1 218 981	1 105 712	432 163	55 657	790 542
1 252 658	1 202 157	592 325	67 190	669 363
467 147	383 603	142 408	24 326	323 019
7 835 190	6 554 038	2 596 883	927 635	5 265 318
3 555 302	3 026 932	1 521 677	322 626	2 102 294
3 483 995	3 289 475	1 365 862	280 208	2 121 217
346 582	287 929	112 636	22 170	179 181
11 727 394	10 223 395	4 541 043	1 031 683	7 510 744
5 923 108	5 145 170	2 317 944	792 326	3 897 430
1 434 037	1 187 626	437 713	130 628	1 043 725
3 606 030	3 329 309	1 131 466	251 995	2 560 734
1 554 098	1 225 589	552 822	232 853	1 056 267
7 841 811	6 277 932	2 591 539	582 737	5 394 231
6 908 388	5 703 974	2 310 375	592 230	4 710 060
2 163 286	1 748 607	741 049	184 454	1 511 813
31 325 717	30 955 521	16 927 190	2 370 392	14 999 654
16 237 595	13 877 556	6 380 692	1 380 935	10 049 595
8 867 702	7 515 235	3 212 695	667 143	5 657 404
163 036	144 615	34 303	16 007	126 440
3 500 859	2 891 978	1 004 092	169 082	2 390 136
12 117 366	10 758 746	4 265 476	1 210 654	7 862 598
24 690 977	21 168 292	8 986 329	2 281 692	15 965 997
14 825 830	14 124 686	4 093 274	940 365	9 056 597
10 461 255	8 474 093	5 178 663	1 756 847	5 713 228
10 513 113	9 133 041	3 793 092	1 406 000	6 705 939
6 598 491	5 494 233	2 698 564	759 391	3 970 860
5 381 875	3 866 044	1 710 079	559 422	3 600 777
6 002 752	4 871 961	2 048 350	415 312	3 913 088
30 582 564	26 267 927	10 909 194	4 255 844	20 071 535
32 330 082	19 351 303	10 943 893	2 351 946	20 526 551
3 220 530	2 257 625	903 258	193 169	2 261 510
1 910 218	1 643 834	693 848	199 256	1 248 631
569 363	481 151	252 742	162 604	333 599
74 690 656	68 252 571	24 000 518	4 216 028	50 552 715
102 252	60 807	13 693	6 325	80 879
7 894 270	6 648 709	2 703 375	475 297	4 950 785

200

	无形资产	负债合计
总　　计	**20 473 577**	**447 957 295**
在总计中：亏损企业	3 176 572	56 201 484
在总计中：轻工业	9 830 664	175 992 239
重工业	10 642 913	271 965 056
在总计中：大型企业	5 918 638	129 423 787
中型企业	6 439 578	133 455 351
小型企业	8 115 361	185 078 157
在总计中：按工业行业大类分		
煤炭开采和洗选业	9 990	186 566
石油和天然气开采业		
黑色金属矿采选业	130 385	2 048 122
有色金属矿采选业	72 233	721 575
非金属矿采选业	35 275	403 397
其他采矿业		
农副食品加工业	1 199 215	10 570 440
食品制造业	334 299	4 394 516
饮料制造业	277 579	3 940 743
烟草制品业	7 236	197 509
纺织业	546 561	11 193 934
纺织服装、鞋、帽制造业	186 988	8 832 315
皮革、毛皮、羽毛(绒)及其制品业	81 454	2 377 156
木材加工及木、竹、藤、棕、草制品业	962 679	3 440 618
家具制造业	137 388	2 408 420
造纸及纸制品业	394 062	9 132 749
印刷业和记录媒介的复制	338 280	8 008 145
文教体育用品制造业	114 957	2 221 294
石油加工、炼焦及核燃料加工业	383 889	16 344 563
化学原料及化学制品制造业	1 025 169	17 976 050
医药制造业	1 112 638	11 784 547
化学纤维制造业	1 028	321 444
橡胶制品业	236 392	2 759 140
塑料制品业	682 806	15 073 148
非金属矿物制品业	1 512 347	26 684 709
黑色金属冶炼及压延加工业	152 262	12 068 401
有色金属冶炼及压延加工业	433 235	12 917 536
金属制品业	632 180	13 957 075
通用设备制造业	902 010	11 935 422
专用设备制造业	527 872	8 647 028
交通运输设备制造业	640 554	10 959 313
电气机械及器材制造业	4 334 695	76 299 750
通信设备、计算机及其他电子设备制造业	1 217 451	77 678 856
仪器仪表及文化、办公用机械制造业	162 677	4 491 239
工艺品及其他制造业	122 147	3 949 846
废弃资源和废旧材料回收加工业	78 116	1 179 891
电力、热力的生产和供应业	1 140 150	48 394 654
燃气生产和供应业	8 584	205 709
水的生产和供应业	338 794	4 251 475

要经济指标(四)

5 年

计量单位:千元

流动负债	长期负债	所有者权益合计	实收资本	1. 国家资本
375 778 479	**63 851 259**	**294 033 313**	**148 735 786**	**16 580 767**
47 424 716	6 724 301	21 547 292	21 537 776	2 097 616
162 868 415	11 654 869	108 326 833	52 631 067	3 319 944
212 910 064	52 196 390	185 706 480	96 104 719	13 260 823
117 169 304	8 721 055	92 314 009	35 409 783	2 114 134
113 671 928	17 579 445	101 120 382	50 941 481	9 050 128
144 937 247	37 550 759	100 598 922	62 384 522	5 416 505
154 898	31 668	39 784	55 807	
1 379 969	666 652	1 400 868	586 460	149 191
522 372	105 390	987 886	588 217	338 280
349 599	53 372	1 022 712	395 995	11 400
9 574 304	945 509	6 149 545	3 758 640	155 509
3 898 177	460 198	2 779 281	2 050 868	76 550
3 740 610	198 011	2 557 615	1 452 555	31 073
197 359	150	261 122	238 550	137 639
9 729 161	1 338 234	6 140 770	4 079 305	226 836
8 220 520	388 938	5 849 027	3 716 510	19 582
2 077 457	272 122	1 276 630	755 923	
2 816 936	609 113	3 195 250	964 519	24 051
2 260 019	110 650	1 743 281	1 245 491	
8 174 787	923 394	6 270 204	2 834 288	206 561
6 863 398	1 072 440	4 579 561	2 985 067	269 181
2 024 911	144 181	2 596 831	1 118 306	181 976
12 380 352	432 012	17 341 397	14 669 719	
15 127 769	2 475 535	14 331 844	7 535 178	530 207
10 659 561	1 114 281	10 720 123	5 416 485	1 028 201
314 280	7 164	233 330	110 086	
2 454 938	292 111	3 362 612	2 115 981	14 380
13 499 842	1 523 318	10 839 476	4 611 183	229 561
22 747 659	3 607 848	13 997 911	8 485 838	830 718
10 704 892	1 250 389	7 944 285	3 996 689	210 000
11 683 318	1 031 985	5 605 817	2 841 982	6 656
12 776 701	903 671	8 178 114	4 282 832	76 942
10 730 798	1 122 649	6 751 135	3 931 457	280 065
7 936 887	629 924	6 501 160	3 006 021	66 655
9 760 758	1 155 048	5 229 657	3 681 546	62 952
73 799 458	2 101 891	36 419 679	12 938 760	465 056
71 072 562	4 728 008	55 553 817	18 733 860	1 902 296
3 739 501	728 515	4 578 707	2 826 636	235 049
3 599 920	269 938	2 327 269	1 482 675	
1 095 131	81 893	429 769	146 608	9 800
16 884 986	31 475 828	32 319 140	19 028 546	8 240 456
171 350	34 359	178 473	114 696	
2 653 339	1 564 870	4 339 231	1 952 507	563 944

	2. 集体资本	3. 法人资本
总　　计	**3 399 810**	**77 043 566**
在总计中：亏损企业	514 705	12 203 507
在总计中：轻工业	1 827 008	22 471 546
重工业	1 572 802	54 572 020
在总计中：大型企业	523 350	22 667 002
中型企业	1 279 449	26 576 858
小型企业	1 597 011	27 799 706
在总计中：按工业行业大类分		
煤炭开采和洗选业		18 155
石油和天然气开采业		
黑色金属矿采选业	10 000	326 791
有色金属矿采选业	21 088	199 509
非金属矿采选业	50	348 045
其他采矿业		
农副食品加工业	83 648	1 807 489
食品制造业	6 262	971 633
饮料制造业	3 018	880 089
烟草制品业		90 656
纺织业	142 931	1 575 227
纺织服装、鞋、帽制造业	132 164	1 480 879
皮革、毛皮、羽毛(绒)及其制品业		367 997
木材加工及木、竹、藤、棕、草制品业	1 000	621 550
家具制造业	11 793	380 797
造纸及纸制品业	169 212	1 249 974
印刷业和记录媒介的复制	55 283	1 057 087
文教体育用品制造业	42 806	325 426
石油加工、炼焦及核燃料加工业	24 412	13 985 080
化学原料及化学制品制造业	150 166	3 382 480
医药制造业	96 874	2 497 366
化学纤维制造业		30 276
橡胶制品业	33 847	1 832 790
塑料制品业	45 962	2 070 631
非金属矿物制品业	262 559	4 124 159
黑色金属冶炼及压延加工业	3 360	1 856 815
有色金属冶炼及压延加工业	246 500	1 781 919
金属制品业	86 782	1 974 292
通用设备制造业	79 963	1 874 123
专用设备制造业	87 981	1 209 256
交通运输设备制造业	65 652	2 437 094
电气机械及器材制造业	638 392	5 554 242
通信设备、计算机及其他电子设备制造业	174 841	7 362 937
仪器仪表及文化、办公用机械制造业	104 109	1 597 019
工艺品及其他制造业	22 474	720 241
废弃资源和废旧材料回收加工业	9 600	64 358
电力、热力的生产和供应业	229 141	10 194 659
燃气生产和供应业		98 568
水的生产和供应业	357 940	693 957

要经济指标(五)

5 年

计量单位:千元

4.个人资本	5.港澳台资本	6.外商资本	主营业务收入	主营业务成本
46 082 871	**3 036 811**	**2 591 961**	**903 268 126**	**763 601 495**
5 770 598	232 247	719 103	62 967 463	57 889 565
21 294 711	1 816 499	1 901 359	386 078 187	331 045 611
24 788 160	1 220 312	690 602	517 189 939	432 555 884
8 299 538	891 528	914 231	275 300 385	221 630 123
12 354 983	915 413	764 650	248 414 798	210 562 186
25 428 350	1 229 870	913 080	379 552 943	331 409 186
37 652			317 346	261 154
95 363	5 115		2 152 398	1 287 480
29 340			2 243 864	1 561 613
36 500			687 816	522 764
1 632 010	10 000	69 984	29 601 229	26 457 779
973 547	10 705	12 171	8 819 865	7 285 940
378 325		160 050	7 288 984	5 000 214
10 255			169 302	123 615
2 046 823	83 237	4 251	23 430 928	20 908 331
1 347 625	231 475	504 785	25 929 133	22 591 667
365 911	19 794	2 221	7 903 253	7 141 517
297 319	20 599		6 901 154	5 987 016
851 901	1 000		8 866 025	7 764 704
1 165 146	34 831	8 564	18 264 861	16 435 685
1 456 398	18 234	128 884	11 939 048	10 297 762
547 568	15 530	5 000	6 400 522	5 512 211
580 227	80 000		78 264 211	72 711 187
3 309 039	30 488	132 798	43 823 236	37 970 653
1 688 744	6 922	98 378	13 666 086	8 687 230
79 810			1 110 722	1 051 073
188 089	46 875		5 767 474	4 864 814
1 937 326	291 274	36 429	30 941 355	27 396 171
3 192 123	47 694	28 585	46 200 108	40 434 086
1 611 226	187 228	128 060	26 432 883	24 635 989
793 013	4 500	9 394	31 844 760	28 947 932
1 674 005	393 352	77 459	40 005 397	35 806 481
1 677 481	19 275	550	19 775 233	17 226 323
1 565 898	16 731	59 500	14 340 733	11 626 041
985 861	114 057	15 930	19 228 536	16 743 469
4 862 149	676 001	742 920	158 442 415	135 615 091
8 539 713	477 727	276 346	153 309 402	114 436 000
806 788	79 311	4 360	6 625 196	5 252 655
687 402	13 256	39 302	14 176 965	13 076 554
59 850		3 000	4 549 182	4 111 663
292 190	71 600	500	30 404 172	21 369 408
16 128			566 891	531 354
264 126	30 000	42 540	2 877 441	1 967 869

	营业费用	其中:广告费
总　　计	**39 152 847**	**2 736 242**
在总计中：亏损企业	2 123 249	65 757
在总计中：轻工业	19 746 844	2 208 245
重工业	19 406 003	527 997
在总计中：大型企业	20 351 344	944 796
中型企业	8 880 502	1 297 322
小型企业	9 921 001	494 124
在总计中：按工业行业大类分		
煤炭开采和洗选业	16 239	
石油和天然气开采业		
黑色金属矿采选业	147 464	
有色金属矿采选业	65 078	
非金属矿采选业	60 793	210
其他采矿业		
农副食品加工业	400 126	18 024
食品制造业	609 308	119 505
饮料制造业	650 959	126 972
烟草制品业	5 932	12
纺织业	583 621	16 607
纺织服装、鞋、帽制造业	1 074 552	48 412
皮革、毛皮、羽毛(绒)及其制品业	138 887	2 150
木材加工及木、竹、藤、棕、草制品业	126 615	9 089
家具制造业	321 707	15 308
造纸及纸制品业	368 459	4 479
印刷业和记录媒介的复制	276 944	17 537
文教体育用品制造业	209 438	11 712
石油加工、炼焦及核燃料加工业	342 276	3 811
化学原料及化学制品制造业	1 565 596	173 001
医药制造业	1 730 477	506 639
化学纤维制造业	6 942	189
橡胶制品业	183 170	18 301
塑料制品业	801 287	15 160
非金属矿物制品业	1 296 726	52 285
黑色金属冶炼及压延加工业	160 559	1 603
有色金属冶炼及压延加工业	352 878	55 701
金属制品业	763 440	33 599
通用设备制造业	511 251	21 298
专用设备制造业	754 096	35 054
交通运输设备制造业	604 151	26 842
电气机械及器材制造业	10 505 198	884 665
通信设备、计算机及其他电子设备制造业	13 637 006	487 789
仪器仪表及文化、办公用机械制造业	319 158	11 959
工艺品及其他制造业	279 194	16 180
废弃资源和废旧材料回收加工业	189 593	345
电力、热力的生产和供应业	6 827	969
燃气生产和供应业	6 918	85
水的生产和供应业	79 982	750

要经济指标(六)

5 年

计量单位:千元

主营业务税金及附加	其他业务利润	管理费用		
			税金	财产保险费
6 476 626	**2 520 702**	**43 751 534**	**1 375 417**	**696 293**
343 010	258 464	4 691 327	172 832	28 849
2 488 403	1 293 534	16 702 047	699 127	543 250
3 988 223	1 227 168	27 049 487	676 290	153 043
2 829 232	624 840	16 277 285	327 869	409 667
1 560 557	961 916	11 058 247	381 848	92 960
2 086 837	933 946	16 416 002	665 700	193 666
3 869	2	23 989	123	75
42 263	5 385	193 853	3 522	228
24 595	42 376	188 838	3 590	1 236
9 605	1 341	57 118	2 323	10 315
102 275	138 095	746 080	45 874	8 981
43 087	25 099	431 259	18 035	5 960
657 845	15 759	535 932	12 389	3 902
1 507	8 600	31 481	1 510	511
117 905	27 314	1 026 072	67 017	13 299
143 884	59 066	1 196 521	32 869	13 528
43 054	8 251	308 903	11 649	5 495
55 319	11 392	236 704	13 836	3 489
44 914	5 952	377 300	10 364	5 488
112 344	47 361	738 898	39 542	11 299
52 429	39 054	641 312	27 329	6 437
33 466	14 262	356 571	11 219	4 385
1 939 926	-151 965	963 630	20 177	18 245
300 998	126 794	1 860 783	81 840	17 483
112 181	49 320	1 637 410	59 357	9 451
2 439	743	33 542	399	442
35 255	42 235	293 073	12 263	4 119
118 897	117 790	1 176 980	58 330	13 530
287 952	35 242	1 857 270	108 794	24 821
97 761	266 264	442 200	14 818	1 896
121 761	51 911	885 088	43 383	8 725
180 479	86 401	1 431 407	75 163	16 339
84 760	62 628	1 075 980	38 364	9 292
79 330	99 984	1 104 990	32 991	7 612
323 728	63 485	939 256	35 949	6 276
429 214	660 470	6 113 672	251 100	426 353
537 984	368 596	14 101 774	159 007	16 987
30 571	39 303	597 138	15 446	1 449
45 922	28 086	399 171	11 861	4 994
20 520	7 067	69 046	2 767	513
220 648	83 113	1 293 104	44 430	11 488
1 590	7 498	19 011	335	
16 349	26 428	366 178	7 452	1 650

	劳动、待业保险费	养老保险和医疗保险费
总计	**1 145 198**	**3 570 185**
在总计中：亏损企业	136 927	375 270
在总计中：轻工业	454 867	1 620 904
重工业	690 331	1 949 281
在总计中：大型企业	231 856	883 548
中型企业	438 672	1 187 884
小型企业	474 670	1 498 753
在总计中：按工业行业大类分		
煤炭开采和洗选业	155	
石油和天然气开采业		
黑色金属矿采选业	3 593	18 632
有色金属矿采选业	39 212	28 114
非金属矿采选业	2 209	5 495
其他采矿业		
农副食品加工业	21 685	68 394
食品制造业	15 801	55 448
饮料制造业	9 295	45 026
烟草制品业	1 719	408
纺织业	39 165	111 425
纺织服装、鞋、帽制造业	31 654	117 022
皮革、毛皮、羽毛(绒)及其制品业	8 466	39 435
木材加工及木、竹、藤、棕、草制品业	7 200	16 522
家具制造业	6 312	37 932
造纸及纸制品业	24 948	82 749
印刷业和记录媒介的复制	16 348	63 556
文教体育用品制造业	9 315	53 620
石油加工、炼焦及核燃料加工业	79 881	137 125
化学原料及化学制品制造业	50 991	167 874
医药制造业	90 846	162 869
化学纤维制造业	719	2 756
橡胶制品业	17 829	38 747
塑料制品业	55 065	126 394
非金属矿物制品业	73 313	263 642
黑色金属冶炼及压延加工业	23 690	149 767
有色金属冶炼及压延加工业	87 508	156 813
金属制品业	37 533	141 323
通用设备制造业	33 522	124 427
专用设备制造业	38 839	109 744
交通运输设备制造业	29 835	146 218
电气机械及器材制造业	131 172	512 415
通信设备、计算机及其他电子设备制造业	70 659	346 966
仪器仪表及文化、办公用机械制造业	8 011	31 175
工艺品及其他制造业	18 650	43 191
废弃资源和废旧材料回收加工业	3 571	7 007
电力、热力的生产和供应业	51 621	127 141
燃气生产和供应业	558	1 245
水的生产和供应业	4 308	29 568

要经济指标(七)

5 年

计量单位:千元

办公费	职工教育费	财务费用		营业利润
			利息支出	
1 624 312	**297 655**	**9 290 092**	**7 657 890**	**43 516 134**
176 821	24 488	1 033 390	844 776	-2 854 714
853 750	136 291	2 871 219	2 249 359	14 517 597
770 562	161 364	6 418 873	5 408 531	28 998 537
84 974	77 489	2 704 537	2 076 109	12 132 704
407 528	97 585	2 526 414	2 166 287	14 788 808
1 131 810	122 581	4 059 141	3 415 494	16 594 622
759	378	619	554	11 478
4 403	2 315	45 856	46 388	440 867
4 589	2 577	36 586	35 015	409 530
2 776	552	6 988	5 356	31 889
58 277	6 786	257 982	218 904	1 775 082
26 241	4 278	84 177	70 216	391 193
19 418	4 070	64 119	65 361	395 674
828	278	-234	-250	15 601
55 047	8 325	209 606	186 424	612 707
93 320	7 187	174 663	124 156	806 912
17 834	997	35 199	17 796	243 944
32 262	1 931	80 440	56 752	426 452
22 217	2 501	38 287	30 445	325 065
39 215	5 382	163 220	146 124	493 616
31 891	3 632	117 885	83 000	591 770
23 478	1 822	43 202	30 154	259 896
9 440	16 132	185 339	257 171	1 969 888
105 071	12 932	335 938	297 949	1 916 062
46 095	14 992	307 168	314 673	1 240 940
765	173	6 773	5 421	10 696
15 380	1 961	70 574	62 790	362 823
118 614	14 897	285 464	237 381	1 280 346
91 679	11 881	385 450	320 085	1 973 766
8 842	1 262	223 670	211 123	1 138 968
28 913	7 422	287 797	240 608	1 301 215
122 511	9 925	235 598	186 594	1 674 393
74 869	11 832	195 836	164 498	743 711
53 293	7 650	129 083	124 515	747 177
38 050	8 149	116 923	83 940	564 494
219 109	66 265	1 106 281	770 362	5 333 429
166 997	36 746	1 554 937	1 008 804	9 410 297
27 345	3 154	68 725	66 725	396 252
27 536	1 573	64 940	49 741	339 270
3 663	475	11 527	13 533	153 900
21 050	13 621	2 232 012	2 001 330	5 365 286
795	78	2 735	2 558	12 781
11 740	3 524	124 727	121 694	348 764

	投资收益	补贴收入
总　　计	**1 405 667**	**3 377 761**
在总计中：亏损企业	－189 685	125 082
在总计中：轻工业	409 237	488 639
重工业	996 430	2 889 122
在总计中：大型企业	835 829	1 789 322
中型企业	458 490	365 063
小型企业	111 348	1 223 376
在总计中：按工业行业大类分		
煤炭开采和洗选业		
石油和天然气开采业		
黑色金属矿采选业		
有色金属矿采选业	20	1 988
非金属矿采选业	55	205
其他采矿业		
农副食品加工业	1 737	198 459
食品制造业	1 970	5 826
饮料制造业	2 896	5 641
烟草制品业		
纺织业	9 221	3 633
纺织服装、鞋、帽制造业	36 874	8 327
皮革、毛皮、羽毛(绒)及其制品业	－2 000	19 944
木材加工及木、竹、藤、棕、草制品业	36 665	54 351
家具制造业	2	588
造纸及纸制品业	－25 764	5 291
印刷业和记录媒介的复制	－15 772	6 637
文教体育用品制造业	13 450	3 827
石油加工、炼焦及核燃料加工业	21 092	1 266 454
化学原料及化学制品制造业	56 078	20 113
医药制造业	－4 839	14 528
化学纤维制造业		2 706
橡胶制品业	65 248	2 421
塑料制品业	19 009	28 918
非金属矿物制品业	61 554	56 106
黑色金属冶炼及压延加工业	21 938	256
有色金属冶炼及压延加工业	－1 170	3 431
金属制品业	11 175	22 268
通用设备制造业	44 569	15 953
专用设备制造业	20 468	77 344
交通运输设备制造业	12 052	35 422
电气机械及器材制造业	411 401	164 665
通信设备、计算机及其他电子设备制造业	504 390	547 542
仪器仪表及文化、办公用机械制造业	59 562	46 299
工艺品及其他制造业	3 764	6 501
废弃资源和废旧材料回收加工业	61	4 003
电力、热力的生产和供应业	41 643	744 289
燃气生产和供应业	16	
水的生产和供应业	－1 698	3 825

要经济指标(八)

5 年

计量单位:千元

利润总额	应交所得税	亏损企业亏损额	利税总额	本年应付工资总额
40 161 565	**6 681 645**	**4 106 484**	**79 496 479**	**47 799 308**
-4 106 484	73 020	4 106 484	-1 304 439	4 631 392
12 280 351	2 160 624	1 954 612	25 481 277	21 931 760
27 881 214	4 521 021	2 151 872	54 015 202	25 867 548
13 306 674	2 475 827	446 170	26 914 914	11 551 530
13 490 044	2 114 599	1 247 209	23 533 704	13 533 628
13 364 847	2 091 219	2 413 105	29 047 861	22 714 150
7 811	1 234	10 061	37 047	53 738
665 880	32 037	591	909 185	153 890
352 416	36 019	1 934	547 393	193 948
28 826	7 184	15 672	67 324	79 200
866 027	61 657	116 737	1 531 758	778 066
262 427	55 579	71 126	665 796	567 270
353 556	127 305	73 715	1 464 591	392 920
16 395	5 835		41 877	16 415
493 170	111 829	388 575	1 202 016	1 762 628
710 066	152 964	69 774	1 500 633	2 466 159
163 438	30 298	13 525	425 016	986 982
460 669	22 334	16 016	762 308	292 697
245 533	42 502	11 304	585 416	714 728
334 917	74 699	249 918	1 038 319	1 049 800
480 429	91 557	67 814	954 491	868 358
265 976	60 372	16 266	493 543	678 889
1 940 800	456 529	1 714	7 473 735	1 134 933
1 658 157	221 945	230 930	3 283 681	1 588 801
1 044 377	292 134	368 806	2 126 818	1 103 448
-92	6 815	11 435	22 509	47 978
316 298	51 508	27 646	490 751	397 591
1 140 717	165 319	94 401	2 104 340	1 864 270
1 574 446	269 660	369 485	3 685 799	2 880 942
754 678	136 614	73 211	1 744 400	817 023
1 039 492	153 166	24 422	1 991 449	1 067 229
1 408 081	246 194	112 563	3 350 005	2 711 900
629 915	113 221	88 102	1 389 056	1 380 720
692 321	107 322	150 437	1 306 376	1 245 690
490 961	112 483	120 559	1 342 527	1 132 184
5 046 901	724 715	257 293	9 054 595	6 526 000
9 662 416	1 641 672	740 482	16 628 168	10 015 506
460 009	57 882	110 078	768 010	587 131
305 744	41 756	17 202	632 841	784 578
42 438	10 769	6 523	167 713	116 890
5 868 152	853 243	144 616	9 127 721	1 086 177
7 211	2 269	1 491	26 873	9 636
371 007	103 024	32 060	552 399	244 993

200

	主营业务应付工资总额	本年应付福利费总额
总　　计	**46 907 257**	**6 190 227**
在总计中：亏损企业	4 468 528	538 392
在总计中：轻工业	21 501 485	2 721 513
重工业	25 405 772	3 468 714
在总计中：大型企业	11 551 530	1 292 181
中型企业	13 261 551	2 092 780
小型企业	22 094 176	2 805 266
在总计中：按工业行业大类分		
煤炭开采和洗选业	47 123	8 893
石油和天然气开采业		
黑色金属矿采选业	152 290	17 867
有色金属矿采选业	192 703	25 729
非金属矿采选业	74 102	10 501
其他采矿业		
农副食品加工业	760 704	121 865
食品制造业	551 616	83 369
饮料制造业	378 439	58 559
烟草制品业	16 415	2 946
纺织业	1 721 106	192 012
纺织服装、鞋、帽制造业	2 423 768	240 830
皮革、毛皮、羽毛(绒)及其制品业	974 183	86 291
木材加工及木、竹、藤、棕、草制品业	285 798	36 066
家具制造业	707 236	82 414
造纸及纸制品业	1 027 638	127 181
印刷业和记录媒介的复制	840 832	97 062
文教体育用品制造业	661 333	82 411
石油加工、炼焦及核燃料加工业	1 133 121	132 302
化学原料及化学制品制造业	1 547 009	234 919
医药制造业	1 088 264	153 677
化学纤维制造业	46 985	10 161
橡胶制品业	392 555	56 656
塑料制品业	1 807 823	279 009
非金属矿物制品业	2 827 829	525 967
黑色金属冶炼及压延加工业	814 432	91 885
有色金属冶炼及压延加工业	1 052 772	203 663
金属制品业	2 644 953	307 966
通用设备制造业	1 363 976	184 877
专用设备制造业	1 185 973	174 660
交通运输设备制造业	1 107 906	190 656
电气机械及器材制造业	6 417 456	853 693
通信设备、计算机及其他电子设备制造业	9 884 635	1 109 120
仪器仪表及文化、办公用机械制造业	574 502	68 886
工艺品及其他制造业	774 001	84 783
废弃资源和废旧材料回收加工业	114 651	20 209
电力、热力的生产和供应业	1 080 020	196 571
燃气生产和供应业	7 853	1 655
水的生产和供应业	225 255	34 916

要经济指标(九)

5年

计量单位:千元

主营业务应付福利费总额	本年应交增值税	本年进项税额	本年销项税额	全部从业人员年平均人数(人)
6 003 840	**32 858 288**	**103 067 251**	**119 573 509**	**2 554 306**
506 222	2 459 035	7 096 068	8 026 575	310 888
2 631 135	10 712 523	45 794 687	49 438 527	1 418 460
3 372 705	22 145 765	57 272 564	70 134 982	1 135 846
1 289 776	10 779 008	35 241 505	38 018 911	304 837
2 031 578	8 483 103	26 575 629	31 918 001	688 952
2 682 486	13 596 177	41 250 117	49 636 597	1 560 517
7 314	25 367	19 229	44 256	5 605
17 302	201 042	55 681	256 219	5 518
23 460	170 382	93 305	262 397	7 541
9 372	28 893	49 294	69 381	5 277
119 280	563 456	2 156 397	2 532 128	53 819
82 013	360 282	948 486	1 245 169	36 037
56 936	453 190	776 606	1 109 597	16 139
2 946	23 975	12 379	28 441	904
186 629	590 941	2 421 193	2 797 760	125 031
225 958	646 683	2 586 311	2 975 630	175 103
85 042	218 524	764 291	883 072	68 132
33 593	246 320	832 576	1 031 626	21 099
80 642	294 969	1 018 856	1 157 087	50 352
119 571	591 058	2 344 775	2 578 570	71 224
83 506	421 633	1 445 445	1 705 273	56 195
76 224	194 101	650 438	767 775	45 820
131 019	3 593 009	11 304 555	13 251 338	20 535
222 836	1 324 526	5 073 569	5 971 063	85 366
152 070	970 260	1 152 276	1 989 134	39 874
9 965	20 162	128 671	143 904	3 547
55 908	139 198	634 958	583 729	20 089
265 789	844 726	3 820 286	4 090 806	124 158
517 702	1 823 401	4 516 823	5 892 188	197 521
84 983	891 961	2 945 960	3 772 762	35 482
202 365	830 196	3 845 123	4 272 891	54 534
301 994	1 761 445	4 565 771	5 460 681	183 021
180 744	674 381	2 251 022	2 715 435	85 354
167 141	534 725	1 644 057	1 994 713	68 253
187 981	527 838	2 197 763	2 219 544	63 001
833 733	3 578 480	22 550 161	21 968 143	401 787
1 083 859	6 427 768	15 204 370	17 414 133	306 531
65 863	277 430	569 236	776 529	26 846
83 618	281 175	1 729 599	1 876 715	59 253
20 055	104 755	568 902	623 956	7 413
194 098	3 038 921	2 073 931	4 819 533	19 354
1 615	18 072	63 964	80 778	510
30 714	165 043	50 992	211 153	8 081

	企业单位数（个）	亏损企业
总　　计	**15 708**	**4 477**
在总计中：亏损企业	4 477	4 477
在总计中：港、澳、台投资企业	11 292	3 238
合资经营企业（港或澳、台资）	2 199	578
合作经营企业（港或澳、台资）	1 050	256
港澳台商独资企业	7 956	2 379
港澳台商投资股份有限公司	87	25
外商投资企业	4 416	1 239
中外合资经营企业	1 302	352
中外合作经营企业	477	101
外资企业	2 591	779
外资投资股份有限公司	46	7
在总计中：国有控股企业	299	94
在总计中：轻工业	9 497	2 654
重工业	6 211	1 823
在总计中：大型企业	231	23
中型企业	2 965	580
小型企业		
在总计中：按工业行业大类分	12 512	3 874
煤炭开采和洗选业	1	1
石油和天然气开采业	4	
黑色金属矿采选业	1	1
有色金属矿采选业	1	
非金属矿采选业	27	4
其他采矿业		
农副食品加工业	209	69
食品制造业	225	58
饮料制造业	74	24
烟草制品业	1	
纺织业	1 062	296
纺织服装、鞋、帽制造业	1 407	423
皮革、毛皮、羽毛（绒）及其制品业	870	237
木材加工及木、竹、藤、棕、草制品业	153	40
家具制造业	396	124
造纸及纸制品业	440	116
印刷业和记录媒介的复制	260	60
文教体育用品制造业	602	184
石油加工、炼焦及核燃料加工业	18	3
化学原料及化学制品制造业	722	178
医药制造业	114	35
化学纤维制造业	55	18
橡胶制品业	216	68
塑料制品业	1 315	372
非金属矿物制品业	513	150
黑色金属冶炼及压延加工业	77	29
有色金属冶炼及压延加工业	134	30
金属制品业	1 046	271
通用设备制造业	421	95
专用设备制造业	455	119
交通运输设备制造业	347	96
电气机械及器材制造业	1 559	452
通信设备、计算机及其他电子设备制造业	1 918	596
仪器仪表及文化、办公用机械制造业	430	122
工艺品及其他制造业	495	144
废弃资源和废旧材料回收加工业	11	1
电力、热力的生产和供应业	102	50
燃气生产和供应业	21	11
水的生产和供应业	6	

企业主要经济指标(一)

5 年

计量单位:千元

工业总产值（当年价）	工业销售产值（当年价）	出口交货值	工业中间投入	工业增加值（当年价）
2 287 552 811	**2 230 930 177**	**1 218 537 141**	**1 739 299 392**	**594 288 388**
289 681 157	278 667 902	158 655 719	234 345 004	59 881 210
1 170 799 510	1 138 361 537	659 346 452	866 451 326	328 306 650
300 696 350	290 358 213	111 277 842	229 135 088	78 374 704
100 177 380	97 266 562	54 668 710	76 801 318	26 130 582
745 519 594	727 777 215	484 936 765	541 096 475	218 555 735
24 406 186	22 959 547	8 463 135	19 418 445	5 245 629
1 116 753 301	1 092 568 640	559 190 689	872 848 066	265 981 738
348 943 156	342 215 840	114 570 995	269 520 738	89 228 728
66 817 430	65 134 145	28 341 967	43 432 751	27 415 801
691 363 812	675 477 276	412 974 666	553 036 447	146 149 883
9 628 903	9 741 379	3 303 061	6 858 130	3 187 326
193 250 134	190 885 124	62 569 975	148 036 699	50 108 077
919 625 914	897 278 695	532 997 086	695 544 905	246 264 133
1 367 926 897	1 333 651 482	685 540 055	1 043 754 487	348 024 255
819 309 462	796 391 822	477 820 827	644 719 397	187 118 475
862 901 845	839 123 662	477 719 952	662 177 169	219 118 151
605 341 504	595 414 693	262 996 362	432 402 826	188 051 762
41 061	44 794		28 901	15 092
47 989 281	47 178 239	14 325 806	5 415 392	44 879 810
49 707	41 271		39 029	11 833
29 970	29 970		21 878	8 204
852 666	844 112	221 052	661 990	211 971
36 177 433	34 981 541	5 976 722	27 764 041	8 969 422
27 019 271	26 685 385	3 594 017	18 926 384	9 918 286
23 386 277	22 680 656	1 348 017	15 895 049	8 897 721
16 963	19 671		16 745	1 230
73 339 949	70 843 189	46 313 793	54 882 667	19 604 015
58 740 303	57 241 103	39 189 295	43 856 048	16 189 900
55 330 298	54 331 970	44 528 038	41 083 008	15 029 511
8 676 390	8 194 921	3 562 329	6 688 987	2 185 297
27 532 003	27 391 268	22 075 633	20 601 234	7 347 447
41 588 864	40 380 110	15 594 748	31 584 145	10 944 397
21 732 786	20 814 760	9 375 202	16 199 041	6 046 695
37 461 671	36 788 199	32 181 466	27 850 970	10 032 179
13 327 098	12 329 332	53 554	11 182 872	2 199 702
110 253 116	109 459 888	20 594 055	77 163 462	39 970 497
12 009 957	10 568 740	772 639	7 775 501	4 904 018
6 363 052	5 991 128	2 491 894	4 975 861	1 503 684
10 917 982	10 393 138	7 770 179	8 251 002	2 827 227
83 603 718	81 887 206	49 894 277	65 039 139	19 890 701
37 062 326	35 867 347	11 061 620	26 570 933	11 869 432
39 819 673	38 766 143	6 177 074	35 213 713	5 074 600
26 829 468	25 684 192	6 568 111	21 334 474	5 957 874
87 565 260	85 693 169	50 382 155	67 240 207	21 897 844
38 268 000	37 648 286	12 461 813	29 332 417	10 158 030
34 267 664	33 394 044	16 506 737	25 371 510	9 828 953
133 668 450	131 181 630	24 891 905	100 713 040	37 434 868
195 013 699	190 017 537	124 071 429	149 412 962	48 905 425
825 386 515	801 689 021	547 094 519	669 205 473	163 408 958
84 423 853	83 868 145	74 614 928	67 355 560	17 804 934
25 469 590	24 999 516	19 551 803	19 023 645	6 999 250
1 175 218	1 197 435	83 165	1 031 435	155 061
49 552 296	49 200 519	5 209 166	31 375 207	20 647 873
10 944 766	10 943 575		9 351 027	1 676 578
1 666 217	1 659 027		864 443	879 869

	资产合计	流动资产 小　计
总　　计	**1 600 454 222**	**972 665 506**
在总计中：亏损企业	307 890 710	164 150 887
在总计中：港、澳、台投资企业	908 114 156	526 445 464
合资经营企业(港或澳、台资)	262 683 912	142 851 055
合作经营企业(港或澳、台资)	76 440 956	41 570 750
港澳台商独资企业	548 370 853	331 273 707
港澳台商投资股份有限公司	20 618 435	10 749 952
外商投资企业	692 340 066	446 220 042
中外合资经营企业	230 805 571	141 096 749
中外合作经营企业	48 183 270	29 111 861
外资企业	398 174 718	270 617 998
外资投资股份有限公司	15 176 507	5 393 434
在总计中：国有控股企业	159 668 317	78 194 063
在总计中：轻工业	681 032 624	416 390 437
重工业	919 421 598	556 275 069
在总计中：大型企业	405 615 703	283 336 947
中型企业	678 616 444	397 779 648
小型企业	516 222 075	291 548 911
在总计中：按工业行业大类分		
煤炭开采和洗选业	44 030	3 443
石油和天然气开采业	16 223 329	2 088 494
黑色金属矿采选业	40 350	29 532
有色金属矿采选业	29 602	12 331
非金属矿采选业	826 697	388 216
其他采矿业		
农副食品加工业	20 218 692	12 579 132
食品制造业	25 118 437	15 254 431
饮料制造业	19 115 696	10 215 087
烟草制品业	4 487	3 825
纺织业	65 719 296	35 491 315
纺织服装、鞋、帽制造业	39 581 873	25 756 006
皮革、毛皮、羽毛(绒)及其制品业	39 016 817	25 335 869
木材加工及木、竹、藤、棕、草制品业	7 206 132	3 961 913
家具制造业	21 358 454	13 823 067
造纸及纸制品业	45 496 752	22 386 684
印刷业和记录媒介的复制	26 077 572	14 581 475
文教体育用品制造业	29 015 245	17 704 088
石油加工、炼焦及核燃料加工业	7 746 916	5 067 041
化学原料及化学制品制造业	84 121 225	51 696 429
医药制造业	13 881 743	7 412 471
化学纤维制造业	7 917 925	3 506 368
橡胶制品业	9 957 994	5 847 959
塑料制品业	76 988 118	43 432 262
非金属矿物制品业	47 762 426	21 245 942
黑色金属冶炼及压延加工业	36 371 751	17 127 264
有色金属冶炼及压延加工业	17 536 551	10 418 999
金属制品业	62 624 612	39 336 193
通用设备制造业	34 107 725	21 474 156
专用设备制造业	33 909 041	22 151 065
交通运输设备制造业	84 374 875	53 735 781
电气机械及器材制造业	137 936 403	88 252 236
通信设备、计算机及其他电子设备制造业	416 530 192	304 338 086
仪器仪表及文化、办公用机械制造业	45 587 781	27 728 543
工艺品及其他制造业	19 304 690	12 435 411
废弃资源和废旧材料回收加工业	327 574	209 488
电力、热力的生产和供应业	94 296 449	31 798 661
燃气生产和供应业	6 328 605	2 962 574
水的生产和供应业	7 748 165	2 873 669

企业主要经济指标(二)

5 年

计量单位:千元

其中:短期投资	其中:应收账款净额	其中:存货	其中:产成品	流动资产年平均余额
13 508 247	**348 393 840**	**288 781 840**	**83 036 844**	**908 629 322**
1 962 777	51 840 838	55 868 498	16 785 401	156 682 135
6 604 797	172 410 996	173 800 386	51 177 386	500 937 096
633 146	36 718 504	43 901 347	14 903 029	139 945 446
1 563 824	11 084 793	12 029 292	3 109 254	41 673 142
4 399 624	121 301 666	113 807 905	31 949 747	308 935 404
8 203	3 306 033	4 061 842	1 215 356	10 383 104
6 903 450	175 982 844	114 981 454	31 859 458	407 692 226
2 421 384	39 089 862	35 885 249	12 132 201	134 673 309
73 781	10 841 535	7 874 355	2 513 531	28 073 785
4 239 736	123 650 840	69 781 020	16 897 631	239 841 053
168 549	2 400 607	1 440 830	316 095	5 104 079
475 876	19 873 969	17 340 421	3 890 153	76 684 182
7 942 365	130 381 907	139 075 490	42 114 880	398 598 281
5 565 882	218 011 933	149 706 350	40 921 964	510 031 041
8 218 241	120 962 947	68 603 714	19 011 514	251 093 709
3 745 358	135 823 941	128 141 834	37 701 191	375 606 628
1 544 648	91 606 952	92 036 292	26 324 139	281 928 985
	98	1 072	1 072	10 015
	108 165	561 926	108 068	2 055 751
	2 061	20 041	8 847	21 290
	8 287	4 044		10 831
420	52 267	145 463	99 862	403 967
192 123	2 873 781	4 224 051	1 452 991	13 003 477
1 765 695	3 319 658	3 304 098	1 537 763	14 320 191
470 514	2 199 600	2 050 973	620 980	9 760 709
	1 660	2 014	806	4 076
259 714	10 469 185	14 731 464	4 359 133	34 272 248
130 662	6 976 869	9 063 735	2 415 325	24 131 754
132 001	7 912 306	10 574 618	1 943 016	24 370 787
3 578	803 697	1 691 125	611 745	4 007 155
32 460	3 551 386	6 652 984	1 125 629	13 590 210
483 275	7 483 225	6 811 742	2 235 694	21 727 178
40 159	5 073 825	3 912 158	1 080 608	14 244 483
17 796	5 928 063	7 945 862	1 907 437	17 187 703
1 200 000	632 701	1 287 458	249 556	4 131 391
3 954 555	15 803 952	12 201 350	4 737 041	49 851 690
47 067	2 143 503	1 925 118	791 700	6 886 252
141	1 383 998	1 179 285	418 469	3 385 191
3	2 391 416	1 960 878	648 681	5 437 830
161 726	16 184 745	14 839 126	4 944 453	41 595 153
457 693	5 400 543	5 947 038	2 584 535	20 602 291
55 771	2 830 586	7 709 247	2 022 194	16 543 248
10 178	3 688 867	3 429 711	1 235 963	9 822 572
184 956	12 849 597	13 824 365	4 395 704	38 191 141
157 231	7 744 276	7 491 802	2 553 467	19 769 000
152 100	8 003 940	7 954 407	2 094 301	20 994 013
16 277	11 179 103	12 273 011	4 081 722	49 915 625
344 303	32 759 564	29 372 259	8 700 836	82 262 615
3 065 463	147 095 151	76 027 036	20 063 917	269 836 610
36 332	11 835 170	9 004 113	1 880 605	26 798 248
21 095	3 414 369	5 142 088	1 851 957	11 684 640
1	79 108	57 022	7 983	231 625
114 908	5 559 870	4 834 297	39 038	31 574 214
50	346 323	611 885	225 746	2 932 288
	302 925	12 974		3 061 860

200

	长期投资	固定资产 小　计
总　　计	**17 373 016**	**524 979 717**
在总计中：亏损企业	3 400 446	119 342 259
在总计中：港、澳、台投资企业	9 239 553	320 966 004
合资经营企业(港或澳、台资)	5 476 995	100 648 250
合作经营企业(港或澳、台资)	428 258	30 597 432
港澳台商独资企业	1 581 068	182 340 959
港澳台商投资股份有限公司	1 753 232	7 379 363
外商投资企业	8 133 463	204 013 713
中外合资经营企业	4 725 544	75 426 482
中外合作经营企业	227 583	16 724 606
外资企业	2 951 704	102 954 281
外资投资股份有限公司	228 632	8 908 344
在总计中：国有控股企业	3 127 618	73 253 216
在总计中：轻工业	7 727 972	214 899 512
重工业	9 645 044	310 080 205
在总计中：大型企业	5 184 176	105 711 175
中型企业	8 105 101	234 857 873
小型企业	4 083 739	184 410 669
在总计中：按工业行业大类分		
煤炭开采和洗选业		40 110
石油和天然气开采业		5 861 392
黑色金属矿采选业		10 136
有色金属矿采选业		17 271
非金属矿采选业	1 650	292 094
其他采矿业		
农副食品加工业	257 162	6 566 916
食品制造业	321 999	8 372 694
饮料制造业	180 519	7 445 671
烟草制品业		662
纺织业	439 969	26 703 287
纺织服装、鞋、帽制造业	254 088	11 515 963
皮革、毛皮、羽毛(绒)及其制品业	108 781	10 724 738
木材加工及木、竹、藤、棕、草制品业	226 130	2 696 880
家具制造业	59 643	5 957 862
造纸及纸制品业	440 471	20 941 702
印刷业和记录媒介的复制	476 977	10 272 064
文教体育用品制造业	65 080	9 854 890
石油加工、炼焦及核燃料加工业	23 472	2 160 900
化学原料及化学制品制造业	1 136 219	26 845 216
医药制造业	278 101	4 671 039
化学纤维制造业	90 481	3 603 383
橡胶制品业	33 406	2 728 440
塑料制品业	1 217 049	25 546 954
非金属矿物制品业	510 743	23 458 694
黑色金属冶炼及压延加工业	1 013 161	15 095 606
有色金属冶炼及压延加工业	292 822	6 037 016
金属制品业	429 860	19 418 759
通用设备制造业	461 029	10 755 043
专用设备制造业	310 403	9 724 855
交通运输设备制造业	1 339 732	26 056 901
电气机械及器材制造业	2 003 411	41 758 089
通信设备、计算机及其他电子设备制造业	2 675 843	99 089 499
仪器仪表及文化、办公用机械制造业	74 706	12 229 827
工艺品及其他制造业	69 348	5 657 745
废弃资源和废旧材料回收加工业	1 250	93 885
电力、热力的生产和供应业	1 941 862	55 733 061
燃气生产和供应业	171 560	2 722 423
水的生产和供应业	466 089	4 318 050

企业主要经济指标(三)

5 年

计量单位:千元

固定资产原价	生产经营用	累计折旧	本年折旧	固定资产净值年平均余额
810 306 462	**663 505 987**	**327 456 679**	**72 113 853**	**476 934 058**
176 935 298	148 717 937	68 506 548	14 628 259	104 927 423
508 046 485	412 564 577	212 923 880	43 650 548	292 938 851
170 851 441	123 864 666	76 926 911	12 587 579	94 837 194
63 739 535	59 507 865	34 679 004	7 079 054	28 826 821
261 887 224	220 526 873	96 389 401	23 226 115	163 026 892
11 568 285	8 665 173	4 928 564	757 800	6 247 944
302 259 977	250 941 410	114 532 799	28 463 305	183 995 207
117 055 554	101 475 798	48 272 146	10 613 913	68 047 572
24 338 324	20 000 952	10 122 858	2 517 132	14 273 599
147 417 581	117 467 491	50 985 092	14 457 096	94 275 741
13 448 518	11 997 169	5 152 703	875 164	7 398 295
140 488 772	99 174 229	71 338 419	9 563 751	68 707 284
331 732 968	277 810 058	136 749 997	30 128 243	194 647 196
478 573 494	385 695 929	190 706 682	41 985 610	282 286 862
151 178 575	121 372 428	55 797 874	15 499 512	91 141 066
363 060 173	312 788 480	147 460 481	32 346 393	214 263 519
296 067 714	229 345 079	124 198 324	24 267 948	171 529 473
46 344	46 344	6 235	455	30 811
6 121 820	6 121 039	830 427	678 542	5 897 935
10 633	10 246	1 108	1 096	4 998
17 271	17 271	4 563	864	1 292
589 217	575 198	336 349	34 711	265 023
9 873 062	8 035 350	3 883 988	789 914	5 757 008
13 229 448	11 443 045	5 751 158	1 322 686	7 625 462
13 512 372	11 396 543	6 222 766	832 209	7 258 464
2 107	210	1 445	115	704
42 470 475	36 040 692	17 674 537	5 305 115	24 447 171
18 460 943	15 638 774	8 065 213	1 534 831	10 369 773
16 941 097	13 935 027	6 822 539	1 378 800	10 097 035
4 037 260	3 099 818	1 455 076	375 468	2 544 041
8 136 707	6 324 712	2 568 714	688 946	5 513 107
26 939 262	24 324 376	9 686 039	2 405 800	19 249 144
15 239 999	12 752 627	5 658 229	1 097 913	9 367 546
15 910 034	12 455 151	6 564 903	1 217 226	9 336 869
3 109 669	2 985 232	1 012 780	773 192	1 523 892
38 265 567	34 489 580	13 767 100	3 194 813	23 730 682
7 080 835	5 795 172	2 715 455	660 774	4 374 350
5 495 369	4 922 403	1 933 881	489 821	3 468 335
4 649 668	4 092 103	2 041 987	414 011	2 583 040
41 059 156	36 108 480	17 106 951	3 668 887	24 498 510
32 704 728	27 925 603	10 688 030	2 535 458	21 970 608
15 888 692	12 929 977	3 889 561	845 171	11 512 928
8 571 876	7 091 627	3 225 935	1 218 918	5 144 644
30 153 477	25 416 346	12 000 997	2 959 139	17 188 190
17 533 162	14 644 263	7 572 040	1 356 187	9 417 730
14 461 614	11 377 736	5 276 204	1 618 054	8 925 184
33 763 737	30 479 699	10 735 991	3 282 270	21 481 489
57 951 760	45 872 711	22 133 220	5 476 481	34 224 926
146 895 806	117 331 800	52 790 853	14 896 370	92 926 546
19 358 648	16 316 987	7 478 256	1 749 063	11 647 480
8 572 185	6 845 962	3 277 928	610 816	5 104 479
137 076	128 616	47 573	18 349	98 618
122 122 012	86 226 864	69 420 536	8 099 289	52 554 200
3 065 427	2 407 722	872 529	207 515	2 750 668
7 927 947	7 900 681	3 935 583	374 584	4 041 176

	无形资产	负债合计
总　　计	**33 511 705**	**919 525 606**
在总计中：亏损企业	9 022 287	204 507 974
在总计中：港、澳、台投资企业	20 794 710	514 509 400
合资经营企业(港或澳、台资)	6 665 936	161 372 478
合作经营企业(港或澳、台资)	1 854 349	43 923 660
港澳台商独资企业	11 738 326	298 662 101
港澳台商投资股份有限公司	536 099	10 551 161
外商投资企业	12 716 995	405 016 206
中外合资经营企业	5 340 881	125 572 860
中外合作经营企业	810 701	25 803 936
外资企业	6 124 187	247 811 577
外资投资股份有限公司	441 226	5 827 833
在总计中：国有控股企业	3 428 870	80 622 572
在总计中：轻工业	16 953 191	370 927 408
重工业	16 558 514	548 598 198
在总计中：大型企业	5 127 220	257 683 435
中型企业	15 713 368	380 019 602
小型企业	12 671 117	281 822 569
在总计中：按工业行业大类分		
煤炭开采和洗选业	477	31 532
石油和天然气开采业	21 880	2 140 275
黑色金属矿采选业		30 700
有色金属矿采选业		6 192
非金属矿采选业	80 387	497 786
其他采矿业		
农副食品加工业	599 508	11 953 149
食品制造业	764 845	12 596 887
饮料制造业	684 340	8 944 933
烟草制品业		1 532
纺织业	1 425 228	34 366 789
纺织服装、鞋、帽制造业	897 981	22 829 796
皮革、毛皮、羽毛(绒)及其制品业	1 016 229	22 507 533
木材加工及木、竹、藤、棕、草制品业	204 350	4 320 466
家具制造业	645 380	13 102 350
造纸及纸制品业	1 012 338	25 519 574
印刷业和记录媒介的复制	347 368	12 252 437
文教体育用品制造业	628 481	14 988 371
石油加工、炼焦及核燃料加工业	478 863	5 735 870
化学原料及化学制品制造业	2 394 841	41 283 782
医药制造业	896 149	6 366 359
化学纤维制造业	226 341	4 271 679
橡胶制品业	220 749	4 717 461
塑料制品业	1 897 741	39 333 565
非金属矿物制品业	1 760 611	27 635 846
黑色金属冶炼及压延加工业	1 081 402	25 705 065
有色金属冶炼及压延加工业	394 660	10 442 006
金属制品业	1 933 959	32 004 542
通用设备制造业	832 783	17 909 277
专用设备制造业	566 240	16 795 761
交通运输设备制造业	1 772 158	45 108 929
电气机械及器材制造业	3 203 722	83 228 781
通信设备、计算机及其他电子设备制造业	3 479 719	283 364 230
仪器仪表及文化、办公用机械制造业	549 547	21 765 655
工艺品及其他制造业	518 299	9 416 363
废弃资源和废旧材料回收加工业	21 236	199 260
电力、热力的生产和供应业	2 482 847	51 918 557
燃气生产和供应业	386 562	5 025 958
水的生产和供应业	84 484	1 206 358

企业主要经济指标(四)

5 年

计量单位:千元

流动负债	长期负债	所有者权益合计	实收资本	1. 国家资本
825 206 808	**88 006 837**	**680 928 136**	**488 047 032**	**14 215 598**
175 818 954	27 357 583	103 382 256	129 935 082	3 313 010
448 203 845	62 674 100	393 604 756	301 531 389	7 954 917
128 451 246	31 410 726	101 311 434	70 827 908	5 637 189
34 864 963	8 756 607	32 517 296	27 642 520	823 223
276 151 117	20 836 384	249 708 752	196 892 742	85 915
8 736 519	1 670 383	10 067 274	6 168 219	1 408 590
377 002 963	25 332 737	287 323 380	186 515 643	6 260 681
112 373 007	12 555 962	105 232 231	63 685 939	5 344 441
23 423 021	1 479 134	22 379 334	15 889 694	453 989
236 458 390	10 218 354	150 363 141	103 969 946	183 544
4 748 545	1 079 287	9 348 674	2 970 064	278 707
61 155 541	19 430 387	79 045 745	37 232 800	10 098 022
340 427 750	27 603 384	310 104 736	235 779 350	5 221 434
484 779 058	60 403 453	370 823 400	252 267 682	8 994 164
245 449 863	11 458 733	147 932 268	72 408 340	2 469 981
337 984 268	39 376 641	298 596 842	211 396 376	5 282 804
241 772 677	37 171 463	234 399 026	204 242 316	6 462 813
31 257	275	12 498	14 000	1 400
1 964 423	173 852	14 083 054	4 736 002	8 277
30 700		9 650	11 980	
6 192		23 410	9 845	
295 077	17 512	328 911	382 933	
10 548 918	1 207 577	8 265 543	5 869 681	60 235
11 788 614	762 757	12 521 550	9 009 649	296 088
7 933 553	1 007 008	10 170 763	8 427 725	174 041
1 532		2 955	1 540	
31 542 554	2 501 038	31 352 507	28 177 666	413 918
21 368 896	1 204 822	16 752 077	15 679 751	40 048
21 422 303	620 688	16 509 284	14 755 284	59 211
3 590 845	711 188	2 885 666	2 760 816	13 300
12 594 377	470 117	8 256 104	6 948 311	4 100
19 677 392	5 727 724	19 976 698	17 392 174	1 806 862
11 535 694	689 105	13 825 135	9 935 301	223 060
14 309 869	554 603	14 026 874	12 423 829	38 568
4 719 068	1 013 380	2 011 046	1 897 234	35 721
36 638 160	4 441 407	42 837 443	25 565 815	356 223
5 238 735	1 083 841	7 515 384	5 907 655	30 827
2 865 321	1 389 160	3 646 246	3 312 916	306 344
4 532 681	167 121	5 240 533	4 441 420	20 537
35 971 892	2 948 699	37 654 553	30 449 523	265 792
20 867 132	6 529 504	20 126 580	16 296 410	456 375
18 678 431	7 003 904	10 666 686	7 523 770	548 560
9 810 935	589 981	7 094 545	5 396 852	52 857
29 975 847	1 577 980	30 620 070	22 121 259	108 054
17 268 054	593 074	16 198 448	11 397 775	68 416
16 092 887	515 348	17 113 280	11 067 222	203 659
41 440 260	3 621 252	39 265 946	19 420 384	1 294 262
77 092 676	5 187 714	54 707 622	41 266 364	386 204
272 342 980	9 764 594	133 165 962	92 127 025	1 123 171
20 954 506	743 149	23 822 126	14 128 590	51 582
8 763 142	576 779	9 888 327	7 439 994	8 500
166 722	32 538	128 314	90 262	9 300
28 507 710	23 126 920	42 377 892	27 509 020	4 472 239
3 982 018	1 024 700	1 302 647	1 810 294	120 931
655 455	427 526	6 541 807	2 340 761	1 156 936

	2. 集体资本	3. 法人资本
总　　计	**4 485 539**	**55 725 100**
在总计中：亏损企业	1 286 817	14 748 369
在总计中：港、澳、台投资企业	2 829 056	33 661 136
合资经营企业(港或澳、台资)	1 987 180	21 869 799
合作经营企业(港或澳、台资)	564 578	6 581 430
港澳台商独资企业	273 044	4 391 114
港澳台商投资股份有限公司	4 254	818 793
外商投资企业	1 656 483	22 063 964
中外合资经营企业	1 478 764	15 908 022
中外合作经营企业	113 455	3 159 595
外资企业	64 264	2 836 971
外资投资股份有限公司	0	159 376
在总计中：国有控股企业	163 138	11 643 069
在总计中：轻工业	2 167 159	22 710 400
重工业	2 318 380	33 014 700
在总计中：大型企业	2 790	4 959 467
中型企业	1 789 320	27 798 541
小型企业	2 693 429	22 967 092
在总计中：按工业行业大类分		
煤炭开采和洗选业	5 740	
石油和天然气开采业		310 383
黑色金属矿采选业		5 990
有色金属矿采选业		9 845
非金属矿采选业	7 000	4 901
其他采矿业		
农副食品加工业	58 222	853 551
食品制造业	13 731	563 594
饮料制造业	97 638	889 419
烟草制品业		616
纺织业	330 681	1 861 547
纺织服装、鞋、帽制造业	196 825	841 357
皮革、毛皮、羽毛(绒)及其制品业	183 546	533 773
木材加工及木、竹、藤、棕、草制品业	28 578	360 974
家具制造业	41 702	503 520
造纸及纸制品业	162 771	1 675 729
印刷业和记录媒介的复制	93 917	1 616 667
文教体育用品制造业	75 447	596 442
石油加工、炼焦及核燃料加工业		48 698
化学原料及化学制品制造业	314 856	2 071 594
医药制造业	132 497	1 556 668
化学纤维制造业	7 583	339 296
橡胶制品业	18 409	467 793
塑料制品业	441 182	2 392 426
非金属矿物制品业	287 963	2 894 743
黑色金属冶炼及压延加工业	43 266	1 440 657
有色金属冶炼及压延加工业	49 575	892 428
金属制品业	311 835	2 539 049
通用设备制造业	148 864	1 534 988
专用设备制造业	3 500	1 311 970
交通运输设备制造业	175 989	3 648 387
电气机械及器材制造业	213 047	3 671 853
通信设备、计算机及其他电子设备制造业	446 799	7 408 727
仪器仪表及文化、办公用机械制造业	119 403	918 205
工艺品及其他制造业	99 841	643 203
废弃资源和废旧材料回收加工业	1 070	2 068
电力、热力的生产和供应业	353 062	10 429 228
燃气生产和供应业	21 000	386 186
水的生产和供应业		498 625

企业主要经济指标(五)

5 年

计量单位:千元

4. 个人资本	5. 港澳台资本	6. 外商资本	主营业务收入	主营业务成本
7 387 172	**242 424 935**	**163 808 688**	**2 203 166 393**	**1 913 803 407**
1 586 102	62 272 268	46 728 516	276 785 958	261 434 095
4 667 068	219 428 407	32 990 805	1 111 006 777	960 188 888
2 464 735	33 754 107	5 114 898	284 916 820	246 997 515
450 229	16 507 541	2 715 519	95 944 906	85 806 193
1 044 147	166 190 164	24 908 358	707 246 399	606 821 353
707 957	2 976 595	252 030	22 898 652	20 563 827
2 720 104	22 996 528	130 817 883	1 092 159 616	953 614 519
1 826 306	6 042 640	33 085 766	346 100 206	292 612 547
223 423	2 959 669	8 979 563	65 380 419	47 876 391
405 475	13 699 836	86 779 856	671 112 473	605 440 204
264 900	294 383	1 972 698	9 566 518	7 685 377
893 306	7 807 444	6 627 821	191 358 498	160 517 100
3 880 770	128 051 815	73 747 772	894 133 510	756 955 067
3 506 402	114 373 120	90 060 916	1 309 032 883	1 156 848 340
1 245 162	32 473 722	31 257 218	792 227 917	700 952 242
2 518 831	103 853 793	70 153 087	840 563 677	733 054 133
3 623 179	106 097 420	62 398 383	570 374 799	479 797 032
	6 860		44 794	38 905
	4 409 065	8 277	25 681 243	4 826 406
		5 990	41 309	30 411
			29 970	22 478
879	365 153	5 000	843 391	675 794
118 472	2 153 089	2 626 112	35 183 434	31 677 700
137 843	3 520 430	4 477 963	27 255 808	17 387 616
100 909	2 424 611	4 741 107	22 844 578	14 841 955
		924	19 671	16 745
574 112	19 220 516	5 776 892	71 098 673	64 410 693
287 504	10 228 956	4 085 061	57 027 243	50 802 420
92 757	9 713 834	4 172 163	53 599 695	48 108 504
17 021	1 350 310	990 633	8 007 911	7 093 010
98 824	3 965 559	2 334 606	27 381 231	24 301 548
204 496	9 189 598	4 352 718	40 030 749	33 978 655
78 135	6 538 239	1 385 283	20 876 394	17 848 321
67 307	8 659 673	2 986 392	36 796 928	32 731 932
	150 587	1 662 228	11 299 458	10 577 617
340 769	11 507 270	10 975 103	110 515 310	71 966 978
99 892	1 593 577	2 494 194	10 101 113	6 269 880
17 440	1 639 087	1 003 166	5 963 218	5 341 224
46 495	2 402 812	1 485 374	10 597 904	9 215 790
432 423	19 346 147	7 571 553	81 640 587	72 974 899
499 189	7 535 365	4 622 775	35 075 095	29 550 932
328 976	4 110 975	1 051 336	39 612 012	37 517 633
131 218	3 310 748	960 026	25 958 806	24 033 159
402 675	11 478 663	7 280 983	85 692 631	75 668 930
114 241	4 292 692	5 238 574	37 350 573	31 067 676
112 968	5 860 066	3 575 059	33 807 669	27 628 622
254 480	3 920 084	10 127 182	131 782 273	107 059 374
1 498 659	18 362 263	17 134 338	188 859 558	167 600 848
1 183 368	44 695 833	37 269 127	795 294 099	736 136 718
28 306	5 756 212	7 254 882	83 134 687	76 685 471
52 454	4 885 654	1 750 342	25 301 912	22 115 010
	68 835	8 989	1 200 139	1 111 424
64 846	9 180 160	3 009 485	48 424 148	38 827 102
	448 465	833 712	13 188 617	12 483 000
514	133 547	551 139	1 603 562	1 178 027

	营业费用	其中:广告费
总　　计	**73 762 047**	**12 039 483**
在总计中：亏损企业	8 165 125	1 074 528
在总计中：港、澳、台投资企业	31 617 329	7 195 840
合资经营企业(港或澳、台资)	9 118 384	1 313 240
合作经营企业(港或澳、台资)	1 695 510	99 462
港澳台商独资企业	20 415 742	5 752 645
港澳台商投资股份有限公司	387 693	30 493
外商投资企业	42 144 718	4 843 643
中外合资经营企业	15 944 795	1 621 573
中外合作经营企业	8 242 637	523 739
外资企业	17 688 030	2 695 258
外资投资股份有限公司	269 256	3 073
在总计中：国有控股企业	4 126 131	495 314
在总计中：轻工业	50 229 750	11 147 688
重工业	23 532 297	891 795
在总计中：大型企业	30 671 633	7 591 450
中型企业	27 773 558	2 913 792
小型企业	15 316 856	1 534 241
在总计中：按工业行业大类分		
煤炭开采和洗选业		
石油和天然气开采业	10 449	
黑色金属矿采选业	2 992	
有色金属矿采选业	223	
非金属矿采选业	62 570	164
其他采矿业		
农副食品加工业	902 960	106 904
食品制造业	4 997 391	1 033 373
饮料制造业	4 727 722	1 930 175
烟草制品业	1 003	
纺织业	1 282 562	30 872
纺织服装、鞋、帽制造业	1 378 742	30 541
皮革、毛皮、羽毛(绒)及其制品业	905 119	10 414
木材加工及木、竹、藤、棕、草制品业	191 985	5 780
家具制造业	1 098 154	30 468
造纸及纸制品业	1 232 307	23 204
印刷业和记录媒介的复制	578 359	33 557
文教体育用品制造业	506 374	7 821
石油加工、炼焦及核燃料加工业	141 264	804
化学原料及化学制品制造业	17 644 634	5 825 267
医药制造业	1 905 000	333 858
化学纤维制造业	134 129	471
橡胶制品业	208 319	7 054
塑料制品业	1 777 830	33 532
非金属矿物制品业	1 390 044	82 191
黑色金属冶炼及压延加工业	449 245	3 842
有色金属冶炼及压延加工业	249 247	1 634
金属制品业	1 973 507	20 909
通用设备制造业	1 666 315	30 528
专用设备制造业	1 153 842	50 725
交通运输设备制造业	5 330 437	371 333
电气机械及器材制造业	5 636 410	459 947
通信设备、计算机及其他电子设备制造业	13 917 201	1 495 617
仪器仪表及文化、办公用机械制造业	1 110 337	66 230
工艺品及其他制造业	832 995	9 938
废弃资源和废旧材料回收加工业	6 139	5
电力、热力的生产和供应业	94 832	10
燃气生产和供应业	118 787	2 026
水的生产和供应业	142 621	289

企业主要经济指标(六)

5 年

计量单位:千元

主营业务税金及附加	其他业务利润	管理费用		
			税金	财产保险费
7 620 858	**8 143 134**	**83 970 790**	**2 349 899**	**723 797**
925 112	998 331	17 049 542	343 326	161 103
3 875 898	3 985 542	46 439 664	1 366 386	418 761
423 982	1 076 567	10 899 565	266 850	144 784
359 920	128 327	3 446 637	110 393	37 784
3 085 070	2 651 368	31 305 723	965 742	232 105
6 926	129 280	787 739	23 401	4 088
3 744 960	4 157 592	37 531 126	983 513	305 036
3 287 093	1 464 228	12 758 756	383 398	111 608
132 615	418 495	2 900 492	71 767	20 733
316 666	2 246 452	21 213 347	516 532	164 378
8 586	28 417	658 531	11 816	8 317
2 499 305	915 148	7 143 275	227 348	85 691
3 035 489	3 449 192	42 023 935	1 143 158	384 356
4 585 369	4 693 942	41 946 855	1 206 741	339 441
3 624 226	1 837 887	19 653 795	476 683	147 041
1 449 203	3 959 516	34 869 988	1 074 493	295 215
2 547 429	2 345 731	29 447 007	798 723	281 541
59		5 222	59	55
1 556 043	-111	358 600	1 427	358
49		1 999	4	
		263		
3 213	4 130	64 667	685	524
75 341	63 254	787 617	27 762	9 577
40 575	29 628	1 834 466	32 435	8 416
298 541	52 259	981 136	28 992	10 801
10		1 464	14	
118 479	204 929	3 048 515	131 083	39 798
130 611	126 499	3 394 431	87 043	35 123
110 896	141 261	3 173 881	69 870	30 028
6 719	21 299	356 685	9 875	4 188
24 509	136 332	1 328 234	24 924	20 472
335 170	214 047	1 792 938	41 187	18 054
26 816	165 904	1 067 311	86 521	7 551
38 645	193 957	2 374 174	55 328	18 820
304 462	13 611	178 976	7 370	605
722 899	267 117	6 116 076	124 207	37 570
35 994	58 923	1 056 140	19 411	5 059
1 465	26 909	238 707	9 790	3 784
55 465	15 333	657 757	9 445	5 114
162 994	517 369	3 815 458	110 896	45 517
57 374	102 141	1 835 272	54 099	22 252
6 128	107 747	585 819	34 409	6 699
5 027	97 600	488 744	28 755	6 176
106 639	581 511	3 441 546	120 399	43 435
45 041	225 389	2 181 352	158 119	14 920
41 153	136 663	2 278 187	66 498	10 118
2 974 044	930 885	5 309 537	181 870	40 960
77 437	758 570	8 946 534	221 346	67 925
166 237	2 229 324	20 675 410	397 620	139 504
18 599	408 412	2 491 786	109 193	16 948
58 083	113 328	1 276 672	29 274	7 259
183	629	16 505	1 095	74
12 056	125 555	1 504 961	57 096	44 499
3 259	64 413	139 782	8 065	1 387
643	8 317	163 966	3 733	227

200

	劳动、待业保险费	养老保险和医疗保险费
总　　计	**1 628 110**	**7 213 990**
在总计中：亏损企业	343 198	1 414 166
在总计中：港、澳、台投资企业	981 991	4 360 375
合资经营企业（港或澳、台资）	338 310	1 043 210
合作经营企业（港或澳、台资）	81 720	345 796
港澳台商独资企业	508 504	2 834 232
港澳台商投资股份有限公司	53 457	137 137
外商投资企业	646 119	2 853 615
中外合资经营企业	278 331	917 894
中外合作经营企业	64 816	289 232
外资企业	288 110	1 602 003
外资投资股份有限公司	14 862	44 486
在总计中：国有控股企业	206 475	612 259
在总计中：轻工业	807 807	3 998 320
重工业	820 303	3 215 670
在总计中：大型企业	325 130	1 664 162
中型企业	748 024	3 092 796
小型企业	554 956	2 457 032
在总计中：按工业行业大类分		
煤炭开采和洗选业	180	12
石油和天然气开采业	1 388	2 981
黑色金属矿采选业	330	280
有色金属矿采选业		
非金属矿采选业	2 318	3 577
其他采矿业		
农副食品加工业	28 611	63 515
食品制造业	39 986	122 786
饮料制造业	13 683	94 311
烟草制品业		48 449
纺织业	72 085	330 608
纺织服装、鞋、帽制造业	80 490	418 769
皮革、毛皮、羽毛（绒）及其制品业	70 444	465 379
木材加工及木、竹、藤、棕、草制品业	6 290	26 607
家具制造业	23 449	106 012
造纸及纸制品业	30 747	151 578
印刷业和记录媒介的复制	13 968	89 103
文教体育用品制造业	39 829	290 518
石油加工、炼焦及核燃料加工业	3 016	10 246
化学原料及化学制品制造业	65 040	327 293
医药制造业	23 768	81 826
化学纤维制造业	4 823	18 356
橡胶制品业	18 343	72 551
塑料制品业	66 615	329 062
非金属矿物制品业	80 946	185 048
黑色金属冶炼及压延加工业	9 223	80 885
有色金属冶炼及压延加工业	4 351	34 017
金属制品业	108 923	327 030
通用设备制造业	52 477	142 896
专用设备制造业	27 726	154 734
交通运输设备制造业	157 492	360 590
电气机械及器材制造业	156 373	812 389
通信设备、计算机及其他电子设备制造业	297 215	1 532 957
仪器仪表及文化、办公用机械制造业	42 088	277 671
工艺品及其他制造业	38 572	142 471
废弃资源和废旧材料回收加工业	125	1 542
电力、热力的生产和供应业	42 322	95 294
燃气生产和供应业	3 408	16 960
水的生产和供应业	1 466	44 088

企业主要经济指标(七)

5 年

计量单位:千元

办公费	职工教育费	财务费用	利息支出	营业利润
3 484 659	**339 574**	**7 881 914**	**7 080 244**	**124 270 511**
752 228	57 606	2 421 382	1 900 069	-12 210 967
2 252 937	185 822	5 974 557	5 040 401	66 895 983
527 672	75 209	3 025 084	2 460 028	15 528 857
171 518	18 469	845 253	732 948	3 919 720
1 534 413	84 682	1 845 293	1 621 650	46 424 586
19 334	7 462	258 927	225 775	1 022 820
1 231 722	153 752	1 907 357	2 039 843	57 374 528
350 741	75 010	865 141	826 665	22 096 102
139 421	13 599	214 175	115 731	6 432 604
724 906	62 241	658 102	924 658	28 042 576
16 654	2 902	169 939	172 789	803 246
114 302	44 160	1 341 360	1 141 236	16 646 475
1 970 867	180 403	2 774 682	2 088 174	42 563 779
1 513 792	159 171	5 107 232	4 992 070	81 706 732
421 684	75 636	586 098	879 630	38 577 810
1 321 061	140 955	3 868 080	3 404 806	43 508 231
1 741 914	122 983	3 427 736	2 795 808	42 184 470
60	20	1 454	1 454	-846
496	3 112	93 182	91 730	18 836 452
168		1 755	1 751	4 103
80		143	6	6 863
2 076	94	4 129	3 525	37 148
29 615	5 236	209 245	194 997	1 593 825
100 764	6 993	97 164	71 693	2 928 224
44 804	10 450	-20 052	-4 364	2 067 535
197 168	13 801	313 239	277 580	2 130 114
215 715	9 617	208 277	96 745	1 239 261
195 174	7 998	52 644	47 377	1 389 912
19 751	1 439	44 816	28 703	335 995
80 885	3 931	73 399	49 336	691 719
79 294	9 248	437 781	400 472	2 467 945
51 655	3 305	129 443	103 037	1 392 048
113 219	8 572	76 845	35 202	1 262 915
2 211	480	82 731	162 062	28 019
175 733	27 408	308 713	202 718	14 023 127
42 501	6 111	62 622	73 227	830 400
6 482	339	58 014	86 202	216 588
46 235	1 776	42 229	20 945	433 677
220 027	21 468	433 999	334 262	2 992 776
78 079	7 585	310 079	294 155	2 033 535
25 816	5 120	667 860	607 337	493 074
21 049	1 003	174 620	133 702	1 105 609
202 582	11 992	350 309	291 653	4 733 211
97 805	9 415	121 046	98 355	2 494 532
125 278	9 359	115 525	61 426	2 727 003
117 861	28 789	-193 698	-91 817	12 233 464
371 427	38 999	784 015	589 194	6 572 884
609 878	64 005	1 083 805	1 350 271	25 544 052
94 912	6 742	23 928	9 896	3 212 978
68 349	2 785	60 707	37 632	1 071 773
634	32	6 406	7 998	60 111
34 652	10 596	1 658 538	1 383 925	6 452 214
6 138	883	27 805	53 214	480 397
6 086	871	-20 803	-25 357	147 425

	投资收益	补贴收入
总　　计	**1 916 354**	**2 415 762**
在总计中：亏损企业	-55 645	739 500
在总计中：港、澳、台投资企业	871 329	1 748 605
合资经营企业(港或澳、台资)	185 480	712 422
合作经营企业(港或澳、台资)	83 706	472 785
港澳台商独资企业	519 169	532 762
港澳台商投资股份有限公司	82 974	30 636
外商投资企业	1 045 025	667 157
中外合资经营企业	591 716	452 366
中外合作经营企业	23 057	26 151
外资企业	429 433	119 079
外资投资股份有限公司	819	69 561
在总计中：国有控股企业	320 069	355 137
在总计中：轻工业	745 722	520 544
重工业	1 170 632	1 895 218
在总计中：大型企业	385 810	322 037
中型企业	853 568	986 145
小型企业	676 976	1 107 580
在总计中：按工业行业大类分		
煤炭开采和洗选业		
石油和天然气开采业		
黑色金属矿采选业		
有色金属矿采选业		
非金属矿采选业	6 316	194
其他采矿业		
农副食品加工业	35 219	52 521
食品制造业	26 531	8 248
饮料制造业	8 751	588
烟草制品业		
纺织业	-1 999	20 846
纺织服装、鞋、帽制造业	39 633	9 547
皮革、毛皮、羽毛(绒)及其制品业	8 730	23 797
木材加工及木、竹、藤、棕、草制品业	42 895	28 263
家具制造业	1 526	21 809
造纸及纸制品业	12 183	13 907
印刷业和记录媒介的复制	61 728	7 202
文教体育用品制造业	19 225	8 259
石油加工、炼焦及核燃料加工业	44 152	193 550
化学原料及化学制品制造业	587 994	20 841
医药制造业	-6 723	12 569
化学纤维制造业	-395	0
橡胶制品业	18 172	112 637
塑料制品业	239	21 402
非金属矿物制品业	23 111	99 987
黑色金属冶炼及压延加工业	62 399	1 065
有色金属冶炼及压延加工业	65 575	11 780
金属制品业	20 233	126 003
通用设备制造业	300 203	23 269
专用设备制造业	-3 832	52 961
交通运输设备制造业	135 966	197 258
电气机械及器材制造业	59 068	217 831
通信设备、计算机及其他电子设备制造业	125 269	217 115
仪器仪表及文化、办公用机械制造业	4 220	30 349
工艺品及其他制造业	484	5 684
废弃资源和废旧材料回收加工业	20	10
电力、热力的生产和供应业	180 129	860 413
燃气生产和供应业	-528	620
水的生产和供应业	39 860	15 237

企业主要经济指标(八)

5 年

计量单位:千元

利润总额	应交所得税	亏损企业 亏 损 额	利税总额	本年应付 工资总额
114 001 659	**10 586 035**	**15 759 400**	**167 657 486**	**127 687 695**
-15 759 400	161 845	15 759 400	-10 289 231	23 474 512
60 518 426	5 454 225	9 650 864	88 352 790	76 482 990
14 280 943	1 599 393	2 781 612	21 518 367	14 578 303
3 839 790	637 467	888 674	6 954 230	6 312 914
41 382 072	3 098 237	5 819 287	58 599 758	54 446 927
1 015 621	119 128	161 291	1 280 435	1 144 846
53 483 233	5 131 810	6 108 536	79 304 696	51 204 705
21 355 623	2 192 367	2 303 739	34 449 026	12 581 829
6 328 416	637 081	423 077	10 492 153	8 760 016
24 999 714	2 209 177	3 323 416	33 138 898	29 362 880
799 480	93 185	58 304	1 224 619	499 980
16 838 658	1 975 705	1 049 812	24 232 605	4 997 023
37 319 916	4 919 712	7 594 320	62 538 529	74 222 131
76 681 743	5 666 323	8 165 080	105 118 957	53 465 564
36 723 946	3 705 561	1 701 066	52 876 582	32 615 342
40 593 034	4 325 396	5 305 271	60 435 712	54 658 854
36 684 679	2 555 078	8 753 063	54 345 192	40 413 499
-955		955	2 036	12 867
17 752 391	608		21 614 355	95 694
-2 197		2 197	-993	1 895
6 863			6 975	942
38 948	5 646	6 878	63 456	41 732
1 217 759	103 250	254 146	1 849 130	887 300
2 847 291	519 961	340 076	4 713 265	2 195 111
1 813 166	292 340	444 544	3 518 200	1 023 050
449	85		1 471	1 152
1 520 726	213 648	733 990	2 785 938	5 681 161
1 013 608	161 065	612 273	2 449 864	8 289 692
924 411	100 599	388 193	1 817 528	8 512 926
318 164	19 557	116 910	522 777	553 198
412 844	56 175	243 451	854 031	2 678 985
2 150 763	254 816	176 067	3 425 611	1 997 346
1 342 516	162 603	124 555	1 882 282	1 983 184
821 603	110 700	374 375	1 281 726	5 763 235
-67 698	14 015	168 281	292 240	86 650
14 093 903	1 850 556	758 798	21 697 645	8 415 737
785 887	113 729	187 918	1 491 443	806 456
196 033	45 301	230 954	313 991	271 599
428 676	36 239	129 592	644 388	1 235 236
2 303 100	289 280	873 392	3 792 216	5 961 518
1 977 926	181 051	451 467	3 413 339	2 560 463
308 446	29 211	400 647	783 214	552 569
915 420	43 956	70 114	1 383 327	705 565
4 391 822	394 755	631 424	6 071 252	5 664 294
2 549 630	322 932	188 422	3 817 118	2 320 224
2 587 866	241 131	290 453	3 561 818	2 876 384
12 356 889	1 031 043	638 399	19 810 391	4 027 895
5 763 063	668 267	1 981 381	9 145 188	13 032 446
21 734 907	1 723 996	3 037 734	29 129 060	30 724 284
2 671 788	350 171	261 450	3 427 028	4 145 303
971 624	109 984	184 299	1 583 012	3 346 399
30 074	255	529	41 535	20 425
7 391 394	1 105 157	1 308 246	9 874 234	941 239
235 298	8 633	147 290	321 396	86 647
197 261	25 320		275 999	186 892

	主营业务应付工资总额	本年应付福利费总额
总　　计	**125 016 076**	**8 925 183**
在总计中：亏损企业	22 846 238	1 584 953
在总计中：港、澳、台投资企业	74 799 470	5 270 302
合资经营企业(港或澳、台资)	14 214 873	1 316 113
合作经营企业(港或澳、台资)	6 203 753	404 260
港澳台商独资企业	53 259 360	3 445 908
港澳台商投资股份有限公司	1 121 484	104 021
外商投资企业	50 216 606	3 654 881
中外合资经营企业	12 157 992	1 273 055
中外合作经营企业	8 687 928	325 986
外资企业	28 884 972	2 004 074
外资投资股份有限公司	485 714	51 766
在总计中：国有控股企业	4 949 556	604 137
在总计中：轻工业	72 711 665	4 738 810
重工业	52 304 411	4 186 373
在总计中：大型企业	32 023 213	2 090 110
中型企业	53 536 676	3 840 479
小型企业	39 456 187	2 994 594
在总计中：按工业行业大类分		
煤炭开采和洗选业	12 867	839
石油和天然气开采业	94 184	8 587
黑色金属矿采选业	1 895	90
有色金属矿采选业	942	18
非金属矿采选业	39 223	5 362
其他采矿业		
农副食品加工业	854 563	90 349
食品制造业	2 008 265	150 659
饮料制造业	969 226	137 977
烟草制品业	245	
纺织业	5 580 209	373 572
纺织服装、鞋、帽制造业	8 070 097	499 582
皮革、毛皮、羽毛(绒)及其制品业	8 353 938	433 310
木材加工及木、竹、藤、棕、草制品业	530 872	41 667
家具制造业	2 630 056	136 817
造纸及纸制品业	1 961 640	133 462
印刷业和记录媒介的复制	1 926 957	137 198
文教体育用品制造业	5 655 152	256 629
石油加工、炼焦及核燃料加工业	85 795	4 988
化学原料及化学制品制造业	8 366 314	600 003
医药制造业	772 621	83 764
化学纤维制造业	246 020	29 294
橡胶制品业	1 211 534	87 174
塑料制品业	5 816 270	412 491
非金属矿物制品业	2 500 912	253 643
黑色金属冶炼及压延加工业	528 956	75 405
有色金属冶炼及压延加工业	696 928	100 928
金属制品业	5 517 745	464 018
通用设备制造业	2 223 671	169 073
专用设备制造业	2 768 706	175 309
交通运输设备制造业	3 949 564	421 497
电气机械及器材制造业	12 813 694	955 150
通信设备、计算机及其他电子设备制造业	30 268 048	2 119 627
仪器仪表及文化、办公用机械制造业	4 067 017	259 943
工艺品及其他制造业	3 279 652	171 267
废弃资源和废旧材料回收加工业	20 299	1 549
电力、热力的生产和供应业	923 558	96 665
燃气生产和供应业	82 268	11 017
水的生产和供应业	186 173	26 260

企业主要经济指标(九)

5 年

计量单位:千元

主营业务应付福利费总额	本年应交增值税	本年进项税额	本年销项税额	全部从业人员年平均人数(人)
8 647 929	**46 034 969**	**145 838 714**	**151 321 460**	**7 120 615**
1 528 967	4 545 057	28 583 092	19 548 219	1 562 721
5 089 084	23 958 466	83 099 648	79 234 923	4 902 564
1 277 776	6 813 442	25 778 825	28 341 224	787 515
394 218	2 754 520	7 655 264	9 129 707	422 574
3 315 042	14 132 616	47 546 107	39 876 366	3 636 828
102 048	257 888	2 119 452	1 887 626	55 647
3 558 845	22 076 503	62 739 066	72 086 537	2 218 051
1 218 435	9 806 310	31 738 040	37 482 160	516 748
320 562	4 031 122	3 535 094	6 771 739	196 108
1 969 733	7 822 518	26 803 809	26 807 931	1 481 667
50 115	416 553	662 123	1 024 707	23 528
586 742	4 894 642	17 533 067	20 691 247	143 273
4 566 558	22 183 124	58 968 065	68 682 930	4 379 422
4 081 371	23 851 845	86 870 649	82 638 530	2 741 193
2 066 336	12 528 410	41 537 253	37 681 284	1 224 612
3 709 544	18 393 475	60 219 102	64 265 411	3 129 473
2 872 049	15 113 084	44 082 359	49 374 765	2 766 530
	2 932	2 891	5 823	785
8 542	2 305 921	45 075	582 990	694
90	1 155	5 280	6 435	213
13	112	1 695	1 799	80
5 280	21 295	49 527	66 975	2 193
88 273	556 030	3 406 955	3 665 384	47 267
149 113	1 825 399	2 429 025	4 055 813	64 503
130 662	1 406 493	2 496 089	3 618 706	28 159
	1 012	2 332	3 344	100
366 180	1 146 733	5 077 681	4 668 381	390 906
458 953	1 305 645	3 888 244	4 529 814	593 983
421 236	782 221	2 346 612	2 265 776	651 942
40 261	197 894	814 833	740 961	36 811
133 136	416 678	1 396 780	1 181 093	182 233
121 798	939 678	3 285 888	3 901 287	112 241
124 324	512 950	1 739 264	1 694 920	107 658
249 136	421 478	1 333 269	1 171 849	458 011
4 977	55 476	1 911 122	1 880 948	1 960
578 239	6 880 843	9 252 110	14 834 234	103 367
77 932	669 562	812 694	1 377 188	24 304
25 099	116 493	525 331	599 616	12 389
86 752	160 247	529 207	501 006	83 915
390 398	1 326 122	5 726 677	5 728 002	404 375
250 883	1 378 039	3 352 896	4 283 238	150 403
72 535	468 640	5 149 727	4 799 845	21 037
98 505	462 880	2 930 853	3 049 197	31 838
455 975	1 572 791	5 924 558	5 971 650	338 850
161 024	1 222 447	4 598 125	4 444 932	110 819
168 530	932 799	2 552 720	2 975 905	138 836
416 462	4 479 458	15 103 618	18 556 453	148 402
935 383	3 304 688	11 655 030	11 237 069	815 741
2 073 456	7 227 916	37 302 337	26 193 173	1 583 143
253 424	736 641	2 015 826	2 127 608	238 243
168 701	553 305	1 697 527	2 003 293	210 836
1 529	11 278	190 611	197 932	1 079
94 284	2 470 784	4 610 126	6 629 833	17 494
10 616	82 839	1 594 890	1 673 925	3 310
26 228	78 095	81 289	95 063	2 495

200

	企业单位数（个）	亏损企业
总　　计	**16 544**	**2 185**
在总计中：亏损企业	2 185	2 185
在总计中：轻工业	9 299	1 115
重工业	7 245	1 070
在总计中：大型企业	23	
中型企业	883	90
小型企业	15 638	2 095
在总计中：按工业行业大类分		
煤炭开采和洗选业	14	6
石油和天然气开采业		
黑色金属矿采选业	22	3
有色金属矿采选业	17	2
非金属矿采选业	86	8
其他采矿业		
农副食品加工业	368	58
食品制造业	298	35
饮料制造业	74	14
烟草制品业	2	
纺织业	907	100
纺织服装、鞋、帽制造业	968	101
皮革、毛皮、羽毛(绒)及其制品业	424	43
木材加工及木、竹、藤、棕、草制品业	207	34
家具制造业	375	49
造纸及纸制品业	749	119
印刷业和记录媒介的复制	609	63
文教体育用品制造业	232	25
石油加工、炼焦及核燃料加工业	61	7
化学原料及化学制品制造业	1 008	133
医药制造业	147	40
化学纤维制造业	35	6
橡胶制品业	148	18
塑料制品业	1 260	115
非金属矿物制品业	1 243	218
黑色金属冶炼及压延加工业	185	31
有色金属冶炼及压延加工业	339	30
金属制品业	1 733	147
通用设备制造业	688	90
专用设备制造业	529	71
交通运输设备制造业	361	72
电气机械及器材制造业	1 793	237
通信设备、计算机及其他电子设备制造业	932	185
仪器仪表及文化、办公用机械制造业	164	34
工艺品及其他制造业	356	48
废弃资源和废旧材料回收加工业	61	6
电力、热力的生产和供应业	65	19
燃气生产和供应业	21	4
水的生产和供应业	63	14

经济指标(一)

5 年

计量单位:千元

工业总产值（当年价）	工业销售产值（当年价）	出口交货值	工业中间投入	工业增加值（当年价）
809 190 687	**782 936 752**	**163 185 422**	**620 908 523**	**212 812 850**
64 443 485	61 755 615	9 355 485	52 556 479	14 292 726
412 997 753	398 523 631	106 195 764	317 455 293	106 048 699
396 192 934	384 413 121	56 989 658	303 453 230	106 764 151
126 484 703	120 300 428	50 283 756	91 636 305	39 142 477
211 949 752	204 685 879	43 247 771	161 825 555	55 360 864
470 756 232	457 950 445	69 653 895	367 446 663	118 309 509
272 759	305 985		176 880	124 184
871 949	841 402		677 372	247 500
871 690	867 460	22 045	695 308	234 973
1 812 826	1 761 002	1 328	1 337 137	537 463
31 025 505	29 856 510	2 321 264	24 365 233	7 214 949
11 029 614	10 637 943	520 254	7 841 594	3 586 243
3 951 611	3 839 005	57 044	2 830 228	1 310 416
65 690	62 663		53 130	22 632
30 333 151	29 714 443	5 126 812	23 379 695	7 648 709
34 636 007	33 440 465	10 677 240	26 402 196	9 062 890
10 474 763	10 260 795	3 682 457	8 090 408	2 660 391
8 162 000	7 951 001	2 710 401	6 534 334	1 908 878
12 851 279	12 517 158	4 247 796	9 895 867	3 363 963
20 504 028	20 095 410	866 157	16 197 709	4 907 744
14 053 106	13 559 198	1 036 625	10 912 332	3 598 346
7 946 340	7 725 654	4 491 192	6 275 726	1 852 068
12 080 291	11 694 239	48 768	8 787 238	3 657 853
44 610 201	43 859 071	2 403 103	35 519 478	10 407 654
8 460 640	7 552 316	392 240	5 830 012	3 045 707
1 524 924	1 507 387	92 822	1 191 140	361 391
3 553 054	3 456 450	529 300	2 822 028	847 216
34 828 716	34 251 121	5 568 172	27 216 867	8 583 581
59 317 846	57 802 745	8 336 511	44 948 657	16 438 969
19 743 949	18 615 457	806 707	15 216 623	5 024 874
32 391 709	31 357 064	2 731 707	24 849 405	8 319 543
54 649 764	53 520 344	13 930 583	42 964 199	13 924 305
22 899 817	21 890 405	2 508 672	17 874 590	5 795 943
16 773 129	16 019 698	1 590 328	12 472 245	4 906 734
17 785 548	17 143 459	3 649 353	13 962 233	4 238 043
153 153 449	147 440 987	45 869 472	116 700 377	39 880 134
98 811 155	95 248 527	31 901 208	73 280 796	29 767 646
6 489 498	6 178 700	2 118 146	4 824 287	1 899 971
19 955 151	19 147 753	4 877 857	16 737 799	3 577 669
5 467 162	5 098 643	68 004	4 575 514	1 007 160
4 217 332	4 183 996		3 040 698	1 487 149
989 797	986 277		798 973	224 612
2 625 237	2 546 019	1 854	1 630 215	1 135 347

	资产合计	流动资产 小　　计
总　　计	**547 469 804**	**331 065 717**
在总计中：亏损企业	65 628 796	35 001 319
在总计中：轻工业	257 707 326	154 721 856
重工业	289 762 478	176 343 861
在总计中：大型企业	114 700 594	82 430 310
中型企业	153 661 370	87 519 208
小型企业	279 107 840	161 116 199
在总计中：按工业行业大类分		
煤炭开采和洗选业	235 486	109 834
石油和天然气开采业		
黑色金属矿采选业	494 881	227 005
有色金属矿采选业	303 803	195 499
非金属矿采选业	1 247 962	609 045
其他采矿业		
农副食品加工业	16 044 337	8 830 608
食品制造业	8 566 018	5 137 211
饮料制造业	3 548 177	1 960 774
烟草制品业	180 640	22 295
纺织业	18 923 311	8 418 480
纺织服装、鞋、帽制造业	17 650 162	10 723 597
皮革、毛皮、羽毛(绒)及其制品业	4 571 657	2 834 470
木材加工及木、竹、藤、棕、草制品业	6 028 023	2 913 858
家具制造业	5 525 109	3 325 112
造纸及纸制品业	12 742 461	7 808 391
印刷业和记录媒介的复制	12 787 672	6 686 552
文教体育用品制造业	3 639 591	2 065 119
石油加工、炼焦及核燃料加工业	4 758 518	2 152 390
化学原料及化学制品制造业	29 590 633	15 505 659
医药制造业	10 305 450	5 017 876
化学纤维制造业	698 383	461 987
橡胶制品业	2 301 915	1 179 281
塑料制品业	24 233 912	13 196 456
非金属矿物制品业	43 143 341	19 998 373
黑色金属冶炼及压延加工业	8 383 693	4 007 645
有色金属冶炼及压延加工业	16 461 211	10 376 086
金属制品业	27 217 649	16 535 818
通用设备制造业	16 734 939	10 860 927
专用设备制造业	14 853 880	9 494 311
交通运输设备制造业	11 843 774	7 348 382
电气机械及器材制造业	103 039 252	72 452 043
通信设备、计算机及其他电子设备制造业	85 104 337	64 665 990
仪器仪表及文化、办公用机械制造业	6 492 301	4 105 621
工艺品及其他制造业	7 901 458	5 647 410
废弃资源和废旧材料回收加工业	1 829 687	1 204 355
电力、热力的生产和供应业	12 541 244	2 892 269
燃气生产和供应业	519 952	306 870
水的生产和供应业	7 024 985	1 788 118

经济指标(二)

5 年

计量单位:千元

其中:短期投资	其中:应收账款净额	其中:存货	其中:产成品	流动资产年平均余额
1 201 911	**96 482 118**	**101 344 253**	**41 287 173**	**323 519 550**
82 639	8 641 541	12 504 195	4 688 546	34 053 202
648 457	41 587 667	48 679 202	20 557 599	151 742 799
553 454	54 894 451	52 665 051	20 729 574	171 776 751
30 773	23 146 269	25 327 629	11 475 058	76 356 788
409 155	23 737 215	27 415 801	11 329 898	84 264 042
761 983	49 598 634	48 600 823	18 482 217	162 898 720
	12 413	27 382	21 362	103 847
600	36 826	51 723	41 251	224 953
	26 944	50 581	22 856	332 346
4 393	197 038	98 479	47 814	622 128
22 929	2 677 456	2 544 242	1 222 098	9 510 027
22 698	1 664 006	1 399 518	515 253	4 406 542
12 305	188 983	539 962	168 291	1 595 965
	1 349	10 412	10 392	13 256
75 973	1 898 465	3 007 998	1 200 318	8 760 560
94 965	2 555 356	3 785 560	1 464 619	10 943 230
12 912	719 683	913 231	352 824	2 899 382
15 577	456 257	1 376 218	409 284	2 923 366
8 306	845 611	1 101 947	425 861	3 471 798
26 214	2 918 215	2 193 355	796 559	7 510 603
27 361	2 588 026	1 405 382	377 506	6 495 108
4 411	551 892	672 924	228 867	2 232 227
2 420	438 898	900 951	469 933	2 298 684
94 533	4 952 770	4 790 934	2 011 796	15 691 269
20 403	1 251 186	1 568 286	686 796	4 845 139
5 058	83 831	163 059	83 819	490 918
3 960	419 803	282 787	117 090	1 243 334
59 469	4 772 264	3 288 536	1 319 443	13 568 666
249 252	4 683 857	6 575 563	3 252 188	20 261 786
3 610	796 662	1 416 347	453 184	4 349 359
26 601	2 906 243	3 026 723	1 478 634	10 803 316
31 984	5 498 266	4 564 447	1 713 701	17 907 819
61 348	3 367 386	3 473 270	1 308 176	10 548 973
19 723	2 469 065	3 418 793	1 101 415	8 913 135
28 722	2 129 474	2 431 362	810 625	7 196 334
110 418	19 193 082	22 908 559	10 324 730	67 987 774
38 466	22 537 062	18 642 317	6 966 278	59 970 062
31 518	1 252 645	1 199 197	412 357	3 622 920
46 548	1 434 511	2 586 314	1 298 955	5 434 730
2 900	193 848	514 238	158 183	1 383 499
26 529	607 480	291 805	222	2 871 969
	57 089	53 542	10 058	336 236
9 805	98 176	68 309	4 435	1 748 290

	长期投资	固定资产 小　计
总　　计	**17 358 583**	**169 483 014**
在总计中：亏损企业	2 987 876	23 243 622
在总计中：轻工业	7 968 517	80 246 358
重工业	9 390 066	89 236 656
在总计中：大型企业	4 454 101	22 820 516
中型企业	7 690 398	49 656 623
小型企业	5 214 084	97 005 875
在总计中：按工业行业大类分		
煤炭开采和洗选业		110 294
石油和天然气开采业		
黑色金属矿采选业	9 668	184 862
有色金属矿采选业	5 602	82 326
非金属矿采选业	3 750	573 457
其他采矿业		
农副食品加工业	262 544	5 316 477
食品制造业	469 650	2 367 869
饮料制造业	193 991	1 112 961
烟草制品业		62 978
纺织业	421 189	9 210 851
纺织服装、鞋、帽制造业	832 611	5 494 119
皮革、毛皮、羽毛(绒)及其制品业	45 837	1 419 146
木材加工及木、竹、藤、棕、草制品业	253 652	1 837 464
家具制造业	94 393	1 625 884
造纸及纸制品业	162 801	4 237 955
印刷业和记录媒介的复制	224 739	5 159 492
文教体育用品制造业	94 137	1 352 833
石油加工、炼焦及核燃料加工业	48 861	2 338 643
化学原料及化学制品制造业	1 774 937	10 414 938
医药制造业	241 928	4 043 578
化学纤维制造业	22 220	201 148
橡胶制品业	313 793	674 265
塑料制品业	1 922 358	7 947 207
非金属矿物制品业	566 366	19 637 415
黑色金属冶炼及压延加工业	63 376	3 801 719
有色金属冶炼及压延加工业	284 726	5 187 429
金属制品业	258 198	8 767 073
通用设备制造业	772 787	3 754 376
专用设备制造业	503 539	4 155 111
交通运输设备制造业	398 584	3 005 327
电气机械及器材制造业	2 663 419	22 234 785
通信设备、计算机及其他电子设备制造业	3 485 783	15 557 604
仪器仪表及文化、办公用机械制造业	136 948	2 002 217
工艺品及其他制造业	181 744	1 726 614
废弃资源和废旧材料回收加工业	17 626	425 113
电力、热力的生产和供应业	420 192	8 581 322
燃气生产和供应业	71 511	130 455
水的生产和供应业	135 123	4 747 707

经济指标(三)

5 年

计量单位:千元

固定资产原价	生产经营用	累计折旧	本年折旧	固定资产净值年平均余额
227 394 889	**181 856 646**	**79 125 312**	**24 902 942**	**149 220 148**
31 565 119	25 757 160	10 503 509	2 699 929	19 688 157
105 908 421	90 040 237	36 515 737	12 169 423	71 401 357
121 486 468	91 816 409	42 609 575	12 733 519	77 818 791
31 255 498	18 270 935	11 485 864	3 519 621	20 188 178
68 598 131	56 750 808	25 583 939	8 287 261	42 792 955
127 541 260	106 834 903	42 055 509	13 096 060	86 239 015
155 867	102 960	45 772	8 384	114 342
199 938	190 237	26 119	16 857	157 339
130 284	93 789	49 855	12 277	67 238
723 471	611 938	201 607	75 323	523 582
7 127 296	5 800 796	2 183 749	800 202	4 986 745
3 715 542	2 839 381	1 572 584	354 562	2 101 112
1 777 579	1 583 387	713 705	138 684	1 048 224
63 953	62 818	18 162	5 318	45 695
11 271 595	9 853 959	3 728 766	1 122 953	8 229 352
7 366 646	6 559 943	2 854 275	945 920	4 935 868
1 835 763	1 543 196	579 582	190 206	1 319 711
2 865 696	2 579 654	1 086 780	268 437	1 851 550
2 230 039	1 749 077	785 823	338 255	1 541 736
6 039 138	5 360 694	2 090 493	585 237	3 973 738
6 943 448	5 789 921	2 244 110	607 319	4 783 527
1 734 692	1 496 777	531 754	164 610	1 308 972
2 716 775	2 455 787	646 536	292 819	2 068 296
14 046 449	11 836 130	5 404 493	1 300 542	8 811 870
5 123 035	4 372 339	1 718 648	442 270	3 375 946
258 509	225 062	64 362	26 031	196 958
929 824	681 331	303 711	100 695	580 027
10 778 364	9 241 387	3 741 938	1 127 005	7 230 960
26 411 998	22 505 629	9 496 932	2 636 597	17 164 256
4 635 314	3 915 027	1 205 770	664 513	2 956 675
8 215 553	5 969 937	4 144 276	1 746 170	4 220 214
12 595 588	10 814 846	4 561 483	1 707 290	7 945 792
5 559 380	4 627 914	2 223 607	783 812	3 408 847
5 394 499	4 046 412	1 744 341	615 886	3 613 661
3 727 341	2 948 412	1 239 557	372 708	2 460 654
28 825 485	24 504 862	10 504 990	4 247 179	18 964 121
21 294 005	8 619 291	6 941 734	1 673 885	13 796 604
2 728 970	1 744 932	794 655	166 777	1 907 622
2 183 634	1 843 626	749 364	217 541	1 490 614
676 607	581 475	316 935	191 874	376 804
10 402 356	8 956 448	2 407 498	562 556	7 403 330
156 674	111 345	42 517	10 036	107 218
6 553 582	5 635 927	2 158 829	382 212	4 150 948

	无形资产	负债合计
总　　计	**17 427 015**	**340 790 990**
在总计中：农村工业	2 589 782	47 942 794
在总计中：轻工业	9 034 480	161 010 067
重工业	8 392 535	179 780 923
在总计中：大型企业	4 323 223	72 509 136
中型企业	5 300 902	95 660 791
小型企业	7 802 890	172 621 063
在总计中：按工业行业大类分		
煤炭开采和洗选业	9 990	188 544
石油和天然气开采业		
黑色金属矿采选业	40 550	261 263
有色金属矿采选业	12 549	174 110
非金属矿采选业	39 008	478 063
其他采矿业		
农副食品加工业	1 109 353	10 267 714
食品制造业	334 495	5 517 458
饮料制造业	254 524	2 453 312
烟草制品业		167 976
纺织业	467 916	11 219 522
纺织服装、鞋、帽制造业	198 200	10 613 468
皮革、毛皮、羽毛(绒)及其制品业	86 791	2 849 336
木材加工及木、竹、藤、棕、草制品业	965 987	3 301 426
家具制造业	170 666	3 109 419
造纸及纸制品业	272 573	7 965 451
印刷业和记录媒介的复制	306 509	8 249 844
文教体育用品制造业	90 955	2 051 640
石油加工、炼焦及核燃料加工业	153 977	3 099 421
化学原料及化学制品制造业	968 351	16 818 492
医药制造业	718 370	5 890 876
化学纤维制造业	3 489	394 161
橡胶制品业	26 523	1 089 985
塑料制品业	589 759	13 637 351
非金属矿物制品业	1 399 659	27 640 221
黑色金属冶炼及压延加工业	187 456	5 276 835
有色金属冶炼及压延加工业	440 002	10 714 679
金属制品业	689 796	16 796 679
通用设备制造业	817 372	10 922 324
专用设备制造业	491 151	8 364 376
交通运输设备制造业	629 500	7 812 981
电气机械及器材制造业	4 231 685	68 878 118
通信设备、计算机及其他电子设备制造业	701 474	52 815 202
仪器仪表及文化、办公用机械制造业	144 646	3 538 694
工艺品及其他制造业	171 892	5 150 665
废弃资源和废旧材料回收加工业	78 116	1 304 362
电力、热力的生产和供应业	347 232	8 019 668
燃气生产和供应业	10 589	263 244
水的生产和供应业	265 910	3 494 110

经济指标(四)

5 年

计量单位:千元

流动负债	长期负债	所有者权益合计	实收资本	
				1. 国家资本
308 801 481	**28 147 764**	**206 678 814**	**103 701 046**	**1 506 688**
41 979 330	5 303 865	17 686 002	16 640 509	280 905
148 659 688	10 483 950	96 697 259	49 429 653	704 051
160 141 793	17 663 814	109 981 555	54 271 393	802 637
68 112 406	4 396 730	42 191 458	10 364 379	137 104
86 309 242	8 753 435	58 000 579	29 161 716	725 728
154 379 833	14 997 599	106 486 777	64 174 951	643 856
154 898	31 668	46 942	61 705	
211 070	48 692	233 618	141 135	
152 920	21 190	129 693	87 909	
382 713	90 407	769 899	395 308	
9 226 848	910 393	5 776 623	3 360 120	47 310
5 073 870	372 591	3 048 560	2 109 065	7 332
2 271 032	177 635	1 094 865	764 036	7 240
167 826	150	12 664	10 755	
9 916 075	1 140 895	7 703 789	4 212 238	20 889
9 929 468	440 025	7 036 694	4 972 793	18 380
2 506 108	296 969	1 722 321	988 947	
2 800 318	480 319	2 726 597	1 049 839	21 432
2 910 546	153 908	2 415 690	1 664 515	
7 357 492	567 627	4 777 010	2 433 335	12 438
7 068 180	1 086 585	4 537 828	2 849 345	68 473
1 906 383	93 066	1 587 951	1 011 046	
2 929 371	141 506	1 659 097	810 046	
14 103 123	2 272 287	12 772 141	6 806 362	220 361
5 177 577	702 595	4 414 574	2 273 596	70 031
385 334	8 809	304 222	171 203	6 517
1 009 812	57 875	1 211 930	546 357	3 380
12 640 925	916 865	10 596 561	4 942 570	6 181
23 758 869	3 476 097	15 503 120	9 205 021	120 771
4 758 290	389 523	3 106 858	2 213 886	1 270
9 553 850	957 669	5 746 532	2 401 140	1 656
15 553 170	955 772	10 420 970	5 521 073	56 178
10 004 733	814 054	5 812 615	3 296 599	59 197
7 669 155	611 017	6 489 504	2 930 490	76
7 223 651	535 786	4 030 793	2 487 877	19 400
66 195 497	2 174 193	34 161 134	12 518 539	344 664
49 179 606	3 271 839	32 289 135	12 433 389	147 713
3 186 489	328 055	2 953 607	1 958 581	6 899
4 733 647	319 595	2 750 793	1 943 269	
1 210 624	86 693	525 325	161 114	9 800
5 017 645	2 968 187	4 521 576	3 264 552	20 000
225 156	34 359	256 708	139 118	
2 249 210	1 212 868	3 530 875	1 564 173	209 100

	2. 集体资本	3. 法人资本
总　　计	**2 942 370**	**45 089 682**
在总计中：亏损企业	430 335	9 078 253
在总计中：轻工业	1 611 778	20 500 216
重工业	1 330 592	24 589 466
在总计中：大型企业	506 530	2 544 756
中型企业	1 074 995	14 391 603
小型企业	1 360 845	28 153 323
在总计中：按工业行业大类分		
煤炭开采和洗选业		18 155
石油和天然气开采业		
黑色金属矿采选业	10 000	4 180
有色金属矿采选业	20 000	22 917
非金属矿采选业	25 357	247 429
其他采矿业		
农副食品加工业	98 858	1 568 054
食品制造业	4 420	947 410
饮料制造业	2 418	323 943
烟草制品业		500
纺织业	129 981	1 500 728
纺织服装、鞋、帽制造业	69 272	1 792 696
皮革、毛皮、羽毛(绒)及其制品业	28 957	443 369
木材加工及木、竹、藤、棕、草制品业	1 000	589 322
家具制造业	11 993	629 927
造纸及纸制品业	186 360	919 901
印刷业和记录媒介的复制	51 927	985 928
文教体育用品制造业	16 350	360 156
石油加工、炼焦及核燃料加工业	21 612	116 107
化学原料及化学制品制造业	106 780	2 967 695
医药制造业	54 082	1 355 839
化学纤维制造业		51 495
橡胶制品业	22 647	252 857
塑料制品业	60 528	2 220 965
非金属矿物制品业	276 717	4 448 167
黑色金属冶炼及压延加工业	15 764	1 033 465
有色金属冶炼及压延加工业	246 700	1 234 331
金属制品业	84 916	2 795 996
通用设备制造业	65 432	1 294 874
专用设备制造业	87 194	1 038 613
交通运输设备制造业	72 878	1 265 088
电气机械及器材制造业	617 390	4 973 004
通信设备、计算机及其他电子设备制造业	74 070	3 895 581
仪器仪表及文化、办公用机械制造业	40 483	1 280 314
工艺品及其他制造业	40 972	766 478
废弃资源和废旧材料回收加工业	9 600	66 788
电力、热力的生产和供应业	36 798	2 878 829
燃气生产和供应业	12 180	107 768
水的生产和供应业	338 734	690 813

经济指标(五)

5年

计量单位:千元

4. 个人资本	5. 港澳台资本	6. 外商资本	主营业务收入	主营业务成本
48 168 764	**3 557 862**	**2 435 680**	**789 339 154**	**674 328 416**
5 826 267	336 652	688 097	61 787 711	56 703 854
22 321 012	2 481 426	1 811 170	395 927 145	343 579 378
25 847 752	1 076 436	624 510	393 412 009	330 749 038
5 923 549	562 653	689 787	131 879 066	97 836 749
11 228 034	951 936	789 420	203 774 216	177 144 864
31 017 181	2 043 273	956 473	453 685 872	399 346 803
43 550			342 745	279 826
121 840	5 115		831 538	652 094
44 992			941 316	797 262
122 522			1 735 215	1 411 711
1 575 914		69 984	29 634 535	26 381 265
1 041 644	10 705	97 554	10 596 798	8 557 789
375 112		55 323	3 826 404	2 777 295
10 255			62 663	55 616
2 439 878	100 200	20 562	29 243 254	25 980 695
1 713 381	874 130	504 934	33 243 787	29 128 465
489 774	23 794	3 053	10 155 862	9 136 107
412 475	25 610		7 906 200	6 853 366
975 713	25 068	21 814	12 320 284	10 769 606
1 280 869	25 203	8 564	19 923 043	17 902 292
1 595 899	18 234	128 884	13 372 667	11 617 530
567 027	60 030	7 483	7 058 470	6 227 798
592 327	80 000		11 966 663	10 418 348
3 340 985	37 743	132 798	43 729 675	37 942 370
786 722	6 922		7 363 956	5 191 215
99 447	13 744		1 439 530	1 316 329
217 148	46 875	3 450	3 371 521	2 977 370
2 313 581	304 886	36 429	34 366 427	30 214 739
4 276 411	54 370	28 585	54 844 210	48 039 615
1 007 677	27 650	128 060	17 850 792	16 367 895
895 899	10 000	12 554	31 455 455	28 685 856
2 027 207	460 687	96 089	53 798 546	47 675 123
1 841 250	35 296	550	21 660 836	19 081 053
1 640 525	153 582	10 500	16 012 761	13 015 941
997 852	96 057	36 602	17 243 310	15 100 119
5 114 049	740 428	729 004	147 266 189	126 701 467
7 910 857	198 966	206 202	107 591 258	79 748 471
547 214	79 311	4 360	6 136 090	4 926 837
1 076 261	13 256	46 302	18 665 557	17 199 522
71 926		3 000	5 264 192	4 750 839
328 425		500	4 240 518	3 442 443
19 170			1 360 772	1 295 125
252 986	30 000	42 540	2 516 115	1 709 022

	营业费用	其中:广告费
总　　计	**32 812 047**	**1 984 143**
在总计中：亏损企业	1 993 160	60 981
在总计中：轻工业	17 016 915	1 478 278
重工业	15 795 132	505 865
在总计中：大型企业	13 889 903	695 496
中型企业	6 904 645	777 557
小型企业	12 017 499	511 090
在总计中：按工业行业大类分		
煤炭开采和洗选业	16 239	
石油和天然气开采业		
黑色金属矿采选业	61 739	
有色金属矿采选业	38 214	
非金属矿采选业	95 108	220
其他采矿业		
农副食品加工业	428 002	17 765
食品制造业	815 678	106 541
饮料制造业	356 227	72 856
烟草制品业	5 188	
纺织业	865 826	18 148
纺织服装、鞋、帽制造业	1 335 502	50 414
皮革、毛皮、羽毛(绒)及其制品业	176 821	2 216
木材加工及木、竹、藤、棕、草制品业	158 351	9 182
家具制造业	451 487	16 698
造纸及纸制品业	405 149	4 464
印刷业和记录媒介的复制	311 360	17 390
文教体育用品制造业	176 985	7 475
石油加工、炼焦及核燃料加工业	110 656	158
化学原料及化学制品制造业	1 495 123	158 428
医药制造业	769 812	116 884
化学纤维制造业	25 163	189
橡胶制品业	80 468	5 328
塑料制品业	912 101	15 955
非金属矿物制品业	1 536 462	53 507
黑色金属冶炼及压延加工业	158 615	1 701
有色金属冶炼及压延加工业	352 848	59 322
金属制品业	1 324 158	35 998
通用设备制造业	535 997	23 388
专用设备制造业	778 528	34 637
交通运输设备制造业	543 542	26 486
电气机械及器材制造业	8 382 584	770 661
通信设备、计算机及其他电子设备制造业	9 164 939	327 992
仪器仪表及文化、办公用机械制造业	287 794	11 385
工艺品及其他制造业	372 120	17 618
废弃资源和废旧材料回收加工业	194 828	375
电力、热力的生产和供应业	15 592	3
燃气生产和供应业	14 781	85
水的生产和供应业	58 060	674

经济指标(六)

5 年

计量单位:千元

主营业务税金及附加	其他业务利润	管理费用	税金	财产保险费
4 305 625	**1 941 345**	**36 164 751**	**1 397 617**	**647 499**
343 961	236 228	3 899 409	143 340	26 361
2 379 597	902 554	15 716 966	756 998	497 337
1 926 028	1 038 791	20 447 785	640 619	150 162
371 562	386 924	9 931 664	230 371	329 422
1 286 303	675 272	7 823 431	326 234	89 016
2 647 760	879 149	18 409 656	841 012	229 061
3 869	2	27 655	1 440	75
13 227	189	33 530	496	160
10 262	10 045	31 523	1 054	93
19 076	4 438	69 269	6 955	10 855
112 524	106 802	711 437	43 029	9 232
46 195	16 083	488 257	17 667	6 130
290 179	12 060	291 287	9 073	2 919
230	5 050	4 296	233	20
159 880	25 852	964 679	65 647	15 106
191 995	51 829	1 416 590	51 565	17 294
57 483	8 942	383 685	16 390	6 176
64 479	11 846	260 274	16 834	3 791
70 175	8 053	475 095	15 538	7 701
132 380	27 642	676 804	39 332	11 780
68 743	25 842	624 838	33 056	7 655
32 076	6 127	331 357	12 056	2 813
106 178	13 945	237 059	7 614	5 293
319 770	99 312	1 693 411	87 789	16 922
66 702	18 236	785 235	42 977	3 396
4 909	743	44 732	932	512
20 239	15 616	163 635	7 295	3 647
158 043	73 646	1 284 726	74 404	16 456
391 648	35 224	2 032 726	144 655	41 972
59 097	234 049	292 323	11 263	2 092
110 721	47 977	741 163	33 470	8 592
304 326	101 554	1 945 094	102 039	23 738
94 882	54 042	1 023 214	39 721	9 275
92 319	73 500	1 151 596	37 516	8 424
312 475	49 226	718 826	30 894	6 210
425 464	437 213	5 830 772	259 875	371 826
410 446	259 268	9 744 952	136 242	14 855
26 596	24 987	510 661	13 585	1 522
57 427	21 347	513 117	20 885	6 210
23 780	7 067	79 434	3 014	876
31 637	17 079	230 398	6 204	2 188
1 987	13 549	33 170	1 272	161
14 206	22 963	317 931	5 606	1 532

	劳动、待业保险费	养老保险和医疗保险费
总　　计	**977 752**	**2 916 013**
在总计中：亏损企业	93 684	291 843
在总计中：轻工业	494 375	1 517 782
重工业	483 377	1 398 231
在总计中：大型企业	38 666	313 136
中型企业	305 671	772 908
小型企业	633 415	1 829 969
在总计中：按工业行业大类分		
煤炭开采和洗选业	155	
石油和天然气开采业		
黑色金属矿采选业	160	125
有色金属矿采选业	1 958	4 413
非金属矿采选业	1 651	9 428
其他采矿业		
农副食品加工业	26 541	69 556
食品制造业	15 297	47 279
饮料制造业	5 559	22 388
烟草制品业	3	28
纺织业	39 706	100 825
纺织服装、鞋、帽制造业	40 254	141 043
皮革、毛皮、羽毛(绒)及其制品业	13 011	49 408
木材加工及木、竹、藤、棕、草制品业	10 123	18 623
家具制造业	24 379	61 525
造纸及纸制品业	23 276	72 219
印刷业和记录媒介的复制	17 816	62 986
文教体育用品制造业	6 606	30 958
石油加工、炼焦及核燃料加工业	5 350	18 669
化学原料及化学制品制造业	45 554	144 688
医药制造业	21 043	42 045
化学纤维制造业	3 779	7 247
橡胶制品业	3 446	15 868
塑料制品业	50 421	137 524
非金属矿物制品业	80 112	273 614
黑色金属冶炼及压延加工业	19 444	26 162
有色金属冶炼及压延加工业	93 718	129 875
金属制品业	117 162	254 196
通用设备制造业	36 429	113 814
专用设备制造业	39 992	105 056
交通运输设备制造业	17 279	64 500
电气机械及器材制造业	125 618	474 889
通信设备、计算机及其他电子设备制造业	49 089	284 472
仪器仪表及文化、办公用机械制造业	6 879	27 177
工艺品及其他制造业	23 309	57 974
废弃资源和废旧材料回收加工业	4 648	8 800
电力、热力的生产和供应业	4 153	14 084
燃气生产和供应业	707	2 384
水的生产和供应业	3 125	22 171

经济指标(七)

5 年

计量单位:千元

办公费	职工教育费	财务费用	利息支出	营业利润
1 792 803	**244 718**	**5 973 733**	**4 581 177**	**37 695 827**
179 246	21 723	817 862	622 830	-1 734 407
1 000 742	124 978	2 660 247	2 012 997	15 476 596
792 061	119 740	3 313 486	2 568 180	22 219 231
47 505	45 617	1 613 904	1 194 550	8 622 208
370 792	65 502	1 813 619	1 397 491	9 476 626
1 374 506	133 599	2 546 210	1 989 136	19 596 993
879	476	599	534	14 559
3 755	1 836	8 894	7 092	62 243
1 568	212	3 971	3 826	70 129
4 452	796	13 524	7 042	130 965
59 790	6 193	236 890	196 700	1 871 219
27 899	4 134	84 257	65 747	620 705
14 842	1 936	44 687	42 187	78 789
206		14	8	2 369
70 223	9 972	158 555	132 319	1 139 471
119 209	9 340	212 380	152 752	1 010 684
22 603	1 275	40 065	20 437	370 643
34 175	1 957	87 328	60 397	494 248
28 949	2 766	61 137	47 290	500 837
45 438	5 274	137 542	103 910	696 518
44 380	3 148	116 360	79 617	659 678
24 143	1 587	39 448	30 759	256 933
6 017	1 225	54 932	50 616	1 053 435
110 050	11 153	298 424	256 437	2 079 889
24 868	4 338	135 064	111 570	434 164
1 206	200	9 152	6 343	39 988
11 635	991	14 515	11 454	130 910
147 200	16 974	211 384	138 909	1 659 080
110 042	12 935	414 046	331 134	2 464 837
11 961	1 336	70 822	54 720	1 136 089
37 175	4 745	183 523	134 639	1 429 321
179 292	12 633	322 754	250 791	2 328 645
84 701	11 356	155 771	123 082	823 961
57 796	7 955	111 313	102 450	936 564
37 843	5 753	94 869	66 407	522 705
240 626	66 613	1 063 583	810 380	5 299 532
151 423	26 393	1 101 142	782 391	7 680 576
26 392	2 452	61 884	59 082	347 305
32 420	2 012	85 083	61 497	459 635
4 152	579	12 879	14 744	209 499
5 101	957	214 100	149 781	323 427
1 393	155	2 959	2 763	26 299
8 999	3 061	109 883	111 370	329 976

	投资收益	补贴收入
总　　计	**859 434**	**925 741**
在总计中：亏损企业	-6 177	86 849
在总计中：轻工业	431 076	475 997
重工业	428 358	449 744
在总计中：大型企业	291 595	103 912
中型企业	365 180	293 963
小型企业	202 659	527 866
在总计中：按工业行业大类分		
煤炭开采和洗选业		
石油和天然气开采业		
黑色金属矿采选业		
有色金属矿采选业	858	488
非金属矿采选业	-16	303
其他采矿业		
农副食品加工业	1 554	200 753
食品制造业	1 541	6 548
饮料制造业	5 113	230
烟草制品业		
纺织业	9 081	3 172
纺织服装、鞋、帽制造业	36 935	9 707
皮革、毛皮、羽毛(绒)及其制品业	584	21 040
木材加工及木、竹、藤、棕、草制品业	33 329	51 552
家具制造业	2	1 517
造纸及纸制品业	186	5 089
印刷业和记录媒介的复制	1 200	6 497
文教体育用品制造业	11 628	3 889
石油加工、炼焦及核燃料加工业	7 326	225
化学原料及化学制品制造业	51 444	13 414
医药制造业	2 053	14 127
化学纤维制造业		2 706
橡胶制品业	56 179	2 421
塑料制品业	21 395	19 976
非金属矿物制品业	61 049	56 114
黑色金属冶炼及压延加工业	9 981	205
有色金属冶炼及压延加工业	-1 224	5 830
金属制品业	15 819	15 215
通用设备制造业	40 985	13 138
专用设备制造业	23 662	76 580
交通运输设备制造业	5 001	20 671
电气机械及器材制造业	287 412	161 285
通信设备、计算机及其他电子设备制造业	108 955	120 968
仪器仪表及文化、办公用机械制造业	28 620	36 927
工艺品及其他制造业	3 889	7 799
废弃资源和废旧材料回收加工业	61	4 003
电力、热力的生产和供应业	34 661	40 077
燃气生产和供应业	16	1 700
水的生产和供应业	155	1 575

经济指标(八)

5 年

计量单位:千元

利润总额	应交所得税	亏损企业亏损额	利税总额	本年应会工资总额
31 533 655	**5 028 408**	**2 948 896**	**60 369 966**	**44 689 469**
-2 948 896	77 157	2 948 896	-199 215	4 516 618
12 908 594	2 035 438	1 396 881	25 794 430	23 717 985
18 625 061	2 992 970	1 552 015	34 575 536	20 971 484
8 574 375	1 505 722		13 240 016	5 792 014
7 926 178	1 113 890	880 761	14 449 148	11 155 256
15 033 102	2 408 796	2 068 135	32 680 802	27 742 199
11 202	1 234	10 061	43 376	60 273
47 331	2 687	1 553	113 481	49 083
48 833	2 253	1 934	117 686	34 376
113 522	9 174	7 945	194 372	113 586
949 422	58 650	110 656	1 616 623	784 110
483 392	53 823	61 261	927 810	608 097
45 643	31 065	63 399	524 855	239 976
2 450	328		12 752	4 479
993 263	140 563	113 416	1 848 396	2 049 729
898 496	186 198	81 482	1 919 570	3 095 852
215 864	39 361	20 466	549 383	1 222 021
504 706	26 769	13 793	850 397	388 019
379 048	55 135	25 405	857 774	961 610
569 707	89 527	79 089	1 303 512	1 130 052
556 292	100 895	34 761	1 082 607	942 569
251 463	31 854	16 558	464 993	697 017
434 941	44 726	2 114	905 919	168 967
1 754 770	225 246	208 418	3 391 471	1 476 338
289 234	129 178	347 306	771 015	486 102
20 206	8 681	11 537	52 722	63 420
108 417	17 048	16 367	244 846	239 587
1 444 891	193 560	101 068	2 574 666	2 191 681
1 998 123	318 089	323 138	4 459 551	3 436 666
682 611	71 830	111 110	1 239 256	529 242
1 073 382	165 392	26 159	1 961 342	973 316
2 014 702	353 361	119 021	4 557 768	3 571 988
712 008	137 991	73 369	1 577 606	1 468 697
870 863	123 404	100 330	1 569 032	1 363 034
400 509	76 413	75 463	1 127 712	937 187
4 772 130	697 266	170 840	8 624 656	6 591 290
7 331 297	1 349 007	377 796	11 979 030	6 825 334
369 807	46 881	89 154	631 163	547 324
409 936	50 701	22 718	827 680	948 743
83 525	20 412	6 653	222 817	139 316
346 793	71 882	99 021	688 945	140 491
15 337	4 577	1 493	51 112	18 424
329 539	93 247	24 042	484 070	191 473

200

	主营业务应付工资总额	本年应付福利费总额
总计	**43 691 458**	**5 782 191**
在总计中：亏损企业	4 350 282	493 051
在总计中：轻工业	23 208 216	2 897 665
重工业	20 483 242	2 884 526
在总计中：大型企业	5 791 237	643 813
中型企业	10 867 574	1 745 790
小型企业	27 032 647	3 392 588
在总计中：按工业行业大类分		
煤炭开采和洗选业	53 143	10 760
石油和天然气开采业		
黑色金属矿采选业	47 483	3 549
有色金属矿采选业	33 746	3 319
非金属矿采选业	109 103	15 723
其他采矿业		
农副食品加工业	766 214	125 001
食品制造业	589 301	86 454
饮料制造业	226 549	36 457
烟草制品业	4 479	599
纺织业	1 998 762	209 759
纺织服装、鞋、帽制造业	3 039 271	285 684
皮革、毛皮、羽毛(绒)及其制品业	1 199 145	103 922
木材加工及木、竹、藤、棕、草制品业	378 207	41 355
家具制造业	945 457	108 466
造纸及纸制品业	1 105 397	144 593
印刷业和记录媒介的复制	912 749	102 182
文教体育用品制造业	678 025	79 575
石油加工、炼焦及核燃料加工业	167 000	27 147
化学原料及化学制品制造业	1 439 671	210 974
医药制造业	470 823	71 150
化学纤维制造业	62 388	23 006
橡胶制品业	235 407	28 834
塑料制品业	2 126 470	329 538
非金属矿物制品业	3 378 303	623 361
黑色金属冶炼及压延加工业	525 781	54 987
有色金属冶炼及压延加工业	958 603	193 328
金属制品业	3 487 076	419 440
通用设备制造业	1 448 350	195 824
专用设备制造业	1 300 836	201 011
交通运输设备制造业	907 749	163 154
电气机械及器材制造业	6 476 536	839 941
通信设备、计算机及其他电子设备制造业	6 680 953	798 323
仪器仪表及文化、办公用机械制造业	533 770	61 163
工艺品及其他制造业	931 973	111 379
废弃资源和废旧材料回收加工业	137 077	22 450
电力、热力的生产和供应业	139 830	19 064
燃气生产和供应业	16 641	4 902
水的生产和供应业	179 190	25 817

经济指标(九)

5 年

计量单位:千元

主营业务应付福利费总额	本年应交增值税	本年进项税额	本年销项税额	全部从业人员年平均人数(人)
5 589 193	**24 530 686**	**89 369 283**	**100 650 796**	**2 798 928**
462 628	2 405 720	6 795 450	7 841 217	323 873
2 798 362	10 506 239	46 017 850	50 050 890	1 655 832
2 790 831	14 024 447	43 351 433	50 599 906	1 143 096
641 759	4 294 079	17 913 420	17 127 324	181 717
1 689 716	5 236 667	21 674 450	24 460 407	648 444
3 257 718	14 999 940	49 781 413	59 063 065	1 968 767
9 016	28 305	20 009	47 974	6 090
2 984	52 923	33 877	86 321	2 214
2 628	58 591	53 825	111 792	2 567
14 537	61 774	106 167	142 288	7 200
122 156	554 677	2 214 113	2 583 112	53 956
84 377	398 223	1 188 036	1 515 730	42 512
34 922	189 033	460 061	559 661	12 599
599	10 072	8 335	10 645	260
202 201	695 253	3 044 945	3 571 396	156 988
269 284	829 079	3 269 445	3 840 301	223 837
102 407	276 036	999 230	1 160 661	88 752
38 853	281 212	928 411	1 154 309	28 345
106 272	408 551	1 401 036	1 626 730	67 561
137 120	601 425	2 545 456	2 789 852	79 103
87 935	457 572	1 613 163	1 910 314	64 134
73 264	181 454	622 663	736 276	51 269
25 606	364 800	1 539 800	1 878 947	6 308
202 333	1 316 931	4 973 114	5 833 906	85 159
69 539	415 079	585 216	911 120	26 134
22 810	27 607	162 786	184 411	4 892
28 211	116 190	410 945	427 067	15 984
313 844	971 732	4 142 746	4 480 304	155 802
613 421	2 069 780	5 264 566	6 937 570	241 286
47 720	497 548	1 745 922	2 183 238	25 443
191 978	777 239	3 697 652	4 082 389	56 051
411 805	2 238 740	6 188 423	7 397 368	246 402
191 237	770 716	2 422 370	2 946 411	95 955
193 265	605 850	1 750 261	2 211 817	76 010
160 203	414 728	2 056 756	2 183 244	60 028
819 276	3 427 062	20 484 978	20 366 224	425 054
772 374	4 237 287	11 589 783	12 107 109	267 144
58 062	234 760	523 664	698 075	26 911
109 120	360 317	2 211 085	2 425 949	74 507
22 295	115 512	630 453	696 214	8 604
18 484	310 515	289 529	490 778	6 749
4 862	33 788	152 314	184 751	877
24 193	140 325	38 148	176 542	6 241

主要年份工业主要指标发展情况

单位:亿元、%

指　　标,	2000 年	2004 年	2005 年	2005 年 比 2004 年 增 长 %
全部工业				
企业(单位)数(个)	380 231	427 028	445 657	4.4
工业总产值	16 904.47	34 443.48	41 661.74	19.2
规模以上工业				
企业(单位)数(个)	19 695	34 584	35 157	1.7
工业总产值	12 480.93	29 554.92	35 942.74	19.8
工业增加值	3 422.60	7 439.53	9 416.39	24.7
主营业务收入	12 380.65	28 998.45	34 781.58	19.9
资产总计	14 370.57	23 840.02	27 076.08	13.6
流动资产平均余额	6 626.81	11 950.52	14 411.12	20.6
固定资产净值平均余额	5 420.33	7 906.66	8 834.68	11.7
负债总计	8 272.36	13 818.03	15 661.24	13.3
所有者权益合计	6 098.21	10 021.99	11 414.84	13.9
利润总额	564.75	1 449.96	1 693.99	16.8
亏损企业亏损额	156.03	193.28	222.16	14.9
利税总额	1 042.77	2 329.79	2 877.81	23.5
应交增值税	360.83	671.99	956.53	42.3
从业人员平均人数(万人)	572.79	996.44	1 085.65	9.0
规模以下工业				
企业(单位)数(个)	360 536.00	392 444.00	410 500.00	4.6
工业总产值	4 423.54	4 888.56	5 719.00	15.3

注:本表规模以下工业的有关指标由抽样调查取得。

分行业工业增加值及增长速度

2005

单位:亿元

行　　业	2004 年	2005 年	2005 年比 2004 年 增　长(%)
总　　计	**7 439.53**	**9 416.39**	**24.7**
煤炭开采和洗选业	3.93	1.42	-76.3
石油和天然气开采业	312.24	449.08	7.1
黑色金属矿采选业	7.33	11.67	24.2
有色金属矿采选业	7.37	11.57	28.4
非金属矿采选业	11.28	13.14	13.9
农副食品加工业	124.54	176.93	37.7
食品制造业	118.55	140.29	17.0
饮料制造业	81.65	118.45	46.0
烟草制品业	105.81	124.78	17.1
纺织业	250.18	293.32	15.4
纺织服装、鞋、帽制造业	217.08	260.13	20.0
皮革、毛皮、羽毛(绒)及其制品业	144.69	186.64	27.6
木材加工及竹、藤、棕、草制品业	34.34	42.31	22.1
家具制造业	82.54	107.72	29.7
造纸及纸制品业	136.02	168.46	22.6
印刷业和记录媒介的复制	83.01	106.86	29.3
文教体育用品制造业	108.88	128.69	16.5
石油加工、炼焦及核燃料加工业	149.28	185.10	1.0
化学原料及化学制品制造业	497.46	525.49	3.3
医药制造业	103.74	113.82	8.2
化学纤维制造业	11.20	18.88	61.3
橡胶制品业	38.91	47.02	17.6
塑料制品业	222.63	298.60	26.2
非金属矿物制品业	253.75	308.30	24.9
黑色金属冶炼及压延加工业	95.43	125.33	27.1
有色金属冶炼及压延加工业	103.45	154.04	37.3
金属制品业	281.64	369.01	26.5
通用设备制造业	143.27	171.24	17.0
专用设备制造业	133.64	155.20	15.5
交通运输设备制造业	332.27	434.80	32.1
电气机械及器材制造业	750.97	961.59	24.9
通信设备、计算机及其他电子设备制造业	1 645.62	2 095.27	31.1
仪器仪表及文化、办公用机械制造业	181.46	205.59	13.2
工艺品及其他制造业	87.14	119.35	36.3
废弃资源和废旧材料回收加工业	6.99	12.82	80.8
电力、热力的生产和供应业	499.82	694.67	35.8
燃气生产和供应业	20.32	21.56	-8.4
水的生产和供应业	51.13	57.24	11.0

工业品出厂价格指数

（上年＝100）

项　　目	指　　数
总　　计	**101.5**
按轻重工业分	
轻　工　业	99.8
以农产品为原料	101.3
以非农产品为原料	99.4
重　工　业	105.1
采　　掘	128.6
原　　料	107.4
加　　工	101.2
按工业行业分	
煤炭开采和洗选业	152.5
石油和天然气开采业	134.3
黑色金属矿采选业	128.2
有色金属矿采选业	122.3
非金属矿采选业	102.3
农副食品加工业	103.1
食品制造业	101.2
饮料制造业	99.4
烟草制品业	100.7
纺织业	101.6
纺织服装、鞋、帽制造业	99.9
皮革、毛皮、羽毛（绒）及其制品业	101.1
木材加工及木、竹、藤、棕、草制品业	100.9
家具制造业	100.7
造纸及纸制品业	101.0
印刷业和记录媒介的复制	99.5
文教体育用品制造业	101.5
石油加工、炼焦及核燃料加工业	122.7
化学原料及化学制品制造业	102.3
医药制造业	101.5
化学纤维制造业	104.5
橡胶制品业	102.8
塑料制品业	106.3
非金属矿物制品业	97.3
黑色金属冶炼及压延加工业	103.3
有色金属冶炼及压延加工业	108.5
金属制品业	103.6
通用设备制造业	102.2
专用设备制造业	100.6
交通运输设备制造业	99.1
电气机械及器材制造业	102.5
通信设备、计算机及其他电子设备制造业	97.1
仪器仪表及文化、办公用机械制造业	100.1
工艺品及其他制造业	100.5
废弃资源和废旧材料回收加工业	101.5
电力、热力的生产和供应业	102.4
燃气生产和供应业	115.9
水的生产和供应业	100.8

原材料、燃料、动力购进价格指数

（上年＝100）

项　　目	指　　数
总　计	**105.0**
按材料类别分	
燃料、动力类	112.2
黑色金属材料类	110.5
其中：钢材	108.5
其它	114.2
有色金属材料和电线类	111.4
化工原料类	107.2
木材及纸浆类	102.3
建筑材料及非金属矿类	100.6
其它工业原材料及半成品类	99.1
农副产品类	104.8
纺织原料类	99.1
按工业行业分	
煤炭开采和洗选业	114.4
石油和天然气开采业	108.7
黑色金属矿采选业	113.5
有色金属矿采选业	107.0
非金属矿采选业	109.7
其他采矿业	104.2
农副食品加工业	106.0
食品制造业	104.7
饮料制造业	104.9
烟草制品业	107.9
纺织业	104.8
纺织服装、鞋、帽制造业	102.9
皮革、毛皮、羽毛（绒）及其制品业	103.5
木材加工及木、竹、藤、棕、草制品业	108.3
家具制造业	104.9
造纸及纸制品业	107.1
印刷业和记录媒介的复制	108.4
文教体育用品制造业	105.3
石油加工、炼焦及核燃料加工业	108.5
化学原料及化学制品制造业	107.2
医药制造业	104.1
化学纤维制造业	106.9
橡胶制品业	111.4
塑料制品业	107.0
非金属矿物制品业	105.5
黑色金属冶炼及压延加工业	108.6
有色金属冶炼及压延加工业	105.1
金属制品业	106.1
通用设备制造业	104.6
专用设备制造业	106.1
交通运输设备制造业	103.9
电气机械及器材制造业	107.2
通信设备、计算机及其他电子设备制造业	105.3
仪器仪表及文化、办公用机械制造业	103.1
工艺品及其他制造业	105.2
电力、热力的生产和供应业	111.4
燃气生产和供应业	116.5
水的生产和供应业	104.9

主要年份工业总产值构成

单位:%

指　　标	2000 年	2004 年	2005 年
规模以上工业	**100**	**100**	**100**
按轻重工业分			
轻工业	50.90	41.10	40.36
重工业	49.10	58.90	59.64
按经济类型分			
国有及国有控股企业	25.04	20.43	17.74
集体企业	9.63	1.52	1.30
股份合作制企业	0.86	0.29	0.29
股份制企业	14.27	24.90	25.85
外商及港澳台企业	58.29	63.82	63.64
按企业规模分			
大型企业	19.23	33.56	34.94
中型企业	42.27	33.44	32.98
小型企业	38.50	33.00	32.08
按工业行业大类分			
煤炭开采和洗选业	0.02	0.03	0.01
石油和天然气开采业	2.21	1.19	1.34
黑色金属矿采选业	0.07	0.05	0.08
有色金属矿采选业	0.08	0.07	0.08
非金属矿采选业	0.41	0.13	0.11
其他采矿业			
农副食品加工业	2.54	2.18	2.07
食品制造业	1.73	1.12	1.12
饮料制造业	1.58	0.85	0.89
烟草制品业	0.60	0.52	0.48
纺织业	4.44	3.23	3.09
纺织服装、鞋、帽制造业	4.56	2.69	2.67
皮革、毛皮、羽毛(绒)及其制品业	2.91	1.98	1.93
木材加工及木、竹、藤、棕、草制品业	0.93	0.48	0.48
家具制造业	0.77	1.14	1.13
造纸及纸制品业	2.12	1.95	1.86
印刷业和记录媒介的复制	1.07	1.02	1.06
文教体育用品制造业	1.81	1.44	1.36
石油加工、炼焦及核燃料加工业	3.58	2.67	2.67
化学原料及化学制品制造业	4.36	4.96	4.60
医药制造业	1.49	0.88	0.80
化学纤维制造业	0.82	0.19	0.22
橡胶制品业	0.63	0.52	0.51
塑料制品业	4.12	3.51	3.46
非金属矿物制品业	4.06	3.00	2.93
黑色金属冶炼及压延加工业	1.21	1.83	2.02
有色金属冶炼及压延加工业	1.17	1.58	1.84
金属制品业	4.33	4.02	4.08
通用设备制造业	1.62	1.86	1.83
专用设备制造业	0.94	1.55	1.50
交通运输设备制造业	3.80	4.24	4.43
电气机械及器材制造业	10.13	10.09	10.54
通信设备、计算机及其他电子设备制造业	19.06	27.41	27.35
仪器仪表及文化、办公用机械制造业	2.94	2.61	2.59
工艺品及其他制造业	1.62	1.29	1.34
废弃资源和废旧材料回收加工业	0.03	0.13	0.20
电力、热力的生产和供应业	5.41	6.86	6.63
燃气生产和供应业	0.30	0.35	0.38
水的生产和供应业	0.53	0.39	0.34

主要年份工业增加值构成

单位:%

指　　标	2000 年	2004 年	2005 年
规模以上工业	**100**	**100**	**100**
按轻重工业分			
轻工业	45.86	43.94	41.82
重工业	54.14	56.06	58.18
按经济类型分			
国有及国有控股企业	30.24	20.81	17.95
集体企业	8.81	1.64	1.46
股份合作制企业	0.85	0.28	0.29
股份制企业	14.02	27.01	26.02
外商及港澳台企业	54.51	63.12	63.11
按企业规模分			
大型企业	17.83	30.69	31.75
中型企业	44.22	34.45	33.19
小型企业	37.95	34.86	35.07
按工业行业大类分			
煤炭开采和洗选业	0.02	0.05	0.02
石油和天然气开采业	7.16	4.20	4.77
黑色金属矿采选业	0.10	0.10	0.12
有色金属矿采选业	0.10	0.10	0.12
非金属矿采选业	0.41	0.15	0.14
其他采矿业			
农副食品加工业	1.98	1.67	1.88
食品制造业	1.78	1.59	1.49
饮料制造业	1.99	1.10	1.26
烟草制品业	1.24	1.42	1.33
纺织业	3.73	3.36	3.11
纺织服装、鞋、帽制造业	4.17	2.92	2.76
皮革、毛皮、羽毛(绒)及其制品业	2.50	1.94	1.98
木材加工及木、竹、藤、棕、草制品业	0.76	0.46	0.45
家具制造业	0.67	1.11	1.14
造纸及纸制品业	1.75	1.83	1.79
印刷业和记录媒介的复制	0.88	1.12	1.13
文教体育用品制造业	1.63	1.46	1.37
石油加工、炼焦及核燃料加工业	2.37	2.01	1.97
化学原料及化学制品制造业	4.15	6.69	5.58
医药制造业	1.94	1.39	1.21
化学纤维制造业	0.70	0.15	0.20
橡胶制品业	0.58	0.52	0.50
塑料制品业	3.52	2.99	3.17
非金属矿物制品业	3.92	3.41	3.27
黑色金属冶炼及压延加工业	1.06	1.28	1.33
有色金属冶炼及压延加工业	0.98	1.39	1.64
金属制品业	3.52	3.79	3.92
通用设备制造业	1.50	1.93	1.82
专用设备制造业	0.88	1.80	1.65
交通运输设备制造业	3.26	4.47	4.62
电气机械及器材制造业	8.87	10.09	10.21
通信设备、计算机及其他电子设备制造业	16.71	22.12	22.25
仪器仪表及文化、办公用机械制造业	2.38	2.44	2.18
工艺品及其他制造业	1.48	1.17	1.27
废弃资源和废旧材料回收加工业	0.02	0.09	0.14
电力、热力的生产和供应业	10.49	6.72	7.38
燃气生产和供应业	0.08	0.27	0.23
水的生产和供应业	0.72	0.69	0.61

主要年份工业主营业务收入构成

单位:%

指　　标	2000年	2004年	2005年
规模以上工业	**100**	**100**	**100**
按轻重工业分			
轻工业	48.56	40.86	40.29
重工业	51.44	59.14	59.71
按经济类型分			
国有及国有控股企业	28.94	20.80	18
集体企业	8.85	1.47	1.29
股份合作制企业	0.79	0.29	0.30
股份制企业	13.67	24.95	26.07
外商及港澳台企业	56.17	63.59	63.34
按企业规模分			
大型企业	20.01	34.22	35.27
中型企业	44.58	33.48	33.18
小型企业	35.41	32.31	31.55
按工业行业大类分			
煤炭开采和洗选业	0.02	0.03	0.01
石油和天然气开采业	1.35	0.68	0.74
黑色金属矿采选业	0.06	0.06	0.07
有色金属矿采选业	0.07	0.08	0.09
非金属矿采选业	0.39	0.13	0.11
其他采矿业			
农副食品加工业	2.48	2.21	2.07
食品制造业	1.64	1.09	1.15
饮料制造业	1.48	0.88	0.90
烟草制品业	0.60	0.53	0.49
纺织业	3.98	3.15	3.08
纺织服装、鞋、帽制造业	4.23	2.64	2.67
皮革、毛皮、羽毛(绒)及其制品业	2.77	1.98	1.92
木材加工及木、竹、藤、棕、草制品业	0.88	0.45	0.47
家具制造业	0.74	1.16	1.15
造纸及纸制品业	1.98	1.95	1.85
印刷业和记录媒介的复制	1.01	1.01	1.04
文教体育用品制造业	1.78	1.44	1.36
石油加工、炼焦及核燃料加工业	3.99	2.75	2.63
化学原料及化学制品制造业	4.21	4.77	4.72
医药制造业	1.28	0.78	0.73
化学纤维制造业	0.69	0.18	0.22
橡胶制品业	0.59	0.52	0.51
塑料制品业	3.98	3.56	3.51
非金属矿物制品业	3.69	2.90	2.84
黑色金属冶炼及压延加工业	1.65	2.00	2.02
有色金属冶炼及压延加工业	1.12	1.56	1.84
金属制品业	4.14	4.01	4.13
通用设备制造业	1.55	1.86	1.83
专用设备制造业	0.88	1.53	1.51
交通运输设备制造业	3.62	4.24	4.50
电气机械及器材制造业	9.61	10.27	10.45
通信设备、计算机及其他电子设备制造业	18.76	27.58	27.6
仪器仪表及文化、办公用机械制造业	2.87	2.68	2.62
工艺品及其他制造业	1.54	1.26	1.32
废弃资源和废旧材料回收加工业	0.04	0.13	0.20
电力、热力的生产和供应业	9.39	7.16	6.82
燃气生产和供应业	0.42	0.45	0.47
水的生产和供应业	0.52	0.38	0.34

主要年份工业利润总额构成

单位:%

指　　标	2000 年	2004 年	2005 年
规模以上工业	**100**	**100**	**100**
按轻重工业分			
轻工业	29.31	31.81	32.81
重工业	70.69	68.19	67.19
按经济类型分			
国有及国有控股企业	40.03	29.21	23.67
集体企业	2.63	0.81	0.82
股份合作制企业	0.39	0.27	0.23
股份制企业	18.94	22.66	23.78
外商及港澳台企业	57.78	69.28	67.30
按企业规模分			
大型企业	21.01	37.68	33.82
中型企业	62.25	35.92	33.96
小型企业	16.74	26.40	32.22
按工业行业大类分			
煤炭开采和洗选业	-0.08	0.03	0.01
石油和天然气开采业	13.15	8.66	10.48
黑色金属矿采选业	0.06	0.25	0.40
有色金属矿采选业	0.06	0.15	0.27
非金属矿采选业	0.38	0.12	0.13
其他采矿业			
农副食品加工业	-0.10	0.59	1.39
食品制造业	1.58	1.73	2.00
饮料制造业	1.99	1.15	1.31
烟草制品业	0.83	1.62	1.61
纺织业	0.54	0.91	1.33
纺织服装、鞋、帽制造业	1.48	1.08	1.15
皮革、毛皮、羽毛(绒)及其制品业	0.77	0.55	0.69
木材加工及木、竹、藤、棕、草制品业	0.35	0.37	0.48
家具制造业	0.39	0.49	0.47
造纸及纸制品业	0.99	2.03	1.57
印刷业和记录媒介的复制	1.24	0.94	1.15
文教体育用品制造业	1.21	0.66	0.72
石油加工、炼焦及核燃料加工业	0.44	2.51	1.13
化学原料及化学制品制造业	5.99	10.14	9.42
医药制造业	2.43	1.46	1.17
化学纤维制造业	0.60	0.12	0.13
橡胶制品业	0.16	0.38	0.46
塑料制品业	2.15	2.05	2.28
非金属矿物制品业	0.43	2.28	2.35
黑色金属冶炼及压延加工业	0.86	1.60	0.75
有色金属冶炼及压延加工业	0.47	0.85	1.23
金属制品业	1.42	3.27	3.85
通用设备制造业	1.24	2.17	2.01
专用设备制造业	0.65	2.06	2.11
交通运输设备制造业	2.68	8.66	7.58
电气机械及器材制造业	6.22	6.52	6.56
通信设备、计算机及其他电子设备制造业	22.43	19.86	18.78
仪器仪表及文化、办公用机械制造业	1.88	1.71	1.88
工艺品及其他制造业	0.63	0.75	0.86
废弃资源和废旧材料回收加工业		0.03	0.09
电力、热力的生产和供应业	23.64	11.69	11.65
燃气生产和供应业	0.26	-0.05	0.13
水的生产和供应业	0.58	0.58	0.45

主要年份高技术制造业主要指标占全省制造业比重

主 要 指 标	2000 年	2004 年	2005 年
一、绝对额(亿元)			
企业数(个)	1 738	3 797	3 743
工业总产值	2 743.31	8 872.28	10 750.54
工业增加值	688.31	1 885.85	2 364.94
资产总计	2 355.67	5 485.37	6 465.73
主营业务收入	2 650.24	8 745.20	10 472.98
利润总额	144.19	331.63	371.97
税金总额	59.79	107.68	179.33
平均从业人员(万人)	81.65	194.93	222.57
二、占制造业比重(%)			
企业数	9.1	11.3	11.0
工业总产值	23.9	33.0	32.9
工业增加值	24.6	28.9	29.0
资产总计	20.2	27.9	28.5
主营业务收入	24.2	33.1	33.0
利润总额	41.1	29.1	28.7
税金总额	15.6	14.9	18.3
平均从业人员	14.7	20.1	21.0

主要年份高技术制造业主要指标(一)

行 业 名 称	企业数(个)			平均从业人员(万人)		
	2000年	2004年	2005年	2000年	2004年	2005年
合 计	**1 738**	**3 797**	**3 743**	**81.65**	**194.93**	**222.57**
核燃料加工						
信息化学品制造	45	50	51	1.47	1.10	1.12
医药制造业	255	304	312	6.28	7.46	7.08
化学药品制造	98	109	119	3.04	3.18	3.57
中成药制造	104	76	77	2.66	2.63	1.98
生物 生化制品的制造	18	32	33	0.23	0.45	0.43
航空航天器制造	1	3	4	0.22	0.31	0.34
飞机制造及修理	1	3	4	0.22	0.31	0.34
航天器制造						
其他飞行器制造						
电子及通信设备制造业	1 145	2 563	2 524	59.94	136.85	154.76
通信设备制造	199	326	302	10.40	22.01	27.02
通信传输设备制造	30	46	47	1.05	1.38	1.43
通信交换设备制造	58	44	41	4.03	5.05	6.18
通信终端设备制造	45	101	91	2.48	6.91	7.83
移动通信及终端设备制造	2	74	68	0.04	6.35	8.79
雷达及配套设备制造		3	3		0.16	0.17
广播电视设备制造	14	105	109	0.34	2.53	2.37
电子器件制造	140	358	345	6.83	18.37	20.01
电子真空器件制造	14	23	23	1.51	1.46	1.46
半导体分立器件制造	16	49	40	0.53	1.69	1.72
集成电路制造	82	119	116	3.31	6.99	7.43
光电子器件及其他电子器件制造	28	167	166	1.49	8.23	9.40
电子元件制造	434	1 067	1 086	23.25	55.83	61.42
家用视听设备制造	233	552	524	14.44	33.27	36.95
其他电子设备制造	125	152	155	4.68	4.68	6.83
电子计算机及办公设备制造业	187	547	537	11.50	40.11	48.79
电子计算机整机制造	44	78	67	2.49	12.75	15.04
计算机网络设备制造	4	42	33	0.09	0.81	0.83
电子计算机外部设备制造	92	344	356	5.72	22.23	28.60
办公设备制造	47	83	81	3.22	4.32	4.32
医疗设备及仪器仪表制造业	105	330	315	2.24	9.10	10.48
医疗仪器设备及器械制造	29	93	88	0.39	2.20	2.28
仪器仪表制造	76	237	227	1.85	6.89	8.20

主要年份高技术制造业主要指标(二)

行业名称	工业总产值(亿元)			工业增加值(亿元)		
	2000年	2004年	2005年	2000年	2004年	2005年
合计	**2 743.31**	**8 872.28**	**10 750.54**	**688.31**	**1 885.85**	**2 364.94**
核燃料加工						
信息化学品制造	26.11	33.98	39.80	6.71	5.82	11.92
医药制造业	186.13	258.84	286.75	66.43	103.74	113.82
化学药品制造	102.92	128.71	161.17	32.95	45.03	61.51
中成药制造	65.93	77.78	63.66	26.62	40.02	28.90
生物 生化制品的制造	10.04	19.40	23.17	4.26	8.45	11.49
航空航天器制造	4.67	13.46	17.36	2.26	5.24	7.22
飞机制造及修理	4.67	13.46	17.36	2.26	5.24	7.22
航天器制造						
其他飞行器制造						
电子及通信设备制造业	1 867.79	5 059.97	5 845.47	459.90	1 277.86	1 519.74
通信设备制造	538.42	1 652.22	1 730.16	187.80	525.48	608.58
通信传输设备制造	23.10	34.27	39.03	5.36	11.25	12.03
通信交换设备制造	289.99	579.05	667.63	132.67	330.73	250.73
通信终端设备制造	120.33	263.00	334.7	19.82	34.63	45.97
移动通信及终端设备制造	8.42	713.82	621.60	1.43	134.27	277.54
雷达及配套设备制造		1.01	0.56		0.27	0.16
广播电视设备制造	5.68	55.57	51.64	1.21	10.48	17.87
电子器件制造	222.86	806.52	876.04	40.45	196.24	215.99
电子真空器件制造	99.77	127.82	123.72	14.10	30.37	31.04
半导体分立器件制造	4.96	36.31	48.20	1.02	9.80	13.10
集成电路制造	93.20	380.83	447.31	17.38	70.35	107.08
光电子器件及其他电子器件制造	24.93	261.56	256.82	7.94	85.72	64.77
电子元件制造	484.36	1 159.06	1 534.74	108.96	249.48	345.05
家用视听设备制造	527.30	1 295.03	1 527.33	101.69	271.62	295.55
其他电子设备制造	89.16	90.57	125.01	19.80	24.29	36.54
电子计算机及办公设备制造业	606.55	3 274.40	4 251.83	135.53	421.58	623.53
电子计算机整机制造	254.53	1 774.65	2 322.12	64.04	154.09	256.30
计算机网络设备制造	2.29	25.66	27.33	0.64	5.51	6.60
电子计算机外部设备制造	248.51	1 239.53	1 636.41	46.04	208.16	312.63
办公设备制造	101.21	234.55	265.96	24.81	53.82	48.00
医疗设备及仪器仪表制造业	52.06	231.64	309.32	17.48	71.60	88.71
医疗仪器设备及器械制造	6.88	47.01	56.29	1.63	14.30	17.58
仪器仪表制造	45.17	184.63	253.03	15.85	57.30	71.13

主要年份高技术制造业主要指标(三)

行业名称	资产总计(亿元)			主营业务收入(亿元)		
	2000 年	2004 年	2005 年	2000 年	2004 年	2005 年
合　计	**2 355.67**	**5 485.37**	**6 465.73**	**2 650.24**	**8 745.20**	**10 472.92**
核燃料加工						
信息化学品制造	31.89	38.66	55.11	24.08	32.65	38.53
医药制造业	292.87	376.54	387.45	158.33	225.10	254.10
化学药品制造	155.91	161.76	183.57	87.21	109.10	138.94
中成药制造	111.81	143.21	130.37	57.25	67.57	62.34
生物 生化制品的制造	16.92	33.07	34.18	7.73	18.31	19.83
航空航天器制造	7.11	27.91	29.57	4.67	12.53	17.43
飞机制造及修理	7.11	27.91	29.57	4.67	12.53	17.43
航天器制造						
其他飞行器制造						
电子及通信设备制造业	1 651.43	3 566.38	4 061.77	1 845.31	4 974.80	5 690.02
通信设备制造	507.48	1 291.43	1 337.09	514.23	1 652.18	1 689.82
通信传输设备制造	28.84	41.39	46.64	25.29	34.22	37.76
通信交换设备制造	290.78	695.89	739.04	270.77	612.02	750.03
通信终端设备制造	68.86	130.78	165.53	118.30	258.89	334.45
移动通信及终端设备制造	12.50	344.09	284.00	8.11	691.04	508.16
雷达及配套设备制造		0.67	1.82		1.02	0.56
广播电视设备制造	5.95	34.83	35.46	5.37	52.40	47.30
电子器件制造	238.40	577.89	629.57	207.09	794.41	865.41
电子真空器件制造	129.19	114.12	105.46	94.71	128.69	123.55
半导体分立器件制造	7.43	37.11	45.17	4.60	35.46	47.15
集成电路制造	86.96	282.14	319.46	90.71	375.38	438.81
光电子器件及其他电子器件制造	14.82	144.53	159.48	17.06	254.88	255.90
电子元件制造	380.79	908.45	1 204.28	452.24	1 135.92	1 491.78
家用视听设备制造	451.49	683.34	773.08	576.74	1 248.84	1 473.24
其他电子设备制造	67.32	69.76	80.47	89.65	90.04	121.91
电子计算机及办公设备制造业	309.01	1 275.21	1 687.66	570.26	3 266.61	4 169.64
电子计算机整机制造	102.02	500.61	712.29	227.08	1 752.74	2 293.23
计算机网络设备制造	2.75	16.80	19.71	1.46	23.93	25.94
电子计算机外部设备制造	132.22	652.44	829.91	244.51	1 246.87	1 590.09
办公设备制造	72.01	105.37	125.76	97.22	243.07	260.38
医疗设备及仪器仪表制造业	63.36	200.67	244.17	47.58	233.51	303.19
医疗仪器设备及器械制造	10.55	54.18	58.25	6.36	46.50	54.73
仪器仪表制造	52.80	146.50	185.92	41.22	187.01	248.46

主要年份高技术制造业主要指标(四)

行业名称	利润总额(亿元)			税金总额(亿元)		
	2000年	2004年	2005年	2000年	2004年	2005年
合　　计	**144.19**	**331.63**	**371.97**	**59.79**	**107.68**	**179.33**
核燃料加工						
信息化学品制造	0.39	2.43	4.63	0.42	0.94	0.98
医药制造业	13.72	21.19	19.79	11.57	17.13	19.28
化学药品制造	5.66	11.14	8.37	6.38	8.47	9.36
中成药制造	6.10	6.51	7.37	3.82	5.51	6.51
生物 生化制品的制造	1.53	2.02	2.15	0.92	1.25	1.54
航空航天器制造	0.86	0.74	0.95	0.54	1.10	1.49
飞机制造及修理	0.86	0.74	0.95	0.54	1.10	1.49
航天器制造						
其他飞行器制造						
电子及通信设备制造业	109.08	208.74	218.52	39.67	65.89	120.23
通信设备制造	57.14	108.60	98.59	23.05	37.92	65.54
通信传输设备制造	2.04	2.96	4.36	0.34	0.95	1.11
通信交换设备制造	40.07	70.69	66.17	17.37	30.76	51.35
通信终端设备制造	5.90	3.59	5.43	1.28	1.19	1.61
移动通信及终端设备制造	0.31	28.18	18.59	0.27	3.16	8.88
雷达及配套设备制造		-0.05	-0.04		0.01	0.04
广播电视设备制造	0.10	1.90	1.64	0.10	0.79	2.31
电子器件制造	10.36	29.51	30.68	3.07	6.90	14.94
电子真空器件制造	5.57	7.57	5.49	1.20	1.98	3.36
半导体分立器件制造	0.10	1.88	4.02	0.05	0.57	0.54
集成电路制造	4.15	8.90	9.54	1.26	1.37	6.68
光电子器件及其他电子器件制造	0.54	11.15	11.63	0.57	2.99	4.36
电子元件制造	27.86	42.32	52.65	9.16	8.04	15.8
家用视听设备制造	11.96	24.10	30.12	3.65	11.12	19.94
其他电子设备制造	1.66	2.36	4.88	0.63	1.11	1.65
电子计算机及办公设备制造业	18.79	86.59	108.00	6.34	14.35	30.04
电子计算机整机制造	9.92	43.13	49.83	4.44	6.89	6.43
计算机网络设备制造	0.05	-0.16	-0.16	0.02	0.29	0.59
电子计算机外部设备制造	7.58	36.28	49.88	1.09	5.56	19.82
办公设备制造	1.25	7.35	8.45	0.78	1.63	3.20
医疗设备及仪器仪表制造业	1.36	11.95	20.08	1.26	8.26	7.32
医疗仪器设备及器械制造	0.07	4.22	5.88	0.27	2.40	1.90
仪器仪表制造	1.28	7.73	14.19	0.98	5.85	5.42

主要年份九大产业工业增加值构成

单位:亿元、%

指　　标	2000 年		2004 年		2005 年	
	绝对量	比重	绝对量	比重	绝对量	比重
规模以上工业增加值	**3 421.94**	**100**	**7 439.53**	**100.00**	**9 416.39**	**100.00**
九大产业工业增加值合计	**2 402.54**	**70.20**	**5 501.62**	**73.95**	**6 833.48**	**72.57**
三大新兴产业	1 475.02	43.10	3 709.58	49.86	4 624.35	49.11
1、电子信息业	571.68	16.71	1 645.62	22.12	2 095.27	22.25
通信设备、计算机及其他电子设备制造业	571.68	16.71	1 645.62	22.12	2 095.27	22.25
2、电气机械及专用设备	415.07	12.13	1 066.07	14.33	1 322.39	14.04
专用设备制造业	30.09	0.88	133.64	1.80	155.20	1.65
电气机械及器材制造业	303.66	8.87	750.97	10.09	961.59	10.21
仪器仪表及文化办公用机械制造业	81.32	2.38	181.46	2.44	205.59	2.18
3、石油及化学	488.27	14.27	997.89	13.41	1 206.69	12.81
石油和天然气开采业	245.14	7.16	312.24	4.20	449.08	4.77
石油加工、炼焦及核燃料加工业	81.22	2.37	149.28	2.01	185.10	1.97
化学原料及化学制品制造业	141.94	4.15	497.46	6.69	525.49	5.58
橡胶制品业	19.97	0.58	38.91	0.52	47.02	0.50
三大传统产业	698.72	20.42	1 224.04	16.45	1 499.57	15.93
1、纺织服装	294.36	8.60	478.46	6.43	572.32	6.08
纺织业	127.62	3.73	250.18	3.36	293.32	3.11
纺织服装、鞋、帽制造业	142.72	4.17	217.08	2.92	260.13	2.76
化学纤维制造业	24.02	0.70	11.20	0.15	18.88	0.20
2、食品饮料	239.36	6.99	430.56	5.79	560.45	5.95
农副食品加工业	68.20	1.99	124.54	1.67	176.93	1.88
食品制造业	60.85	1.78	118.55	1.59	140.29	1.49
饮料制造业	67.91	1.98	81.65	1.10	118.45	1.26
烟草制品业	42.40	1.24	105.81	1.42	124.78	1.33
3、建筑材料	165.00	4.82	315.03	4.23	366.80	3.90
非金属矿采选业	14.11	0.41	11.28	0.15	13.14	0.14
非金属矿物制品业	134.10	3.92	253.75	3.41	308.30	3.27
建筑、安全用金属制品制造业	16.79	0.49	50.00	0.67	45.36	0.48
三大潜力产业	228.80	6.69	568.00	7.63	709.56	7.54
1、森工造纸	85.78	2.51	170.36	2.29	210.77	2.24
木材加工及木、竹、藤、棕、草制品业	25.96	0.76	34.34	0.46	42.31	0.45
造纸及纸制品业	59.82	1.75	136.02	1.83	168.46	1.79
2、医药	66.43	1.94	103.74	1.39	113.82	1.21
医药制造业	66.43	1.94	103.74	1.39	113.82	1.21
3、汽车及摩托车	76.59	2.24	293.90	3.95	384.97	4.09
汽车制造业	43.10	1.26	250.36	3.37	327.99	3.48
摩托车制造业	33.49	0.98	43.54	0.59	56.98	0.61

主要年份电子信息设备制造业主要指标占全省制造业比重

主要指标	2000年	2004年	2005年
一、绝对额(亿元)			
企业数(个)	1 449	3 605	3 525
工业总产值	2 472.71	8 476.69	10 294.61
工业增加值	597.16	1 741.06	2 194.21
资产总计	1 988.19	4 999.11	5 918.95
主营业务收入	2 407.72	8 368.43	10 053.67
利润总额	128.20	298.81	333.41
税金总额	49.00	86.01	158.14
平均从业人员(万人)	70.61	182.63	207.94
二、占制造业比重(%)			
企业数	7.6	10.8	10.4
工业总产值	21.5	31.5	31.5
工业增加值	21.3	26.7	26.9
资产总计	17.0	25.5	26.1
主营业务收入	22.0	31.7	31.7
利润总额	36.5	26.2	25.7
税金总额	12.8	11.9	16.2
平均从业人员	12.7	18.8	19.6

主要年份电子信息设备制造业主要指标(一)

行业名称	企业数(个)			平均从业人员(万人)		
	2000年	2004年	2005年	2000年	2004年	2005年
合　计	**1 449**	**3 605**	**3 525**	**70.61**	**182.63**	**207.94**
电子计算机设备制造	142	464	456	8.30	35.79	44.47
电子计算机整机制造	44	78	67	2.49	12.75	15.04
计算机网络设备制造	4	42	33	0.09	0.81	0.83
电子计算机外部设备制造	94	344	356	5.73	22.23	28.60
通信设备制造	199	326	302	10.40	22.01	27.02
通信传输设备制造	30	46	47	1.05	1.38	1.43
通信交换设备制造	58	44	41	4.03	5.05	6.18
通信终端设备制造	45	101	91	2.48	6.91	7.83
移动通信及终端设备制造	2	74	68	0.04	6.35	8.79
其他通信设备制造	64	61	55	2.80	2.32	2.79
广播电视设备制造	15	105	109	0.35	2.53	2.37
广播电视节目制作及发射设备制造	2	6	7	0.17	0.08	0.10
广播电视接收设备及器材制造	12	81	84	0.17	2.14	2.01
应用电视设备及其他广播电视设备制造	1	18	18		0.30	0.25
家用视听设备制造	235	552	524	14.46	33.27	36.95
家用影视设备制造	62	192	188	4.26	13.42	14.24
家用音响设备制造	173	360	336	10.20	19.85	22.71
电子器件和元件制造	575	1 425	1 431	30.09	74.21	81.43
电子真空器件制造	14	23	23	1.51	1.46	1.46
半导体分立器件制造	16	49	40	0.53	1.69	1.72
集成电路制造	83	119	116	3.31	6.99	7.43
光电子器件及其他电子器件制造	28	167	166	1.49	8.23	9.40
电子元件及组件制造	381	791	797	20.64	42.65	46.03
印制电路板制造	53	276	289	2.61	13.19	15.39
专用电子仪器、仪表制造	14	39	39	0.19	0.70	1.02
雷达及配套设备制造		3	3		0.16	0.17
环境监测专业仪器仪表制造	3	4	16	0.05	0.02	0.36
导航、气象及海洋专用仪器制造	3	3	4	0.02	0.02	0.03
农林牧鱼专用仪器仪表制造	3	3	4	0.01	0.04	0.25
地质勘探和地震专用仪器制造		1	2		0.01	0.05
核子及核辐射测量仪器制造	1		1	0.01		0.01
电子测量仪器制造		18			0.36	
其他专用仪器制造	4	7	9	0.11	0.09	0.16
通用电子仪器、仪表制造	35	109	98	0.93	1.53	1.64
工业自动控制系统装置制造	12	50	44	0.21	0.76	0.73
电工仪器仪表制造	15	38	29	0.19	0.52	0.51
实验分析仪器制造	2	7	9	0.04	0.04	0.08
供应用仪器及其他通用仪器制造	6	14	16	0.49	0.20	0.33
其他电子信息设备制造	234	585	566	5.90	12.60	13.04
电线电缆制造	198	514	508	3.51	10.03	11.05
光纤、光缆制造	6	25	19	0.09	0.60	0.57
计算器及货币专用设备制造	30	46	39	2.30	1.97	1.43

主要年份电子信息设备制造业主要指标(二)

行 业 名 称	工业总产值(亿元)			工业增加值(亿元)		
	2000 年	2004 年	2005 年	2000 年	2004 年	2005 年
合　　计	**2 472.71**	**8 476.69**	**10 294.61**	**597.16**	**1 741.06**	**2 194.21**
电子计算机设备制造	508.32	3 039.85	3 985.87	111.88	367.76	575.53
电子计算机整机制造	254.53	1 774.65	2 322.12	64.04	154.09	256.30
计算机网络设备制造	2.29	25.66	27.33	0.64	5.51	6.60
电子计算机外部设备制造	251.50	1 239.53	1 636.41	47.20	208.16	312.63
通信设备制造	538.42	1 652.22	1 730.16	187.80	525.48	608.58
通信传输设备制造	23.10	34.27	39.03	5.36	11.25	12.03
通信交换设备制造	289.99	579.05	667.63	132.67	330.73	250.73
通信终端设备制造	120.33	263.00	334.70	19.82	34.63	45.97
移动通信及终端设备制造	8.42	713.82	621.60	1.43	134.27	277.54
其他通信设备制造	96.57	62.07	67.19	28.52	14.60	22.32
广播电视设备制造	5.75	55.57	51.64	1.25	10.48	17.87
广播电视节目制作及发射设备制造	2.78	1.69	3.17	0.65	0.60	0.90
广播电视接收设备及器材制造	2.97	42.08	38.28	0.59	6.50	13.62
应用电视设备及其他广播电视设备制造	0.01	11.79	10.19		3.38	3.35
家用视听设备制造	527.66	1 295.03	1 527.33	101.75	271.62	295.55
家用影视设备制造	262.67	823.03	966.23	50.81	170.78	186.91
家用音响设备制造	264.99	472.00	561.09	50.94	100.85	108.64
电子器件和元件制造	707.30	1 965.58	2 410.79	149.41	445.72	561.04
电子真空器件制造	99.77	127.82	123.72	14.10	30.37	31.04
半导体分立器件制造	4.96	36.31	48.20	1.02	9.80	13.10
集成电路制造	93.28	380.83	447.31	17.38	70.35	107.08
光电子器件及其他电子器件制造	24.93	261.56	256.82	7.94	85.72	64.77
电子元件及组件制造	385.03	684.49	993.74	78.07	142.16	226.50
印制电路板制造	99.33	474.57	541.01	30.89	107.32	118.55
专用电子仪器、仪表制造	2.37	8.38	15.67	0.80	2.79	4.51
雷达及配套设备制造		1.01	0.56		0.27	0.16
环境监测专业仪器仪表制造	0.65	0.67	5.10	0.25	0.12	2.04
导航、气象及海洋专用仪器制造	0.62	0.98	0.95	0.20	0.57	0.37
农林牧鱼专用仪器仪表制造	0.02	0.73	5.51	0.01	0.19	1.12
地质勘探和地震专用仪器制造		0.02	1.40		0.01	0.40
核子及核辐射测量仪器制造	0.01		0.12			0.03
电子测量仪器制造		3.67			1.25	
其他专用仪器制造	1.07	1.31	2.04	0.34	0.38	0.38
通用电子仪器、仪表制造	25.06	37.02	47.03	6.56	11.62	15.72
工业自动控制系统装置制造	3.14	15.33	20.79	0.96	5.06	7.21
电工仪器仪表制造	4.92	14.59	16.72	1.09	4.37	5.67
实验分析仪器制造	0.57	2.35	2.34	0.18	0.61	0.71
供应用仪器及其他通用仪器制造	16.43	4.75	7.18	4.33	1.58	2.13
其他电子信息设备制造	157.82	423.05	526.13	37.71	105.58	115.40
电线电缆制造	107.93	343.92	435.63	24.06	70.79	94.56
光纤、光缆制造	2.82	23.78	23.78	0.60	6.64	6.62
计算器及货币专用设备制造	47.07	55.35	66.73	13.05	28.14	14.22

主要年份电子信息设备制造业主要指标(三)

行业名称	资产总计(亿元)			主营业务收入(亿元)		
	2000年	2004年	2005年	2000年	2004年	2005年
合　　计	**1 988.19**	**4 999.11**	**5 918.95**	**2 407.72**	**8 368.43**	**10 053.67**
电子计算机设备制造	237.86	1 169.84	1 561.90	476.07	3 023.54	3 909.26
电子计算机整机制造	102.02	500.61	712.29	227.08	1 752.74	2 293.23
计算机网络设备制造	2.75	16.80	19.71	1.46	23.93	25.94
电子计算机外部设备制造	133.09	652.44	829.91	247.53	1 246.87	1 590.09
通信设备制造	507.48	1 291.43	1 337.09	514.23	1 652.18	1 689.82
通信传输设备制造	28.84	41.39	46.64	25.29	34.22	37.76
通信交换设备制造	290.78	695.89	739.04	270.77	612.02	750.03
通信终端设备制造	68.86	130.78	165.53	118.30	258.89	334.45
移动通信及终端设备制造	12.50	344.09	284.00	8.11	691.04	508.16
其他通信设备制造	106.50	79.29	101.88	91.76	56.02	59.43
广播电视设备制造	5.99	34.83	35.46	5.44	52.40	47.30
广播电视节目制作及发射设备制造	1.10	1.72	2.71	2.84	1.43	2.19
广播电视接收设备及器材制造	4.60	25.22	25.42	2.59	40.46	35.39
应用电视设备及其他广播电视设备制造	0.28	7.88	7.34	0.01	10.51	9.72
家用视听设备制造	452.13	683.34	773.08	577.02	1 248.84	1 473.24
家用影视设备制造	311.69	476.63	514.49	322.22	779.56	912.82
家用音响设备制造	140.44	206.71	258.59	254.80	469.28	560.41
电子器件和元件制造	619.32	1 486.35	1 833.84	659.41	1 930.33	2 357.19
电子真空器件制造	129.19	114.12	105.46	94.71	128.69	123.55
半导体分立器件制造	7.43	37.11	45.17	4.60	35.46	47.15
集成电路制造	87.09	282.14	319.46	90.80	375.38	438.81
光电子器件及其他电子器件制造	14.82	144.53	159.48	17.06	254.88	255.90
电子元件及组件制造	280.62	543.83	713.80	361.13	680.55	961.78
印制电路板制造	100.17	364.62	490.48	91.11	455.37	529.99
专用电子仪器、仪表制造	13.49	7.14	12.21	2.38	8.32	15.19
雷达及配套设备制造		0.67	1.82		1.02	0.56
环境监测专业仪器仪表制造	1.37	0.64	3.81	0.65	0.71	5.00
导航、气象及海洋专用仪器制造	0.86	1.31	0.77	0.64	0.90	0.86
农林牧鱼专用仪器仪表制造	0.22	0.69	3.55	0.02	0.73	5.48
地质勘探和地震专用仪器制造		0.38	0.54		0.03	1.22
核子及核辐射测量仪器制造			0.08	0.01		0.08
电子测量仪器制造		2.36			3.62	
其他专用仪器制造	11.04	1.08	1.64	1.06	1.32	1.98
通用电子仪器、仪表制造	24.71	42.44	47.89	26.63	37.31	44.96
工业自动控制系统装置制造	5.62	17.54	20.66	2.80	15.62	18.81
电工仪器仪表制造	6.92	17.90	17.98	4.27	14.46	16.90
实验分析仪器制造	1.72	1.80	2.54	0.39	2.58	2.46
供应用仪器及其他通用仪器制造	10.45	5.20	6.71	19.17	4.65	6.80
其他电子信息设备制造	127.22	283.74	317.47	146.53	415.51	516.71
电线电缆制造	93.50	208.94	246.06	100.40	336.12	427.72
光纤、光缆制造	1.64	32.81	29.99	2.79	24.47	22.79
计算器及货币专用设备制造	32.09	42.00	41.42	43.35	54.92	66.20

主要年份大型工业企业主要经济指标

单位:亿元

指　　标	2000 年	2004 年	2005 年
企业单位数(个)	100	238	288
其中:亏损企业	9	13	30
工业总产值	2 399.53	9 795.95	12 558.39
工业增加值	610.13	2 283.17	2 989.39
资产合计	2 439.17	6 531.65	7 950.73
流动资产小计	1 294.89	3 706.35	4 609.24
产成品存货	152.36	340.84	418.17
流动资产年平均余额	1 167.49	3 336.11	4 238.40
固定资产小计	996.32	2 420.51	2 962.81
固定资产原价	1 289.05	3 313.46	3 960.26
累计折旧	393.62	1 139.98	1 391.53
固定资产净值年平均余额	858.47	2 064.82	2 450.02
流动负债	1 049.88	3 236.13	4 082.37
长期负债	275.42	472.76	544.28
负债总计	1 342.10	3 746.11	4 669.74
所有者权益	1 097.06	2 785.54	3 281.00
实收资本	412.70	1 398.55	1 617.96
主营业务收入	2 477.01	9 791.93	12 266.35
主营业务成本	2 106.13	8 476.21	10 637.90
营业费用	111.67	373.53	517.00
主营业务税金及附加	21.11	87.52	129.05
管理费用	116.88	279.68	377.85
财务费用	31.38	29.20	44.03
其中:利息支出	28.58	22.71	40.66
利润总额	118.68	517.83	572.88
其中:亏损企业亏损额	4.42	8.73	25.16
利税总额	207.82	814.42	1 023.30
本年应交增值税	68.04	209.07	321.37
全部从业人员年平均人数(万人)	48.69	122.97	160.45

注:本表统计范围为全部国有工业及年销售收入 500 万元以上非国有工业企业。

主要年份中型工业企业主要经济指标

单位:亿元

指　　标	2000 年	2004 年	2005 年
企业单位数(个)	2 292	3 771	4 189
其中:亏损企业	466	707	763
工业总产值	5 275.29	10 003.93	11 853.06
工业增加值	1 513.26	2 563.21	3 125.07
资产合计	6 869.30	8 951.59	10 019.06
流动资产小计	3 100.34	4 879.37	5 575.73
产成品存货	287.75	453.81	693.68
流动资产年平均余额	2 959.42	4 514.28	5 321.37
固定资产小计	2 862.01	3 196.04	3 589.30
固定资产原价	3 888.80	4 813.62	5 408.04
累计折旧	1 219.15	1 857.66	2 185.94
固定资产净值年平均余额	2 646.69	2 896.97	3 206.71
流动负债	2 863.34	4 244.26	4 847.80
长期负债	808.30	727.70	748.85
负债总计	3 723.83	5 019.31	5 648.29
所有者权益	3 145.48	3 932.29	4 370.78
实收资本	1 809.74	2 518.28	2 781.71
主营业务收入	5 518.94	9 835.87	11 540.32
主营业务成本	4 510.61	8 381.54	9 975.60
营业费用	200.87	353.00	383.86
主营业务税金及附加	65.11	71.62	40.90
管理费用	292.62	471.38	498.59
财务费用	93.53	74.44	76.23
其中:利息支出	86.94	66.46	66.99
利润总额	351.62	547.58	575.33
其中:亏损企业亏损额	54.87	55.69	73.07
利税总额	596.05	870.51	910.71
本年应交增值税	179.21	251.30	294.48
全部从业人员年平均人数(万人)	220.50	367.30	410.88

注:本表统计范围为全部国有工业及年销售收入 500 万元以上非国有工业企业。

主要年份小型工业企业主要经济指标

单位:亿元

指　　标	2000 年	2004 年	2005 年
企业单位数(个)	17 256	30 575	30 619
其中:亏损企业	4 314	7 597	6 694
工业总产值	4 804.33	9 755.04	11 531.28
工业增加值	1 298.55	2 593.15	3 301.94
资产合计	5 054.92	8 356.78	9 106.29
流动资产小计	2 494.37	4 492.45	4 947.38
产成品存货	305.71	435.39	811.01
流动资产年平均余额	2 497.96	4 100.13	4 851.35
固定资产小计	2 023.45	3 076.61	3 444.59
固定资产原价	2 824.49	4 586.23	5 084.86
累计折旧	929.47	1 630.60	1 916.84
固定资产净值年平均余额	1 912.63	2 944.87	3 177.95
流动负债	2 522.87	4 046.27	4 389.87
长期负债	603.34	941.50	881.07
负债总计	3 202.87	5 052.61	5 343.22
所有者权益	1 852.06	3 304.17	3 763.07
实收资本	1 760.20	2 835.84	2 943.03
主营业务收入	4 383.00	9 070.65	10 974.90
主营业务成本	3 763.50	8 166.77	9 397.04
营业费用	169.71	257.72	291.29
主营业务税金及附加	30.87	48.69	57.33
管理费用	246.09	487.94	532.15
财务费用	82.69	94.51	88.20
其中:利息支出	69.29	77.11	72.77
利润总额	94.56	384.53	545.78
其中:亏损企业亏损额	96.61	128.86	123.92
利税总额	238.84	662.48	937.50
本年应交增值税	113.34	229.26	334.38
全部从业人员年平均人数(万人)	303.07	506.17	514.32

注:本表统计范围为全部国有工业及年销售收入 500 万元以上非国有工业企业。

主要工业产品产量

产 品 名 称	计量单位	2000 年	2004 年	2005 年
原煤	吨	1 617 053	3 384 035	2 348 393
天然原油	吨	13 931 710	14 818 961	14 700 253
天然气	万立方米	346 047	428 173	447 470
铁矿石原矿量	吨	7 234 363	7 010 850	9 636 047
铜选矿产品含铜量	吨	15 311	8 454	16 187
铅选矿产品含铅量	吨	56 712	59 630	57 257
钨精矿折含量(折三氧化钨 65%	吨	4 099	8 799	9 818
硫铁矿石(折含 S35%)	吨	2 068 392	2 827 695	2 994 083
原盐	吨	178 721	260 658	188 696
小麦粉	吨	720 000	1 271 728	875 068
大米	吨	230 475	319 111	378 208
糕点	吨	10 753	109 301	117 870
糖果	吨	69 756	263 643	211 489
方便面	吨	105 058	178 613	180 871
液体乳	吨	93 255	171 046	150 173
罐头	吨	71 103	149 011	138 133
味精	吨	127 130	91 771	106 175
酱油	吨	438 884	775 661	815 802
冷冻饮品	吨	49 435	71 438	87 374
发酵酒精	吨	59 365	85 134	93 292
白酒	吨	178 802	99 580	76 141
啤酒	吨	1 588 859	2 497 587	2 536 871
软饮料	吨	3 513 415	6 266 241	7 470 527
碳酸饮料	吨	1 104 544	1 409 920	1 633 483
瓶(罐)装饮用水	吨	1 369 037	3 047 866	3 768 793
纱	吨	169 863	283 816	366 448
布	万米	108 375	203 592	248 246
印染布	万米	174 838	446 949	312 318
绒线(毛线)	吨	41 961	67 956	43 373
呢绒	万米	676	2 051	947
丝	吨	500	698	1 098
丝织品	万米	5 173	23 358	1 339
羽绒服装	万件	345	850	1 179
衬衫	万件	9 507	13 674	12 894
皮鞋	万双	90 492	78 593	91 183
革皮服装	件	4 602 607	7 481 425	3 954 327
人造板表面装饰板	平方米	19 191 525	14 502 000	18 142 945
新闻纸	吨	239 600	325 717	318 541
汽油	吨	3 314 963	4 003 569	3 672 261
煤油	吨	1 476 784	1 651 675	1 562 856
柴油	吨	6 540 241	8 667 011	8 752 765
燃料油	吨	1 861 284	2 782 936	2 480 777
润滑油	吨	248 467	585 711	367 283
液化石油气	吨	625 956	1 106 876	2 026 955
焦炭	吨	539 618	906 237	1 245 816
机械化焦炉生产的焦炭	吨	539 618	906 237	1 245 816
硫酸(折 100%)	吨	1 387 530	1 593 026	1 726 360
盐酸(含量 31% 以上)	吨	247 582	349 773	351 588
氢氧化钠(烧碱)(折 100%)	吨	164 300	212 140	227 691
离子膜法烧碱	吨	28 047	33 805	60 778
碳酸钠(纯碱)	吨	242 841	292 933	319 134

主要工业产品产量

产 品 名 称	计量单位	2000 年	2004 年	2005 年
乙烯	吨	548 474	610 924	561 749
纯苯	吨	122 093	146 931	139 534
冰醋酸	吨	4 490	396	136
合成氨	吨	234 306	58 935	43 874
氮肥(折含 N100%)	吨	159 795	22 730	30 358
磷肥(折合 P2O5100%)	吨	186 662	196 086	314 809
化学农药原药(折有效成分 100%)	吨	8 442	6 335	11 906
建筑涂料	吨	118 247	240 968	364 232
合成纤维单体	吨	307	594 531	642 957
合成纤维聚合物	吨	432 260	849 228	614 518
聚脂	吨	238 120	760 879	522 897
照像胶卷	万平方米	9	20	7
肥(香)皂	吨	19 310	105 319	98 512
合成洗涤剂	吨	263 074	1 071 130	1 492 015
牙膏(折 65 克标准支)	万支	119 593	281 399	358 724
化学原料药	吨	19 361	20 798	28 153
中成药	吨	60 505	157 488	90 250
合成纤维	吨	449 971	437 923	402 752
锦纶纤维	吨	60 048	47 980	77 769
涤纶纤维	吨	345 060	350 902	273 585
丙纶纤维	吨	35 496	13 765	25 495
塑料合成革	吨	25 652	80 554	57 194
水泥	万吨	5 872	7 612	8 032
瓦	万片	8 265	12 369	125
天然花岗石建筑板材	平方米	1 963 739	2 248 594	3 457 368
平板玻璃	重量箱	6 325 862	20 768 246	23 288 166
玻璃保温容器	万个	465	2 462	1 585
玻璃纤维纱	吨	4 024	35 357	50 642
日用陶瓷	万件	109 796	240 699	263 125
耐火材料制品	吨	55 194	58 580	35 031
生铁	吨	2 015 692	4 385 811	4 646 904
粗钢	吨	2 869 855	7 349 874	7 570 652
钢材	吨	4 062 803	11 988 292	13 657 707
盘条(线材)	吨	1 042 896	1 698 266	2 146 102
厚钢板	吨	394 619	515 953	560 149
无缝钢管	吨	18 311	19 372	59 491
焊接钢管	吨	192 468	379 112	805 327
铅	吨	74 986	84 299	85 636
锌	吨	182 067	190 085	184 862
黄金	千克	1 354	5 042	3 800
白银	千克	132 670	237 124	228 635
铜材(铜加工材)	吨	103 866	545 862	816 238
铝材	吨	529 455	1 206 604	1 449 217
金属集装箱	立方米	27 847 430	34 742 965	26 043 627
内燃机	万千瓦	66	546 200	641 295
金属切削机床	台	7 795	20 135	22 831
起重设备	吨	13 814	24 713	25 226
叉车	台	23	130	
电动手提式工具(电动工具)	台	2 960 350	4 755 649	2 369 763
包装专用设备(包装机械)	台	5 889	6 538	6 252
减速机	台	30 419	83 903	29 580

主要工业产品产量

产品名称	计量单位	2000 年	2004 年	2005 年
水泥专用设备	吨	2 916	478	13 836
金属轧制设备	吨	201	291	96
塑料加工设备	吨	50 777	108 725	86 475
缝纫机	架	339 368	1 971 611	2 008 525
小型拖拉机	台	12 812	18 478	18 872
收获机械	台	3 665	816	1 632
汽车	辆	39 381	276 260	413 583
轿车	辆	32 228	249 980	407 395
公路客车	辆	1 802	4 201	1 108
载货汽车	辆	5 333	5 550	5 080
改装汽车	辆	10 418	16 293	7 354
摩托车	辆	1 463 142	3 747 683	4 558 212
自行车	辆	10 380 027	19 088 865	17 605 751
蓄电池	千伏安时	3 131 661	19 035 263	20 244 903
原电池及原电池组(折 R 标准只)	万只	646 160	1 374 270	1 312 778
家用电冰箱	台	3 206 950	9 416 486	6 015 145
冷柜	台	42 582	215 025	798 970
房间空气调节器	台	6 979 144	29 739 796	34 416 896
电风扇	台	67 590 176	134 237 570	101 749 022
电饭锅	个	12 683 108	37 124 927	42 574 176
家用电热烘烤器具	个	9 087 726	66 800 774	73 729 124
微波炉	台	9 065 111	23 328 825	28 743 698
家用洗衣机	台	2 441 809	1 833 290	2 664 053
电热水器	台	229 352	1 544 330	3 243 460
家用吸尘器	台	2 518 003	11 688 834	11 630 484
燃气灶具	台	2 761 500	7 362 153	9 845 241
光通信设备	部	7 142	788 450	31 947
程控交换机	线	35 548 788	22 810 358	26 462 022
数字程控交换机	线	35 283 204	22 802 094	23 370 717
电话单机	部	77 000 464	165 421 180	150 624 658
传真机	部	1 095 708	4 429 766	4 020 443
移动电话机	部	10 013 031	102 713 415	59 656 929
微型电子计算机	部	1 697 352	14 667 516	16 641 158
彩色显象管	只	10 786 385	17 720 519	16 537 762
集成电路	万块	117 618	431 922	563 707
彩色电视机	部	15 315 296	35 987 208	40 896 176
黑白电视机	部	1 780 007	6 834 562	5 369 212
收音机	部	27 300 186	55 886 338	50 483 163
录放音机	部	43 978 351	50 856 266	72 312 530
组合音响	部	23 445 812	44 876 516	52 490 707
电工仪器仪表	台	5 403 235	6 348 962	1 484 417
汽车仪器仪表	台	848 486	9 171 358	4 608 448
钟	只	59 040 849	111 666 074	85 491 394
表	只	191 232 341	148 660 899	99 584 388
眼镜	付	49 097 000	89 375 727	99 609 035
照相机	台	35 458 785	44 814 537	47 264 747
发电量	万千瓦小时	12 926 947	20 610 800	21 633 610
火电	万千瓦小时	10 386 127	16 606 474	17 250 674
水电	万千瓦小时	1 061 098	1 125 831	1 294 413
核电	万千瓦小时	1 470 131	2 848 092	3 047 646
煤气生产量	万立方米	339 778	686 455	835 852

主要工业产品销

产品名称	计量单位	累计销售量		
		2000 年	2004 年	2005 年
原煤	吨	1 846 983	3 312 543	2 448 340
天然原油	吨	13 792 554	14 857 783	14 593 392
铁矿石原矿	吨	3 272 680	4 886 213	7 242 705
硫铁矿石（折含硫35%）	吨	2 113 000	2 746 544	2 779 469
原盐	吨	168 964	249 629	192 131
成品糖	吨	981 247	1 203 750	1 206 601
罐头	吨	71 314	143 066	133 810
白酒(折 96 度)	千升	181 201	98 502	75 919
啤酒	千升	1 559 874	2 484 618	2 527 216
软饮料	吨	3 515 585	6 229 573	7 374 596
卷烟	万支	1 772 760	10 136 764	10 568 850
纱	吨	157 425	237 240	351 794
布	万米	102 871	174 793	242 768
棉布	万米	71 013	107 764	171 755
棉混纺布	万米	16 979	35 562	32 606
化学纤维布	万米	14 874	31 467	38 310
绒线(俗称毛线)	吨	44 238	55 964	41 746
丝织品	万米	5 103	23 452	1 353
人造板	立方米	1 357 703	2 531 097	3 383 020
新闻纸	吨	241 785	336 968	288 188
汽油	吨	2 939 801	4 007 329	3 648 817
煤油	吨	1 384 709	1 630 747	1 565 902
柴油	吨	6 525 546	8 645 037	8 762 638
燃料油	吨	240 843	2 506 668	2 107 844
润滑油	吨	1 527 424	579 625	375 614
焦炭	吨	5 824	2 396	
硫酸(折 100%)	吨	968 655	1 206 535	1 355 374
烧碱(折 100%)	吨	131 937	163 152	197 386
纯碱(碳酸钠)	吨	245 080	292 902	314 365
乙烯	吨			
纯苯	吨	31 661	20 586	76 089
冰醋酸	吨	3 295	431	139
合成氨	吨	65 303	59 196	43 208
氮肥(折含氮 100%)	吨	160 420	22 182	26 969
磷肥	吨	193 424	203 046	299 096
初级形态的塑料	吨	1 188 866	2 207 256	2 144 895
合成橡胶	吨	52 485	25 315	79 416

售量与库存情况

产销率(%)			期末库存比年初库存增减(%)			库存量可供销售天数(天)		
2000年	2004年	2005年	2000年	2004年	2005年	2000年	2004年	2005年
114.3	97.9	104.3	-85.9	110.4	-77.1	7.4	14.7	4.4
99.5	101.0	100.1	90.5	-29.0	-4.3	14.8	9.0	8.7
95.4	97.6	99.7	28.3	18.4	2.7	79.5	56.2	41.3
102.2	102.8	98.2	-16.6	-71.3	99.3	38.2	3.9	13.1
94.5	95.8	107.2	21.4	15.7	-31.8	118.0	115.7	51.9
107.6	90.4	101.0	-27.9	80.1	-9.9	65.8	85.8	33.4
100.3	96.5	97.0	-3.5	18.0	31.7	34.1	85.4	46.5
101.8	99.4	99.7	-28.9	9.6	1.7	21.1	25.1	61.3
98.7	99.8	99.9	30.9	8.5	3.3	20.6	9.0	8.3
100.2	100.3	99.0	-5.3	-9.8	51.9	14.8	9.3	11.0
100.0	99.6	100.3	-0.1	170.5	-39.6	0.9	2.4	1.8
99.0	97.7	98.6	17.5	35.0	25.5	25.7	33.3	25.9
95.8	95.9	99.3	90.1	41.8	12.2	33.7	52.6	23.9
96.0	96.7	98.7	76.8	32.2	19.7	34.5	51.0	27.8
98.3	92.5	100.8	84.3	71.0	-32.1	13.8	70.2	6.0
91.9	97.9	100.3	151.7	29.4	-4.3	51.9	33.8	19.8
105.4	97.4	96.6	-43.7	30.4	75.3	23.9	41.7	29.5
98.7	100.4	101.0	13.9	-26.5	-43.8	40.3	4.0	4.8
99.0	98.4	99.4	28.4	36.2	20.6	17.4	21.7	13.3
100.9	103.5	90.5	-22.1	-62.2	358.5	11.5	7.4	48.1
100.6	100.1	99.4	-16.6	-7.5	34.6	10.5	5.6	9.0
97.0	98.8	100.2	169.8	93.3	-7.4	18.4	9.4	9.1
100.6	99.8	100.1	-32.7	29.1	-10.1	4.6	3.9	3.6
96.8	98.8	101.2	96.3	24.6	-33.6	23.3	22.7	8.8
98.0	99.0	102.2	143.5	26.1	-32.0	12.6	18.1	16.6
100.3	100.0	100.0	-7.9			10.3		
100.3	99.1	99.3	-8.4	45.2	28.1	10.6	10.9	11.4
99.7	99.0	99.1	4.2	46.0	35.1	27.7	12.0	13.1
100.9	100.0	98.5	-88.1	103.3	203.3	0.5	0.1	8.1
100.0	100.3	99.9	-0.3	-35.6	13.0	1.6	2.0	2.5
96.1	98.9	98.7	191.4	29.4	28.4	22.4	16.9	21.1
101.7	108.8	102.2		-83.3	-60.0		5.8	5.2
99.9	101.1	98.5	3.6	-16.6	20.2	10.8	20.1	33.0
101.1	97.6	89.2	-25.1	31.4	150.6	11.5	37.2	72.8
105.5	104.2	95.2	-39.1	-39.1	146.3	29.1	22.4	30.6
99.8	98.6	99.2	8.2	32.9	32.3	10.4	21.1	12.3
96.3	98.0	101.2	138.5	70.6	-34.6	23.0	17.5	8.1

产品名称	计量单位	累计销售量		
		2000 年	2004 年	2005 年
合成纤维单体	吨	317	576 805	652 058
合成纤维聚合物	吨	431 007	821 495	582 923
合成洗涤剂	吨	264 598	1 040 751	1 476 519
水泥	吨	5 899	75 415 372	80 168 029
钢材	吨	3 929 158	11 787 481	13 297 420
线材(盘条)	吨	988 455	1 671 854	2 098 977
铅	吨	74 526	61 626	84 553
锌	吨	177 184	180 191	185 523
铝材	吨	511 384	1 163 807	1 442 099
金属切削机床	台	7 762	19 467	22 984
缝纫机	台	322 559	1 955 522	2 041 675
汽车整车	辆	38 950	271 695	404 855
基本型乘用车(轿车)	辆	32 233	246 375	398 468
公路客车	辆	1 716	3 305	1 160
摩托车	辆	1 425 376	3 730 957	4 540 737
两轮自行车	辆	10 290 336	18 857 468	17 467 695
家用电冰箱	台	3 094 482	9 287 577	5 910 490
家用冷柜(家用冷冻箱)	台	42 933	213 120	814 521
房间空气调节器	台	6 802 722	28 119 815	34 193 702
家用电风扇	台	69 909 852	131 550 289	100 947 053
家用吸排油烟机	台	444 261	2 731 525	3 043 456
电饭锅	个	11 853 464	37 620 450	41 559 029
家用洗衣机	台	2 494 708	1 810 511	2 611 858
家用电热水器	台	2 294 793	1 469 384	3 219 877
程控交换机	线	35 449 900	22 179 772	28 028 360
数字式程控交换机	线	35 184 316	22 172 292	24 937 055
微型电子计算机	台	1 666 071	14 465 131	16 665 465
彩色显像管	只	10 138 242	17 437 150	16 517 866
集成电路	万块	112 530	418 348	561 097
彩色电视机	台	16 867 073	35 296 431	40 086 775
黑白电视机	台	1 899 571	6 988 133	5 216 189
收音机	台	27 061 900	54 221 847	50 510 690
收录放音组合机	台	45 259 660	50 088 781	72 633 834
组合音响	台	23 496 727	47 462 467	52 852 284
表	只	191 157 196	146 080 419	99 454 661
照相机	台	35 480 245	45 011 734	47 111 315

售量与库存情况

产销率(%)			期末库存比年初库存增减(%)			库存量可供销售天数(天)		
2000 年	2004 年	2005 年	2000 年	2004 年	2005 年	2000 年	2004 年	2005 年
103.3	97.1	101.4	-7.9	710.6	-49.7	132.9	12.4	5.2
99.7	101.5	101.7	6.9	-31.8	-43.6	16.3	11.6	7.6
100.8	97.2	99.0	-9.4	48.5	20.7	28.8	32.0	20.2
100.6	99.2	99.8	-13.1	37.6	7.8	15.2	10.2	8.7
99.2	99.6	97.7	17.6	13.4	98.7	19.4	13.1	16.7
100.6	98.5	97.8	-10.1	115.8	143.1	18.7	10.4	13.7
99.4	91.1	106.7		673.9	-77.6	2.2	40.6	6.5
97.3	95.0	100.5	2 095.7	278.3	-7.1	10.4	25.5	22.9
99.0	99.7	100.2	30.4	7.0	-5.6	14.9	17.3	10.5
99.6	96.9	100.7	3.0	23.2	-7.5	52.3	61.6	30.0
95.1	99.2	101.8	87.9	27.1	-14.2	40.1	13.8	37.6
98.9	98.4	97.9	20.7	231.3	159.8	23.2	8.6	12.6
100.0	98.6	97.8	-15.2	313.2	185.5	0.3	6.9	12.4
95.2	78.7	104.8	6.9	381.3	-51.0	279.9	123.2	15.8
97.7	99.9	99.6	34.5	5.1	19.7	33.5	9.4	8.4
99.1	99.9	99.2	45.3	4.0	38.4	10.1	6.1	10.0
96.5	98.6	98.3	75.0	33.8	24.9	30.5	19.8	31.6
100.8	99.1	101.9	-14.4	26.2	-17.7	17.5	15.5	31.9
97.5	94.6	94.7	29.9	76.5	6.1	40.5	47.8	40.6
103.4	78.4	99.3	-34.8	233.4	24.3	22.4	142.0	12.9
102.5	98.9	97.3	-17.8	33.4	43.8	40.0	16.0	32.3
93.5	101.4	97.6	47.6	-15.7	78.5	78.2	25.9	20.0
102.2	99.3	98.0	-15.6	11.2	37.8	41.4	24.9	26.2
91.1	95.2	99.3	1 951.1	84.6	14.2	36.8	39.6	21.2
99.7	97.2	105.9	31.1	608.7	-79.6	4.1	11.9	5.1
99.7	97.2	106.7	32.4	610.9	-79.6	4.0	11.9	5.8
98.2	98.6	100.1	105.0	155.7	-10.1	13.2	8.3	4.7
94.0	98.4	100.1	487.6	133.2	-3.7	27.5	10.0	7.0
95.7	97.1	99.5	347.7	55.3	6.8	21.0	30.1	26.3
105.8	98.1	98.0	-32.9	19.9	23.1	40.0	42.2	38.4
106.7	102.2	97.1	-90.6	-47.2	131.8	2.4	8.8	18.6
99.1	97.0	100.1	11.1	109.7	-1.7	31.6	21.1	12.6
102.9	99.9	100.4	-67.5	2.0	-21.0	4.9	12.1	6.0
100.3	98.5	100.8	-17.0	60.4	-24.4	4.6	14.6	8.5
100.0	98.3	99.9	1.8	51.6	3.5	7.9	18.1	14.6
100.1	100.5	99.8	-5.5	-23.6	19.2	3.7	5.6	4.3

项　　目	总资产贡献率（%）	资本保值增值率（%）	资产负债率（%）
全省总计	**11.29**	**113.90**	**57.84**
按经济类型分			
在总计中：国有及国有控股工业	13.03	98.44	53.21
国有工业	12.29	94.71	52.46
集体工业	7.99	105.70	63.63
股份合作工业	11.04	117.96	62.40
股份制工业	11.75	118.89	60.37
外商投资工业	11.75	116.78	58.50
港澳台投资工业	10.28	114.64	56.66
按轻重工业分			
轻工业	10.42	114.91	56.28
重工业	11.87	113.21	58.86
按企业规模分			
大型企业	13.39	117.79	58.73
中型企业	9.79	111.15	56.38
小型企业	11.12	113.89	58.68
按行业分			
煤炭开采和洗选业	17.27	25.63	78.47
石油和天然气开采业	133.72	126.84	13.23
黑色金属矿采选业	26.93	133.06	57.52
有色金属矿采选业	29.96	159.71	45.40
非金属矿采选业	10.27	110.31	41.74
其他采矿业			
农副食品加工业	10.77	114.97	60.85
食品制造业	16.02	99.61	54.40
饮料制造业	18.17	104.07	49.00
烟草制品业	85.11	120.13	21.52
纺织业	5.59	110.96	56.00
纺织服装、鞋、帽制造业	8.10	116.27	58.72
皮革、毛皮、羽毛(绒)及其制品业	5.52	110.67	58.66
木材加工及木、竹、藤、棕、草制品业	10.27	114.53	56.85
家具制造业	6.68	115.85	60.88
造纸及纸制品业	8.30	111.39	56.69
印刷业和记录媒介的复制	7.88	122.92	52.10
文教体育用品制造业	5.79	101.93	50.91
石油加工、炼焦及核燃料加工业	19.97	108.15	53.61
化学原料及化学制品制造业	20.55	119.69	52.15
医药制造业	11.14	104.47	50.70
化学纤维制造业	5.37	138.63	54.15
橡胶制品业	7.84	119.38	47.02
塑料制品业	6.72	120.29	53.54
非金属矿物制品业	8.85	112.12	61.81
黑色金属冶炼及压延加工业	6.29	130.13	66.31
有色金属冶炼及压延加工业	10.77	122.91	64.03
金属制品业	12.26	125.43	54.69
通用设备制造业	10.53	113.13	56.94
专用设备制造业	10.53	119.16	52.95
交通运输设备制造业	19.23	116.41	57.19
电气机械及器材制造业	7.82	121.77	63.67
通信设备、计算机及其他电子设备制造业	8.70	115.65	65.09
仪器仪表及文化、办公用机械制造业	7.81	143.16	48.18
工艺品及其他制造业	9.28	112.31	53.74
废弃资源和废旧材料回收加工业	14.48	225.08	68.67
电力、热力的生产和供应业	11.20	101.08	55.28
燃气生产和供应业	4.80	105.22	69.69
水的生产和供应业	4.28	98.49	43.35

注：本表统计范围为全部国有工业及年销售收入500万以上非国有工业。

济效益指标

5年

流动资产周转率（次）	成本费用利润率（%）	全员劳动生产率（元/人）	产品销售率（%）	综合指数（%）
2.41	**5.16**	**86 735**	**97.50**	**157.31**
2.39	6.70	243 444	98.71	259.26
2.98	4.94	203 764	99.53	232.62
2.21	3.24	37 563	98.23	110.04
2.45	3.95	57 674	97.62	134.90
2.23	4.69	95 665	97.00	160.52
2.68	5.17	119 917	97.83	181.41
2.22	5.80	66 966	97.23	144.05
2.26	4.18	61 096	97.36	135.09
2.53	5.83	124 188	97.60	184.73
2.89	4.95	186 313	97.37	226.03
2.17	5.26	76 058	97.24	145.65
2.26	5.29	64 200	97.91	142.40
3.42	2.71	19 924	111.58	113.32
12.43	334.21	29 428 298	98.31	19 511.34
1.36	33.53	177 417	94.89	340.40
2.68	18.52	113 827	100.55	268.23
2.11	5.70	56 479	98.01	135.74
2.90	3.46	151 972	96.66	194.07
1.91	9.31	119 629	98.09	194.99
2.30	7.95	243 054	97.29	273.02
2.02	35.06	1 749 642	101.08	1 413.41
2.29	2.16	49 466	97.03	111.11
2.57	2.16	30 713	97.13	107.92
2.34	1.80	23 986	98.29	94.81
2.29	5.25	61 972	95.90	139.42
2.32	2.04	42 671	98.81	109.50
2.01	4.34	79 184	97.50	139.77
1.62	5.72	58 258	96.06	129.01
2.21	2.66	23 795	98.10	95.97
5.46	2.20	775 763	96.38	609.14
2.31	10.82	237 067	98.80	287.05
1.25	8.54	160 753	90.64	201.01
1.92	3.01	107 043	95.05	148.57
2.18	4.58	41 536	96.02	119.54
2.10	3.28	51 601	98.05	118.25
2.16	4.23	69 704	97.32	135.65
2.80	1.85	188 307	95.99	200.95
2.78	3.39	154 545	96.55	194.27
2.47	4.76	60 612	97.91	143.97
1.87	5.67	74 650	97.15	145.01
1.63	7.31	67 397	96.51	145.16
2.34	9.06	180 720	98.05	243.55
2.21	3.15	72 922	97.04	132.78
2.58	3.43	105 167	97.14	157.45
2.82	3.62	71 752	99.00	144.07
2.56	3.28	39 250	97.30	118.92
4.02	2.29	125 378	94.99	203.64
2.75	9.07	513 444	99.80	432.47
4.08	1.42	315 907	99.98	282.71
1.06	6.76	126 716	98.09	159.18

各市工业主要经济效益指标

2005 年

市别	总资产贡献率（%）	资本保值增值率（%）	资产负债率（%）	流动资产周转率（%）	成本费用利润率（%）	全员劳动生产率（元/人）	产品销售率（%）	综合指数（%）
全省合计	11.29	113.90	57.84	2.41	5.16	86 735	97.50	157.31
广州	14.90	110.70	54.12	2.39	7.30	117 279	98.00	190.09
深圳	12.27	111.48	59.40	2.31	6.35	112 666	97.35	178.02
珠海	6.82	112.95	61.79	2.24	3.71	95 758	97.41	146.60
汕头	9.56	124.45	48.08	2.40	5.80	66 822	96.95	145.66
佛山	11.83	119.23	61.89	2.58	3.88	102 600	96.39	164.78
韶关	11.40	101.26	61.50	2.43	4.77	91 602	97.75	157.09
河源	16.45	128.32	51.90	2.67	9.94	75 342	95.28	182.28
梅州	17.34	109.68	56.66	2.03	6.97	76 578	98.18	165.08
惠州	6.31	111.44	62.61	2.51	2.65	63 505	99.06	124.54
汕尾	10.65	137.20	38.72	3.51	5.54	40 813	96.73	143.58
东莞	6.04	117.95	55.54	2.15	3.29	53 129	99.47	118.32
中山	8.46	115.03	63.11	2.66	2.72	58 031	96.17	126.92
江门	10.54	118.28	60.13	2.58	3.52	73 510	97.60	143.94
阳江	19.58	139.54	54.59	2.95	6.60	64 606	94.73	173.20
湛江	22.03	97.06	53.80	2.62	15.57	185 435	94.64	275.93
茂名	21.92	110.07	42.51	5.16	3.78	162 284	96.45	244.25
肇庆	7.03	118.50	58.10	1.87	3.18	44 968	98.04	111.92
清远	6.04	138.75	62.53	2.71	2.40	68 777	96.63	131.60
潮州	11.92	119.42	50.15	2.83	3.48	49 356	99.28	134.62
揭阳	10.16	112.27	51.36	2.45	4.49	62 051	98.30	138.00
云浮	7.02	106.16	60.05	2.37	2.27	51 536	97.97	115.72

市别	总资产贡献率比去年增长百分点	资本保值增值率比去年增长百分点	资产负债率比去年增长百分点	流动资产周转率比去年增长（次数）	成本费用利润率比去年增长百分点	全员劳动生产率比去年增长（%）	产品销售率比去年增长百分点	综合指数比去年增长百分点
全省合计	0.77	-6.58	-0.12	-0.02	-0.12	12 074	-0.29	7.20
广州	-1.17	0.57	0.88	0.03	-1.23	18 521	0.70	4.86
深圳	1.07	-19.96	0.35	-0.09	-0.32	13 667	-0.55	5.51
珠海	-0.82	-2.50	2.22	-0.08	-0.36	7 057	0.38	-0.19
汕头	1.87	-14.53	-3.76	0.00	1.84	6 027	0.89	12.32
佛山	3.29	-8.43	-1.45	0.04	0.91	20 978	-0.94	21.89
韶关	-1.87	-5.59	2.63	0.07	-2.58	7 363	0.32	-9.24
河源	6.43	-8.55	-1.23	0.39	3.77	20 868	-1.69	41.38
梅州	-0.38	-8.95	1.34	-0.02	-0.32	11 227	0.88	3.64
惠州	-0.26	-5.40	-0.78	0.03	-0.51	6 666	1.01	1.54
汕尾	0.36	23.54	-7.78	0.05	-0.30	-2 529	-0.68	1.53
东莞	0.16	-19.77	0.37	-0.18	0.12	7 809	-0.38	1.05
中山	0.63	-4.94	-0.02	-0.09	-0.15	6 322	-1.11	2.69
江门	2.49	5.27	-3.71	0.25	0.18	17 615	-0.06	20.30
阳江	11.91	32.84	-11.45	-0.32	5.11	8 282	-0.48	49.55
湛江	5.64	-7.28	-0.70	0.54	2.38	26 312	-4.93	39.20
茂名	1.16	21.07	-0.52	0.09	-1.37	32 165	0.67	20.29
肇庆	1.86	28.74	-1.88	0.33	0.99	2 726	1.58	16.19
清远	0.68	5.72	-0.84	0.50	0.26	17 894	-0.68	18.92
潮州	2.72	10.31	-1.56	0.30	0.91	7 742	-3.91	17.00
揭阳	1.76	25.70	3.22	-0.17	1.37	7 171	1.66	14.80
云浮	0.60	0.22	0.17	0.47	0.41	9 332	-0.28	12.95

注：1、本表统计范围为规模以上工业。

能源生产总量及构成

项　目	1990	1995	2000	2004	2005
能源生产总量(万吨标准煤)	**1 006.24**	**2 622.53**	**3 711.69**	**4 851.29**	**4 524.97**
构　成(%)	**100.0**	**100.0**	**100.0**	**100.0**	**100.0**
原　煤	63.1	29.1	8.0	15.1	7.5
原　油	7.0	35.5	53.6	43.7	46.4
电　力	29.9	34.9	27.1	30.5	32.9
天然气		0.5	11.3	10.7	13.2

能源消费总量及构成

项　目	1990	1995	2000	2004	2005
一次能源消费量(万吨标准煤)	**3 690.25**	**6 147.61**	**7 983.46**	**12 013.14**	**13 086.58**
构　　成(%)	**100.0**	**100.0**	**100.0**	**100.0**	**100.0**
原　　煤	56.5	56.4	52.2	51.4	52.8
原　　油	35.3	28.5	35.0	28.4	26.1
电　　力	8.2	14.9	12.6	20.0	20.8
天 然 气		0.2	0.2	0.2	0.3
终端能源消费量(万吨标准煤)	**3 936.44**	**7 062.28**	**9 080.20**	**14 487.74**	**17 271.50**
构　　成(%)	**100.0**	**100.0**	**100.0**	**100.0**	**100.0**
原　　煤	33.6	27.0	17.1	11.7	11.5
油　　品	22.4	20.9	22.6	20.7	23.6
电　　力	33.0	39.7	45.4	52.6	50.0
其　　他	11.0	12.4	14.9	15.0	14.9

综合能源平衡表

单位:万吨标准煤

项　　目	1990	1995	2000	2004	2005
可供本地区消费的能源量	**4 044.28**	**7 344.82**	**9 447.70**	**15 210.47**	**17 769.37**
年初库存量	583.00	614.43	675.20	777.36	800.55
一次能源生产量	1 006.24	2 622.53	3 711.69	4 849.15	4 524.97
回　收　能		19.07	96.59	281.96	307.64
外省调入量	2 955.36	4 293.08	5 628.27	8 646.07	10 140.51
进　口　量	473.83	1 575.45	2 757.39	5 324.97	4 587.62
我国轮、机在外国加油量	12.28			38.24	42.07
本省调出量(－)	－113.82	－609.34	－1 599.39	－2 988.51	－1 066.72
出　口　量(－)	－153.11	－509.37	－980.31	－918.88	－548.29
外国轮、机在我国加油量(－)	－70.30	－50.82	－62.51	－4.34	－5.21
年末库存量(－)	－649.20	－610.24	－779.26	－795.55	－1 013.78
加工转换投入(－)产出(＋)量	**－13.74**	**－11.86**	**－35.74**	**－55.68**	**－36.04**
火力发电					
供　　热					
洗　选　煤				－10.81	－6.10
炼　　焦	－4.21	－6.95	－3.85	－9.57	－5.19
炼　　油	－6.90	－1.86	－26.89	－23.96	－16.03
制　　气		－3.05	－5.00	－5.03	－6.96
损失量	**113.33**	**271.16**	**331.76**	**664.30**	**461.83**
运输和输配损失	104.17	266.75	318.75	647.80	452.36
终端消费量	**3 936.44**	**7 062.28**	**9 080.20**	**14 490.47**	**17 271.50**
第一产业	193.15	349.96	353.56	329.76	461.06
农、林、牧、渔业	193.15	349.96	353.56	329.76	461.06
第二产业	2 775.58	4 626.99	5 790.91	9 592.23	11 225.51
工　　业	2 728.01	4 521.20	5 693.02	9 438.27	11 038.78
用作原材料、燃料	335.68	99.90	86.44	278.69	408.03
建　筑　业	47.57	105.76	97.90	153.95	186.73
第三产业	515.11	1 093.40	1 648.93	2 848.23	3 484.54
交通运输仓储及邮电通信业	339.43	577.29	957.92	1 548.45	1 918.81
批发和零售贸易业、餐饮业	92.16	283.01	403.21	749.08	758.40
其　　他	83.52	233.10	287.81	550.70	807.32
生活消费	452.60	991.92	1 286.80	1 720.25	2 100.39
城　　镇	296.73	659.27	818.33	1 103.20	1 419.60
乡　　村	155.87	332.61	468.45	617.05	680.80
平衡差额	**－19.23**	**－0.48**			
消费量合计	**4 063.51**	**7 345.30**	**9 447.70**	**15 210.47**	**17 769.37**

分行业能源消费总量和原煤、电力消费量

2005 年

行　业	能源消费总量（万吨标准煤）	原煤消费量（万吨）	电力消费量（亿千瓦小时）
消　费　总　量	**17 769.37**	**9 683.05**	**2 673.55**
农、林、牧、渔业	**461.06**	**67.65**	**65.23**
工业合计	**11 532.68**	**9 524.22**	**1 848.44**
（一）采矿业	**111.02**	**9.60**	**17.62**
煤炭开采和洗选业	5.80	2.52	1.14
石油和天然气开采业	55.42		
黑色金属矿采选业	14.63	1.16	2.59
有色金属矿采选业	11.94	1.17	2.87
非金属矿采选业	23.23	4.75	3.58
其他采矿业			
（二）制造业	**9 611.80**	**3 147.84**	**1 455.46**
农副食品加工业	172.17	106.79	24.07
食品制造业	104.72	69.68	15.18
饮料制造业	71.74	39.67	9.14
烟草制品业	6.93	1.87	1.18
纺织业	591.53	400.54	86.97
纺织服装、鞋、帽制造业	220.20	36.47	41.82
皮革、毛皮、羽毛（绒）及其制品业	152.55	5.14	35.22
木材加工及木、竹、藤、棕、草制品业	92.44	37.05	16.71
家具制造业	83.67	2.06	19.53
造纸及纸制品业	438.75	433.18	73.12
印刷业和记录媒介的复制	100.89	1.27	23.22
文教体育用品制造业	150.06	0.52	36.19
石油加工、炼焦及核燃料加工业	846.98	64.76	27.14
化学原料及化学制品制造业	416.61	128.39	64.17
医药制造业	64.57	32.83	9.44
化学纤维制造业	37.14	2.42	7.71
橡胶制品业	87.46	17.13	17.13
塑料制品业	492.36	46.77	115.84
非金属矿物制品业	2 127.16	1 420.29	183.97
黑色金属冶炼及压延加工业	889.75	167.50	82.02
有色金属冶炼及压延加工业	263.47	56.97	42.98
金属制品业	372.30	14.20	83.75
通用设备制造业	128.85	8.57	26.61
专用设备制造业	113.16	5.96	26.67
交通运输设备制造业	126.92	33.28	27.42
电气机械及器材制造业	485.70	7.20	113.69
通信设备、计算机及其他电子设备制造业	788.72	5.36	202.06
仪器仪表及文化、办公用机械制造业	104.04	0.07	23.74
工艺品及其他制造业	75.61	0.82	17.87
废弃资源和废旧材料回收加工业	5.35	1.08	0.90
（三）电力、燃气及水的生产和供应业	**1 809.86**	**6 366.78**	**375.36**
电力、热力的生产和供应业	1 594.53	6 358.82	346.36
燃气生产和供应业	117.49	7.96	0.88
水的生产和供应业	97.84		28.12
建筑业	**186.73**	**2.11**	**34.61**
交通运输、仓储及邮电通信业	**1 922.78**	**1.40**	**30.44**
批发和零售贸易餐饮业	**758.40**	**23.12**	**149.96**
其他行业	**807.32**		**216.25**
生活消费	**2 100.39**	**64.55**	**328.62**

各市电力消费量

单位:万千瓦小时

市　别	2000 年	2001 年	2002 年	2003 年	2004 年	2005 年
全省合计	**13 345 809**	**14 584 244**	**16 878 253**	**20 312 922**	**23 871 351**	**26 735 565**
广　州	2 387 780	2 556 452	2 849 015	3 349 711	3 846 374	4 256 676
深　圳	1 903 488	2 122 806	2 599 207	3 234 507	3 903 059	4 402 089
珠　海	308 222	331 500	381 788	454 651	522 292	615 812
汕　头	439 064	469 428	543 399	676 846	783 312	875 959
佛　山	1 688 410	1 898 146	2 155 540	2 558 540	2 919 996	3 162 913
韶　关	358 147	405 874	432 202	508 840	554 225	587 195
河　源	92 712	99 431	128 789	193 951	227 720	239 029
梅　州	226 963	228 827	256 055	312 887	375 102	403 996
惠　州	435 285	495 551	608 110	746 729	895 747	1 052 227
汕　尾	93 501	106 274	115 825	132 056	143 076	168 722
东　莞	1 797 782	2 094 159	2 600 124	3 235 343	3 758 498	4 198 289
中　山	545 426	608 500	724 675	926 725	1 110 520	1 236 288
江　门	646 460	677 711	774 166	895 522	1 037 271	1 136 262
阳　江	120 876	133 583	150 202	175 254	202 296	224 597
湛　江	241 546	262 619	295 017	342 538	411 125	490 913
茂　名	299 778	304 324	304 304	341 300	375 164	401 079
肇　庆	240 012	265 760	296 603	350 588	408 136	485 822
清　远	225 951	235 140	253 784	319 475	429 370	594 692
潮　州	139 519	160 058	190 207	238 633	287 938	331 724
揭　阳	225 112	248 853	281 280	359 237	442 689	511 288
云　浮	121 382	128 158	144 785	172 354	203 100	215 491

分市能源单耗

2005 年

市　　别	单位 GDP 能耗 （吨标准煤/万元）	单位 GDP 电耗 （千瓦时/万元）	单位工业增加值能耗 （吨标准煤/万元）
全省合计	**0.79**	**1 195.3**	**1.08**
广州	0.78	825.9	1.30
深圳	0.59	889.1	0.60
珠海	0.66	969.9	0.96
汕头	0.69	1 344.8	1.21
佛山	0.95	1 327.2	0.92
韶关	2.11	1 727.4	5.95
河源	0.94	1 166.4	0.98
梅州	1.43	1 284.7	4.23
惠州	0.85	1 309.7	0.61
汕尾	0.57	799.7	0.51
东莞	0.86	1 924.4	1.14
中山	0.78	1 404.6	0.54
江门	0.88	1 410.9	1.35
阳江	0.89	760.5	1.13
湛江	0.77	746.0	1.41
茂名	1.24	496.2	4.45
肇庆	0.95	1 078.2	1.81
清远	1.71	1 841.4	3.71
潮州	1.43	1 153.4	1.87
揭阳	1.01	1 215.9	0.96
云浮	1.42	1 008.2	7.37

平均每天各种能源消费量

能源品种	计量单位	1990	1995	2000	2004	2005
合计	**吨标准煤**	**112 476**	**201 241**	**248 773**	**396 999**	**473 192**
煤炭	吨	50 828	72 961	59 590	66 532	78 227
焦炭	吨	2 871	3 613	3 973	7 554	8 058
原油	吨	754	143	250	158	178
燃料油	吨	4 874	7 195	9 248	14 532	18 288
汽油	吨	3 878	7 700	8 226	12 228	19 330
煤油	吨	866	1 535	2 444	3 573	4 212
柴油	吨	7 025	11 334	18 726	26 651	34 920
液化石油气	吨	549	5 110	8 720	13 835	16 676
电力	万千瓦时	9 836	19 698	33 978	60 330	69 671

平均每人年生活用能源

能源品种	计量单位	1990	1995	2000	2004	2005
合计	**千克标准煤**	**72.04**	**146.11**	**148.90**	**220.41**	**265.88**
煤炭	千克	56.77	40.07	9.63	10.17	12.21
汽油	千克	1.65	4.50	4.42	8.70	16.88
煤油	千克	1.95	1.18	0.24	0.35	0.38
柴油	千克		0.37	0.57	1.03	1.13
液化石油气	千克	1.76	24.51	31.47	43.90	50.58
电力	千瓦时	63.90	165.24	239.09	368.19	415.99

分品种生活能源年消费总量

能源品种	计量单位	1990	1995	2000	2004	2005
合计	**万吨标准煤**	**454.71**	**991.92**	**1 286.80**	**1 720.25**	**2 100.39**
煤炭	万吨	348.03	272.01	83.22	79.34	96.46
汽油	万吨	10.44	30.54	38.20	67.89	133.36
煤油	万吨	11.98	8.00	2.10	2.71	2.98
柴油	万吨		2.54	4.90	8.00	8.93
液化石油气	万吨	10.78	166.41	271.96	342.65	399.55
电力	亿千瓦小时	39.17	112.18	206.62	287.36	328.62

能源加工转换效率

单位:%

年 份	火力发电	供 热	炼 焦	炼 油	制 气
1990	31.13	79.21	93.48	99.44	
1995	31.85	80.07	90.93	99.89	86.17
2000	37.20	87.19	94.35	99.02	79.18
2001	37.21	85.09	95.23	99.12	77.90
2002	36.36	76.40	94.27	98.40	80.08
2003	40.69	71.43	82.36	98.57	78.67
2004	35.53	86.10	91.53	99.29	79.70
2005	36.22	95.99	96.66	99.53	79.18

能源生产弹性系数

单位:%

年 份	能源生产 比上年增长%	电力生产 比上年增长%	本省生产总值 比上年增长%	能源生产 弹性系数	电力生产 弹性系数
1986	1.0	8.0	12.7	0.08	0.63
1990	0.3	15.3	11.6	0.02	1.32
1995	14.7	6.6	14.9	0.99	0.44
1996	43.3	10.7	10.7	4.05	1.00
1997	8.5	8.0	10.6	0.80	0.75
1998	-4.1	5.6	10.2		0.55
1999	-10.3	9.8	9.5		1.03
2000	5.8	18.7	10.8	0.53	1.73
2001	-8.2	5.9	9.6		0.61
2002	6.5	12.4	10.8	0.60	1.14
2003	12.7	17.7	14.3	0.89	1.24
2004	18.6	11.9	14.2	1.31	0.84
2005	-6.7	7.4	13.8		0.53

能源消费弹性系数

单位:%

年 份	能源消费 比上年增长%	电力消费 比上年增长%	本省生产消费总值 比上年增长%	能源消费 弹性系数	电力消费 弹性系数
1986	8.4	4.7	12.7	0.66	0.37
1990	4.1	14.3	11.6	0.35	1.24
1995	9.2	7.6	14.9	0.62	0.51
1996	5.5	8.9	10.7	0.51	0.83
1997	2.7	7.1	10.6	0.25	0.67
1998	5.3	7.5	10.2	0.52	0.74
1999	4.3	10.0	9.5	0.45	1.05
2000	8.2	22.9	10.8	0.76	2.12
2001	7.7	9.3	9.6	0.81	0.97
2002	11.6	15.7	10.8	1.07	1.46
2003	15.4	20.3	14.3	1.07	1.42
2004	16.1	17.5	14.2	1.14	1.23
2005	16.8	12.0	13.8	1.21	0.87

各市分行业工

200

行　　业	全省	广州	深圳	珠海
总　　计	**35 157**	**5 240**	**5 214**	**992**
按经济类型分				
在总计中:国有及国有控股工业	1 806	490	215	33
国有工业	1 033	211	47	5
集体工业	1 272	263	14	26
股份合作工业	331	98	11	1
股份制工业	12 753	1 999	1 769	259
外商投资工业	4 416	828	930	193
港澳台投资工业	11 292	1 351	2 290	494
按轻重工业分				
轻　工　业	20 201	3 028	2 559	524
重　工　业	14 956	2 212	2 655	468
按企业规模分				
大型企业	288	43	86	13
中型企业	4 189	563	960	144
小型企业	30 680	4 634	4 168	835
按行业分				
煤炭开采和洗选业	16			
石油和天然气开采业	5		3	
黑色金属矿采选业	35			
有色金属矿采选业	35	1		
非金属矿采选业	177	22		6
其他矿采选业				
农副食品加工业	720	98	43	17
食品制造业	595	142	48	22
饮料制造业	187	35	21	8
烟草制品业	10	1	2	
纺织业	2 104	350	118	38
纺织服装、鞋、帽制造业	2 474	418	317	104
皮革、毛皮、羽毛(绒)及其制品业	1 344	239	99	14
木材加工及竹、藤、棕、草制品业	381	46	43	7
家具制造业	788	79	100	6
造纸及纸制品业	1 280	175	153	33
印刷业和记录媒介的复制	978	149	160	22
文教体育用品制造业	878	126	139	26
石油加工、炼焦及核燃料加工业	89	16	7	
化学原料及化学制品制造业	1 862	424	227	73
医药制造业	312	70	45	24
化学纤维制造业	94	8	4	5
橡胶制品业	397	92	48	4
塑料制品业	2 660	305	417	73
非金属矿物制品业	2 017	266	125	27
黑色金属冶炼及压延加工业	280	32	19	3
有色金属冶炼及压延加工业	526	63	35	9
金属制品业	2 929	339	312	43
通用设备制造业	1 203	223	144	25
专用设备制造业	1 060	174	234	36
交通运输设备制造业	831	265	142	32
电气机械及器材制造业	3 519	399	681	97
通信设备、计算机及其他电子设备制造业	2 980	346	1 077	159
仪器仪表及文化、办公用机械制造业	631	101	250	41
工艺品及其他制造业	918	144	153	25
废弃资源和废旧材料回收加工业	76	10	2	
电力、热力的生产和供应业	447	40	19	7
燃气生产和供应业	47	11		3
水的生产和供应业	272	31	27	3

业企业单位数

5 年

单位:个

汕头	佛山	韶关	河源	梅州	惠州	汕尾
1 490	**5 148**	**392**	**226**	**392**	**1 243**	**179**
98	104	111	39	63	93	26
66	48	69	28	53	59	24
52	194	12	11	27	33	16
62	69	14	4	2	4	
817	2 547	193	78	132	211	65
113	403	14	9	32	170	8
263	942	58	75	72	710	58
1 128	2 685	121	105	164	740	143
362	2 463	271	121	228	503	36
3	24	4	1	1	14	1
86	505	43	33	43	203	21
1 401	4 618	345	192	348	1 026	157
		12		4		
		2	8	9	2	
		11	3	2	1	
2	12	4	7	2	7	1
55	30	8	10	7	35	4
56	47	1	8	3	7	8
12	23	4	2	5	4	4
1		1		1		
186	391	24	25	15	79	34
186	242	9	4	8	53	30
21	167		4	1	121	13
3	49	10	5	15	8	2
6	159	17	9	10	30	2
67	172	14	3	6	29	2
86	138	5	2	4	23	2
109	66	7	3	1	38	4
1	18					
89	240	22	5	11	68	3
16	30	5	5	4	9	
5	13		1		5	
8	47		1	2	7	
195	448	3	7	1	91	11
25	513	44	27	103	57	2
1	59	5	19	10	7	
9	226	29	3	7	13	
38	587	6	2	4	57	2
27	267	33	1	11	22	1
45	166	18	5	1	13	
22	110	10	2	12	22	5
55	592	11	14	16	113	2
39	119	6	9	40	220	6
13	28	3	2	3	21	1
88	62	4	5	31	52	19
	18	1			3	
15	20	56	21	35	13	11
1	4	1		1		
8	35	6	4	7	13	10

各市分行业工

200

行　　业	东莞	中山	江门	阳江
总　　计	**4 504**	**3 291**	**2 365**	**498**
按经济类型分				
在总计中:国有及国有控股工业	9	7	73	29
国有工业	4	5	50	24
集体工业	162	153	113	12
股份合作工业	1	2	15	
股份制工业	824	1 251	783	232
外商投资工业	820	308	251	19
港澳台投资工业	2 481	916	667	70
按轻重工业分				
轻 工 业	2 569	2 187	1 418	390
重 工 业	1 935	1 104	947	108
按企业规模分				
大型企业	53	22	10	1
中型企业	713	316	215	32
小型企业	3 738	2 953	2 140	465
按行业分				
煤炭开采和洗选业				
石油和天然气开采业				
黑色金属矿采选业			1	1
有色金属矿采选业				1
非金属矿采选业	3	2	32	1
其他矿采选业				
农副食品加工业	19	30	48	21
食品制造业	43	42	39	6
饮料制造业	8	12	3	3
烟草制品业			2	1
纺织业	270	209	148	7
纺织服装、鞋、帽制造业	244	380	220	20
皮革、毛皮、羽毛(绒)及其制品业	254	115	108	8
木材加工及竹、藤、棕、草制品业	43	20	22	37
家具制造业	157	86	58	21
造纸及纸制品业	267	116	100	18
印刷业和记录媒介的复制	92	111	50	11
文教体育用品制造业	203	77	24	3
石油加工、炼焦及核燃料加工业	2	2	4	1
化学原料及化学制品制造业	150	167	114	10
医药制造业	9	22	10	3
化学纤维制造业	19	8	14	
橡胶制品业	69	38	36	4
塑料制品业	476	253	132	17
非金属矿物制品业	91	72	109	10
黑色金属冶炼及压延加工业	16	12	46	13
有色金属冶炼及压延加工业	34	29	20	4
金属制品业	323	308	405	224
通用设备制造业	118	129	89	12
专用设备制造业	194	67	39	2
交通运输设备制造业	38	48	80	5
电气机械及器材制造业	507	620	221	9
通信设备、计算机及其他电子设备制造业	623	177	79	4
仪器仪表及文化、办公用机械制造业	97	33	11	
工艺品及其他制造业	80	64	54	6
废弃资源和废旧材料回收加工业	1	6	13	
电力、热力的生产和供应业	18	9	17	8
燃气生产和供应业		1	3	1
水的生产和供应业	36	26	14	6

业企业单位数

5 年

单位:个

湛江	茂名	肇庆	清远	潮州	揭阳	云浮
578	**590**	**684**	**426**	**727**	**714**	**264**
96	54	59	46	47	82	32
70	42	42	36	47	77	26
21	49	21	21	10	41	21
2	9	6	3	26		2
263	217	260	151	306	290	106
48	33	78	31	57	52	19
77	98	175	139	150	148	58
373	350	328	155	566	535	133
205	240	356	271	161	179	131
1	2	3	2	1		3
60	25	53	55	41	48	29
517	563	628	369	685	666	232
2						
	1	2	7			2
3	8	1	2		1	1
13	40	10	3	2	2	6
118	56	15	14	17	17	8
18	7	8	1	26	55	8
18	6	6	2	3	7	1
					1	
17	13	59	21	13	72	15
6	2	24	23	55	107	22
20	97	35	9	11	6	2
26	14	20	5		2	4
8	11	13	10		4	2
31	12	25	11	19	14	13
12	8	22	4	54	22	1
1	1	7	10	4	28	1
5	32				1	
24	70	65	26	27	25	22
16	4	7	6	8	14	5
	2	3	1		6	
7	10	4	8		10	2
36	22	20	18	53	75	7
34	33	47	72	286	21	53
	7	4	11	2	13	1
3		12	14	6	3	7
25	10	87	13	46	69	29
8	12	37	22	5	12	5
24	4	14	8	3	11	2
14	2	10	5	1	6	
52	12	34	24	17	35	8
2	4	38	10	9	9	4
1	1	5	1	3	15	1
7	61	17	6	17	20	3
7		5	9	1		
5	22	19	41	24	23	24
7	1			12		1
8	5	9	9	3	8	4

200

行　　业	全省	广州	深圳	珠海
总　　计	**27 076.08**	**4 833.84**	**6 981.49**	**1 312.15**
按经济类型分				
在总计中:国有及国有控股工业	6 676.89	1 885.05	1 886.88	237.04
国有工业	2 503.25	580.25	332.18	38.24
集体工业	453.43	70.83	12.34	30.14
股份合作工业	78.66	18.29	5.57	0.23
股份制工业	7 419.91	1 150.99	2 034.31	261.83
外商投资工业	6 923.40	1 593.19	2 072.97	545.85
港澳台投资工业	9 081.14	1 363.73	2 387.50	432.12
按轻重工业分				
轻　工　业	10 715.47	1 847.49	2 194.87	504.85
重　工　业	16 360.61	2 986.34	4 786.62	807.30
按企业规模分				
大型企业	7 950.73	1 433.45	2 711.15	439.82
中型企业	10 019.06	1 969.78	2 293.95	505.28
小型企业	9 106.29	1 430.60	1 976.39	367.05
按行业分				
#煤炭开采和洗选业	2.81			
石油和天然气开采业	162.37		95.82	
黑色金属矿采选业	37.70			
有色金属矿采选业	24.38	0.17		
非金属矿采选业	42.59	2.08		3.31
其他矿采选业				
农副食品加工业	406.65	57.23	53.45	13.94
食品制造业	374.46	122.76	43.01	14.84
饮料制造业	285.47	110.47	45.95	14.59
烟草制品业	132.77	66.83	23.79	
纺织业	917.76	149.70	63.94	22.44
纺织服装、鞋、帽制造业	586.34	87.65	74.91	14.92
皮革、毛皮、羽毛(绒)及其制品业	453.56	89.73	64.16	9.21
木材加工及竹、藤、棕、草制品业	144.60	23.29	16.23	2.34
家具制造业	272.31	14.90	63.08	5.22
造纸及纸制品业	655.27	108.82	59.61	32.97
印刷业和记录媒介的复制	424.12	47.90	143.04	6.97
文教体育用品制造业	351.68	57.96	71.96	8.09
石油加工、炼焦及核燃料加工业	419.79	117.29	3.06	
化学原料及化学制品制造业	1 269.80	492.52	113.69	111.12
医药制造业	387.45	104.00	113.84	31.32
化学纤维制造业	86.62	3.14	20.19	22.08
橡胶制品业	167.98	70.67	32.24	0.76
塑料制品业	1 080.78	152.14	186.19	78.72
非金属矿物制品业	1 030.64	169.16	97.74	18.26
黑色金属冶炼及压延加工业	592.29	252.19	30.53	29.32
有色金属冶炼及压延加工业	391.17	60.81	14.93	11.28
金属制品业	936.37	118.61	184.11	26.88
通用设备制造业	571.21	187.53	75.59	13.10
专用设备制造业	528.08	64.74	147.58	16.99
交通运输设备制造业	1 112.32	694.75	103.31	32.28
电气机械及器材制造业	2 617.81	245.86	608.67	194.11
通信设备、计算机及其他电子设备制造业	5 623.68	495.57	3 020.46	336.41
仪器仪表及文化、办公用机械制造业	558.93	46.42	189.74	50.36
工艺品及其他制造业	284.25	32.97	92.49	6.08
废弃资源和废旧材料回收加工业	23.18	4.96	0.12	
电力、热力的生产和供应业	3 578.62	465.48	1 021.42	139.46
燃气生产和供应业	93.45	35.05		15.31
水的生产和供应业	446.83	80.51	106.64	29.47

业企业资产合计

5 年

单位:亿元

汕头	佛山	韶关	河源	梅州	惠州	汕尾
757.80	**3 072.39**	**482.71**	**152.61**	**286.75**	**968.20**	**79.01**
184.48	385.25	336.98	51.09	76.34	141.76	20.14
90.60	240.88	70.49	19.18	60.11	85.14	19.27
13.87	48.30	1.78	3.38	13.05	12.11	3.09
16.14	7.03	9.62	1.29	0.20	1.82	
307.80	1 431.23	310.69	59.07	133.23	61.71	12.52
163.59	427.16	11.71	4.84	35.51	265.08	4.16
142.07	788.62	73.70	60.98	35.70	530.06	39.22
383.00	1 503.90	60.42	37.46	51.71	447.55	35.40
374.80	1 568.49	422.29	115.15	235.03	520.65	43.61
85.45	926.81	202.40	23.82	41.82	269.92	24.53
222.94	1 021.19	134.32	63.69	120.15	390.91	28.38
449.40	1 124.39	146.00	65.10	124.78	307.37	26.10
		1.23		1.58		
		6.86	24.91	1.15	1.29	
		12.89	1.01	4.05	0.22	
0.48	9.22	0.21	1.12	0.42	0.52	0.22
30.53	43.14	1.61	1.13	0.96	3.67	1.30
21.55	43.26	0.56	3.93	0.23	2.13	1.86
9.16	23.67	7.70	0.65	1.42	2.70	1.26
1.78		18.23		15.01		
78.60	130.18	9.53	5.84	3.61	36.32	9.96
46.10	83.96	1.49	2.17	3.10	13.48	2.84
2.53	45.21		1.73	4.95	27.99	1.31
25.02	15.39	2.91	4.72	5.55	1.91	0.45
0.69	32.18	1.29	0.97	1.76	11.17	0.19
11.65	65.89	3.37	0.51	0.85	9.24	0.62
42.22	36.39	1.68	0.27	0.39	10.82	0.54
24.95	17.61	4.07	0.81	0.31	11.30	2.60
0.10	42.22					
51.76	102.32	13.67	1.49	3.60	23.43	0.32
10.35	26.00	4.71	3.15	2.98	5.53	
3.32	3.78		0.56		1.50	
1.01	11.28		0.71	2.56	2.64	
54.25	173.69	0.47	3.97	0.02	49.76	1.44
10.06	250.99	10.01	10.38	53.64	19.59	1.54
0.19	46.59	129.01	13.49	1.30	7.65	
8.44	139.69	48.92	0.83	5.58	7.65	
9.79	161.34	1.05	0.49	0.98	28.56	0.33
9.49	69.06	13.67	2.06	14.31	19.67	0.19
15.51	76.11	7.56	16.39	0.13	5.87	
17.84	65.27	3.97	0.65	7.25	34.33	0.33
29.87	789.80	6.86	6.39	4.31	86.27	1.54
38.44	147.97	17.62	5.68	19.28	420.92	22.51
18.97	57.28	0.41	0.55	1.27	17.42	0.07
20.05	26.78	0.72	1.82	3.51	13.49	5.06
	4.08	0.09			0.60	
136.98	276.42	146.37	30.62	113.78	72.30	19.44
11.61	5.54	0.87		0.97		
14.49	50.07	3.09	3.66	5.92	18.26	3.10

各市分行业工

200

行　　业	东莞	中山	江门	阳江
总　　计	**3 345.33**	**1 358.96**	**1 152.17**	**120.67**
按经济类型分				
在总计中:国有及国有控股工业	340.64	94.39	249.44	24.10
国有工业	275.36	85.67	203.30	18.89
集体工业	125.42	43.82	24.52	0.68
股份合作工业	0.09	0.78	8.00	
股份制工业	284.69	263.97	234.27	51.31
外商投资工业	907.19	410.79	249.12	7.51
港澳台投资工业	1 722.86	511.89	363.06	27.46
按轻重工业分				
轻　工　业	1 518.43	735.59	540.51	72.56
重　工　业	1 826.90	623.37	611.66	48.11
按企业规模分				
大型企业	824.97	267.09	244.30	18.06
中型企业	1 467.37	538.70	446.61	38.62
小型企业	1 053.00	553.18	461.26	64.00
按行业分				
#煤炭开采和洗选业				
石油和天然气开采业				
黑色金属矿采选业			0.04	0.02
有色金属矿采选业			0.09	0.30
非金属矿采选业	0.43	0.12	5.81	0.30
其他矿采选业				
农副食品加工业	26.19	8.19	12.91	19.46
食品制造业	44.93	21.59	28.65	0.75
饮料制造业	30.04	7.55	0.35	0.72
烟草制品业			0.19	0.02
纺织业	160.12	69.09	89.13	4.41
纺织服装、鞋、帽制造业	76.82	72.73	46.91	2.04
皮革、毛皮、羽毛(绒)及其制品业	75.90	63.46	24.06	1.57
木材加工及竹、藤、棕、草制品业	10.75	3.61	6.88	2.66
家具制造业	96.46	17.11	10.12	4.69
造纸及纸制品业	208.14	47.00	55.06	2.20
印刷业和记录媒介的复制	52.29	20.40	25.23	1.70
文教体育用品制造业	98.51	37.00	5.78	1.16
石油加工、炼焦及核燃料加工业	0.73	5.30	4.41	0.03
化学原料及化学制品制造业	97.01	64.20	109.50	0.85
医药制造业	9.15	16.77	7.59	2.41
化学纤维制造业	14.26	2.29	9.66	
橡胶制品业	24.62	8.37	4.02	0.71
塑料制品业	204.57	85.51	31.52	2.39
非金属矿物制品业	66.58	27.16	71.38	5.47
黑色金属冶炼及压延加工业	17.70	8.82	18.78	7.76
有色金属冶炼及压延加工业	13.73	23.29	7.35	1.57
金属制品业	114.49	72.97	122.31	23.94
通用设备制造业	47.46	51.51	29.11	4.47
专用设备制造业	102.42	34.87	9.17	0.17
交通运输设备制造业	23.69	26.58	75.75	0.81
电气机械及器材制造业	289.07	188.72	84.25	2.98
通信设备、计算机及其他电子设备制造业	796.35	167.92	60.58	0.95
仪器仪表及文化、办公用机械制造业	132.98	33.94	4.02	
工艺品及其他制造业	30.67	18.61	11.94	1.59
废弃资源和废旧材料回收加工业	0.13	0.49	8.58	
电力、热力的生产和供应业	436.57	119.43	150.81	17.98
燃气生产和供应业		2.55	0.88	1.63
水的生产和供应业	42.56	31.81	19.42	3.19

业企业资产合计

5 年

单位:亿元

湛江	茂名	肇庆	清远	潮州	揭阳	云浮
499.07	**360.11**	**363.75**	**349.37**	**193.50**	**238.72**	**167.49**
166.95	245.83	120.56	94.79	34.18	46.52	54.47
87.40	66.31	58.15	59.11	34.18	45.27	33.27
19.36	4.33	6.02	4.39	1.93	8.19	5.86
0.54	1.40	0.56	2.26	4.29		0.54
151.70	243.79	114.21	110.23	78.23	86.70	37.42
45.32	15.97	88.28	25.08	10.23	26.27	13.59
186.61	15.90	82.54	137.66	55.20	51.64	72.63
215.73	56.91	144.66	70.94	116.29	133.04	44.17
283.35	303.20	219.10	278.43	77.21	105.68	123.32
35.80	200.93	83.46	31.76	16.96	21.41	46.85
243.12	68.00	104.69	161.66	52.78	89.62	57.30
220.16	91.18	175.60	155.95	123.76	127.68	63.35
66.54						
	0.08	1.52	1.50			0.34
3.05	2.29	0.27			0.03	
2.49	7.16	1.68	0.43	0.34	0.03	6.22
103.35	9.85	3.80	5.89	6.35	1.98	1.73
2.54	0.52	2.73	0.72	8.82	7.58	1.51
7.39	2.94	14.55	0.78	3.08	0.46	0.05
6.91						
11.80	4.28	30.08	10.29	2.93	19.93	5.58
0.55	0.23	4.75	4.24	9.62	33.83	4.01
3.92	8.99	14.18	12.05	1.14	1.32	0.15
5.33	4.98	4.87	7.10		0.21	0.39
5.63	2.19	1.87	1.41		1.31	0.07
18.91	1.40	13.60	9.45	2.81	1.37	1.80
6.97	6.23	4.38	0.24	14.41	2.02	0.03
0.09	0.57	2.43	1.67	0.61	3.81	0.39
65.31	180.99				0.36	
11.73	21.85	20.43	6.46	4.49	14.75	4.63
8.37	1.03	17.88	3.98	3.70	12.97	1.73
	0.08	2.24	1.42		2.11	
1.27	1.43	0.32	3.18		2.02	0.17
7.65	2.59	2.79	9.63	13.17	19.00	1.29
12.76	10.22	23.40	80.85	37.36	3.46	50.64
	10.20	1.04	8.23	3.95	5.21	0.33
0.69		12.38	28.23	2.41	0.30	3.10
3.85	1.10	26.04	3.01	5.80	13.67	17.06
9.08	2.14	8.26	7.69	1.14	3.72	1.96
9.75	0.74	2.24	1.96	0.49	14.96	0.45
9.94	0.21	9.61	2.80	0.20	2.75	
25.49	1.71	9.23	20.42	9.62	8.38	4.24
0.22	0.23	53.37	6.07	8.46	2.26	2.39
0.90	0.11	0.97	0.08	0.44	2.90	0.09
0.72	5.15	1.96	2.66	3.49	3.88	0.61
0.47		0.65	2.37	0.64		
78.54	52.76	63.20	98.70	30.28	45.43	52.64
4.30	0.29			14.15		0.28
5.31	4.80	4.99	5.60	3.60	6.75	3.59

行　业	全省	广州	深圳	珠海
总　计	**35 942.74**	**6 032.05**	**9 867.55**	**1 569.56**
按经济类型分				
在总计中:国有及国有控股工业	6 375.54	1 852.81	1 697.15	318.53
国有工业	2 068.75	402.23	315.19	34.61
集体工业	468.56	70.07	7.12	13.27
股份合作工业	103.72	24.70	4.48	0.42
股份制工业	9 256.47	1 326.62	1 857.19	338.56
外商投资工业	11 167.53	2 565.88	4 157.55	741.79
港澳台投资工业	11 708.00	1 521.50	3 390.09	433.69
按轻重工业分				
轻 工 业	14 506.76	2 378.18	2 657.96	682.42
重 工 业	21 435.97	3 653.87	7 209.58	887.14
按企业规模分				
大型企业	12 558.39	2 054.81	4 952.46	725.78
中型企业	11 853.06	2 204.65	2 865.30	436.31
小型企业	11 531.28	1 772.58	2 049.79	407.47
按行业分				
煤炭开采和洗选业	3.21			
石油和天然气开采业	480.26		349.23	
黑色金属矿采选业	27.19			
有色金属矿采选业	28.99	0.53		
非金属矿采选业	41.26	3.42		1.81
其他矿采选业				
农副食品加工业	742.74	110.15	89.02	25.77
食品制造业	403.10	149.32	44.23	11.76
饮料制造业	318.53	98.34	57.03	13.19
烟草制品业	171.37	75.29	19.88	
纺织业	1 111.04	177.34	68.39	25.28
纺织服装、鞋、帽制造业	959.53	151.65	105.94	27.29
皮革、毛皮、羽毛(绒)及其制品业	692.22	147.26	70.51	10.55
木材加工及竹、藤、棕、草制品业	173.12	15.75	18.47	2.16
家具制造业	406.05	26.01	86.40	4.85
造纸及纸制品业	666.74	85.88	75.77	23.73
印刷业和记录媒介的复制	381.11	36.79	122.97	5.94
文教体育用品制造业	488.42	60.73	78.03	10.58
石油加工、炼焦及核燃料加工业	958.41	249.02	3.72	
化学原料及化学制品制造业	1 652.88	729.49	133.89	103.27
医药制造业	286.75	82.30	44.95	36.57
化学纤维制造业	79.83	2.94	10.71	15.72
橡胶制品业	183.39	66.16	32.56	0.80
塑料制品业	1 243.77	159.58	226.75	52.72
非金属矿物制品业	1 053.53	124.73	82.55	12.49
黑色金属冶炼及压延加工业	727.11	246.10	47.99	20.76
有色金属冶炼及压延加工业	660.21	103.33	22.93	11.35
金属制品业	1 467.53	170.51	258.79	21.62
通用设备制造业	657.38	192.03	82.48	15.48
专用设备制造业	538.51	60.58	145.68	24.73
交通运输设备制造业	1 592.42	1 078.17	108.90	29.26
电气机械及器材制造业	3 787.67	361.59	682.16	327.39
通信设备、计算机及其他电子设备制造业	9 831.34	708.63	5 734.78	497.69
仪器仪表及文化、办公用机械制造业	930.57	66.52	316.57	109.29
工艺品及其他制造业	482.03	72.46	172.97	14.68
废弃资源和废旧材料回收加工业	71.78	13.02	0.15	
电力、热力的生产和供应业	2 381.41	341.69	539.17	75.99
燃气生产和供应业	137.77	44.17		32.97
水的生产和供应业	123.60	20.60	33.96	3.89

工业总产值

5 年

单位:亿元

汕头	佛山	韶关	河源	梅州	惠州
761.37	**4 780.88**	**393.36**	**182.10**	**206.98**	**1 428.66**
122.99	353.02	265.71	35.62	74.40	142.81
79.36	223.48	66.28	15.15	67.15	65.55
20.42	88.34	2.07	10.09	4.38	9.72
15.09	21.80	3.19	1.80	0.35	1.31
342.57	2 285.40	245.73	66.36	69.41	52.73
122.77	594.68	10.58	7.36	23.86	559.11
147.93	1 274.26	60.77	73.17	29.15	728.82
437.55	2 362.32	64.94	54.29	72.81	727.17
323.81	2 418.56	328.43	127.81	134.17	701.49
106.14	1 315.39	200.88	22.62	58.71	605.65
183.27	1 476.67	83.14	82.37	67.25	508.24
471.97	1 988.83	109.33	77.12	81.02	314.77
		1.64		1.57	
		4.74	14.60	1.62	0.86
		10.60	7.39	1.25	0.23
0.85	3.08	0.65	1.54	0.26	0.58
42.55	104.02	2.94	5.67	0.86	9.95
15.80	47.09	0.51	5.18	0.43	1.78
6.53	27.73	4.92	1.02	1.45	3.84
0.59		27.91		39.48	
64.36	178.19	6.72	11.33	1.96	34.41
63.06	145.88	1.63	2.69	2.50	19.06
5.19	95.21		6.20	0.12	37.51
28.48	31.84	2.80	5.02	2.82	2.06
1.72	72.64	2.40	1.92	4.70	10.45
20.84	85.85	3.47	0.51	0.82	7.91
38.64	47.77	0.89	0.12	0.23	6.95
35.72	55.95	5.55	1.19	0.17	16.49
0.05	71.99				
52.42	166.47	13.88	1.49	2.82	22.14
10.48	25.28	3.06	5.50	1.16	4.14
6.55	6.15		0.34		1.78
1.84	19.62		1.34	1.93	1.26
73.55	231.70	0.70	3.96	0.05	43.16
6.79	426.68	9.84	10.60	38.20	16.00
0.86	100.09	114.76	39.48	2.37	9.82
11.41	315.60	59.99	1.00	9.47	4.46
10.31	299.10	1.33	1.14	1.87	31.51
6.25	105.44	10.24	3.72	3.77	21.06
11.27	102.38	5.82	15.85	0.26	3.99
31.91	87.38	2.74	0.20	5.79	37.11
38.47	1 141.79	6.24	6.92	7.81	129.14
35.53	289.72	19.70	5.81	17.60	855.33
7.88	155.35	0.51	0.62	0.73	18.02
26.11	57.72	1.05	1.53	6.84	13.72
	13.76	0.13			1.52
101.97	242.45	64.89	17.88	44.77	58.76
0.15	10.93	0.34		0.09	
3.24	16.03	0.77	0.33	1.21	3.65

行　业	东莞	中山	江门	阳江
总　计	**3 940.11**	**2 221.45**	**1 453.25**	**213.82**
按经济类型分				
在总计中:国有及国有控股工业	334.62	82.58	167.17	28.27
国有工业	255.87	78.75	138.03	16.81
集体工业	70.09	77.92	29.04	1.83
股份合作工业	0.19	1.94	12.63	
股份制工业	461.73	531.45	338.44	85.91
外商投资工业	1 143.12	631.87	326.36	23.65
港澳台投资工业	1 963.30	751.64	447.75	43.43
按轻重工业分				
轻　工　业	1 723.72	1 366.84	753.03	139.42
重　工　业	2 216.39	854.61	700.21	74.39
按企业规模分				
大型企业	1 117.26	433.47	263.17	17.46
中型企业	1 677.51	817.29	490.84	74.61
小型企业	1 145.33	970.69	699.23	121.74
按行业分				
煤炭开采和洗选业				
石油和天然气开采业				
黑色金属矿采选业			0.13	0.08
有色金属矿采选业				0.13
非金属矿采选业	0.31	0.12	10.46	0.05
其他矿采选业				
农副食品加工业	65.63	22.47	20.98	39.22
食品制造业	35.79	30.93	26.98	1.01
饮料制造业	56.03	23.06	0.23	1.46
烟草制品业			0.07	0.07
纺织业	187.62	121.46	102.42	3.38
纺织服装、鞋、帽制造业	122.42	158.94	70.29	3.81
皮革、毛皮、羽毛(绒)及其制品业	96.99	103.59	34.35	1.45
木材加工及竹、藤、棕、草制品业	12.50	7.02	11.36	10.12
家具制造业	111.83	30.07	22.24	10.11
造纸及纸制品业	184.17	79.25	51.21	3.39
印刷业和记录媒介的复制	43.04	27.61	19.43	2.15
文教体育用品制造业	114.52	74.26	10.35	1.49
石油加工、炼焦及核燃料加工业	0.30	25.22	7.18	0.09
化学原料及化学制品制造业	84.76	90.74	130.86	2.61
医药制造业	6.10	27.08	6.97	1.85
化学纤维制造业	11.88	5.16	11.86	
橡胶制品业	18.86	13.49	10.60	0.99
塑料制品业	183.85	123.95	51.88	5.37
非金属矿物制品业	47.64	40.36	50.58	4.30
黑色金属冶炼及压延加工业	26.01	13.71	25.17	21.17
有色金属冶炼及压延加工业	23.32	23.85	11.66	0.95
金属制品业	141.83	131.82	221.19	60.19
通用设备制造业	47.18	62.88	51.37	5.71
专用设备制造业	83.57	47.46	11.59	0.15
交通运输设备制造业	26.03	28.76	133.60	0.99
电气机械及器材制造业	454.57	380.36	134.92	5.15
通信设备、计算机及其他电子设备制造业	1 172.65	304.31	63.68	1.03
仪器仪表及文化、办公用机械制造业	160.49	83.65	3.57	
工艺品及其他制造业	24.98	28.76	16.46	1.58
废弃资源和废旧材料回收加工业	0.22	1.03	23.99	
电力、热力的生产和供应业	380.20	97.92	100.26	13.57
燃气生产和供应业		1.13	0.90	9.31
水的生产和供应业	14.80	11.04	4.45	0.85

工业总产值

5 年

单位:亿元

湛江	茂名	肇庆	清远	潮州	揭阳	云浮
644.27	**702.04**	**321.20**	**364.34**	**293.72**	**298.82**	**153.77**
137.78	493.35	71.59	55.83	37.90	40.81	36.28
69.90	54.69	34.94	36.13	37.90	39.92	22.11
15.72	7.95	4.09	4.13	1.80	14.99	4.89
1.03	2.19	1.48	0.40	7.90		2.80
185.33	557.61	109.19	124.47	114.65	104.57	43.21
60.99	16.64	63.10	35.18	22.47	37.62	17.24
292.70	34.23	80.88	150.19	87.85	75.78	58.05
252.06	108.69	130.72	113.70	172.87	189.61	64.71
392.21	593.36	190.48	250.64	120.85	109.21	89.06
37.05	450.62	51.27	39.44	16.30	20.93	26.64
245.87	93.50	96.62	163.94	85.18	96.79	64.83
361.34	157.93	173.30	160.96	192.24	181.10	62.29
131.03						
	0.06	2.25	2.75			0.09
1.07	2.63	4.56	0.42			0.18
2.57	8.38	1.53	0.68	0.13	0.05	4.77
149.39	16.39	5.12	15.11	7.90	2.96	4.72
4.13	1.52	2.41	0.05	10.74	9.42	2.25
6.07	4.31	6.58	0.46	2.74	1.14	0.05
8.08						
12.20	6.71	26.01	16.71	4.79	30.91	7.79
1.47	0.40	7.22	7.81	17.73	40.81	4.67
6.44	29.08	17.89	20.38	2.37	4.60	0.15
7.75	3.60	5.67	4.14		0.39	0.69
7.26	3.94	4.32	3.75		1.00	0.17
12.88	2.57	11.51	7.64	4.45	2.27	1.76
4.14	1.74	3.94	0.31	14.97	3.15	0.05
0.10	1.39	3.25	7.21	1.10	6.40	0.50
120.10	480.35				0.37	
18.37	43.99	24.85	9.34	4.50	10.00	6.58
4.22	0.75	9.54	2.21	0.92	11.30	2.37
	0.20	0.99	1.26		4.29	
3.01	3.08	0.36	3.29		3.85	0.36
7.61	4.94	3.34	14.41	19.25	31.74	2.35
8.95	9.73	20.82	39.08	75.45	4.00	23.36
	11.40	1.11	16.23	12.00	17.23	0.85
8.77	0.00	8.93	34.56	5.11	0.82	2.69
5.52	1.42	42.11	5.18	11.82	24.57	25.59
5.55	3.35	9.30	23.92	2.33	3.32	1.81
11.55	0.55	2.25	1.61	0.26	8.63	0.33
6.60	0.15	7.88	3.03	0.05	3.48	
25.94	3.06	9.95	40.08	9.54	10.31	9.56
0.28	0.55	37.48	19.95	7.45	3.17	14.11
0.07	0.16	1.23	0.48	0.40	4.83	0.14
0.80	14.69	3.77	2.58	3.07	9.09	1.69
2.86		1.27	10.84	2.99		
55.50	39.03	32.41	47.85	35.80	43.38	33.51
2.65	0.19			34.87		0.07
1.33	1.21	1.33	1.02	1.01	1.33	0.56

200

	企业单位数（个）	亏损企业	工业总产值（当年价）
总　计	**28 239**	**6 127**	**31 329.46**
按经济类型分			
在总计中:国有及国有控股	1 047	318	4 981.45
国有经济	443	149	1 478.90
集体经济	964	186	365.49
股份合作经济	203	31	68.35
股份制经济	9 813	1 494	7 304.83
外商投资经济	3 931	1 122	10 727.85
港澳台投资经济	9 810	2 872	10 445.17
按轻重工业分			
轻工业	15 792	3 472	12 671.51
重工业	12 447	2 655	18 657.95
按企业规模分			
大型企业	268	27	11 237.42
中型企业	3 620	625	10 682.54
小型企业	24 351	5 475	9 409.50
按行业分			
石油和天然气开采业	3	0	349.23
黑色金属矿采选业	3	0	0.99
有色金属矿采选业	2	0	5.09
非金属矿采选业	88	13	20.73
农副食品加工业	376	95	451.70
食品制造业	396	88	349.60
饮料制造业	116	30	285.28
烟草制品业	5	2	95.24
纺织业	1 639	342	912.75
纺织服装、鞋、帽制造业	1 992	488	807.30
皮革、毛皮、羽毛(绒)及其制品业	1 129	262	607.23
木材加工及木、竹、藤、棕、草制品业	237	54	100.49
家具制造业	667	153	362.30
造纸及纸制品业	1 056	215	594.76
印刷业和记录媒介的复制	763	124	313.17
文教体育用品制造业	685	192	417.55
石油加工、炼焦及核燃料加工业	49	8	357.43
化学原料及化学制品制造业	1 492	276	1 469.45
医药制造业	224	63	241.90
化学纤维制造业	77	19	66.36
橡胶制品业	344	87	163.61
塑料制品业	2 198	455	1 069.90
非金属矿物制品业	1 267	269	811.88
黑色金属冶炼及压延加工业	196	40	482.13
有色金属冶炼及压延加工业	436	53	523.82
金属制品业	2 447	404	1 316.77
通用设备制造业	1 045	169	583.92
专用设备制造业	929	183	481.21
交通运输设备制造业	738	177	1 524.40
电气机械及器材制造业	3 247	692	3 616.21
通信设备、计算机及其他电子设备制造业	2 790	755	9 562.44
仪器仪表及文化、办公用机械制造业	577	160	900.25
工艺品及其他制造业	617	156	397.46
废弃资源和废旧材料回收加工业	55	4	53.17
电力、热力的生产和供应业	147	63	1 835.34
燃气生产和供应业	22	8	90.10
水的生产和供应业	185	28	108.33

企业主要经济指标(一)

5 年

计量单位:亿元

工业增加值（当年价）	资产总计	#产成品	流动资产年平均余额	固定资产净值平均余额	负债合计
8 147.44	**23 086.73**	**1 265.21**	**12 770.22**	**7 085.06**	**13 522.59**
1 310.73	5 254.62	167.07	2 197.35	2 290.50	2 772.43
386.82	1 799.96	17.32	493.07	986.28	882.62
108.85	367.15	11.32	168.60	137.78	236.37
17.69	41.99	2.74	28.26	9.60	29.64
1 950.78	5 839.99	434.36	3 393.16	1 628.31	3 651.04
2 549.14	6 491.59	301.60	3 889.70	1 668.18	3 833.97
2 894.80	8 062.76	468.19	4 510.00	2 539.47	4 612.54
3 432.70	9 331.59	623.50	5 498.36	2 583.07	5 311.23
4 714.74	13 755.14	641.70	7 271.87	4 501.99	8 211.36
2 673.80	6 938.33	359.30	3 920.80	1 923.12	4 178.84
2 796.32	8 828.81	504.72	4 786.57	2 760.99	4 961.11
2 677.33	7 319.59	401.19	4 062.84	2 400.96	4 382.65
349.30	95.82	0.69	3.62	9.91	17.04
0.28	1.33	0.00	0.50	0.07	0.54
1.09	2.46	0.00	1.26	0.46	1.27
5.38	22.75	1.04	9.71	6.34	8.57
112.08	221.79	14.89	143.13	62.19	142.09
126.14	322.50	19.51	181.29	91.27	178.18
109.40	249.58	6.96	121.77	87.57	118.36
74.53	90.81	0.67	57.63	16.97	12.40
244.75	743.70	50.84	395.33	278.50	427.47
221.74	475.03	32.22	296.83	121.48	297.15
161.76	407.31	21.36	256.18	107.08	239.25
23.96	81.59	6.83	44.70	29.71	50.48
95.04	245.46	14.46	157.41	63.73	148.79
151.22	586.95	29.26	291.29	232.85	334.12
88.64	345.71	13.65	184.68	123.99	175.94
111.18	306.16	20.65	189.91	95.91	157.73
59.88	173.00	13.19	63.46	66.80	105.46
476.44	1 115.90	67.56	647.20	317.81	583.17
99.06	330.21	15.17	178.55	86.05	170.66
16.00	78.21	4.54	35.10	33.12	42.08
41.81	154.67	8.13	74.83	46.69	71.21
256.49	957.20	59.21	521.75	288.14	519.15
240.80	730.68	54.32	350.49	314.42	458.78
71.34	405.89	22.66	190.19	124.44	287.89
125.21	290.19	24.22	177.14	78.71	186.07
327.51	853.01	60.08	533.85	238.78	467.14
151.56	497.56	36.88	292.84	128.48	281.40
139.29	457.86	33.27	283.96	115.65	238.62
416.78	1 043.23	47.80	633.68	259.98	597.14
919.71	2 490.95	212.33	1 575.23	539.70	1 588.01
2 028.66	5 433.84	318.61	3 624.02	1 085.34	3 562.64
198.14	517.80	22.53	302.25	133.44	252.40
95.84	226.04	29.37	149.54	49.07	128.16
9.40	18.90	1.32	14.04	4.06	13.61
535.81	2 680.20	0.45	663.38	1 609.34	1 477.84
10.94	59.33	0.20	22.62	30.35	35.68
50.24	373.13	0.34	100.84	206.67	146.09

	年末所有者权益合计	主营业务收入	主营业务税金及附加
总　　计	**9 565.33**	**30 340.22**	**156.58**
按经济类型分			
在总计中:国有及国有控股	2 483.38	4 903.54	80.88
国有经济	918.52	1 463.82	39.29
集体经济	130.78	347.77	2.38
股份合作经济	12.35	66.79	0.33
股份制经济	2 188.95	7 156.32	43.32
外商投资经济	2 657.62	10 465.79	36.28
港澳台投资经济	3 450.22	9 943.81	29.20
按轻重工分			
轻工业	4 021.55	12 242.43	86.60
重工业	5 543.78	18 097.79	69.99
按企业规模分			
大型企业	2 760.67	10 977.66	82.46
中型企业	3 867.72	10 432.58	32.94
小型企业	2 936.94	8 929.98	41.18
按行业分			
石油和天然气开采业	78.78	162.62	11.27
黑色金属矿采选业	0.79	0.94	0.02
有色金属矿采选业	1.19	5.12	0.01
非金属矿采选业	14.19	19.76	0.20
农副食品加工业	79.70	436.06	0.55
食品制造业	144.32	348.61	0.73
饮料制造业	131.22	280.64	9.09
烟草制品业	79.59	94.54	33.23
纺织业	316.23	883.25	2.43
纺织服装、鞋、帽制造业	177.88	777.10	2.87
皮革、毛皮、羽毛(绒)及其制品业	168.06	584.95	1.72
木材加工及木、竹、藤、棕、草制品业	31.11	93.75	0.21
家具制造业	96.66	356.02	0.76
造纸及纸制品业	252.82	575.30	4.51
印刷业和记录媒介的复制	169.78	298.82	0.82
文教体育用品制造业	148.43	404.61	0.56
石油加工、炼焦及核燃料加工业	67.54	349.43	7.61
化学原料及化学制品制造业	532.73	1 466.15	9.18
医药制造业	159.55	212.88	1.29
化学纤维制造业	36.13	61.67	0.05
橡胶制品业	83.46	158.84	0.89
塑料制品业	438.04	1 054.15	2.42
非金属矿物制品业	271.90	755.27	4.14
黑色金属冶炼及压延加工业	118.00	470.94	0.34
有色金属冶炼及压延加工业	104.12	512.83	1.13
金属制品业	385.86	1 289.78	3.83
通用设备制造业	216.16	563.67	1.53
专用设备制造业	219.24	470.70	1.21
交通运输设备制造业	446.10	1 500.57	33.07
电气机械及器材制造业	902.94	3 478.21	5.17
通信设备、计算机及其他电子设备制造业	1 871.21	9 338.05	7.12
仪器仪表及文化、办公用机械制造业	265.39	881.56	0.55
工艺品及其他制造业	97.88	378.60	0.54
废弃资源和废旧材料回收加工业	5.29	52.10	0.23
电力、热力的生产和供应业	1 202.36	1 828.80	6.38
燃气生产和供应业	23.65	89.37	0.04
水的生产和供应业	227.03	104.57	0.87

企业主要经济指标(二)

5 年

计量单位:亿元

利润总额	亏损总额	利税总额	本年应交增值税	全部从业人员年平均人数(万人)
1 456.26	**190.78**	**2 394.93**	**782.09**	**924.89**
328.43	32.14	611.10	201.79	47.45
73.50	9.09	194.01	81.21	13.57
9.54	2.89	21.36	9.45	29.91
3.08	0.20	5.55	2.13	2.78
315.81	33.48	606.00	246.86	199.44
515.67	56.21	758.73	206.77	205.53
507.92	86.59	748.19	211.06	436.40
483.71	94.05	892.05	321.74	541.32
972.55	96.72	1 502.89	460.35	383.57
518.89	24.71	855.75	254.40	148.25
525.43	60.00	819.31	260.93	360.37
411.94	106.06	719.88	266.76	416.27
119.72	0.00	148.68	17.69	0.04
0.02	0.00	0.20	0.15	0.02
0.47	0.00	0.50	0.02	0.09
0.78	0.19	1.47	0.49	0.69
11.72	2.27	19.25	6.98	4.62
31.73	3.92	53.89	21.43	9.30
21.56	4.54	48.37	17.71	3.93
19.64	0.01	63.60	10.72	0.35
17.94	10.59	37.02	16.66	46.14
14.31	6.66	35.17	17.99	71.65
9.38	3.99	19.60	8.50	70.50
3.33	1.36	6.03	2.49	4.42
6.98	2.44	14.54	6.79	21.71
23.04	4.41	42.24	14.69	18.58
15.64	1.91	25.02	8.56	16.23
10.12	3.77	15.73	5.05	47.36
8.16	0.09	24.96	9.19	0.95
149.78	10.06	235.37	76.41	18.06
16.03	5.39	32.91	15.59	5.51
2.01	2.23	3.38	1.32	1.37
7.48	1.50	11.58	3.21	10.25
30.47	9.52	53.94	21.06	49.94
33.00	6.44	64.03	26.89	28.53
7.89	4.21	15.41	7.19	3.45
16.69	0.95	29.11	11.29	8.38
58.28	7.42	95.73	33.62	50.53
31.25	2.53	51.64	18.86	20.30
30.95	4.28	46.62	14.46	20.49
124.84	8.76	207.88	49.96	21.28
106.90	22.71	181.41	69.35	124.08
304.97	36.95	449.35	137.26	187.75
30.77	3.48	41.36	10.05	27.01
11.47	1.70	19.42	7.41	22.05
1.34	0.03	2.32	0.75	0.77
166.85	13.26	279.45	106.22	5.28
1.77	0.90	2.62	0.80	0.47
8.98	2.30	15.13	5.28	2.80

各县(区)工业总产值

2005年

单位:万元

名　　称	全社会工业总产值	规模以上工业总产值	规模以下工业总产值
广州市	**67 679 564**	**60 320 464**	**7 359 100**
市　区	60 475 919	54 938 843	5 537 076
从化市	1 772 296	1 647 810	124 486
增城市	5 431 349	3 733 811	1 697 538
深圳市	**101 745 351**	**98 675 451**	**3 069 900**
珠海市	**16 179 913**	**15 695 613**	**484 300**
汕头市	**12 842 484**	**7 613 684**	**5 228 800**
市　区	12 809 684	7 598 684	5 211 000
南澳县	32 800	15 000	17 800
佛山市	**55 142 928**	**47 808 828**	**7 334 100**
韶关市	**4 337 503**	**3 933 603**	**403 900**
市　区	2 996 282	2 841 794	154 488
乐昌市	253 046	211 638	41 408
南雄市	72 287	45 092	27 195
仁化县	244 747	206 384	38 363
始兴县	173 473	155 598	17 875
翁源县	113 499	51 356	62 143
新丰县	113 511	83 272	30 239
乳源县	370 658	338 469	32 189
河源市	**2 139 821**	**1 821 021**	**318 800**
市　区	707 468	631 721	75 747
东源县	209 436	177 882	31 554
和平县	121 782	78 977	42 805
龙川县	436 855	347 962	88 893
紫金县	241 208	205 588	35 620
连平县	423 072	378 891	44 181
梅州市	**3 145 439**	**2 069 839**	**1 075 600**
市　区	656 037	584 837	71 200
兴宁市	516 938	167 438	349 500
梅县	784 822	620 022	164 800
平远县	174 670	110 170	64 500
蕉岭县	326 761	246 061	80 700
大埔县	173 408	107 408	66 000
丰顺县	269 174	167 874	101 300
五华县	243 629	66 029	177 600
惠州市	**17 915 941**	**14 286 641**	**3 629 300**
市　区	12 984 771	12 208 479	776 292
惠东县	2 023 574	385 606	1 637 968
博罗县	2 686 009	1 605 587	1 080 422
龙门县	221 587	86 969	134 618
汕尾市	**3 033 691**	**1 134 491**	**1 899 200**
市　区	937 633	707 533	230 100
陆丰市	821 448	142 248	679 200
海丰县	1 180 642	258 642	922 000
陆河县	93 968	26 068	67 900
东莞市	**45 690 751**	**39 401 051**	**6 289 700**
中山市	**25 002 308**	**22 214 508**	**2 787 800**
江门市	**17 104 398**	**14 532 498**	**2 571 900**
市　区	10 098 235	9 086 586	1 011 649
台山市	2 356 599	1 916 803	439 796
开平市	2 221 883	1 705 691	516 192
鹤山市	1 947 320	1 454 433	492 887

各县(区)工业总产值

2005 年

续 1　　　　单位:万元

名　　称	全社会工业总产值	规模以上工业总产值	规模以下工业总产值
恩平市	480 361	368 985	111 376
阳江市	**3 318 661**	**2 138 161**	**1 180 500**
市　区	1 360 208	961 427	398 781
阳春市	1 013 253	578 710	434 543
阳东县	676 192	460 806	215 386
阳西县	269 008	137 218	131 790
湛江市	**7 759 182**	**6 442 682**	**1 316 500**
市　区	5 512 031	5 242 571	269 460
雷州市	308 599	226 867	81 732
廉江市	629 205	334 541	294 664
吴川市	679 393	226 002	453 391
遂溪县	467 957	288 486	179 471
徐闻县	161 997	124 215	37 782
茂名市	**9 833 632**	**7 020 432**	**2 813 200**
市　区	6 197 685	5 667 656	530 029
信宜市	919 900	276 703	643 197
高州市	954 119	374 059	580 060
化州市	878 131	283 349	594 782
电白县	883 798	418 665	465 133
肇庆市	**3 900 665**	**3 211 965**	**688 700**
市　区	1 467 850	1 330 850	137 000
四会市	813 967	690 967	123 000
高要市	851 634	619 634	232 000
广宁县	202 388	151 588	50 800
德庆县	201 253	165 653	35 600
封开县	175 754	127 854	47 900
怀集县	187 819	125 419	62 400
清远市	**4 146 989**	**3 643 389**	**503 600**
市　区	1 613 011	1 430 850	182 161
英德市	482 430	407 425	75 005
连州市	299 674	224 484	75 190
佛冈县	804 710	776 642	28 068
清新县	716 969	633 793	83 176
连山县	24 597	12 585	12 012
连南县	51 467	34 401	17 066
阳山县	154 132	123 209	30 923
潮州市	**5 447 709**	**2 937 209**	**2 510 500**
市　区	980 882	715 982	264 900
饶平县	905 160	571 460	333 700
潮安县	3 561 667	1 649 767	1 911 900
揭阳市	**7 998 789**	**2 988 189**	**5 010 600**
市　区	2 581 129	1 118 461	1 462 668
普宁市	2 088 210	971 556	1 116 654
揭东县	1 846 188	464 485	1 381 703
揭西县	784 071	90 607	693 464
惠来县	699 191	343 080	356 111
云浮市	**2 301 654**	**1 537 654**	**764 000**
市　区	688 355	347 402	340 953
罗定市	451 458	359 865	91 593
新兴县	610 855	423 295	187 560
郁南县	308 179	235 072	73 107
云安县	242 807	172 020	70 787

第三部分

工业企业市场竞争排行榜

全省工业总产值五十强

2005 年

序号	企　业　名　称	工业总产值（现价，万元）
1	广东省广电集团有限公司	13 084 171
2	鸿富锦精密工业（深圳）有限公司	12 663 907
3	中石化股份有限公司茂名分公司	4 311 636
4	联想国际信息产品（深圳）有限公司	4 255 198
5	华为技术有限公司	3 857 798
6	广州本田汽车有限公司	3 490 060
7	中海石油（中国）有限公司深圳分公司	3 465 270
8	美的集团有限公司	3 326 353
9	深圳富泰宏精密工业有限公司	2 976 015
10	东风汽车有限公司乘用车公司	2 643 616
11	中兴通讯股份有限公司	2 316 108
12	中国石油化工股份有限公司广州分公司	2 197 862
13	珠海格力电器股份有限公司	2 111 400
14	广州宝洁有限公司	2 017 650
15	群康科技深圳有限公司	1 737 490
16	深圳创维－RGB 电子有限公司	1 671 813
17	伟创力实业（珠海）有限公司	1 599 509
18	乐金电子（惠州）有限公司	1 566 856
19	广东卷烟总厂	1 498 590
20	安利（中国）日用品有限公司	1 367 605
21	广东格兰仕集团有限公司	1 355 239
22	佛山市顺德区顺达电脑厂有限公司	1 346 132
23	中海石油（中国）有限公司湛江分公司	1 306 669
24	建兴光电科技（广州）有限公司	1 154 243
25	恩斯迈电子（深圳）有限公司	1 145 680
26	广东省韶关钢铁集团有限公司	1 132 356
27	东风本田发动机有限公司	1 076 866
28	TCL 王牌电器（惠州）有限公司	1 068 028
29	湛江东兴石油企业有限公司	1 042 179
30	晶冠科技（深圳）有限公司	1 010 380
31	康佳集团股份有限公司	954 100
32	长城国际系统科技（深圳）有限公司	890 952
33	广东科龙电器股份有限公司	833 068
34	佳能珠海有限公司	830 035
35	鑫茂科技（深圳）有限公司	807 941
36	佛山普立华科技有限公司	803 941
37	深圳开发科技股份有限公司	800 001
38	爱普生技术（深圳）有限公司	771 656
39	广东核电合营有限公司	744 166
40	纬创资通（中山）有限公司	729 370
41	富士施乐高科技（深圳）有限公司	722 171
42	江门市大长江集团有限公司	707 218
43	广州珠江钢铁有限公司	706 468
44	伟创力电脑（珠海）有限公司	693 958
45	伟创力科技（珠海）有限公司	673 631
46	捷普电子（广州）有限公司	658 540
47	深圳三星科健移动通信技术有限公司	657 495
48	惠州三星电子有限公司	629 555
49	东莞三星视界有限公司	626 135
50	佳能（中山）办公设备有限公司	616 425

全省工业实收资本五十强

2005年

序号	企　业　名　称	实收资本（万元）
1	广东省广电集团有限公司	4 833 674
2	中石化股份有限公司茂名分公司	958 302
3	华为技术有限公司	431 151
4	中海石油（中国）有限公司湛江分公司	430 560
5	中国石油化工股份有限公司广州分公司	390 228
6	广州宝洁有限公司	348 938
7	广东核电合营有限公司	332 716
8	岭澳核电有限公司	332 322
9	广东省珠海发电厂	314 221
10	湛江电力有限公司	287 544
11	广东广合电力有限公司	221 880
12	东莞尹宸电子有限公司	211 931
13	深圳市水务（集团）有限公司	210 352
14	广东省韶关钢铁集团有限公司	187 305
15	主力实业（深圳）有限公司	186 662
16	广东蓄能发电有限公司	183 000
17	广东电力发展有限公司沙角A电厂	181 110
18	汤姆逊广东显示器件有限公司	173 428
19	广东国华粤电台山发电有限公司	157 500
20	广东卷烟总厂	152 281
21	中国石化集团茂名石油化工公司	150 520
22	联众（广州）不锈钢有限公司	137 193
23	广州珠江钢铁有限公司	137 037
24	深圳市西部电力有限公司	136 000
25	湛江东兴石油企业有限公司	132 000
26	广汽丰田发动机有限公司	128 344
27	鹤山雅图仕印刷有限公司	128 114
28	广东溢达纺织有限公司	126 287
29	信利半导体有限公司	126 115
30	深圳三星视界有限公司	125 415
31	广东粤嘉电力有限公司梅县发电厂	120 000
32	珠海碧辟化工有限公司	119 208
33	广州市华南橡胶轮胎有限公司	118 220
34	东莞玖龙纸业有限公司	117 698
35	广州本田汽车有限公司	115 868
36	东莞德永佳纺织制衣有限公司	112 257
37	广东格兰仕集团有限公司	110 557
38	南太电子（深圳）有限公司	107 462
39	东莞市电化实业集团公司	106 838
40	广州钢铁股份有限公司	102 927
41	东莞王氏港建电子有限公司	99 934
42	广东科龙电器股份有限公司	99 200
43	东莞理文造纸厂有限公司	99 044
44	广州东方电力有限公司	99 000
45	三九医药股份有限公司	97 890
46	安利（中国）日用品有限公司	97 496
47	中兴通讯股份有限公司	95 952
48	广州造纸股份有限公司	92 468
49	广东省风华高新科技集团有限公司	91 187
50	广州恒运企业集团股份有限公司	89 812

全省工业固定资产净值五十强

2005 年

序号	企　业　名　称	固定资产净值（万　元）
1	广东省广电集团有限公司	8 434 927
2	岭澳核电有限公司	2 302 855
3	广东核电合营有限公司	1 377 305
4	中石化股份有限公司茂名分公司	819 732
5	华为技术有限公司	691 036
6	广东省韶关钢铁集团有限公司	643 530
7	广东省珠海发电厂	611 012
8	广州珠江钢铁有限公司	553 084
9	广东国华粤电台山发电有限公司	535 911
10	中海石油(中国)有限公司湛江分公司	490 728
11	美的集团有限公司	463 520
12	中国石油化工股份有限公司广州分公司	439 799
13	广州市自来水公司	422 111
14	广州本田汽车有限公司	365 552
15	广东蓄能发电有限公司	353 559
16	深圳市水务(集团)有限公司	343 123
17	东莞玖龙纸业有限公司	330 824
18	深圳赛格三星股份有限公司	325 250
19	广东省开平涤纶企业集团公司	266 279
20	华能国际电力股份有限公司广东分公司	256 017
21	珠海碧辟化工有限公司	252 581
22	湛江电力有限公司	249 250
23	深圳赛意法微电子有限公司	241 997
24	中兴通讯股份有限公司	219 033
25	广东广合电力有限公司	217 099
26	广东卷烟总厂	212 896
27	深圳市西部电力有限公司	212 456
28	广州东方电力有限公司	212 321
29	广东科龙电器股份有限公司	187 347
30	中国石化集团茂名石油化工公司	181 666
31	深圳南山热电股份有限公司	179 747
32	广州市越堡水泥有限公司	178 315
33	东莞建晖纸业有限公司	176 371
34	广州恒运企业集团股份有限公司	170 126
35	广东格兰仕集团有限公司	165 223
36	佛山塑料集团股份有限公司	164 741
37	广州钢铁股份有限公司	157 611
38	珠海格力电器股份有限公司	154 300
39	广州市华南橡胶轮胎有限公司	152 049
40	广州宝洁有限公司	150 590
41	鸿富锦精密工业(深圳)有限公司	140 469
42	东莞德永佳纺织制衣有限公司	135 345
43	东莞理文造纸厂有限公司	133 490
44	广州市煤气公司	133 458
45	佛山市沙口发电厂有限公司	131 775
46	华通电脑(惠州)有限公司	125 939
47	广东电力发展有限公司沙角 A 电厂	124 547
48	主力实业(深圳)有限公司	123 799
49	广东省韶关粤江发电有限公司	123 420
50	安利(中国)日用品有限公司	122 929

全省工业主营业务收入五十强

2005 年

序号	企　业　名　称	主营业务收入（万　元）
1	广东省广电集团有限公司	13 084 171
2	鸿富锦精密工业（深圳）有限公司	12 556 421
3	华为技术有限公司	4 814 843
4	联想国际信息产品（深圳）有限公司	4 287 766
5	中石化股份有限公司茂名分公司	4 117 836
6	广州本田汽车有限公司	3 431 338
7	美的集团有限公司	3 408 181
8	东风汽车有限公司乘用车公司	2 611 208
9	中国石油化工股份有限公司广州分公司	2 216 801
10	中兴通讯股份有限公司	2 200 000
11	广州宝洁有限公司	1 874 075
12	深圳富泰宏精密工业有限公司	1 862 334
13	珠海格力电器股份有限公司	1 787 143
14	伟创力实业（珠海）有限公司	1 599 509
15	中海石油（中国）有限公司深圳分公司	1 599 168
16	安利（中国）日用品有限公司	1 553 439
17	乐金电子（惠州）有限公司	1 534 127
18	广东卷烟总厂	1 483 266
19	群康科技深圳有限公司	1 415 390
20	深圳创维 - RGB 电子有限公司	1 295 201
21	佛山市顺德区顺达电脑厂有限公司	1 265 566
22	广东格兰仕集团有限公司	1 187 457
23	TCL 王牌电器（惠州）有限公司	1 168 038
24	建兴光电科技（广州）有限公司	1 151 238
25	恩斯迈电子（深圳）有限公司	1 145 680
26	广东省韶关钢铁集团有限公司	1 109 751
27	东风本田发动机有限公司	1 077 334
28	晶冠科技（深圳）有限公司	1 012 099
29	中海石油（中国）有限公司湛江分公司	941 967
30	康佳集团股份有限公司	921 605
31	湛江东兴石油企业有限公司	838 320
32	佳能珠海有限公司	830 423
33	鑫茂科技（深圳）有限公司	803 787
34	深圳开发科技股份有限公司	800 001
35	佛山普立华科技有限公司	798 217
36	爱普生技术（深圳）有限公司	771 656
37	广东核电合营有限公司	744 166
38	江门市大长江集团有限公司	710 080
39	富士施乐高科技（深圳）有限公司	701 137
40	惠州三星电子有限公司	676 733
41	广东科龙电器股份有限公司	676 454
42	广州珠江钢铁有限公司	674 922
43	纬创资通（中山）有限公司	666 351
44	捷普电子（广州）有限公司	661 353
45	深圳三星科健移动通信技术有限公司	656 443
46	伟创力科技（珠海）有限公司	652 874
47	佳能（中山）办公设备有限公司	637 880
48	广州钢铁股份有限公司	629 093
49	东莞三星视界有限公司	622 217
50	长城国际系统科技（深圳）有限公司	611 037

工业各行业主营业务收入最大企业

2005 年

行业	企业名称	主营业务收入(万元)
煤炭开采和洗选业	梅县华银矿业有限公司	6 894
石油和天然气开采业	中海石油(中国)有限公司深圳分公司	1 599 168
黑色金属矿采选业	广东大顶矿业股份有限公司	94 227
有色金属矿采选业	深圳市中金岭南有色金属股份有限公司凡口铅锌矿	83 927
非金属矿采选业	云浮硫铁矿企业集团公司	41 406
农副食品加工业	南海油脂工业(赤湾)有限公司	442 421
食品制造业	箭牌口香糖有限公司	282 068
饮料制造业	广州珠江啤酒股份有限公司	249 465
烟草制品业	广东卷烟总厂	1 483 266
纺织业	东莞福安纺织印染有限公司	359 308
纺织服装、鞋、帽制造业	广东溢达纺织有限公司	243 141
皮革、毛皮、羽毛(绒)及其制品业	清新县万国(清新)鞋业有限公司	103 000
木材加工及木、竹、藤、棕、草制	广东省宜华企业集团有限公司	274 753
家具制造业	迪高乐实业(深圳)有限公司	149 001
造纸及纸制品业	东莞玖龙纸业有限公司	381 059
印刷业和记录媒介的复制	鸿兴印刷(深圳)有限公司	125 313
文教体育用品制造业	中山广盛运动器材有限公司	172 012
石油加工、炼焦及核燃料加工业	中石化股份有限公司茂名分公司	4 117 836
化学原料及化学制品制造业	广州宝洁有限公司	1 874 075
医药制造业	广州白云山制药股份有限公司	142 132
化学纤维制造业	珠海醋酸纤维有限公司	85 104
橡胶制品业	广州市华南橡胶轮胎有限公司	200 614
塑料制品业	佛山塑料集团股份有限公司	345 744
非金属矿物制品业	广东塔牌集团有限公司	113 633
黑色金属冶炼及压延加工业	广东省韶关钢铁集团有限公司	1 109 751
有色金属冶炼及压延加工业	台一江铜(广州)有限公司	368 947
金属制品业	深圳南方中集集装箱制造公司	432 347
通用设备制造业	广州日立电梯有限公司	346 584
专用设备制造业	河源龙记金属制品有限公司	150 492
交通运输设备制造业	广州本田汽车有限公司	3 431 338
电气机械及器材制造业	美的集团有限公司	3 408 181
通信设备、计算机及其他电子设备制造业	鸿富锦精密工业(深圳)有限公司	12 556 421
仪器仪表及文化、办公用机械制造业	佳能珠海有限公司	830 423
工艺品及其他制造业	从化东麟钻石有限公司	337 402
废弃资源和废旧材料回收加工业	广州亚洲钢铁有限公司	64 364
电力、热力的生产和供应业	广东省广电集团有限公司	13 084 171
燃气生产和供应业	潮州市华丰造气厂有限公司	267 261
水的生产和供应业	深圳市水务(集团)有限公司	133 279

工业企业主营业务收入行业第一名

2005 年

行　　业	企　业　名　称	主营业务收入(万元)
煤炭开采和洗选业		
烟煤和无烟煤的开采洗选	梅县华银矿业有限公司	6 894
石油和天然气开采业		
天然原油和天然气开采	中海石油(中国)有限公司深圳分公司	1 599 168
与石油和天然气开采有关的服务活动	南海西部石油油田服务(深圳)有限公司	24 774
黑色金属矿采选业		
铁矿采选	广东大顶矿业股份有限公司	94 227
其他黑色金属矿采选	连州市兴达锰业矿冶有限公司	4 131
有色金属矿采选业		
铜矿采选	梅州市金雁铜业公司	8 509
铅锌矿采选	深圳市中金岭南有色金属股份有限公司凡口铅锌矿	83 927
锡矿采选	信宜市宝源矿业有限公司	1 800
其他常用有色金属矿采选	茂名市茂港长城矿业有限公司	5 704
金矿采选	广东高要河台金矿	45 895
钨钼矿采选	连平县珠江矿业有限公司	50 359
稀土金属矿采选	和平县国营稀土矿厂	84
放射性金属矿采选	中核韶关金宏铀业公司翁源分公司	3 720
其他稀有金属矿采选	电白县水东金盛稀有金属矿业有限责任公司	7 783
非金属矿采选业		
石灰石、石膏开采	佛山市高明区明城白石坑石矿场	6 680
建筑装饰用石开采	汕头市达磊石材有限公司	7 301
耐火土石开采	佛冈县黄花硅石有限公司	1 202
粘土及其他土砂石开采	新会嘉窑陶瓷原料有限公司	15 962
化学矿采选	云浮硫铁矿企业集团公司	41 406
采盐	广东省徐闻盐场	2 242
其他非金属矿采选	英德市奥胜新材料有限责任公司	2 712
其他采矿业		
农副食品加工业		
谷物磨制	深圳南海粮食工业有限公司	52 931
饲料加工	广东省广弘九江饲料有限公司	73 782
食用植物油加工	南海油脂工业(赤湾)有限公司	442 421
非食用植物油加工	茂名市长源油脂工业有限公司	29 562
制糖	广东顺德糖厂有限公司	109 445
畜禽屠宰	深圳市南山肉联厂	36 215
肉制品及副产品加工	广东双汇温氏食品有限公司	67 410
水产品冷冻加工	国健食品(中山)有限公司	78 864
鱼糜制品及水产品干腌制加工	顺德区禾荣食品有限公司	12 022
水产饲料制造	湛江粤华水产饲料有限公司	33 210
其他水产品加工	汕头市美洲水产速冻实业有限公司	22 789
蔬菜、水果和坚果加工	阳江喜之郎果冻制造有限公司	80 292
淀粉及淀粉制品的制造	广州双桥股份有限公司	25 256
豆制品制造	统一嘉吉(东莞)饲料蛋白科技有限公司	219 639
蛋品加工	广东正红鸭蛋开发有限公司	10 875
其他未列明的农副食品加工	广州麦芽有限公司	62 825
食品制造业		
糕点、面包制造	华嘉食品有限公司	43 338
饼干及其他焙烤食品制造	开平市嘉士利食品有限公司	20 762
糖果、巧克力制造	箭牌口香糖有限公司	282 068
蜜饯制作	广东佳宝集团有限公司	10 690
米、面制品制造	广东成泰米业有限公司	26 393
速冻食品制造	广州酒家企业集团利口福(番禺)食品限公司	23 195
方便面及其他方便食品制	广州统一企业有限公司	121 976
液体乳及乳制品制造	美赞臣(广州)有限公司	131 555
肉、禽类罐头制造	中山宝利食品有限公司	3 488
水产品罐头制造	佛山市顺德东方罐头有限公司	26 939
蔬菜、水果罐头制造	广东旺德福食品有限公司	5 505
其他罐头食品制造	珠海泰奇食品有限公司	12 017
味精制造	广州奥桑味精食品有限公司	44 324
酱油、食醋及类似制品的制造	佛山市海天调味食品有限公司	217 318
其他调味品、发酵制品制造	广州家乐食品有限公司	31 768

工业企业主营业务收入行业第一名

续1　　2005年

行　业	企业名称	主营业务收入(万元)
营养、保健食品制造	完美(中国)日用品有限公司	170 605
冷冻饮品及食用冰制造	内蒙古伊利实业集团股份有限公司东莞分公司	16 137
盐加工	广东省多品种盐公司	1 778
食品及饲料添加剂制造	广东加大实业有限公司	27 916
其他未列明的食品制造	海霸王(汕头)食品有限公司	34 132
饮料制造业		
酒精制造	广东省中能酒精有限公司	11 322
白酒制造	广东顺德酒厂有限公司	35 454
啤酒制造	广州珠江啤酒股份有限公司	249 465
黄酒制造	广州果子厂	1 331
其他酒制造	广东德庆无比养生酒业有限公司	4 374
碳酸饮料制造	可口可乐装瓶商生产(东莞)有限公司	185 287
瓶(罐)装饮用水制造	怡宝食品饮料(深圳)有限公司	50 489
果菜汁及果菜汁饮料制造	深圳维他(光明)食品饮料有限公	24 207
含乳饮料和植物蛋白饮料制造	乐百氏(广东)食品饮料有限公司	169 218
固体饮料制造	东莞雀巢有限公司	139 368
茶饮料及其他软饮料制造	广东加多宝饮料食品有限公司	146 486
精制茶加工	广东国宾集团有限公司	16 957
烟草制品业		
烟叶复烤	广东韶关烟叶复烤有限公司	7 076
卷烟制造	广东卷烟总厂	1 483 266
其他烟草制品加工	广东省金叶烟草薄片技术开发有限公司潮阳分	5 576
纺织业		
棉、化纤纺织加工	互太(番禺)纺织印染有限公司	218 396
棉、化纤印染精加工	东莞福安纺织印染有限公司	359 308
毛条加工	中山市正天染织有限公司	5 230
毛纺织	广东美雅集团股份有限公司	97 997
毛染整精加工	东莞德永佳纺织制衣有限公司	332 593
麻纺织	东莞东港化纤有限公司	8 652
缫丝加工	始兴县金兴茧丝绸有限责任公司	5 023
绢纺和丝织加工	广东联发毛纺织有限公司	22 183
丝印染精加工	东莞富山纺织漂染有限公司	13 501
棉及化纤制品制造	深圳市富安娜家饰用品有限公司	52 132
毛制品制造	佛山市南海丰伟毛绒有限公司	16 032
麻制品制造	江门市新会区麻纺织厂有限公司	6 896
丝制品制造	深圳富豪时装有限公司	16 727
绳、索、缆的制造	汕头市三业渔需用品厂	9 433
纺织带和帘子布制造	东莞百和织造有限公司	24 278
无纺布制造	南海南新无纺布有限公司	27 949
其他纺织制成品制造	戈尔科技(深圳)有限公司	21 878
棉、化纤针织品及编织品制造	江门市新会区冠华针织有限公司	170 521
毛针织品及编织品制造	汕尾市城区万盛针织厂	37 645
丝针织品及编织品制造	东莞世丽纺织有限公司	39 448
其他针织品及编织品制造	广州海日花边有限公司	16 923
纺织服装、鞋、帽制造业		
纺织服装制造	广东溢达纺织有限公司	243 141
纺织面料鞋的制造	佛山市顺德区百茂鞋业有限公司	20 189
制帽	中山伟立纺织品有限公司	19 468
皮革、毛皮、羽毛(绒)及其制品业		
皮革鞣制加工	尚多皮革(惠州)有限公司	37 439
皮鞋制造	清新县万国(清新)鞋业有限公司	103 000
皮革服装制造	惠来县葵锉皮革厂有限公司	34 350
皮箱、包(袋)制造	番禺世门手袋有限公司	73 876
皮手套及皮装饰制品制造	博罗县永联手套有限公司	11 521
其他皮革制品制造	广州北洋皮革制品有限公司	66 276
毛皮鞣制加工	佛山市南海毛绒有限公司	4 744
毛皮服装加工	南海区海欣长毛绒有限公司	16 476
其他毛皮制品加工	肇庆市皇城皮饰有限公司	6 592
羽毛(绒)加工	吴川鸿亿羽绒制品有限公司	8 251
羽毛(绒)制品加工	广州市番禺文华羽绒制品厂	24 949

工业企业主营业务收入行业第一名

续 2　　　　　　　　　　　　2005 年

行　业	企 业 名 称	主营业务收入(万元)
木材加工及木、竹、藤、棕、草制		
锯材加工	江门市昌达木业有限公司	5 468
木片加工	大亚木业(茂名)有限公司	17 568
胶合板制造	佛山市南海佳顺木业有限公司	71 605
纤维板制造	亚洲创建(河源)木业有限公司	26 609
刨花板制造	广东省鸿伟木业有限公司	4 278
其他人造板、材制造	广东省宜华企业集团有限公司	274 753
建筑用木料及木材组件加工	汕头桦晖木业有限公司	8 980
木容器制造	东莞大迪音响器材有限公司	23 101
软木制品及其他木制品制造	广州新新日用制品有限公司	17 190
竹、藤、棕、草制品制造	阳春市鑫隆工艺制品有限公司	23 048
家具制造业		
木质家具制造	深圳天诚家具有限公司	72 760
竹、藤家具制造	广州市南方家具有限公司	20 040
金属家具制造	胜立塑胶工业(深圳)有限公司	84 658
塑料家具制造	中山守强塑胶工业有公司	13 217
其他家具制造	迪高乐实业(深圳)有限公司	149 001
造纸及纸制品业		
纸浆制造	江门甘蔗化工厂(集团)股份有限公司	57 871
机制纸及纸板制造	东莞玖龙纸业有限公司	381 059
手工纸制造	东莞市金桦纸业有限公司	4 521
加工纸制造	广东冠豪高新技术股份有限公司	52 301
纸和纸板容器的制造	利乐华新(佛山)包装有限公司	145 216
其他纸制品制造	永大(中山)有限公司	45 543
印刷业和记录媒介的复制		
书、报、刊印刷	鹤山雅图仕印刷有限公司	117 667
本册印制	鸿兴印刷(深圳)有限公司	125 313
包装装潢及其他印刷	深圳劲嘉彩印集团股份有限公司	117 173
装订及其他印刷服务活动	深圳利丰雅高印刷有限公司	25 466
记录媒介的复制	湛江华丽金音影碟有限公司	18 926
文教体育用品制造业		
文具制造	佛山市高明新时代文具有限公司	21 114
笔的制造	东莞比百美文具有限公司	22 518
教学用模型及教具制造	珠海海曼电子模型有限公司	1 987
墨水、墨汁制造	珠海保税区御国色素有限公司	9 222
其他文化用品制造	深圳市万商集科技有限公司	3 489
球类制造	东莞冠贺运动器材有限公司	29 526
体育器材及配件制造	中山广盛运动器材有限公司	172 012
训练健身器材制造	惠阳国威运动器材有限公司	39 931
运动防护用具制造	奇利田高尔夫用品(深圳)有限公	30 971
其他体育用品制造	东莞百利达健康器材有限公司	24 689
中乐器制造	广州星野乐器制造有限公司	9 227
西乐器制造	广州珠江钢琴集团有限公司	79 608
电子乐器制造	得理电子(深圳)有限公司	17 025
其他乐器及零件制造	广州珠江乐器实业公司	6 550
玩具制造	佛山市南海中美玩具厂	146 284
露天游乐场所游乐设备制造	江门市阿波罗电子有限公司	35 547
游艺用品及室内游艺器材制造	惠东县唯达塑料五金厂	6 966
石油加工、炼焦及核燃料加工业		
原油加工及石油制品制造	中石化股份有限公司茂名分公司	4 117 836
人造原油生产	增城市海滔燃料实业有限公司	1 243
炼焦	广州加盛沥青有限公司	88 318
化学原料及化学制品制造业		
无机酸制造	韶关市兴亚洗涤用品有限责任公司	12 054
无机碱制造	江门市长优实业有限公司	45 807
无机盐制造	广东中成化工股份有限公司	104 652
有机化学原料制造	江门天诚溶剂制品有限公司	65 269
其他基础化学原料制造	中山市南荣化工有限公司	40 476
氮肥制造	江门市化肥总厂	21 171
磷肥制造	广东湛化股份有限公司	30 242

工业企业主营业务收入行业第一名

续3　　　　2005年

行　业	企 业 名 称	主营业务收入(万元)
钾肥制造	广州青上化工B厂	5 299
复混肥料制造	广东省中加混合化肥厂	15 688
有机肥料及微生物肥料制造	佛山金葵子科技有限公司	7 302
其他肥料制造	达一农业有限公司	5 612
化学农药制造	中山市凯达精细化工股份有限公司	35 000
生物化学农药及微生物农药制造	东莞市瑞德丰生物科技有限公司	13 907
涂料制造	杜邦中国集团有限公司	155 629
油墨及类似产品制造	佛山市南海霸力化工制品有限公司	22 633
颜料制造	广东三水大鸿制釉有限公司	36 545
染料制造	广东德美精细化工股份有限公司	40 270
密封用填料及类似品制造	阿克苏诺贝尔长诚涂料(广东)有	44 869
初级形态的塑料及合成树脂制造	广州金发科技发展有限公司	337 341
合成橡胶制造	江门坚达橡胶制品厂有限公司	87 465
合成纤维单(聚合)体的制造	珠海碧辟化工有限公司	393 728
其他合成材料制造	汕头海洋第一聚苯树脂有限公司	93 943
化学试剂和助剂制造	中山联成化学工业有限公司	68 953
专项化学用品制造	安美特(广州)有限公司	50 339
林产化学产品制造	广东省华林化工有限公司	24 084
炸药及火工产品制造	广东省南海化工总厂有限公司	11 912
信息化学品制造	长兴(广州)电子材料有限公司	66 864
环境污染处理专用药剂材料制造	东莞美坚化工原料有限公司	5 856
动物胶制造	罗赛洛(广东)明胶有限公司	23 852
其他专用化学产品制造	嘉实多(深圳)有限公司	96 597
肥皂及合成洗涤剂制造	广州宝洁有限公司	1 874 075
化妆品制造	雅芳(中国)有限公司	194 161
口腔清洁用品制造	广州高露洁棕榄公司	222 016
香料、香精制造	国际香料(中国)有限公司	56 436
其他日用化学产品制造	日东电工材料(深圳)有限公司	29 171
医药制造业		
化学药品原药制造	肇庆市星湖生物科技股分有限公司	58 984
化学药品制剂制造	广州白云山制药股份有限公司	142 132
中药饮片加工	中山市中智中药饮片有限公司	35 333
中成药制造	三九医药股份有限公司	93 507
兽用药品制造	广东腾骏动物药业有限公司	13 226
生物、生化制品的制造	深圳安万特巴斯德生物制品有限公司	33 683
卫生材料及医药用品制造	深圳市制药厂	47 749
化学纤维制造业		
化纤浆粕制造	东莞市新纶纤维材料科技有限公司	3 326
人造纤维(纤维素纤维)制造	珠海醋酸纤维有限公司	85 104
锦纶纤维制造	东莞广成线业有限公司	12 281
涤纶纤维制造	联新(开平)高性能纤维有限公司	47 423
腈纶纤维制造	东莞大日化工厂有限公司	51 260
维纶纤维制造	深圳永合科技化工有限公司	22 149
其他合成纤维制造	吉田拉链(深圳)有限公司	74 613
橡胶制品业		
车辆、飞机及工程机械轮胎制造	广州市华南橡胶轮胎有限公司	200 614
力车胎制造	广州广橡企业集团有限公司	35 258
轮胎翻新加工	东莞市鸿运轮胎有限公司	1 536
橡胶板、管、带的制造	广东省广垦橡胶产业发展有限公司茂垦分公司	17 649
橡胶零件制造	建泰橡胶(深圳)有限公司	70 996
再生橡胶制造	佛山市三水区海达轮胎有限公司	7 345
日用及医用橡胶制品制造	河源嘉太医保用品有限公司	14 146
橡胶靴鞋制造	番禺协大橡胶有限公司	42 544
其他橡胶制品制造	耐普罗塑胶五金制品(深圳)有限公司	64 735
塑料制品业		
塑料薄膜制造	佛山塑料集团股份有限公司	345 744
塑料板、管、型材的制造	东莞新长桥塑料有限公司	152 408
塑料丝、绳及编织品的制造	汕头市万能实业有限公司	11 780
泡沫塑料制造	台达化工(中山)有限公司	89 024
塑料人造革、合成革制造	南亚塑胶工业(惠州)有限公司	48 007

工业企业主营业务收入行业第一名

续4　　　　　　　　　　2005年

行　　业	企　业　名　称	主营业务收入(万元)
塑料包装箱及容器制造	佛山市南方包装有限公司	41 416
塑料零件制造	威士茂科技工业园(珠海)有限公司	82 194
塑料鞋制造	江门谦信化工发展有限公司	82 432
日用塑料杂品制造	东莞泛昌窗帘制品有限公司	89 400
其他塑料制品制造	广州宏信塑胶工业有限公司	102 793
非金属矿物制品业		
水泥制造	广东塔牌集团有限公司	113 633
石灰和石膏制造	佛山市三水区河口金大石膏制品厂	5 326
水泥制品制造	中山市三和混凝土桩杆有限公司	42 200
砼结构构件制造	广东省建筑构件程公司	45 000
石棉水泥制品制造	佛山市顺德区新预制构件工程有限公司	2 115
轻质建筑材料制造	杜邦应用面材(广州)有限公司	16 757
其他水泥制品制造	广州埃特尼特有限公司	9 753
粘土砖瓦及建筑砌块制造	汕头市升达混凝土有限公司	9 091
建筑陶瓷制品制造	佛山新中源陶瓷有限公司	110 564
建筑用石加工	信宜大成东南石料有限公司	20 380
防水建筑材料制造	有利华建筑预制件(深圳)有限公司	8 980
隔热和隔音材料制造	西斯尔(广东)玻璃棉制品有限公司	16 131
其他建筑材料制造	深圳路安特沥青高科技术有限公司	14 756
平板玻璃制造	广州南玻玻璃有限公司	48 154
技术玻璃制品制造	信义汽车玻璃(深圳)有限公司	100 836
光学玻璃制造	东莞恒威灯饰有限公司	5 899
玻璃仪器制造	佛山市南海务庄灯饰厂	1 301
日用玻璃制品及玻璃包装容器制造	广东华兴玻璃有限公司	60 934
玻璃保温容器制造	广州隆超塑料五金制造有限公司	6 831
玻璃纤维及制品制造	珠海功控玻璃纤维有限公司	28 139
玻璃纤维增强塑料制品制造	广州忠信世纪玻纤有限公司	45 177
其他玻璃制品制造	江门华众玻璃有限公司	12 818
卫生陶瓷制品制造	佛山科勒有限公司	59 597
特种陶瓷制品制造	佛山市康荣精细陶瓷有限公司	19 953
日用陶瓷制品制造	广东四通集团有限公司	22 117
园林、陈设艺术及其他陶瓷制造	广东长城集团有限公司	25 720
石棉制品制造	揭东县热金宝特种耐火材料有限公司	515
云母制品制造	麦卡电工器材(陆河)有限公司	5 248
耐火陶瓷制品及其他耐火材料制造	广州市白云区石井特种耐火材料厂	7 600
石墨及碳素制品制造	深圳市福义乐磁性材料有限公司	4 719
其他非金属矿物制品制造	深圳市宝晶源晶体材料有限公司	14 721
黑色金属冶炼及压延加工业		
炼铁	增城市仙村机铸炼铁厂	11 725
炼钢	广州珠江钢铁有限公司	674 922
钢压延加工	广东省韶关钢铁集团有限公司	1 109 751
铁合金冶炼	宏利宝钢铁加工(深圳)有限公司	23 501
有色金属冶炼及压延加工业		
铜冶炼	佛山市承安铜业有限公司	88 273
铅锌冶炼	深圳中金岭南股份有限公司韶关冶炼厂	279 221
镍钴冶炼	阳春市联邦金属冶炼有限公司	3 962
锡冶炼	深圳市亿铖达工业有限公司	11 591
锑冶炼	东莞市杰夫阻燃材料有限公司	3 040
铝冶炼	肇庆亚洲铝厂有限公司	22 964
其他常用有色金属冶炼	江门市粉末冶金厂有限公司	47 073
银冶炼	广东罗定企业冶炼厂有限公司	5 251
其他贵金属冶炼	平远三协稀土冶炼有限公司	1 642
钨钼冶炼	潮州翔鹭钨业有限公司	47 141
稀土金属冶炼	广东珠江稀土有限公司	20 196
其他稀有金属冶炼	肇庆多罗山蓝宝石有限公司	16 122
有色金属合金制造	番禺致远有色加工有限公司	45 449
常用有色金属压延加工	台一江铜(广州)有限公司	368 947
贵金属压延加工	深圳国宝造币有限公司	11 785
稀有稀土金属压延加工	佛山市顺德区立鑫密铸件有限公司	16 279

工业企业主营业务收入行业第一名

续5　　2005年

行　　业	企　业　名　称	主营业务收入(万元)
金属制品业		
金属结构制造	佛山市南海太平洋铜业有限公司	149 445
金属门窗制造	广东鑫丰铝材有限公司	40 204
切削工具制造	超美精密工业(惠州)有限公司	35 814
手工具制造	史丹利(中山)工具有限公司	25 213
农用及园林用金属工具制造	阳东金恒实业有限公司	17 483
刀剪及类似日用金属工具制造	佛山市三水金达五金制品有限公司	15 537
其他金属工具制造	东莞米德兰五金塑胶制品有限公司	95 394
集装箱制造	深圳南方中集集装箱制造公司	432 347
金属压力容器制造	佛山市南海冠益不锈钢制品有限公司(和顺)	34 719
金属包装容器制造	波尔亚太(深圳)金属容器有限公司	78 979
金属丝绳及其制品的制造	深圳大友钢铁有限公司	37 220
建筑、家具用金属配件制造	本田制锁(广东)有限公司	62 362
建筑装饰及水暖管道零件制造	广州摩恩水暖器材有限公司	67 362
安全、消防用金属制品制造	东莞市三洋电梯有限公司	5 625
其他建筑、安全用金属制品制	广东高登铝业有限公司	65 582
金属表面处理及热处理加工	广州太平洋马口铁有限公司	121 098
工业生产配套用搪瓷制品制造	佛山市顺德区容桂富信家电配件制造有限公司	4 615
搪瓷卫生洁具制造	番禺区大石东陶机器有限公司	5 085
搪瓷日用品及其他搪瓷制品制造	佛山市三水加美实业有限公司	21 912
金属制厨房调理及卫生器具制造	江门市日新不锈钢材料厂有限公司	105 129
金属制厨用器皿及餐具制造	深圳成霖洁具有限公司	121 531
其他日用金属制品制造	佛山市南海盐步南华铝业有限公司	87 989
其他未列明的金属制品制造	东莞璋泰五金制品有限公司	66 986
通用设备制造业		
锅炉及辅助设备制造	福斯特惠勒动力机械有限公司	52 516
内燃机及配件制造	佛山市顺德德力集团有限公司	32 415
汽轮机及辅机制造	广州斯科达劲马汽轮机有限公司	6 173
水轮机及辅机制造	化州市水电设备有限公司	1 862
其他原动机制造	东莞市恒达电机制造有限公司	3 752
金属切削机床制造	广州机床厂有限公司	19 115
金属成形机床制造	广东锻压机床厂有限公司	25 513
铸造机械制造	深圳领威科技有限公司	45 763
金属切割及焊接设备制造	东莞鸿图精密压铸有限公司	11 515
机床附件制造	深圳市宝佳数控设备制造有限公司	3 883
其他金属加工机械制造	青海华鼎实业股份有限公司番禺石楼机械厂	13 411
起重运输设备制造	广州日立电梯有限公司	346 584
泵及真空设备制造	广东省佛山水泵厂有限公司	39 073
气体压缩机械制造	松下.万宝(广州)压缩机有限公司	283 405
阀门和旋塞的制造	中山市美捷时喷雾阀有限公司	40 887
液压和气压动力机械及元件制造	深圳寿力亚洲实业有限公司	56 877
轴承制造	东莞市TR轴承有限公司	16 955
齿轮、传动和驱动部件制造	桂盟链条(深圳)有限公司	27 325
烘炉、熔炉及电炉制造	台山市冠荣金属制品有限公司	94 645
风机、风扇制造	奇宏电子(深圳)有限公司	76 999
气体、液体分离及纯净设备制造	佛山市高明区鸿宇金属制品有限公司	7 763
制冷、空调设备制造	约克广州空调冷冻设备有限公司	101 957
风动和电动工具制造	广东日立工机有限公司	70 138
喷枪及类似器具制造	正恒机械设备制造(深圳)有限公司	13 839
包装专用设备制造	广东省轻工机械二厂有限公司	18 659
衡器制造	中山市金叶衡器有限公司	22 136
其他通用设备制造	广州广重企业集团有限公司	33 358
金属密封件制造	广州机械科学研究院	13 372
紧固件、弹簧制造	喜利得(中国)有限公司	38 612
机械零部件加工及设备修理	湛江宇兴电力有限公司	12 812
其他通用零部件制造	佛山市顺德区北窖镇恒力电器实业有限公司	33 250
钢铁铸件制造	广东省韶铸集团有限公司	51 387
锻件及粉末冶金制品制造	深圳艺晶五金实业有限公司	48 134
专用设备制造业		

工业企业主营业务收入行业第一名

续6　　　　　　　　　　　　2005年

行　业	企 业 名 称	主营业务收入(万元)
采矿、采石设备制造	东莞市隆泰实业有限公司	12 883
石油钻采专用设备制造	深圳赤湾胜宝旺工程有限公司	62 321
建筑工程用机械制造	佛山市顺德区信昌机器工程有限公司	16 742
建筑材料生产专用机械制造	广东佛陶集团力泰机械有限公司	30 062
炼油、化工生产专用设备制造	普宁市秋盛化纤有限公司	12 291
橡胶加工专用设备制造	广东湛江机械制造集团公司	8 521
塑料加工专用设备制造	佛山市顺德区震德塑料机械厂有限公司	83 289
木材加工机械制造	佛山市顺德区新马木工机械设备有限公司	7 656
模具制造	河源龙记金属制品有限公司	150 492
其他非金属加工专用设备制造	江门市新会区古井镇双益磨具有限公司	6 829
食品、饮料、烟草工业专用设备制造	威斯达电器(中山)制造有限公司	68 819
农副食品加工专用设备制造	湛江市赤坎新粤糖业机械厂	3 007
饲料生产专用设备制造	高州市砖机厂	1 702
制浆和造纸专用设备制造	佛山市南海区东方纸箱机械实业有限公司	18 790
印刷专用设备制造	江门市蓬江区棠下展艺电脑机械有限公司	22 194
日用化工专用设备制造	潮南区亿丰旅游用品有限公司	4 450
制药专用设备制造	广东省惠阳机械厂	813
照明器具生产专用设备制造	东莞巨汉灯饰有限公司	25 266
玻璃、陶瓷和搪瓷制品生产专用设备制造	广东科达机电股份有限公司	47 003
其他日用品生产专用设备制造	高林机电实业(深圳)有限公司	52 395
纺织专用设备制造	立信染整机械(深圳)有限公司	84 302
皮革、毛皮及其制品加工专用设备制造	东莞市世昌机械有限公司	2 898
缝纫机械制造	珠海兄弟工业有限公司	100 846
其他服装加工专用设备制造	佛山伸势达特殊精密有限公司	19 176
电工机械专用设备制造	长青林电子有限公司	25 124
电子工业专用设备制造	深圳先进微电子科技有限公司	92 530
航空、航天及其他专用设备制造	汉威泰(广州)电器制造有限公司	13 317
拖拉机制造	广东省韶关市第二拖拉机厂	4 222
机械化农业及园艺机具制造	中山庆琏金属制品有限公司	20 708
营林及木竹采伐机械制造	广宁县亚达实业有限公司	702
畜牧机械制造	佛山市南海区畜牧机械厂	721
渔业机械制造	佛山市顺德区金顺达机器有限公司	5 161
农林牧渔机械配件制造	广东省第二农机厂	2 928
其他农林牧渔业机械制造及机械修理	深圳市泓润鑫实业有限公司	5 500
医疗诊断、监护及治疗设备制造	深圳迈瑞生物医疗电子股份有限公司	104 403
口腔科用设备及器具制造	西诺德牙科设备(佛山)有限公司	4 006
实验室及医用消毒设备和器具的制造	广州阳普体外诊断系统制造有限公司	1 463
医疗、外科及兽医用器械制造	爱安德电子(深圳)有限公司	26 347
机械治疗及病房护理设备制造	佛山市南海良润医疗运动器材有限公司	17 281
假肢、人工器官及植(介)入器械制造	惠州安东五金塑胶电子有限公司	15 320
其他医疗设备及器械制造	稳健实业(深圳)有限公司	41 272
环境污染防治专用设备制造	广东万家乐燃气具有限公司	47 842
地质勘查专用设备制造	广东省地质矿产局探矿机械厂	672
商业、饮食、服务业专用设备制造	深圳市雄震科技有限公司	3 907
社会公共安全设备及器材制造	博世(珠海)安保系统有限公司	19 360
交通安全及管制专用设备制造	佛山市顺德区凯得爱依交通制品有限公司	1 504
水资源专用机械制造	广东江海机电工程有限公司	7 393
其他专用设备制造	托肯恒山科技(广州)有限公司	22 289
交通运输设备制造业		
工矿有轨专用车辆制造	爱地雅(东莞)自行车有限公司	54 235
铁路专用设备及器材、配件制造	深圳市深思维自动化设备有限公司	6 300
其他铁路设备制造及设备修理	广州铁道车辆厂	28 483
汽车整车制造	广州本田汽车有限公司	3 431 338
改装汽车制造	广东粤海汽车有限公司	21 084
电车制造	广州朗晴电动车有限公司	1 973
汽车车身、挂车的制造	深圳中集专用车有限公司	100 396
汽车零部件及配件制造	汕头经济特区矢崎汽车部件有限公司	188 167
汽车修理	深圳森那美汽车实业有限公司	6 726
摩托车整车制造	江门市大长江集团有限公司	710 080

工业企业主营业务收入行业第一名

续7　　　　　　　　　　　　2005年

行　　业	企 业 名 称	主营业务收入(万元)
摩托车零部件及配件制造	江门市华铃精密机械有限公司	154 902
脚踏自行车及残疾人座车制造	广东天任车料有限公司	109 364
助动自行车制造	荣轮科技(深圳)有限公司	24 063
金属船舶制造	广州广船国际股份有限公司	246 207
非金属船舶制造	显利(珠海)造船有限公司	15 635
娱乐船和运动船的建造和修理	东莞杰腾造船有限公司	3 119
船用配套设备制造	江门市新会区广船南洋船舶有限公司	5 655
船舶修理及拆船	广州文冲船厂有限责任公司	236 085
飞机制造及修理	珠海保税区摩天宇航空发动机维修有限公司	84 589
交通管理用金属标志及设施制造	新世纪标志(深圳)有限公司	9 374
其他交通运输设备制造	广州市白云黎明行李车厂	5 552
电气机械及器材制造业		
发电机及发电机组制造	威尔信(汕头保税区)动力设备有限公司	43 674
电动机制造	SEW－传动设备(广州)有限公司	25 565
微电机及其他电机制造	东莞华强三洋马达有限公司	571 228
变压器、整流器和电感器制造	雅达电子有限公司	170 215
电容器及其配套设备制造	飞宏(东莞)电子有限公司	81 526
配电开关控制设备制造	广州市白云电气集团有限公司	403 547
电力电子元器件制造	东莞三星电机有限公司	363 105
其他输配电及控制设备制造	实盈电子(东莞)有限公司	44 795
电线电缆制造	东莞华新电线电缆有限公司	266 183
光纤、光缆制造	捷迪讯光电(深圳)有限公司	74 444
绝缘制品制造	日星电气(中山)有限公司	54 397
其他电工器材制造	成翔电子(东莞)有限公司	39 979
电池制造	比亚迪股份有限公司	369 078
家用制冷电器具制造	广东科龙电器股份有限公司	676 454
家用空气调节器制造	美的集团有限公司	3 408 181
家用通风电器具制造	美的(中山)电风扇制造有限公司	176 474
家用厨房电器具制造	广东格兰仕集团有限公司	1 187 457
家用清洁卫生电器具制造	佛山市顺德区海尔电器有限公司	87 972
家用美容、保健电器具制造	飞利浦电子(珠海)有限公司	102 635
家用电力器具专用配件制造	捷家宝电器(深圳)有限公司	67 622
其他家用电力器具制造	长营电器(深圳)有限公司	140 210
燃气、太阳能及类似能源的器具制造	广东万和电器有限公司	246 024
其他非电力家用器具制造	惠阳金达伟工业有限公司	43 084
电光源制造	欧司朗(中国)有限公司	132 724
照明灯具制造	海日升电器制品(深圳)有限公司	46 289
灯用电器附件及其他照明器具制造	番禺中德电控有限公司	131 908
车辆专用照明及电气信号设备装置制造	佛山市南海九瞬汽车灯泡照明有限公司	8 453
其他未列明的电气机械制造	惠州海格电气有限公司	26 331
通信设备、计算机及其他电子设备制造业		
通信传输设备制造	广州海格通信有限公司	53 967
通信交换设备制造	华为技术有限公司	4 814 843
通信终端设备制造	深圳三星科健移动通信技术有限公司	656 443
移动通信及终端设备制造	深圳富泰宏精密工业有限公司	1 862 334
其他通信设备制造	京信通信系统(广州)有限公司	111 042
雷达及配套设备制造	开平中洋电子有限公司	2 591
广播电视节目制作及发射设备制造	深圳市九州信息科技有限公司	12 176
广播电视接收设备及器材制造	深圳市同洲电子股份有限公司	84 561
应用电视设备及其他广播电视设备制造	深圳市科通国际电子有限公司	28 404
电子计算机整机制造	鸿富锦精密工业(深圳)有限公司	12 556 421
计算机网络设备制造	东莞友讯电子有限公司	70 994
电子计算机外部设备制造	乐金电子(惠州)有限公司	1 534 127
电子真空器件制造	东莞三星视界有限公司	622 217
半导体分立器件制造	飞利浦半导体(广东)有限公司	131 722
集成电路制造	恩斯迈电子(深圳)有限公司	1 145 680
光电子器件及其他电子器件制造	深圳三洋华强激光电子有限公司	373 390
电子元件及组件制造	群康科技深圳有限公司	1 415 390
印制电路板制造	伟创力科技(珠海)有限公司	652 874

工业企业主营业务收入行业第一名

续8　　2005年

行　业	企 业 名 称	主营业务收入(万元)
家用影视设备制造	深圳创维-RGB电子有限公司	1 295 201
家用音响设备制造	惠州三星电子有限公司	676 733
其他电子设备制造	东莞汉华光电有限公司	330 675
仪器仪表及文化、办公用机械制造业		
工业自动控制系统装置制造	深圳市实益达科技股份有限公司	49 560
电工仪器仪表制造	兰吉尔表计(珠海)有限公司	25 449
绘图、计算及测量仪器制造	艾默生机械设备(深圳)有限公司	14 019
实验分析仪器制造	深圳万讯自控有限公司	10 474
试验机制造	广东汕头超声电子股份有限公司	20 475
供应用仪表及其他通用仪器制造	三箭和众鼎电子(深圳)有限公司	15 266
环境监测专用仪器仪表制造	德图仪表(深圳)有限公司	3 936
汽车及其他用计数仪表制造	惠州东风易进工业有限公司	98 998
导航、气象及海洋专用仪器制造	鸿邦电子(深圳)有限公司	36 561
农林牧渔专用仪器仪表制造	广州广兴牧业设备有限公司	6 264
教学专用仪器制造	广东教学仪器厂	613
核子及核辐射测量仪器制造	中山国安火炬科技发展有限公司	842
电子测量仪器制造	深圳市汇思科电子科技有限公司	8 439
其他专用仪器制造	东莞市华兰海电子有限公司	6 862
钟表与计时仪器制造	珠海新明珠表业有限公司	61 772
光学仪器制造	信泰光学(深圳)有限公司	358 630
眼镜制造	陆逊梯卡华(东莞)宏眼镜有限公司	58 339
电影机械制造	东莞大岭山铃鹿富士施乐电器厂	15 804
幻灯及投影设备制造	汕头普乐士仪器有限公司	18 224
照相机及器材制造	佳能珠海有限公司	830 423
复印和胶印设备制造	佳能(中山)办公设备有限公司	637 880
计算器及货币专用设备制造	金宝电子(中国)有限公司	370 803
其他文化、办公用机械制造	京瓷美达办公设备(东莞)有限公司	378 031
其他仪器仪表的制造及修理	新日东电工(深圳)有限公司	62 436
工艺品及其他制造业		
雕塑工艺品制造	宝吉工艺品(深圳)有限公司	27 687
金属工艺品制造	东莞勤上五金塑胶制品有限公司	51 955
漆器工艺品制造	羿松装饰品深圳有限公司	7 679
花画工艺品制造	佛山市三水华文人造花有限公司	26 958
天然植物纤维编织工艺品制造	台山市南江工艺纺织有限公司	13 513
抽纱刺绣工艺品制造	东莞市远梦家用纺织品有限公司	18 980
地毯、挂毯制造	佛山市顺德区琅日特种纤维制品有限公司	27 197
珠宝首饰及有关物品的制造	从化东麟钻石有限公司	337 402
其他工艺美术品制造	美力时塑料制品厂(中山)有限公司	52 149
制镜及类似品加工	广东多纳勒振华汽车系统有限公司	14 214
鬃毛加工、制刷及清扫工具的制造	泰祥汽车配件(深圳)有限公司	15 064
其他日用杂品制造	中山市乐美达集团有限公司	20 969
煤制品制造	深圳市新资源建材实业有限公司	3 788
其他未列明的制造业	江门市新会区彩艳科技有限公司	27 306
废弃资源和废旧材料回收加工业		
金属废料和碎屑的加工处理	广州亚洲钢铁有限公司	64 364
非金属废料和碎屑的加工处理	佛山市三水南威塑胶电子制品有限公司	9 206
电力、热力的生产和供应业		
火力发电	广东广合电力有限公司	475 543
水力发电	广东蓄能发电有限公司	66 565
核力发电	广东核电合营有限公司	744 166
其他能源发电	深圳南瑞科技有限公司	29 232
电力供应	广东省广电集团有限公司	13 084 171
热力生产和供应	江门市北街联营发电厂	10 773
燃气生产和供应业		
燃气生产和供应业	潮州市华丰造气厂有限公司	267 261
水的生产和供应业		
自来水的生产和供应	深圳市水务(集团)有限公司	133 279
污水处理及其再生利用	中山市污水处理公司	3 515
其他水的处理、利用与分配	深圳市大森鼎成电气有限公司	3 795

第四部分

全国千家企业节能行动广东企业名录

企业名称	企业地址
广州珠江钢铁有限公司	广东省广州市萝岗区夏港街
中国石油化工股份有限公司广州分公司	广东省广州市石化路176号
广州钢铁股份有限公司	广东省广州市芳村大道1号
广州造纸股份有限公司	广东省广州市海珠区南石头街道纸北社区居委会
广东省韶关钢铁集团有限公司	广东省韶关市马坝
中国石化集团茂名石油化工公司	广东省茂名市红旗北路2号
茂名石化实华股份有限公司	广东省茂名市官渡路162号
广东南华水泥有限公司	广东省清远市龙头山
广东广合电力有限公司	广东省广州市东风东路836号东竣广场第3座32楼
东莞玖龙纸业有限公司	广东省东莞市麻二工业区
云安县亨达利水泥制品有限公司	广东省云浮市谷塘村委会
广东塔牌集团有限公司	广东省梅州市城东
佛冈建滔实业有限公司	广东省清远市建滔路1号
东莞德永佳纺织制衣有限公司	广东省东莞市鸥涌村德永佳工业城
东莞福安纺织印染有限公司	广东省东莞市大道福安纺织城
东莞理文造纸厂有限公司	广东省东莞市第三工业区
广东南方制碱有限公司	广东省广州市南岗西路488号
番禺锦兴纺织漂染有限公司	广东省广州市励业路32号
佛山新中源陶瓷有限公司	广东省佛山市白金大道工业带
中海石油(中国)有限公司深圳分公司	广东省深圳市海洋石油大厦B座
深圳中金岭南股份有限公司韶关冶炼厂	广东省韶关市南郊九公里
中石化股份有限公司茂名分公司	广东省茂名市红旗北路2号
珠海市斗门镇旭日陶瓷有限公司	广东省珠海市南门工业园
中海石油湛江燃料油有限公司	广东省湛江市泰华大厦8楼
广东省电力发展股份有限公司沙角A电厂	广东省东莞市沙角区
阳江市宏大钢铁有限公司	广东省阳江市春江大道25号

5 年

法 人 代 表	电 话 号 码	邮 政 编 码	电子邮件/网址
孔宪鸣	82223487	510000	zis @ zhujiangsteel. com
徐钢	82121181	510726	
陈嘉陵	81891212	510381	
陈光松	84336888	510000	
曾德新	8787480	512123	
房广信	2248597	525011	
姚志方	2244592	525000	
黄秋生	2589000	513047	nhsn118@ 21cn. com
邓安	85121768	510080	
张茵	88234888	523147	info@ ndpaper. com
林学鉴	6789423	527521	info@ hengdli. com
钟烈华	7887029	514100	
林家宝	4286288	511600	engqiry@ kingboard. com
黎兆强	88821738	523138	
夏松芹	85532318	523840	sqsu@ fuan. fshl. com
李运强	88888168	523221	
李宇君	82233338	510760	
戴锦春	84903888	511453	FengLianfen @ py. kam – hing. com. hk
曾彦炽	87567338	528131	
李宁	26692880	518067	Litao@ cnooc. com. cn
张伟健	83986819	512024	jhc. sy. sg@ nonfemet. com. cn
房广信	2242241	525011	
黄英明	5785859	519110	
刘大平	3392509	524022	
姚纪恒	85136301	523936	
关泽芬	7741092	529600	

第五部分

附　　录

全国全部国有及规模以上非国有工业企业单位数和总产值

2005 年

单位:个、亿元

指标	2004		2005	
	企业单位数(个)	工业总产值(亿元)	企业单位数(个)	工业总产值,(亿元)
全国总计	**276474**	**201722.19**	**271835**	**251619.5**
按注册登记类型分				
内资企业	219309	135726.99	215448	171759.27
国有企业	23417	23424.99	16824	27449.88
集体企业	18095	7865.41	15935	8615.06
股份合作企业	8215	2641.38	7481	2955.29
联营企业	1439	931.93	1176	1132.79
#国有联营	278	516.06	209	655.84
集体联营	395	120.43	329	162.16
国有与集体联营	427	158.9	343	155.48
有限责任公司	41234	42675.04	41972	55710.32
#国有独资公司	1449	9948.21	1314	13187.87
股份有限公司	7171	22901.6	7192	27455.08
私营企业	119357	35141.25	123820	47778.2
其他企业	381	145.37	1048	662.66
港澳台商投资企业	28399	23747.99	27559	28311.83
外商投资企业	28766	42247.22	28828	51548.4
#国有及国有控股	35597	70228.99		
按轻重工业分				
轻工业	123586	63819.06	121447	78280.27
重工业	152888	137903.13	150388	173339.23
按大中小型分				
大型工业企业	2135	69483.38	2503	91264.36
中型工业企业	25557	63891.3	27271	76436.36
小型工业企业	248782	68347.51	242061	83918.78

注:1. 全部国有及规模以上非国有工业企业是指全部国有工业企业及年产品销售收入在500万元以上的非国有的工业企业。

2. 工业总产值按当年价格计算。

200

行　　业	企业单位数（个）	工业总产值	工业增加值
全国总计	271 835	251 619.50	72 186.99
按行业分			
#煤炭开采和洗选业	5 787	5 722.77	2 888.25
石油和天然气开采业	174	6 286.27	4 813.96
黑色金属矿采选业	2 087	989.59	426.50
有色金属矿采选业	1 529	1 140.41	427.60
非金属矿采选业	2 242	756.51	280.51
其他采矿业	14	8.59	2.70
农副食品加工业	14 575	10 614.95	2 745.96
食品制造业	5 553	3 779.39	1 168.32
饮料制造业	3 519	3 089.27	1 164.73
烟草制品业	190	2 840.74	2 059.99
纺织业	22 569	12 671.65	3 240.19
纺织服装、鞋、帽制造业	11 865	4 974.63	1 419.86
皮革、毛皮、羽毛(绒)及其制品业	6 227	3 462.79	944.38
木材加工及木、竹、藤、棕、草制品业	5 397	1 827.71	510.86
家具制造业	3 074	1 427.26	384.87
造纸及纸制品业	7 461	4 161.33	1 146.40
印刷业和记录媒介的复制	4 826	1 442.96	463.06
文教体育用品制造业	3 378	1 482.50	379.71
石油加工、炼焦及核燃料加工业	1 990	12 000.49	1 981.64
化学原料及化学制品制造业	18 716	16 359.66	4 391.92
医药制造业	4 971	4 250.45	1 529.80
化学纤维制造业	1 306	2 608.39	485.31
橡胶制品业	3 034	2 196.74	595.36
塑料制品业	12 041	5 067.89	1 272.05
非金属矿物制品业	20 111	9 195.24	2 807.92
黑色金属冶炼及压延加工业	6 649	21 470.98	5 776.90
有色金属冶炼及压延加工业	5 163	7 937.95	1 929.65
金属制品业	13 802	6 556.76	1 693.38
通用设备制造业	19 981	10 610.37	2 966.96
专用设备制造业	10 260	6 085.43	1 681.56
交通运输设备制造业	11 315	15 714.86	3 830.52
电气机械及器材制造业	15 366	13 901.29	3 574.13
通信设备、计算机及其他电子设备制造业	8 868	26 994.38	5 722.11
仪器仪表及文化、办公用机械制造业	3 723	2 781.05	733.19
工艺品及其他制造业	5 131	2 035.68	570.83
废弃资源和废旧材料回收加工业	438	292.95	59.93
电力、热力的生产和供应业	5 527	17 785.93	5 719.79
燃气生产和供应业	484	514.72	134.52
水的生产和供应业	2 492	578.98	261.64

国有工业企业主要指标(一)

5 年

单位:亿元

资产合计	流动资产合计	流动资产年平均余额	固定资产原价	固定资产净值年平均余额
244 784.25	111 031.41	105 901.69	143 143.63	89 460.49
8 693.48	3 402.87	3 155.35	5 450.03	3 299.49
6 751.78	1 498.44	1 425.37	9 204.82	4 235.32
1 167.20	510.06	458.51	466.11	316.41
968.64	418.43	384.56	484.37	306.32
682.49	277.65	269.94	377.50	261.45
5.87	2.38	2.03	5.44	2.93
5 750.69	2 960.41	2 849.91	2 732.50	1 935.52
3 252.85	1 589.32	1 523.54	1 645.11	1 101.21
3 513.79	1 682.42	1 609.46	1 948.05	1 260.37
3 261.78	2 074.87	1 990.63	1 250.73	632.65
10 357.97	5 196.31	5 000.71	5 540.64	3 705.94
3 188.77	1 961.71	1 855.45	1 259.36	849.35
1 955.44	1 219.28	1 170.07	717.70	492.54
1 338.73	619.91	600.78	722.68	521.39
1 032.78	588.42	567.09	421.64	299.89
4 660.00	1 883.67	1 829.30	2 912.61	2 058.98
1 772.83	849.12	824.63	1 119.91	689.49
1 014.56	613.23	595.79	447.21	289.44
6 490.77	2 919.56	2 549.66	4 966.14	2 745.08
15 175.85	6 737.89	6 399.50	9 228.70	5 720.89
5 549.83	2 674.84	2 565.24	2 419.53	1 641.66
2 461.41	1 011.71	966.80	1 658.52	1 068.89
1 956.28	976.60	947.31	1 049.97	683.79
4 432.38	2 364.53	2 249.24	2 207.88	1 474.10
10 370.69	4 457.28	4 311.32	6 325.72	4 285.00
18 950.65	8 151.92	7 710.36	11 522.30	6 687.44
6 569.49	3 162.81	2 961.17	3 528.52	2 317.09
4 769.27	2 881.58	2 759.27	1 986.51	1 316.02
9 886.06	6 338.71	6 003.47	3 739.60	2 286.91
6 391.13	3 918.45	3 688.61	2 466.33	1 553.33
16 108.05	9 036.41	8 882.34	6 565.54	3 882.57
11 062.69	7 168.85	6 718.82	3 680.62	2 320.18
18 063.24	11 945.36	11 081.37	6 943.36	4 277.13
2 226.09	1 422.33	1 350.75	794.04	500.90
1 365.98	796.00	757.59	587.84	398.70
126.37	86.44	81.46	35.18	24.10
39 375.46	6 578.08	6 815.53	33 588.59	21 907.16
1 186.15	361.06	337.26	796.37	540.12
2 896.75	692.50	651.50	2 345.98	1 570.75

行　　业	负债合计	流动负债合计	所有者权益
全 国 总 计	**141 509.84**	**108 411.70**	**102 882.02**
按行业分			
#煤炭开采和洗选业	5 332.54	3 630.44	3 321.99
石油和天然气开采业	2 311.75	1 562.87	4 436.63
黑色金属矿采选业	563.07	488.75	603.97
有色金属矿采选业	494.45	369.40	474.18
非金属矿采选业	370.90	297.91	311.59
其他采矿业	2.54	2.50	3.33
农副食品加工业	3 423.48	2 947.64	2 327.21
食品制造业	1 821.86	1 557.49	1 430.75
饮料制造业	1 873.27	1 636.32	1 640.07
烟草制品业	1 074.59	1 016.39	2 187.19
纺织业	6 346.76	5 382.10	4 006.71
纺织服装、鞋、帽制造业	1 816.22	1 675.59	1 372.55
皮革、毛皮、羽毛(绒)及其制品业	1 147.48	1 065.29	807.96
木材加工及木、竹、藤、棕、草制品业	733.46	567.71	605.27
家具制造业	592.68	541.33	440.09
造纸及纸制品业	2 869.21	2 073.66	1 773.01
印刷业和记录媒介的复制	916.17	796.61	856.66
文教体育用品制造业	543.74	507.86	470.82
石油加工、炼焦及核燃料加工业	3 664.86	2 745.56	2 817.85
化学原料及化学制品制造业	8 543.25	6 542.30	6 599.45
医药制造业	2 875.13	2 391.64	2 672.60
化学纤维制造业	1 454.84	1 118.49	1 006.57
橡胶制品业	1 158.00	937.32	797.27
塑料制品业	2 467.18	2 139.56	1 962.85
非金属矿物制品业	6 224.02	4 843.95	4 135.92
黑色金属冶炼及压延加工业	11 428.17	9 216.69	7 358.60
有色金属冶炼及压延加工业	4 151.87	3 259.68	2 413.62
金属制品业	2 770.75	2 518.52	1 998.52
通用设备制造业	6 172.60	5 568.62	3 699.84
专用设备制造业	4 020.38	3 581.53	2 366.51
交通运输设备制造业	9 918.74	8 730.55	6 162.78
电气机械及器材制造业	6 731.24	6 181.30	4 323.53
通信设备、计算机及其他电子设备制造业	11 329.93	10 273.00	6 719.40
仪器仪表及文化、办公用机械制造业	1 217.39	1 108.79	1 008.04
工艺品及其他制造业	750.39	662.87	615.57
废弃资源和废旧材料回收加工业	81.90	76.38	44.47
电力、热力的生产和供应业	22 318.16	9 245.45	17 022.59
燃气生产和供应业	611.17	407.88	574.98
水的生产和供应业	1 385.71	741.73	1 511.04

国有工业企业主要指标(二)

5 年

单位:亿元

主营业务收入	主营业务成本	主营业务税金及附加	利润总额	本年应交增值税	全部从业人员年平均人数(万人)
248 544.00	**209 862.52**	**2 997.34**	**14 802.54**	**8 520.94**	**6 895.96**
5 912.45	4 040.22	100.68	561.00	448.84	435.81
6 151.22	2 512.53	138.83	2 957.79	608.98	85.58
989.58	694.42	17.33	137.31	65.29	40.59
1 120.13	783.22	8.79	209.53	46.33	41.87
733.89	542.79	16.57	58.93	38.88	42.96
8.16	6.12	0.08	1.06	0.42	0.21
10 366.49	9 202.03	48.66	398.71	166.78	222.55
3 665.75	2 867.52	19.22	206.21	141.77	121.02
3 055.28	2 134.77	160.11	221.46	166.26	89.00
2 850.84	1 039.58	1 129.40	406.54	329.34	19.67
12 374.53	11 104.35	54.63	437.13	316.51	590.96
4 780.00	4 113.10	19.70	206.16	118.92	346.06
3 315.94	2 924.94	14.03	138.50	79.18	228.84
1 749.45	1 521.63	11.88	82.43	50.85	83.33
1 387.39	1 181.98	6.53	61.89	28.91	71.27
4 034.25	3 479.62	21.54	194.04	138.93	130.14
1 386.55	1 139.51	6.76	93.19	58.21	66.90
1 437.53	1 254.69	4.30	52.47	27.10	109.80
12 030.52	11 424.49	299.88	-119.27	303.26	74.40
16 165.21	13 447.22	108.43	991.06	534.36	339.99
4 019.83	2 684.60	26.96	338.20	219.28	123.44
2 567.00	2 378.59	8.53	46.20	46.01	42.63
2 144.22	1 828.17	19.60	105.19	52.48	79.64
4 944.73	4 335.93	18.56	215.79	114.83	183.28
8 846.49	7 472.54	67.87	420.35	370.85	418.18
21 594.05	19 236.62	104.16	1 067.44	761.25	287.49
7 845.56	6 927.89	40.31	426.83	251.28	130.74
6 394.35	5 577.73	25.79	314.23	157.19	223.23
10 197.83	8 534.89	46.63	625.26	322.61	355.12
5 932.97	4 939.69	27.91	324.65	169.39	219.89
15 562.60	13 348.71	235.58	664.01	454.56	352.40
13 363.92	11 395.20	40.51	640.17	316.62	367.21
26 844.02	24 176.35	23.42	891.69	315.23	439.64
2 735.00	2 305.00	6.56	154.35	60.59	88.68
1 969.70	1 700.51	9.60	90.82	50.71	125.51
281.67	255.09	1.16	8.13	5.46	4.24
18 580.36	16 335.43	98.98	1 157.73	1 139.52	252.69
662.12	596.70	2.59	16.82	17.06	14.84
542.41	418.15	5.27	-1.46	26.89	46.15

200

行　业	工业增加值率（%）	总资产贡献率（%）
全国总计	**28.69**	**11.82**
按行业分		
煤炭开采和洗选业	50.47	13.64
石油和天然气开采业	76.58	55.32
黑色金属矿采选业	43.10	19.65
有色金属矿采选业	37.50	28.45
非金属矿采选业	37.08	17.79
其他采矿业	31.46	27.64
农副食品加工业	25.87	12.24
食品制造业	30.91	12.38
饮料制造业	37.70	16.40
烟草制品业	72.52	57.68
纺织业	25.57	9.26
纺织服装、鞋、帽制造业	28.54	11.76
皮革、毛皮、羽毛(绒)及其制品业	27.27	12.79
木材加工及木、竹、藤、棕、草制品业	27.95	12.15
家具制造业	26.97	10.40
造纸及纸制品业	27.55	9.09
印刷业和记录媒介的复制	32.09	9.66
文教体育用品制造业	25.61	8.93
石油加工、炼焦及核燃料加工业	16.51	8.53
化学原料及化学制品制造业	26.85	11.93
医药制造业	35.99	11.63
化学纤维制造业	18.61	5.65
橡胶制品业	27.10	10.39
塑料制品业	25.10	8.87
非金属矿物制品业	30.54	9.55
黑色金属冶炼及压延加工业	26.91	11.31
有色金属冶炼及压延加工业	24.31	12.33
金属制品业	25.83	11.44
通用设备制造业	27.96	10.85
专用设备制造业	27.63	8.96
交通运输设备制造业	24.38	9.10
电气机械及器材制造业	25.71	9.90
通信设备、计算机及其他电子设备制造业	21.20	7.42
仪器仪表及文化、办公用机械制造业	26.36	10.44
工艺品及其他制造业	28.04	12.00
废弃资源和废旧材料回收加工业	20.46	12.36
电力、热力的生产和供应业	32.16	7.57
燃气生产和供应业	26.13	3.58
水的生产和供应业	45.19	1.83

非国有工业企业主要经济效益指标

5 年

资产负债率（%）	流动资产周转次数（次/年）	工业成本费用利润率（%）	全员劳动生产率（元/人.年）	产品销售率（%）
57.81	**2.35**	**6.42**	**104 680**	**98.14**
61.34	1.87	10.93	66 273	98.39
34.24	4.32	102.76	562 528	99.83
48.24	2.16	16.88	105 067	97.02
51.05	2.91	23.35	102 115	98.09
54.35	2.72	9.14	65 304	97.78
43.23	4.02	15.18	125 975	96.67
59.53	3.64	4.06	123 385	98.03
56.01	2.41	6.02	96 536	97.83
53.31	1.90	8.31	130 862	97.78
32.94	1.43	30.28	1 047 313	101.43
61.27	2.47	3.68	54 830	97.92
56.96	2.58	4.54	41 030	97.48
58.68	2.83	4.40	41 268	97.90
54.79	2.91	5.00	61 303	96.94
57.39	2.45	4.72	54 003	97.97
61.57	2.21	5.09	88 091	97.64
51.68	1.68	7.21	69 219	97.60
53.59	2.41	3.80	34 583	98.04
56.46	4.72	-1.00	266 352	99.05
56.30	2.53	6.57	129 176	98.02
51.81	1.57	9.29	123 932	94.18
59.11	2.66	1.84	113 835	98.31
59.19	2.26	5.21	74 758	97.39
55.66	2.20	4.59	69 404	97.72
60.02	2.05	5.02	67 147	97.51
60.30	2.80	5.25	200 941	97.97
63.20	2.65	5.80	147 594	98.10
58.10	2.32	5.19	75 857	98.23
62.44	1.70	6.54	83 548	97.37
62.91	1.61	5.79	76 474	96.86
61.58	1.75	4.48	108 699	99.38
60.85	1.99	5.03	97 332	97.58
62.72	2.42	3.43	130 156	97.81
54.69	2.02	6.00	82 682	98.41
54.93	2.60	4.88	45 480	98.13
64.81	3.46	3.03	141 313	96.48
56.68	2.73	6.62	226 353	99.78
51.53	1.96	2.53	90 652	100.49
47.84	0.83	-0.26	56 691	97.05

全国各地区国有及规模以上非国有工业企业单位数和工业总产值

2005 年

单位：个、亿元

地　区	全部国有及规模以上非国有			#国有及国有控股企业		
	企业单位数	总产值		企业单位数	总产值	
		1990年不变价格	当年价格		1990年不变价格	当年价格
1998	165 080	57 574.61	67 737.14	64 737	26 794.56	33 621.04
1999	162 033	64 776.75	72 707.04	61 301	29 151.63	35 571.18
2000	162 885	75 710.69	85 673.66	53 489	31 958.43	40 554.37
2001	171 256	86 772.70	95 448.98	46 767	34 466.50	42 408.49
2002	181 557	102 568.84	110 776.48	41 125	37 278.08	45 178.96
2003	196 222	128 716.25	142 271.22	34 280	42 538.14	53 407.90
2004	276 474		201 722.19	35 597		70 228.99
2005	271 835		251 619.50	27 477		83 749.92
北　京	6 300		6 946.07	1 745		3 538.19
天　津	6 144		6 774.10	1 497		2 628.84
河　北	9 936		11 008.12	1 233		4 023.67
山　西	4 441		4 850.91	1 173		2 534.62
内蒙古	2 447		2 995.59	489		1 570.24
辽　宁	11 510		10 814.51	1 397		5 771.15
吉　林	2 774		3 791.96	583		2 533.47
黑龙江	2 887		4 714.91	693		3 607.17
上　海	14 809		15 767.51	1 461		6 018.86
江　苏	32 224		32 707.09	958		5 048.61
浙　江	40 275		23 106.76	811		3 401.17
安　徽	5 277		4 567.23	619		2 418.44
福　建	12 396		8 135.98	756		1 532.88
江　西	4 403		2 978.88	804		1 531.55
山　东	27 540		30 522.86	1 394		7 401.03
河　南	10 867		10 487.38	1 280		4 042.05
湖　北	6 813		6 066.96	1 058		3 161.87
湖　南	8 022		4 754.86	1 058		2 104.56
广　东	35 157		35 942.74	1 806		6 375.54
广　西	3 687		2 547.32	1 005		1 226.87
海　南	616		473.06	247		238.24
重　庆	2 943		2 525.87	471		1 299.08
四　川	7 959		6 178.03	928		2 488.53
贵　州	2 585		1 690.40	927		1 154.51
云　南	2 362		2 596.21	652		1 672.31
西　藏	197		27.29	170		18.19
陕　西	2 997		3 397.71	945		2 332.47
甘　肃	1 733		1 988.26	456		1 573.64
青　海	404		486.86	137		395.56
宁　夏	685		671.54	140		372.00
新　疆	1 445		2 102.53	584		1 734.60

注：全部国有及规模以上非国有工业系指全部国有工业企业及年销售收入 500 万元以上非国有工业企业。

全国各地区全部国有及规模以上非国有工业企业主要指标(一)

2005 年

单位:亿元

地　区	企业单位数（个）	工业总产值	工业增加值	实收资本	资产合计	流动资产合计
1998	165 080	67 737.14	19 421.93	26 676.62	108 821.87	46 600.87
1999	162 033	72 707.04	21 564.74	28 983.26	116 968.89	49 630.23
2000	162 885	85 673.66	25 394.80	32 940.45	126 211.24	54 338.15
2001	171 256	95 448.98	28 329.37	36 217.11	135 402.49	57 804.97
2002	181 557	110 776.48	32 994.75	39 155.63	146 217.78	63 468.46
2003	196 222	142 271.22	41 990.23	43 479.56	168 807.70	76 163.74
2004	276 474	201 722.19	57 220.26	58 050.18	215 358.47	97 183.74
2005	271 835	251 619.50	72 186.99		244 784.25	111 031.41
北　京	6 300	6 946.07	1 677.36		12 829.79	3 929.77
天　津	6 144	6 774.10	1 836.30		6 347.92	3 254.23
河　北	9 936	11 008.12	3 167.94		9 473.70	4 032.25
山　西	4 441	4 850.91	1 756.70		7 045.09	2 820.50
内蒙古	2 447	2 995.59	1 240.43		4 595.89	1 399.95
辽　宁	11 510	10 814.51	3 108.44		11 902.12	5 330.42
吉　林	2 774	3 791.96	1 169.39		4 506.88	1 700.75
黑龙江	2 887	4 714.91	2 154.57		5 174.47	2 169.28
上　海	14 809	15 767.51	4 121.72		15 905.94	8 168.00
江　苏	32 224	32 707.09	8 118.99		25 488.86	13 427.63
浙　江	40 275	23 106.76	4 830.97		20 609.30	10 896.23
安　徽	5 277	4 567.23	1 483.75		5 067.10	2 127.77
福　建	12 396	8 135.98	2 291.26		6 841.37	3 393.30
江　西	4 403	2 978.88	882.30		3 058.34	1 265.66
山　东	27 540	30 522.86	9 375.27		22 131.24	9 773.02
河　南	10 867	10 487.38	3 379.31		9 158.03	3 801.11
湖　北	6 813	6 066.96	2 007.21		8 683.39	3 004.90
湖　南	8 022	4 754.86	1 629.79		4 611.60	1 802.43
广　东	35 157	35 942.74	9 416.39		27 076.08	15 132.34
广　西	3 687	2 547.32	794.61		3 009.98	1 176.12
海　南	616	473.06	152.50		791.28	285.11
重　庆	2 943	2 525.87	659.40		3 091.96	1 418.41
四　川	7 959	6 178.03	2 160.22		7 908.62	3 309.89
贵　州	2 585	1 690.40	585.85		2 734.05	1 006.96
云　南	2 362	2 596.21	998.83		3 964.32	1 709.36
西　藏	197	27.29	15.31		112.43	29.97
陕　西	2 997	3 397.71	1 321.67		5 085.87	2 010.57
甘　肃	1 733	1 988.26	559.62		2 483.04	980.14
青　海	404	486.86	189.10		1 145.49	334.73
宁　夏	685	671.54	213.71		1 113.10	438.15
新　疆	1 445	2 102.53	888.08		2 837.00	902.48

全国各地区全部国有及规模以上非国有工业企业主要指标(二)

2005 年

单位:亿元

地　区	流动资产年平均余额	固定资产原价合计	固定资产净值年平均余额	负债合计	流动负债合计	所有者权益合计
1998	45 420.55	64 832.05	44 136.87	69 363.79	47 773.02	39 445.40
1999	47 643.44	71 847.09	47 281.43	72 322.98	50 070.19	44 618.80
2000	51 910.37	78 646.30	51 792.33	76 743.84	53 052.64	49 406.88
2001	56 486.77	86 293.10	55 437.43	79 843.42	56 138.72	55 424.40
2002	60 798.36	93 887.95	59 482.66	85 857.42	61 663.06	60 242.01
2003	71 487.80	105 557.09	66 068.38	99 527.97	73 413.53	69 129.56
2004	90 788.50	125 761.85	79 749.41	124 847.41	94 649.34	90 286.70
2005	105 901.69	143 143.63	89 460.49	141 509.84	108 411.70	102 882.02
北　京	3 701.52	4 434.04	2 590.44	4 706.69	3 423.07	8 123.10
天　津	3 058.69	3 845.17	2 155.41	3 713.08	3 110.92	2 635.75
河　北	3 822.08	6 306.27	3 894.23	5 792.05	4 381.92	3 681.65
山　西	2 659.71	4 436.30	2 855.68	4 760.87	3 232.73	2 179.05
内蒙古	1 351.71	3 207.14	2 022.55	2 859.86	1 654.15	1 702.29
辽　宁	5 045.59	8 202.52	4 848.73	6 929.21	5 323.14	4 852.41
吉　林	1 707.86	3 167.89	1 854.24	2 681.32	2 063.14	1 817.22
黑龙江	2 060.46	4 619.41	2 379.94	2 900.96	2 316.71	2 273.02
上　海	7 833.28	9 370.76	5 226.52	8 037.54	6 859.22	7 868.41
江　苏	12 579.76	13 405.21	8 758.69	15 715.86	13 324.75	9 771.74
浙　江	10 305.43	9 522.84	6 518.30	12 286.57	10 136.79	8 315.61
安　徽	2 008.12	2 953.04	1 910.87	3 122.73	2 197.63	1 934.99
福　建	3 260.86	3 838.40	2 521.27	3 605.79	2 885.26	3 235.55
江　西	1 231.43	1 824.46	1 220.96	1 932.22	1 352.40	1 096.16
山　东	9 437.49	13 178.37	8 309.62	12 917.00	9 993.35	9 185.90
河　南	3 750.85	5 955.47	3 788.63	5 639.20	4 166.77	3 518.83
湖　北	3 059.06	5 393.18	3 850.14	4 873.08	3 103.10	3 810.31
湖　南	1 761.49	2 932.81	1 886.62	2 853.91	1 807.89	1 757.68
广　东	14 411.12	14 453.16	8 834.68	15 661.24	13 320.04	11 414.84
广　西	1 125.00	1 908.00	1 248.34	1 853.42	1 278.46	1 156.56
海　南	265.54	486.89	358.52	437.44	246.53	353.84
重　庆	1 357.20	1 677.98	1 056.30	1 846.58	1 397.12	1 245.38
四　川	3 150.69	4 845.07	3 039.99	4 934.81	3 354.28	2 966.06
贵　州	947.98	1 711.11	1 122.67	1 784.20	1 105.94	949.45
云　南	1 587.77	2 213.36	1 361.54	2 068.42	1 471.11	1 895.91
西　藏	28.58	88.48	70.49	27.40	17.99	85.03
陕　西	1 916.50	3 439.54	2 155.18	3 160.74	2 088.06	1 907.45
甘　肃	916.73	1 608.21	1 117.68	1 460.08	942.44	1 022.96
青　海	329.91	844.71	560.46	773.65	384.94	370.22
宁　夏	404.58	661.54	426.84	689.95	442.93	406.51
新　疆	824.72	2 612.31	1 514.97	1 483.96	1 028.94	1 348.13

全国各地区全部国有及规模以上非国有工业企业主要指标(三)

2005 年

单位:亿元

地　区	主营业务收　入	主营业务成　本	主营业务税金及附加	利润总额	本年应交增值税	全部从业人员年平均人数(万人)
1998	64 148.85	52 797.54	1 236.79	1 458.11	2 827.02	6 195.81
1999	69 851.73	57 339.52	1 307.65	2 288.24	3 105.92	5 805.05
2000	84 151.75	68 653.95	1 434.17	4 393.48	3 685.20	5 559.36
2001	93 733.34	77 259.89	1 553.82	4 733.43	4 018.09	5 441.43
2002	109 485.77	90 243.76	1 761.61	5 784.48	4 476.01	5 520.66
2003	143 171.53	118 638.47	2 049.21	8 337.24	5 487.73	5 748.57
2004	198 908.87	167 246.40	2 616.25	11 929.30	6 912.78	6 622.09
2005	248 544.00	209 862.52	2 997.34	14 802.54	8 520.94	6 895.96
北　京	7 278.96	6 309.44	54.48	413.50	207.19	116.97
天　津	7 125.93	6 039.33	77.74	551.60	186.29	122.17
河　北	10 745.98	9 134.05	94.67	690.38	378.18	292.21
山　西	4 784.59	3 728.70	63.82	261.28	320.37	213.20
内蒙古	3 050.96	2 420.87	37.41	235.13	166.43	83.70
辽　宁	10 747.31	9 409.07	120.57	355.98	336.47	276.55
吉　林	3 634.64	3 109.47	70.29	141.00	135.36	101.83
黑龙江	4 765.42	3 192.67	84.03	1 067.09	327.93	136.85
上　海	16 353.73	13 982.81	167.61	939.56	437.98	259.63
江　苏	32 098.48	28 401.23	196.93	1 384.64	805.50	704.24
浙　江	23 044.63	20 119.25	194.10	1 103.53	679.47	659.12
安　徽	4 523.27	3 762.86	85.21	218.20	183.97	155.21
福　建	7 848.24	6 765.06	79.48	407.55	206.26	290.41
江　西	2 909.13	2 465.13	49.54	112.41	117.65	112.11
山　东	30 023.87	25 293.09	280.62	2 164.70	1 007.60	738.23
河　南	10 114.44	8 441.39	142.92	643.39	402.71	362.79
湖　北	5 962.54	4 800.91	112.78	371.84	242.86	188.30
湖　南	4 585.31	3 627.99	180.20	189.25	205.65	169.25
广　东	34 781.58	30 010.54	227.29	1 693.99	956.53	1 085.65
广　西	2 466.79	2 060.35	38.02	134.99	120.56	91.21
海　南	449.76	345.51	9.85	35.04	25.34	12.10
重　庆	2 515.17	2 102.80	41.79	115.59	99.10	92.42
四　川	6 008.12	4 900.53	89.36	326.65	241.67	218.99
贵　州	1 577.16	1 224.83	64.30	70.79	97.40	68.08
云　南	2 569.71	1 871.03	245.62	227.91	177.68	68.83
西　藏	28.39	18.62	0.43	4.47	2.57	1.99
陕　西	3 302.51	2 404.23	89.58	400.65	186.20	118.97
甘　肃	1 984.67	1 512.58	43.72	59.65	84.28	68.62
青　海	462.83	330.52	6.82	72.82	29.98	14.04
宁　夏	647.47	556.66	6.86	21.09	26.02	25.58
新　疆	2 152.45	1 520.98	41.30	387.89	125.75	46.70

行　　业	企业单位数（个）	工业总产值	工业增加值
全国总计	**27 477**	**83 749.92**	**27 176.67**
煤炭开采和洗选业	912	3 878.50	2 036.29
石油和天然气开采业	102	5 689.39	4 281.55
黑色金属矿采选业	119	201.34	105.17
有色金属矿采选业	310	467.71	186.29
非金属矿采选业	297	149.66	72.20
其他采矿业	4	2.56	0.52
农副食品加工业	1 393	1 089.84	248.96
食品制造业	595	476.50	161.40
饮料制造业	557	843.68	357.68
烟草制品业	153	2 812.86	2 050.89
纺织业	905	923.87	243.67
纺织服装、鞋、帽制造业	282	110.13	33.80
皮革、毛皮、羽毛(绒)及其制品业	72	24.30	7.20
木材加工及木、竹、藤、棕、草制品业	243	172.51	51.00
家具制造业	96	53.61	12.95
造纸及纸制品业	374	523.86	151.65
印刷业和记录媒介的复制	1 149	288.11	115.43
文教体育用品制造业	92	30.71	9.46
石油加工、炼焦及核燃料加工业	241	9 557.83	1 282.89
化学原料及化学制品制造业	1 696	5 022.50	1 251.56
医药制造业	676	1 017.76	370.25
化学纤维制造业	85	581.23	114.56
橡胶制品业	184	402.69	91.95
塑料制品业	414	273.90	62.85
非金属矿物制品业	1 835	1 197.28	369.38
黑色金属冶炼及压延加工业	407	10 162.95	3 016.62
有色金属冶炼及压延加工业	429	2 734.77	736.25
金属制品业	655	486.49	123.18
通用设备制造业	1 573	2 481.24	704.25
专用设备制造业	1 323	1 794.27	453.83
交通运输设备制造业	1 732	8 145.24	1 918.02
电气机械及器材制造业	927	1 546.74	399.81
通信设备、计算机及其他电子设备制造业	830	3 568.84	760.61
仪器仪表及文化、办公用机械制造业	490	285.26	93.25
工艺品及其他制造业	188	127.02	43.46
废弃资源和废旧材料回收加工业	17	8.87	1.87
电力、热力的生产和供应业	3 829	15 887.30	4 976.34
燃气生产和供应业	221	290.39	76.30
水的生产和供应业	2 070	438.23	203.30

股工业企业主要指标(一)

5年

单位:亿元

资产合计	流动资产合计	流动资产年平均余额	固定资产原价	固定资产净值年平均余额
117 629.61	**42 155.31**	**40 705.62**	**83 515.49**	**49 140.16**
7 244.15	2 741.87	2 548.50	4 802.03	2 822.36
6 434.96	1 429.99	1 359.38	8 987.33	4 091.29
523.79	202.12	179.30	212.18	124.64
526.41	227.24	209.68	252.42	144.90
278.56	102.71	104.68	170.22	111.54
2.06	1.05	0.95	2.50	0.97
861.66	423.14	401.78	442.18	287.00
674.92	329.78	322.65	299.62	196.88
1 296.26	637.64	616.65	677.25	429.18
3 234.14	2 061.82	1 978.50	1 235.25	623.09
1 325.59	598.27	621.19	845.82	498.55
138.68	81.97	81.37	62.99	39.88
36.07	21.15	19.73	16.57	10.15
301.53	110.75	112.70	199.32	135.25
52.96	26.03	26.46	20.12	12.29
1 030.81	339.28	340.11	741.70	492.75
537.10	221.84	219.14	395.52	222.07
63.93	34.71	35.22	28.15	16.81
4 515.04	1 918.25	1 625.43	4 088.15	2 089.86
6 551.80	2 326.22	2 244.02	4 968.98	2 832.83
1 955.15	914.88	898.93	827.87	524.33
750.28	257.88	248.81	676.28	378.16
479.50	237.26	225.90	262.60	156.08
429.74	189.39	189.98	245.40	160.40
2 560.06	994.36	958.71	1 705.47	1 091.22
11 651.49	4 392.17	4 140.36	8 419.83	4 446.08
3 278.50	1 369.65	1 302.26	2 061.28	1 279.75
582.11	317.95	310.72	275.58	175.50
3 527.08	2 413.01	2 295.74	1 198.31	661.25
2 725.94	1 611.27	1 507.24	1 117.49	659.62
9 741.07	5 364.14	5 273.23	4 086.87	2 268.32
1 945.71	1 262.28	1 204.81	601.32	346.95
3 971.52	2 420.70	2 356.85	1 418.57	784.10
504.08	302.55	287.39	189.96	113.05
178.14	94.72	89.92	98.70	60.14
11.37	6.88	5.32	5.39	4.20
34 362.42	5 339.73	5 581.85	29 204.69	19 064.24
867.30	243.25	228.80	636.04	417.11
2 477.76	587.40	551.35	2 035.58	1 367.36

行　　业	负债合计	流动负债合　　计	所有者权益
全国总计	**66 653.58**	**44 456.78**	**50 625.00**
煤炭开采和洗选业	4 500.54	3 017.18	2 704.64
石油和天然气开采业	2 220.78	1 481.12	4 210.77
黑色金属矿采选业	225.38	187.97	298.41
有色金属矿采选业	273.81	202.54	252.59
非金属矿采选业	166.01	127.96	112.55
其他采矿业	0.50	0.50	1.56
农副食品加工业	586.21	505.55	275.45
食品制造业	415.44	361.90	259.23
饮料制造业	633.99	567.20	662.26
烟草制品业	1 059.84	1 002.32	2 174.30
纺织业	964.12	724.27	356.96
纺织服装、鞋、帽制造业	96.34	83.57	42.34
皮革、毛皮、羽毛(绒)及其制品业	25.81	22.22	10.25
木材加工及木、竹、藤、棕、草制品业	193.03	117.45	108.49
家具制造业	31.49	27.57	21.46
造纸及纸制品业	672.10	443.37	340.93
印刷业和记录媒介的复制	259.59	213.58	277.51
文教体育用品制造业	32.25	27.51	31.67
石油加工、炼焦及核燃料加工业	2 341.18	1 629.87	2 165.81
化学原料及化学制品制造业	3 669.43	2 542.80	2 848.33
医药制造业	1 020.52	873.68	934.64
化学纤维制造业	404.59	308.76	345.69
橡胶制品业	323.67	258.13	154.83
塑料制品业	265.10	205.82	162.29
非金属矿物制品业	1 655.40	1 234.14	898.70
黑色金属冶炼及压延加工业	6 633.06	5 077.01	4 854.55
有色金属冶炼及压延加工业	2 162.20	1 540.82	1 113.00
金属制品业	376.72	327.08	205.40
通用设备制造业	2 524.09	2 223.25	989.37
专用设备制造业	1 896.50	1 650.08	825.44
交通运输设备制造业	6 153.39	5 352.14	3 561.14
电气机械及器材制造业	1 356.43	1 199.79	581.37
通信设备、计算机及其他电子设备制造业	2 367.33	1 998.17	1 590.50
仪器仪表及文化、办公用机械制造业	317.39	266.25	186.03
工艺品及其他制造业	112.75	84.71	65.36
废弃资源和废旧材料回收加工业	7.15	6.15	4.22
电力、热力的生产和供应业	19 134.65	7 700.75	15 226.64
燃气生产和供应业	402.65	260.71	464.65
水的生产和供应业	1 172.10	602.89	1 305.66

股工业企业主要指标(二)

5年

单位:亿元

主营业务收入	主营业务成本	主营业务税金及附加	利润总额	本年应交增值税	全部从业人员年平均人数(万人)
85 574.18	**69 302.41**	**2 121.74**	**6 519.75**	**4 098.37**	**1 874.85**
4 101.55	2 748.63	62.39	335.36	322.46	322.80
5 780.30	2 404.61	120.98	2 743.75	575.27	82.13
227.70	138.56	4.54	38.32	17.53	11.72
459.31	296.80	2.91	102.69	20.32	18.64
150.30	92.19	4.49	13.98	12.69	13.93
2.48	2.02	0.00	0.13	0.12	0.08
1 173.73	1 049.62	3.70	29.48	22.26	26.77
488.98	379.40	2.59	25.80	21.11	16.68
843.62	550.90	68.54	78.90	55.45	27.46
2 823.10	1 017.36	1 129.13	404.77	327.92	18.51
923.72	835.39	4.33	-2.22	30.38	73.79
104.36	89.66	0.39	1.38	2.72	11.58
23.00	19.40	0.08	0.59	0.81	1.88
170.36	144.15	0.71	3.59	6.51	10.77
54.95	47.12	0.12	3.64	1.74	1.78
573.56	492.23	2.03	18.00	25.43	15.88
283.10	220.29	1.90	16.18	17.27	16.59
32.50	25.16	0.14	1.50	1.01	2.39
9 654.34	9 353.78	274.00	-197.17	184.50	38.08
5 108.08	4 295.58	41.09	264.61	175.44	111.93
1 113.13	747.99	6.89	94.57	65.34	36.34
580.37	523.67	2.46	-1.96	17.38	14.26
403.85	347.54	5.90	9.79	8.98	12.75
292.68	258.68	0.87	6.47	7.71	8.49
1 193.41	992.36	7.80	13.83	64.20	68.43
10 537.21	9 028.12	57.35	677.69	460.70	140.97
2 791.74	2 315.21	18.21	226.27	117.87	56.06
486.85	416.89	1.64	16.83	13.47	16.34
2 357.01	1 944.65	8.61	127.08	75.66	79.05
1 801.57	1 520.53	7.45	52.26	44.50	78.08
8 071.35	6 903.93	170.09	302.36	244.59	152.77
1 488.48	1 220.78	4.89	70.80	43.68	37.32
3 569.31	3 095.90	7.60	38.02	71.66	55.92
287.55	209.99	1.31	19.96	10.93	14.97
121.39	98.06	0.56	4.64	2.85	5.64
10.00	8.53	0.05	0.77	0.27	0.20
16 670.86	14 771.35	89.75	985.68	993.81	219.97
402.45	366.01	1.84	6.06	12.02	11.75
415.92	329.36	4.39	-14.69	21.80	42.15

行　　业	工业增加值率（%）	总资产贡献率（%）
全国总计	**32.45**	**11.87**
煤炭开采和洗选业	52.50	10.74
石油和天然气开采业	75.25	53.88
黑色金属矿采选业	52.23	11.98
有色金属矿采选业	39.83	24.97
非金属矿采选业	48.24	12.03
其他采矿业	20.16	12.44
农副食品加工业	22.84	8.00
食品制造业	33.87	8.44
饮料制造业	42.40	16.36
烟草制品业	72.91	58.06
纺织业	26.38	3.77
纺织服装、鞋、帽制造业	30.69	3.72
皮革、毛皮、羽毛(绒)及其制品业	29.64	4.75
木材加工及木、竹、藤、棕、草制品业	29.57	4.79
家具制造业	24.15	11.01
造纸及纸制品业	28.95	5.78
印刷业和记录媒介的复制	40.06	7.22
文教体育用品制造业	30.82	5.13
石油加工、炼焦及核燃料加工业	13.42	6.71
化学原料及化学制品制造业	24.92	8.54
医药制造业	36.38	9.63
化学纤维制造业	19.71	3.70
橡胶制品业	22.83	6.47
塑料制品业	22.95	4.68
非金属矿物制品业	30.85	4.58
黑色金属冶炼及压延加工业	29.68	11.31
有色金属冶炼及压延加工业	26.92	12.50
金属制品业	25.32	6.46
通用设备制造业	28.38	6.60
专用设备制造业	25.29	4.64
交通运输设备制造业	23.55	7.95
电气机械及器材制造业	25.85	6.93
通信设备、计算机及其他电子设备制造业	21.31	3.89
仪器仪表及文化、办公用机械制造业	32.69	7.10
工艺品及其他制造业	34.21	5.08
废弃资源和废旧材料回收加工业	21.14	9.77
电力、热力的生产和供应业	31.32	7.46
燃气生产和供应业	26.28	2.68
水的生产和供应业	46.39	1.14

股工业企业主要经济效益指标

5年

资产负债率（%）	流动资产周转次数（次/年）	工业成本费用利润率（%）	全员劳动生产率（元/人.年）	产品销售率（%）
56.66	**2.10**	**8.44**	**144 954**	**99.25**
62.13	1.61	9.23	63 082	97.82
34.51	4.25	99.65	521 339	99.97
43.03	1.27	20.84	89 704	99.82
52.02	2.19	28.73	99 916	98.63
59.60	1.44	10.82	51 826	97.07
24.28	2.61	5.76	65 292	100.01
68.03	2.92	2.61	93 017	99.26
61.55	1.52	5.51	96 769	98.96
48.91	1.37	11.24	130 277	97.74
32.77	1.43	30.74	1 108 076	101.46
72.73	1.49	-0.24	33 021	98.80
69.47	1.28	1.33	29 181	98.31
71.57	1.17	2.61	38 355	97.53
64.02	1.51	2.13	47 371	96.79
59.47	2.08	7.02	72 868	99.03
65.20	1.69	3.24	95 469	98.79
48.33	1.29	5.95	69 574	98.37
50.45	0.92	4.75	39 574	96.74
51.85	5.94	-2.05	336 914	99.56
56.01	2.28	5.48	111 821	98.76
52.20	1.24	9.22	101 881	95.73
53.93	2.33	-0.34	80 323	98.85
67.50	1.79	2.51	72 103	98.17
61.69	1.54	2.24	74 015	98.20
64.66	1.24	1.16	53 977	98.11
56.93	2.54	6.97	213 990	98.96
65.95	2.14	8.89	131 340	98.82
64.72	1.57	3.56	75 389	100.53
71.56	1.03	5.65	89 086	97.31
69.57	1.20	2.95	58 121	96.42
63.17	1.53	3.09	125 548	101.12
69.71	1.24	4.94	107 123	97.87
59.61	1.51	1.07	136 026	97.97
62.96	1.00	7.45	62 309	97.00
63.30	1.35	4.01	77 079	106.64
62.92	1.88	8.20	94 350	88.32
55.68	2.99	6.26	226 227	99.85
46.43	1.76	1.46	64 921	100.15
47.30	0.75	-3.28	48 236	96.78

全国各地区国有及国有控股工业企业主要指标(一)

2005年

单位:亿元

地　区	企业单位数（个）	工　业 总产值	工　业 增加值	实　收 资　本	资　产 合　计	流动资产 合　计
1998	64 737	33 621.04	11 076.90	16 424.73	74 916.27	29 559.03
1999	61 301	35 571.18	12 132.41	17 839.85	80 471.69	31 042.81
2000	53 489	40 554.37	13 777.68	20 156.14	84 014.94	32 628.81
2001	46 767	42 408.49	14 652.05	21 780.70	87 901.54	33 239.63
2002	41 125	45 178.96	15 935.03	22 268.48	89 094.60	33 468.77
2003	34 280	53 407.90	18 837.60	23 018.04	94 519.79	36 125.14
2004	35 597	70 228.99	23 194.15	29 109.91	109 708.25	39 376.20
2005	27 477	83 749.92	27 176.67		117 629.61	42 155.31
北　京	1 745	3 538.19	952.15		10 105.97	2 148.70
天　津	1 497	2 628.84	864.79		3 267.14	1 286.21
河　北	1 233	4 023.67	1 222.56		5 054.91	1 859.04
山　西	1 173	2 534.62	949.88		4 546.47	1 596.40
内蒙古	489	1 570.24	682.13		2 788.87	778.14
辽　宁	1 397	5 771.15	1 659.69		7 274.18	2 950.46
吉　林	583	2 533.47	746.89		3 245.39	1 127.09
黑龙江	693	3 607.17	1 807.13		3 983.60	1 601.70
上　海	1 461	6 018.86	1 685.05		8 088.32	3 352.71
江　苏	958	5 048.61	1 229.08		5 519.08	2 213.31
浙　江	811	3 401.17	845.29		3 865.38	1 325.52
安　徽	619	2 418.44	835.34		3 282.52	1 198.13
福　建	756	1 532.88	442.61		1 905.37	655.60
江　西	804	1 531.55	416.74		1 944.95	774.65
山　东	1 394	7 401.03	2 707.86		8 329.05	3 168.71
河　南	1 280	4 042.05	1 289.39		5 396.17	1 997.22
湖　北	1 058	3 161.87	1 051.82		6 035.77	1 826.28
湖　南	1 058	2 104.56	781.34		2 808.64	1 023.99
广　东	1 806	6 375.54	1 690.01		6 676.89	2 654.39
广　西	1 005	1 226.87	388.22		1 796.38	611.47
海　南	247	238.24	84.43		429.69	130.69
重　庆	471	1 299.08	337.09		1 991.72	840.72
四　川	928	2 488.53	902.99		4 473.03	1 683.30
贵　州	927	1 154.51	420.87		2 264.10	773.37
云　南	652	1 672.31	748.61		2 816.97	1 201.11
西　藏	170	18.19	10.14		92.46	20.92
陕　西	945	2 332.47	956.53		3 739.76	1 421.50
甘　肃	456	1 573.64	405.32		1 938.28	753.94
青　海	137	395.56	153.34		961.73	276.72
宁　夏	140	372.00	125.08		747.69	268.14
新　疆	584	1 734.60	784.29		2 259.12	635.18

全国各地区国有及国有控股工业企业主要指标(二)

2005年

单位:亿元

地区	流动资产年平均余额	固定资产原价合计	固定资产净值年平均余额	负债合计	流动负债合计	所有者权益合计
1998	36 122.72	47 913.25	31 891.43	35 648.27	30 625.48	26 759.22
1999	29 885.62	53 146.30	33 938.96	49 877.69	31 828.59	30 566.88
2000	31 485.38	57 294.96	36 886.64	51 239.61	32 237.41	32 714.81
2001	32 575.86	61 782.45	38 638.22	52 025.60	33 144.47	35 741.27
2002	32 625.56	64 521.95	39 728.29	52 837.08	34 009.59	36 139.17
2003	34 327.98	69 701.11	42 118.40	55 990.53	36 430.98	38 381.02
2004	37 557.64	76 599.42	46 283.30	62 005.79	40 771.99	47 479.25
2005	40 705.62	83 515.49	49 140.16	66 653.58	44 456.78	50 625.00
北　京	2 055.71	3 448.59	1 999.02	3 147.11	1 983.61	6 958.87
天　津	1 242.61	2 513.20	1 350.66	1 966.53	1 460.86	1 300.61
河　北	1 744.45	4 118.36	2 298.91	3 235.57	2 218.21	1 819.34
山　西	1 517.94	3 263.05	1 959.56	3 083.21	1 840.59	1 362.88
内蒙古	758.86	2 278.09	1 381.92	1 793.91	916.71	994.96
辽　宁	2 780.44	5 955.43	3 343.02	4 315.87	3 098.68	2 837.81
吉　林	1 161.38	2 477.64	1 350.26	1 965.86	1 468.17	1 271.19
黑龙江	1 527.10	3 953.85	1 902.75	2 171.08	1 689.09	1 812.03
上　海	3 260.16	5 735.86	2 991.51	3 526.75	2 852.59	4 561.56
江　苏	2 194.84	3 854.76	2 263.32	3 293.05	2 515.76	2 224.76
浙　江	1 303.67	2 974.77	1 907.16	2 219.00	1 249.00	1 639.29
安　徽	1 139.49	2 108.77	1 351.20	2 062.29	1 327.87	1 211.54
福　建	645.60	1 444.25	891.29	1 069.96	724.05	835.39
江　西	758.02	1 273.65	796.66	1 349.41	894.54	565.60
山　东	3 046.75	6 156.31	3 449.24	5 012.27	3 421.99	3 290.99
河　南	1 984.96	3 943.10	2 363.96	3 540.89	2 456.65	1 855.28
湖　北	1 811.23	4 073.82	2 996.94	3 460.95	1 977.03	2 574.82
湖　南	1 005.39	2 004.66	1 211.28	1 888.12	1 079.66	920.52
广　东	2 621.40	5 153.83	3 061.53	3 552.69	2 355.86	3 124.21
广　西	595.87	1 303.64	824.29	1 130.12	719.01	666.26
海　南	119.50	304.23	205.10	233.03	124.48	196.66
重　庆	826.52	1 195.37	725.27	1 173.61	866.55	818.12
四　川	1 609.59	3 260.59	1 904.79	2 877.77	1 795.29	1 587.51
贵　州	732.84	1 487.05	957.85	1 503.07	880.97	760.64
云　南	1 106.86	1 556.29	920.86	1 336.24	932.00	1 480.73
西　藏	19.56	78.71	61.85	23.56	15.18	68.90
陕　西	1 348.42	2 723.90	1 683.20	2 314.09	1 534.75	1 408.00
甘　肃	699.49	1 315.35	904.63	1 149.79	727.01	788.49
青　海	276.36	754.00	475.92	659.39	324.44	300.72
宁　夏	241.13	489.72	302.32	455.64	259.96	275.41
新　疆	558.98	2 314.67	1 303.92	1 142.74	746.21	1 111.92

全国各地区国有及国有控股工业企业主要指标(三)

2005年

单位:亿元

地　区	主营业务收　入	主营业务成　本	主营业务税金及附加	利　润总　额	本年应交增值税	全部从业人员年平均人数(万人)
1998	33 566.11	27 092.45	993.53	525.14	1 852.36	3 747.78
1999	35 950.70	28 919.13	1 062.21	997.86	2 019.03	3 394.58
2000	42 203.12	33 473.62	1 150.28	2 408.33	2 320.36	2 995.25
2001	44 443.52	35 522.47	1 250.18	2 388.56	2 408.97	2 675.11
2002	47 844.21	38 048.00	1 401.82	2 632.94	2 580.51	2 423.63
2003	58 027.15	45 987.63	1 589.87	3 836.20	3 025.57	2 162.87
2004	71 430.99	57 187.96	1 921.90	5 453.10	3 514.68	1 973.20
2005	85 574.18	69 302.41	2 121.74	6 519.75	4 098.37	1 874.85
北　京	3 867.93	3 406.42	47.48	240.13	124.65	53.02
天　津	2 738.58	2 257.75	57.30	262.66	105.89	40.65
河　北	4 021.96	3 388.22	57.04	224.40	183.21	108.40
山　西	2 603.14	1 974.50	35.21	160.52	171.49	119.84
内蒙古	1 579.37	1 271.09	22.31	113.20	102.31	41.74
辽　宁	5 968.29	5 265.79	90.90	159.68	215.84	116.99
吉　林	2 451.35	2 123.45	61.45	81.30	98.93	60.78
黑龙江	3 696.64	2 300.13	70.80	1 023.51	281.77	91.22
上　海	6 483.49	5 439.38	150.68	510.75	244.55	61.12
江　苏	5 021.00	4 279.24	114.44	231.34	212.89	76.98
浙　江	3 802.59	3 317.26	103.48	187.31	163.93	34.33
安　徽	2 481.29	2 009.52	71.89	140.52	120.28	70.97
福　建	1 534.14	1 273.30	49.50	81.49	68.73	28.77
江　西	1 526.21	1 294.42	35.90	57.16	69.19	47.06
山　东	7 774.29	6 196.85	126.60	747.09	346.22	149.02
河　南	4 098.07	3 391.21	85.12	203.81	190.42	145.95
湖　北	3 064.99	2 385.37	89.23	245.19	154.02	76.90
湖　南	2 080.92	1 624.16	134.56	77.99	116.37	61.46
广　东	6 261.70	5 294.21	129.44	387.31	283.51	69.42
广　西	1 242.97	1 028.19	30.23	67.70	70.57	37.24
海　南	235.23	178.74	8.10	22.44	15.26	5.92
重　庆	1 307.55	1 081.73	32.59	46.45	62.27	40.43
四　川	2 506.44	1 969.58	59.28	166.71	127.49	80.21
贵　州	1 114.30	838.80	58.97	57.47	73.66	44.23
云　南	1 665.15	1 110.50	240.14	172.16	129.63	33.21
西　藏	18.99	12.96	0.31	1.95	1.89	1.61
陕　西	2 297.68	1 610.70	69.25	350.68	136.72	77.89
甘　肃	1 606.53	1 200.12	39.71	48.40	71.01	44.96
青　海	380.86	265.24	6.01	68.40	26.55	9.02
宁　夏	353.09	298.47	5.09	11.53	17.36	13.91
新　疆	1 789.47	1 215.09	38.72	370.50	111.75	31.58

全国各地区“三资”工业企业主要指标(一)

2005 年

单位:亿元

地　区	企业单位数(个)	工　业 总产值	工　业 增加值	实　收 资　本	资　产 合　计	流动资产 合　计
1998	26 442	16 757.90	4 055.07	7 538.86	21 326.95	9 971.87
1999	26 837	18 954.23	4 850.92	8 181.30	23 018.92	11 127.85
2000	28 445	23 464.55	6 090.35	9 080.11	25 714.06	12 849.54
2001	31 423	27 220.91	7 128.11	10 256.78	28 354.46	14 029.75
2002	34 466	32 459.28	8 573.10	11 447.28	31 513.76	16 237.04
2003	38 581	44 357.81	11 599.65	13 216.82	39 260.26	21 489.84
2004	57 165	65 995.21	16 631.71	18 410.09	55 601.79	30 615.15
2005	56 387	79 860.23	20 468.28		64 308.47	35 303.97
北　京	1 319	3 081.24	630.48		2 302.56	1 417.97
天　津	1 627	3 319.23	773.42		2 382.30	1 518.92
河　北	993	1 715.29	510.97		1 549.76	664.82
山　西	119	232.97	80.65		354.88	137.09
内蒙古	131	330.46	119.88		799.34	210.72
辽　宁	2 197	2 328.23	647.51		2 214.10	1 165.29
吉　林	265	902.86	261.57		614.85	257.16
黑龙江	202	364.35	122.89		434.62	189.41
上　海	5 590	9 788.71	2 325.08		8 401.40	4 808.77
江　苏	7 576	13 263.86	3 256.65		10 409.61	5 617.73
浙　江	6 807	5 644.38	1 128.33		5 098.38	2 879.65
安　徽	496	743.81	233.62		677.90	339.07
福　建	4 943	4 753.23	1 262.75		3 719.82	2 102.29
江　西	497	447.45	129.21		434.21	190.94
山　东	4 684	5 401.41	1 625.15		3 844.75	1 769.67
河　南	435	610.91	166.07		618.64	307.26
湖　北	605	1 373.30	452.17		1 322.80	559.90
湖　南	410	385.43	132.15		412.20	164.30
广　东	15 708	22 875.53	5 942.88		16 004.54	9 726.66
广　西	390	574.22	151.97		521.25	250.46
海　南	99	109.13	33.21		217.07	80.43
重　庆	183	470.15	119.27		519.13	234.90
四　川	485	487.99	153.71		582.87	302.29
贵　州	106	51.68	12.84		91.04	47.20
云　南	183	168.62	49.99		218.16	92.71
西　藏	1	2.16	1.26		4.67	1.07
陕　西	169	227.40	88.72		236.76	121.25
甘　肃	46	54.15	10.32		70.81	35.62
青　海	21	47.53	15.48		110.91	40.19
宁　夏	35	62.21	15.65		85.68	41.48
新　疆	65	42.32	14.44		53.47	28.75

全国各地区“三资”工业企业主要指标(二)

2005 年

单位:亿元

地区	流动资产年平均余额	固定资产原价合计	固定资产净值年平均余额	负债合计	流动负债合计	所有者权益合计
1998	9 671.91	11 439.70	8 313.98	12 481.58	9 507.28	8 844.84
1999	10 606.05	12 747.02	9 062.95	13 287.86	10 407.35	9 730.41
2000	11 926.66	14 318.30	9 808.74	14 658.92	11 616.67	11 054.36
2001	13 750.96	16 700.30	11 111.58	15 558.91	12 466.43	12 794.29
2002	15 174.60	18 726.88	12 097.09	17 136.03	14 146.01	14 359.94
2003	19 866.14	21 818.93	13 722.33	21 763.06	18 466.50	17 473.30
2004	28 266.85	29 387.92	18 572.57	31 278.34	26 700.51	24 298.79
2005	33 416.06	34 266.82	21 419.03	36 459.37	30 842.48	27 770.72
北　京	1 287.13	1 044.16	583.81	1 300.95	1 106.19	1 001.60
天　津	1 418.87	1 106.47	648.23	1 270.17	1 190.26	1 113.04
河　北	638.95	1 023.39	677.60	882.76	641.87	667.00
山　西	133.27	264.08	178.92	218.87	143.81	136.02
内蒙古	209.39	487.98	282.63	490.52	248.81	275.23
辽　宁	1 121.64	1 303.53	779.26	1 171.71	977.07	1 042.39
吉　林	283.24	440.61	232.28	317.18	262.76	297.67
黑龙江	181.41	321.65	206.50	279.55	250.60	155.07
上　海	4 634.21	4 582.64	2 636.00	4 617.35	4 008.60	3 784.04
江　苏	5 149.99	5 641.16	3 869.78	6 191.14	5 239.37	4 218.47
浙　江	2 698.96	2 202.85	1 540.94	2 933.30	2 521.63	2 165.09
安　徽	325.02	388.09	243.86	373.67	298.43	304.23
福　建	2 022.81	1 890.88	1 234.12	1 960.30	1 658.42	1 759.53
江　西	180.06	231.21	165.69	225.62	156.56	182.81
山　东	1 699.63	2 249.50	1 501.17	2 108.39	1 688.10	1 716.43
河　南	306.89	427.67	249.15	395.49	326.27	223.15
湖　北	667.21	733.44	442.41	715.94	546.67	606.86
湖　南	164.37	262.96	174.35	227.37	164.38	184.83
广　东	9 086.29	8 103.06	4 769.34	9 195.26	8 252.07	6 809.28
广　西	247.76	283.75	179.66	303.82	236.60	217.43
海　南	75.07	123.58	115.81	134.13	61.19	82.94
重　庆	210.52	333.15	178.43	303.54	228.86	215.59
四　川	279.35	286.67	193.62	348.34	280.14	234.53
贵　州	45.90	44.57	29.30	60.51	46.75	30.53
云　南	88.20	164.90	104.49	116.52	73.39	101.64
西　藏	1.07	3.54	3.36	0.06	0.06	4.61
陕　西	120.08	165.57	89.39	124.33	103.43	112.43
甘　肃	33.92	46.77	30.38	41.45	26.92	29.35
青　海	33.68	36.42	25.37	70.18	49.31	40.74
宁　夏	44.23	39.30	31.91	54.64	31.01	31.05
新　疆	26.93	33.28	21.27	26.31	22.96	27.16

全国各地区"三资"工业企业主要指标(三)

2005 年

单位:亿元

地区	主营业务收入	主营业务成本	主营业务税金及附加	利润总额	本年应交增值税	全部从业人员年平均人数(万人)
1998	15 604.60	13 023.55	98.64	418.61	521.06	775.19
1999	17 966.55	14 824.32	111.51	753.93	590.79	791.86
2000	22 545.74	18 583.27	129.76	1 282.48	738.88	852.96
2001	26 022.08	21 677.74	134.78	1 442.95	876.37	938.98
2002	31 189.27	25 907.35	151.87	1 877.22	960.87	1 054.34
2003	43 607.63	36 604.09	223.65	2 777.44	1 189.01	1 258.67
2004	65 105.85	55 649.54	296.90	3 875.97	1 508.66	1 755.26
2005	78 564.46	67 862.98	326.90	4 140.81	1 811.52	1 899.64
北　京	3 053.44	2 600.90	17.45	167.82	73.27	31.02
天　津	3 485.21	2 969.92	19.82	242.41	63.65	42.81
河　北	1 675.24	1 413.68	3.98	162.82	66.21	30.82
山　西	229.49	184.38	0.81	12.63	14.71	6.56
内蒙古	428.58	340.69	2.00	39.60	22.01	5.59
辽　宁	2 266.99	1 964.30	16.11	92.58	51.62	52.93
吉　林	753.55	658.56	21.77	27.13	33.24	8.26
黑龙江	373.92	278.60	7.34	19.96	21.31	10.45
上　海	10 114.16	8 706.67	46.76	447.95	195.68	137.40
江　苏	13 071.24	11 639.98	17.71	589.66	217.65	245.21
浙　江	5 631.83	4 876.71	8.96	281.96	133.35	162.57
安　徽	698.35	576.36	5.35	39.27	24.51	15.81
福　建	4 573.50	3 973.09	12.73	250.35	93.10	170.75
江　西	434.76	364.91	3.42	22.26	13.66	17.58
山　东	5 237.71	4 496.59	25.69	349.90	146.50	148.59
河　南	566.98	480.46	3.86	22.14	20.56	14.89
湖　北	1 359.35	1 135.11	11.55	66.60	49.98	23.42
湖　南	362.15	285.03	3.77	22.92	13.28	12.00
广　东	22 031.66	19 138.03	76.21	1 140.02	460.35	712.06
广　西	544.25	451.80	3.88	33.14	22.34	13.85
海　南	95.06	70.77	0.88	5.16	3.92	2.39
重　庆	470.26	382.84	7.94	32.30	23.75	7.06
四　川	466.31	372.31	3.69	28.08	17.13	11.65
贵　州	46.69	40.72	0.04	-4.95	1.77	2.40
云　南	167.38	133.37	0.68	14.21	8.97	3.65
西　藏	1.72	0.98	0.00	0.60	0.18	0.06
陕　西	201.02	143.97	2.51	18.45	11.44	4.90
甘　肃	54.10	48.61	0.76	0.16	2.43	1.21
青　海	60.67	44.84	0.32	6.87	1.53	1.41
宁　夏	67.97	57.31	0.48	4.53	1.43	1.32
新　疆	40.30	31.49	0.44	4.28	2.00	1.02

行　业	企业单位数（个）	工　业总产值	工　业增加值
全国总计	**56 387**	**79 860.23**	**20 468.28**
煤炭开采和洗选业	26	58.73	27.68
石油和天然气开采业	7	491.09	455.72
黑色金属矿采选业	25	20.00	3.87
有色金属矿采选业	37	45.10	15.12
非金属矿采选业	127	57.71	18.27
其他采矿业	4	5.45	1.52
农副食品加工业	2 130	3 071.71	774.36
食品制造业	1 294	1 376.69	461.29
饮料制造业	569	1 056.07	403.89
烟草制品业	6	6.90	3.70
纺织业	5 007	3 201.80	836.28
纺织服装、鞋、帽制造业	5 110	2 290.07	673.10
皮革、毛皮、羽毛(绒)及其制品业	2 494	1 827.08	504.90
木材加工及木、竹、藤、棕、草制品业	918	426.84	114.12
家具制造业	1 051	788.09	209.96
造纸及纸制品业	1 234	1 454.58	379.75
印刷业和记录媒介的复制	662	467.78	149.46
文教体育用品制造业	1 616	900.71	233.35
石油加工、炼焦及核燃料加工业	160	1 269.96	237.88
化学原料及化学制品制造业	3 045	4 197.18	1 202.94
医药制造业	890	1 047.90	393.91
化学纤维制造业	276	725.61	134.72
橡胶制品业	744	848.92	241.34
塑料制品业	3 345	2 165.85	554.61
非金属矿物制品业	2 435	1 685.09	515.32
黑色金属冶炼及压延加工业	489	2 751.73	583.75
有色金属冶炼及压延加工业	638	1 207.14	266.01
金属制品业	2 792	2 395.20	597.09
通用设备制造业	2 987	2 905.45	832.40
专用设备制造业	2 001	1 508.36	425.22
交通运输设备制造业	2 072	6 732.20	1 727.33
电气机械及器材制造业	3 830	5 264.68	1 356.96
通信设备、计算机及其他电子设备制造业	4 637	22 712.30	4 555.66
仪器仪表及文化、办公用机械制造业	1 235	1 848.36	435.81
工艺品及其他制造业	1 830	822.28	241.25
废弃资源和废旧材料回收加工业	100	97.34	16.14
电力、热力的生产和供应业	396	1 893.86	825.57
燃气生产和供应业	108	174.67	31.55
水的生产和供应业	60	59.72	26.52

工业企业主要指标(一)

5 年

单位:亿元

资　产 合　计	流动资产 合　计	流动资产 年平均余额	固定资产 原　价	固定资产净值 年平均余额
64 308.47	**35 303.97**	**33 416.06**	**34 266.82**	**21 419.03**
95.64	54.31	46.47	34.07	24.73
183.95	26.28	26.01	76.97	66.93
17.50	12.63	12.10	4.36	3.83
97.38	39.31	33.91	33.36	21.43
48.96	19.88	18.88	32.57	21.21
4.47	1.72	1.41	4.49	2.30
1 705.94	960.39	934.32	845.48	554.27
1 187.72	615.54	592.75	672.83	408.21
1 088.41	489.24	480.27	780.32	470.61
15.56	8.35	7.47	11.57	5.63
2 916.57	1 545.70	1 476.24	1 610.66	1 039.87
1 485.42	928.74	875.00	631.38	403.93
1 144.02	744.62	698.76	436.56	281.06
394.51	196.37	188.85	223.82	150.32
593.85	360.23	349.00	241.20	165.95
2 091.72	797.75	774.72	1 389.99	989.22
571.07	307.20	299.74	355.80	214.17
646.70	404.56	385.31	302.81	186.91
759.78	348.49	333.96	559.18	315.50
3 883.56	1 857.75	1 748.79	2 183.86	1 517.15
1 188.30	637.30	592.27	583.35	375.42
737.56	286.55	268.83	540.77	346.71
887.25	416.53	412.07	516.42	339.62
2 177.01	1 182.19	1 103.96	1 184.37	765.04
2 239.75	985.30	935.23	1 455.92	961.95
2 204.17	1 065.56	1 033.66	976.47	683.51
992.53	533.71	485.53	475.13	324.03
1 784.40	1 102.21	1 059.85	817.76	516.49
2 786.77	1 838.23	1 719.55	1 170.57	698.93
1 543.26	1 013.59	950.68	594.28	383.10
5 494.42	3 045.11	3 078.65	2 638.91	1 496.83
3 834.54	2 511.59	2 339.00	1 583.63	957.80
12 979.59	8 750.58	8 004.98	5 391.01	3 323.64
1 107.02	737.23	700.06	419.22	256.57
567.69	343.77	324.37	254.42	167.54
47.36	37.00	32.34	9.90	7.00
4 328.90	954.94	953.09	4 886.91	2 740.29
250.30	88.03	82.28	139.93	105.19
224.95	55.45	55.71	196.60	126.11

行　业	负债合计	流动负债合　计	所有者权　益
全国总计	**36 459.37**	**30 842.48**	**27 770.72**
煤炭开采和洗选业	58.64	41.13	37.00
石油和天然气开采业	29.96	27.92	153.99
黑色金属矿采选业	11.95	11.71	5.55
有色金属矿采选业	60.22	43.54	37.15
非金属矿采选业	24.49	19.76	24.46
其他采矿业	1.41	1.41	3.06
农副食品加工业	1 047.49	940.29	658.45
食品制造业	614.06	536.92	573.66
饮料制造业	584.74	516.51	503.67
烟草制品业	6.43	6.43	9.13
纺织业	1 559.64	1 391.13	1 356.93
纺织服装、鞋、帽制造业	804.07	751.80	681.35
皮革、毛皮、羽毛(绒)及其制品业	652.75	614.74	491.27
木材加工及木、竹、藤、棕、草制品业	220.41	169.14	174.10
家具制造业	344.86	321.01	248.99
造纸及纸制品业	1 274.80	837.25	799.33
印刷业和记录媒介的复制	262.49	240.20	308.58
文教体育用品制造业	338.76	321.19	307.94
石油加工、炼焦及核燃料加工业	403.02	332.24	356.76
化学原料及化学制品制造业	2 059.01	1 502.95	1 825.44
医药制造业	595.05	509.07	591.16
化学纤维制造业	370.64	272.78	366.93
橡胶制品业	486.40	377.12	400.84
塑料制品业	1 141.65	994.46	1 035.36
非金属矿物制品业	1 192.43	911.37	1 047.32
黑色金属冶炼及压延加工业	1 407.03	1 097.53	797.14
有色金属冶炼及压延加工业	586.40	488.90	406.13
金属制品业	932.39	857.80	852.01
通用设备制造业	1 535.90	1 437.30	1 250.87
专用设备制造业	826.08	764.91	716.94
交通运输设备制造业	2 914.35	2 651.59	2 554.29
电气机械及器材制造业	2 216.00	2 079.12	1 618.57
通信设备、计算机及其他电子设备制造业	8 416.46	7 710.78	4 563.13
仪器仪表及文化、办公用机械制造业	553.94	531.21	553.08
工艺品及其他制造业	274.33	255.33	293.36
废弃资源和废旧材料回收加工业	35.94	35.20	11.42
电力、热力的生产和供应业	2 369.10	1 081.02	1 926.22
燃气生产和供应业	166.90	118.61	83.39
水的生产和供应业	79.17	41.11	145.79

工业企业主要指标(二)

5 年

单位:亿元

主营业务收入	主营业务成本	主营业务税金及附加	利润总额	本年应交增值税	全部从业人员年平均人数(万人)
78 564.46	**67 862.98**	**326.90**	**4 140.81**	**1 811.52**	**1 899.64**
87.49	55.13	0.43	11.89	4.48	1.00
267.55	54.91	15.56	179.49	23.66	0.21
20.33	17.23	0.07	1.99	0.65	0.44
57.86	41.41	0.25	8.38	1.58	1.34
55.10	40.64	0.75	3.88	2.59	1.82
5.51	4.02	0.02	0.93	0.29	0.11
3 006.60	2 697.02	7.04	114.92	45.16	53.75
1 358.77	932.58	3.20	92.66	67.78	32.92
1 104.18	741.92	36.10	76.84	64.86	19.58
8.82	5.35	0.07	1.68	1.07	0.41
3 116.89	2 773.87	5.91	116.40	63.26	148.11
2 221.19	1 908.65	5.20	87.15	51.10	178.77
1 754.72	1 562.24	4.38	61.72	37.20	146.01
408.40	357.58	0.75	16.99	10.85	17.08
768.68	665.37	0.67	33.31	11.43	39.08
1 440.43	1 227.80	4.45	75.71	43.94	31.19
455.23	368.56	0.48	43.50	17.97	18.16
882.68	775.42	1.07	27.53	12.03	75.62
1 252.57	1 139.75	14.60	49.37	42.40	5.40
4 162.17	3 231.17	19.27	343.59	155.59	42.38
967.03	576.67	3.55	103.23	67.77	22.62
702.96	651.60	1.01	10.56	12.56	7.99
829.24	698.74	6.77	41.07	16.93	30.14
2 120.21	1 851.12	3.63	91.32	40.17	82.11
1 640.73	1 372.48	4.06	91.68	59.21	57.56
2 675.27	2 477.66	2.13	101.44	64.03	19.43
1 176.40	1 066.30	0.95	52.52	21.29	14.88
2 359.27	2 053.45	2.44	135.33	38.71	69.41
2 900.76	2 373.94	2.93	248.03	73.65	64.86
1 526.71	1 243.66	3.56	117.20	38.87	42.34
6 739.60	5 668.12	156.98	386.88	237.99	78.11
5 077.56	4 352.08	4.99	255.39	92.80	153.16
22 423.20	20 604.30	5.58	725.65	182.02	318.49
1 832.07	1 605.12	0.93	92.57	25.66	45.56
800.70	685.74	2.29	38.76	18.31	60.80
97.66	92.76	0.05	1.36	0.79	0.92
1 996.83	1 606.43	4.39	287.31	157.98	14.31
210.30	192.83	0.32	6.56	2.45	2.25
52.77	39.36	0.07	5.98	2.44	1.30

全国按行业分“三资”工

200

行　　业	工　　业 增加值率 (%)	总资产 贡献率 (%)
全国总计	**25.63**	**10.55**
煤炭开采和洗选业	47.12	18.81
石油和天然气开采业	92.80	119.42
黑色金属矿采选业	19.35	15.92
有色金属矿采选业	33.52	12.13
非金属矿采选业	31.66	15.41
其他采矿业	27.89	27.96
农副食品加工业	25.21	11.11
食品制造业	33.51	14.35
饮料制造业	38.24	16.96
烟草制品业	53.62	19.04
纺织业	26.12	7.34
纺织服装、鞋、帽制造业	29.39	10.32
皮革、毛皮、羽毛(绒)及其制品业	27.63	9.80
木材加工及木、竹、藤、棕、草制品业	26.74	8.55
家具制造业	26.64	8.30
造纸及纸制品业	26.11	7.36
印刷业和记录媒介的复制	31.95	11.41
文教体育用品制造业	25.91	6.74
石油加工、炼焦及核燃料加工业	18.73	15.23
化学原料及化学制品制造业	28.66	14.22
医药制造业	37.59	15.42
化学纤维制造业	18.57	4.42
橡胶制品业	28.43	8.56
塑料制品业	25.61	7.00
非金属矿物制品业	30.58	7.91
黑色金属冶炼及压延加工业	21.21	8.80
有色金属冶炼及压延加工业	22.04	8.63
金属制品业	24.93	10.63
通用设备制造业	28.65	12.12
专用设备制造业	28.19	10.77
交通运输设备制造业	25.66	14.68
电气机械及器材制造业	25.77	9.77
通信设备、计算机及其他电子设备制造业	20.06	7.52
仪器仪表及文化、办公用机械制造业	23.58	10.96
工艺品及其他制造业	29.34	11.12
废弃资源和废旧材料回收加工业	16.58	5.57
电力、热力的生产和供应业	43.59	12.11
燃气生产和供应业	18.06	4.39
水的生产和供应业	44.40	4.35

业企业主要经济效益指标

5 年

资 产 负债率 (%)	流动资产 周转次数 (次/年)	工业成本费用 利 润 率 (%)	全 员 劳 动 生 产 率 (元/人.年)	产 品 销售率 (%)
56.69	**2.35**	**5.58**	**107 748**	**98.12**
61.32	1.88	15.82	275 565	133.88
16.29	10.28	295.55	21 919 974	98.35
68.27	1.68	10.93	87 886	96.94
61.85	1.71	17.05	112 625	99.41
50.03	2.92	7.85	100 137	96.66
31.53	3.91	20.17	134 951	95.39
61.40	3.22	4.00	144 066	98.38
51.70	2.29	7.36	140 125	98.40
53.72	2.30	7.82	206 257	98.36
41.32	1.18	23.71	90 329	127.68
53.47	2.11	3.89	56 463	97.58
54.13	2.54	4.10	37 652	97.73
57.06	2.51	3.67	34 580	97.93
55.87	2.16	4.33	66 829	97.11
58.07	2.20	4.54	53 728	98.29
60.95	1.86	5.55	121 763	97.03
45.96	1.52	10.56	82 303	97.24
52.38	2.29	3.23	30 859	98.16
53.04	3.75	4.13	440 412	99.31
53.02	2.38	9.00	283 879	98.56
50.08	1.63	11.99	174 115	92.65
50.25	2.61	1.54	168 692	97.54
54.82	2.01	5.24	80 077	97.92
52.44	1.92	4.52	67 546	97.97
53.24	1.75	5.90	89 527	97.23
63.84	2.59	3.93	300 361	96.76
59.08	2.42	4.68	178 762	97.49
52.25	2.23	6.07	86 022	98.78
55.11	1.69	9.31	128 331	98.94
53.53	1.61	8.30	100 437	97.79
53.04	2.19	6.19	221 133	99.33
57.79	2.17	5.29	88 595	97.99
64.84	2.80	3.34	143 040	97.90
50.04	2.62	5.33	95 646	98.99
48.32	2.47	5.11	39 680	97.75
75.88	3.02	1.42	174 869	96.24
54.73	2.10	16.55	576 746	99.62
66.68	2.56	3.18	140 086	101.10
35.19	0.95	12.33	204 182	96.71

行　业	企业单位数(个)	工业总产值	工业增加值
全国总计	**29 774**	**167 700.72**	**48 073.53**
煤炭开采和洗选业	707	4 257.42	2 247.26
石油和天然气开采业	72	5 715.98	4 303.76
黑色金属矿采选业	171	430.76	209.74
有色金属矿采选业	216	634.02	251.59
非金属矿采选业	116	211.18	94.49
其他采矿业	2	4.57	1.19
农副食品加工业	996	4 363.72	1 154.84
食品制造业	633	2 244.65	717.47
饮料制造业	555	2 123.96	836.57
烟草制品业	108	2 722.03	1 976.48
纺织业	2 635	6 790.01	1 748.74
纺织服装、鞋、帽制造业	982	2 167.22	618.79
皮革、毛皮、羽毛(绒)及其制品业	650	1 739.89	482.75
木材加工及木、竹、藤、棕、草制品业	234	515.57	142.43
家具制造业	302	674.56	182.13
造纸及纸制品业	641	2 204.08	620.45
印刷业和记录媒介的复制	327	584.83	193.69
文教体育用品制造业	370	719.45	179.79
石油加工、炼焦及核燃料加工业	408	10 794.36	1 664.24
化学原料及化学制品制造业	1 729	9 444.61	2 532.90
医药制造业	795	2 704.40	990.74
化学纤维制造业	210	2 032.04	361.61
橡胶制品业	374	1 499.32	397.85
塑料制品业	810	1 910.17	462.10
非金属矿物制品业	1 868	3 896.92	1 200.40
黑色金属冶炼及压延加工业	970	17 484.31	4 794.91
有色金属冶炼及压延加工业	585	4 853.03	1 248.15
金属制品业	912	2 680.58	690.63
通用设备制造业	1 759	5 692.23	1 586.96
专用设备制造业	1 022	3 516.25	917.11
交通运输设备制造业	1 725	12 628.54	2 969.57
电气机械及器材制造业	1 934	9 001.97	2 291.05
通信设备、计算机及其他电子设备制造业	2 184	24 085.71	4 946.46
仪器仪表及文化、办公用机械制造业	443	1 830.33	431.82
工艺品及其他制造业	375	790.37	207.13
废弃资源和废旧材料回收加工业	15	42.31	9.92
电力、热力的生产和供应业	1 663	14 163.49	4 193.63
燃气生产和供应业	98	251.52	72.69
水的生产和供应业	178	294.34	141.49

业企业主要指标(一)

5年

单位:亿元

资产合计	流动资产合计	流动资产年平均余额	固定资产原价	固定资产净值年平均余额
178 816.88	**77 623.67**	**74 090.35**	**109 682.42**	**66 133.28**
7 782.18	2 979.21	2 761.75	5 007.37	2 961.27
6 443.40	1 421.52	1 353.95	9 009.71	4 109.78
752.46	321.72	286.67	300.53	187.16
691.73	293.20	268.03	339.97	203.83
334.24	127.38	123.53	183.39	119.75
3.80	1.35	1.19	4.14	2.14
2 850.39	1 457.27	1 396.80	1 367.59	922.20
2 015.71	982.60	936.08	1 020.86	663.17
2 447.76	1 195.08	1 143.26	1 387.87	854.81
3 179.75	2 029.28	1 948.70	1 205.67	604.94
6 452.68	3 146.23	3 025.13	3 564.09	2 292.83
1 704.53	1 043.93	965.80	650.90	433.91
1 113.72	695.33	665.32	399.75	267.82
529.90	236.07	230.21	301.94	205.14
547.22	316.70	303.22	222.18	155.20
3 108.89	1 080.72	1 055.06	2 112.20	1 490.29
761.58	359.07	353.96	504.06	295.15
561.21	335.70	324.08	256.10	161.27
5 762.20	2 529.70	2 189.38	4 621.17	2 487.09
10 238.97	4 066.42	3 852.89	6 896.44	4 124.94
3 572.66	1 754.05	1 685.70	1 567.98	1 014.43
2 009.59	789.85	754.00	1 411.82	888.64
1 421.81	679.44	662.06	800.40	513.67
1 931.34	996.81	937.64	936.19	621.27
5 801.69	2 301.16	2 233.86	3 687.61	2 438.85
16 848.45	6 918.33	6 579.83	10 736.71	6 095.46
5 103.51	2 275.78	2 137.91	2 985.50	1 937.38
2 102.30	1 272.95	1 218.01	848.31	548.08
6 183.88	4 067.29	3 849.47	2 267.09	1 303.82
4 033.33	2 446.71	2 300.46	1 587.77	952.25
13 424.79	7 480.76	7 401.09	5 494.36	3 155.46
7 391.84	4 802.64	4 472.41	2 434.43	1 492.51
15 550.70	10 308.30	9 525.67	6 088.38	3 712.16
1 306.26	803.74	775.46	502.24	319.15
662.19	383.82	361.49	296.53	194.90
24.92	12.22	13.85	8.35	5.10
31 625.77	5 097.38	5 418.07	26 601.09	17 065.50
814.95	224.14	205.76	607.21	395.26
1 724.60	389.85	372.60	1 464.47	936.73

行业	负债合计	流动负债合计	所有者权益
全国总计	**102 529.69**	**77 049.41**	**75 928.60**
煤炭开采和洗选业	4 844.34	3 227.29	2 898.87
石油和天然气开采业	2 227.65	1 492.62	4 212.34
黑色金属矿采选业	352.38	304.10	400.08
有色金属矿采选业	344.87	259.64	346.85
非金属矿采选业	197.38	156.54	136.86
其他采矿业	1.14	1.14	2.65
农副食品加工业	1 737.79	1 495.91	1 112.60
食品制造业	1 133.88	975.45	881.55
饮料制造业	1 254.27	1 101.85	1 193.03
烟草制品业	1 031.34	974.80	2 148.41
纺织业	3 967.40	3 276.00	2 480.78
纺织服装、鞋、帽制造业	963.61	878.57	740.91
皮革、毛皮、羽毛(绒)及其制品业	671.48	625.64	442.24
木材加工及木、竹、藤、棕、草制品业	296.82	222.28	233.08
家具制造业	330.62	299.80	216.61
造纸及纸制品业	1 914.04	1 257.07	1 177.07
印刷业和记录媒介的复制	370.86	326.46	390.72
文教体育用品制造业	295.34	273.75	265.87
石油加工、炼焦及核燃料加工业	3 241.48	2 366.35	2 512.67
化学原料及化学制品制造业	5 764.69	4 150.93	4 441.14
医药制造业	1 835.87	1 531.56	1 734.69
化学纤维制造业	1 171.98	878.23	837.61
橡胶制品业	873.04	684.37	547.77
塑料制品业	1 058.97	903.14	870.03
非金属矿物制品业	3 488.13	2 563.07	2 302.81
黑色金属冶炼及压延加工业	10 099.02	8 018.56	6 585.55
有色金属冶炼及压延加工业	3 222.02	2 443.13	1 877.50
金属制品业	1 210.31	1 085.62	891.99
通用设备制造业	3 976.63	3 573.93	2 193.64
专用设备制造业	2 620.24	2 309.04	1 408.86
交通运输设备制造业	8 351.79	7 320.68	5 046.47
电气机械及器材制造业	4 562.95	4 203.32	2 820.96
通信设备、计算机及其他电子设备制造业	9 891.26	8 960.35	5 645.55
仪器仪表及文化、办公用机械制造业	721.80	655.11	583.81
工艺品及其他制造业	369.43	314.09	292.73
废弃资源和废旧材料回收加工业	12.30	10.33	12.62
电力、热力的生产和供应业	16 998.97	7 281.59	14 625.72
燃气生产和供应业	376.49	254.16	438.47
水的生产和供应业	747.13	392.94	977.47

业企业主要指标(二)

5 年

单位:亿元

主　　营 业务收入	主　　营 业务成本	主营业务 税金及附加	利润 总额	本年应交 增值税	全部从业人员 年平均人数 (万人)
169 237.88	**141 880.22**	**2 469.03**	**11 011.76**	**6 033.51**	**3 798.91**
4 461.38	2 971.45	70.12	405.96	356.12	343.04
5 804.68	2 415.47	121.91	2 749.05	579.57	84.27
450.52	287.93	7.93	81.19	32.92	20.90
631.47	409.82	4.35	147.79	28.61	24.68
214.23	139.25	5.30	22.08	16.32	14.88
4.57	3.53	0.01	0.59	0.22	0.10
4 359.02	3 855.34	15.26	196.96	77.10	92.25
2 207.95	1 665.85	8.80	145.59	95.65	63.32
2 159.42	1 449.81	131.88	167.66	129.48	55.35
2 803.87	1 006.12	1 128.99	401.79	325.04	17.43
6 670.73	5 977.51	24.88	249.64	180.35	302.90
2 076.79	1 729.34	7.18	124.71	49.46	112.27
1 669.98	1 463.54	4.98	76.96	36.62	109.83
497.78	428.17	1.98	27.96	15.23	20.83
662.84	566.56	1.60	32.68	10.02	32.25
2 162.90	1 844.44	9.16	111.95	78.82	56.44
571.17	459.32	2.17	49.57	25.76	23.67
704.77	616.70	1.12	28.47	10.43	51.65
10 851.37	10 372.62	291.27	-163.75	253.89	59.30
9 465.27	7 706.92	65.96	658.74	340.76	184.40
2 674.66	1 719.97	16.37	253.24	158.83	73.59
2 008.96	1 861.35	6.31	34.53	36.25	31.30
1 470.08	1 253.16	15.38	71.24	32.34	43.02
1 897.49	1 659.93	4.63	96.33	37.39	64.43
3 808.22	3 177.67	23.85	192.69	166.97	158.46
17 740.47	15 811.59	80.98	971.35	665.42	224.78
4 847.54	4 146.55	27.80	342.78	167.93	88.42
2 641.82	2 273.66	7.03	160.26	52.84	78.06
5 491.75	4 553.89	19.54	361.09	162.38	159.41
3 466.53	2 906.95	14.20	176.97	87.90	117.62
12 621.73	10 820.66	217.99	529.95	366.57	236.33
8 687.24	7 353.13	20.34	428.27	190.65	205.72
23 995.89	21 738.10	14.97	787.01	252.23	333.15
1 807.99	1 578.44	2.15	85.27	28.91	46.57
780.67	667.78	2.70	41.19	18.01	42.82
35.52	31.29	0.16	0.98	0.64	0.78
16 190.37	14 398.74	85.26	963.29	938.62	195.01
357.68	327.86	1.74	4.55	12.09	10.69
282.55	229.81	2.80	-4.81	15.18	18.98

全国按行业分大中型工

行　业	工　业 增加值率 （%）	总 资 产 贡 献 率 （%）
全国总计	**28.67**	**11.98**
煤炭开采和洗选业	52.78	11.54
石油和天然气开采业	75.29	53.98
黑色金属矿采选业	48.69	16.97
有色金属矿采选业	39.68	27.24
非金属矿采选业	44.74	14.11
其他采矿业	26.15	21.93
农副食品加工业	26.46	11.86
食品制造业	31.96	13.56
饮料制造业	39.39	18.27
烟草制品业	72.61	58.86
纺织业	25.75	8.69
纺织服装、鞋、帽制造业	28.55	11.72
皮革、毛皮、羽毛(绒)及其制品业	27.75	11.59
木材加工及木、竹、藤、棕、草制品业	27.62	9.96
家具制造业	27.00	9.08
造纸及纸制品业	28.15	8.15
印刷业和记录媒介的复制	33.12	10.96
文教体育用品制造业	24.99	7.77
石油加工、炼焦及核燃料加工业	15.42	7.70
化学原料及化学制品制造业	26.82	11.64
医药制造业	36.63	13.13
化学纤维制造业	17.80	5.43
橡胶制品业	26.54	9.89
塑料制品业	24.19	8.26
非金属矿物制品业	30.80	8.03
黑色金属冶炼及压延加工业	27.42	11.29
有色金属冶炼及压延加工业	25.72	12.01
金属制品业	25.76	11.62
通用设备制造业	27.88	9.49
专用设备制造业	26.08	7.79
交通运输设备制造业	23.51	8.98
电气机械及器材制造业	25.45	9.56
通信设备、计算机及其他电子设备制造业	20.54	7.41
仪器仪表及文化、办公用机械制造业	23.59	9.45
工艺品及其他制造业	26.21	10.28
废弃资源和废旧材料回收加工业	23.45	7.80
电力、热力的生产和供应业	29.61	7.71
燃气生产和供应业	28.90	2.56
水的生产和供应业	48.07	1.32

业企业主要经济效益指标

5年

资产负债率（%）	流动资产周转次数（次/年）	工业成本费用利润率（%）	全员劳动生产率（元/人.年）	产品销售率（%）
57.34	**2.28**	**7.05**	**126 545**	**98.39**
62.25	1.62	10.39	65 510	97.83
34.57	4.29	99.24	510 684	99.98
46.83	1.57	22.82	100 330	97.14
49.86	2.36	30.49	101 933	98.39
59.05	1.73	12.01	63 517	97.32
30.08	3.85	14.84	118 691	92.90
60.97	3.12	4.78	125 180	98.52
56.25	2.36	7.10	113 301	97.98
51.24	1.89	9.02	151 153	98.31
32.43	1.44	30.87	1 133 799	101.28
61.48	2.21	3.89	57 733	98.19
56.53	2.15	6.41	55 115	96.54
60.29	2.51	4.86	43 953	97.82
56.01	2.16	5.93	68 376	96.48
60.42	2.19	5.19	56 480	98.29
61.57	2.05	5.47	109 933	97.57
48.70	1.61	9.43	81 830	96.86
52.63	2.17	4.20	34 811	97.94
56.25	4.96	-1.52	280 649	99.18
56.30	2.46	7.50	137 357	98.34
51.39	1.59	10.52	134 627	95.06
58.32	2.66	1.76	115 532	98.79
61.40	2.22	5.13	92 488	97.34
54.83	2.02	5.35	71 717	97.77
60.12	1.70	5.30	75 755	97.32
59.94	2.70	5.81	213 314	98.21
63.13	2.27	7.66	141 169	98.25
57.57	2.17	6.45	88 474	99.08
64.31	1.43	7.02	99 554	97.45
64.96	1.51	5.36	77 972	96.70
62.21	1.71	4.40	125 651	99.80
61.73	1.94	5.17	111 367	97.63
63.61	2.52	3.39	148 476	97.77
55.26	2.33	4.96	92 726	98.76
55.79	2.16	5.59	48 369	99.09
49.35	2.56	2.85	126 398	95.36
53.75	2.99	6.30	215 052	99.84
46.20	1.74	1.22	68 003	100.27
43.32	0.76	-1.59	74 538	97.60

全国各地区大中型工业企业主要指标(一)

2005年

单位:亿元

地　区	企业单位数(个)	工业总产值	工业增加值	实收资本	资产合计	流动资产合计
1998	23 408	37 552.34	11 766.31	17 177.06	76 095.76	30 719.90
1999	22 235	41 439.42	13 279.95	18 924.67	82 143.59	32 711.77
2000	21 724	48 993.02	15 747.32	21 409.53	87 309.83	35 282.86
2001	22 987	57 358.40	18 133.44	24 841.86	97 372.22	39 102.67
2002	23 323	65 317.51	20 841.19	26 445.82	103 516.44	41 911.77
2003	23 631	95 979.46	29 073.42	30 234.97	125 131.72	54 268.38
2004	27 692	133 374.68	38 343.86	38 823.94	154 178.47	65 765.12
2005	29 774	167 700.72	48 073.53		178 816.88	77 623.67
北　京	536	5 201.59	1 248.02		10 588.36	2 553.55
天　津	548	4 990.61	1 371.78		4 360.25	2 183.79
河　北	1 206	7 544.53	2 160.88		7 404.47	3 044.23
山　西	844	3 852.99	1 387.34		5 873.66	2 305.43
内蒙古	365	2 052.40	847.74		3 122.98	1 018.20
辽　宁	1 013	7 898.11	2 284.95		9 209.77	3 981.22
吉　林	367	3 055.49	917.86		3 683.37	1 355.29
黑龙江	432	4 050.82	1 947.64		4 365.82	1 788.04
上　海	1 412	10 943.26	2 680.89		11 393.04	5 400.00
江　苏	3 377	21 002.60	5 194.06		17 777.29	8 881.92
浙　江	3 364	12 426.48	2 642.87		11 732.75	6 104.33
安　徽	625	3 352.58	1 129.02		3 986.27	1 609.94
福　建	1 202	4 961.56	1 342.45		4 356.28	2 123.11
江　西	441	1 943.29	535.66		2 249.42	927.85
山　东	3 101	18 850.33	5 902.45		16 693.39	7 267.88
河　南	1 324	6 204.19	1 687.30		7 222.03	2 884.49
湖　北	803	4 363.26	1 390.59		7 194.07	2 365.39
湖　南	618	2 727.72	951.97		3 205.34	1 279.62
广　东	4 477	24 411.45	6 114.46		17 969.79	10 184.97
广　西	444	1 626.82	506.31		2 057.67	796.26
海　南	77	290.33	91.60		521.32	176.58
重　庆	457	1 855.63	485.38		2 430.55	1 099.31
四　川	964	3 960.28	1 380.07		5 689.02	2 452.25
贵　州	269	1 197.54	431.73		2 198.74	779.65
云　南	425	1 948.80	822.38		2 972.25	1 302.37
西　藏	11	11.16	6.53		33.11	10.23
陕　西	473	2 813.87	1 114.01		4 274.26	1 652.42
甘　肃	214	1 471.48	375.71		2 035.03	797.28
青　海	56	416.18	161.06		1 000.61	283.75
宁　夏	121	499.60	162.33		903.78	335.31
新　疆	208	1 775.77	798.50		2 312.19	679.04

全国各地区大中型工业企业主要指标(二)

2005 年

单位:亿元

地　区	流动资产年平均余额	固定资产原价合计	固定资产净值年平均余额	负债合计	流动负债合计	所有者权益合计
1998	30 074.66	47 898.94	31 712.58	47 836.52	31 076.11	28 246.56
1999	31 428.90	53 515.04	34 031.40	49 431.10	32 270.98	32 684.52
2000	33 763.10	58 348.15	37 293.79	52 083.87	33 935.97	35 165.58
2001	38 325.79	66 145.71	41 393.89	56 338.65	37 602.83	40 898.91
2002	40 411.83	71 606.08	44 085.34	59 873.02	40 870.32	43 524.43
2003	50 705.48	82 397.76	50 512.33	72 684.52	52 292.76	52 297.22
2004	61 628.62	95 788.91	58 703.28	87 698.21	64 364.76	66 263.47
2005	74 090.35	109 682.42	66 133.28	102 529.69	77 049.41	75 928.60
北　京	2 406.59	3 665.65	2 097.44	3 404.04	2 259.97	7 184.32
天　津	2 033.10	2 953.43	1 578.49	2 474.49	2 039.74	1 886.65
河　北	2 881.96	5 184.69	3 070.13	4 592.09	3 391.00	2 812.37
山　西	2 179.41	3 827.14	2 368.97	3 977.22	2 645.89	1 791.27
内蒙古	983.51	2 133.54	1 316.24	1 861.94	1 133.13	1 261.05
辽　宁	3 776.64	6 910.54	3 915.82	5 374.15	4 002.55	3 715.13
吉　林	1 379.88	2 686.14	1 489.62	2 198.64	1 683.33	1 476.38
黑龙江	1 709.48	4 176.87	2 040.73	2 373.06	1 919.02	1 992.27
上　海	5 192.12	7 364.55	3 970.27	5 596.62	4 658.60	5 796.42
江　苏	8 376.32	9 896.41	6 303.07	10 920.21	9 093.94	6 855.82
浙　江	5 778.74	5 531.56	3 653.03	6 889.55	5 699.83	4 836.16
安　徽	1 532.74	2 429.24	1 536.36	2 452.19	1 691.37	1 524.71
福　建	2 068.62	2 488.81	1 584.84	2 347.16	1 844.10	2 009.10
江　西	905.11	1 391.89	879.86	1 486.23	1 017.24	733.24
山　东	6 962.15	10 307.41	6 188.66	9 993.17	7 541.69	6 671.89
河　南	2 852.16	4 884.70	3 001.19	4 574.44	3 350.02	2 647.59
湖　北	2 461.10	4 606.32	3 290.91	4 019.85	2 468.23	3 174.22
湖　南	1 258.74	2 072.33	1 249.16	2 057.31	1 311.76	1 148.03
广　东	9 559.77	9 368.30	5 656.74	10 318.03	8 930.17	7 651.77
广　西	772.82	1 345.31	850.70	1 237.10	861.10	820.57
海　南	159.98	335.14	250.00	292.75	153.39	228.57
重　庆	1 060.91	1 338.39	815.79	1 433.52	1 097.36	997.02
四　川	2 318.05	3 700.42	2 215.69	3 565.22	2 464.06	2 116.05
贵　州	735.29	1 410.04	902.92	1 420.22	848.98	778.14
云　南	1 209.66	1 657.86	970.98	1 456.06	1 049.88	1 516.19
西　藏	9.69	25.85	18.75	13.06	8.42	20.05
陕　西	1 574.04	3 015.01	1 856.68	2 609.27	1 680.96	1 647.31
甘　肃	744.59	1 343.27	911.65	1 195.05	757.93	839.98
青　海	282.49	772.63	502.26	684.87	335.41	314.11
宁　夏	310.47	555.24	356.00	553.34	332.40	333.79
新　疆	614.10	2 303.75	1 290.34	1 158.83	777.93	1 148.41

全国各地区大中型工业企业主要指标(三)

2005 年

单位:亿元

地区	主营业务收入	主营业务成本	主营业务税金及附加	利润总额	本年应交增值税	全部从业人员年平均人数(万人)
1998	37 130.61	29 949.73	1 003.18	881.94	1 956.72	3 412.76
1999	41 405.57	33 254.65	1 075.24	1 588.58	2 175.16	3 110.13
2000	50 120.30	39 768.89	1 173.45	3 183.28	2 566.15	2 880.60
2001	58 480.45	47 033.65	1 294.65	3 440.56	2 843.54	2 782.72
2002	66 977.14	53 839.14	1 471.01	4 008.97	3 109.76	2 710.20
2003	99 710.07	81 445.72	1 770.28	6 522.98	4 065.11	3 224.30
2004	134 039.04	111 168.19	2 191.08	9 183.91	4 990.26	3 508.45
2005	169 237.88	141 880.22	2 469.03	11 011.76	6 033.51	3 798.91
北京	5 446.08	4 796.62	49.28	324.33	146.48	61.91
天津	5 232.51	4 383.51	64.60	463.28	139.38	64.55
河北	7 455.87	6 359.34	72.36	477.12	293.28	176.02
山西	3 839.74	2 991.83	46.48	217.18	257.27	156.56
内蒙古	2 181.29	1 735.93	28.84	176.63	116.65	53.46
辽宁	8 000.32	6 990.98	105.92	268.27	262.38	170.75
吉林	2 973.75	2 551.30	65.43	118.32	114.67	67.06
黑龙江	4 116.58	2 640.98	78.10	1 042.35	303.54	103.49
上海	11 492.51	9 895.86	156.32	662.99	302.89	126.87
江苏	20 803.04	18 289.84	153.35	984.73	509.17	367.54
浙江	13 021.87	11 291.01	140.08	661.27	371.31	274.68
安徽	3 351.99	2 725.11	78.78	188.70	150.35	99.06
福建	4 826.41	4 127.26	59.79	291.72	123.78	130.74
江西	1 929.46	1 631.60	40.40	78.26	83.92	56.32
山东	19 395.06	16 221.81	194.50	1 486.62	662.96	413.74
河南	6 454.73	5 400.40	100.65	359.02	275.34	214.66
湖北	4 434.12	3 520.28	99.58	321.63	198.90	109.83
湖南	2 683.25	2 118.13	141.86	114.52	135.98	75.06
广东	23 806.68	20 613.50	169.95	1 148.21	620.21	571.33
广西	1 615.90	1 317.70	32.21	108.09	86.62	43.05
海南	274.64	209.21	8.36	21.75	14.80	6.13
重庆	1 858.94	1 536.04	37.57	88.77	78.16	55.70
四川	3 934.89	3 138.94	73.74	245.57	175.52	127.55
贵州	1 157.27	868.02	59.04	66.93	75.43	40.82
云南	1 939.85	1 329.81	241.72	200.87	143.96	41.90
西藏	11.99	7.77	0.14	2.24	1.18	0.62
陕西	2 763.56	1 979.09	78.77	387.05	162.20	84.16
甘肃	1 522.71	1 268.42	40.07	41.41	64.95	43.48
青海	400.48	282.20	6.03	70.04	27.04	9.79
宁夏	483.62	411.01	5.88	17.71	21.33	19.01
新疆	1 828.74	1 246.74	39.26	376.19	113.87	33.10

全国各地区单位 GDP 能耗指标

2005 年

地　　区	单位 GDP 能耗 （吨标准煤/万元）	单位 GDP 电耗 （千瓦时/万元）	单位工业增加值能耗 （吨标准煤/万元）
全　国	1.22	1 358.5	2.59
北　京	0.80	828.5	1.50
天　津	1.11	1 040.8	1.45
河　北	1.96	1 487.6	4.41
山　西	2.95	2 264.2	6.57
内　蒙	2.48	1 714.1	5.67
辽　宁	1.83	1 386.6	3.11
吉　林	1.65	1 044.7	3.25
黑龙江	1.46	1 008.5	2.34
上　海	0.88	1 007.2	1.18
江　苏	0.92	1 198.2	1.67
浙　江	0.90	1 222.2	1.49
安　徽	1.21	1 082.9	3.13
福　建	0.94	1 151.8	1.45
江　西	1.06	966.3	3.11
山　东	1.28	1 032.4	2.15
河　南	1.38	1 277.7	4.02
湖　北	1.51	1 210.0	3.50
湖　南	1.40	1 035.8	2.88
广　东	0.79	1 195.3	1.08
广　西	1.22	1 251.7	3.19
海　南	0.92	912.3	3.65
重　庆	1.42	1 132.3	2.75
四　川	1.53	1 276.3	3.52
贵　州	3.25	2 460.6	5.38
云　南	1.73	1 604.6	3.55
西　藏			
陕　西	1.48	1 405.0	2.62
甘　肃	2.26	2 531.0	4.99
青　海	3.07	3 801.8	3.44
宁　夏	4.14	4 997.7	9.03
新　疆	2.11	1 190.9	3.00

主要统计指标解释

工业 指从事自然资源的开采,对采掘品和农产品进行加工和再加工的物质生产部门。具体包括：对自然资源的开采,如采矿、晒盐、森林采伐等(但不包括禽兽捕猎和水产捕捞)；对农副产品的加工、再加工，如粮油加工、食品加工、轧花、缫丝、纺织、制革等；对采掘品的加工、再加工,如炼铁、炼钢、化工生产、石油加工、机器制造、木材加工等,以及电力、自来水、煤气的生产和供应等；对工业品的修理、翻新,如机器设备的修理、交通运输工具(包括小卧车)的修理等。

1984年以前农村的村及村以下办工业归属农业,1984年以后划归工业。

工业统计调查单位 工业统计调查单位为分两类:独立核算法人工业企业和工业活动单位。

（1）独立核算法人工业企业 是指从事工业生产经营活动的单位。独立核算法人工业企业应同时具备以下条件：依法成立,有自己的名称、组织机构和场所，能够承担民事责任；独立拥有和使用资产，承担负债，有权与其他单位签订合同；独立核算盈亏，并能够编制资产负债表。

（2）工业活动单位 是指在一个场所从事一种或主要从事一种工业生产活动的经济单位。它包括独立核算工业企业按主营业务活动(即工业生产活动)划分的主营业务活动单位和非工业企业所属的工业生产活动单位(即原非独立核算工业生产单位)。工业活动单位，一般应同时具备以下三个条件：具有一个场所，从事一种或主要从事一种工业活动；单独组织工业生产、经营或业务活动；单独核算收入和支出。

国有经济工业(即过去的全民所有制工业或国营工业) 指生产资料归国家所有的一种经济类型。包括中央和地方各级国家机关、部队、科研机构、学校、人民团体和国有经济企事业单位等举办的国有经济工业。1957年以前的公私合营和私营工业,后均改造为国营工业,1992年改为国有工业,这部分工业的资料不单独分列时,均包括在国有工业内。

集体经济工业 指生产资料归公民集体所有的一种经济类型,是社会主义公有制经济的组成部分。包括城乡所有使用集体投资举办的企业,以及部分个人通过集资自愿放弃所有权并依法经工商行政管理机关认定为集体所有制的企业。

其他经济类型工业 指除国有经济、集体经济、私营经济、个体经济、联营经济以外的其他经济类型工业企业(单位)。包括股份制经济(股份有限公司，有限责任公司)；外商投资经济(中外合资经营、中外合作经营、外资企业)；港、澳、台投资经济(与大陆合资经营、与大陆合作经营、港、澳、台独资企业)及其他经济类型的工业。

轻工业 指主要提供生活消费品和制作手工工具的工业。按其所使用的原料不同,可分为两大类：以农产品为原料的轻工业，是指直接或间接以农产品为基本原料的轻工业。主要包括食品制造、饮料制造、烟草加工、纺织、缝纫、皮革和毛皮制作、造纸以及印刷等工业；以非农产品为原料的轻工业,是指以工业品为原料的轻工业。主要包括文教体育用品、化学药品制造、合成纤维制造、日用化学制品、日用玻璃制品、日用金属制品、手工工具制造、医疗器械制造、文化和办公用机械制造等工业。

重工业 是指为国民经济各部门提供物质技术基础的主要生产资料的工业。按其生产性质和产品用途，可以分为下列三类：采掘(伐)工业，是指对自然资源的开采,包括石油开采、煤炭开采、金属矿开采、非金属矿开采和木材采伐等工业；原材料工业,指向国民经济各部门提供基本材料、动力和燃料的工业。包括金属冶炼及加工、炼焦及焦炭化学、化工原料、水泥、人造板以及电力、石油和煤炭加工等工业；加工工业,是指对工业原材料进行再加工制造的工业。包括装备国民经济各部门的机械设备制造工业、金属结构、水泥制品等工业,以及为农业提供的生产资料如化肥、农药等工业。

根据上述划分原则，修理业中以重工业产品为修理作业对象的划为重工业，反之划为轻工业。

工业总产值 是以货币表现的工业企业在一定时期内生产的已出售或可供出售工业产品总量，它反映一定时间内工业生产的总规模和总水平。它包括：在本企业内不再进行加工，经检验、包装入库(规定不需包装的产品除外)的成品价值，工业性作业价值,自制半成品、在产品期末期初差额价值。工业总产值采用“工厂法”计算，即以工业企业作为一个整体，按企业工业生产活动的最终成果来计算，企业内部不允许重复计算，不能把企业内部各个车间(分厂)生产的成果相加。但在企业之间、行业之间、地区之间存在着重复计算。

轻重工业总产值的划分也是按“工厂法”计算的，即一个工业企业在正常情况下生产的主要产品的性质属于轻工业，则该企业的全部总产值作为轻工业总产值；一个工业企业生产的主要产品的性质属于重工业,则该企业的全部总产值作为重工业总产值。

从1995年年报开始，工业总产值按国家要求使用新规定计算,新规定与原规定的区别。

一、现价工业总产值新规定与原规定计算的区别：

1、全价与加工费的计算原则不同:新规定凡自备原材料，不论其生产繁简程度如何，一律按全价计算总产值；凡来料加工，一律按加工费计算总产值；原规定对此则有一些特殊规定，某些来料加工生产，允许按全价计算总产值，而某些自备原材料生产，只允许按加工费计算总产值。

2、自制半成品、在产品期末期初差额价值的计算原则不同:新规定要求，凡会计产品成本核算时计算了成本的差额价值,工业总产值则应包括,否则，可不包括；原规定是区分生产周期六个月的界线，凡生产周期在六个月以上的企业，工业总产值应包括这部分价值,否则，可不包括这部分价值。

3、计算价格不同:新规定按不含增值税(销项税额)的价格计算；原规定按含增值税(销项税额)的价格计算。

二、1990年不变价工业总产值新规定与原规定计算的区别：

按1990年不变价格计算时，两种规定也有三点区别：前两点区别与按现价工业总产值计算时的区别相同。

第三点，计算价格上有不同的要求：凡按1990年不变价格计算成品价值和工业性加工修理价值时，为保持1990年不变价格的一致性，新规定与原规定要求一致，不再扣除增值税，但是对某些工业性加工、修理价值找不到1990年不变价格，按规定可以按现行价格计算部分，两种规定要求不同:新规定按不含增值税的价格计算；原规定则按含增值税价格计算。

工业销售产值 是以货币表现的工业企业在一定时间内销售的工业产品总量。包括已销售的成品、半成品价值，对外提供的工业性作业价值和对本单位基本建设部门、生活福利部门等提供的产品和工业性作业及自制设备的价值。

资本金 是指企业在工商行政管理部门登记的注册资金。企业资本金按照投资主体可分为国家资本金、集体资本金、法人资本金、个人资本金、外商资本金。资本金合计包括企业各种投资主体注册的全部资本金。

国家资本金 是指有权代表国家投资的政府部门或机构以国有资产投入企业形成的资本金。不论企业的资本金是哪个政府部门或机构投入的，只要是以国家资金进行投资的，均作为国家资本金。

集体资本金 是指由本企业劳动群众集体所有和集体企业联合经济组织范围内的群众集体所有的资产投入形成的资本金，以及企业在实行新制度以前国家减免税款形成的资本金。

法人资本金 是指其他法人单位投入本企业形成的资本金。

个人资本金 是指社会个人或者本企业内部职工以个人合法财产投入企业形成的资本金。

外商资本金 指外国投产者以及我国香港、澳门和台湾地区投资者投入企业形成的资本金。

资本金在一般情况下是相对稳定的，企业增加或减少注册资金数额，必须向原登记机关申请办理变更。

资产总计 是指企业拥有或控制的能以货币计量的经济资源，包括各种财产、债权和其他权利。资产按其流动性(即资产的变现能力和支付能力)划分为：流动资产、长期投资、固定资产、无形资产、递延资产、其他长期资产和递延税款借项等，即为企业资产负债表的资产总计项。

流动资产 是指可以在一年内或者超过一年的一个生产周期变现或者耗用的资产。流动资产可以按变现能力(程度)划分，包括现金及各种存款、短期投资、应收入预付款项、存货等。

长期投资 是指不准备在一年内变现的投资，它包括购置股票和长期债券以及对其他单位的投资形式。

固定资产原价 是指企业在建造、购置、安装、改建、扩建、技术改造固定资产时实际支出的全部货币总额。它一般包括买价、包装费、运杂费和安装费等。

无形资产　是指企业长期使用而没有实物形态的资产，包括专利权、非专利技术、商标权、著作权、土地使用权、商誉等。

递延资产　是指不能全部计入当年损益，应当在以后年度内分期摊销的各项费用，包括开办费、租入固定资产的改良及大修理支出等。

固定资产合计　是指企业固定资产净值、固定资产清理、在建工程、待处理固定净损失所占用的资金合计。

固定资产净值　是指固定资产原价减去历年已提折旧额后的净额。

负债　是指企业所承担的能以货币计量，将以资产或劳务偿付的债务。其偿还形式可以用货币，也可以用资产或提供劳务的方式进行。包括流动负债、长期负债和递延税款贷项等，即为企业资产负债表的负债合计项。

流动负债　是指在一年内或超过一年的一个营业周期内偿还的债务，其中包括短期借款、应付款项、预付货款、应付工资、应交税金和应交利润等。

长期负债　是指偿还期在一年以上或者超过一年的一个营业周期以上的债务，其中包括长期债款、应付债务、长期应付款项等。

所有者权益　是指企业投资人对企业净资产的所有权，企业净资产等于企业全部资产减去全部负债后的余额，包括企业投资人对企业的最初投入实际到位的资产以及资本公积金、盈余公积金和未分配利润。对股份制企业所有者权益即为股东权益。

实收资本　是指企业实际收到的投资人投入的资本。包括有国家资本、集体资本、法人资本、外商资本、个人资本。

股本　是指股份制企业在以发行股票的方式筹集的资本，反映企业发行股票时按股票面值收到的股票本金。

主营业务收入　是企业在销售产品的销售收入和提供劳务等经营业务取提的业务收入。

主营业务税金及附加　是指企业销售产品和提供劳务等主要经营业务应负担的城市维护建设税、消费税、资源税和教育费附加。

主营业务成本　是指企业销售产品和提供劳务等主要经济业务的实际成本。

主营业务利润　指企业销售产品和提供工业性劳务等主要经营业务收入扣除其成本、费用、税金后的利润。

营业费用　包括销售费用、管理费用和财务费用三部分。

营业利润　是指企业从事生产经营活动所产生的利润，分为主营业务利润和其他业务利润。

利润总额　是指企业在一定时期内生产经营活动的最终的财务成果，包括营业利润、补贴收入、投资收益、营业外收支、以前年度损益调整。

应交增值税　是指企业在报告期内应交纳的增值税。

工业增加值　是指工业行业在报告期内以货币表现的工业生产活动的最终成果。

利税总额　指企业利润总额、产品销售税金及附加和应交增值税之和。

资产利税率　指在一定时期内已实现的利润、税金总额与同期的资产(固定资产净值和流动资产平均余额)之比。计算公式:

$$\text{资产利税率（\%）}=\frac{\text{报告期累计实现利税总额}}{\text{固定资产净值平均余额}+\text{流动资产平均余额}}\times 100\%$$

资产利税率反映每单位(通常是每万元)资产所提供的利润税金额。它是考察和评价部门或企业资金运用的经济效益，分析资金投入效果的主要分析指标。

产值利税率　指报告期已实现的利润、税金总额(包括利润总额、产品销售税金及附加和应交增值税)占同期全部工业总产值的百分比，计算公式为:

$$\text{产值利税率（\%）}=\frac{\text{利税总额}}{\text{工业总产值（现价）}}\times 100\%$$

工业经济效益指标　工业经济效益综合指数　是指现行综合评价工业经济效益总体水平及工业经济运行质量的指数。它是以若干项代表性经济效益指标，分别除以各项指标的标准值，再乘以各自的权数，加总后除以总权数求得。其计算公式为:

$$\text{工业经济效益综合指数}=\sum\left(\frac{\text{某项经济效益指标报告期数值}}{\text{该项指标标准值}}\times \text{权数}\right)\div \text{总权数}$$

上式总权数为100。

工业产品销售率　是指反映工业产品已实现销售的程度，是分析工业产销衔接情况、研究工业产品满足社会需求的指标。计算公式是:

$$\text{产品销售率（\%）}=\frac{\text{现价工业销售产值}}{\text{现价工业总产值}}\times 100\%$$

总资产贡献率　是指企业一定时期内全部资产获利能力，是企业经营业绩和管理水平的集中体现，是评价和考核企业盈利能力的核心指标。计算公式为:

$$\text{总资产贡献率（\%）}=\frac{\text{利润总额}+\text{税金总额}+\text{利息支出}}{\text{平均资产总额}}\times 100\%$$

注：税金总额为产品销售税金及附加与应交增值税之和，平均资产总额为期初、期末资产总计的算术平均值　。

资本保值增值率　是反映企业净资产变动状况的一个重要指标，是企业发展能力的集中体现。它是指期末所有者权益总额与上年同期期末所有者权益总额的比率。计算公式为:

$$\text{资本保值增值率（\%）}=\frac{\text{报告期期末所有者权益}}{\text{上年同期期末所有者权益}}\times 100\%$$

所有者权益等于资产总计减负债总计

资产负债率 是指反映企业经营风险的大小，反映企业利用债权人提供的资金从事经营活动的能力。计算公式为：

$$资产负债率（\%）=\frac{负债总计}{资产总计}\times 100\%$$

资产及负债均为报告期末数

流动资金周转率 是指一定时期内流动资产完成的周转次数，反映投入工业企业流动资金的周转速度，一般以一年时间内周转多少次表示。计算公式为：

$$流动资产周转率（次）=\frac{主营业务收入}{流动资产平均余额}$$

成本费用利润率 是指工业企业投入生产成本及费用的经济效益，同时也反映企业降低成本所取得的经济效益。计算公式为：

$$成本费用利润率（\%）=\frac{利润总额}{成本费用总额}\times 100\%$$

注：成本费用总额为产品销售成本、销售费用、管理费用、财务费用之和。

全员劳动生产率 是指反映企业的生产效率和劳动投入的经济效益。一般用平均每人一年创造的工业增加值表示。计算公式为：

$$全员劳动生产率（元/人）=\frac{工业增加值}{全部职工平均人数}\times 100\%$$

能源生产总量 指一定时期内全国（地区）一次能源生产量的总和，是观察全国（地区）能源生产水平、规模、构成和发展速度的总量指标。一次能源生产量包括原煤、原油、天然气、水电、核能及其他动力能（如风能、地热能等）发电量。不包括低热值燃料生产量、生物质能、太阳能等的利用和由一次能源加工转换而成的二次能源产量。

能源消费总量 指一定时期内全国（地区）物质生产部门、非物质生产部门和生活消费的各种能源的总和，是观察能源消费水平、构成和增长速度的总量指标，能源消费总量包括原煤和原油及其制品、天然气、电力。不包括低热值燃料、生物质能和太阳能等的利用。

能源消费总量分为三部分，即终端能源消费量、能源加工转换损失量和损失量。

（1）终端能源消费量 指一定时期内全国（地区）物质生产部门、非物质生产部门和生活消费的各种能源在扣除了用于加工转换二次能源消费量和损失量以后的数量。

（2）能源加工转换损失量 指一定时期内全国（地区）投入加工转换的各种

能源数量之和与产出各种能源产品之和的差额。它是观察能源在加工转换过程中损失量变化的指标。

（3）能源损失量 指一定时期内能源在输送、分配、储存过程中发生的损失和由客观原因造成的各种损失量。不包括各种气体能源放空、放散量。

能源生产弹性系数 是研究能源生产增长速度与国民经济增长速度之间关系的指标。计算公式：

$$能源生产弹性系数=\frac{能源生产总量年平均增长速度}{国民经济年平均增长速度}$$

国民经济年平均增长速度，可根据不同的目的或需要，用国民生产总值，国内生产总值等指标来计算，本资料是采用国内生产总值指标计算的。

电力生产弹性系数 是研究电力生产增长速度与国民经济增长速度之间关系的指标。一般来说，电力的发展应当快于国民经济的发展，也就是说电力应超前发展。计算公式：

$$电力生产弹性系数=\frac{电力生产量年平均增长速度}{国民经济年平均增长速度}$$

能源消费弹性系数 是反映能源消费增长速度与国民经济增长速度之间比例关系的指标。计算公式：

$$能源消费弹性系数=\frac{能源消费量年平均增长速度}{国民经济年平均增长速度}$$

电力消费弹性系数 是反映电力消费增长速度与国民经济增长速度之间比例关系的指标。计算公式：

$$电力消费弹性系数=\frac{电力消费量年平均增长速度}{国民经济年平均增长速度}$$

能源加工转换效率 指一定时期内能源经过加工、转换后，产出的各种能源产品的数量与同期内投入加工转换的各种能源数量的比率。它是观察能源加工转换装置和生产工艺先进与落后、管理水平高低等的重要指标。计算公式：

$$能源加工转换效率=\frac{能源加工、转换产出量}{能源加工、转换投入量}\times 100\%$$